MICHELLE

POVESTEA MEA

MICHELLE OBAMA

POVESTEA MEA

Traducere din limba engleză
CORINA HĂDĂREANU

LITERA®
București
2018

Becoming
Michelle Obama

Ediție publicată în Statele Unite de Crown, un imprint al Crown Publishing Group,
o divizie a Penguin Random House LLC, New York.
crownpublishing.com

Traducere publicată prin înțelegere cu Crown Publishing Group,
o divizie a Penguin Random House LLC.

Copertă interioară spate *(de la stânga)*: Prin amabilitatea arhivei familiei
Obama-Robinson (trei imagini); © Callie Shell/Aurora Photos; © Susan Watts/New York
Daily News/Getty Images; © Brooks Kraft LLC/Corbis/Getty Images;
Fotografie de Ida Mae Astute © ABC/Getty Images

LITERA®
Editura Litera
O.P. 53; C.P. 212, sector 4, Bucureşti, România
tel.: 021 319 63 90; 031 425 16 19; 0752 548 372
e-mail: comenzi@litera.ro

Ne puteţi vizita pe
www.litera.ro

Povestea mea
Michelle Obama

Traducere din limba engleză:
Corina Hădăreanu

Editor: Vidraşcu şi fiii
Redactori: Aloma Ciomâzgă-Mărgărit,
Georgiana Harghel
Corector: Andrada Nistor
Copertă: Ana Maria Gordin Marinescu
Tehnoredactare şi prepress: Mihai Suciu

Descrierea CIP a Bibliotecii Naţionale a României
OBAMA, MICHELLE
Povestea mea / Michelle Obama; trad. din lb. engleză de Corina Hădăreanu –
Bucureşti: Litera, 2018
ISBN 978-606-33-3008-7
I. Hădăreanu, Corina (trad.)
821.111

Tuturor celor care m-au ajutat să devin ceea ce sunt:

oamenilor care m-au crescut – Fraser, Marian, Craig și uriașa mea familie extinsă,

cercului meu de prietene, femei puternice care mă încurajează întotdeauna,

echipei mele loiale și dedicate, care continuă să mă facă mândră.

Iubirilor vieții mele:

Maliei și Sashei, cele mai prețioase comori ale mele, rațiunea mea de-a fi,

și lui Barack, care mi-a promis mereu o călătorie interesantă.

CUPRINS

PREFAȚĂ

martie 2017

CÂND ERAM COPIL, NĂZUINȚELE MELE ERAU SIMPLE. Îmi doream un câine. Îmi doream o casă cu scară interioară – parter și etaj, pentru o singură familie. Dintr-un anumit motiv, îmi doream un break cu patru uși, în locul mașinii Buick cu două uși, de care tatăl meu era foarte mândru. Obișnuiam să le spun oamenilor că, atunci când o să cresc mare, o să mă fac medic pediatru. De ce? Pentru că îmi plăcea la nebunie să mă aflu în preajma copiilor și mi-am dat seama foarte repede că răspunsul acesta era pe placul adulților. *O, medic! Ce alegere minunată!* Pe vremea aceea purtam părul prins în codițe împletite, îl tratam de sus pe fratele meu și reușeam, fără excepție, să iau cele mai bune note la școală. Eram ambițioasă, chiar dacă nu aveam un scop precis. Acum cred că aceasta este una dintre cele mai inutile întrebări pe care adulții le pot pune copiilor – *Ce vrei să te faci când o să crești mare?* De parcă creșterea ar fi un proces finit. De parcă, la un moment dat, devii ceva, iar acela este sfârșitul.

Până acum, am fost avocată. Am fost vicepreședinta unui spital și directoarea unei organizații nonprofit care-i ajută pe tineri să-și croiască drumul către cariere importante. Am fost o studentă de culoare, provenind dintr-o familie de muncitori, la o facultate de elită frecventată mai ales de albi. Am fost singura femeie sau singurul afro-american în diferite grupuri și conjuncturi. Am fost mireasă, am fost o tânără mamă epuizată, o fiică sfâșiată de durere. Și, până nu demult, am fost prima doamnă a Statelor Unite – o poziție care nu reprezintă oficial un loc de muncă, dar care mi-a oferit experiențe cum nu mi-aș fi putut imagina. M-a așezat față în față cu tot felul de provocări și m-a făcut uneori să mă simt umilă, m-a dus pe culmi și m-a doborât, luându-mă pe nepregătite câteodată. Abia încep să înțeleg tot ce s-a întâmplat în ultimii ani – din momentul acela, în 2006, când soțul meu a vorbit pentru prima dată despre candidatura la președinție până în dimineața rece de iarnă când am urcat într-o limuzină împreună cu Melania Trump, pentru a o însoți la inaugurarea mandatului soțului ei. A fost o experiență pe cinste.

Când ești prima doamnă, America ți se dezvăluie cu extremele ei. Am participat la evenimente pentru strângeri de fonduri în case particulare care arătau mai degrabă ca niște muzee, case în care oamenii aveau căzi de baie făcute din pietre prețioase. Am vizitat familii care au pierdut totul în timpul uraganului Katrina și am văzut oameni emoționați până la lacrimi și recunoscători pentru că mai aveau un frigider și o sobă care încă funcționau. Am întâlnit oameni care mi s-au părut superficiali și ipocriți, dar și alții – profesori, soții de militari și mulți alții – care m-au uimit cu forța și profunzimea lor spirituală. Am întâlnit și copii – foarte mulți și din toată lumea – care m-au înduioșat, mi-au umplut inima de speranță și care, din fericire, uitau cine sunt eu de îndată ce ne apucam să scormonim împreună pământul din grădină.

De la primul pas pe care l-am făcut cu reticență în viața publică, am fost ridicată în slăvi ca fiind cea mai puternică femeie din lume și denigrată ca fiind „o femeie de culoare orbită de furie". I-aș fi întrebat pe detractorii mei care parte din această expresie e mai importantă pentru ei – „furie", „de culoare" sau „femeie"? Am făcut fotografii zâmbind alături de oameni care îi adresau soțului meu cuvinte îngrozitoare în emisiuni ale televiziunilor naționale, dar care, totuși, voiau o amintire înrămată, pe șemineu. Am auzit despre pagini de internet pline de gunoaie, care puneau la îndoială absolut tot ceea ce avea legătură de mine, întrebându-se chiar dacă sunt femeie sau bărbat. Un congresman aflat în funcție a făcut glume despre fundul meu. Câteodată m-am simțit rănită, alteori m-am înfuriat, dar, de cele mai multe ori, am încercat să mă amuz pe seama acestor întâmplări.

Sunt multe lucruri pe care încă nu le știu despre America, despre viață, despre ce ar putea să aducă viitorul. Dar mă cunosc pe mine însămi. Tatăl meu, Fraser, m-a învățat să muncesc din greu, să zâmbesc des și să mă țin de cuvânt mereu. Mama mea, Marian, mi-a arătat cum să judec singură lucrurile și cum să-mi fac vocea auzită. Împreună, în apartamentul nostru înghesuit din sudul orașului Chicago, ei doi m-au învățat să descopăr ceea ce e important în povestea noastră, în povestea mea, în marea poveste a țării noastre. Chiar dacă nu e totul frumos sau perfect. Chiar dacă este mai real decât ai vrea să fie. Povestea ta este tot ce ai, tot ce vei avea vreodată. Este ceva ce merită prețuit.

Vreme de opt ani, am locuit la Casa Albă, unde sunt atât de multe scări încât te plictisești numărându-le – plus ascensoare, un teren de bowling și un grădinar propriu. Am dormit într-un pat cu așternuturi fine aduse din Italia. Mesele noastre erau pregătite de o echipă de bucătari de talie internațională și servite de ospătari mai bine pregătiți decât într-un restaurant sau hotel de cinci stele. La ușa noastră se aflau mereu agenții Serviciului Secret, cu căști în urechi, înarmați și cu chipurile deliberat lipsite de expresie, care făceau tot posibilul să nu tulbure intimitatea vieții noastre de familie. În cele din urmă, ne-am obișnuit, oarecum, cu tot – cu grandoarea neobișnuită a noii noastre case și, totodată, cu prezența permanentă, tăcută, a celorlalți.

La Casa Albă, cele două fiice ale noastre s-au jucat cu mingea pe coridoare și s-au cățărat în copacii de pe Peluza de Sud. Este locul în care Barack a lucrat până noaptea târziu, în Sala Tratatelor, citind informări și schițe de discurs, și în care Sunny, unul dintre câinii noștri, își făcea câteodată nevoile pe covoare. Am stat uneori în balconul Truman și m-am uitat la turiștii care își făceau poze cu bețele de selfie, privind insistent prin gardul de fier și încercând să-și dea seama ce se petrecea înăuntru. Au fost zile când am simțit că mă sufoc pentru că ferestrele erau mereu închise din motive de securitate, când nu puteam să iau o gură de aer proaspăt fără să provoc un deranj întreg. În alte zile, mă minunam de frumusețea magnoliilor albe care înfloreau afară, de forfota de zi cu zi a treburilor guvernului sau de o solemnă ceremonie militară de primire. Au fost zile, săptămâni și luni în care am urât politica. Și au existat momente în care frumusețea acestei țări și a locuitorilor ei m-au copleșit și m-au lăsat fără grai.

Apoi, s-a terminat. Chiar dacă știi că se apropie, chiar dacă ultimele săptămâni sunt presărate cu despărțiri emoționante, ziua aceea este încă încețoșată. O mână se așază pe o Biblie; un jurământ este rostit din nou. Mobilierul unui președinte este scos afară, în timp ce mobilierul celuilalt este mutat înăuntru. Dulapurile sunt golite și, apoi, umplute din nou, în doar câteva ore. Într-o clipă, alte capete se așază pe alte perne – temperamente noi, visuri noi. Și când totul ia sfârșit, când ieși pentru ultima dată pe ușa casei de la cea mai faimoasă adresă din lume, în multe privințe trebuie să te regăsești.

Așa că, dați-mi voie să încep de aici, cu un lucru mărunt care s-a întâmplat cu puțin timp în urmă. Eram acasă, în vila din cărămidă roșie în care familia mea s-a mutat recent. Noua noastră casă se află cam la trei kilometri de fosta noastră locuință, pe o stradă liniștită. Încă ne mai obișnuim cu ea. În camera de zi, mobila noastră este așezată la fel cum era la Casa Albă. Prin toată casa avem lucruri care ne aduc aminte că totul a fost adevărat – fotografii de familie făcute la Camp David, vase de ceramică pe care le-am primit cadou de la câțiva studenți nativi americani, o carte semnată de Nelson Mandela. În mod cu totul neobișnuit, în seara aceea toată lumea era plecată. Barack era într-o călătorie. Sasha ieșise cu niște prieteni. Malia locuiește și lucrează la New York, fiind spre finalul anului de pauză, înainte de a merge la facultate. Eram doar eu, cu cei doi câini ai noștri, într-o casă goală și tăcută cum nu mai avusesem de opt ani.

Și îmi era foame. Am ieșit din dormitor și am coborât scările, cu câinii după mine. Am intrat în bucătărie și am deschis frigiderul. Am găsit o pâine, am luat două felii și le-am pus la prăjit. Am deschis un dulăpior și am luat o farfurie. Știu că sună bizar, dar să iei o farfurie de pe raft fără ca mai întâi să insiste cineva să ți-o aducă, să stai și să te uiți cum se prăjește pâinea în toaster – toate acestea mi-au dat senzația întoarcerii la viața mea de odinioară. Sau poate că este noua mea viață, cu semnele ei de început.

Până la urmă, nu mi-am făcut doar pâine prăjită; am făcut un sendviș prăjit cu brânză, mutând feliile de pâine în cuptorul cu microunde și topind o felie zdravănă de brânză cheddar, grasă și cremoasă, între ele. Apoi am ieșit cu farfuria în curtea din spate. Nu mai trebuia să anunț pe nimeni unde mă duc. M-am dus, pur și simplu. Purtam pantaloni scurți și aveam picioarele goale. Frigul iernii se înmuiase, în sfârșit, și brândușele începuseră să răsară pe lângă zidul din spatele curții. În aer se simțea aroma primăverii. M-am așezat pe treptele verandei simțind căldura soarelui de peste zi în lespedea de sub picioarele mele. Un câine s-a auzit lătrând în depărtare, iar câinii mei au ciulit urechile, ascultându-l nedumeriți. Mi-am dat seama că era un sunet neobișnuit pentru ei, pentru că, la Casa Albă, nu avuseserăm vecini, așadar, nici câini ai vecinilor. Pentru ei, totul era nou. Câinii au plecat să exploreze curtea, iar eu am rămas să-mi mănânc sendvișul în întuneric, simțindu-mă singură în cel mai plăcut mod cu putință. Nu mă mai gândeam la agenții înarmați care stăteau la mai puțin de 100 de metri, la postul de pază amenajat în garajul nostru, și nici la faptul că nu puteam să merg pe stradă fără să fiu însoțită de o echipă de securitate. Nu mă gândeam nici la noul președinte și, între noi fie vorba, nici la fostul președinte.

Mă gândeam, în schimb, că peste câteva minute urma să mă întorc în casă, să-mi spăl farfuria în chiuvetă și să mă duc în pat, poate să deschid și o fereastră ca să simt aerul de primăvară – ce minunăție! Mă mai gândeam, de asemenea, că liniștea aceea îmi oferea pentru prima dată ocazia de a reflecta. Ca primă doamnă, ajungeam la sfârșitul unei săptămâni aglomerate și trebuia să fac eforturi să-mi aduc aminte cum a început. Acum, însă, deja percep timpul altfel. Fetele mele, care au venit la Casa Albă cu păpușile Polly Pockets, cu o păturică botezată Blankie și cu tigrul de pluș Tiger, sunt acum adolescente, tinere femei cu concepții și planuri personale. Soțul meu e preocupat de propria adaptare la viața de după Casa Albă și încearcă să-și găsească un nou ritm. Și mai sunt și eu, în acest loc nou, cu o mulțime de lucruri pe care vreau să le spun.

Povestea mea

Capitolul 1

Mi-am petrecut cea mai mare parte a copilăriei ascultând sunetul strădaniei. Ajungea la mine sub forma unei muzici cântate prost sau, în orice caz, de niște amatori, trecând prin podeaua dormitorului meu - acel *ping ping ping* repetat al clapelor pe care elevii aflați cu un etaj mai jos, la pianul mătușii Robbie, învățau gamele cu dificultate și făcând multe greșeli. Familia mea locuia în South Shore, un cartier al orașului Chicago, într-o căsuță cochetă din cărămidă, care îi aparținea lui Robbie și soțului ei, Terry. Părinții mei închiriaseră un apartament la etaj, iar Robbie și Terry locuiau la parter. Robbie era mătușa mamei și fusese pentru familia noastră un real ajutor de-a lungul anilor, dar pentru mine era o persoană înspăimântătoare. Pretențioasă și sobră, ea dirija corul bisericii și era oficial profesoara de pian a cartierului. Purta tocuri înalte și o pereche de ochelari de citit pe un lănțișor în jurul gâtului. Avea un zâmbet viclean, dar nu aprecia sarcasmul la fel de mult ca mama. O auzeam câteodată certându-și elevii că nu au exersat îndeajuns sau apostrofându-i pe părinții lor pentru că i-au adus târziu la lecții.

„Somn ușor!“, se auzea ea în miezul zilei, cu același ton exasperat cu care altcineva ar fi exclamat: „Doamne Dumnezeule!“

Se pare că foarte puţini se ridicau la înălţimea pretenţiilor lui Robbie.

Cu toate astea, sunetul produs de aceia care se chinuiau să înveţe să cânte la pian a devenit coloana sonoră a vieţii noastre. *Ping-ping* după-amiezele, *ping-ping* seara. Doamnele de la biserică veneau câteodată să repete imnuri, făcându-şi auzită evlavia prin pereţii noştri. Sub îndrumarea lui Robbie, copiii care luau lecţii de pian nu aveau voie să studieze mai mult de un cântec odată. Din camera mea, îi auzeam cum, notă nesigură după notă nesigură, se străduiau să câştige aprobarea profesoarei lor şi să treacă de la vreo melodioară pentru copii la „Cântecul de leagăn" al lui Brahms, dar asta se întâmpla după multe încercări. Muzica nu era niciodată enervantă, dar se auzea tot timpul. Se strecura în sus, pe scara care despărţea apartamentul nostru de locuinţa lui Robbie. Intra pe ferestrele deschise în timpul verii, acompaniindu-mi gândurile în timp ce mă jucam cu păpuşile Barbie sau construiam mici regate din cuburi. Singurele pauze erau când tata venea acasă din schimbul de dimineaţă de la staţia de tratare a apei şi dădea drumul la televizor, la vreun meci al echipei Chicago Cubs, cu sonorul atât de tare încât acoperea orice altceva.

Era sfârşitul anilor 1960, în cartierul South Side, din Chicago. Cubs nu era o echipă slabă, dar nu era nici grozavă. Stăteam în braţele tatei, în fotoliul lui, şi îl ascultam povestind cum Cubs rămăsese fără vlagă la finalul sezonului şi de ce Billy Williams, care locuia aproape de noi, după colţ, pe Constance Avenue, lovea mai slab pe partea stângă. În afara terenurilor de baseball, America trecea printr-o perioadă de schimbări majore şi nesigure. Fraţii Kennedy fuseseră asasinaţi. Martin Luther

King fusese ucis și el în balconul unei clădiri din Memphis, ducând la declanșarea unui val de revolte în toată țara, inclusiv la Chicago. Convenția Națională din 1968 a Partidului Democrat a devenit sângeroasă, când poliția a intervenit cu bastoane și gaze lacrimogene împotriva celor care protestau față de Războiul din Vietnam, în parcul Grant, la vreo 12 kilometri de casa noastră. Familiile de albi se mutau în masă din oraș în suburbii – atrase de promisiunea unor școli mai bune, de spațiul mai generos și probabil și de vecinătatea mai albă.

Însă nimic din toate acestea nu rezona cu mine. Eram doar un copil, o fetiță cu păpuși Barbie și cu cuburi, cu doi părinți și un frate mai mare care dormea în fiecare noapte la un metru de mine. Familia era lumea mea, centrul universului meu. Mama m-a învățat să citesc devreme, ducându-mă la biblioteca publică, unde stătea cu mine în timp ce silabiseam cuvintele de pe câte o pagină. Tata mergea în fiecare zi la serviciu, îmbrăcat în uniforma albastră a angajaților municipalității, dar seara ne arăta ce înseamnă să iubești jazzul și arta. În copilărie, făcuse cursuri la Institutul de Artă din Chicago, iar în liceu pictase și sculptase. În școală a fost un înotător și un boxer talentat, și ca adult urmărea cu pasiune orice sport televizat, de la golf profesionist la Liga Națională de Hochei. Îi plăcea să vadă cum fac performanță oamenii puternici. Când fratele meu Craig a început să fie interesat de baschet, tata punea monede pe tocul ușii de la bucătărie, încurajându-l să sară după ele.

Tot ceea ce conta pentru mine se afla pe o rază de cinci cvartale – bunicii și verișorii mei, biserica din colț unde mergeam nu tocmai cu regularitate la școala de duminică, benzinăria unde mă trimitea mama uneori să-i cumpăr un pachet de țigări mentolate și magazinul de băuturi, unde se vindea și pâine feliată, bomboane ieftine și lapte. În nopțile fierbinți de vară, Craig și cu mine ațipeam ascultând uralele de la meciurile de softball care se jucau în parcul din apropiere, unde ziua ne cățăram pe aparatele de la locul de joacă sau ne fugăream cu alți copii.

Diferența de vârstă dintre mine și Craig este de aproape doi ani. El a moștenit ochii blânzi și optimismul tatălui meu, iar de la mama a luat spiritul categoric. Noi doi am fost întotdeauna foarte apropiați, în parte datorită devotamentului constant și oarecum inexplicabil pe care el pare să-l fi simțit încă de la început față de sora lui mai mică. Există o fotografie veche de familie, alb-negru, în care apărem toți patru pe o canapea, mama zâmbind cu mine în brațe, iar tata părând foarte serios și mândru în timp ce îl ține pe Craig. Suntem îmbrăcați pentru biserică sau poate pentru o nuntă. Eu aveam în jur de opt luni, o fetișoară dolofană, un scutec uriaș și o rochiță albă apretată; păream gata să alunec din brațele mamei și mă uitam fix în obiectiv, de parcă aș fi vrut să-l mănânc. Lângă mine se află Craig, un gentleman în miniatură, cu papion și costum, având o mină foarte serioasă. Avea doi ani și deja întruchipa imaginea vigilenței și a responsabilității de frate mai mare – avea brațul întins spre mine, cu degetele strânse protector în jurul mânuței mele grăsulii.

Fotografia a fost făcută când locuiam pe același coridor cu părinții tatălui meu în Parkway Gardens, un complex rezidențial accesibil din South Side, cu blocuri de apartamente moderne. A fost construit în anii 1950, cu scopul de a răspunde la criza de locuințe pentru familiile muncitorilor de culoare, după al Doilea Război Mondial. Atmosfera locului avea să se deterioreze mai târziu, din pricina sărăciei și a violenței bandelor de cartier, transformând complexul în unul dintre cele mai periculoase locuri din oraș. Însă, cu mult înainte să se întâmple asta, pe când eu eram doar un bebeluș, părinții mei – care s-au cunoscut în adolescență și s-au căsătorit când aveau vreo 25 de ani – au acceptat propunerea de a se muta câțiva kilometri mai la sud, în casa lui Robbie și Terry, într-un cartier mai liniștit.

Pe Euclid Avenue, eram două familii care trăiau sub același acoperiș, deși acesta nu era foarte mare. Judecând după cum era compartimentat etajul, spațiul fusese probabil proiectat pentru a fi locuit de o persoană, cel mult două, dar noi am găsit o soluție să încăpem toți patru. Părinții mei dormeau în singurul dormitor, iar eu și fratele meu Craig împărțeam spațiul mai mare care ar fi trebuit să fie camera de zi. Mai târziu, când am crescut, bunicul meu – Purnell Shields, tatăl mamei mele, care era un tâmplar entuziast, dacă nu chiar foarte priceput – a adus niște lambriuri ieftine din lemn și a construit un fel de perete care împărțea acest spațiu în două așa-zise cămăruțe. Cu ajutorul unei uși glisante din plastic, a amenajat și un mic loc de joacă, unde puteam să ne ținem amândoi jucăriile și cărțile.

Îmi plăcea mult camera mea. Era suficient de încăpătoare pentru un pat dublu și un birou îngust. În pat îmi țineam toate animalele de pluș, și în fiecare noapte le aranjam cu migală în jurul capului, ca într-un fel de ritual. De cealaltă parte a panoului despărțitor, Craig locuia într-un spațiu foarte asemănător, cu patul așezat de-a lungul peretelui, paralel cu al meu. Separarea noastră era atât de superficială, încât puteam sta de vorbă noaptea, după ce ne urcam în pat, și de multe ori ne jucam aruncând de la unul la altul un ghemotoc din șosete prin spațiul de două palme rămas între panou și tavan.

În schimb, partea în care locuia mătușa Robbie era ca un mausoleu, cu mobila protejată de folii de plastic, pe care le simțeam reci și lipicioase pe picioarele goale, când îndrăzneam să mă așez. Rafturile ei erau pline cu bibelouri de porțelan pe care nu aveam voie să le atingem. Îmi lăsam mâna să alunece peste un set de canişi de sticlă, cu căpşoare drăguțe – o cățeluşă foarte grațioasă și trei pui mici –, apoi mi-o retrăgeam brusc, temându-mă de mânia lui Robbie. Când nu ținea lecții de pian, parterul era cufundat într-o tăcere de mormânt. Televizorul nu era niciodată pornit, radioul nu se auzea niciodată. Cred că ei doi nici nu vorbeau prea mult. Numele complet al soțului lui Robbie era William Victor Terry, dar, nu se știe de ce, i se spunea doar pe numele de familie. Terry era ca o umbră, un bărbat cu un aer distins care purta costum cu vestă în fiecare zi a săptămânii și care nu scotea aproape niciodată vreun cuvânt.

Am ajuns să mă gândesc la cele două niveluri ale casei ca la două universuri diferite, guvernate de sensibilități contrarii. La etaj, noi eram gălăgioși, fără să ne pese prea mult de asta. Craig și cu mine ne jucam cu mingea și ne fugăream prin apartament. Dădeam cu spray de lustruit mobila pe podeaua din hol ca să alunecăm mai bine în șosete, izbindu-ne deseori de pereți. Organizam meciuri de box între frate și soră în bucătărie, echipându-ne cu mănușile primite de tata la Crăciun și sfătuindu-ne despre cum să dăm o lovitură ca lumea. Seara, în familie, jucam tot felul de jocuri de societate, spuneam povești și glume, iar la casetofon răsunau cântecele celor de la Jackson 5. Când nu mai putea suporta zgomotul, Robbie apăsa nervos pe comutatorul de pe scara comună, de unde se aprindea becul și în holul nostru, de la etaj. Aprindea și stingea becul, iar și iar – era modul ei politicos de a ne spune să ne potolim.

Robbie și Terry erau mai în vârstă. Crescuseră într-o epocă diferită, cu preocupări diferite. Văzuseră lucruri pe care părinții noștri nu le mai apucaseră – și pe care eu și Craig, copii fiind, nici măcar nu le bănuiam. Sau, în orice caz, asta ne spunea mama atunci când ne supăram pe morocănoșii de la parter. Chiar dacă nu cunoșteam contextul, am fost învățați să ne amintim că respectivul context exista. Orice om de pe lumea asta, ne spuneau părinții, are un trecut pe care nu îl cunoaștem, și numai pentru asta merită tratat cu o anume indulgență. Aveam să aflu, după mulți ani, că Robbie dăduse în judecată Universitatea Northwestern pentru discriminare, după ce se înscrisese la un seminar de muzică corală, în 1943, și îi fusese refuzată cazarea în căminul pentru fete. A fost trimisă, în schimb, să se cazeze într-o pensiune din oraș – un loc „pentru cei de culoare". Terry fusese pe vremuri însoțitor de vagon la compania Pullman, pe una dintre cursele de noapte care veneau și plecau din Chicago. Era o ocupație respectabilă, chiar dacă nu și bine plătită, practicată doar de bărbați de culoare în uniforme imaculate care cărau bagaje, serveau la masă și, în general, se ocupau de toate necesitățile călătorilor din tren, inclusiv de lustruirea pantofilor.

Ani de zile după pensionare, Terry a continuat să trăiască într-un formalism plat – îmbrăcat impecabil, serviabil, dar distant, fără să se impună vreodată, cel puțin din câte puteam eu să-mi dau seama. Era ca și cum renunțase la o parte din el, ca să poată face față situației. Îl urmăream când tundea gazonul în zilele călduroase din toiul verii, cu pantofi închiși, bretele, pălărie cu bor îngust și mânecile cămășii suflecate cu grijă. Se răsfăța cu o singură țigară pe zi și un cocktail pe lună, dar nici atunci nu se relaxa cum o făceau părinții noștri după un whisky sau o bere, pe care și le permiteau de câteva ori pe lună. O parte din mine ar fi vrut ca Terry să se destăinuie cuiva, să se elibereze de orice secrete ar fi purtat. Îmi imaginam că știa tot felul de povești interesante despre orașele pe care le vizitase și despre oamenii bogați pe care-i însoțise în trenuri. Dar nu aveam să auzim nici una dintre aceste povești. Nu se știe din ce motiv, nu a povestit niciodată.

AVEAM ÎN JUR DE PATRU ANI când am decis că vreau să învăț să cânt la pian. Craig, care era în clasa întâi, cobora săptămânal la lecții cu Robbie și se întorcea sus relativ nevătămat. Mă gândeam că eram pregătită, de fapt eram convinsă că deja învățasem să cânt la pian printr-un fel de osmoză – după toate acele ore în care îi ascultasem pe alți copii bâjbâind prin partiturile lor. Aveam deja muzica în minte. Voiam doar să merg jos pentru a-i demonstra exigentei mele mătuși cât de talentată eram și să devin, fără nici un efort, eleva ei vedetă.

Pianul lui Robbie se afla într-o cameră mică din spatele casei, lângă o fereastră care dădea în curte. Într-un colț era o plantă în ghiveci, și în altul se afla o masă pliantă, pe care elevii puteau să scrie. În timpul lecțiilor, Robbie stătea așezată într-un fotoliu, cu spatele drept, bătând ritmul cu un deget și ținându-și capul înclinat, în timp ce asculta cu atenție ca să surprindă orice greșeală. Îmi era frică de Robbie? Nu chiar, dar exista în ea ceva care inspira teamă; reprezenta genul de autoritate rigidă cu care nu mă mai întâlnisem prin altă parte. Ea cerea excelență de la fiecare copil care se așeza pe scăunelul de la pian. O vedeam ca pe o persoană care trebuia convinsă sau cucerită cumva. Cu ea, simțeai întotdeauna că aveai ceva de demonstrat.

La prima lecție, picioarele îmi atârnau din scaun, pentru că erau încă prea scurte ca să ajungă la podea. Robbie mi-a dat un manual de muzică, de care am fost foarte încântată, și mi-a arătat cum să-mi așez corect mâinile pe clape.

„Gata, fii atentă“, mi-a spus, răstindu-se la mine, deși eu nici nu începusem. „Găsește do central.“

Când ești mic, ți se pare că pianul are o mie de clape. Te uiți nedumerit la șirul de clape albe și negre, prea multe ca să poată fi cuprinse de două brațe micuțe întinse. După cum aveam să învăț imediat, do central era punctul de referință, demarcația între octavele pe care le acoperă mâna dreaptă, respectiv mâna stângă, adică între cheia sol și cheia fa. Dacă puneai degetul mare pe do central, restul se așezau automat la locurile lor. Clapele de la pianul lui Robbie aveau diferențe subtile de culoare și de formă, porțiuni de pe care săriseră bucățele de fildeș, făcându-le să arate ca niște dinți stricați. Din fericire, clapa do central avea un întreg colț ciobit, mare cât o unghie, așa că o nimeream de fiecare dată.

După cum s-a dovedit, îmi plăcea pianul. Mi se părea firesc să stau în fața lui, de parcă îmi era menit să fac asta. În familia mea existau mulți muzicieni și iubitori ai muzicii, în special din partea mamei. Aveam un unchi care cânta într-o orchestră de profesioniști. Câteva mătuși cântau în coruri la biserică. O aveam pe Robbie care, pe lângă cor și lecțiile de pian, conducea așa-numitul Atelier Opereta, un fel de teatru muzical pentru copii, care se ținea într-o sală de la subsolul bisericii și unde mergeam împreună cu Craig în fiecare sâmbătă. Însă nucleul muzical al familiei mele era bunicul Shields, tâmplarul, care era fratele mai mic al lui Robbie. Era un bărbat grăsuț și voios, cu un râs molipsitor și o barbă căruntă, neîngrijită, căruia îi spuneam Sudistul. Când eram mai mici, locuia în partea de vest a orașului, iar Craig și cu mine îi spuneam Vesticul. Dar în anul în care am început lecțiile de pian, s-a mutat și el în cartierul nostru, așa că l-am rebotezat rapid.

Sudistul se despărțise de bunica mea cu mult timp în urmă, când mama era adolescentă. Locuia împreună cu mătușa Carolyn, sora mai mare a mamei, și cu unchiul Steve, fratele ei mai mic, la două străzi de noi, într-o casă confortabilă cu un singur nivel, pe care o împânzise cu cabluri pentru muzică, instalând boxe în toate încăperile, inclusiv în baie. În camera de zi construise un sistem de dulăpioare sofisticat pentru echipamentul stereo, cumpărat în mare parte bucată cu bucată, de pe la târgurile de cartier. Avea două platane de pick-up care nu se potriveau, un magnetofon vechi, cam uzat, și rafturi ticsite cu discurile pe care le adunase de-a lungul multor ani.

Existau puține lucruri pe lume în care Sudistul avea încredere. Era un fel de adept de modă veche al teoriilor conspiraționiste. Nu avea încredere în dentiști, ceea ce l-a lăsat la un moment dat aproape fără nici un dinte. Nu avea încredere în poliție și nu prea avea încredere în albi, el fiind fiul unui sclav din Georgia și petrecându-și prima parte a copilăriei în Alabama, în vremea lui Jim Crow, înainte să vină la Chicago în anii 1920. Când a avut el însuși copii, Sudistul a făcut tot ce a crezut de cuviință ca să-i știe în siguranță – i-a speriat cu povești reale și imaginare despre ce li se putea întâmpla copiilor negri care se duceau în cartierul nepotrivit și i-a bătut la cap să se ferească de poliție.

Muzica părea să fie un antidot pentru toate aceste griji, un mod de a le îndepărta pentru a se putea relaxa. Când Sudistul își primea plata pentru vreo lucrare de tâmplărie, câteodată își făcea de cap și își cumpăra un album nou. Dădea mereu petreceri pentru familie, la care oaspeții erau nevoiți să vorbească tare ca să acopere zgomotul din boxe, pentru că muzica era întotdeauna pe primul plan. Cele mai multe evenimente importante din familie se sărbătoreau la Sudist acasă, iar asta ne-a dat ocazia, de-a lungul anilor, să despachetăm cadourile de Crăciun pe muzica Ellei Fitzgerald și să suflăm în lumânările de pe tort ascultând Coltrane. După cum povestea mama, în tinerețea lui, Sudistul ținuse morțiș să le insufle dragostea pentru jazz celor șapte copii ai lui, așa că deseori îi trezea cu vreunul dintre discurile lui, sunetul fiind dat la volum maxim.

Dragostea lui pentru muzică era molipsitoare. După ce Sudistul s-a mutat la noi în cartier, am început să petrec după-amieze în șir acasă la el, luând de pe rafturi câte un disc la întâmplare și ascultându-l de la cap la coadă, descoperind povestea fiecăruia în parte. Chiar dacă eram mică, nu mi-a spus niciodată să nu ating anumite lucruri. Tot el avea să-mi cumpere mai târziu primul meu album, *Talking Book* al lui Stevie Wonder, pe care îl țineam la el acasă, pe un raft pe care îl făcuse special pentru discurile mele preferate. Dacă mi se făcea foame, îmi pregătea un milkshake sau ne prăjea un pui întreg, în timp ce ascultam Aretha, Miles sau Billie. Pentru mine, Sudistul era la fel de măreț ca raiul. Iar raiul, așa cum mi-l imaginam atunci, trebuia să fie un loc cu mult jazz.

ACASĂ AM CONTINUAT SĂ EXERSEZ, ca să evoluez din punct de vedere muzical. Așezată la pianul înalt al lui Robbie, am învățat repede gamele – osmoza despre care vorbeam fusese reală – și m-am apucat cu multă conștiinciozitate să studiez partiturile pe care mi le dăduse. Pentru că noi nu aveam pian, trebuia să exersez la parter, la pianul ei, așa că pândeam mereu când nu era altcineva la lecție. Deseori o trăgeam pe mama după mine, să stea în fotoliul mătușii și să mă asculte cântând. Am învățat un cântecel din manualul de pian, apoi ,altul. Probabil că nu eram mai bună decât ceilalți elevi ai ei, dar eram foarte ambițioasă. Pentru mine, să învăț era ceva magic și am descoperit în studiu o satisfacție specială. De exemplu, am sesizat imediat legătura simplă și încurajatoare între cât de mult exersam și cât de repede progresam. Și am simțit ceva și la Robbie – prea adânc îngropat ca să fie manifestat ca satisfacție evidentă, dar era ceva, un fel de vibrație pozitivă care venea dinspre ea când reușeam să termin un cântec fără să mă încurc, când mâna mea dreaptă deslușea o melodie în timp ce stânga producea un acord grav. Vedeam cu coada ochiului cum buzele lui Robbie se destind, iar degetul cu care ținea ritmul tresărea ușor.

Aceasta, după câte se pare, a fost perioada de lapte și miere pentru mine și Robbie. Și poate că ar mai fi continuat la fel, dacă eu aș fi fost mai puțin curioasă și aș fi arătat mai mult respect pentru metoda ei de predare. Însă manualul avea multe pagini, iar trecerea mea prin partea introductivă fusese îndeajuns de lentă încât să-mi alimenteze nerăbdarea și să mă facă să trag cu ochiul la ce avea să urmeze – și nu doar la câteva pagini mai în față, ci mult mai departe în manual. Mă uitam la titlurile cântecelor mai complicate și încercam să le cânt, ori de câte ori prindeam pianul liber să exersez. Când i-am prezentat cu multă mândrie unul dintre cântecele pe care le învățasem din capitolele mai avansate ale manualului, Robbie a izbucnit, strivindu-mi reușita cu un răutăcios „Somn ușor“. M-a certat așa cum o auzisem certându-i pe mulți alți elevi înaintea mea. Nu făcusem decât să încerc să învăț mai mult și mai repede, dar pentru Robbie asta era o infracțiune vecină cu trădarea. Nu a fost impresionată absolut deloc.

Dar nici eu nu m-am potolit. Eram genul de copil căruia îi plăcea să primească răspunsuri logice la toate întrebările, care prefera ca lucrurile să decurgă rațional spre un final logic, chiar dacă și epuizant. Pledam avocățește pentru cauza mea și aveam și porniri dictatoriale, după cum poate confirma fratele meu, pe care deseori îl dădeam afară din spațiul nostru comun de joacă. Când mi se părea că am o idee bună, nu îmi plăcea să fiu respinsă sau refuzată. Motiv pentru care am ajuns să mă cert cu mătușa mea – o confruntare între două temperamente puternice și de neclintit.

„Cum poți să fii supărată pe mine pentru că am vrut să învăț ceva nou?“

„Nu ești pregătită să faci asta. Nu așa se învață pianul.“

„Dar *sunt* pregătită. Tocmai l-am cântat.“

„Nu așa se face.“

„Dar *de ce*?“

Lecțiile de pian au devenit dificile și solicitante, în mare măsură din cauza faptului că eu refuzam să urmez metoda stabilită, iar Robbie refuza să găsească vreun aspect pozitiv în modul libertin în care abordam manualul ei de cântece. Și îmi amintesc că am continuat așa, săptămână după săptămână. Eram încăpățânată, la fel ca ea. Eu aveam punctul meu de vedere și la fel avea și ea. Între două certuri, eu continuam să cânt la pian, iar ea continua să mă asculte, formulând un șir nesfârșit de observații. Eu îi recunoșteam prea puțin meritul pentru progresele mele la pian. Ea nu era de părere că progresam în vreun fel. Și, totuși, lecțiile continuau.

La etaj, părinții mei și Craig găseau că întreaga poveste era foarte amuzantă. Râdeau de se prăpădeau când eu le povesteam, la cină, despre confruntările mele cu Robbie. Încă mai eram furioasă în timp ce mâncam spaghetele cu chiftelușe. Craig, în schimb, nu avea nici o problemă cu Robbie, el fiind un copil vesel și ascultător, pentru care lecțiile de pian nu erau preocuparea principală. Părinții mei nu empatizau cu necazurile mele, și nici cu cele ale lui Robbie. În general, nu interveneau în chestiunile care nu aveau legătură cu școala, învățându-ne de foarte devreme pe mine și pe fratele meu să ne rezolvăm singuri problemele. Păreau să considere că rolul lor era să ne asculte și să ne încurajeze, între cei patru pereți ai căminului nostru. Și dacă alți părinți și-ar fi certat copilul pentru că a fost obraznic cu un adult, ei treceau și asta cu vederea. Cu scurte pauze, mama locuise cu Robbie de la vârsta de 16 ani și respectase întotdeauna regulile stricte pe care aceasta le stabilise, așa că e posibil să se fi bucurat în secret că autoritatea mătușii ei era acum contestată. Privind în urmă, cred că părinților mei le plăcea îndrăzneala mea și mă bucur de asta. Exista în mine o flacără pe care ei voiau să o păstreze aprinsă.

ODATĂ PE AN, Robbie organiza un recital extravagant, pentru a le da ocazia elevilor ei să cânte în fața publicului. Nici până astăzi nu știu cum reușea, dar câteodată obținea accesul într-o sală de repetiții de la Universitatea Roosevelt, în centrul orașului, și își ținea recitalurile în clădirea masivă din piatră de pe Michigan Avenue, chiar lângă locul în care cânta orchestra simfonică din Chicago. Doar gândul că aveam să merg acolo îmi dădea o stare de neliniște. Apartamentul nostru de pe Euclid Avenue se afla cam la 12 kilometri de centrul orașului, care mi se părea desprins din altă lume, cu zgârie-norii sclipitori și trotuarele lui aglomerate. Familia mea mergea în inima orașului doar de câteva ori pe an, ca să viziteze Institutul de Artă sau ca să vadă o piesă de teatru, iar noi patru ne simțeam în Buick-ul tatălui meu ca niște astronauți într-o capsulă spațială.

Tata abia aștepta un prilej să urce la volan. Era îndrăgostit de mașina lui, un Buick Electra 225 cu două uși, de culoarea bronzului, pe care o numea cu mândrie „Doi și un sfert". Mașina era tot timpul spălată și lustruită, iar tata respecta cu religiozitate programul reviziilor, ducând-o la Sears pentru echilibrarea roților și schimbarea uleiului, la fel cum mama ne ducea pe noi, copiii, la control la pediatru. Și nouă ne plăcea Doi și un sfert. Avea o formă foarte suplă și niște stopuri înguste care îi dădeau un aer foarte cool și futurist. Era suficient de spațioasă cât să ne simțim în interiorul ei ca într-o casă. Puteam să stau în picioare și să ating cu mâinile plafonul capitonat. Pe vremea aceea nu erau obligatorii centurile de siguranță, așa că adesea Craig și cu mine țopăiam pe bancheta din spate, aplecând-ne peste scaunele din față când voiam să vorbim cu părinții noștri. De cele mai multe ori, mă ridicam apucându-mă de tetieră, apoi, îmi întindeam gâtul până când fața mea ajungea lângă cea a tatălui meu și aveam amândoi exact aceeași priveliște.

Pentru familia mea, mașina era încă un prilej de apropiere, o ocazie să stăm de vorbă și să călătorim în același timp. Seara, după cină, Craig și cu mine îl rugam de multe ori pe tata să ne ducă la plimbare cu mașina, fără vreo țintă anume. Ca răsfăț în serile de vară, mergeam cu mașina la un cinematograf în aer liber, la sud-vest de cartierul nostru, să vedem filme din seria *Planeta maimuțelor.* Parcam mașina la apus și așteptam să înceapă filmul, mama ne dădea să mâncăm pui fript și cartofi prăjiți aduși de acasă, iar noi mâncam pe bancheta din spate, atenți să ne ștergem mâinile cu șervețele, nu pe scaun.

Abia după mulți ani am înțeles pe deplin ce însemna pentru tata să conducă mașina. În copilărie puteam doar să ghicesc – senzația de eliberare pe care o avea la volan, plăcerea de a controla motorul care torcea fără cusur și cauciucurile perfect echilibrate. Avea treizeci și ceva de ani când un doctor i-a spus că senzația ciudată de slăbiciune pe care începuse s-o simtă la unul dintre picioare era doar începutul unui drum lung și probabil dureros spre imobilitate, că – din pricina unei degenerări misterioase a neuronilor din creier și din coloana vertebrală – cel mai probabil avea să devină incapabil să meargă. Nu știu datele exacte, dar se pare că mașina Buick a intrat în viața tatălui meu cam în același timp cu scleroza multiplă. Și, chiar dacă el nu a spus-o niciodată, mașina părea să-i aducă un fel de alinare.

Părinții noștri nu vorbeau prea mult despre diagnosticul tatei. Mai erau câteva decenii până la vremurile în care o simplă căutare pe Google avea să genereze o gamă năucitoare de rezultate cu grafice, statistici și explicații medicale care să insufle sau să reteze orice speranță. Și, oricum, mă îndoiesc că el ar fi vrut să le vadă. Deși tata a fost crescut în sânul bisericii, el nu s-ar fi rugat lui Dumnezeu să-l cruțe. El nu ar fi căutat tratamente alternative sau vreun guru și nici o genă defectă pe care să dea vina. În familia mea, avem obiceiul înrădăcinat demult de a respinge veștile proaste sau de încerca să le uităm aproape din clipa în care le primeam. Nimeni nu a știut cât de mult timp s-a simțit rău tata înainte să se ducă singur la doctor, dar bănuiesc că a fost vorba de luni, dacă nu chiar de ani. Nu-i plăceau programările la medic. Nu era genul care să se plângă. Era un om care accepta tot ceea ce i se întâmpla și mergea mai departe, pur și simplu.

Ceea ce știu foarte sigur este că, în ziua marelui meu recital de pian, el deja șchiopăta ușor, iar piciorul stâng devenise incapabil să țină pasul cu dreptul. Toate amintirile pe care le am despre tata includ o manifestare sau alta a dizabilității lui, chiar dacă nici unul din noi nu vorbea deschis despre asta. Ceea ce știam la vremea respectivă era că tatăl meu se deplasa puțin mai încet decât alți tați. Câteodată, îl vedeam oprindu-se înainte să urce un șir de trepte, de parcă ar fi trebuit să gândească mișcările înainte de a le face efectiv. Când mergeam la cumpărături la mall, el se oprea pe o bancă, mulțumindu-se să păzească plasele sau să moțăie în timp ce restul familiei umbla de colo-colo, în voie.

În drum spre centru, pentru recitalul de pian, stăteam pe bancheta din spate a Buick-ului, îmbrăcată într-o rochie frumoasă, purtând pantofi de lac și părul prins în codițe, experimentând emoția pentru prima dată în viața mea. Aveam trac, chiar dacă acasă, în apartamentul lui Robbie, îmi exersasem partitura până la epuizare. Craig, îmbrăcat și el într-un costum elegant, era pregătit să-și cânte melodia și nu părea să fie deranjat de vreo emoție sau de temeri. De fapt, dormea tun, tolănit pe banchetă, cu gura deschisă și o expresie fericită pe chip. Ăsta era Craig. Toată viața l-am admirat pentru naturalețea lui. Pe vremea aceea juca baschet într-o echipă de juniori și avea meciuri la fiecare sfârșit de săptămână, iar asta probabil că l-a ajutat să-și stăpânească emoțiile când se afla în public.

Deseori, tata alegea un loc de parcare cât mai apropiat cu putință de destinația noastră, cheltuind mai mult pe taxa de parcare, dar având mai puțin de mers pe picioarele lui nesigure. În ziua aceea, am găsit fără probleme Universitatea Roosevelt, și, apoi, sala care mi se părea enormă și cu o rezonanță aparte, unde avea să se desfășoare recitalul de pian. Înăuntru, m-am simțit foarte mică. Sala avea ferestre elegante, din podea până în tavan, prin care se vedeau pajiștile întinse din parcul Grant și, dincolo de ele, valurile cu coamă albă ale lacului Michigan. Șirurile de scaune cenușii din oțel se umpleau treptat cu copii emoționați și părinți plini de așteptări. În față, pe o scenă mai înaltă, se aflau primele două piane de concert pe care le-am văzut în viața mea, cu uriașele capace din lemn masiv ridicate asemenea aripilor unei păsări negre. Robbie era și ea acolo, foindu-se încolo și încoace, într-o rochie cu imprimeu floral de parcă ar fi fost regina balului – dar o regină cu aer de matroană –, asigurându-se că toți elevii ei veniseră cu partitura în mână. Înaintea să înceapă spectacolul, tot ea a făcut liniște în sală.

Nu îmi amintesc în ce ordine am cântat în ziua aceea. Știu doar că, atunci când a venit rândul meu, m-am ridicat de pe scaun și am mers cât am putut de demnă până în fața sălii, am urcat treptele și m-am așezat pe scăunel, în fața unuia din cele două piane strălucitoare. Adevărul este că eram pregătită. Oricât de incisivă și de rigidă mi se părea Robbie, îmi însușisem de la ea devotamentul pentru rigoare. Știam cântecul atât de bine, încât aproape că nici nu trebuia să mă gândesc la el. Trebuia doar să încep să-mi mișc degetele.

Și, totuși, exista o problemă, după cum mi-am dat seama imediat după ce mi-am așezat degetele mici pe clape. S-a dovedit că stăteam în fața unui pian perfect, cu suprafețele bine șterse de praf, cu corzile perfect acordate și cu cele 88 de clape înșirate într-o panglică impecabilă în alb și negru. Problema era că eu nu eram obișnuită cu perfecțiunea. De fapt, nu o întâlnisem niciodată în viață. Experiența mea cu pianul se rezuma la cămăruța de muzică a lui Robbie, cu planta uscată în ghiveci și vedere spre curtea din spate. Singurul instrument la care cântasem vreodată era pianul ei nici pe departe perfect, cu sunet strident și clapele îngălbenite, la care do-ul central era ciobit foarte convenabil. Asta însemna pentru mine pian –

la fel cum cartierul meu era cartierul meu, tata era tata și viața mea era viața mea. Era tot ce știam.

Acum devenisem brusc conștientă că în jurul meu erau oameni care mă priveau din scaunele lor la fel cum eu mă uitam fix la clapele strălucitoare ale pianului, fără să găsesc vreun indiciu. Habar nu aveam unde să-mi așez mâinile. Sugrumată de emoție și cu inima zvârcolindu-mi-se în piept, m-am uitat spre public, încercând să maschez panica și căutând parcă un refugiu în chipul mamei. Am văzut cum cineva se ridică de pe rândul din față și plutește încet în direcția mea. Era Robbie. Ne certaserăm de multe ori până atunci, iar eu aproape că ajunsesem să o privesc ca pe un dușman. Dar atunci, când mă așteptam să mă pedepsească pentru toate răzvrătirile mele, a venit în spatele meu ca un înger. Poate că și-a dat seama prin ce treceam. Poate bănuia că inechitățile lumii mi se dezvăluiseră, pe tăcute, pentru prima dată. Sau poate a vrut, pur și simplu, să grăbească lucrurile. În orice caz, fără să spună un cuvânt, Robbie a pus degetul pe do central, ca să-mi arate de unde să încep. Apoi s-a întors și, cu cel mai reținut surâs încurajator cu putință, m-a lăsat să îmi cânt cântecul.

CAPITOLUL 2

AM ÎNCEPUT SĂ MERG LA GRĂDINIȚĂ la școala Bryn Mawr, în toamna anului 1969, cu dublul avantaj de a ști deja să citesc cuvinte simple și de a avea un frate mai mare în clasa a doua, pe care toată lumea îl plăcea. Școala, o clădire din cărămidă cu patru etaje și cu o curte în față, era foarte aproape de casa noastră din Euclid. Până acolo erau două minute de mers pe jos sau, dacă o făceai în stilul lui Craig, un minut de alergare.

Școala mi-a plăcut de la bun început. Îmi plăcea educatoarea mea, o albă minionă căreia îi spuneam doamna Burroughs și care mi se părea bătrână, dar care abia trecuse probabil de 50 de ani. Sala ei de clasă avea ferestre mari și însorite, o colecție de păpuși cu care puteai să te joci, iar, în spate, un uriaș teatru de marionete făcut din mucava. Mi-am făcut prieteni printre colegi, atrasă de copiii care, la fel ca mine, păreau dornici să se afle acolo. Eram convinsă că știu să citesc. Acasă reușisem să termin cărțile cu Dick și Jane, grație permisului de bibliotecă al mamei, așa că am fost încântată să aud că prima noastră temă la grădiniță era să învățăm să citim seturi de cuvinte noi, la prima vedere. Am primit o listă de culori pe care să le învățăm, nu nuanțele, ci cuvintele respective – „roșu“,

„albastru“, „verde“, „negru“, „portocaliu“, „violet“, „alb“. La clasă, doamna Burroughs ne asculta pe rând, ridicând câte un carton mare și întrebându-ne ce era scris pe el cu litere mari, negre. Într-o zi, am urmărit cu atenție cum fetițele și băieții pe care abia îi cunoscusem încercau să deslușească literele de pe cartoanele cu culori, unii cu mai mult succes, alții cu mai puțin, iar în momentul în care se încurcau li se spunea să stea jos. Cred că intenția era să fie un joc de genul „fazan“, dar îți puteai da seama că se făcea o selecție subtilă a elevilor și o umilire voită a copiilor care nu fuseseră în stare să treacă de „roșu“. Desigur, era anul 1969, într-o școală publică din sudul orașului Chicago. Nimeni nu vorbea despre stima de sine sau despre dezvoltarea personalizată. Dacă începeai devreme, de acasă, culegeai roadele la școală, unde erai considerat „strălucit“ sau „talentat“, iar acest fapt, la rândul lui, îți sporea încrederea. Avantajele se amplificau cu repeziciune. În grupa mea de la grădiniță, cei mai deștepți copii erau Teddy, un băiețel de origine coreeană, și Chiaka, o fetiță afro-americană. Amândoi aveau să rămână în fruntea clasei și în anii următori.

Eram hotărâtă să țin pasul cu ei. Când mi-a venit rândul să citesc cuvintele de pe cartoanele educatoarei, m-am ridicat în picioare și am dat tot ce aveam mai bun, turuind cu ușurință „roșu“, „verde“ și „albastru“. La „violet“ am avut totuși o clipă de ezitare, iar „portocaliu“ a fost greu. Dar când au apărut literele A-L-B am înghețat cu totul, gâtul mi s-a uscat, și gura nu a mai reușit să articuleze nici un sunet, în timp ce creierul îmi zbârnâia nebunește, încercând să găsească o culoare care să semene cu „a-lîîî“. Simțeam că mă sufoc. Am simțit că mi se înmoaie genunchii, de parcă ar fi fost gata să cedeze. Dar înainte să se întâmple asta, doamna Burroughs mi-a spus să stau jos. Și exact atunci m-a lovit cuvântul, în toată splendoarea ușurinței lui. *Alb. Aaaaalb.* Cuvântul era „alb".

În noaptea aceea, cum stăteam întinsă în pat cu animalele de pluș îngrămădite în jurul capului, nu m-am putut gândi decât la „alb". Mi-l spuneam întruna în minte pe litere, iar și iar, pedepsindu-mă singură pentru propria mea prostie. Simțeam stânjeneala ca pe o povară, ca pe ceva de care nu mai aveam să scap vreodată, cu toate că știam că pe părinții mei nu-i interesa dacă am citit corect toate cartonașele. Eu, însă, voiam să mă afirm. Sau poate nu voiam să fiu respinsă ca fiind incapabilă de afirmare. Eram sigură că educatoarea mea mă etichetase deja ca pe cineva care nu poate să citească sau, mai rău, nici nu încearcă. Eram obsedată de steluțele aurii de mărimea unei monede pe care Teddy și Chiaka le primiseră de la doamna Burroughs în ziua respectivă, să le poarte în piept ca simbol al realizărilor lor sau poate ca un semn că erau predestinați unei măreții care nouă, celorlalți, nu ne era accesibilă. La urma urmei, cei doi citiseră până la ultimul carton fără nici o ezitare.

În dimineața următoare, în clasă, am cerut să fiu reexaminată.

Când doamna Burroughs m-a refuzat, adăugând voioasă că, noi, copiii de grădiniță avem altceva de făcut, eu am insistat.

Îmi pare rău de copiii care au fost nevoiți să mă privească cum am înfruntat din nou cartonașele cu culori, de data aceasta mai încet, cu pauze de respirație după fiecare cuvânt pe care îl pronunțam, refuzând să las emoțiile să-mi paralizeze creierul. Și a funcționat la „negru", „portocaliu", „violet" și mai ales la „alb". Efectiv am strigat cuvântul „alb" încă dinainte să văd literele de pe carton. Îmi place să mă gândesc acum că doamna Burroughs a fost impresionată de micuța negresă care și-a făcut curaj să pledeze pentru ea însăși. Nu știu dacă Teddy sau Chiaka au observat măcar. M-am grăbit, totuși, să îmi revendic trofeul, iar în după-amiaza aceea am plecat spre casă cu capul sus și cu o steluță aurie pe bluză.

ACASĂ trăiam într-o lume plină de intrigă și dramatism, cufundată într-o nesfârșită telenovelă cu păpuși. Erau nașteri, certuri și trădări. Era speranță, ură, uneori și sex. Cel mai mult îmi plăcea să-mi petrec timpul dintre școală și cină instalată în spațiul de joacă de lângă camera mea și a lui Craig, cu păpușile Barbie înșirate pe podea. Născoceam scenarii care mi se păreau la fel de reale ca viața însăși, în care amestecam uneori și soldații lui Craig. Hăinuțele păpușilor le țineam într-o valijoară din vinilin pentru copii, îmbrăcată într-un material înflorat. Atribuisem câte o personalitate fiecărei păpuși Barbie și fiecărui soldățel. Ba chiar reciclasem și cuburile cu litere tocite, pe care mama le folosise cu ani în urmă ca să ne învețe literele. Și acestea căpătaseră nume și o viață proprie.

Rareori mă alăturam copiilor din vecini care se jucau afară după ore și nici nu îmi invitam acasă prietenii de la școală, în parte pentru că eram un copil capricios și nu voiam să las pe nimeni să pună mâna pe păpușile mele. Fusesem acasă la alte fetițe, unde văzusem imagini de groază – păpuși Barbie cu părul ciuntit sau cu fețele mânjite cu carioca. În plus, învățasem de la școală că relațiile dintre copii puteau fi complicate. Oricât de înduioșătoare păreau scenele văzute pe terenul de joacă, în spatele lor se ascundea o tiranie de ierarhii și alianțe în continuă schimbare. Existau șefi absoluți, existau copii care îi intimidau pe alții și existau copii supuși. Nu eram timidă, dar știam sigur că nu aveam nevoie de astfel de probleme în viața mea din afara școlii. Îmi canalizam în schimb energia spre a fi singura forță animatoare în micul meu univers. Dacă apărea Craig și îndrăznea să mute un singur cub, începeam să țip. La nevoie, nu ezitam să-l lovesc – de obicei, îi dădeam un pumn direct în mijlocul spatelui. Ideea era că păpușile și cuburile aveau nevoie de mine să le dau viață, ceea ce eu făceam cu conștiinciozitate, imaginând-mi tot felul de intrigi. Ca orice zeitate binevoitoare, mă aflam acolo ca să le văd cum suferă și cum evoluează.

În vremea asta, de la fereastra dormitorului meu puteam să văd majoritatea lucrurilor care se întâmplau în cvartalul nostru de pe Euclid Avenue. Serile îl vedeam pe domnul Thompson, proprietarul clădirii cu trei etaje de vizavi, un afro-american înalt care își punea contrabasul în spatele Cadillacului său și pleca să cânte într-un club de jazz sau altul. Mă uitam cum veneau acasă vecinii noștri mexicani, familia Mendoza, cu camioneta plină de scări și unelte, după o zi grea de muncă la zugrăvit, pentru a fi întâmpinați la gard de câinii lor gălăgioși.

În cartierul nostru locuiau oameni din clasa de mijloc, într-o combinație de rase care nu deranja pe nimeni. Copiii nu își făceau prieteni după culoarea pielii, ci după cine era afară și avea chef de joacă. Printre prietenele mele se numărau Rachel, a cărei mamă era albă și avea accent britanic, Susie, o roșcată cu părul creț, și nepoata soților Mendoza, când venea în vizită. Era un amestec straniu de nume de familie – Kanospant, Abuasef, Yacker, Robinson –, iar noi eram prea mici ca să vedem că lucrurile se schimbau rapid în jurul nostru. În 1950, cu 15 ani înainte ca părinții mei să se mute în cartier, locuitorii de aici erau în proporție de 96 la sută albi. Când am plecat la facultate, în 1981, locuitorii erau 96 la sută negri.

Craig și cu mine am crescut în perioada dintre aceste două repere. În jurul nostru locuiau familii de evrei, familii de imigranți, familii de albi și altele de negri, oameni care prosperau și alții cărora le mergea prost. În general, oamenii își îngrijeau gazonul din fața casei și se ocupau de copii. Îi scriau cecuri lui Robbie ca să poată lua copiii lor lecții de pian. Familia mea se situa, probabil, în partea săracă a spectrului. Eram printre puținii care nu aveau casa lor, stând înghesuiți la etajul casei lui Robbie și Terry. South Shore încă nu intrase în declin, cum se întâmplase cu cartierul în care locuisem înainte – cu oamenii mai bine situați plecați de multă vreme spre suburbii, micile afaceri închizându-se una după alta, lăsând loc degradării –, dar tendința era clară.

Începeam să simțim efectele acestei tranziții, mai ales la școală. În clasa a doua, colegii mei erau un amalgam de copii neascultători și chiulangii, departe de ceea ce întâlniserăm până atunci eu și Craig. Totul părea să fie din cauza unei profesoare care nu știa să-și strunească elevii – și căreia părea că nici nu îi plac copiii. Mai mult decât atât, nu era foarte clar dacă îi păsa cuiva că profesoara era incompetentă. Elevii se foloseau de această scuză ca să-și facă de cap, iar ea părea să aibă despre noi cea mai proastă părere cu putință. În ochii ei eram o clasă de „copii răi“, chiar dacă nu beneficiam nici de îndrumare, nici de disciplină, și fusesem exilați într-o sală mohorâtă și prost luminată de la subsol. Fiecare oră acolo părea un chin nesfârșit. Stăteam abătută la măsuța mea, pe un scaun verzui ca voma – această nuanță de verde fiind culoarea oficială din anii 1970 –, fără să învăț ceva și așteptând pauza de masă de la prânz, când puteam să mă duc acasă să mănânc un sendviș și să mă plâng mamei.

În copilărie, îmi descărcam aproape întotdeauna supărările cu ajutorul mamei. Când eu tunam și fulgeram despre noua profesoară, mama mă asculta liniștită, spunând din când în când lucruri de genul „Vai de mine!" sau „Chiar așa?" Nu îmi împărtășea niciodată indignarea, dar îmi lua în serios frustrările. Dacă mama ar fi fost altcineva, ar fi reacționat politicos spunându-mi: „Du-te acolo și poartă-te cât de bine poți". Dar ea știa să deosebească mofturile de suferința reală. Fără să-mi spună, s-a dus la școală și a început o campanie discretă care a durat săptămâni întregi și care a avut drept rezultat transferul meu și al altor câțiva copii cu rezultate bune din clasă. Ni s-a dat o serie de teste și, o săptămână mai târziu, ne-am trezit mutați definitiv în clasa a treia, într-o sală luminoasă și curată de la etaj, sub îndrumarea unei profesoare zâmbitoare și care știa meserie.

A fost genul de minimă intervenție care îți schimbă viața. M-am întrebat de multe ori de atunci ce s-a întâmplat cu toți copiii rămași la subsol, cu profesoara care nu era în stare să predea. Acum, ca adult, îmi dau seama că, încă de la o vârstă fragedă, copiii simt când sunt disprețuiți, când adulții nu se preocupă suficient să-i ajute să învețe. Iar supărarea pe care o simt din această cauză se poate manifesta ca neascultare. Și nu este vina lor. Nu există „copii răi". Există doar copii care încearcă să supraviețuiască în circumstanțe defavorabile. Însă, la vremea aceea, nu știam toate astea și eram doar bucuroasă că am scăpat. După mulți ani aveam să aflu că mama, care avea o fire sarcastică și liniștită, dar cât se poate de sinceră și de directă, a căutat-o pe profesoara de la clasa a doua și i-a spus, cu toată amabilitatea, că locul ei nu era la catedră și că ar fi trebuit să se angajeze casieră la un magazin.

CU TIMPUL, mama a început să mă îndemne să ies afară și să mă joc cu copiii din vecini. Spera că așa o să ajung să mă descurc ușor în societate, la fel ca fratele meu. După cum am spus deja, Craig avea un fel al lui de a face lucrurile dificile să pară ușoare. Pe atunci, era o stea în devenire pe terenurile de baschet, entuziast, agil și mai înalt pe zi ce trecea. Tata îl îndemna să intre în cele mai grele competiții pe care putea să le găsească, fapt care însemna că, mai târziu, avea să-l trimită pe Craig singur de partea cealaltă a orașului, să joace cu cei mai buni copii. Pentru moment, îl lăsa încă să-și șlefuiască talentul prin cartier. Craig își lua mingea și traversa strada până în parcul Rosenblum, unde trecea pe lângă barele și leagănele unde îmi plăcea mie să mă joc, după care pășea dincolo de o linie invizibilă, dispărând printr-o perdea de copaci către partea mai îndepărtată a parcului, unde erau terenurile de baschet. Îmi imaginasem locul acela ca un fel de abis, o pădure fantastică și întunecată, pe unde umblau bețivi, tâlhari și criminali, însă, după ce a început să meargă în partea aceea a parcului, Craig m-a adus cu picioarele pe pământ, spunându-mi că nimeni nu era chiar așa de rău pe acolo.

Pentru fratele meu, baschetul părea să înlăture orice barieră. Sportul l-a învățat cum să intre în vorbă cu străinii pentru că făcea asta când voia să participe și el la un joc improvizat pe moment. L-a învățat o formă mai prietenoasă de argou, ca să-și intimideze prin vorbe adversarii mai mari și mai rapizi de pe teren. A ajutat, totodată, la demontarea diverselor mituri care circulau despre cine ce era și cu ce se ocupa prin cartier, întărind ipoteza – care pentru tata era de multă vreme o certitudine – că oamenii, în marea lor majoritate, erau cumsecade dacă te purtai frumos cu ei. Chiar și tipii slăbănogi care pierdeau vremea în fața magazinului cu băuturi de la colț se luminau la față când îl vedeau pe Craig, strigându-l pe nume și bătând palma cu el când treceam pe lângă ei.

„Cum se face că vă cunoașteți?“, întrebam eu bănuitoare.

„Nu știu, ei mă cunosc pe mine“, spunea Craig, ridicând din umeri.

Aveam zece ani când am simțit că eram suficient de mare să mă aventurez în afara casei pe cont propriu – o decizie pe care am luat-o în mare parte din plictiseală. Era vară și școala se terminase. Craig și cu mine luam în fiecare zi autobuzul până la o tabără de vacanță organizată pe malul lacului Michigan, dar ne întorceam acasă pe la patru, când mai erau multe ore de lumină. Păpușile mele deveneau din ce în ce mai puțin interesante, iar în apartamentul nostru fără aer condiționat căldura era greu de suportat după-amiaza. Așa că am început să mă țin după Craig prin cartier și să întâlnesc copii pe care nu-i cunoșteam de la școală. Dincolo de aleea din spatele casei noastre exista un mic complex imobiliar numit Euclid Parkway, format cam din 15 case construite în jurul unui spațiu verde comun. Era un fel de paradis fără mașini și plin de copii care se jucau cu mingea, săreau coarda sau, pur și simplu, stăteau pe verandă, la aer. Însă, înainte să-mi găsesc locul în grupul de fetițe de vârsta mea care se jucau la Parkway, am avut de trecut un test. Acesta a venit sub înfățișarea lui DeeDee, o fată care mergea la o școală catolică din apropiere. DeeDee era suplă și foarte drăguță, dar mereu bosumflată și gata să-și dea ochii peste cap. Deseori stătea pe veranda familiei ei, lângă o altă fetiță, mai populară, pe care o chema Deneen.

Deneen era întotdeauna prietenoasă, dar DeeDee părea să nu mă placă. Nu știu de ce. De fiecare dată când mergeam la Euclid Parkway, bombănea câte o răutate, de parcă prin simpla mea apariție reușeam să le stric ziua tuturor. Pe măsură ce treceau zilele, comentariile lui DeeDee se auzeau din ce în ce mai tare, iar eu mă simțeam tot mai descurajată. Însă, mi-am dat seama că aveam de ales. Puteam fie să continui să fiu fata cea nouă, ținta răutăților, fie să renunț să mă mai duc la Parkway și să mă întorc la jucăriile mele de acasă sau puteam încerca să-i câștig respectul lui DeeDee. Iar această ultimă opțiune ascundea o altă alegere pe care trebuia s-o fac: să încerc să stau de vorbă cu DeeDee și să o atrag de partea mea prin vorbe sau vreo altă formă de diplomație a copiilor, sau, pur și simplu, să îi închid gura.

Cu următoarea ocazie în care DeeDee a avut ceva de comentat despre mine, m-am repezit la ea, având în minte tot ce mă învățase tata despre cum se dă un pumn. Am căzut amândouă la pământ, lovindu-ne cu pumnii și cu picioarele. Copiii din Euclid Parkway s-au adunat imediat în jurul nostru, chiuind entuziasmați și dornici să urmărească o încăierare pe cinste, ca toți copiii de școală primară. Nu îmi aduc aminte cine ne-a despărțit, dacă a fost Deneen, fratele meu sau poate un părinte chemat la fața locului, dar când s-a terminat parcă avusese loc un fel de botez tainic. Eram acceptată oficial ca membru al tribului din vecinătate. DeeDee și cu mine eram nevătămate, gâfâiam și eram pline de praf din cap până-n picioare. Nu aveam să fim niciodată prietene apropiate, însă cel puțin îi câștigasem respectul.

Buick-ul tatei a continuat să fie refugiul nostru, fereastra noastră către lume. Ieșeam la plimbare cu mașina duminica și în serile de vară, bucurându-ne de simplul fapt că puteam face asta. Uneori ne încheiam plimbarea într-un cartier din sud, o zonă cunoscută drept Pill Hill („Colina Pastilelor"), datorită numărului mare de medici afro-americani care locuiau acolo. Era una dintre zonele cele mai frumoase și mai bogate din South Side, unde fiecare familie avea câte două mașini parcate în fața casei și alei înfrumusețate cu straturi bogate de flori.

Tata îi privea pe oamenii bogați cu o anumită neîncredere. Nu-i plăceau oamenii înfumurați și avea sentimente amestecate cu privire la ideea de proprietate asupra unei case. A existat o scurtă perioadă în care el și cu mama s-au gândit să cumpere o casă scoasă la vânzare nu departe de Robbie. Ba chiar s-au dus împreună cu agentul imobiliar să vadă proprietatea, însă, până la urmă, au renunțat. La vremea respectivă, aș fi susținut întru totul un astfel de demers. Mi se părea un lucru de o oarecare însemnătate ca familia mea să locuiască într-o casă cu etaj. Dar tata, precaut din fire, era conștient de compromisuri și înțelegea nevoia de a avea niște economii pentru zile grele.

„N-ai vrea să ajungi un sărac cu casă“, ne spunea el, explicându-ne cum unii oameni își cheltuiau toate economiile și se împrumutau prea mult, ajungând să aibă o casă frumoasă, însă nici un pic de libertate.

Părinții mei ne vorbeau ca unor adulți. Nu ne țineau prelegeri și ne lăsau să punem orice întrebare, fie ea cât de copilărească. Nu scurtau niciodată o discuție de dragul convenientelor. Uneori stăteam de vorbă ore întregi, pentru că eu și Craig nu ratam nici o ocazie să ne chestionăm părinții cu privire la lucrurile pe care nu le înțelegeam. Când eram mici întrebam: „De ce merg oamenii la baie?“ sau „De ce trebuie să mergi la serviciu?“ și, apoi, continuam cu o serie de alte întrebări pe aceeași temă. Una dintre primele mele victorii socratice a fost consecința unei întrebări puse în interes propriu: „De ce trebuie să mâncăm ouă la micul dejun?“ Răspunsul a dus la o discuție despre necesitatea proteinelor, care m-a făcut să întreb de ce nu ar putea fi considerat proteină untul de arahide și care, până la urmă, după o îndelungată dezbatere, a determinat-o pe mama să-și schimbe părerea despre ouăle care nu îmi plăcuseră niciodată. Ca să-mi savurez pe deplin victoria, în următorii nouă ani, mi-am făcut în fiecare dimineață câte un sendviș cu un strat gros de unt de arahide și jeleu, fără să mă mai ating de ouă.

Pe măsură ce am crescut, am început să vorbim mai mult despre droguri, sex și alegeri în viață, despre rasă, inechități și politică. Părinții noștri nu-și doreau să fim niște sfinți. Îmi amintesc că, odată, tata ne-a spus că sexul era și trebuia să fie ceva distractiv. De asemenea, nu au îndulcit niciodată ceea ce considerau ei că ar fi realitățile mai dure ale vieții. De pildă,

Craig a primit într-o vară o bicicletă nouă și a plecat cu ea până la lacul Michigan, să se plimbe pe aleea asfaltată de-a lungul plajei, unde se simțea adierea plăcută din apropierea apei. A fost oprit de un ofițer de poliție care l-a acuzat că furase bicicleta, pentru că îi era greu să creadă că un negru ar fi putut deține în mod cinstit o bicicletă nouă. (Până la urmă, polițistul, afro-american și el, s-a ales cu o săpuneală pe cinste de la mama, care l-a făcut să îi ceară scuze lui Craig.) Ceea ce se întâmplase era o nedreptate, ne-au explicat părinții, din păcate, însă, era una des întâlnită. Culoarea pielii ne făcea vulnerabili și era ceva de care trebuia întotdeauna să ținem seama.

Cred că obiceiul tatei de a ne duce la plimbare cu mașina pe Pill Hill avea și un fel de substrat motivațional, o ocazie de a ne arăta ce poate aduce o educație superioară. Părinții mei își petrecuseră aproape toată viața în Chicago, într-un perimetru de câțiva kilometri pătrați, dar nu se gândeau că eu și fratele meu aveam să urmăm același parcurs. Înainte să se căsătorească, amândoi au mers pentru o scurtă vreme la facultăți de stat, dar au abandonat studiile cu mult înainte de absolvire. Mama studiase ca să devină profesoară, dar și-a dat seama că mai bine ar lucra ca secretară. Tata, pur și simplu, n-a mai avut bani să-și plătească școlarizarea și s-a înrolat. Nu avea în familie pe nimeni care să insiste și să-l convingă să-și reia studiile sau pe cineva care să-i fie model în viață. Așa că a rămas în armată doi ani, mutându-se de la o bază militară la alta. Visul tatei fusese să termine facultatea și să devină artist, însă și-a reconfigurat rapid perspectivele, folosindu-și veniturile pentru a-l ajuta pe fratele lui mai mic să-și plătească studiile de arhitectură.

Acum, că se apropia de 40 de ani, tata își concentra atenția asupra economiilor pe care trebuia să le facă pentru noi, copiii. Familia noastră nu avea să fie niciodată una de săraci cu casă, pentru că nu aveam să deținem vreodată o casă în proprietate. Tata acționa foarte pragmatic, conștient că resursele lui erau limitate și poate că la fel era și timpul pe care îl avea la dispoziție. Când nu era la volan, mergea deja sprijinindu-se în baston. Înainte să termin școala primară, bastonul a fost înlocuit cu o cârjă, și la scurt timp după aceea cu două. Pentru tata, boala care îl rodea pe interior, slăbindu-i mușchii și nervii, era un fel de încercare proprie, ceva ce trebuia îndurat în tăcere.

În familia noastră, răsfățurile erau modeste. Când Craig și cu mine aduceam de la școală carnetele de note, părinții noștri sărbătoreau comandând o pizza de la Italian Fiesta, localul nostru preferat. Când era foarte cald, ne cumpăram înghețată, la cutie – de ciocolată, de nuci pecan și de cireșe negre, câte o jumătate de kilogram din fiecare – și o împărțeam să ne ajungă patru zile. În fiecare an, la sărbătoarea Forțelor Aeriene și Navale, umpleam coșul de picnic și plecam cu mașina spre nord, pe malul lacului Michigan, până la promontoriul îngrădit pe care se afla stația de epurare a apei la care lucra tata. Era una din cele câteva zile din an când familiile angajaților aveau voie să treacă dincolo de poartă, până la pajiștea care dădea spre lac și de unde avioanele de luptă zburând deasupra apei se vedeau mai bine decât din orice penthouse de pe Lake Shore Drive.

În fiecare an, în luna iulie, tata își lua o săptămână de concediu de la uzina unde se ocupa de boilere și ne îngrămădeam în Buick cu o mătușă și cu doi verișori, șapte în total, pregătiți să pornim la un drum lung de câteva ore bune. Ieșeam din Chicago pe Skyway, ocoleam capătul sudic al lacului Michigan și ajungeam în cele din urmă în White Cloud, într-un loc care se numea Dukes Happy Holiday Resort. Acolo existau o sală de jocuri, un automat care vindea băuturi răcoritoare și, cel mai important pentru noi, o piscină uriașă în aer liber. Închiriam acolo o cabană cu o bucătărie mică și ne petreceam zilele bălăcindu-ne fără oprire.

Părinții mei făceau grătar, fumau și jucau cărți cu mătușa, dar tata petrecea mult timp și cu noi, copiii, în piscină. Tata era un bărbat frumos, cu o mustață care se curba în semilună la colțurile gurii. Avea pieptul și brațele musculoase, puternice, o reminiscență a constituției sale de fost sportiv. În după-amiezele lungi petrecute la piscină, înota, râdea, ne cuprindea trupurile mici și ne arunca în aer, iar picioarele lui tot mai slăbite încetau brusc să mai fie o problemă.

DECLINUL POATE FI greu de măsurat, mai ales când este în plină desfășurare. În fiecare septembrie, când Craig și cu mine ne întorceam la școala Bryn Mawr, găseam tot mai puțini copii de albi pe terenul de joacă. Unii se transferaseră la o școală catolică din apropiere, însă cei mai mulți plecaseră din cartier cu totul. La început, părea că doar familiile de albi pleacă, dar, apoi, s-a schimbat și asta. Curând, se muta oricine își permitea să plece. De cele mai multe ori, mutările se petreceau pe neașteptate și fără explicații. Vedeam că în fața casei familiei Yacker a apărut un panou pe care scria „De vânzare“ sau camionul unei firme de mutări în față la Teddy și știam ce urmează.

Cea mai grea lovitură pentru mama a fost când prietena ei, Velma Stewart, a anunțat-o că ea și soțul ei plătiseră avansul pentru o casă într-o suburbie numită Park Forest. Soții Stewart aveau doi copii și locuiau mai jos de noi, pe Euclid. Ca și noi, stătuseră până atunci doar în apartamente. Doamna Stewart avea un simț al umorului acid și un râs molipsitor, pe placul mamei. Ele două făceau schimb de rețete și se țineau la curent una pe alta cu tot felul de informații, însă fără să se lase prinse, ca alte mame, în capcana bârfelor între vecini. Fiul doamnei Stewart, Donny, era de vârsta lui Craig și la fel de sportiv, ceea ce a făcut ca între ei doi să se stabilească imediat o legătură. Fiica ei, Pamela, era deja adolescentă și nu mă prea băga în seamă, cu toate că eu îi găseam interesanți pe toți adolescenții. Nu-mi amintesc prea multe despre domnul Stewart, cu excepția faptului că era șofer și conducea un camion de livrări pentru una dintre marile fabrici de pâine din oraș. Nu am mai întâlnit niciodată o familie de afro-americani cu pielea atât de deschisă la culoare ca a lor.

Nu aveam idee cum de reușiseră să-și permită o casă în suburbii. După cum aveam să aflăm, Park Forrest era una dintre primele comunități din America proiectate în totalitate de la început – nu era doar un ansamblu de locuințe, ci un întreg orășel construit pentru 30 000 de persoane, cu centre comerciale, biserici, școli și parcuri. Inaugurat în 1948, acest loc era menit să devină modelul perfect al vieții în suburbii, cu case tip și mici curți identice. Existau chiar și cote care stabileau câte familii de negri puteau locui într-o anumită zonă, deși, când familia Stewart a ajuns acolo, cotele respective nu se mai foloseau.

La scurt timp după mutare, familia Stewart ne-a poftit în vizită, într-una din zilele libere ale tatei. Eram nerăbdători. Pentru noi, avea să fie un nou tip de ieșire, o ocazie de a face cunoștință cu legendarele suburbii. Am plecat toți patru cu Buick-ul spre sud, ieșind din Chicago pe autostrada pe care am mers vreo 40 de minute, până la un centru comercial cu un aspect steril. De acolo am plecat în zigzag pe o rețea de străzi liniștite, după indicațiile domnului Stewart, virând pe lângă câte un cvartal de case până la următorul, identic. Park Forrest părea un orășel miniatural de rulote – case modeste în stil rustic, cu acoperișuri de șindrilă gri deschis, cu pomișori și tufișuri recent plantate în față.

„De ce și-ar dori cineva să locuiască tocmai aici?", a întrebat tata, privind concentrat prin parbriz. Eu una i-am dat dreptate. Cât vedeam cu ochii, nu exista nici un copac la fel de mare cum era stejarul uriaș de la fereastra dormitorului meu de acasă. În Park Forrest totul era nou, vast și neaglomerat. Nu exista nici un magazin de băuturi la colțul străzii, cu tipi arțăgoși la intrare. Nu se auzeau claxoane sau sirene și nici muzică de la vreo fereastră de bucătărie. Toate casele păreau să aibă ferestrele închise.

Craig are amintiri plăcute legate de această vizită, în principal datorită faptului că s-a jucat cu mingea toată ziua prin curțile largi din cartier, sub un cer albastru, împreună cu Donny Stewart și noul lui grup de prieteni din suburbie. Părinții mei au avut o discuție destul de plăcută cu domnul și doamna Stewart, iar eu m-am ținut după Pamela prin împrejurimi, admirându-i părul, pielea deschisă la culoare și bijuteriile de adolescentă. La un moment dat, ne-am așezat toți la masă.

Era seară când, în cele din urmă, ne-am luat rămas-bun. Plecând de la soții Stewart, am mers pe jos, în lumina amurgului, până la curba unde tata parcase mașina. Craig era transpirat, frânt de oboseală după cât alergase în timpul zilei. Și eu eram obosită și gata să plec spre casă. Locul acela avea ceva ce nu-mi plăcea. Nu eram o admiratoare a suburbiilor, chiar dacă nu eram în stare să explic de ce.

Mama a făcut, apoi, o remarcă despre familia Stewart și noii lor vecini, bazată pe faptul că aproape toți cei care locuiau pe strada aceea păreau să fie albi.

„Mă întreb", a spus ea, „dacă a știut cineva că sunt o familie de culoare până am venit noi în vizită."

Se gândea că poate i-am dat de gol fără să vrem, venind din South Side cu un cadou de casă nouă și cu pielea noastră evident închisă la culoare. Chiar dacă soții Stewart nu încercau deliberat să-și ascundă rasa, probabil nici nu vorbeau despre asta cu noii lor vecini. Oricare ar fi fost atmosfera din cartier, ei nu o tulburaseră fățiș. Cel puțin nu până când am venit noi în vizită.

Se uita oare cineva de după vreo fereastră, urmărindu-l pe tata când s-a apropiat de mașina noastră în seara aceea? Era vreo umbră pe după vreo perdea care aștepta să vadă ce o să se întâmple? Nu o să știu niciodată. Îmi amintesc doar cum corpul tatei s-a tensionat când s-a apropiat de portiera șoferului și a văzut ce se întâmplase. Cineva zgâriase laterala mult iubitului lui Buick, o linie subțire și adâncă care trecea peste portieră, spre spatele mașinii. Fusese făcută cu o cheie sau cu o piatră și nu avea cum să fie un accident.

Am spus deja că tata era un tip răbdător. Un om care nu se plângea nici de lucrurile mici, nici de cele importante, care mânca bucuros ficat ori de câte ori i se punea în farfurie, care auzise un medic anunțându-i sfârșitul tragic și, totuși, alesese să-și continue viața la fel ca până atunci. Povestea asta cu mașina nu a fost în nici un fel diferită. Și dacă ar fi existat vreun mod în care să riposteze, vreo ușă la care să bată, tata oricum nu ar fi făcut-o.

„Fir-ar să fie", a spus el înainte să descuie portierele.

Ne-am întors în oraș în seara aceea fără să discutăm prea mult despre cele întâmplate. Probabil eram și prea obosiți ca să mai întoarcem lucrurile pe toate părțile. A doua zi, tata a fost nevoit să meargă la serviciu cu mașina așa cum era și sunt convinsă că nu i-a picat bine. Dar zgârietura nu a rămas multă vreme în vopseaua cromată. De îndată ce a avut timp, tata a dus mașina la atelierul de la Sears, ca să fie reparată.

Capitolul 3

La un moment dat, fratele meu cel relaxat și mereu vesel a început să ne îngrijoreze. Nu aș putea să spun exact când s-a întâmplat asta, dar Craig - băiatul care se saluta cu tot cartierul și care ațipea fericit ori de câte ori avea zece minute libere, în orice loc s-ar fi aflat - a devenit mai temător și vigilent acasă, convins că ne pândea o catastrofă. Seara, în apartamentul nostru, se antrena pentru orice eventualitate, lăsându-se prins în scenarii pe care noi, toți ceilalți, le găseam ciudate. Îngrijorat că ar putea să-și piardă vederea, s-a apucat să umble prin casă legat la ochi, ca să învețe să se orienteze pe pipăite prin camera de zi și în bucătărie. Speriat că ar putea să surzească, a început să învețe limbajul semnelor. Nu lipsea nici teama de amputare, iar asta l-a determinat pe Craig să-și lege mâna dreaptă la spate, pentru a încerca să se descurce fără ea la masă sau când își făcea temele. Pentru orice eventualitate.

Temerea cea mai mare a lui Craig era probabil și cea mai realistă, și anume focul. Incendiile în locuințe erau des întâlnite în Chicago. Pe de o parte din cauza proprietarilor care lăsau clădirile să se degradeze, bucuroși să încaseze despăgubirile companiei de asigurări în cazul unui incendiu, și, pe de altă parte, pentru că detectoarele de fum erau încă prea scumpe pentru posibilitățile financiare ale oamenilor de rând. În orice caz, focul era ceva obișnuit în orașul nostru cu străzi înghesuite, distrugând la întâmplare, dar cu regularitate, case și inimi. Bunicul meu Sudistul se mutase aproape de noi după ce un incendiu îi mistuise vechea locuință din Cartierul de Vest, din fericire fără să facă victime. (După cum povestea mama, Sudistul stătuse pe trotuarul din fața casei cuprinse de flăcări și strigase la pompieri să nu pună furtunurile pe prețioasele lui albume de jazz.) Mai recent, într-o tragedie prea mare pentru ca mintea mea de copil să o înțeleagă, unul dintre colegii mei din clasa a cincea – un băiat afro-american înalt și cu un chip frumos, pe nume Lester McCullom, care locuia aproape de noi, după colț, într-o casă de pe Strada 74 – murise într-un incendiu care i-a ucis și fratele și sora, toți trei fiind prinși de flăcări în dormitoarele de la etaj.

Priveghiul lor a fost primul la care am mers vreodată: toți copiii din vecini suspinau în salonul casei funerare, unde în fundal se auzea încet un album Jackson 5. Adulții erau încremeniți în tăcere, fără ca vreo rugăciune sau vreo vorbă spusă de conveniență să poată umple golul din sufletele tuturor. În fața sălii erau așezate trei sicrie închise, fiecare având pe capac fotografia unui copil zâmbitor. În fața lor stătea doamna McCullom, care reușise să se salveze împreună cu soțul ei sărind pe fereastră, atât de copleșită de durere încât îți făcea rău să te uiți la ea.

La patru zile după incendiu, scheletul casei arse a familiei McCullom încă mai fumega și se rupea bucată cu bucată, murind mult mai greu decât o făcuseră ocupanții săi cei mai tineri. Mirosul greu de fum persista în vecinătate.

Odată cu trecerea timpului, îngrijorările lui Craig s-au agravat. La școală făceam exerciții de evacuare sub îndrumarea profesorilor și ascultam cu răbdare prelegerile despre cum să ne oprim, să ne lăsăm la pământ și să ne rostogolim. Drept rezultat, Craig a decis că trebuia să luăm măsuri de siguranță și la noi acasă, autoproclamându-se pompier de serviciu, cu mine pe post de adjunct. În timpul exercițiilor trebuia să îndepărtăm obstacolele de pe căile de evacuare și să ne îmboldim părinții, la nevoie. Nu era vorba atât de teama de incendiu, cât de nevoia de a ști că suntem pregătiți. Pregătirile erau foarte importante. Familia noastră era mai mult decât punctuală: ajungeam mai devreme la orice întâlnire sau eveniment, știind că astfel tata era mai puțin vulnerabil; îl scuteam de grija de a găsi un loc de parcare de unde nu trebuia să meargă mult pe jos sau un loc ușor accesibil în tribune, la vreunul dintre meciurile de baschet ale lui Craig. Morala fiind aceea că în viață trebuie să controlezi ceea ce poți.

Iată de ce, noi, copiii, treceam des în revistă căile de evacuare, încercând să ne dăm seama dacă, în caz de incendiu, am fi putut sări pe fereastră în stejarul din fața casei sau pe acoperișul vecinului. Ne imaginam ce s-ar fi întâmplat dacă s-ar fi aprins uleiul în bucătărie, dacă s-ar fi produs un scurtcircuit în pivniță sau dacă ne-ar fi lovit vreun fulger. Craig și cu mine nu ne făceam prea multe griji pentru mama, în caz de urgență. Era mică de statură și sprintenă, genul acela de persoană care, sub impulsul adrenalinei, era capabilă să ridice cu mâinile goale o mașină de pe un copil. Ne era, însă, greu să vorbim despre dizabilitatea tatei – adevărul evident, dar nerostit, era că el n-ar fi putut să sară pe fereastră ca noi, ceilalți. În plus, nu-l mai văzusem alergând de ani de zile.

Ne-am dat seama că, într-o situație de urgență, salvarea noastră nu s-ar fi desfășurat ca în filmele pe care le vedeam după-amiaza la televizor. Tata nu ar fi putut să ne ia în spate cu ușurința unui Hercule și să ne ducă undeva, la adăpost. Dacă era cineva care să facă asta, acela ar fi trebuit să fie Craig, care până la urmă a crescut mai înalt decât tata, însă, pe atunci, era încă un băiat cu umeri înguști și picioare subțiri, care își dădea seama că, dacă ar fi fost nevoie de intervenția lui în situații limită, avea nevoie de antrenament. Motiv pentru care, în timpul exercițiilor noastre de evacuare în caz de incendiu, el a început să ia în calcul scenariile cele mai sumbre, cerându-i tatei să se întindă pe podea, să stea nemișcat și să se lase greu, ca și cum și-ar fi pierdut cunoștința din cauza fumului inhalat.

„O, Doamne", spunea tata, dând din cap. „Chiar vrei să faci asta?"

Tata nu era obișnuit să fie neajutorat. Era tocmai perspectiva căreia i se împotrivise toată viața: își îngrijea cu perseverență mașina, plătea facturile la timp, nu discuta niciodată despre agravarea sclerozei multiple de care suferea și nu lipsea niciodată de la serviciu. Tatei îi plăcea să fie el omul pe care se pot baza ceilalți. Ce nu putea să facă fizic, înlocuia cu sprijin emoțional și îndrumare intelectuală, motiv pentru care îi plăcea munca de responsabil de circumscripție electorală pentru Partidul Democrat. El a ocupat acest post ani de zile, în parte pentru că toată lumea se aștepta de la angajații municipalității să fie loiali mașinăriei de partid. Chiar dacă fusese pe jumătate constrâns să-l accepte, tatei îi plăcea locul acela de muncă, ceea ce o nedumerea pe mama, dat fiind că-i ocupa foarte mult timp. În weekend, făcea vizite alegătorilor dintr-un cartier, și deseori îl însoțeam și eu plictisită în remorcă. Parcam mașina și, apoi, mergeam pe străzile cu case modeste, oprindu-ne din când în când la ușa vreunei văduve corpolente sau a vreunui muncitor burtos care-și petrecea timpul cu o cutie de bere în mână. Deseori, acești oameni erau încântați să-l vadă pe tata zâmbitor la ei pe verandă, sprijinindu-se în baston.

„Salut, Fraser!", spuneau ei. „Ce surpriză! Hai înăuntru!"

Pentru mine, asta nu era niciodată o veste bună. Însemna că urma să intrăm în casă. Însemna că aveam să pierd toată după-amiaza de sâmbătă stând pe o canapea veche sau la o masă de bucătărie cu un 7UP în față, în timp ce tata asculta părerile oamenilor – plângeri, de fapt – pe care avea să le transmită ulterior consilierului municipal din zona respectivă. Tata îi asculta mereu pe cei care aveau probleme cu ridicarea gunoiului, cu deszăpezirea sau cu vreo groapă. Scopul era să-i facă pe oameni să simtă că democrații sunt interesați de soarta lor – și să voteze în consecință. Spre disperarea mea, el nu grăbea niciodată pe nimeni. Timpul era, cel puțin în ceea ce-l privea pe tata, un dar pe care îl ofereai altor oameni. Chicotea aprobator privind fotografiile unor nepoți drăgălași, îndura cu răbdare bârfe sau litanii nesfârșite despre problemele de sănătate și dădea din cap înțelegător când oamenii îi povesteau despre neajunsurile lor cu banii. Când în sfârșit plecam, tata le îmbrățișa pe doamnele în vârstă, asigurându-le că va face tot posibilul să le ajute – să rezolve problemele care puteau fi rezolvate.

Tata era convins că rolul lui era să fie de folos oamenilor, iar ăsta era un motiv de mândrie pentru el. De aceea, în timpul exercițiilor de incendiu de la noi de acasă, nu voia să fie un accesoriu pasiv, chiar și într-o pretinsă criză. Oricare ar fi fost circumstanțele, nu voia să fie o victimă – să joace rolul tipului care zăcea inconștient pe podea. Totuși, o parte din el părea să înțeleagă că era ceva important pentru noi – mai ales pentru Craig. Când îl rugam să se întindă, glumea cu noi lăsându-se să cadă mai întâi în genunchi, apoi, în fund, după care se întindea cu totul pe spate, pe covorul din camera de zi. Îi arunca priviri mamei, pentru care întreaga scenă părea destul de caraghioasă, spunându-i parcă: „Împielițații ăștia de copii!"

Apoi, închidea ochii cu un oftat și aștepta să simtă mâinile lui Craig apucându-l ferm de sub umeri, ca să înceapă operațiunea de salvare. Mama și cu mine ne uitam, apoi, la fratele meu care, cu destul de mult efort și stângăcie, reușea să-l tragă pe tata, cu cele aproape 80 de kilograme ale lui, din infernul imaginar care ardea împrejur, târându-l pe podea și ocolind canapeaua, ca să ajungă, în cele din urmă, la scară.

De acolo, Craig își închipuia probabil că ar fi putut să târască trupul tatei în jos pe trepte și, apoi, afară pe ușă, în siguranță. Tata, însă, nu a vrut niciodată să-l lase pe Craig să exerseze și partea asta. De fiecare dată îi spunea cu blândețe că „ajunge deocamdată" și se ridica în picioare înainte să încerce Craig să-l tragă în jos pe scări. Dar, între copil și bărbatul matur, lucrurile erau de acum clare. Nimic nu avea să fie ușor sau confortabil dacă se ajungea la așa ceva, și bineînțeles că nu exista nici o garanție că vreunul dintre noi avea să supraviețuiască. Dar, dacă s-ar fi întâmplat ce era mai rău, măcar aveam un plan.

ÎNCETUL CU ÎNCETUL, DEVENEAM mai extrovertită și mai sociabilă, mai dispusă să accept dezordinea din lumea cea mare. Rezistența mea naturală la haos și spontaneitate se consumase într-o oarecare măsură în timpul orelor lungi în care mă ținusem după tata în vizitele lui prin circumscripție și în celelalte vizite pe care le făceam în weekend zecilor de mătuși, unchi și veri, stând în fum de grătar prin curtea din spate a cuiva sau alergând alături de copiii din vecini printr-un cartier care nu era al nostru.

Mama era unul dintre cei șapte copii ai familiei ei. Tata era cel mai mare din cinci copii. Rudele mamei preferau să se adune în casa Sudistului, după colț - atrași de talentul de bucătar al bunicului, de nelipsitele jocuri de whist și de jazzul exuberant ascultat la volum maxim. Sudistul ne atrăgea pe toți ca un magnet. Era neîncrezător în lumea de dincolo de propria curte - preocupat, în primul rând, de siguranța și bunăstarea tuturor -, așa că își consuma toată energia pentru crearea unui mediu în care să fim întotdeauna bine hrăniți și distrați, sperând probabil că astfel nu o să vrem să ne îndepărtăm niciodată. Mie chiar mi-a luat un câine, un ciobănesc german maroniu, pe care l-am botezat Rex. Mama nu a fost de acord să-l aducem pe Rex la noi acasă, dar mergeam tot timpul la locuința Sudistului să-l vizitez; mă întindeam pe covor și îmi îngropam fața în blana lui moale, ascultând cum lovea podeaua când dădea din coadă bucuros ori de câte ori Sudistul trecea pe lângă el. Sudistul îl răsfăța pe câine la fel cum mă răsfăța pe mine, cu mâncare bună, cu iubire și cu îngăduință, într-un fel de rugăminte nerostită să nu îl părăsim vreodată.

Familia tatălui meu era răspândită în toată partea de sud a orașului Chicago și cuprindea o mulțime de mătuși și de veri de gradul al treilea, plus câțiva rătăciți cu care legăturile de rudenie erau destul de neclare. Noi ne învârteam între toți aceștia. Fără să mi se spună, îmi dădeam seama unde mergem după numărul de copaci pe care îi vedeam pe stradă. De obicei, în zonele mai sărace nu exista nici un copac. Dar pentru tata, toți erau rudele noastre. Se lumina la față când îl vedea pe unchiul Calio, un om mărunțel și costeliv, cu părul puțin ondulat, care semăna cu Sammy Davis Jr. și era aproape întotdeauna beat. O adora pe mătușa lui Verdelle, care locuia cu cei opt copii ai ei într-un bloc dărăpănat de lângă autostrada Dan Ryan, într-un cartier în care Craig și cu mine învățasem că regulile de supraviețuire erau foarte diferite.

Duminica după-amiaza, făceam toți patru drumul de 10 minute cu mașina spre nord, la Parkway Gardens, să luăm prânzul cu părinții tatei, cărora le spuneam Dandy și Grandma, și cu cei trei frați mai mici ai lui, Andrew, Carleton și Francesca, care se născuseră la mai bine de un deceniu după tata și păreau să ne fie mai degrabă soră și frați, decât mătușă și unchi. Mi se părea și că tata le era mai degrabă ca un părinte decât un frate, pentru că le dădea mereu sfaturi și le strecura bani în buzunar când aveau nevoie. Francesca era inteligentă și frumoasă, iar uneori mă lăsa să îi perii părul lung. Andrew și Carleton abia trecuseră de 20 de ani și erau foarte la modă. Purtau blugi evazați, helănci și jachete din piele, aveau iubite și vorbeau despre lucruri ca Malcolm X și „soul power“. Craig și cu mine stăteam cu orele în camera lor de la capătul apartamentului, încercând să împrumutăm din personalitatea lor.

Bunicul meu, pe care îl chema tot Fraser Robinson, era cu siguranță mai puțin amuzant, un patriarh care - pufăind din trabuc - stătea în fotoliul lui cu ziarul deschis în poală și cu știrile de seară răsunând zgomotos din televizorul din apropiere. Comportamentul lui nu semăna deloc cu al tatei. Pe Dandy îl deranja absolut orice. Era nemulțumit de titlurile zilei, de starea lumii așa cum era prezentată la TV, de tinerii negri - niște „sperietori", le spunea el - despre care era de părere că pierdeau vremea fără rost prin cartier și stricau reputația populației de culoare. Striga la televizor. Striga și la bunica, o femeie drăguță, cu vorbă domoală, creștină devotată, al cărei nume era LaVaughn. (Părinții mei m-au botezat Michelle LaVaughn Robinson în cinstea ei.) În timpul zilei, bunica conducea cu multă pricepere un magazin înfloritor de cărți religioase în Far South Side, dar, în timpul pe care îl petrecea cu Dandy, era redusă la supușenie. Fapt care mă nedumerea, chiar dacă eram doar o fetiță. Îi pregătea mâncarea și îi asculta tirul de critici, fără să spună vreo vorbă în apărarea ei. Încă de la vârsta aceea fragedă, în tăcerea bunicii și în pasivitatea din relația ei cu Dandy era ceva care mi-a mers la suflet.

Din câte spune mama, eram singura persoană din familie care îi răspundea lui Dandy când țipa. O făceam cu regularitate, încă de când eram mică și mulți ani după aceea, în parte pentru că mă scotea din minți faptul că bunica nu riposta, în parte pentru că toți ceilalți tăceau în preajma lui și, în ultimul rând, pentru că îl iubeam pe Dandy, chiar dacă mă zăpăcea. Îi recunoșteam încăpățânarea, era ceva ce moștenisem eu însămi, deși speram că într-o formă mai puțin abrazivă. Exista în Dandy și o blândețe pe care uneori o întrezăream.

Se întâmpla câteodată să mă mângâie cu tandrețe pe ceafă, când stăteam la picioarele lui, pe taburetul din fața fotoliului. Zâmbea când tata spunea ceva amuzant sau când vreunul dintre noi, copiii, reușea să strecoare un cuvânt sofisticat într-o conversație. Dar imediat după aceea îl stârnea câte ceva și începea din nou să urle.

„Nu mai țipa la toată lumea, Dandy“, îi spuneam eu. Sau „Nu mai fi rău cu bunica“. Deseori adăugam: „La urma urmei, de ce te-ai enervat?“

Răspunsul la ultima întrebare era simplu și complicat totodată. Dandy prefera să nu-mi răspundă, ridicând din umeri supărat pentru că îndrăznisem să mă amestec și întorcându-se la ziarul lui. Acasă, totuși, părinții încercau să mă lămurească.

Dandy era din zona de coastă a statului Carolina de Sud și crescuse în Georgetown, oraș-port unde, pe vremuri, mii de sclavi lucraseră pe plantațiile întinse de orez și indigo, ca să-și îmbogățească stăpânii. Născut în 1912, bunicul era nepot de sclavi, fiu de muncitor în fabrică și cel mai mare dintre cei zece copii din familia lui. Inteligent și perspicace de mic, fusese poreclit „Profesorul“, iar în copilărie visase să meargă într-o zi la facultate. Viața pentru el fusese grea nu doar pentru că era un negru dintr-o familie săracă, dar ajunsese la maturitate în timpul Marii Crize. După ce a terminat liceul, Dandy s-a angajat la un gater, conștient că, dacă rămânea în Georgetown, opțiunile aveau să-i fie mereu limitate. Când fabrica de cherestea s-a închis, el s-a mutat în nord, la Chicago, așa cum au riscat mulți afro-americani din generația lui, alăturându-se în ceea ce avea să fie cunoscut ca Marea Migrație, în care șase milioane de negri din Sud s-au mutat în marile orașe din nord în decursul a cinci decenii, fugind de oprimarea rasială și în căutarea unor slujbe în industrie.

Într-o poveste despre visul american, Dandy, care a ajuns la Chicago la începutul anilor 1930, ar fi trebuit să își găsească un loc de muncă bine plătit și o cale de a merge la facultate. Însă realitatea a fost foarte diferită. Locurile de muncă s-au dovedit a fi puține, reduse într-o oarecare măsură și de faptul că șefii marilor fabrici din Chicago preferau să angajeze imigranți din Europa, mai degrabă decât muncitori afro-americani. Dandy s-a mulțumit cu ce a găsit. A aranjat popice la o sală de bowling, a spălat vase și a lucrat pe cont propriu, ca om bun la toate. Treptat, și-a ajustat așteptările, a renunțat la ideea de a merge la facultate și s-a gândit să devină electrician. Dar și acest plan i-a fost zădărnicit foarte curând. Dacă voiai să lucrezi ca electrician (sau ca oțelar, tâmplar sau instalator, de altfel) la oricare dintre marile uzine din Chicago, aveai nevoie de un carnet de membru de sindicat. Iar, dacă erai negru, șansele de a obține un astfel de carnet erau infime.

Această formă de discriminare a schimbat destinele unor întregi generații de afro-americani, printre care s-au numărat și mulți dintre bărbații din familia mea, limitându-le câștigurile, oportunitățile și, în cele din urmă, aspirațiile. Sudistul nu a putut să lucreze ca tâmplar pentru firmele mari de construcții, care ofereau un salariu stabil la proiecte pe termen lung, deoarece nu era acceptat în nici un sindicat. Unchiul meu Terry, soțul lui Robbie, renunțase din același motiv la munca de instalator, devenind, în schimb, însoțitor de vagon la Pullman. Mai era unchiul Pete, din partea mamei, care nu a putut să intre în sindicatul șoferilor de taxi și a ajuns să conducă un microbuz fără licență, cu care transporta clienți care trăiau în părțile mai puțin sigure ale Cartierului de Vest, unde taxiurile normale evitau să meargă. Toți aceștia erau bărbați foarte inteligenți și în putere, cărora le fusese refuzat accesul la locuri de muncă stabile și bine plătite. Drept urmare, ei nu au putut să-și cumpere case, să-și trimită copiii la facultate sau să facă economii pentru pensie. Știu cât au suferit pentru că erau dați deoparte, forțați să accepte locuri de muncă pentru care erau supracalificați; să asiste la ascensiunea rapidă a angajaților albi, uneori fiind ei înșiși cei care îi instruiau pe noii veniți despre care știau că aveau să le devină șefi într-o bună zi. Așa a apărut în interiorul fiecăruia dintre ei o anumită doză de indignare și de neîncredere: nu știai niciodată ce credeau ceilalți cu adevărat despre tine.

Totuși, Dandy nu a avut o viață rea. A cunoscut-o pe bunica la o biserică din South Side și, până la urmă, și-a găsit de lucru prin intermediul unui program de asistență pentru progresul muncii, înființat de guvern pentru a diminua efectele Marii Crize, prin care se angajau muncitori necalificați în proiectele de construcții publice. Apoi, a lucrat vreme de 30 de ani la poștă, de unde a ieșit la pensie cu o sumă care îi permitea să strige cât voia la „sperietorile“ de la televizor, din confortul fotoliului său.

Până la urmă, a avut cinci copii care erau la fel de isteți și disciplinați ca el. Nomenee, al doilea lui copil, a absolvit Harvard Business School. Andrew și Carleton au ajuns mecanic de locomotivă, respectiv inginer. Francesca a lucrat un timp ca director de creație în publicitate și, în cele din urmă, a devenit profesoară de școală primară. Totuși, Dandy nu reușea să perceapă succesul copiilor ca fiind și al lui. Așa cum vedeam în fiecare duminică în care mergeam la prânz în Parkway Gardens, bunicul a trăit până la sfârșit cu amărăciunea propriilor visuri sfărâmate.

NU DOAR ÎNTREBĂRILE MELE pentru Dandy erau grele și fără răspuns. Aveam să descopăr foarte curând că multe alte întrebări erau la fel. Eu însămi aveam să mă lovesc de unele la care nu găseam ușor un răspuns. O astfel de întrebare a venit de la o fetiță al cărei nume nu mi-l amintesc – una dintre verișoarele îndepărtate cu care ne jucam în curtea din spate a casei unei mătuși care locuia la vest de noi, pe care o întâlneam printre nenumăratele noastre rude îndepărtate ce apăreau frecvent când părinții mei erau în vizită. În timp ce adulții beau cafea și râdeau în bucătărie, afară, Craig și cu mine ne alăturam oricărui grup de copii ai celorlalți musafiri din casă. Uneori era stânjenitor cum încercam cu toții o camaraderie forțată, dar de cele mai multe ori funcționa. Craig dispărea aproape de fiecare dată la câte o partidă de baschet. Eu săream coarda sau încercam să prind din mers orice altă distracție era în desfășurare.

Într-o vară, când aveam vreo zece ani, stăteam într-o zi pe o verandă și pălăvrăgeam cu un grup de fetițe de vârsta mea. Toate aveam părul prins în codițe, purtam pantaloni scurți și pierdeam vremea pe afară. Despre ce discutam? Putea fi orice – școala, frații noștri mai mari, un mușuroi din grădină.

La un moment dat, una dintre fete, verișoară de gradul doi, trei sau patru cu mine, m-a privit pieziș și m-a întrebat ușor enervată: „Cum se face că vorbești ca o fată albă?“

Întrebarea era răutăcioasă, voia să fie o insultă sau cel puțin o provocare, dar era și sinceră totodată. Sintetiza, de fapt, ceva ce ne nedumerea pe amândouă. Păream să fim înrudite, însă lumile noastre erau foarte diferite.

„Nu vorbesc așa“, am spus eu, părând scandalizată că a putut să insinueze așa ceva și, în același timp, jignită de modul în care se uitau acum la mine celelalte fetițe.

Dar știam ce dorise să spună și în sinea mea nu puteam să neg, deși tocmai o făcusem. Într-adevăr, vorbeam altfel decât unele dintre rudele mele, la fel și Craig. Părinții noștri ne băgaseră bine în cap importanța vorbirii corecte; să spunem „mă voi duce“ în loc de „m-oi duce“ și „nu este“ în loc de „nu-i“. Ne spuneau întruna să nu lăsăm cuvintele neterminate. Ne-au cumpărat un dicționar și toate volumele din *Encyclopaedia Britannica*, care stăteau pe un raft în casa scărilor din apartamentul nostru, cu titlurile lor aurii ștanțate pe coperți. Ori de câte ori aveam o nelămurire legată de un cuvânt sau un concept, sau întrebări despre un anumit eveniment istoric, ne trimiteau la cărțile acelea. Dandy ne influențase și el, corectându-ne meticulos gramatica sau certându-ne când mergeam acolo la prânz și auzea că nu pronunțam corect vreun cuvânt. Ideea era să ne depășim condiția, să ne ridicăm cât mai sus. Era o mișcare pe care o plănuiseră și pe care o încurajau. Așteptau de la noi nu doar să fim isteți, ci să fim stăpâni pe istețimea noastră – să ne folosim de ea cu mândrie –, iar asta se vedea și în felul în care vorbeam.

Totuși, o astfel de atitudine putea să reprezinte o problemă. Vorbirea într-un anume fel – în felul „albilor“, cum spuneau unii – era percepută ca o trădare, ca o aroganță, ca o negare a propriei culturi. Mulți ani mai târziu, după ce l-am cunoscut și m-am căsătorit cu soțul meu – un bărbat a cărui piele este deschisă la culoare pentru unii și închisă pentru alții, care vorbește ca un hawaiian crescut în clasa de mijloc din Kansas și a fost educat în universități de elită –, am văzut această confuzie extinzându-se la scară națională printre negri și albi deopotrivă, nevoia de a defini pe cineva prin particularitățile sale etnice și frustrarea care apare când nu se poate face asta cu ușurință. America avea să-i pună lui Barack Obama aceleași întrebări pe care verișoara mea mi le pusese fără să-și dea seama, în ziua aceea, pe verandă: Ești ceea ce pari să fii? Să am încredere în tine sau nu?

Am petrecut restul zilei încercând să vorbesc cât mai puțin cu verișoara mea. Mă simțeam dată la o parte de ostilitatea ei, dar îmi doream și să-i arăt că sunt sinceră – că nu încerc să mă umflu în pene. Era greu de știut ce să faci. Între timp, puteam să aud zumzetul conversației pe care o purtau adulții în bucătăria din apropiere, râsetele părinților mei răsunând până în curte. Mă uitam la fratele meu, absorbit total de meciul pe care-l juca împreună cu un grup de băieți, la colțul străzii. Toată lumea părea să fie în locul potrivit, mai puțin eu. Gândindu-mă acum la disconfortul acelei clipe, recunosc provocarea mai generală de a te defini prin locul din care vii și după ținta spre care te îndrepți. Și îmi dau seama, totodată, că pe atunci eram încă foarte departe de punctul în care aveam să învăț să spun ce gândesc.

Capitolul 4

La școală aveam o pauză de o oră în fiecare zi, pentru prânz. Pentru că mama era casnică, iar apartamentul nostru se afla în apropiere, de obicei, mergeam acasă cu alte patru sau cinci fetițe după mine, vorbind toate deodată și fără oprire, ne așezam pe podeaua bucătăriei și ne tachinam sau ne uitam la *All My Children*, în timp ce mama ne făcea sendvișuri. Așa a apărut în viața mea un obicei, care m-a însoțit tot restul vieții, de a avea mereu aproape un grup de prietene vesele - un sanctuar de înțelepciune feminină. În grupul meu de la prânz întorceam pe toate părțile cele petrecute în dimineața respectivă la școală, discuțiile avute cu profesorii sau vreo temă care ni se părea inutilă. Opiniile noastre se formau, în general, prin consens. Îi idolatrizam pe cei din Jackson 5 și nu reușeam să ne dăm seama dacă ne plăceau frații Osmond. Avusese loc și afacerea Watergate, din care nici una dintre noi nu înțelesese mare lucru. Vedeam doar niște bătrâni care vorbeau la microfoane în Washington DC, care pentru noi era un oraș îndepărtat, plin de clădiri albe și de oameni albi.

Mama era mai mult decât bucuroasă să ne servească masa, pentru că îi oferea acces fără efort la lumea noastră. În timp ce noi mâncam vorbind vrute și nevrute, mama tăcea, aparent prinsă în treburile gospodărești, dar fără să ascundă că urmărea fiecare cuvânt. În familia mea, cu noi patru locuind într-un spațiu care avea puțin peste 80 de metri pătrați, oricum nu aveam niciodată vreun pic de intimitate. Dar asta avea importanță doar uneori. Brusc interesat de fete, Craig a început să vorbească la telefon din baie, cu ușa închisă și firul spiralat al telefonului întins de-a lungul holului, de la suportul fix montat în peretele bucătăriei.

Așa cum s-a întâmplat cu mai toate școlile din Chicago, Bryn Mawr a decăzut și a ajuns să fie o școală nici bună, nici proastă. Selecția rasială și economică a continuat în cartierul South Shore în anii 1970, ceea ce a însemnat că populația de elevi era de la un an la altul tot mai neagră și tot mai săracă. A existat, la un moment dat, un proiect de integrare orășenească, prin care copiii puteau fi duși cu autobuzele primăriei la școli noi, dar părinții de la Bryn Mawr l-au combătut cu succes, argumentând că ar fi fost mai bine ca banii respectivi să fie cheltuiți pentru renovarea școlii. Fiind doar un copil, nu-mi dădeam seama dacă utilitățile erau învechite sau cât era de important că nu mai rămăsese aproape nici un elev alb. Școala avea de la grădiniță până la clasa a opta; de aceea, când am ajuns în ciclul superior, știam fiecare întrerupător, fiecare tablă de scris și fiecare crăpătură din hol. Îi cunoșteam pe aproape toți profesorii și pe cei mai mulți dintre copii. Pentru mine, Bryn Mawr era practic o extensie a locuinței.

Când am început clasa a șaptea, în *Chicago Defender*, o publicație săptămânală populară printre cititorii afro-americani, a apărut un articol care susținea pe un ton incisiv că, în doar câțiva ani, Bryn Mawr se transformase dintr-o școală de elită într-o „mahala decăzută“, guvernată de o „mentalitate de ghetou“. Directorul școlii noastre, dr. Lavizzo, a ripostat imediat cu o scrisoare către redacție în care lua apărarea comunității de părinți și de elevi, calificând articolul din ziar drept „o minciună scandaloasă, care pare menită doar să stârnească sentimentul eșecului și să incite la fugă“.

Dr. Lavizzo era un bărbat rotofei și vesel, cu părul creț și înfoiat de ambele părți ale cheliei, care își petrecea cea mai mare parte a timpului într-un birou de lângă intrarea principală în școală. Din scrisoarea lui reieșea că știa foarte bine cu ce se confrunta. Eșecul există ca sentiment cu mult timp înainte să devină un fapt real. Vulnerabilitatea se combină cu neîncrederea în forțele proprii și, apoi, totul este amplificat, de multe ori cu intenție, când intervine teama. Acel „sentiment al eșecului“ pe care el îl menționase în scrisoare exista deja în cartierul nostru, în sufletul părinților care nu mai reușeau să se descurce financiar, al copiilor care începuseră să creadă că nici viețile lor nu aveau să fie altfel, al familiilor care vedeau cum vecinii lor mai înstăriți se mută în suburbii sau își transferă copiii la școlile catolice. Rechinii imobiliari roiau și ei prin South Shore, șoptindu-le proprietarilor de case că ar trebui să vândă înainte să fie prea târziu, promițându-le că îi vor ajuta *să plece cât încă se mai poate*. Mesajul subînțeles transmitea că eșecul era inevitabil, de fapt, eșecul era deja pe jumătate acolo. Puteai fie să rămâi în ruină, fie să te salvezi. Ei foloseau cuvântul de care toată lumea se temea cel mai mult – „ghetou“ – aruncându-l ca pe un chibrit aprins.

Mama nu a crezut nimic din toate acestea. Locuia de 10 ani deja în South Shore și avea să mai stea acolo încă 40.

Nu a crezut zvonurile alarmiste, dar, în același timp, părea vaccinată și împotriva idealismului fără fundament. Era un om realist, cu picioarele pe pământ, care controla ceea ce-i stătea în puteri.

La Bryn Mawr, mama a devenit unul dintre cei mai activi membri ai comitetului de părinți, ajutând la strângerea de fonduri pentru echipamente noi în clase, organizând dineuri în semn de apreciere pentru profesori și făcând campanie pentru formarea unei clase speciale în care să fie strânși elevii cei mai performanți. Acest ultim demers era proiectul de suflet al directorului Lavizzo, care mersese la cursurile serale ca să-și dea doctoratul în educație și care studiase noua tendință de grupare a elevilor mai degrabă după abilități decât după vârstă – adică, în esență, să pui laolaltă copiii cei mai buni la învățătură, ca să poată învăța în ritm mai rapid.

Ideea era controversată, criticată ca fiind nedemocratică, așa cum sunt inevitabil toate programele pentru cei „capabili și talentați". În scurt timp, însă, acest curent a câștigat teren în toată țara și, în ultimii trei ani la Bryn Mawr, m-am numărat și eu printre cei care s-au bucurat de beneficiile sale. M-am alăturat unui grup de aproximativ 20 de elevi din clase diferite, care s-a instalat într-o sală separată de restul școlii, cu program propriu de studiu, ore de masă, muzică și sport. Ni se ofereau oportunități speciale, care includeau deplasări săptămânale în sălile de curs ale unei facultăți, ca să participăm la un seminar de scriere avansată sau să disecăm un șobolan în laboratorul de biologie. În clasă lucram foarte mult individual, stabilindu-ne singuri obiectivele și avansând în ritmul care ni se potrivea cel mai bine.

De clasa noastră se ocupau doar anumiți profesori; mai întâi a venit domnul Martinez și, apoi, domnul Bennett, amândoi afro-americani, niște bărbați blânzi și cu simțul umorului, foarte atenți la ceea ce aveau de spus elevii lor. Aveam senzația clară că școala investise în noi, iar asta cred că ne îndemna să facem și mai multe eforturi și să ne simțim mai bine în pielea noastră. Studiul individual nu a făcut decât să-mi alimenteze spiritul competitiv. Învățam cu furie, ținând pe furiș evidența locului pe care mă situam în clasamentul clasei noastre, în timp ce progresam de la aritmetică la elementele de bază ale algebrei, de la scrierea unor compuneri simple la referate și eseuri. Pentru mine era ca un joc. Și așa cum se întâmplă în orice joc, și aproape cu orice copil, cel mai mult îmi plăcea când eram pe primul loc.

Îi povesteam mamei tot ce se întâmpla la școală. Întâlnirea din pauza de prânz era urmată de o a doua pauză după-amiaza, când veneam în grabă, îmi aruncam geanta cu cărți pe podea și căutam repede ceva de mâncat. Îmi dau seama că nu știu exact cu ce se ocupa mama în orele în care noi eram la școală, în primul rând, pentru că, la fel ca toți copiii, eram foarte preocupată de problemele mele, așa că nu întrebam niciodată. Nu știu care era părerea ei, dacă îi plăcea rolul de casnică tradițională sau ar fi preferat să meargă la serviciu. Știu doar că de fiecare dată când veneam acasă, era mâncare în frigider, și nu doar pentru mine, ci și pentru prietenele mele. Când mergeam în excursie cu clasa, mama se oferea aproape întotdeauna să meargă împreună cu noi, îmbrăcată într-o rochie frumoasă și cu ruj asortat, însoțindu-ne cu autobuzul la grădina zoologică sau în vizitele la facultate.

În familie aveam un buget pentru cheltuieli, însă nu discutam foarte des despre limitele acestuia. Mama găsea mereu modalități să compenseze. Își făcea singură manichiura, își vopsea singură părul (pe care o dată și l-a făcut din greșeală verde) și se bucura de haine noi doar când i le cumpăra tata în dar, de ziua ei. Nu a fost niciodată bogată, dar a fost întotdeauna creativă. Când eram mici, transforma ca prin minune șosetele vechi în păpuși care semănau cu Muppets. Croșeta fețe de masă. Ea mi-a croit și mi-a cusut cele mai multe haine, cel puțin până prin clasa a cincea, când brusc a devenit esențial să ai o etichetă Gloria Vanderbilt pe buzunarul blugilor, așa că am insistat să se oprească.

Din când în când schimba aspectul camerei noastre de zi cu o cuvertură nouă pe canapea și mutând dintr-un loc în altul fotografiile sau tablourile de pe pereți. Când se încălzea vremea, avea un adevărat ritual al curățeniei de primăvară – dădea cu aspiratorul pe după mobilier, spăla perdelele și geamurile, apoi scotea obloanele de furtună și le înlocuia cu panouri de plasă, ca să intre aer proaspăt în apartamentul nostru mic și înghesuit. De multe ori cobora pentru curățenie și jos, la Robbie și Terry, mai ales după ce aceștia îmbătrâniseră și se mișcau greu. Și în ziua de azi, datorită mamei, este suficient să simt miros de soluție de curățat ca să-mi revină buna dispoziție.

De Crăciun, mama se întrecea pe sine în materie de creativitate. Într-un an, a îmbrăcat caloriferul nostru pătrățos din metal în bucăți de carton colorate, care semănau cu niște cărămizi, pe care le-a unit în așa fel încât să pară un șemineu construit până la tavan, dotat cu etajeră și vatră de foc. Apoi, l-a pus pe tata - artistul oficial al familiei - să picteze niște flăcări portocalii pe fâșii de hârtie de orez foarte fină, care - luminate din spate cu lanterna - reproduceau destul de convingător focul. De Revelion, conform tradiției, cumpăra un coș cu delicatese, de genul celor care veneau pline cu bucăți de brânză, stridii afumate la conservă și diferite tipuri de salam italian. O invita la noi și pe sora tatei, Francesca, și ne petreceam timpul cu jocuri. La cină comandam pizza, apoi venea rândul mâncărurilor elegante, iar mama începea să aducă tăvi cu șnițele, creveți prăjiți și o cremă specială de brânză întinsă pe biscuiți Ritz. Când se apropia miezul nopții, primeam fiecare un păhărel de șampanie.

Mama păstra un mod de gândire în privința creșterii copiilor pe care astăzi îl găsesc strălucit și de neegalat - un fel de neutralitate zen, imposibil de tulburat. Aveam prieteni ale căror mame le împărtășeau succesele și problemele de parcă ar fi fost ale lor, dar știam și mulți alți copii ai căror părinți erau prea copleșiți de propriile provocări ca să se mai ocupe și de cele ale copiilor. Mama era, pur și simplu, constantă. Nu se grăbea să judece și nici să intervină. În schimb, ne urmărea în permanență starea de spirit și era martor binevoitor la încercările sau triumfurile pe care le putea aduce fiecare zi. Când lucrurile mergeau prost, ne oferea doar puțină compasiune. Dacă făceam ceva extraordinar, primeam de la ea exact atâtea laude cât să ne dăm seama că era mulțumită de noi, dar niciodată prea multe, ca să nu devină motivul pentru care făceam ceea ce făceam.

Atunci când dădea sfaturi, acestea erau de tipul dur și pragmatic. „Nu trebuie să îți *placă* profesoara ta", mi-a spus într-o zi, când am venit acasă văicărindu-mă. „Femeia aceea are în cap matematica de care ai nevoie și tu în al tău. Concentrează-te pe asta și ignoră restul."

Ne iubea cu consecvență pe mine și pe Craig, dar nu ne controla excesiv. Scopul ei era să ne împingă în lume. „Nu cresc bebeluși", ne spunea ea. „Eu cresc niște adulți." Ea și tata ne ofereau mai degrabă îndrumări, decât reguli. Aceasta însemna că, în adolescență, nu am avut niciodată oră fixă de venit acasă. Ne întrebau, în schimb: „Care ar fi ora rezonabilă la care să vă întoarceți acasă?" și apoi aveau încredere în noi că o să ne ținem de cuvânt.

Craig are o poveste despre o fată care îi plăcea în clasa a opta și care într-o zi i-a făcut o invitație cu subînțeles, cerându-i să vină la ea acasă, cu precizarea că părinții ei nu aveau să fie acolo, așadar urma să fie singuri.

Fratele meu a trecut printr-o adevărată agonie, frământându-se dacă să meargă sau nu – entuziasmat de ocazie, dar conștient că era incorect și rușinos, acel gen de comportament pe care părinții noștri nu l-ar fi trecut niciodată cu vederea. Asta nu l-a împiedicat să-i spună mamei pentru început jumătate de adevăr, anunțând-o despre fată, dar spunând că aveau să se întâlnească în parc.

Chinuit de vinovăție încă dinainte să comită fapta, simțindu-se apăsat doar pentru că se gândise la asta, Craig a mărturisit, până la urmă, ce pusese la cale, așteptându-se sau poate chiar sperând că mama avea să se înfurie și să-i interzică să meargă.

Dar ea nu a făcut-o. Nu ar fi făcut asta. Nu așa proceda ea.

L-a ascultat, dar nu l-a scutit de alegerea care trebuia făcută. În schimb, l-a aruncat din nou în agonie, cu o ridicare din umeri. „Fă cum crezi că e mai bine", i-a spus, după care s-a întors la vasele din chiuvetă sau la grămada de rufe pe care le împăturea.

A fost încă un mic brânci dat spre lume. Sunt convinsă că, în inima ei, mama știa deja că Craig făcuse alegerea corectă. Acum îmi dau seama că fiecare mișcare a ei se baza pe încrederea nerostită că ne crescuse să fim adulți. Trebuia să luăm singuri deciziile care ne priveau. Era viața noastră, nu a ei, și așa avea să fie întotdeauna.

CÂND AM ÎMPLINIT 14 ANI, mă consideram deja pe jumătate adult – poate chiar două treimi dintr-un adult. Avusesem prima menstruație, fapt pe care l-am anunțat imediat și cu mare entuziasm tuturor celor din casă, pentru că așa era în familia noastră. Mă încânta, de asemenea, că avansasem de la bustieră la un sutien ușor mai feminin. În loc să vin acasă la prânz, acum mâncam cu colegii mei în sala domnului Bennett, la școală. În loc să merg sâmbăta la Sudist acasă, să-i ascult albumele de jazz și să mă joc cu Rex, treceam pe lângă casa lui pe bicicletă și mergeam mai departe, încă șase cvartale spre est, până la casa de pe Oglesby Avenue unde locuiau surorile Gore.

Surorile Gore erau cele mai bune prietene ale mele și, într-un fel, idolii mei. Diane era în clasă cu mine, iar Pam cu o clasă în urmă. Amândouă erau frumoase – Diane avea pielea deschisă la culoare, iar Pam mai închisă – și fiecare avea o grație care părea să fie înnăscută. Chiar și sora lor cu câțiva ani mai mică, Gina, emana un fel de feminitate robustă pe care ajunsesem să o consider, pur și simplu, în stilul familiei Gore. În casa lor erau puțini bărbați. Tatăl lor nu locuia acolo și se vorbea foarte rar despre el. Mai exista un frate mult mai în vârstă, care era o prezență insesizabilă. Doamna Gore era o femeie veselă și frumoasă, care lucra cu normă întreagă. Avea o măsuță de machiaj încărcată cu sticluțe de parfum, cutiuțe cu pudră compactă și fel de fel de borcănele cu cremă care, date fiind modestia și simțul practic al mamei, mi se păreau la fel de exotice ca și bijuteriile. Îmi plăcea la nebunie să-mi petrec timpul la ele acasă. Pam, Diane și cu mine vorbeam întruna despre băieții care ne plăceau. Ne dădeam cu luciu de buze și, apoi, ne probam pe rând hainele, descoperind brusc că o anume pereche de pantaloni ne scoate în evidență șoldurile. În perioada aceea, cele mai multe lucruri se petreceau în mintea mea, în timp ce stăteam singură în camera mea ascultând muzică și visând cu ochii deschiși la un dans lent cu un băiat drăguț sau uitându-mă pe fereastră, în speranța că va trece cu bicicleta prin fața casei și va face o pasiune pentru mine. A fost, așadar, o binecuvântare să găsesc niște surori alături de care să trec prin anii aceștia.

Băieții nu aveau voie în casa familiei Gore, însă dădeau târcoale în jur ca muștele. Treceau cu bicicletele în sus și în jos pe stradă sau se așezau pe veranda din față, în speranța că Diane sau Pam ar putea să iasă și să flirteze cu ei. Era distractiv să fiu martoră la această așteptare, chiar dacă nu știam prea bine ce însemnau toate acestea. Totul în jurul meu se schimba, iar corpurile noastre se transformau. Băieții de la școală căpătau deodată forme de bărbați și erau stângaci, plini de energie și cu vocile îngroșate. Unele dintre prietenele mele începuseră să arate ca niște fete de 18 ani, se îmbrăcau cu pantaloni foarte scurți și bluze strâmte, afișând un aer distant și încrezător de parcă ar fi aflat un mare secret, de parcă ar fi trecut în altă dimensiune, pe când noi, celelalte, rămăsesem nesigure și confuze, așteptând chemarea către lumea adulților și împiedicându-ne în picioarele care ne creșteau prea repede. Eram foarte tinere și nici măcar luciul de buze nu putea ascunde acest lucru.

La fel ca multe alte fete, am devenit conștientă de corpul meu devreme, cu mult înainte să încep măcar să arăt ca o femeie. Acum mă plimbam prin cartier cu mai multă independență, luând distanță de părinții mei. Luam autobuzul ca să merg după-amiaza târziu la cursurile de dans de la Mayfair Academy, pe Seventy-Ninth Street, unde luam lecții de jazz și dans acrobatic. Câteodată o ajutam pe mama făcând anumite drumuri în locul ei. Odată cu noile mele libertăți au venit și vulnerabilități noi. Am învățat să-mi mențin privirea fixată în față ori de câte ori treceam pe lângă câte un grup de bărbați strânși la vreun colț de stradă, atentă să nu le întâlnesc ochii care îmi scrutau pieptul și picioarele. Când au apărut fluierăturile, am învățat să le ignor. Am învățat care erau zonele mai periculoase din cartier și nu mergeam niciodată singură pe stradă noaptea.

Acasă, părinții noștri au făcut o singură schimbare în casă pentru a le ușura traiul celor doi copii ai lor, acum adolescenți în creștere. Au renovat veranda din spatele bucătăriei și au transformat-o în dormitor pentru Craig, care era acum în primul an de liceu. Peretele separator pe care îl construise Sudistul pentru noi cu ani în urmă a fost desfiinţat. Eu m-am mutat în ceea ce fusese dormitorul părinţilor, ei au preluat fosta cameră a copiilor şi astfel, pentru prima dată, fratele meu şi cu mine am obţinut un spaţiu cu adevărat personal. Noul meu dormitor era o frumuseţe, decorat cu o cuvertură de pat şi pernuţe cu imprimeu floral în albastru şi alb, un covor aspru, bleumarin, şi un pat alb ca de prinţesă, cu o măsuţă de toaletă asortată şi o lampă - o copie aproape exactă a dormitorului pe care-l văzusem în catalogul Sears, prezentat pe o pagină întreagă, şi care-mi plăcuse la nebunie. În noile noastre camere au fost instalate extensii telefonice - telefonul meu era albastru-deschis, ca să se potrivească în noul meu decor, iar al lui Craig era negru, masculin - ca să putem să ne ocupăm de treburile noastre personale într-o semi-intimitate.

De fapt, prin telefon mi-am pus la cale primul sărut adevărat. S-a petrecut cu un băiat pe care îl chema Ronnell. Ronnell nu mergea la şcoala mea şi nici nu locuia în apropiere, dar cânta în corul de copii din Chicago alături de colega mea de clasă Chiaka şi, cu Chiaka pe post de intermediar, am stabilit cumva că ne plăceam unul pe celălalt. Discuţiile noastre la telefon erau destul de stângace, dar nu îmi păsa prea mult. Îmi plăcea sentimentul de a fi plăcută de cineva. Simţeam un fior de nerăbdare ori de câte ori suna telefonul. *Oare era Ronnell?* Nu-mi amintesc care din noi a propus să ne întâlnim într-o după-amiază în afara casei mele şi să ne sărutăm, dar am făcut planul fără nici o subtilitate - nu a fost nevoie de folosirea vreunui eufemism timid. Nu urma „să ieşim afară“ sau

„să mergem la plimbare". Aveam ceva de făcut și eram amândoi hotărâți sută la sută.

Așa am ajuns pe banca de piatră de lângă intrarea laterală a casei mele, în văzul ferestrelor care dădeau spre sud și înconjurată de straturile de flori ale mătușii, pierdută într-un sărut cald și încremenit cu Ronnell. Nu a fost ceva care să facă pământul să se cutremure sau extraordinar de însuflețitor, dar a fost plăcut. După cum începeam să îmi dau seama încetul cu încetul, era plăcut să te afli în preajma băieților. Orele pe care le petreceam în tribună uitându-mă la meciurile lui Craig pe la diverse școli au început să nu mi se mai pară o obligație de soră. Ce altceva era un meci de baschet, dacă nu o vitrină cu băieți? Mă îmbrăcam cu blugii cei mai strâmți și îmi puneam multe brățări, iar uneori o luam cu mine și pe una din surorile Gore, ca să-mi mărească vizibilitatea în tribune. Și, apoi, savuram fiecare minut din spectacolul plin de transpirație din fața mea – săriturile și atacurile, driblingurile și strigătele, impulsul de masculinitate cu toate misterele ei dezvăluite. Când un băiat dintr-o echipă de juniori mi-a zâmbit într-o seară, la ieșirea de pe teren, i-am zâmbit și eu. Aveam senzația că viitorul meu se transforma în ceva spectaculos.

Mă distanțam tot mai mult de părinții mei, devenind din ce în ce mai puțin dispusă să spun cu voce tare fiecare gând care îmi trecea prin cap. Când ne întorceam acasă de la meciurile de baschet, eu rămâneam tăcută pe bancheta din spate a Buick-ului, cu sentimente prea profunde sau prea confuze ca să le împărtășesc. Eram cuprinsă de freamătul singuratic al adolescenței, convinsă că adulții din jurul meu nu trecuseră niciodată prin așa ceva.

Câteodată, seara, după ce mă spălam pe dinți, ieșeam din baie și găseam apartamentul cufundat în întuneric, luminile din camera de zi și din bucătărie stinse pentru noapte, pentru că toți ai casei se retrăseseră în camerele lor. Vedeam o strălucire pe sub ușa lui Craig și știam că își făcea temele. Surprindeam câte un licăr de lumină de la televizor venind din camera părinților și îi auzeam vorbind în șoaptă și râzând. Așa cum nu mă întrebam niciodată cum era pentru mama să fie casnică, la fel nu mă întrebam pe atunci nici ce înseamnă să fii căsătorit. Priveam căsnicia părinților mei ca pe un lucru dat. Era un fapt simplu și solid, pe care erau construite toate patru viețile noastre.

Mai târziu, mama avea să îmi spună că, în fiecare primăvară, când se încălzea vremea la Chicago, cocheta cu gândul de a-l părăsi pe tata. Nu știu dacă era adevărat că se gândea la asta sau nu. Nu știu dacă lua în serios ideea vreme de o oră, o zi sau în cea mai mare parte a anotimpului, dar pentru ea era o fantezie activă, ceva ce părea sănătos și care poate chiar îi dădea energie, aproape ca un ritual.

Acum înțeleg că și într-o căsnicie fericită poate exista un necaz, că este un contract pe care este bine să-l reînnoiești din când în când, chiar în particular și pe tăcute – chiar și de unul singur. Nu cred că mama i-a spus vreodată direct tatei care erau îndoielile și nemulțumirile ei, după cum nu cred că i-a spus nici despre alternativa la care visa atunci. Se imagina pe ea însăși undeva, pe o insulă tropicală? Cu un alt gen de bărbat, într-o altă casă sau într-un birou la care să lucreze în loc să crească doi copii? Nu știu și presupun că aș putea să o întreb pe mama, care a trecut de 80 de ani, dar nu cred că asta contează.

Dacă nu ați petrecut nici o iarnă la Chicago, dați-mi voie să v-o descriu: uneori trec și o sută de zile sub un cer cenușiu, care pare să stea ca un capac de oțel deasupra orașului. Dinspre lac bat vânturi înghețate și șfichiuitoare. Zăpada cade în nenumărate feluri, în mormane grele ce se formează ziua și noaptea, în rafale ce mătură trotuarele, ca o zloată demoralizantă sau ca într-o poveste, cu fulgi mari și pufoși. De regulă, există și gheață, chiar foarte multă, depusă în strat gros pe trotuare și pe parbrize, și care trebuie răzuită. Probabil știți sunetul acela de răzuire care se aude dimineața devreme – acel *hârș, hârș, hârș* – când oamenii își curăță mașinile înainte de a merge la serviciu. Vecinii tăi, de nerecunoscut sub straturile de haine groase, umblă cu capul în jos, să se ferească de vânt. Mașinile de deszăpezire duduie pe străzi, iar zăpada albă este adunată în grămezi și murdărită, până când nimic nu mai este imaculat.

În cele din urmă, se întâmplă totuși ceva. Începe o revenire lentă. Poate fi ceva subtil, o ușoară umiditate în aer, o luminare discretă a cerului. Puterile iernii încep să slăbească și simți acest lucru mai întâi în suflet. La început nu ești sigur, dar, apoi, totul devine convingător. Pentru că, de-acum, soarele strălucește pe cer și muguri mici apar prin copaci, iar vecinii renunță la hainele groase. Și chiar și în gândurile tale se simte o anume prospețime, în dimineața în care te hotărăști să deschizi toate ferestrele din casă ca să cureți geamurile și pervazurile. Este un moment în care ai timp să meditezi, să te întrebi dacă nu cumva ai ratat alte oportunități devenind soția acestui bărbat, în această casă și cu acești copii.

Poate că îți petreci toată ziua gândindu-te la noi moduri de a trăi, până când, în cele din urmă, închizi toate ferestrele și golești în chiuvetă găleata cu soluție de curățat. Și poate că atunci revin toate certitudinile, pentru că, da, a venit cu adevărat primăvara, și tu ai luat din nou decizia să rămâi.

Capitolul 5

Mama s-a întors, până la urmă, la serviciu exact în perioada în care am început eu liceul, catapultându-se afară din casa noastră și din cartier până în inima densă, cu zgârie-nori, a orașului Chicago, unde găsise un post de secretară la o bancă. Și-a cumpărat haine pentru birou și a început să facă naveta în fiecare dimineață, luând autobuzul spre nord de pe bulevardul Jeffery sau mergând cu tata în Buick, dacă se întâmpla să li se potrivească ora de începere a programului. Pentru ea, serviciul a fost o bine-venită schimbare de rutină, iar pentru familie era, într-o oarecare măsură, o necesitate financiară. Părinții mei plăteau taxă pentru ca Craig să poată merge la o școală catolică. El se gândea deja la facultate, iar eu veneam repede din urmă.

Fratele meu își încheiase perioada de creștere, era acum un uriaș grațios cu o neobișnuită vioiciune în picioare, considerat unul dintre cei mai buni jucători de baschet din oraș. Acasă mânca foarte mult. Bea litri întregi de lapte, devora mai multe pizza mari la o singură masă și deseori mai lua niște gustări între cină și culcare. Reușea, așa cum reușise întotdeauna, să fie în același timp relaxat și foarte concentrat, să păstreze armate întregi de prieteni și să ia note bune în timp ce se afirma ca sportiv. A călătorit mult prin Midwest cu o echipă din care făcea parte un superstar în devenire, pe nume Isiah Thomas, care avea să aibă mai târziu o carieră remarcabilă în NBA. Când a intrat la liceu, Craig a fost căutat de unii dintre cei mai buni antrenori de la școlile publice din Chicago, care voiau să-și completeze listele de jucători. Aceste echipe atrăgeau un public numeros, precum și căutători de tinere talente pentru facultăți, însă părinții mei nu erau cu nici un chip de acord să-l lase pe Craig să-și sacrifice dezvoltarea intelectuală pentru gloria de scurtă durată a unui jucător de baschet vedetă în liceu.

Cu o echipă puternică în Liga Catolică de Baschet și cu o programă riguroasă, Mount Carmel părea să fie cea mai bună soluție – să merite miile de dolari plătite de părinții mei. Profesorii lui Craig erau preoți în sutană pentru care formula de adresare era „Părinte“. Cam 80 la sută dintre colegii lui erau albi, mulți dintre ei copii de catolici irlandezi din cartierele muncitorești de albi din vecinătate. Până să termine primul an, fratele meu era deja curtat de echipe de Divizia I ale unor facultăți, dintre care câteva i-ar fi oferit, probabil, școlarizare gratuită. Părinții mei au rămas, însă, devotați ideii că Craig trebuia să-și păstreze toate opțiunile disponibile, cu scopul de a ajunge la cea mai bună facultate cu putință. Costurile reprezentau o problemă pe care și-o asumau în exclusivitate.

Din fericire, liceul meu nu ne-a costat nimic, cu excepția biletelor de autobuz. Am fost suficient de norocoasă să iau examenul la cel mai bun liceu din Chicago, Whitney M. Young, situat în ceea ce era pe atunci o zonă în plină renaștere la vest de Loop și care, după doar câțiva ani de existență, era pe cale să devină cea mai bună școală publică din oraș. Whitney Young a fost denumit după un activist pentru drepturi civile și s-a deschis în 1975, ca o alternativă bine gândită la transportul copiilor cu autobuzele. Aflat exact pe linia de demarcație dintre partea de nord și cea de sud a orașului, cu profesori deschiși la minte și dotări nou-nouțe, școala a fost gândită ca un fel de nirvana a oportunităților egale, menită să atragă elevi performanți de toate culorile. Cotele de admitere stabilite de inspectoratul școlar din Chicago cereau ca elevii să fie 40 la sută negri, 40 la sută albi și 20 la sută hispanici sau de altă origine. Realitatea era ușor diferită. Pe vremea mea, cam 80 la sută dintre elevi nu erau albi.

Chiar și mersul la școală, în prima mea zi în clasa a noua, a fost o întreagă și nouă odisee, ce a presupus 90 de minute de călătorie obositoare, pe două linii diferite de autobuz și un transfer în centru. În acea dimineață m-am extras greu din pat la ora cinci, m-am îmbrăcat doar cu haine noi și mi-am pus o pereche frumoasă de cercei, neștiind ce anume mă aștepta la celălalt capăt al expediției mele cu autobuzele. Am luat micul dejun fără să am cea mai mică idee când avea să fie prânzul. Mi-am luat rămas-bun de la părinți, fără să-mi fie clar dacă la sfârșitul zilei aveam să mai fiu aceeași. Liceul însemna transformare, iar Whitney Young, pentru mine, era o frontieră foarte clară.

Școala în sine era șocant de modernă, ca nici o altă școală pe care o mai văzusem vreodată – formată din trei clădiri mari, în formă de cub, dintre care două erau unite printr-o pasarelă de sticlă cu aspect futurist, care traversa artera principală a bulevardului Jackson. Clasele erau proiectate cu grijă, după un concept deschis. Exista o clădire întreagă dedicată artelor, cu săli pentru cor și formații instrumentale, alte încăperi fiind dotate pentru fotografie și olărit. Întregul loc era construit ca un templu al învățării. Elevii curgeau ca un șuvoi prin intrarea principală, hotărâți încă din prima zi.

Învățau în jur de 1 900 de elevi la Whitney Young, iar din punctul meu de vedere păreau toți mai mari și mai încrezători decât aveam să fiu eu vreodată, stăpâni pe fiecare circumvoluțiune a creierului lor și încărcați cu energia dată de fiecare răspuns corect la testul cu variante multiple, standardizat pentru tot orașul. Privind în jur, m-am simțit neînsemnată. La Bryn Mawr fusesem unul dintre copiii mari, iar acum eram printre cei mai mici elevi de liceu. La coborârea din autobuz am observat că, pe lângă gențile cu cărți, multe fete aveau și poșete.

Grijile pe care mi le făceam cu privire la liceu, dacă ar fi fost să fie catalogate, încăpeau toate sub un titlu general: *Sunt destul de bună*? Era o întrebare care m-a frământat de-a lungul primei luni, chiar și atunci când am început să mă acomodez, chiar și atunci când m-am obișnuit cu sculatul înainte să se ivească zorile și cu navigatul dintr-o clădire în alta, la ore. Whitney Young era împărțit în cinci „case", fiecare servind ca o bază pentru membrii ei și având rolul de a aduce o anume intimitate în experiența unei școli mari. Eu eram în Gold House, condusă de un director adjunct pe care îl chema domnul Smith și care, din întâmplare, locuia la câteva case de familia mea, pe Euclid Avenue. De-a lungul anilor, făcusem tot felul de lucruri bizare pentru domnul Smith și familia lui, care mă angajau pentru orice, de la dădăcit copiii și dat lecții de pian, până la dresarea cățelului lor imposibil de dresat. Întâlnirea la școală cu domnul Smith a fost o ușoară alinare, o punte între Whitney Young și cartierul meu, dar care nu a reușit să îmi calmeze prea mult neliniștea.

La Whitney Young veneau doar câțiva copii de la mine din cartier. Vecinul și prietenul meu Terri Johnson intrase și el, la fel și colega mea de clasă Chiaka, pe ei îi cunoșteam și cu ei eram într-o competiție prietenească încă de la grădiniță, plus unul sau alți doi băieți. Cu unii mergeam împreună în autobuz dimineața și înapoi acasă, la sfârșitul zilei, dar la școală eram răspândiți în case diferite, de cele mai multe ori pe cont propriu. De asemenea, eram pentru prima dată în viață fără protecția discretă a fratelui meu mai mare. Până atunci, în felul lui amabil și zâmbitor, Craig înlăturase foarte convenabil toate barierele și pentru mine. La Bryn Mawr, el îi cucerise pe profesori cu drăgălășenia lui și câștigase respectul celorlalți copii pe terenul de joacă. Lăsase în urma lui o aură în care eu trebuia doar să pășesc. Aproape oriunde aș fi mers, eram cunoscută ca sora mai mică a lui Craig Robinson.

Acum eram, însă, pur și simplu, Michelle Robinson, fără nici un Craig atașat. La Whitney Young trebuia să mă afirm singură. Strategia mea inițială a fost să stau retrasă și să-i observ pe noii mei colegi. Cine erau copiii aceștia, la urma urmei? Tot ce știam era că erau deștepți. Demonstrativ deștepți. Selectiv deștepți. Cei mai deștepți copii din oraș, se pare. Dar nu eram și eu? Nu ajunseserăm toți aici – eu și Terri și Chiaka – pentru că eram deștepți ca ei?

Adevărul este că nu știam răspunsul. Nu aveam idee dacă eram sau nu deștepți ca ei.

Știam doar că eram elevii cei mai buni veniți din ceea ce era considerată a fi o școală mediocră, majoritară de negri, dintr-un cartier mediocru, majoritar de negri. Dar dacă nu era suficient? Dar dacă, după toată această agitație, se dovedea că fuseserăm cei mai buni dintre cei mai slabi?

Această îndoială nu mi-a ieșit din minte la ședința de orientare, în primele mele ore de biologie și de engleză de la liceu, în timpul discuțiilor oarecum stângace prin care făceam cunoștință cu noii mei prieteni, la cantină. *Nu este suficient. Nu este suficient.* Mă îndoiam de locul din care veneam și de ceea ce crezusem despre mine până atunci. Era ca o celulă malignă care amenința să se dividă necontrolat, dacă nu găseam o modalitate să o opresc.

CHICAGO, AVEAM SĂ AFLU, era un oraș mult mai mare decât îmi imaginasem vreodată. Am avut această revelație în parte datorită celor trei ore pe care le petreceam acum zilnic în autobuz, urcându-mă la Seventy-Fifth Street și navigând printr-un labirint de stații, deseori nevoită să stau în picioare pentru că era prea aglomerat ca să găsesc vreun loc.

Pe fereastră se derula lent și îndelung priveliștea din South Side în toată splendoarea lui, cu micile lui magazine și locurile cu gratii încă zăvorâte în lumina cenușie a zorilor, cu terenurile lui de baschet și locurile de joacă pavate încă pustii. Mergeam spre nord pe Jeffery și, apoi, spre vest pe Sixty-Seventh Street, apoi, din nou spre nord, virând și oprind la fiecare două cvartale ca să mai urce oameni. Traversam Jackson Park Highlands și Hyde Park, unde se afla campusul Universității din Chicago, ascuns după o poartă masivă din fier. După ceea ce mi se părea o eternitate, acceleram, în cele din urmă, pe Lake Shore Drive, urmărind curbura lacului Michigan spre centru.

Nu ai cum să grăbești o cursă cu autobuzul, pot să vă spun asta cu siguranță. Te urci și înduri. În fiecare dimineață, schimbam autobuzele în centru, pe Michigan Avenue, în plină oră de vârf, și luam o cursă spre vest pe strada Van Buren, unde măcar priveliștea era mai interesantă, cum treceam pe lângă clădirile unor bănci, cu uși mari, aurite, și pe lângă băieții de serviciu din fața hotelurilor scumpe. Pe fereastră vedeam bărbați și femei în haine șic – costume, fuste și tocuri care țăcăneau pe caldarâm –, care mergeau la serviciu cu cafeaua în mână și cu un aer foarte important. Încă nu știam că oamenii aceia erau profesioniști, specialiști. Încă nu știam câte diplome trebuie să fi obținut ca să capete acces în înaltele castele corporatiste aliniate pe Van Buren. Dar îmi plăcea cât de hotărâți arătau.

Între timp, la școală strângeam pe tăcute frânturi de informații, încercând să-mi găsesc locul în *intellighenția* adolescentină. Până acum, experiența mea cu copiii din alte cartiere se limitase la vizitele diverșilor verișori și la câteva tabere de o zi organizate vara de municipalitate la plaja Rainbow, unde toții copiii proveneau din partea de sud a orașului și nici unul nu era bogat. La Whitney Young am cunoscut copii albi care locuiau în partea de nord – o zonă din Chicago ce era pentru mine ca partea nevăzută a Lunii, un loc la care nu mă gândeam niciodată și nici nu aveam vreun motiv să merg acolo. Mai mult mi-a stârnit curiozitatea descoperirea pe care am făcut-o relativ repede, cum că exista o elită afro-americană. Cei mai mulți dintre noii mei prieteni erau negri, dar aceasta nu se traducea obligatoriu, după cum am constatat, într-o similitudine a experiențelor noastre. Unii dintre ei aveau părinți avocați sau medici și păreau să se cunoască între ei prin intermediul unui club social afro-american numit Jack and Jill. Fuseseră în vacanțe la schi și în excursii pentru care era nevoie de pașaport. Vorbeau despre lucruri care îmi erau străine, ca lucratul ca intern pe perioada verii și facultățile istorice pentru negri. Unul dintre colegii mei de clasă negri, un băiat tocilar care era întotdeauna amabil cu oricine, avea părinți care fondaseră o mare companie de produse de înfrumusețare și locuia într-unul dintre cele mai luxoase blocuri din centru.

Aceasta era noua mea lume. Nu vreau să spun că toți cei de la școală erau bogați sau foarte sofisticați, pentru că nu era cazul. Erau o mulțime de copii care veneau din cartiere ca al meu și care se luptaseră cu mai multe greutăți decât avusesem eu vreodată. Însă, primele luni pe care le-am petrecut la Whitney Young mi-au permis să arunc o privire spre ceva ce până atunci fusese invizibil - aparatul privilegiilor și al conexiunilor, ce semăna cu o rețea de scări pe jumătate ascunse și frânghii de ghidare suspendate, gata să-i conducă pe unii, dar nu pe toți, până la cer.

PRIMELE MELE NOTE luate la liceu s-au dovedit a fi bune, la fel și cele care le-au urmat. În primii ani, am început să construiesc același gen de încredere pe care am avut-o la Bryn Mawr. Cu fiecare mică realizare, cu fiecare eșec pe care reușeam să îl evit, îndoielile mă părăseau încetul cu încetul. Îmi plăceau cei mai mulți dintre profesorii mei. Nu îmi era frică să ridic mâna la ore. La Whitney Young nu era nici un pericol să fii deștept. Se presupunea că toată lumea aspira la facultate, ceea ce însemna că nu îți ascundeai niciodată inteligența de teamă că ar putea să-ți spună cineva că vorbești ca o fată albă.

Îmi plăcea orice materie care implica faptul de a scrie și munceam din greu la cursul pregătitor pentru matematică. La franceză mă descurcam destul de bine. Aveam colegi care erau întotdeauna cu un pas sau doi înaintea mea și ale căror realizări păreau obținute fără efort, dar încercam să nu las asta să mă afecteze. Începeam să înțeleg că aș fi putut să recuperez deseori prin ore suplimentare de studiu. Nu eram o elevă de nota 10 pe linie, dar am încercat întotdeauna și, în unele trimestre, am fost foarte aproape.

Între timp, Craig intrase la Universitatea Princeton și eliberase camera amenajată din veranda din spate de pe Euclid Avenue, lăsând în viețile noastre un gol de doi metri și 90 de kilograme. Frigiderul nostru era acum mult mai puțin încărcat cu carne și lapte, telefonul nu mai era blocat de fetele care sunau să stea de vorbă cu el. Primise oferte de la universități mari, care i-au propus burse și tot ce ținea de existența unei vedete a baschetului, dar, încurajat de părinții noștri, el a ales Princeton, care costa mai mult, dar, după cum vedeau ei lucrurile, și promitea mai multe. Tata plesnea de mândrie când Craig a intrat în echipa de baschet de la Princeton. Nesigur pe picioare și folosindu-se de două bastoane ca să meargă, încă se mai bucura de drumurile lungi cu mașina. Schimbase vechiul Buick cu unul nou, tot 225, de data aceasta un maroniu închis, strălucitor. Când putea să își ia liber de la munca la stația de epurare, conducea 12 ore prin Indiana, Ohio, Pennsylvania și New Jersey ca să ajungă la unul dintre meciurile lui Craig.

Dată fiind distanța până la Whitney Young, îmi vedeam părinții mult mai puțin și, privind acum înapoi, cred că a fost o perioadă în care au fost foarte singuri, care a necesitat o oarecare adaptare. Acum eram mai mult plecată decât acasă. Sătui să stăm în picioare în cele 90 de minute ale drumului cu autobuzul până la școală, Terri Johnson și cu mine am pus la cale un plan care presupunea să plecăm de acasă cu 15 minute mai devreme în fiecare dimineață, ca să prindem un autobuz ce mergea în direcția opusă școlii. Mergeam cu el câteva stații până într-o zonă mai puțin aglomerată, unde ne dădeam jos, traversam strada și luam autobuzul nostru obișnuit spre nord, mult mai gol decât ar fi fost pe Strada 75, unde ne-am fi urcat în mod normal. Încântați de istețimea noastră, ne așezam repede pe scaune și, apoi, vorbeam sau învățam tot drumul până la școală.

Serile ne târam înapoi pe ușa casei în jur de șase sau șapte, la timp pentru o cină rapidă și ocazia de a sta de vorbă cu părinții mei despre cele întâmplate în ziua respectivă. Însă, de îndată ce vasele erau spălate, dispăream să îmi fac temele, deseori mergând cu cărțile jos, la raftul cu enciclopedii de pe casa scărilor, lângă apartamentul lui Robbie și Terry, pentru intimitate și pentru liniște.

Părinții mei nu au vorbit nici măcar o dată despre efortul de a plăti facultatea, dar știam destule ca să îmi dau seama că nu le era ușor. Când profesoara mea de franceză a anunțat că organizează o excursie opțională la Paris pentru cei care pot să plătească, nici nu mi-a trecut prin cap să vorbesc despre asta acasă. Aceasta era diferența dintre mine și copiii de la Jack and Jill, dintre care mulți îmi erau acum prieteni apropiați. Aveam o casă bine aranjată unde eram iubită, bani pentru autobuz să traversez orașul până la școală și o masă caldă când veneam seara acasă. Mai mult de atât nu voiam să le cer părinților.

Și, totuși, într-o seară, părinții mei mi-au spus să stau jos, cu un aer nedumerit. Mama aflase despre excursia în Franța de la mama lui Terri Johnson.

„De ce nu ne-ai spus?“, m-a întrebat ea.

„Pentru că e prea scump.“

„Nu tu hotărăști asta, Miche“, mi-a spus tata cu un ton blând, aproape ofensat. „Și cum să hotărâm noi, dacă nici măcar nu știm despre asta?“

M-am uitat la amândoi, fără să știu ce să spun. Mama se uita la mine, cu privirea ei liniștită. Tata se schimbase de uniforma de la serviciu într-o cămașă albă, curată. Abia trecuseră de 40 de ani și erau căsătoriți de aproape 20. Nici unul din ei nu fusese vreodată în vacanță în Europa. Nu mergeau în excursii la mare și nu ieșeau la cină. Nu-și cumpăraseră o casă. Investițiile lor eram noi, Craig și cu mine. Pentru noi cheltuiau totul.

Câteva luni mai târziu, m-am urcat în avion spre Paris împreună cu profesoara și cu zece–doisprezece colegi de la Whitney Young. Urma să stăm într-un hostel, să vizităm Muzeul Luvru și Turnul Eiffel. Aveam să ne cumpărăm *crêpes au fromage* de la tarabele de pe stradă și să ne plimbăm pe malurile Senei. Vorbeam franceza ca niște puștani de liceu din Chicago, dar cel puțin vorbeam franceză. În timp ce avionul se îndepărta încet de terminal, în ziua aceea, m-am uitat înapoi spre aeroport, știind că mama stătea undeva în spatele geamurilor negre, îmbrăcată cu paltonul de iarnă, și îmi face semn de rămas-bun. Îmi amintesc când au pornit motoarele avionului cu un zgomot șocant de puternic. Apoi am început să rulăm spre pistă și să ne îndreptăm în sus, iar accelerația mi-a cuprins pieptul și m-a împins cu putere în spătarul fotoliului, în cele câteva clipe stranii, chiar înainte să simți desprinderea de pământ.

În stilul elevilor de liceu de pretutindeni, mie și prietenilor mei ne plăcea să umblăm hai-hui. Hoinăream gălăgioși și hoinăream în public. În zilele în care ieșeam de la școală mai devreme sau aveam teme puține, plecam în cârduri de la Whitney Young spre centrul orașului Chicago, până la mallul cu opt etaje de la Water Tower Place. Odată ajunși acolo, ne plimbam pe scările rulante în sus și în jos, ne cheltuiam banii pe popcorn gourmet de la Garrett's și ocupam mesele de la McDonald's mult mai multă vreme decât ar fi fost rezonabil, având în vedere cât de puțină mâncare comandam. Treceam în revistă blugii de designer și poșetele de la Marshall Field's, deseori urmăriți pe ascuns de agenții de pază cărora nu le plăcea cum arătam. Câteodată mergeam la film.

Eram fericiți – fericiți cu libertatea noastră, fericiți să fim împreună, fericiți că orașul părea să strălucească mai puternic în zilele în care nu ne gândeam la școală. Eram copii de oraș care învățau să cutreiere.

Petreceam mult timp cu o colegă de clasă pe nume Santita Jackson, care dimineața urca în autobuzul de pe Jeffery la câteva stații după mine și care mi-a devenit una dintre cele mai bune prietene din liceu. Santita avea niște ochi negri frumoși, obrajii plini și comportamentul unei femei înțelepte, chiar și la 16 ani. La școală, era unul dintre acei elevi care se înscria la orice curs avansat disponibil și părea să exceleze la toate. Purta fustă atunci când toate celelalte purtau blugi și cânta cu o voce atât de clară și de puternică, încât a ajuns, după mulți ani, să plece în turnee în grupul de acompaniament al Robertei Flack. Era totodată profundă și asta îmi plăcea cel mai mult la Santita. La fel ca mine, putea să fie frivolă și poznașă când eram într-un grup mai mare, dar, când eram singure, deveneam meditative și concentrate, două fete-filosof care încercau să rezolve problemele din viețile noastre, mari și mici. Petreceam ore întregi întinse pe podea în camera Santitei de la etajul doi al casei în stil Tudor în care locuia familia ei, în Jackson Park Highlands, o zonă mai avută din partea de sud. Discutam încotro se îndreptau viețile noastre, despre lucrurile care ne enervau, ce înțelegeam despre lume și ce nu. Ca prietenă, știa să asculte și era perspicace, și încercam să fiu și eu la fel.

Tatăl Santitei era celebru. Acesta era faptul cel mai important, imposibil de ignorat, din viața ei. Era fiica reverendului Jesse Jackson, înfocatul predicator baptist și lider politic din ce în ce mai puternic. Jackson lucrase îndeaproape cu Martin Luther King și căpătase el însuși anvergură națională în anii 1970, ca fondator al unei organizații politice denumite Operation PUSH, care susținea drepturile afro-americanilor marginalizați. Când eram noi în liceu, el devenise o celebritate incontestabilă – charismatic, cu legături sus-puse și permanent în mișcare. Făcea turnee prin țară, fermecând mulțimile cu apelurile lui tunătoare ca negrii să se scuture de stereotipurile de ghetou și să-și revendice multă vreme refuzata forță politică. El predica despre efortul neobosit prin care oamenii trebuiau să-și sporească puterea prin ei înșiși. „Jos cu drogurile, trăiască speranța!", transmitea el publicului. Îi punea pe copiii de școală să semneze angajamente că aveau să închidă televizoarele și să dedice câte două ore temelor în fiecare seară. Îi punea pe părinți să promită că aveau să se implice și ei. Pleda împotriva sentimentelor de eșec care cuprinseseră atâtea comunități afro-americane, cerându-le imperativ oamenilor să nu-și mai plângă singuri de milă și să-și asume propriile destine. „Nimeni, dar chiar nimeni", striga el, „nu este atât de sărac încât să nu închidă televizorul două ore în fiecare seară!"

Era palpitant să te afli la Santita acasă. Locul era spațios și puțin cam haotic, căminul unei familii cu cinci copii, ticsit cu mobilă victoriană masivă și cu obiectele vechi din sticlă pe care le colecționa mama Santitei, Jacqueline. Doamna Jackson, cum îi spuneam eu, era o fire comunicativă, cu un râs molipsitor. Purta rochii largi, colorate, și servea mâncarea pe o masă uriașă din sufragerie, invitând pe oricine apărea pe acolo, în general, oameni care făceau parte din ceea ce ea numea „mișcarea". Aceasta includea oameni de afaceri, politicieni și poeți, plus o ceată de vedete, de la cântăreți până la sportivi.

Când reverendul Jackson era acasă, în locuință pulsa o energie diferită. Obișnuințele erau date deoparte, conversațiile la cină se prelungeau până târziu în noapte. Consilierii veneau și plecau, se făceau într-una planuri. Spre deosebire de apartamentul meu din Euclid, unde preocupările părinților mei rareori depășeau fericirea și drumul spre succes al familiei, soții Jackson păreau prinși în ceva mai mare, mai dezordonat și aparent mai de impact. Angajamentul lor era spre exterior, comunitatea lor era mare, misiunea importantă. Santita și frații ei erau crescuți să fie activi politic. Știau cum și ce să boicoteze. Mărșăluiau pentru cauzele tatălui lor. Îl însoțeau în călătoriile lui de lucru, vizitând locuri precum Israel și Cuba, New York și Atlanta. Stăteau pe scenă în fața mulțimilor uriașe și învățau să absoarbă anxietatea și controversele ce veneau din a avea un tată, poate că mai ales un tată negru, activ în viața publică. Reverendul Jackson avea gărzi de corp – niște bărbați mari, tăcuți, care mergeau împreună cu el. La acea vreme, înregistrasem doar în trecere că viața i-ar fi fost amenințată.

Santita își adora tatăl și era mândră de activitatea lui, dar încerca totodată să-și trăiască și viața proprie. Și ea, și eu eram pentru întărirea caracterului tineretului de culoare din toată America, dar, în același timp, eram disperate să ajungem la Water Tower Place înainte să se termine reducerile la pantofii de sport K-Swiss. Deseori ne găseam în situația de a împrumuta o mașină sau de a căuta pe cineva să ne ducă. Pentru că eu trăiam într-o familie cu o singură mașină și cu doi părinți la serviciu, șansele erau, de obicei, mai mari în casa familiei Jackson, unde doamna Jackson avea și o camionetă placată cu lemn, și o mică mașină sport. Uneori ne lipeam de unii membri ai personalului sau de vizitatorii care veneau și plecau. Ceea ce sacrificam era controlul. Aceasta a fost una dintre primele lecții pe care le-am învățat fără să vreau despre viața politică: orarele și planurile par să nu reziste niciodată. Chiar dacă stai pe marginea îndepărtată a vârtejului, tot îi simți rotația. Santita și cu mine ne trezeam deseori blocate de vreo întârziere care avea legătură cu tatăl ei – o ședință care se lungise, un avion care întârzia la aterizare – sau rezolvam printr-o serie de improvizații de ultimă clipă. Ne gândeam să ne întoarcem de la școală cu mașina sau să mergem la mall, și, în schimb, ajungeam la un miting în Cartierul de Vest sau așteptam ore în șir la sediul Operation PUSH, în Hyde Park.

Într-o zi, ne-am trezit mărșăluind cu o mulțime de susținători ai lui Jesse Jackson la parada de Ziua lui Bud Billiken. Parada, numită după un personaj de ficțiune dintr-un ziar din vremuri de mult trecute, este una dintre principalele tradiții din South Side și are loc în fiecare august – o sărbătoare cu fanfare în marș și care alegorice, care se întinde pe aproape trei kilometri de-a lungul Martin Luther King Jr. Drive, prin inima cartierului afro-american căruia i se spunea pe vremuri Centura Neagră, dar a fost rebotezat mai târziu Bronzeville. Parada de Ziua lui Bud Billiken se ținea din 1929, un simbol al mândriei de a fi afro-american. Dacă erai orice fel de lider al comunității sau politician, era – și este până în ziua de azi – mai mult sau mai puțin obligatoriu să vii și să parcurgi traseul.

Nu știam la vremea respectivă, dar vârtejul din jurul tatălui Santitei începea să se rotească mai tare. Jesse Jackson mai avea câțiva ani până să facă oficial o tentativă de a candida la președinția Statelor Unite, ceea ce înseamnă că începuse să ia în calcul ideea din perioada în care noi eram în liceu. Era nevoie să strângă bani și să stabilească legături. Candidatura la președinție, înțeleg acum, este un efort complet și care consumă totul pentru fiecare persoană implicată, iar campaniile bune presupun o pregătire prealabilă a terenului, ceea ce poate adăuga câțiva ani acestui efort. Stabilindu-și acest obiectiv pentru alegerile din 1984, Jesse Jackson ar fi devenit al doilea afro-american care ducea o campanie națională serioasă la președinție, după candidatura fără succes din 1972 a membrei Congresului Shirley Chisholm. Bănuiesc că, la momentul paradei, avea deja în minte unele dintre aceste lucruri.

Ceea ce știam era că mie, una, nu-mi făcea plăcere să mă aflu acolo, sub un soare arzător, îmbrâncită între baloane și portavoce, între tromboane și grupuri de oameni care ovaționau. Fanfara era distractivă și chiar însuflețitoare, dar era ceva acolo, ceva legat de politică, în general, care mă dezgusta. În primul rând, pentru că eram o persoană căreia îi plăcea ca lucrurile să fie clare și planificate în avans, iar, din ceea ce puteam să-mi dau seama atunci, părea să nu fie nimic clar la viața în politică. Parada nu fusese în planurile mele. Din câte îmi aduc aminte, Santita și cu mine nu avuseserăm nici o intenție să mergem. Fusesem luate pe sus în ultima clipă, poate de mama sau de tatăl ei, sau poate de cineva din mișcare care ne-a prins înainte să apucăm să punem în practică orice am fi avut în planul nostru pentru ziua respectivă. Dar țineam foarte mult la Santita și eram un copil politicos, care, de cele mai multe ori, făcea cum îi spuneau adulții, așa că asta am făcut. M-am aruncat în vârtejul gălăgios de la parada de Ziua lui Bud Billiken.

Am ajuns în seara aceea acasă, pe Euclid Avenue, și am găsit-o pe mama râzând.

„Tocmai te-am văzut la televizor“, mi-a spus.

Se uitase la știri și mă văzuse mergând lângă Santita, dând din mână și zâmbind. Ceea ce o făcuse să râdă, presupun, era că sesizase și disconfortul meu – faptul că fusesem prinsă în ceva ce aș fi preferat să nu fac.

CÂND A VENIT VREMEA să ne interesăm de facultăți, Santita și cu mine ne-am orientat amândouă spre școli de pe Coasta de Est. Ea s-a dus să încerce la Harvard, dar a fost dezamăgită când un membru al comisiei de admitere a hărțuit-o pe tema politicii duse de tatăl ei, când tot ce-și dorea ea era să fie evaluată după propria persoană. Eu am petrecut un weekend în vizită la Craig, la Princeton, unde el părea să fi intrat într-un ritm foarte productiv de jucat baschet, mers la cursuri și pierdut vremea la un centru din campus destinat studenților minoritari. Campusul era mare și frumos – o școală din Ivy League îmbrăcată în iederă –, iar prietenii lui Craig păreau destul de drăguți. Nu am stat mai mult pe gânduri. Nici una dintre rudele mele apropiate nu avusese vreo experiență directă în privința facultăților, așa că nu era prea mult, dacă era ceva, de discutat și de analizat. Așa cum fusese întotdeauna cazul, îmi închipuiam că orice îi plăcea lui Craig avea să îmi placă și mie și orice putea să realizeze el, puteam și eu. Acestea fiind zise, Princeton a devenit prima mea opțiune pentru facultate. La începutul anului terminal la Whitney Young, m-am dus la o primă întâlnire obligatorie cu consilierul școlar la care fusesem repartizată, să discutăm despre facultate.

Nu pot să vă spun prea multe despre consilier, pentru că, deliberat și aproape instantaneu, mi-am șters această experiență din minte. Nu-mi amintesc vârsta ei sau rasa, nici cum s-a uitat la mine în ziua în care am intrat pe ușa biroului, plină de mândrie că eram pe cale să termin liceul în primele zece procente de la mine din clasă, că fusesem aleasă trezorier, că făceam parte din Societatea Națională de Onoare și reușisem să-mi înving mai toate temerile cu care venisem, emoționată, în clasa a noua. Nu-mi amintesc dacă ea s-a uitat pe foaia mea matricolă înainte sau după ce mi-am anunțat interesul de a mă alătura fratelui meu la Princeton, în toamna următoare.

Este posibil, de fapt, ca în scurta noastră întâlnire consiliera să-mi fi spus lucruri pozitive și folositoare, dar nu-mi amintesc nimic. Deoarece, pe bună dreptate sau nu, mintea mea a rămas blocată într-una dintre propozițiile spuse de femeia aceea.

„Nu sunt sigură“, mi-a spus ea cu un surâs protocolar, dar superior, „că ai material de Princeton.“

Judecata ei a fost pe cât de rapidă, pe atât de depreciativă, bazată, probabil, pe o evaluare sumară a notelor mele și a rezultatelor la teste. A fost o versiune, îmi imaginez, a ceea ce ea făcea cât era ziua de lungă cu o eficiență venită din practică, și anume să le spună elevilor din anul terminal unde le era locul și unde nu. Sunt sigură că, în mintea ei, ea era singura realistă. Mă îndoiesc că s-a mai gândit a doua oară la discuția noastră.

Dar, așa cum am mai spus, eșecul este un sentiment instalat cu mult înainte să fie un rezultat real. Iar eu simțeam că exact asta îmi insufla ea – o insinuare a eșecului, cu mult înainte să fi încercat măcar să reușesc. Ea îmi spunea să-mi cobor așteptările, ceea ce era reversul absolut a tot ceea ce îmi spuseseră părinții vreodată.

Dacă m-aș fi hotărât să o cred, sentința ei mi-ar fi sfărâmat din nou încrederea în mine, reînviind vechiul refren „nu faci suficient, nu faci suficient“.

Însă, trei ani în compania copiilor ambițioși de la Whitney Young mă învățaseră că valoram ceva mai mult. Nu aveam să las opinia unei singure persoane să distrugă ceea ce credeam că știu despre mine însămi. Așa că mi-am schimbat metoda fără să îmi schimb țelul. Aveam să dau examen la Princeton și la multe alte școli, dar fără vreun alt amestec al consilierului. Am cerut, în schimb, ajutorul cuiva care mă cunoștea cu adevărat, domnul Smith, directorul adjunct și vecinul meu, care îmi cunoștea realizările școlare și, mai mult, îmi încredințase propriii copii. El a fost de acord să îmi scrie o recomandare.

Am fost suficient de norocoasă în viață ca să întâlnesc diverse tipuri de oameni extraordinari și realizați – lideri din întreaga lume, inventatori, muzicieni, astronauți, sportivi, profesori, antreprenori, artiști și scriitori, medici și cercetători în domenii noi. Unii dintre ei (nu suficient de mulți) sunt femei. Alții (nu suficient de mulți) sunt de culoare. Unii s-au născut săraci sau au dus vieți pe care mulți dintre noi le-ar considera nedrept de pline de adversități și, totuși, par să acționeze de parcă s-ar fi bucurat de toate avantajele din lume. Ce am învățat este că toți au avut pe cineva care, la un moment dat, s-a îndoit de ei. Unii continuă să aibă armate gălăgioase de critici și de cârcotași gata să strige: „Ți-am spus eu!" la fiecare mic pas greșit sau eroare. Zgomotul de fond nu dispare, dar cei mai de succes oameni pe care îi cunosc au găsit o modalitate de a trăi cu acest zgomot, bazându-se pe oamenii care cred în ei și văzându-și în continuare de țelurile lor.

Când am plecat din biroul consilierei de la Whitney Young clocoteam de furie, în primul rând, din pricina egoului meu rănit. Singurul meu gând în momentul acela a fost: „Lasă că-ți arăt eu!"

Dar, mai târziu, m-am calmat și m-am întors la treabă. Nu am crezut niciodată că avea să fie ușor să ajung la facultate, dar am învățat să mă concentrez și să am încredere în propria poveste. Am încercat să spun totul în eseul meu pentru admitere. În loc să pretind că eram extraordinar de intelectuală și că m-aș potrivi perfect între zidurile încărcate de iederă de la Princeton, am scris despre scleroza multiplă a tatei și despre lipsa de experiență a familiei mele în domeniul educației superioare. Mi-am dat seama că făceam un efort. Dat fiind trecutul meu, acest efort era cu adevărat singurul lucru pe care aș fi putut să-l fac.

Și, până la urmă, cred că i-am demonstrat acelei consiliere ce voiam să-i demonstrez, pentru că, șase sau șapte luni mai târziu, în cutia noastră poștală de pe Euclid Avenue a sosit o scrisoare prin care mi se anunța acceptarea la Princeton. Părinții mei și cu mine am sărbătorit în seara aceea comandând pizza de la Italian Fiesta. L-am sunat pe Craig și i-am spus vestea cea bună urlând de fericire. În ziua următoare, am bătut la ușa domnului Smith să-i spun că fusesem acceptată și i-am mulțumit pentru ajutor. Nu m-am dus niciodată la consiliera de la liceu să îi spun că se înșelase în privința mea – că, de fapt, aveam material de Princeton. Nu ne-ar fi folosit nici uneia la nimic. De fapt, nu ei trebuia să-i demonstrez ceva anume. Îmi demonstram doar mie.

Capitolul 6

Tata m-a dus cu mașina la Princeton în vara anului 1981, pe autostrăzile plate care leagă Illinois de New Jersey. Dar a fost mai mult decât o simplă călătorie tată-fiică. Prietenul meu David a venit și el cu noi. Fusesem invitată să iau parte la o școală de vară de trei săptămâni, în timpul căreia se urmărea acoperirea „diferențelor de pregătire" și oferirea unui răgaz de acomodare anumitor boboci care se pregăteau pentru începerea facultății. Nu era clar cum anume am fost selectați – ce anume din dosarele noastre de admitere îi determinase pe cei de la universitate să creadă că am avea nevoie de lecții despre cum se citește orarul sau de practică avansată în navigarea pe aleile dintre clădirile campusului –, dar Craig făcuse și el asta cu doi ani înaintea mea și păruse să fie o ocazie. Așa că mi-am făcut bagajele, mi-am luat rămas-bun de la mama – nici una din noi în lacrimi sau sentimentală – și am urcat în mașină.

Nerăbdarea mea de a părăsi orașul era alimentată în parte de faptul că petrecusem ultimele luni lucrând, operând la bandă ceea ce era în esență un pistol industrial cu clei, la o mică legătorie de cărți, în centrul orașului Chicago – o rutină ucigătoare pentru suflet, care continua opt ore pe zi, cinci zile pe săptămână, și care îmi amintea mai bine poate decât orice altceva că mersul la facultate fusese o idee grozavă. Mama lui David lucra la legătorie și ne ajutase pe amândoi să ne găsim de lucru acolo. Muncisem umăr la umăr toată vara, ceea ce făcuse situația mai acceptabilă. David era inteligent și amabil, un tip înalt și arătos, cu doi ani mai în vârstă decât mine. El se împrietenise mai întâi cu Craig pe terenul de baschet din parcul Rosenblum, cu câțiva ani mai înainte, în timpul meciurilor improvizate la care lua parte când venea să își viziteze rudele care locuiau în Euclid Parkway. Până la urmă, noi doi am început să ne întâlnim. În timpul școlii, David pleca la facultate în afara statului, ceea ce însemna, foarte convenabil, că nu avea să-mi distragă atenția de la studii. În vacanțe, însă, de sărbători și pe perioada verii, venea acasă și stătea cu mama lui la capătul sud-vestic al orașului, de unde venea aproape în fiecare zi să mă ia cu mașina.

David era relaxat și totodată mai matur decât toți iubiții pe care-i avusesem. Stătea pe canapea și se uita la meciuri cu tata, glumea cu Craig și purta conversații politicoase cu mama. Ne dădeam întâlniri și mergeam la ceea ce consideram noi că erau niște mese sofisticate la Red Lobster și la film. Ne hârjoneam și fumam marijuana la el în mașină. La legătorie, cu pistoalele cu clei în mână, ne cufundam într-un fel de uitare comodă, sarcastici până nu mai era aproape nimic de spus. Nici unul din noi nu era prea interesat de locul acela de muncă, ci doar încercam să strângem niște bani pentru școală. Oricum, urma să plec curând din oraș și nu intenționam să mă mai întorc vreodată la legătoria de cărți. Într-un fel, eram deja pe jumătate plecată – mintea mea zburase către Princeton.

Ceea ce înseamnă că, la începutul acelei seri de august, când trioul nostru tată-fiică-iubit a ieșit, în cele din urmă, de pe Route 1 și a virat pe șoseaua largă și mărginită de copaci care ducea spre campus, eram complet pregătită să merg mai departe. Eram gata să îmi duc cele două valize în căminul pentru sesiunea de vară, să strâng mâinile celorlalți copii veniți (mai ales studenți minoritari și din familii cu venituri mici, plus câțiva sportivi amestecați printre ei). Eram gata să gust mâncarea de la cantină, să memorez harta campusului și să deslușesc orice programă aveau de gând să îmi pună în față. Eram acolo. Aterizasem. Aveam 17 ani și viața mea era cât se poate de palpitantă.

Exista o singură problemă și aceea era David, care, de îndată ce am trecut de granița spre Pennsylvania, a căpătat un aer ușor melancolic. În timp ce ne luptam să scoatem bagajele din mașina tatei, mi-am dat seama că deja se simțea singur. Eram împreună de mai bine de un an. Ne declarasem dragostea, dar era o dragoste care ținea de Euclid Avenue și de Red Lobster și de terenurile de baschet din parcul Rosenblum. Era o dragoste în contextul locului pe care tocmai îl părăsisem. Când tata și-a luat tradiționalul minut suplimentar ca să se ridice de pe locul șoferului și să-și găsească o poziție stabilă sprijinit în bastoane, David și cu mine am stat fără să spunem un cuvânt în lumina amurgului, uitându-ne la gazonul imaculat din fața fortăreței de piatră unde se afla căminul. Brusc, amândoi ne-am dat seama că mai erau probabil lucruri importante pe care nu le discutaserăm, că poate aveam păreri diferite despre această despărțire, despre care nu stabiliserăm dacă e temporară sau o ruptură definitivă, indusă de geografie.

Aveam să ne vizităm unul pe altul? Să ne trimitem scrisori de dragoste? Cât efort eram dispuși să facem pentru asta?

David mă ținea de mână cât se poate de sincer. Eram încurcată. Știam ce voiam, dar nu găseam cuvintele potrivite. Am sperat că, într-o zi, sentimentele mele pentru un bărbat aveau să mă facă să mă clatin pe picioare, că aveam să fiu prinsă în acel vârtej ca un tsunami care pare să alimenteze toate poveștile de dragoste bune. Părinții mei s-au îndrăgostit unul de celălalt în adolescență. Tata a însoțit-o pe mama la balul de absolvire a liceului. Știam că iubirile din adolescență erau uneori reale și durabile. Voiam să cred că exista un bărbat care avea să se materializeze și să devină totul pentru mine, care să fie sexy și de încredere și al cărui efect să fie atât de imediat și de profund, încât să fiu dispusă să-mi reordonez prioritățile.

Doar că nu era bărbatul care stătea în fața mea acum.

Tata a întrerupt, în cele din urmă, tăcerea dintre mine și David, spunându-mi că trebuia să-mi ducă lucrurile sus, în cămin. Pentru ei doi rezervase o cameră de motel în oraș. Plănuiseră să pornească la drum a doua zi, să se întoarcă la Chicago.

L-am îmbrățișat strâns pe tata în parcare. Brațele lui fuseseră întotdeauna puternice datorită faptului că practicase box și înot în tinerețe, iar acum se mențineau datorită efortului pe care îl făcea să se deplaseze în baston.

„Să fii cuminte, Miche“, mi-a spus când mi-a dat drumul, fără ca fața să-i trădeze altă emoție decât mândria.

Apoi, a urcat în mașină, având grijă să ne lase mie și lui David puțină intimitate.

Stăteam împreună pe trotuar, amândoi timizi și ezitanți. Inima mi-a tresărit plină de afecțiune când s-a aplecat să mă sărute. Partea asta mergea întotdeauna bine.

Și, totuși, știam. Am știut că, deși brațele mele strângeau un băiat bun din Chicago căruia îi păsa cu adevărat de mine, exista totodată, dincolo de noi, o alee luminată care pornea de la locul de parcare și urca ușor spre dreptunghiul înconjurat de clădiri care, în câteva minute, avea să devină noul meu context, noua mea lume. Eram neliniștită la gândul că locuiam pentru prima dată departe de casă, că părăseam singura viață pe care o cunoscusem vreodată. Dar o parte din mine înțelesese că era mai bine ca ruptura să fie clară, rapidă, să nu mă mai agăț de nimic. În ziua următoare, David m-a sunat la cămin să mă întrebe dacă ne puteam întâlni pentru o masă rapidă sau o ultimă plimbare prin oraș, iar eu am bâiguit ceva despre cât de ocupată eram deja la școală și că nu reușeam să ajung. Despărțirea din noaptea precedentă fusese reală și definitivă. Probabil că ar fi trebuit să-i spun asta direct, atunci, dar am ezitat știind că doare și să spui asta, și să auzi. Așa că l-am lăsat, pur și simplu, să plece.

A REIEȘIT că erau o mulțime de lucruri pe care le mai aveam de învățat despre viață, sau cel puțin despre viața în campusul de la Princeton, în anii 1980. După ce am petrecut câteva săptămâni energizante ca student de vară, înconjurată de câteva zeci de alți copii care mi se păreau și accesibili, și familiari, a început oficial semestrul de toamnă și porțile s-au deschis pentru toți studenții. Mi-am mutat lucrurile într-o cameră nouă de cămin, cu trei paturi, din Pine Hall, și, apoi, am rămas să mă uit de la fereastra mea de la etajul trei cum în campus se revarsă câteva mii de studenți, cei mai mulți dintre ei albi, cărând combine muzicale și umerașe cu haine. Unii veneau cu limuzina. O fată a venit cu două limuzine – și limuzine lungi – ca să-i încapă toate lucrurile.

Princeton era extrem de alb și foarte masculin. Nu aveai cum să nu observi asta. În campus erau de două ori mai mulți bărbați decât femei. Studenții negri reprezentau mai puțin de nouă la sută din clasa mea de boboci. Dacă în timpul programului de orientare căpătasem un sentiment de proprietate asupra spațiului, acum eram o anomalie bătătoare la ochi – eram ca niște semințe de mac într-un castron cu orez. Cu toate că Whitney Young fusese oarecum diversificat, nu mai făcusem parte niciodată până atunci dintr-o comunitate predominant albă. Nu ieșisem niciodată în evidență într-o mulțime sau într-o clasă din cauza culorii pielii mele. A fost iritant și incomod, cel puțin la început, ca și cum aș fi fost aruncată într-un terariu nou și ciudat, al cărui habitat nu fusese construit pentru mine.

Ca în orice altă privință, înveți totuși să te adaptezi. Unele schimbări erau simple – aproape o ușurare. Un lucru era cert, nimeni nu părea să fie preocupat de infracțiuni. Studenții își lăsau camerele descuiate și bicicletele rezemate neglijent în afara clădirilor, sau cerceii de aur nesupravegheați pe chiuvetele din băile comune. Încrederea lor în lume părea infinită, o lume în care progresul lor era în întregime asigurat. Pentru mine era ceva cu care trebuia să mă obișnuiesc. Ani de-a rândul, îmi păzisem pe tăcute lucrurile, în autobuzele cu care mergeam și mă întorceam de la Whitney Young. Seara, când mergeam spre casă pe Euclid Avenue, îmi țineam strâns cheia în pumn, îndreptată spre exterior printre degete, în caz că ar fi fost nevoie să mă apăr.

La Princeton părea că singurul lucru căruia trebuia să-i dau atenție erau studiile. Tot restul era gândit special să ne asigure bunăstarea nouă, studenților. Cantinele serveau cinci tipuri diferite de mic-dejun. În curte erau stejari uriași cu coroane bogate sub care puteam sta la umbră și pajiști pe care puteam să jucăm Frisbee, ca să ne eliberăm de stres. Biblioteca principală era ca o catedrală veche, cu tavane înalte și mese masive din lemn lustruit pe care să ne punem manualele și să învățăm în tăcere. Eram protejați, răsfățați, îngrijiți. Mi-am dat seama că mulți dintre copii nici nu cunoscuseră altceva în viața lor.

La toate acestea era atașat un nou vocabular, unul pe care încă nu îl stăpâneam. Ce era conduita? Ce era o perioadă de lectură? Nu-mi explicase nimeni ce erau acele așternuturi „extralungi" de pe lista de necesități pe care o primisem de la școală, așa că mi-am cumpărat cearșafuri prea scurte și, în primul an, am dormit cu picioarele pe suprafața de plastic a saltelei. Când venea vorba de sporturi, exista o curbă de învățare specială, distinctă. Eu crescusem cu fotbal, baschet și baseball, dar am constatat că liceenii de elită de pe Coasta de Est făceau mai multe. Lacrosse era un astfel de sport. Hocheiul pe iarbă altul. Chiar și squash era în meniu. Pentru un copil din sudul orașului Chicago era puțin derutant. „Tragi la rame?" Oare ce însemna asta?

Aveam un singur avantaj, același pe care îl avusesem la începutul grădiniței: încă mai eram sora mai mică a lui Craig

Robinson. Craig era acum în penultimul an și jucător de bază în echipa de baschet a universității. Și, ca întotdeauna, avea admiratori. Chiar și agenții de pază din campus îl salutau spunându-i pe nume. Craig avea o viață, iar eu am reușit, măcar în parte, să mă strecor în ea. Am ajuns să-i cunosc colegii de echipă și prietenii. Într-o seară, am mers cu el la o cină în campus, la casa bine pusă la punct a unuia dintre susținătorii de bază ai echipei de baschet. Când m-am așezat la masă, am dat cu ochii de ceva ce m-a uluit, un fel de mâncare pentru care, ca multe alte lucruri de la Princeton, aveam nevoie de minime cunoștințe de comportament rafinat: o anghinare țepoasă și verde, pe o farfurie de porțelan alb.

Craig își găsise un aranjament de vis pentru anul respectiv, locuind fără chirie, ca paznic, într-o cameră de la etajul Third World Center (Centrul pentru Lumea a Treia), o extensie cu nume prost ales, dar bine intenționată a universității, cu misiunea de a-i susține pe studenții de culoare. (Aveau să mai treacă 20 de ani până când Third World Center să fie rebotezat Centrul Carl A. Fields pentru egalitate și înțelegere culturală – după numele primului decan afro-american de la Princeton.) Centrul funcționa într-o clădire din cărămidă dintr-un lot aflat pe colț, pe Prospect Avenue, ale cărui prime blocuri erau dominate de cluburile-restaurant din piatră în stil Tudor și cu aspect de conac care luaseră locul frățiilor.

Third World Center – sau TWC, cum îi spuneam cei mai mulți dintre noi – a devenit rapid un fel de casă pentru mine. Se organizau petreceri și mese în comun. Existau meditatori voluntari care să ajute la teme și spații doar pentru pierdut timpul. Îmi făcusem deja câţiva prieteni în timpul programului de vară şi mulţi dintre noi gravitam în jurul centrului când aveam timp liber. Printre ei era şi Suzanne Alele. Suzanne era înaltă şi subţire, cu sprâncene groase şi un păr negru, bogat, care îi cobora pe spate ca un val strălucitor. Era născută în Nigeria, crescuse la Kingston, Jamaica, şi se mutase cu familia în Maryland pe când era adolescentă. Acesta era probabil motivul pentru care nu părea să fie legată de nici o identitate culturală anume. Oamenii erau atraşi de Suzanne. Şi ar fi fost greu să nu fie. Avea un zâmbet larg şi un uşor accent străin care devenea mai pronunţat de fiecare dată când era obosită sau puţin băută. Atitudinea ei avea ceea ce consider eu a fi un soi de vioiciune caraibiană, o lumină interioară care o făcea să iasă în evidenţă din mulţimile studioase de la Princeton. Nu se temea să se ducă la petreceri la care nu cunoştea pe absolut nimeni. Chiar dacă era în anul pregătitor pentru medicină, a ţinut să urmeze cursuri de olărit şi de dans, pentru simplul motiv că îi plăcea foarte mult.

Mai târziu, când eram în anul al doilea, Suzanne a mai făcut un plonjon, hotărând să candideze pentru admiterea într-un club-restaurant numit Cap and Gown – „a candida" fiind un verb cu un înţeles aparte la Princeton, semnificând toată agitaţia socială şi verificările care se făceau când cluburile selectau noi membri. Îmi plăceau poveştile cu care se întorcea Suzanne de la banchetele clubului şi de la petrecerile la care mergea, dar nu eram interesată să candidez eu însămi. Eram foarte mulţumită cu comunitatea de studenţi negri şi latino-americani pe care o găsisem prin intermediul TWC, mulţumită să rămân la marginea vastei scene sociale de la Princeton. Grupul nostru era mic, dar unit. Dădeam petreceri și dansam până la miezul nopții. Când mâncam, ne strângeam deseori zece sau chiar mai mulți în jurul mesei, relaxați și zâmbitori. Mesele noastre puteau să se prelungească ore întregi, asemenea meselor în comun pe care obișnuia să le dea familia mea, în casa din South Side.

Îmi imaginez că administratorilor de la Princeton nu le plăcea faptul că studenții de culoare se strângeau, în general, laolaltă. Ei sperau ca noi toți să ne amestecăm într-o armonie eterogenă, îmbunătățind astfel calitatea vieții de student. Este un țel care merită efortul. Înțeleg că, atunci când vine vorba de diversitate în campus, idealul ar fi obținerea a ceva ce seamănă cu prezentările care apar frecvent în broșurile facultăților – studenți zâmbitori care lucrează și socializează în grupuri amestecate din punct de vedere etnic. Dar, chiar și astăzi, studenții albi continuând să fie mai numeroși decât cei de culoare în campusurile facultăților, povara integrării apasă mai ales pe umerii studenților minoritari. Și, din experiența mea, înseamnă să le ceri foarte mult.

La Princeton, aveam nevoie de prietenii mei negri. Ne ofeream unul altuia alinare și sprijin. Mulți dintre noi veniseră la facultate fără să-și dea seama măcar care erau dezavantajele noastre. Afli doar treptat că noii tăi colegi au urmat cursuri de pregătire pentru testul de admitere, că au avut în liceu materii predate la nivel de facultate sau că au fost la școli cu internat, așa că nu se confruntau cu dificultatea de a fi pentru prima dată departe de casă. Era ca și cum ai urca pe scenă la primul tău recital de pian și ți-ai da seama că tu nu ai cântat niciodată decât la un instrument cu clapele ciobite. Lumea ta s-a schimbat, dar ție ți se cere să te adaptezi și să răzbești, să-ți cânți piesa la fel ca toți ceilalți.

Se poate face asta, desigur – studenții minoritari și defavorizați se ridică întotdeauna la înălțimea provocării –, dar este nevoie de energie. Este nevoie de energie ca să fii singura persoană de culoare dintr-o sală de curs sau să fii unul din cei câțiva care nu sunt albi și încearcă să intre într-un joc sau într-un grup intern. Este nevoie de efort, de un plus de încredere, ca să vorbești în astfel de condiții și să-ți impui prezența în cameră. Acesta este motivul pentru care, atunci când prietenii mei și cu mine ne întâlneam la masă în fiecare seară, ne cuprindea un sentiment de ușurare. Acesta este motivul pentru care stăteam până târziu și râdeam cât puteam.

Cele două colege de cameră albe de la Pyne Hall erau amândouă foarte drăguțe, dar nu stăteam pe la cămin suficient de mult ca să legăm o prietenie mai profundă. De fapt, nici nu aveam prea mulți prieteni albi. Privind în urmă, îmi dau seama că era și vina mea, în egală măsură cu a altora. Eram precaută. Mă limitam la ceea ce cunoșteam. Este greu să exprimi în cuvinte ceea ce uneori recepționezi din eter, senzațiile tăcute, crude, de a nu aparține unui loc – indiciile subtile care îți transmit să nu riști cumva ceva, să-i găsești pe ai tăi și să stai potolită.

Cathy, una dintre colegele mele de cameră de atunci, avea să reapară mulți ani mai târziu la știri și să povestească, stânjenită, ceva ce nu am știut atunci când locuiam împreună: mama ei, profesoară în New Orleans, a fost atât de îngrozită că fiicei ei i s-a repartizat o colegă de cameră negresă, încât a insistat la universitate să ne despartă. Mama ei a dat și ea un interviu, în care a confirmat povestea și a detaliat contextul. Crescută într-o familie în care cuvântul cu *n* făcea parte din vocabularul obișnuit, cu un bunic care fusese șerif și obișnuia să se laude cum gonea el negrii din oraș, fusese „îngrozită“, după cum a spus ea, să mă știe în preajma fiicei ei.

Tot ce am știut la vremea respectivă a fost că, pe la jumătatea primului nostru an, Cathy s-a mutat din camera noastră cu trei paturi într-o cameră de o singură persoană. Mă bucur să spun că nu am avut idee de ce.

Bursa pe care o primeam de la Princeton presupunea să lucrez în campus și, până la urmă, am găsit un loc de muncă foarte bun, ca secretară a directorului de la TWC. Lucram în jur de zece ore pe săptămână când nu eram la cursuri, așezată la un birou lângă Loretta, secretara cu normă întreagă, bătând la mașină, răspunzând la telefon și oferind indicații studenților care veneau să întrebe despre procedurile de renunțare la vreun curs sau de înscriere la distribuirea de alimente. Biroul se afla în colțul din față al clădirii, având ferestrele însorite și un mobilier neasortat care îl făcea să arate mai degrabă casnic decât oficial. Îmi plăcea senzația de a fi acolo, de a avea de făcut muncă de birou. Îmi plăcea timidul fior de satisfacție pe care îl simțeam ori de câte ori duceam la bun sfârșit vreo sarcină administrativă măruntă. Dar, mai mult decât orice, îmi plăcea șefa mea, Czerny Brasuell.

Czerny era o negresă inteligentă și frumoasă, abia trecută de 30 de ani, o new yorkeză iute și plină de viață care purta blugi evazați, sandale cu platformă și care părea să aibă mereu câte patru sau cinci idei deodată. Pentru studenții de culoare de la Princeton, ea era un fel de über-mentor, apărătorul nostru ultramodern și întotdeauna sincer, iar pentru asta era general apreciată. La birou jongla cu mai multe proiecte deodată – pleda pe lângă conducerea universității să introducă politici mai incluzive pentru minorități, pleda pentru anumiți studenți și pentru nevoile lor și lansa tot timpul noi idei despre cum am putea să ne perfecționăm cu toții. Deseori era în întârziere și atunci țâșnea în plină viteză pe ușa centrului, ținând un teanc de hârtii în dezordine, cu o țigară aprinsă în gură și poșeta aruncată pe umăr, strigând indicații pentru mine și Loretta în timp ce ieșea. Era o experiență amețitoare să mă aflu în preajma ei – mai aproape decât am fost vreodată de o femeie independentă cu o slujbă care o entuziasma. În plus, ea era – deloc întâmplător – o mamă singură care creștea un băiețel foarte dulce și precoce pe care îl chema Jonathan și cu care mă ruga uneori să stau.

Czerny a intuit potențialul meu, deși era foarte limpede că eram lipsită de experiență de viață. Ea mă trata ca pe un adult, îmi cerea părerea și mă asculta cu atenție când îi descriam diferitele probleme și încurcături administrative cu care veniseră studenții. Părea hotărâtă să trezească în mine mai multă îndrăzneală. Multe dintre întrebările ei erau invariabil însoțite de „Vreodată...?“ De exemplu, citisem vreodată cărțile lui James Cone? Îmi pusesem vreodată întrebări privind investițiile făcute de Princeton în Africa de Sud sau dacă s-ar fi putut face mai mult pentru recrutarea de studenți minoritari? De cele mai multe ori răspunsul era nu, dar imediat ce atingea subiectul, deveneam brusc interesată.

„Ai fost vreodată la New York?“, m-a întrebat ea la un moment dat.

Răspunsul a fost iarăși nu, dar Czerny a îndreptat repede asta. Într-o sâmbătă dimineața, ne-am îngrămădit în mașina ei – eu și micul Jonathan și încă un prieten care lucra și el la TWC – și am plecat în viteză spre Manhattan, stând de vorbă și fumând tot drumul. Aproape că puteai să simți cum se ridică o greutate de pe umerii ei în timp ce conducea, o eliberare de tensiune pe măsură ce fermele cu garduri albe de pe lângă Princeton lăsau locul autostrăzilor suprapuse, până când turnurile albe ale orașului s-au înălțat în fața noastră. New York însemna acasă pentru Czerny, la fel cum Chicago era acasă pentru mine. Nu îți dai seama cu adevărat cât de atașat ești de un loc până nu pleci de acolo, până nu experimentezi ce înseamnă să fii dezrădăcinat, transformându-te într-o plută pe suprafața unui ocean necunoscut.

Înainte să-mi dau seama ce se întâmplă, am ajuns în inima aglomerată a New Yorkului, în mijlocul unui furnicar de taxiuri galbene și mașini care claxonau, cu Czerny accelerând de la un semafor la altul și apăsând pe frână în ultima clipă de dinainte să se aprindă lumina roșie. Nu îmi amintesc exact ce am făcut în ziua aceea: știu că am mâncat pizza. Am văzut Rockefeller Center, am mers cu mașina prin Central Park și am apucat să zărim Statuia Libertății, cu torța ei aducătoare de speranță. Dar ne aflam acolo mai ales din motive practice. Czerny părea să se reîncarce spiritual prin rezolvarea unei liste întregi de treburi lumești. Avea lucruri de luat, lucruri de lăsat. Parca pe prima bandă pe străzi aglomerate și intra și ieșea rapid din câte o clădire, provocând o avalanșă de claxoane din partea celorlalți șoferi, în timp ce noi, ceilalți, așteptam neputincioși în mașină. New Yorkul m-a copleșit. Era agitat și zgomotos, un loc mai puțin răbdător decât Chicago. Dar Czerny era plină de viață acolo, deloc mirată de pietonii care traversau aiurea, de mirosul de urină și de grămezile de gunoi adunate pe la colțuri.

Era pe punctul să parcheze din nou lângă un șir de mașini, când a evaluat traficul în oglinda retrovizoare și a părut brusc să aibă o idee mai bună. Mi-a făcut semn să mă trag din scaunul pasagerului pe cel al șoferului și să trec în locul ei la volan.

„Ai permis, nu-i așa?", m-a întrebat. Când am dat din cap afirmativ, a continuat: „Foarte bine. Treci la volan și fă încet înconjurul cvartalului. Poate de două ori. Apoi, întoarce-te aici. Nu stau decât cinci minute, poate și mai puțin, promit."

M-am uitat la ea de parcă ar fi fost nebună. Și era nebună, după părerea mea, dacă își închipuia că puteam să conduc prin Manhattan – eu, o adolescentă străină în acest oraș agitat, lipsită de experiență și, după părerea mea, complet incapabilă nu doar să-i iau mașina, ci și copilul într-o plimbare prin traficul de după-amiază. Dar ezitarea mea nu a făcut decât să declanșeze în Czerny ceva ce voi asocia întotdeauna cu newyorkezii – o respingere instinctivă și imediată a gândurilor mărunte. Ea s-a dat jos din mașină, nelăsându-mi altă opțiune decât să conduc. „Depășește momentul și trăiește și tu un pic" era mesajul ei.

DE-ACUM ÎNVĂȚAM tot timpul. Învățam în modul academic tradițional, mergând la cursuri și studiind de cele mai multe ori într-o cameră liniștită de la Third World Center sau într-un separeu la bibliotecă. Învăţam să scriu eficient şi să gândesc critic. Mă înscrisesem din neatenţie în primul an la un curs de teologie pentru anul al treilea şi mă descurcam cu greutate, salvându-mi în ultimă instanţă nota cu un efort de 11 ore, de tipul totul sau nimic, pentru lucrarea finală. Nu a fost frumos, dar, în final, am descoperit că era încurajator, o dovadă a faptului că puteam să ies din aproape orice încurcătură. Oricare ar fi fost carenţele cu care venisem de la liceu, se părea că puteam să compensez dacă alocam timp suplimentar, dacă ceream ajutor când aveam nevoie şi dacă învăţam să-mi stabilesc ritmul în loc să tot amân.

Şi, totuşi, era imposibil să fii student negru la o şcoală predominant albă şi să nu simţi nevoia subtilă de afirmare. Aproape că puteai citi în privirile anumitor studenţi şi chiar în ale câtorva profesori că te evaluează atent, de parcă ar fi vrut să spună „Ştiu de ce *eşti* aici". Aceste momente putea fi demoralizante, chiar dacă sunt sigură că unele au existat doar în imaginaţia mea. Plantau o sămânţă de îndoială. Oare mă aflam acolo doar ca parte a unui experiment social?

Încetul cu încetul, am început, însă, să înţeleg că erau mai multe tipuri de cote care erau completate la şcoală. Ca minoritari, noi eram cei mai vizibili, dar am constatat că se făceau dispense speciale pentru admiterea unor studenţi ale căror note sau realizări nu se ridicau la înălţimea standardului recunoscut. Nu era chiar o meritocraţie onestă. Existau sportivii, de exemplu. Existau moştenitorii, copii ai căror părinţi şi bunici fuseseră Tigri (Tigers) sau ale căror familii finanţaseră construirea unui cămin sau a unei biblioteci. Am aflat şi că să fii bogat nu te proteja de eşec. Am văzut studenţi care au abandonat – albi, negri, privilegiați sau nu. Unii erau seduși de petrecerile nocturne cu mult alcool, alții clacau din cauza stresului de a încerca să atingă cine știe ce ideal academic, iar alții erau, pur și simplu, leneși sau atât de stingheri în acel loc, încât simțeau nevoia să fugă. Misiunea mea, așa cum o vedeam eu, era să rămân pe poziție, să iau note cât de bune pot și să ies la liman.

În anul al doilea, când Suzanne și cu mine ne-am mutat împreună într-o cameră dublă, mi-am dat seama cum să mă descurc mai bine. De-acum eram mai obișnuită să fiu unul dintre puținii studenți de culoare dintr-o aulă aglomerată. Am încercat să nu mă simt intimidată când discuțiile de la curs erau dominate de bărbați, cum se întâmpla adesea. Ascultându-i, mi-am dat seama că nu erau deloc mai deștepți decât noi, ceilalți. Erau, pur și simplu, încurajați, plutind pe un val străvechi de superioritate, susținuți de faptul că istoria nu-i pusese niciodată la încercare.

Unii dintre colegii mei simțeau discriminarea mai acut decât alții. Prietenul meu Derrick își amintește de studenți albi care refuzau să-i facă loc pe trotuar atunci când le ieșea în cale. O altă fată pe care o cunoșteam și-a invitat într-o seară șase prieteni în cameră, să-și sărbătorească ziua de naștere, și s-a trezit chemată imediat în biroul decanului, unde a fost informată că, evident, colega ei albă de cameră nu s-a simțit confortabil în prezența unor „tipi negri, solizi". Eram atât de puțini copii minoritari la Princeton, presupun, încât prezența noastră era întotdeauna stridentă. Eu am interpretat asta ca pe un îndemn la a supraperforma, la a face tot ce-mi stătea în puteri pentru a ține pasul și chiar pentru a-i întrece pe studenții mai privilegiați din jurul meu. La fel cum se întâmplase la Whitney Young, ambiția mea era alimentată cel puțin în parte de un sentiment de „Lasă că-ți arăt eu!“ Dacă în liceu simțeam că îmi reprezint cartierul, aici, la Princeton, îmi reprezentam rasa. Ori de câte ori vorbeam în clasă sau treceam un examen, speram în sinea mea că a servit și unui scop mai înalt.

Suzanne, aveam să aflu, nu era genul care să se gândească prea mult. Am poreclit-o Screwzy (Sucita), pentru modul lipsit de pragmatism și plin de ocolișuri în care decurgeau zilele ei. Cele mai multe decizii – cu cine să-și dea întâlnire, ce cursuri să urmeze – țineau cont, în primul rând, de cât de distractiv ar fi putut să fie. Iar, când nu era distractiv, schimba imediat direcția. În timp ce eu intrasem în Organizația pentru Unitatea Negrilor și mă învârteam, în general, pe la Third World Center, Suzanne alerga pe stadion și conducea echipa de sprint-fotbal (fotbal de categorie ușoară), bucuroasă că astfel poate fi în preajma unor băieți drăguți și atletici. Prin intermediul cluburilor restaurant își făcuse prieteni albi și bogați, printre care o vedetă de cinema și o studentă din Europa despre care se zvonea că ar fi prințesă. Eram cele mai bune prietene, dar eram cât se poate de diferite. Camera pe care o împărțeam semăna cu un câmp de bătălie ideologică, Suzanne domnind peste un peisaj dezordonat, cu haine azvârlite la întâmplare și hârtii înșirate, în timp ce eu, așezată pe marginea patului, eram înconjurată de o ordine desăvârșită.

„Chiar trebuie să faci asta?“, întrebam eu, când o vedeam pe Suzanne că se întoarce de la antrenamentul de atletism și se îndreaptă spre duș, aruncându-și costumul transpirat pe podea, unde avea să stea toată săptămâna următoare, amestecat cu haine curate și cu referate neterminate.

„Ce anume?", replica ea, cu zâmbetul cel mai strălucitor.

Uneori trebuia să blochez haosul lui Suzanne ca să pot să gândesc corect. Câteodată îmi venea să țip la ea, dar nu am făcut-o niciodată. Așa era firea ei și nu avea să se schimbe. Când simțeam că nu mai pot, îi adunam lucrurile și i le puneam grămadă pe pat, fără comentarii.

Acum înțeleg că ea mă provoca în sensul bun al cuvântului, punându-mă în fața ideii că nu toată lumea trebuia să aibă dosarele etichetate și aranjate în ordine alfabetică, sau poate chiar nu trebuia să aibă dosare deloc. Câțiva ani mai târziu aveam să mă îndrăgostesc de un tip care, la fel ca Suzanne, își ținea lucrurile aruncate în mormane și nu simțea absolut niciodată nevoia să-și împăturească hainele. Dar am reușit să mă împac cu asta, mulțumită lui Suzanne. Și rămân alături de tipul acela și în ziua de astăzi. Poate că lucrul cel mai important pe care un obsedat de control îl învață în facultate este acesta: pur și simplu, există și alte feluri de a fi.

„TE-AI GÂNDIT VREODATĂ", m-a întrebat Czerny într-o zi, „să începi un mic program after-school pentru copii?"

Mă întreba din compasiune, bănuiesc. Cu timpul, ajunsesem atât de dedicată lui Jonathan, care era acum la școala primară, că îmi petreceam multe dintre după-amieze hoinărind prin împrejurimi cu el de mână sau la Third World Center, unde cântam împreună la patru mâini la pianul prost acordat sau citeam pe o canapea jerpelită. Czerny mă plătea pentru timpul pe care i-l acordam, dar se gândea probabil că nu era destul.

„Vorbesc serios“, a insistat ea. „Cunosc o mulțime de oameni din facultate care întotdeauna caută ceva de făcut pentru copilul lor, după școală. Ai putea să te ocupi de aici, de la centru. Încearcă, să vezi dacă merge.“

Cu publicitatea făcută de Czerny din om în om, nu a trecut mult până să ajung să am în grijă un cârd de trei–patru copii. Erau copiii unor funcționari și profesori de culoare de la Princeton, care ei înșiși erau o minoritate și, la fel ca noi toți, aveau tendința de a gravita spre TWC. Câteva după-amieze pe săptămână, după ce se terminau orele la școala primară publică, le serveam copiilor gustări sănătoase și alergam cu ei pe pajiște. Dacă aveau teme, le făceam împreună.

O dată pe săptămână sau cam așa ceva, când prindeam un moment de liniște, luam telefonul și sunam în apartamentul nostru de pe Euclid. Dacă tata lucra în schimbul de dimineață, spre sfârșitul după-amezii puteam să-l prind așezat – sau așa îmi imaginam – în fotoliul lui din camera de zi, cu picioarele pe scăunel, uitându-se la televizor și așteptând-o pe mama să ajungă acasă de la serviciu. Serile, mama era, de obicei, cea care ridica receptorul. Le povesteam în amănunt ambilor părinți despre viața mea la facultate, ca un colonist care transmite conștiincios rapoarte despre explorarea Vestului Sălbatic. Nu lăsam nimic deoparte – de la faptul că nu-mi plăcea profesorul de franceză până la giumbușlucurile copiilor din programul meu after-school, sau pasiunea pe care o făcusem și eu, și Suzanne pentru un student la inginerie afro-american, cu niște ochi verzi pătrunzători și care, cu toate că noi îi urmăream cu perseverență fiecare mișcare, abia dacă ne băga în seamă.

Tata râdea pe înfundate la poveștile mele. „Chiar așa?“, spunea el. Sau „Cum se poate una ca asta?“ și „Poate că inginerul ăla nu vă merită pe nici una din voi, fetele“.

Când terminam eu de vorbit, îmi anunța el veștile de acasă. Dandy și Grandma se mutaseră înapoi în orașul natal al lui Dandy, Georgetown, în Carolina de Sud, iar Grandma, îmi povestea el, se simțea cam singură. Mi-a povestit că mama lucra ore suplimentare încercând să aibă grijă de Robbie, care acum trecuse de 70 de ani, era văduvă și se lupta cu o serie întreagă de probleme de sănătate. Nu amintea niciodată despre propriile lui probleme, dar eu știam că erau acolo. Odată, când Craig a avut un meci de baschet la noi la universitate, părinții noștri au venit cu mașina tot drumul până la Princeton, să îl vadă, iar eu am putut să văd pentru prima dată care era starea lor – și ce nu spuneau niciodată la telefon. După ce a oprit mașina în parcarea uriașă de la Jadwin Gym, tata s-a așezat fără tragere de inimă într-un scaun cu rotile, iar mama l-a împins înăuntru.

Aproape că nu voiam să văd ce se întâmpla cu tatăl meu. Nu puteam să suport asta. Mă documentasem cu privire la scleroza multiplă în biblioteca de la Princeton, unde făcusem fotocopii după articole din revistele medicale pe care le-am trimis părinților mei. Am insistat să consulte un specialist sau să-l înscrie pe tata într-un program de terapie fizică, însă ei – și mai ales tata – nici nu au vrut să audă. În tot timpul pe care l-am petrecut vorbind la telefon cât am fost la facultate, sănătatea lui a fost un subiect despre care refuza să discute.

Dacă îl întrebam cum se simte, răspunsul era întotdeauna „Mă simt bine". Și asta era tot.

Lăsam vocea lui să mă consoleze. Nu purta nici o urmă de durere sau de autocompătimire, transmițând doar umor și blândețe, chiar o ușoară adiere de jazz. Trăiam cu ea de parcă ar fi fost oxigen. Simțeam în ea un sprijin și asta era întotdeauna destul. Înainte să închidă telefonul, tata mă întreba întotdeauna dacă am nevoie de ceva – de bani, de exemplu –, dar nu i-am răspuns niciodată da.

Capitolul 7

Treptat, casa a început să mi se pară tot mai îndepărtată, aproape un loc din imaginația mea. La facultate am păstrat legătura cu câțiva dintre prietenii mei din liceu, în special cu Santita, care intrase la Universitatea Howard din Washington D.C. M-am dus s-o vizitez acolo într-un weekend prelungit și am râs și am avut discuții profunde și prelungi, ca întotdeauna. Campusul de la Howard era unul urban – „Ai rămas fată de cartier!“, am tachinat-o eu, după ce un șobolan uriaș a țâșnit pe lângă noi, în fața căminului –, iar studenții, de două ori mai mulți decât la Princeton, erau aproape în totalitate negri. O invidiam pe Santita pentru faptul că nu era izolată de rasa ei – ea nu era nevoită să simtă tensiunea aceea permanentă de a fi într-o minoritate atât de evidentă –, dar am fost bucuroasă să mă întorc la pajiștile verzi ca smaraldul și la arcadele din piatră de la Princeton, chiar dacă puțini dintre oamenii de acolo se puteau raporta la trecutul meu.

Specializarea mea principală era sociologia și luam note bune. Am început să mă întâlnesc cu un jucător de fotbal inteligent și impulsiv, căruia îi plăcea să se distreze. Suzanne și cu mine stăteam acum în cameră cu o altă prietenă, Angela Kennedy, o fată suplă și care vorbea repede, din Washington

D.C. Angela avea un comportament iute, nebunatic, și se amuza făcându-ne să râdem. Cu toate că era o fată de culoare de la oraș, Angela se îmbrăca de parcă ar fi dat probe pentru un rol de liceană la o școală de elită de pe Coasta de Est, purtând pantofi de golf și pulovere roz, dar reușind cumva să arate bine.

Proveneam dintr-o anumită lume, dar acum îmi duceam viața într-o alta, complet diferită, în care oamenii își făceau griji pentru testele de admitere la drept și pentru meciurile lor de squash. Era o tensiune care nu dispărea complet niciodată. La școală, când mă întreba cineva de unde sunt, răspundeam „Chicago". Și, ca să fie clar că nu eram unul dintre copiii veniți din bogatele suburbii nordice ca Evanston sau Winnetka și se prezentau fals ca fiind din Chicago, adăugam, cu o urmă de mândrie sau de sfidare, „din South Side, din partea de sud".

Știam că, dacă vorbele respective evocau ceva, atunci erau probabil imaginile stereotipe ale unui ghetou de negri, deoarece conflictele dintre bande și violența din complexele rezidențiale erau de cele mai multe ori singurele care apăreau la știri. Dar iarăși încercam, chiar dacă numai pe jumătate conștient, să reprezint alternativa. Locul meu era la Princeton, la fel de mult ca al celorlalți. Și veneam din partea de sud a orașului Chicago. Simțeam că era important să o spun cu voce tare.

Pentru mine, South Side era ceva cu totul diferit de ceea ce se arăta la TV. Însemna acasă. Iar acasă era apartamentul nostru de pe Euclid Avenue, cu covorul decolorat și tavane joase, cu tata așezat comod în fotoliul lui. Era curticica noastră cu straturile de flori ale lui Robbie și cu banca de piatră pe care – acum mi se părea cu secole în urmă – mă sărutasem cu băiatul acela, Ronnell. Acasă era trecutul meu, legat cu fire invizibile de locul în care mă aflam acum.

Aveam și o rudă de sânge la Princeton, sora mai mică a lui Dandy, pe care o cunoșteam drept mătușa Sis. Era o femeie simplă și plăcută, care locuia într-o casă simplă și cochetă de la marginea orașului. Nu știu cum ajunsese mătușa Sis în Princeton, dar locuia acolo de multă vreme, lucrând ca menajeră pentru familiile din localitate, fără să-și piardă, însă, accentul din Georgetown, care era ceva între vorbirea tărăgănată din zona de coastă a Carolinei de Sud și cea cadențată din Gullah. La fel ca Dandy, mătușa Sis copilărise în Georgetown, de care îmi amintesc din câteva vizite pe care le-am făcut cu părinții mei vara, când eram mică. Îmi amintesc de căldura insuportabilă și de perdelele verzi de mușchi spaniol din stejari, de chiparoșii care răsăreau din mlaștini și de bătrânii care pescuiau în păraiele mocirloase. În Georgetown erau insecte, alarmant de multe, care bâzâiau și tăiau aerul înserării ca niște elicoptere mici.

În vizitele noastre stăteam la unchiul Thomas, un alt frate de-al lui Dandy. Era un director de liceu genial, care m-a dus la el la școală și m-a lăsat să stau la biroul lui, care mi-a cumpărat un tub cu unt de arahide când am strâmbat din nas la micul dejun uriaș cu șuncă prăjită, biscuiți și crupe galbene pe care mătușa Dot, soția lui, ni-l servea în fiecare dimineață. Îmi plăcea și, în același timp, uram să mă aflu în Sud, pentru simplul motiv că era atât de diferit de ceea ce cunoșteam. În drumurile făcute în afara orașului, treceam cu mașina pe lângă porțile fostelor plantații cu sclavi, iar acestea erau ceva atât de obișnuit aici, încât nimeni nu se mai obosea să facă vreo remarcă despre ele. La capătul unui drum forestier pustiu care se afunda în pădure, mâncam carne de căprioară în coliba dărăpănată ce aparținea unor veri mai îndepărtați. Unul dintre ei l-a dus pe Craig în spatele casei și l-a învățat să tragă cu pușca. Târziu în noapte, când ne-am întors la casa unchiului Thomas, amândoi am reușit cu greu să adormim în liniștea adâncă, întreruptă doar de greierii ce țârâiau printre copaci.

Sunetele acelor insecte și rădăcinile răsucite ale stejarilor rămâneau cu noi multă vreme după ce ne întorceam în Nord, pulsând în noi aproape ca o a doua inimă. Încă din copilărie, am înțeles instinctiv că Sudul era în mine, parte a unei moșteniri care era suficient de puternică și pentru tata, care își vizita iar și iar rudele de acolo. Era suficient de puternică pentru ca Dandy să vrea să se mute înapoi la Georgetown, chiar dacă în tinerețe simțise nevoia să fugă de acolo. Iar, când s-a întors, nu a făcut-o ca să se mute în vreo căsuță idilică pe malul râului, cu gard alb și curte îngrijită, ci (așa cum am văzut când am mers cu Craig să-l vizităm) într-o casă absolut banală, lângă un mall supraaglomerat.

Sudul nu era Paradisul, dar însemna ceva pentru noi. Era un imbold venit din istoria noastră, o familiaritate profundă care ieșea la suprafața unei moșteniri mai vechi și mai neplăcute. Mulți dintre oamenii pe care îi știam la Chicago – copii cu care mersesem la școală la Bryn Mawr, mulți dintre prietenii mei de la Whitney Young – trăiau ceva similar, chiar dacă nu se discuta deschis despre asta. Copiii, pur și simplu, mergeau „în Sud“ în fiecare vară – unii trimiși acolo toată vacanța, să stea cu verii lor din Georgia, Louisiana sau Mississippi. Foarte probabil aveau bunici care se alăturaseră

Marii Migrații către nord, așa cum plecase Dandy din Carolina de Sud și mama Sudistului din Alabama. Undeva, în trecut, exista o probabilitate rezonabilă ca și ei, la fel ca mine, să fie descendenți ai unor sclavi.

Același lucru se putea spune despre mulți dintre prietenii mei de la Princeton, dar ajunsesem să înțeleg că existau și alte versiuni de a fi negru în America. Cunoșteam copii de pe Coasta de Est ale căror origini erau în Puerto Rico, în Cuba și în Republica Dominicană. Rudele lui Czerny veniseră din Haiti. Unul dintre prietenii mei apropiați, David Maynard, se născuse într-o familie bogată din Bahamas. Și mai era Suzanne, cu certificatul ei de naștere nigerian și colecția de mătuși preaiubite din Jamaica. Eram cu toții diferiți, cu genealogii ascunse sau poate doar pe jumătate uitate. Nu vorbeam despre originile noastre. De ce am fi făcut-o? Eram tineri, concentrați doar asupra viitorului - chiar dacă, bineînțeles, nu știam nimic despre ce se afla înaintea noastră.

O dată sau de două ori pe an, mătușa Sis ne invita pe mine și pe Craig la masă, în casa ei, de cealaltă parte a Princetonului. Ne umplea farfuriile cu friptură grasă, suculentă, și cu varză aburindă, trecând de la unul la altul un coșuleț cu felii de pâine de mălai îngrijit tăiate, pe care le ungeam cu unt. Ne umplea paharele cu un ceai imposibil de dulce și insista să ne mai luăm, a doua și a treia oară. Din câte îmi amintesc, nu discutam nimic important cu mătușa Sis. Era o oră sau cam așa de conversație politicoasă, însoțită de o mâncare fierbinte și sățioasă din Carolina de Sud, pe care o devoram aprobator, plictisiți cum eram de mâncarea de la cantină. Vedeam în mătușa Sis doar o doamnă mai în vârstă, primitoare și blândă, însă ea ne oferea un dar pe care eram prea tineri ca să-l recunoaștem, umplându-ne de trecutul nostru – al nostru, al ei, al tatălui și al bunicului nostru – fără să fie nevoie să-l discutăm măcar o dată. Pur și simplu, mâncam, ajutam la spălatul vaselor și, apoi, ne întorceam în campus ghiftuiți și recunoscători.

VREAU SĂ EVOC O AMINTIRE care, ca toate amintirile, este imperfectă și subiectivă – culeasă cu multă vreme în urmă ca o pietricică de pe plajă și strecurată într-un buzunar al minții mele. Este din al doilea an la colegiu și este legată de Kevin, jucătorul de fotbal care îmi era iubit.

Originar din Ohio, Kevin este o combinație aproape imposibilă de tip înalt, puternic și drăguț. Este apărător la Tigers, rapid și lipsit de orice ezitare când placheză, și, în același timp, urmează cursurile pregătitoare pentru medicină. Este cu doi ani mai mare decât mine, coleg de an cu fratele meu, și nu mai are mult până la absolvire. Are o strungăreață simpatică, vizibilă când zâmbește, și mă face să mă simt specială. Amândoi suntem ocupați și avem grupuri diferite de prieteni, dar ne place să fim împreună. Ne comandăm pizza, iar în weekenduri ieșim în oraș la prânz. Kevin savurează fiecare masă, în parte pentru că trebuie să-și mențină greutatea la fotbal și pentru că, în afara acestor momente, îi este greu să stea liniștit. Este neobosit, întotdeauna neobosit, și impulsiv în moduri pe care le găsesc fermecătoare.

„Hai să ne plimbăm cu mașina“, spune Kevin într-o zi. Poate mi-a spus-o la telefon sau poate eram deja împreună când i-a venit ideea. În orice caz, în scurt timp suntem la el în mașină – roșie și de mici dimensiuni – și traversăm campusul spre un loc îndepărtat și neamenajat pe proprietatea universității, pe un drum neasfaltat, aproape ascuns. Este primăvară în New Jersey, o zi caldă și senină, cu cerul fără nori deasupra noastră.

Stăm de vorbă? Ne ținem de mână? Nu-mi amintesc, dar senzația este de liniște și relaxare, iar, după un minut, Kevin calcă frâna, oprind mașina. A oprit la marginea unui câmp întins, cu iarba uscată peste iarnă, dar străpunsă de floricele timpurii de primăvară. Kevin coboară din mașină.

„Haide", îmi spune el și îmi face semn să îl urmez.

„Să facem ce?"

Mă privește de parcă răspunsul ar fi fost evident. „Să alergăm pe câmpul ăsta."

Și asta facem. Alergăm de la un capăt la altul, fluturându-ne brațele cum fac copiii și străpungând liniștea cu strigăte vesele. Înotăm prin iarba uscată și sărim peste flori. Poate că la început nu îmi era clar, dar acum este. Ar trebui să facem asta, să alergăm pe câmp? Sigur că da!

Ne prăbușim înapoi în mașină, gâfâind și râzând, savurând cu poftă aiureala pe care tocmai o făcusem.

Și asta este tot. Un singur moment, nesemnificativ până la urmă. Și, totuși, a rămas cu mine, fără vreun alt motiv decât frivolitatea lui, pentru modul în care m-a deconectat, fie și pentru scurt timp, de la programul strict după care îmi conduceam zilele.

Pentru că, deși eram o studentă sociabilă care continua să trândăvească la mesele luate alături de colegi și nu ezita să încerce să domine ringul de dans la petrecerile de la Third World Center, în sinea mea eram în permanență concentrată asupra programului. În spatele aparenței de studentă nonșalantă, trăiam ca un director executiv închis la el în birou, concentrat, dar fără vreo concesie asupra realizărilor, atent să bifeze fiecare punct din program. Lista mea cu „ce am de făcut" era la mine în cap și o purtam cu mine peste tot. Îmi stabileam obiectivele, îmi analizam realizările, îmi număram victoriile. Dacă era o provocare de înfruntat, o înfruntam. O încercare depășită nu făcea decât să deschidă calea către alta. Așa este viața unei fete care nu se poate opri din a se întreba: „Sunt suficient de bună?" și care încă mai încearcă să-și demonstreze răspunsul.

Kevin, în schimb, era genul care se abătea de la drum – și chiar se bucura de ocolișuri. El și Craig au absolvit Princeton când eu eram la sfârșitul anului al doilea. Craig s-a mutat în Anglia, la Manchester, ca să joace baschet profesionist. Kevin, credeam eu, urma să meargă la medicină, dar s-a abătut din nou de la drum, hotărând să renunțe la studii și să-și urmeze un interes colateral, devenind mascotă sportivă.

Da, ați auzit bine. Își pusese în gând să încerce la Cleveland Browns – însă nu ca jucător, ci drept candidat la rolul animalului fantezist cu ochii mari și gura până la urechi, pe nume Chomps. Asta își dorea el. Era un vis – un alt câmp pe care să alerge – și, atunci, de ce nu? În vara aceea, Kevin chiar a venit până la Chicago de la locuința de lângă Cleveland a familiei lui, cu scopul declarat de a mă vizita pe mine, dar, după cum a anunțat la scurt timp după sosire, și pentru că Chicago era genul de oraș în care un aspirant la rolul de mascotă putea să găsească un costum potrivit de animal blănos pentru viitoarea lui audiție, și-a schimbat planul. Am petrecut o după-amiază întreagă mergând cu mașina de la un magazin la altul și ne-am uitat la costume împreună, ca să vedem dacă sunt suficient de comode ca să facă tumbe îmbrăcat în ele. Nu-mi amintesc dacă a găsit costumul perfect în ziua aceea. Nu sunt sigură dacă a reușit să obțină slujba de mascotă, deși, până la urmă, a ajuns medic, unul bun, evident, și s-a căsătorit cu o altă colegă de-a noastră de la Princeton.

La vremea aceea – și pe nedrept, dacă mă gândesc acum – îl judecam pentru nehotărârea lui. Nu puteam să înțeleg de ce ar urma cineva cursurile costisitoare de la Princeton fără să le valorifice imediat printr-un pas în lumea pe care o astfel de diplomă avea menirea să ți-o deschidă. Când puteai fi la medicină, de ce ți-ai dori să fii un câine care face tumbe?

Dar asta eram eu. Și, după cum am spus, eram meticuloasă – mărșăluind în ritm hotărât, efort/rezultate, efort/rezultate – și urmăream cu conștiinciozitate calea prestabilită, mai ales pentru că nimeni din familia mea (cu excepția lui Craig) nu pusese vreodată piciorul pe calea respectivă. Nu dădeam dovadă de prea multă imaginație atunci când mă gândeam la viitor, ceea ce este un alt fel de a spune că vizam deja facultatea de drept.

Viața pe Euclid Avenue mă învățase – poate mă obligase – să fiu strictă și practică în privința timpului și a banilor. Cea mai mare abatere de la regulă pe care am făcut-o vreodată a fost decizia de a-mi petrece prima parte a verii de după anul al doilea lucrând practic pe nimic pe post de consilier într-o tabără din valea Hudson, nu departe de New York, unde am avut grijă de copiii de la oraș care trăiau prima lor experiență în pădure. Mi-a plăcut să fac asta, dar, la capătul acestei experiențe, eram mai mult sau mai puțin falită și mai dependentă financiar de părinții mei decât aș fi vrut. Chiar dacă ei nu s-au plâns niciodată, m-am simțit vinovată ani de zile după aceea.

A fost aceeași vară în care oamenii pe care îi iubeam au început să moară. Robbie, mătușa mamei și riguroasa mea profesoară de pian, s-a stins în iunie și le-a lăsat casa din Euclid prin testament părinților mei, ajutându-i să devină pentru prima dată proprietari. Sudistul a murit în luna următoare, suferind de cancer la plămâni în stadiu avansat, neîncrederea lui demult înrădăcinată în medici privându-l de orice intervenție sau tratament la timp. După înmormântarea Sudistului, familia uriașă a mamei s-a adunat în căsuța lui, împreună cu un grup de prieteni și vecini. Am simțit atingerea caldă a trecutului și melancolia absenței – toate oarecum șocante, obișnuită cum eram cu lumea închisă și tinerească a facultății. Era ceva mai profund decât simțeam la școală – schimbul lent al generațiilor. Verii mei cei mai mici erau acum maturi; mătușile îmbătrâniseră. Erau copii noi și soții noi. Un album de jazz răsuna din combina din sufragerie, combină construită de el, iar noi am mâncat masa încropită din cele aduse de cei dragi – șuncă la cuptor, jeleu și tocăniță. Dar Sudistul însuși nu mai era acolo. Era dureros, însă timpul ne împingea pe toți înainte.

În fiecare primăvară, în campusul de la Princeton, descindeau agenții de recrutare de la corporații, care îi vizau pe studenții din ultimii ani. Vedeai câte un coleg care, de obicei, umbla în niște blugi jerpeliți și cu cămașa descheiată cum traversează campusul într-un costum ca scos din cutie și îți dădeai seama că el sau ea erau destinați unui zgârie-nori din Manhattan. Această selecție vocațională se întâmpla foarte rapid – bancherii, avocații, medicii și directorii de mâine migrând în grabă spre viitoarea lor rampă de lansare, fie că era un curs postuniversitar sau un program de pregătire exclusivistă pentru clubul celor mai bogați oameni din America. Sunt convinsă că erau printre noi și alții care își urmau chemarea către învățământ, arte și activitate nonprofit, care plecau în misiuni umanitare sau care intrau în armată, dar cunoșteam foarte puțini dintre ei. Eram ocupată să mă cațăr pe scara mea, care era solidă și practică și ducea direct sus.

Dacă m-aș fi oprit să mă gândesc la asta, poate mi-aș fi dat seama că eram epuizată de școală – de corvoada lecturilor, a referatelor și a examenelor – și probabil mi-ar fi prins bine să fac ceva diferit. În schimb, am luat examenul pentru facultatea de drept, mi-am scris lucrarea de licență și am trecut conștiincioasă la pasul următor, făcând cerere de admitere la cele mai bune școli de drept din țară. Mă consideram inteligentă, analitică și ambițioasă. Crescusem cu discuții pline de viață la masa din sufragerie, cu părinții mei. Puteam să argumentez un punct de vedere până la esența lui teoretică și mă mândream cu faptul că nu dădeam niciodată înapoi într-un conflict. Nu era aceasta stofa din care erau făcuți avocații? Eu credeam că da.

Acum pot să recunosc că nu eram mânată doar de logică, ci și de o dorință proprie de a obține aprobarea altor oameni. Când eram copil, mă bucuram în tăcere de căldura care mă înconjura ori de câte ori spuneam unui profesor, vecin sau prietenelor lui Robbie din corul bisericii că voiam să fiu medic pediatru. „Vai, ce impresionant!“, spuneau expresiile de pe fețele lor, iar eu mă bucuram să le văd. Ani de zile mai târziu, nu era nici o diferență. Dacă profesorii, rudele sau cunoștințele întâmplătoare mă întrebau ce aveam să fac în continuare, iar eu le răspundeam că Dreptul - Facultatea de Drept de la Harvard, după cum avea să se întâmple –, aprobarea era generală. Am fost aplaudată doar pentru că am intrat acolo, chiar dacă adevărul era că m-am strecurat cumva de pe lista de așteptare. Dar eram acolo. Oamenii se uitau deja la mine de parcă mi-aș fi lăsat amprenta asupra lumii.

Se pare că aceasta este problema fundamentală care apare când îți pasă mult de ceea ce gândesc alții: te poate așeza pe o cale prestabilită - calea „Vai, ce impresionant!“ - și te poate ține multă vreme acolo. Poate că te împiedică să deviezi, chiar să te gândești măcar vreodată la o abatere, întrucât tot ce ai risca să pierzi în termenii considerației altor oameni îți poate părea mult prea costisitor. Poate că petreci trei ani în Massachussets studiind dreptul constituțional și discutând despre valoarea relativă a acordurilor verticale de eliminare în cazurile antitrust. Pentru unii, acestea pot părea cu adevărat interesante, dar pentru tine nu sunt. Poate că, în acești trei ani, îți faci prieteni pe care o să-i iubești și o să-i respecți pentru tot restul vieții, oameni care au cu adevărat chemare pentru complexitățile încremenite ale legii, chemare pe care tu, însă, nu o ai. Nu te pasionează, dar performanțele tale nu vor lăsa în nici un caz de dorit. Așa cum ai făcut întotdeauna, trăiești după codul efort/rezultate și cu ajutorul lui marchezi realizare după realizare, până când crezi că știi să răspunzi la toate întrebările – inclusiv la cea mai importantă: „Sunt suficient de bună? Da, sunt."

Ce se întâmplă în continuare este că răsplata devine reală. Ajungi pe următoarea treaptă a succesului, de data aceasta cu un post bine plătit în birourile din Chicago ale uneia dintre cele mai bune firme de avocatură, numită Sidley & Austin. Te-ai întors de unde ai plecat, în orașul în care te-ai născut, doar că acum mergi la serviciu la etajul 47 al unei clădiri din centru, cu o piațetă și o statuie în față. Treceai pe aici când erai un copil din South Side care mergea la liceu cu autobuzul și te uitai pe geam la oamenii care se duceau la serviciu cu pași de uriași. Acum ești unul dintre ei. Ai muncit ca să te dai jos din acel autobuz, să traversezi piațeta și să iei ascensorul care urcă atât de silențios, încât pare să plutească. Te-ai alăturat tribului. La 25 de ani, ai o secretară și câștigi mai mult decât au câștigat părinții tăi vreodată. Colegii tăi sunt politicoși, bine educați și, în cea mai mare parte, albi. Porți un costum Armani și te abonezi la un serviciu de livrat vinuri. Plătești rate lunare la împrumutul pentru facultatea de drept și, după serviciu, mergi la gimnastică aerobică. Pentru că poți, îți cumperi un Saab.

Este ceva în neregulă cu asta? Se pare că nu. Acum ești avocat. Ai luat tot ce ți s-a dat vreodată – iubirea părinților tăi, încrederea profesorilor, muzica de la Sudist și de la Robbie, mesele de la mătușa Sis, cuvintele complicate pe care ți le-a băgat în cap Dandy – și le-ai transformat în asta. Ai ajuns în vârful muntelui. Iar o parte din slujba ta, pe lângă deslușirea unor chestiuni abstracte de proprietate intelectuală pentru marile corporații, este să ajuți la formarea viitorului grup de avocați pe care îi curtează firma. Unul dintre asociații principali te întreabă dacă vrei să îndrumi un stagiar pe perioada verii, iar răspunsul este simplu: bineînțeles că o vei face. Încă nu ai înțeles pe deplin puterea de schimbare a unui simplu da. Când vine nota care confirmă repartizarea, nu știi că o falie ascunsă în viața ta începe să se cutremure, că un punct de sprijin începe deja să alunece. Lângă numele tău este trecut alt nume, al unui student excepțional de la drept, ocupat să urce pe propria scară. Ca și tine, este negru și vine de la Harvard. În afară de asta, nu știi nimic - doar numele, și este un nume bizar.

Capitolul 8

În prima zi, Barack Obama a întârziat. Stăteam în biroul meu de la etajul 47, așteptându-l într-o doară. Ca majoritatea avocaților în primul an de practică, eram ocupată. Petreceam multe ore la Sidley & Austin, deseori mâncând și prânzul, și cina la birou, în timp ce mă luptam cu un flux continuu de documente, toate scrise în limbajul exact și reținut al avocaților. Citeam note, scriam note, redactam notele altor oameni. La momentul respectiv, mă consideram fundamental trilingvă. Cunoșteam dialectul relaxat din South Side și dicția elevată din universitățile de elită, iar acum, peste toate acestea, vorbeam și avocățeasca. Fusesem angajată la departamentul de marketing și proprietate intelectuală al firmei, considerat ca fiind mai dezinhibat și mai creativ decât alte departamente, poate pentru că ne ocupam o parte din timp, cel puțin, cu publicitatea. Postul meu presupunea, printre altele, să citesc scenariile pentru reclamele la televizor și radio ale clienților noștri, ca să mă asigur că nu încălcau standardele Comisiei Federale pentru Comunicații. Mai târziu, avea să-mi fie acordată onoarea de a mă ocupa de chestiunile legale ale lui Barney Dinozaurul. (Da, asta este ceea ce se numește dezinhibat într-o firmă de avocatură.)

Problema era că, asociat junior fiind, munca mea nu presupunea și interacțiune reală cu clienți, iar eu eram o Robinson, crescută în grupul gălăgios al familiei mele extinse și modelată de pasiunea instinctivă pentru mulțimi a tatălui meu. Tânjeam după interacțiune de orice fel. Ca să-mi alung singurătatea, glumeam cu Lorraine, secretara mea, o femeie afro-americană hiperorganizată, cu câțiva ani mai în vârstă decât mine, care stătea chiar la ușa biroului meu și răspundea la telefon. Aveam relații profesionale prietenești cu unii dintre asociații principali și pândeam orice ocazie de a pălăvrăgi cu colegii mei, dar, în general, toată lumea avea foarte mult de lucru și era atentă să nu piardă nici un minut al zilei care putea fi facturat. Ceea ce mă aducea înapoi la birou, singură cu hârtiile mele.

Dacă tot trebuia să petrec 60 de ore pe săptămână undeva, atunci locul acela putea fi biroul meu. Era un loc foarte plăcut, cu un fotoliu din piele, o masă de lucru masivă din lemn de nuc și ferestre largi, cu vedere spre sud-est. Puteam să privesc peste talmeș-balmeșul clădirilor din cartierul financiar și să văd valurile cu creste albe ale lacului Michigan, care vara erau presărate cu bărci și veliere strălucitoare. Dintr-o anumită poziție, puteam să urmăresc linia țărmului și să văd o fâșie îngustă din South Side, cu acoperișurile lui cu pantă lină și perdele intermitente de copaci. De unde mă aflam eu, cartierele păreau liniștite și aproape ca niște jucării, dar realitatea era în numeroase cazuri cu totul alta. Unele părți din South Side deveniseră pustii, după ce micile afaceri se închiseseră și oamenii continuaseră să plece. Oțelăriile care pe vremuri oferiseră stabilitate desființau acum mii de locuri de muncă. Epidemia de cocaină crack, care făcea ravagii în comunitățile afro-americane din locuri ca Detroit și New York, abia ajunsese la Chicago, dar cursul ei era deja distructiv. Bandele se luptau ca să împartă piața și recrutau băieți pentru vânzările la colț de stradă, ceea ce, deși periculos, era mult mai profitabil decât mersul la școală. Rata crimelor din oraș începuse să crească – semn că aveau să urmeze și mai multe necazuri.

Câștigam bani frumoși la Sidley, dar eram suficient de pragmatică să nu îmi asum vreun risc când venea vorba de casă. De când terminasem facultatea de drept locuiam din nou în vechiul meu cartier din South Side, care era încă relativ neatins de bande și de droguri. Părinții mei se mutaseră la parter, în vechiul apartament al lui Robbie și Terry, și, la invitația lor, am preluat eu apartamentul de sus, unde locuisem în copilărie, pe care l-am dichisit cu o canapea albă și cu imprimeuri orientale înrămate pe pereți. Le scriam din când în când părinților câte un cec care acoperea cu prisosință partea mea de cheltuieli cu utilitățile. Nu prea putea fi considerat chirie, însă ei insistau că era de-ajuns. Cu toate că apartamentul meu avea intrare separată, de cele mai multe ori, tropăiam prin bucătăria de jos când plecam la serviciu sau când mă întorceam – în parte deoarece ușa din spate a părinților mei dădea direct în garaj și în parte pentru că eram încă și aveam să fiu întotdeauna o Robinson. Chiar dacă acum mă vedeam ca fiind genul de tânără profesionistă îmbrăcată în taior și șoferiță de Saab la care visasem dintotdeauna, nu îmi prea plăcea să stau singură. Mă întăream prin întâlnirile zilnice cu mama și cu tata. Îi îmbrățișasem chiar în dimineața aceea, înainte să mă reped pe ușă afară și să conduc prin ploaie și furtună ca să ajung la serviciu. Să ajung la serviciu *la timp*, ar trebui să adaug.

M-am uitat la ceas.

„Vreun semn de la tipul ăsta?“, am întrebat-o pe Lorraine la telefon.

Am auzit-o oftând. „Fato, nu“, mi-a răspuns ea. Se amuza, din câte puteam să îmi dau seama. Știa că întârzierile mă scot din minți – că nu vedeam în ele decât un semn de orgoliu.

Barack Obama deja făcuse vâlvă la firmă. În primul rând, pentru că abia terminase primul an la facultatea de drept, iar noi angajam, de obicei, doar studenți din anul al doilea pentru posturile pe vară. Dar se zvonea că era excepțional. Se dusese vorba că una dintre profesoarele lui de la Harvard – și fiica unui asociat principal – susținea că era cel mai talentat student la drept pe care îl cunoscuse vreodată. Câteva secretare care îl văzuseră cînd venise la interviu spuneau că, pe lângă presupusa excelență profesională, era și drăguț.

Eram sceptică în toate aceste privințe. Din experiența mea, dacă puneai un costum pe un bărbat negru semi-inteligent, albii aveau tendința să exagereze. Mă îndoiam că individul merita atâta apreciere. Îi căutasem fotografia în ediția de vară a organigramei noastre – un portret nereușit și prost iluminat al unui tânăr cu zâmbet larg și o urmă ușoară de inadaptare – și nu am fost impresionată. Biografia lui spunea că era originar din Hawaii, ceea ce îl făcea măcar să fie un inadaptat exotic. Altfel, nu ieșea în evidență prin nimic. Singura surpriză o avusesem cu câteva săptămâni în urmă, când îi dădusem telefonul obligatoriu în astfel de situații ca să mă prezint. Am fost plăcut surprinsă de vocea de la celălalt capăt al firului – o voce baritonală plină, chiar sexy, care nu părea să se potrivească deloc cu fotografia.

Au mai trecut 10 minute până să apară la recepția de la etajul nostru și m-am dus să îl întâmpin. L-am găsit așezat pe o canapea – un Barack Obama în costum închis la culoare și încă puțin ud de ploaie. Mi-a strâns mâna cu un zâmbet timid și scuzându-se pentru întârziere. Avea un zâmbet larg și era mai înalt și mai slab decât mă așteptasem să fie – un bărbat pe care evident nu-l prea interesa mâncarea și totodată vădit incomodat de costum. Dacă știa că venise cu o reputație de copil-minune, nu o arăta. În timp ce mergeam cu el pe coridoare spre biroul meu, prezentându-i lucrurile obișnuite la o astfel de firmă și facilitățile dreptului corporatist – i-am arătat departamentul de procesat texte și automatul de cafea, i-am explicat sistemul nostru de evidență a orelor facturate către clienți –, a fost tăcut și politicos, ascultând cu atenție. După circa 20 de minute, l-am predat unui asociat principal, care urma, de fapt, să fie supervizorul lui pe durata verii, și m-am întors la biroul meu.

Câteva ore mai târziu, l-am dus pe Barack la masă, la restaurantul extravagant de la primul etaj al clădirii noastre, un loc plin de bancheri dichisiți și de avocați de succes, care mâncau feluri de mâncare care costau cât un dineu. Acesta era avantajul de a avea un stagiar pe care să-l consiliezi: era o scuză să mănânci în oraș, și să mănânci bine, pe cheltuiala firmei. În calitate de consilier al lui Barack, rolul meu era mai degrabă de îndrumător social. Treaba mea era să mă asigur că îi plăcea la serviciu, că exista cineva la care să vină dacă avea nevoie de un sfat și că se simțea conectat la echipa mai mare. Era începutul unui proces de curtare – ideea fiind, așa cum era cazul cu toți stagiarii de vară, că firma ar putea dori să îl recruteze pentru o slujbă cu normă întreagă odată ce termina facultatea.

Mi-am dat seama foarte repede că Barack nu avea prea mare nevoie de sfaturi. Era cu trei ani mai în vârstă decât mine – pe cale să împlinească 28 de ani. Spre deosebire de mine, lucrase câțiva ani înainte să urmeze anii pregătitori la Columbia și să meargă, apoi, la facultatea de drept. Ceea ce m-a izbit era cât de sigur părea de direcția lui în viață. Era neobișnuit de lipsit de îndoieli, deși, la prima vedere, era greu de înțeles de ce. În comparație cu marșul meu în pași fermi către succes, cu traiectoria mea simplă de la Princeton la Harvard și, apoi, la biroul meu de la etajul 47, calea lui Barack fusese un zigzag improvizat prin lumi disparate. În timpul prânzului am aflat că era un hibrid în toate sensurile cuvântului – fiul unui kenyan negru și al unei mame albe din Kansas, a căror căsătorie fusese și de tinerețe, și de scurtă durată. Se născuse și crescuse în Honolulu, dar petrecuse patru ani din copilărie înălțând zmee și prinzând greieri în Indonezia. După liceu, au urmat doi ani relativ relaxați, în care fusese student la Occidental College din Los Angeles, înainte să se transfere la Columbia. Unde, după propria lui relatare, nu se comportase deloc ca un student dezlănțuit în Manhattanul anilor 1980, ci mai degrabă ca un pustnic din secolul al XVI-lea, citind o mulțime de cărți de literatură și filosofie într-un apartament soios de pe 109th Street, scriind poezii proaste și postind duminicile.

Am râs despre toate astea, spunându-ne unul altuia povești din trecuturile noastre și despre ce ne-a făcut să alegem dreptul. Barack era serios fără să fie grav. Avea un comportament jovial, dar și o minte dezghețată. Era o combinație stranie, incitantă. Am fost surprinsă, de asemenea, de cât de bine cunoștea orașul.

Barack era prima persoană pe care o întâlneam la Sidley care să fi petrecut timp în frizeriile, restaurantele cu grătar și parohiile care proslăveau Biblia din Far South Side. Înainte să meargă la facultatea de drept, lucrase în Chicago trei ani ca organizator pentru comunitate, plătit cu 12 000 de dolari pe an de o organizație nonprofit care reunea o coaliție de biserici. Misiunea lui era să ajute la reconstrucția micilor cartiere și să recreeze locuri de muncă. Așa cum a descris-o el, era vorba de două părți frustrare și de o parte răsplată: petrecea săptămâni întregi organizând o întâlnire a comunității, la care veneau doar vreo 10 oameni. Eforturile lui erau luate în râs de liderii de sindicat și criticate de negri și de albi deopotrivă. Și, totuși, cu timpul, a obținut câteva victorii din ce în ce mai importante, iar aceasta a părut să îl încurajeze. Urma facultatea de drept, a explicat, pentru că munca de organizare pe teren îi arătase că pentru o schimbare socială semnificativă era nevoie nu doar de eforturile oamenilor de jos, ci și de politici mai puternice și de acțiune guvernamentală.

Cu toată rezistența mea la valul de entuziasm care precedase apariția lui, m-am trezit că îl admiram pe Barack Obama pentru siguranța lui de sine și pentru purtarea sinceră, deschisă. Era înviorător, neconvențional și de o eleganță stranie. Totuși, nu mă gândeam la el ca la un tip cu care să vreau o întâlnire. În primul rând, eram mentorul lui la firmă. În plus, îmi promisesem recent să nu mai ies la întâlniri, prea absorbită de serviciu ca să mai fac vreun efort pentru asta. Și, în cele din urmă, îngrozitor, la sfârșitul mesei, Barack și-a aprins o țigară, ceea ce ar fi fost suficient să-mi stingă orice interes, dacă ar fi existat vreunul.

Avea să fie, mă gândeam eu, un bun ucenic pe durata verii.

În următoarele săptămâni, am intrat într-un fel de rutină. După-amiaza târziu, Barack rătăcea pe coridor și se prăvălea pe unul din fotoliile de la mine din birou, ca și cum m-ar fi cunoscut de ani de zile. Și uneori mă simțeam de parcă așa ar fi fost. Glumeam cu ușurință, având concepții similare. Schimbam priviri piezișe când oamenii din jurul nostru erau stresați până în pragul nebuniei, când asociații făceau comentarii care păreau condescendente sau deplasate. Ceea ce nu se spunea, dar era evident, era că aveam în comun rasa, iar, în firma noastră, în care lucrau mai mult de 400 de avocați, doar cinci dintre cei cu normă întreagă erau afro-americani. Atracția pe care o simțeam unul pentru celălalt era evidentă și ușor de înțeles.

Barack nu semăna absolut deloc cu stagiarul de vară tipic (cum fusesem eu însămi cu doi ani în urmă la Sidley), nerăbdător să își facă relații și întrebându-se cu neliniște dacă mult visata propunere de angajare avea să vină. Se mișca agale, cu o detașare calmă care părea să-i sporească farmecul. În interiorul firmei, reputația lui creștea neîncetat. Deja era invitat la ședințele asociaților principali. Deja i se cerea insistent părerea în chestiunile aflate în discuție. La un moment dat, la începutul verii, a creat un memoriu intern de 30 de pagini despre conduita corporativă, atât de minuțios și de convingător încât a devenit instantaneu legendar. Cine era tipul ăsta? Toată lumea părea intrigată.

„Ți-am adus o copie", mi-a spus Barack într-o zi, împingându-mi memoriul peste birou, cu un zâmbet.

„Mulțumesc", am răspuns, luând mapa. „Abia aștept să-l citesc."

După ce a plecat, l-am îndesat într-un sertar.

Știa că nu îl citisem? Bănuiesc că da. Mi-l dăduse pe jumătate în glumă. Eram în grupuri cu specializări diferite, deci activitățile noastre oricum nu aveau cum să se suprapună. Aveam din belșug propriile documente cu care să mă lupt. Și nici nu era nevoie să mă impresioneze. Eram prieteni de-acum, Barack și cu mine, tovarăși de arme. Mâncam împreună în oraș cel puțin o dată pe săptămână și uneori chiar mai des, trecând bineînțeles nota de plată în contul firmei. Treptat, am aflat mai multe unul despre celălalt. Știa de-acum că locuiam în aceeași casă cu părinții mei și că amintirile mele cele mai fericite de la Harvard erau legate de munca la Biroul de Ajutor Juridic. Eu știam că devora cărți de filosofie politică de parcă ar fi fost lecturi de plajă și că își cheltuia pe cărți toți banii care îi rămâneau. Știam că tatăl lui murise într-un accident de mașină în Kenya și că făcuse o călătorie în acea țară ca să afle mai multe despre părintele lui. Știam că îi plăcea baschetul, că făcea alergări lungi în weekend și vorbea cu nostalgie despre prietenii și familia lui din Oahu. Știam că avusese o mulțime de iubite în trecut, dar și că nu avea nici una acum.

Acest ultim aspect era unul pe care credeam că aș putea să-l rectific. Viața mea în Chicago nu era deloc lipsită de bărbați de culoare realizați și eligibili. În ciuda programului maraton de la serviciu, îmi plăcea să socializez. Aveam prieteni de la Sidley, prieteni din liceu, prieteni pe care mi-i făcusem prin relații profesionale și prieteni pe care-i cunoscusem prin intermediul lui Craig, care era proaspăt căsătorit și lucra ca bancher de investiții în oraș. Eram un grup vesel, ne întâlneam când se putea într-un bar din centru sau altul, iar în weekenduri recuperam cu mese lungi și îmbelșugate. Ieșisem cu câțiva băieți în facultate, dar nu întâlnisem pe cineva special după întoarcerea la Chicago și, oricum, nu mă interesa prea mult. Anunțasem pe toată lumea, inclusiv pe potențialii pretendenți, că prioritatea mea era cariera. Aveam, totuși, o mulțime de prietene care căutau pe cineva cu care să se întâlnească.

Într-o seară de vară, l-am luat cu mine pe Barack la happy hour într-un bar din centru, care servea neoficial ca loc de făcut cunoștință pentru specialiștii de culoare și unde mă întâlneam deseori cu prietenii. Am observat că își schimbase costumul de birou și purta un veston alb de in care arăta de parcă ar fi fost scos din garderoba serialului *Miami Vice*. Ce să-i faci, asta e.

Nu se poate nega faptul că, inclusiv prin stilul lui deconcertant, Barack era o țintă ce merita urmărită. Arăta bine, avea atitudine și era un bărbat de succes. Era atletic, interesant și amabil. Ce și-ar fi putut dori cineva mai mult? Am intrat în bar convinsă că le fac tuturor o favoare – și lui, și doamnelor prezente. Aproape imediat a fost încolțit de o cunoștință de-a mea, o femeie frumoasă și influentă care lucra în finanțe. Am văzut-o cum s-a înviorat instantaneu stând de vorbă cu Barack. Mulțumită de cum mergeau lucrurile, mi-am luat o băutură și m-am îndreptat spre alții pe care îi cunoșteam în mulțime.

Douăzeci de minute mai târziu, am dat cu ochii de Barack, prins în ceea ce arăta ca o conversație nesfârșită cu femeia aceea, ce părea să vorbească mai mult decât el. El mi-a aruncat o privire care sugera că ar fi vrut să scape. Dar era om în toată firea. L-am lăsat să se salveze singur.

„Știi ce m-a întrebat?", mi-a spus în ziua următoare, când a apărut în biroul meu, părând că încă nu-i venea să creadă. „M-a întrebat dacă îmi place să merg la călărie. Adică pe cal." Mi-a spus că discutaseră și despre filmele ei preferate și că nici partea aceasta nu mersese bine.

Barack era cerebral, poate prea cerebral pentru cei mai mulți oameni. (Aceasta avea să fie, de fapt, evaluarea pe care i-o va face prietena mea, cu următorul prilej în care am stat de vorbă.) Nu era genul amator de baruri și poate ar fi trebuit să îmi dau seama de asta mai devreme. Lumea mea era plină de oameni încrezători și care munceau din greu, obsedați de propria ascensiune socială. Aveau mașini noi, își cumpărau primele apartamente și le plăcea să vorbească despre asta la un pahar de martini, după serviciu. Barack era mai mulțumit să petreacă o seară singur, citind despre politicile de gospodărie urbană. În cariera lui de până atunci petrecuse săptămâni și luni în șir ascultându-i pe oamenii săraci care îi descriau problemele lor. Insistența lui pentru speranță și potențial de mobilitate venea, după cum am ajuns să înțeleg, dintr-un loc cu totul diferit și deloc ușor accesibil.

A fost o vreme, mi-a spus el, în care fusese mai nechibzuit, mai sălbatic. Își petrecuse primii 20 de ani din viață sub porecla Barry. Fumase marijuana la poalele colinelor vulcanice din Oahu. La Occidental se lăsase purtat de reminiscențele energiei din anii 1970, îmbrățișându-i pe Hendrix și pe Rolling Stones. Undeva de-a lungul drumului, însă, avusese revelația numelui său complet – Barack Hussein Obama – și a complicatei lui identități. Era alb și negru, african și american. Era modest și trăia modest, dar era, totuși, conștient de bogăția minții lui și de universul de privilegii care avea să i se deschidă. Pot spune că lua totul în serios. Putea fi relaxat și glumeț, dar nu se îndepărta niciodată de un profund simț al datoriei. Se afla într-un fel de explorare, cu toate că nu știa încă unde avea să îl ducă aceasta. Tot ce știam era că astfel de lucruri nu se puteau discuta la un pahar. Când a venit momentul următoarei întâlniri la bar, pe el l-am lăsat la birou.

Când eram copil, părinții mei fumau. Își aprindeau țigările seara, când stăteau în bucătărie și discutau despre ziua respectivă. Fumau în timp ce spălau vasele după cină, deschizând uneori o fereastră, să intre aer curat. Nu erau fumători împătimiți, dar erau fumători ocazionali și sfidători, totodată. Au continuat să fumeze mult timp după ce studiile au arătat că fumatul îți poate face rău.

Asta mă scotea din minți, și pe Craig la fel. Pusesem la cale un adevărat spectacol de tușit când își aprindeau țigările. Lansam misiuni de sabotaj a proviziilor lor de tutun. Când Craig și cu mine eram foarte mici, luam de pe raft câte un pachet Newports nedesfăcut și distrugeam țigările una câte una, rupându-le ca pe niște bețe deasupra chiuvetei din bucătărie. Alteori înmuiam capetele țigărilor în sos picant și le puneam înapoi în pachet. Le țineam părinților noștri prelegeri despre cancerul la plămâni, explicându-le ororile din filmulețele educative care ne fuseseră prezentate la școală, la ora de educație sanitară – imagini cu plămânii unui fumător, uscați și negri precum cărbunele, morți încă din timpul vieții, morți la tine în piept. Pentru contrast ni se arătau imaginile unor plămâni de un roz floral care erau sănătoși, necontaminați de fum. Paradigma era suficient de simplă pentru ca purtarea lor să ni se pară de neînțeles: bun/rău, sănătos/bolnav. Îți alegeai singur viitorul. Era ceea ce părinții noștri ne învățaseră întotdeauna și, totuși, aveau să mai treacă ani buni de zile până să se lase ei înșiși de fumat.

Barack fuma așa cum fumau părinții mei – după ce lua masa, când mergea pe jos prin oraș sau când se simțea nervos și trebuia să-și țină mâinile ocupate. În 1989, fumatul era mult mai răspândit decât acum, mai prezent în viața cotidiană. Cercetările privind efectele fumatului pasiv erau relativ noi. Oamenii fumau în restaurante, birouri și aeroporturi. Eu văzusem, însă, filmulețele. Pentru mine, fumatul era autodistrugere pură.

Barack știa exact care era părerea mea. Prietenia noastră era construită pe o sinceritate pe care cred că amândoi o apreciam.

„De ce ar face o persoană inteligentă ca tine ceva atât de prostesc?", am răbufnit încă din prima zi în care ne-am cunoscut, privindu-l cum pune punct mesei noastre cu o țigară. Era o întrebare justificată.

Din câte îmi amintesc, el doar a ridicat din umeri, recunoscând că aveam dreptate. Nu a fost nici o ceartă, nici un deget ridicat imperativ. Fumatul părea să fie un subiect în care logica părea să-l fi abandonat pe Barack.

Totuși, fie că eram dispusă să recunosc, fie că nu, ceva începuse să se schimbe între noi. În zilele în care eram prea ocupați să ne vedem, mă trezeam întrebându-mă ce făcea el în momentul respectiv. Îmi dădeam seama singură că eram foarte dezamăgită cînd nu apărea la ușa biroului. Și tot singură îmi dădeam seama că eram prea entuziasmată când asta se întâmpla. Simțeam ceva pentru omul acesta, dar sentimentele erau latente, îngropate adânc sub hotărârea mea de a-mi ține viața și cariera ordonate și concentrate pe viitor – departe de orice dramă amoroasă. La serviciu, evaluările mele anuale erau bune. Eram pe calea ce avea să mă facă asociat la Sidley & Austin, probabil înainte să împlinesc 32 de ani. Era tot ce îmi doream – sau asta încercam să mă conving singură.

Poate că eu ignoram ceea ce se înfiripa între noi, însă nu și Barack.

„Cred că ar trebui să ieșim împreună“, m-a anunțat Barack într-o după-amiază, în timp ce terminam de mâncat.

„Adică tu și cu mine?“, m-am prefăcut eu șocată că s-a putut gândi măcar la așa ceva. „Ți-am spus doar, nu îmi dau întâlniri. Și sunt consiliera ta.“

El a râs ironic. „De parcă asta ar conta. Nu ești șefa mea“, a continuat el. „Și ești drăguță.“

Barack avea un zâmbet care părea să i se întindă pe toată fața. Era o combinație irezistibilă de dulce și rezonabil. În zilele următoare, mi-a prezentat nu o singură dată motivele pentru care ar trebui să ieșim împreună. Eram compatibili. Ne făceam să râdem unul pe celălalt. Amândoi eram disponibili și, mai mult, recunoșteam că eram aproape imediat neinteresați de oricine altcineva. La firmă nu i-ar fi păsat nimănui dacă noi doi am fi început să ne întâlnim, argumenta el. De fapt, s-ar putea chiar să vadă ceva pozitiv în asta. El presupunea că, până la urmă, conducerea ar fi vrut ca el să lucreze pentru firmă. Iar dacă ar fi fost împreună cu mine, asta i-ar fi îmbunătățit șansele de recrutare.

„Vrei să spui că sunt un fel de momeală?", am spus eu râzând. „Te flatezi singur."

De-a lungul verii, firma a organizat o serie de evenimente și ieșiri pentru asociați, făcând să circule liste pe care să se înscrie cine voia să meargă. Una dintre propuneri era o reprezentație în timpul săptămânii cu *Les Misérables*, la un teatru din apropiere de birou. Am trecut numele noastre pe listă pentru două bilete, ceea ce ar fi fost practica standard pentru o consilieră și cel pe care îl avea în grijă pe durata verii. Era de așteptat să participăm la evenimentele firmei împreună. Eu trebuia să mă asigur că experiența lui la Sidley & Austin era strălucită și pozitivă. Asta era ideea.

Stăteam unul lângă altul la teatru, amândoi obosiți după o zi lungă la serviciu. Cortina s-a ridicat și au început să se audă acordurile muzicale care evocau o versiune cenușie, tristă a Parisului. Nu știu dacă era starea mea de spirit sau doar *Les Misérables* în sine, dar în următoarea oră m-am simțit copleșită de nenorocirile francezilor. Gemete și lanțuri. Sărăcie și violuri. Nedreptate și oprimare. Milioane de oameni din toată lumea se îndrăgostiseră de acest musical, dar eu mă foiam în scaun, încercând să depășesc inexplicabila tortură pe care o simțeam de fiecare dată când se repeta tema melodică.

Când s-au aprins luminile la pauză, i-am aruncat o privire lui Barack. Era prăbușit în scaun, cu umărul drept pe brațul fotoliului și degetul arătător pe frunte, cu o expresie impenetrabilă.

„Cum ți se pare?“, am întrebat.

El s-a uitat la mine pieziș. „Oribil, nu-i așa?“

Am râs, ușurată că simțea la fel ca mine.

Barack s-a îndreptat brusc în scaun. „Ce-ar fi dacă am pleca de aici?“, mi-a spus pe neașteptate. „Ieșim, pur și simplu.“

În condiții normale, nu m-aș fi mișcat. Nu eram genul acela de persoană. Îmi păsa prea mult ce credeau ceilalți avocați despre mine – ce-ar fi crezut dacă ne vedeau locurile goale. Îmi păsa prea mult, în general, să termin ceea ce începusem, să văd fiecare lucrușor până la finalul dramatic, chiar dacă era vorba de un musical obosit de pe Broadway, într-o seară de miercuri altfel frumoasă. Era acea parte din mine care ținea să bifeze punct după punct. Înduram nefericirea de dragul aparențelor. Dar acum se părea că mă alăturasem cuiva care nu făcea asta.

Evitându-i pe toți ceilalți cunoscuți de la firmă – ceilalți consilieri și stagiarii lor peste vară, care se adunaseră exuberanți în hol –, ne-am strecurat afară din teatru, în căldura plăcută a serii. Lumina zilei se stingea pe cerul violet. Am răsuflat ușurată, atât de vizibil încât l-am făcut pe Barack să râdă.

„Unde mergem acum?“, l-am întrebat.

„Ce-ar fi să bem ceva?“

Am intrat într-un bar din apropiere în același mod în care părea că mergem întotdeauna, eu cu un pas înaintea lui și el în urmă. Barack mergea fără grabă. Umbla cu o nonșalanță relaxată hawaiiană, fără să se grăbească vreodată, nici măcar și mai ales când i se spunea să se grăbească. Pe de altă parte, eu făceam în timpul liber marș sportiv și îmi era greu să reduc viteza. Dar îmi amintesc că în seara aceea mi-am spus că ar fi bine să merg mai încet, doar puțin – cât să pot să aud ce spunea el, deoarece începusem să-mi dau seama că mă interesa să aud tot ce spunea.

Până acum, îmi construisem existența cu atenție, așezând pe linie și împăturind orice bucățică dezordonată sau scăpată de sub control, ca și cum aș fi construit un origami strâns, compact. Făcusem eforturi pentru crearea acestei existențe și îmi plăcea cum arăta, chiar dacă era fragilă. Dacă un colț rămânea nealiniat, era posibil să descopăr că eram neliniștită. Dacă se desfăcea un altul, ar fi putut să arate că eram nesigură în privința traiectoriei profesionale pe care mă așezasem singură, deliberat, în privința tuturor lucrurilor pe care îmi spusesem că le voiam. Acum cred că acesta este motivul pentru care mă feream cu atâta grijă, pentru care nu eram încă pregătită să-l las în viața mea. Era ca un curent care amenința să deranjeze totul.

O zi sau două mai târziu, Barack m-a întrebat dacă l-aș putea duce cu mașina la o petrecere cu grătar pentru stagiarii de peste vară, organizată acasă la unul dintre asociații principali, pe malul bogat al lacului, în suburbiile din nord. Îmi amintesc că era vreme frumoasă în ziua aceea, iar lacul sclipea la capătul unei peluze bine îngrijite. Un chelner servea mâncare în timp ce muzica răsuna din boxe, iar oamenii discutau despre grandoarea de bun-gust a casei. Toată scena era un portret al bogăției și al lipsei de griji, o sugestie nu tocmai subtilă a recompensei care venea atunci când te dedicai trup și suflet muncii monotone și obositoare. Din câte știam eu, Barack încă nu hotărâse ce voia să facă mai departe în viață, în ce direcție să se îndrepte în cariera lui. Relația lui cu bogăția era una dificilă. La fel ca mine, nu o avusese niciodată și nici nu aspira la ea. Voia mult mai mult să fie folositor decât bogat, dar încă mai încerca să-și dea seama cum.

La petrecerea aceea am fost nu tocmai un cuplu, dar împreună în cea mai mare parte a timpului, trecând de la un grup de colegi la altul, bând bere și limonadă, mâncând hamburgeri și salată de cartofi din farfurii de plastic. Ne separam și, apoi, ne regăseam unul pe celălalt. Totul părea natural. Flirta cu mine în liniște, și flirtam și eu cu el. Câțiva bărbați au început să joace baschet și l-am văzut pe Barack cum traversează curtea în papucii lui de plajă, ca să li se alăture. Era în relații bune cu toată lumea din firmă. Le spunea pe nume tuturor secretarelor și se înțelegea cu toți – de la avocații mai în vârstă, scorțoși, până la lupii tineri și ambițioși care acum jucau baschet. „Este un om bun", mi-am spus, privindu-l cum pasează mingea unui alt avocat.

După zecile de meciuri de baschet la care am asistat în liceu și în facultate, recunosc imediat un jucător bun, iar Barack a trecut repede testul. Juca un baschet atletic și abil, corpul lui suplu mișcându-se rapid, arătând o putere pe care nu o observasem înainte. Era iute și grațios, chiar și în papucii lui hawaiieni. Stăteam acolo prefăcându-mă că ascult ce-mi spunea soția de altfel foarte drăguță a cuiva, dar ochii mei îl fixau pe Barack. Am fost izbită pentru prima dată de spectacolul care era el – acest ciudat amestec cu de toate.

Când s-a înserat și am plecat cu mașina spre casă, am simțit o durere nouă, o proaspăt plantată sămânță de dor. Era iulie. Barack avea să plece cândva în august, dispărând către facultatea de drept și ce altceva îi mai rezerva în continuare viața. În aparență nu se schimbase nimic - glumeam ca întotdeauna, bârfeam cine și ce a spus la petrecere -, dar exista un fel de căldură care îmi urca pe șira spinării. Eram extrem de conștientă de trupul lui în spațiul mic al mașinii - cu umărul rezemat de latura scaunului, genunchiul atât de aproape încât puteam să-l ating cu mâna. În timp ce urmam curba spre sud pe care o făcea malul lacului, conducând pe lângă bicicliștii și oamenii care alergau pe aleile pietonale, discutam în tăcere cu mine însămi. Exista vreo modalitate de a face asta la modul neserios? Cât de rău putea să-mi afecteze serviciul? Nimic nu mi-era clar - ce se cuvenea, cine putea să afle și dacă avea vreo importanță -, dar m-a izbit gândul că mă săturasem să aștept clarificările.

Barack locuia în Hyde Park, într-un apartament subînchiriat de la un prieten. Până să ajungem în cartier, atmosfera dintre noi era deja plină de tensiune, de parcă era pe cale să se întâmple ceva predestinat sau inevitabil. Sau era doar în imaginația mea? Poate că îl respinsesem de prea multe ori. Poate că renunțase și acum vedea în mine doar o prietenă bună, de nădejde - o fată cu un Saab cu aer condiționat, care să-l ducă de colo-colo când avea nevoie.

Am oprit mașina în fața blocului lui, cu mintea încă încețoșată după atâta condus. Am lăsat amândoi să treacă momentul de stângăcie, fiecare așteptând să-și ia celălalt rămas-bun. Barack și-a întors capul spre mine.

„Ce-ar fi să ne luăm niște înghețată?", a spus el.

Acesta a fost momentul în care am știut că intrasem în joc, una dintre puținele ocazii în care am decis să nu mă mai gândesc atât și să trăiesc, pur și simplu. Era o seară caldă de vară, în orașul pe care îl iubeam. Simțeam aerul blând pe piele. Aproape de apartamentul lui Barack era un magazin de înghețată Baskin-Robbins și ne-am luat două cornete pe care am ieșit să le mâncăm afară, căutându-ne un loc pe bordură. Stăteam aproape unul de celălalt, cu genunchii ghemuiți la piept, simțind o oboseală plăcută după ziua petrecută în aer liber. Mâncam înghețata repede și fără să vorbim, ca să nu se topească. Poate Barack mi-a citit pe față sau a simțit în atitudinea mea că, pentru mine, totul începuse de-acum să se relaxeze și să se dezvăluie.

M-a privit într-un fel ciudat, schițând un zâmbet.

„Pot să te sărut?“, m-a întrebat.

Moment în care m-am înclinat spre el și totul a devenit clar.

Povestea noastră

Capitolul 9

De îndată ce mi-am dat voie să simt ceva pentru Barack, sentimentele au răbufnit - o explozie năucitoare de dorință, recunoștință, împlinire, mirare. Toate grijile pe care mi le făcusem cu privire la viața și la cariera mea, și chiar despre Barack însuși au părut să dispară de la acel prim sărut, lăsându-se înlocuite de o nevoie presantă de a-l cunoaște mai bine, de a explora și de a experimenta tot ce era legat de el, cât mai repede.

Poate din pricina faptului că trebuia să se întoarcă la Harvard peste o lună, nu am pierdut vremea cu convenențele. Cum nu eram pregătită încă să aduc un bărbat să doarmă sub același acoperiș cu părinții mei, am început să petrec eu nopțile în apartamentul lui Barack, un loc înghesuit la etajul al doilea, deasupra vitrinei unui magazin, pe o porțiune zgomotoasă din Fifty-Third Street. Cel care locuia, de obicei, acolo era student la drept la Universitatea din Chicago și mobilase apartamentul ca orice student, cu un amestec de lucruri culese la întâmplare de prin târgurile de cartier. Era o masă mică, mai multe scaune șubrede și o saltea cât toate zilele pusă direct pe jos. Grămezi din cărțile și ziarele lui Barack acopereau orice suprafață liberă și o bună parte din podea. El își atârna costumele pentru birou pe spătarele scaunelor din bucătărie și nu avea mai nimic în frigider. Nu era un loc primitor, dar, privind acum totul prin lentilele poveștii noastre de iubire care avansa rapid, avea senzația de acasă.

Barack mă nedumerea. Era diferit de toți cei cu care mă întâlnisem înainte, în primul rând, pentru că părea atât de sigur de el. Își arăta deschis afecțiunea. Îmi spunea că sunt frumoasă. Mă făcea să mă simt bine. Pentru mine, era un fel de unicorn – neobișnuit până la punctul în care părea aproape ireal. Nu vorbea niciodată despre lucruri materiale, cum ar fi cumpărarea unei case sau a unei mașini sau chiar a unor pantofi. Banii lui erau cheltuiți, în general, pe cărți, care pentru el erau obiecte sacre, furnizându-i hrană pentru minte. Citea până noaptea târziu, deseori multă vreme după ce adormeam eu, cărți de istorie, biografii, dar și Toni Morrison. Citea în fiecare zi câteva ziare, de la prima până la ultima pagină. Urmărea recenziile de cărți, rezultatele din Liga Americană și ce mai făceau consilierii municipali aleși în South Side. Putea să discute cu aceeași pasiune despre alegerile din Polonia și despre filmele care primiseră critici negative de la Roger Ebert și de ce.

Fără aer condiționat, nu aveam de ales și dormeam noaptea cu ferestrele deschise, încercând să mai răcorim apartamentul înăbușitor. Ceea ce câștigam la confort pierdeam, însă, la liniște. În zilele acelea, strada pe care stătea Barack era un focar de activitate nocturnă, loc de defilare pentru amatorii de mașini tunate, cu țevi de eșapament care bubuiau. Aproape din oră în oră, în dreptul ferestrei răsuna o sirenă de poliție sau începea cineva să strige, lansând un șuvoi de insulte și înjurături care mă trezeau de cum adormeam pe saltea. Dacă pe mine mă nelinișteau toate acestea, Barack nu era deranjat. Intuiam deja că el era mai adaptat decât mine la dezordinea lumii, mai dispus să ia contact cu toate aceste lucruri fără să-și facă griji. Într-o noapte m-am trezit și l-am văzut cum privea în tavan, cu profilul conturat de luminile wde afară, din stradă. Părea vag tulburat, de parcă se gândea la ceva foarte personal. Era vorba de relația noastră? De pierderea tatălui său?

„Hei, la ce te gândești?", am șoptit.

S-a întors spre mine, cu un zâmbet ușor stingherit. „Păi", a răspuns el, „mă gândeam la inegalitatea veniturilor."

După cum aveam să aflu, așa funcționa mintea lui Barack. Se concentra asupra problemelor mari și abstracte, alimentat de sentimentul nebunesc că ar putea face ceva în privința lor. Era ceva nou pentru mine, trebuie să spun. Până atunci mă învârtisem printre oameni buni cărora le păsa de lucruri destul de importante, dar care erau interesați, în primul rând, de construirea propriilor cariere și de asigurarea traiului familiei lor. Barack era, pur și simplu, altfel. Era conectat la problemele de zi cu zi ale vieții lui, dar, în același timp, în special noaptea, gândurile lui păreau să rătăcească într-un plan mult mai vast.

Cea mai mare parte a timpului ne-o petreceam, desigur, la muncă, în birourile elegante și liniștite de la Sidley & Austin, unde, în fiecare dimineață, mă scuturam de starea de visare și mă reconectam la existența mea de asociat de rang inferior, întorcându-mă la teancul meu de documente și de solicitări din partea clienților corporatiști pe care nu-i întâlneam niciodată. Între timp, Barack lucra la propriile documente într-un birou de mai multe persoane aflat mai departe pe hol, din ce în ce mai curtat de partenerii asupra cărora făcuse impresie.

Încă preocupată de conveniențe, am insistat să ținem relația dintre noi departe de ochii colegilor, deși nu a prea funcționat. Secretara mea, Lorraine, îl întâmpina pe Barack cu un zâmbet atotștiutor de fiecare dată când apărea la mine în birou. Fusesem dați de gol încă din prima noapte în care ieșisem în public ca un cuplu, la puțin timp după primul nostru sărut, când ne-am dus la Institutul de Artă și, apoi, să vedem filmul lui Spike Lee, *Do the Right Thing* (*Pizzeria lui Sal*), la Water Tower Place, unde, la coadă la popcorn, am dat peste unul dintre cei mai importanți asociați de la firmă, Newt Minow, și peste soția lui, Josephine. Ne-au salutat cu căldură, chiar aprobator, și nu au comentat că eram împreună.

În perioada aceasta, munca ni se părea o distragere – ceea ce trebuia să facem înainte să putem să alergăm din nou unul către celălalt. Când nu eram la birou, Barack și cu mine vorbeam la nesfârșit, în timpul plimbărilor pe care le făceam agale prin Hyde Park îmbrăcați în șort și tricou sau la mesele care ni se păreau scurte, dar care în realitate durau cu orele. Dezbăteam meritele fiecărui album al lui Stevie Wonder, înainte să facem același lucru cu albumele lui Marvin Gay. Eu eram cucerită. Iubeam vocea lui înceată și felul în care i se îmblânzeau ochii când povestea ceva amuzant. Ajunsesem să apreciez cum mergea agale dintr-un loc în altul, fără să-și facă vreodată griji pentru timp.

Fiecare zi aducea alte mici descoperiri: eu eram fan al echipei Tiger Cubs, pe când lui îi plăceau White Sox. Mie îmi plăceau pastele cu brânză, el nu putea să le sufere. Lui îi plăceau filmele serioase, dramatice, în timp ce eu preferam comediile romantice. El era stângaci, cu un scris de mână impecabil; eu aveam un scris indescifrabil, chiar dacă scriam cu mâna dreaptă. În luna dinaintea întoarcerii lui la Cambridge, am încercat să ne împărtășim fiecare amintire și fiecare gând, trecând prin prostiile din copilărie, gafele de adolescenți și primele iubiri ratate care ne aduseseră unul spre celălalt. Barack era uimit în special de felul în care crescusem eu - perseverența de la an la an, de la un deceniu la altul a vieții pe Euclid Avenue, cu Craig, mama și tata, în interiorul unui mic pătrat. Barack petrecuse mult timp prin biserici în perioada în care lucrase ca organizator pentru comunitate, ceea ce îi crease un sentiment de apreciere pentru religia organizată, dar, în același timp, rămăsese mai netradiționalist. Căsătoria, mi-a spus el destul de devreme, i se părea o convenție inutilă și supraapreciată.

Nu-mi amintesc să-l fi prezentat pe Barack familiei mele în vara aceea, deși Craig susține că am făcut-o. El spune că am venit într-o seară amândoi la casa de pe Euclid Avenue. Craig era și el acolo în vizită, stând împreună cu părinții pe veranda din față. Barack, își amintește el, a fost prietenos și încrezător și a schimbat cu ei banalități câteva minute, înainte să urcăm în apartamentul meu, să luăm ceva.

Tata l-a plăcut imediat pe Barack, dar tot nu-i dădea prea multe șanse. La urma urmei, mă văzuse când îl îndepărtasem pe prietenul meu din liceu, David, la porțile Princetonului. Mă privise trimițându-l la plimbare pe Kevin, jucătorul de fotbal din facultate, de îndată ce l-am văzut îmbrăcat în costumul blănos de mascotă. Părinții mei știau că nu era bine să se atașeze de cineva. Mă crescuseră astfel încât să îmi conduc singură viața și, de fapt, asta și făceam. Le spusesem de nenumărate ori părinților că eram prea concentrată și prea ocupată ca să fac loc oricărui bărbat în viața mea.

Din ce povestește Craig, tata a clătinat din cap și a râs, privind în urma mea când am plecat cu Barack.

„Simpatic băiat“, a spus el. „Păcat că n-o să dureze.“

DACĂ FAMILIA MEA era un pătrat, atunci cea a lui Barack era o figură geometrică mult mai complicată, una care unea oceanele. El petrecuse ani de zile încercând să-și dea seama de laturile ei. Mama lui, Ann Dunham, era o studentă de 17 ani din Hawaii, în 1960, când s-a îndrăgostit de un student kenyan pe nume Barack Obama. Căsătoria lor a fost scurtă și derutantă – mai ales pentru că soțul ei, după cum avea să se afle, avea deja o nevastă la Nairobi. După ce au divorțat, Ann s-a măritat cu un geolog din Java pe nume Lolo Soetoro și s-au mutat la Djakarta, luându-l cu ei și pe Barack Obama cel mic – Barack Obama al meu –, care pe atunci avea șase ani.

Barack mi-a povestit că a fost fericit în Indonezia și s-a înțeles bine cu noul lui tată vitreg, însă mama lui era îngrijorată de calitatea școlii pe care o urma. În 1971, Ann Dunham și-a trimis fiul înapoi în Oahu, să meargă la o școală particulară și să stea cu părinții ei. Ea era un spirit liber, care avea să petreacă ani de zile călătorind între Hawaii și Indonezia. În afară de o călătorie mai lungă pe care o făcuse înapoi în Hawaii când Barack avea 10 ani, tatăl lui – un bărbat care, după toate mărturiile, avea o minte sclipitoare, dar și o serioasă problemă cu alcoolul – a rămas absent și neimplicat.

Și, totuși, Barack a fost un copil foarte iubit. Bunicii lui din Oahu îi adorau pe el și pe sora lui vitregă mai mică, Maya. Mama lui, deși locuia tot la Djakarta, îl iubea și îl sprijinea de la distanță. Barack vorbea cu afecțiune și de o altă soră vitregă din Nairobi, pe nume Auma. El crescuse cu mult mai puțină afecțiune decât mine, dar nu se plângea. Povestea lui era povestea lui. Viața lui de familie îl făcuse încrezător în forțele proprii și totodată ciudat de optimist. Faptul că trecuse cu succes printr-o copilărie atât de neobișnuită părea doar să întărească ideea că era pregătit pentru mai mult.

Într-o seară ploioasă, l-am însoțit când s-a dus să-i facă un serviciu unui prieten. Unul dintre foștii lui colegi îl întrebase dacă putea face o ședință de pregătire într-o parohie de negri din Roseland, în Far South Side, o zonă greu lovită de închiderea oțelăriilor, la jumătatea anilor 1980. Pentru Barack era o bine-venită întoarcere de o seară la ceea ce făcuse înainte și în acea parte din Chicago în care lucrase cândva. Când am intrat în biserică, amândoi îmbrăcați în costumele noastre de serviciu, mi-a trecut prin minte că nu mă gândisem niciodată prea mult la ce anume făcea, de fapt, un organizator pentru comunitate. Am coborât scara într-un spațiu de la subsol cu tavanul jos și cu lumini fluorescente, unde în jur de 15 enoriași – majoritatea femei, din câte îmi aduc aminte – stăteau așezați pe scaune pliante, făcându-și vânt din cauza căldurii, în ceea ce părea să fie o sală care servea și drept clasă de grădiniță. M-am așezat pe un scaun din spate, în timp ce Barack s-a dus în fața sălii și a salutat.

Celor din public trebuie să le fi părut tânăr și cu un aer avocățesc. Puteam vedea cum îl cântăresc din ochi, încercând să-și dea seama dacă era vreun străin înfumurat sau chiar avea ceva valoros de împărtășit. Atmosfera îmi era mai mult decât familiară. În copilărie asistasem la atelierele săptămânale de operetă pe care mătușa Robbie le organiza într-o biserică episcopală metodistă africană, asemănătoare cu aceasta. Femeile din sală nu erau diferite de doamnele care cântau în corul mătușii Robbie sau care apăruseră cu oale cu tocăniță după ce murise Sudistul. Erau femei bine intenționate, preocupate de comunitate, de obicei, mame sau bunici singure, genul care sărea în ajutor fără să ezite, mai ales când nu se oferea nimeni altcineva.

Barack și-a lăsat haina pe spătarul scaunului și și-a scos ceasul de la mână, așezându-l pe masă, în fața lui, ca să urmărească trecerea timpului. După ce s-a prezentat, a facilitat o discuție care avea să dureze cam o oră, cerându-le oamenilor să-și împărtășească poveștile și să-și descrie îngrijorările privitoare la viața din cartier. La rândul lui, Barack și-a spus propria poveste, legând-o de principiile organizării comunității. Se afla acolo ca să-i convingă că poveștile noastre erau legate una de alta și că, prin aceste legături, era posibilă controlarea nemulțumirii și transformarea ei în ceva folositor. Până și ei, le-a spus – un grup mic dintr-o biserică mică, în ceea ce părea să fie un cartier uitat –, puteau reprezenta o putere politică reală. Era nevoie de efort, a avertizat el. Era nevoie de stabilirea unei strategii, trebuia să-ți asculți vecinii și trebuia construită încrederea în comunități din care aceasta lipsea deseori. Însemna să le ceri unor oameni pe care nu i-ai cunoscut niciodată să-ți dea puțin din timpul lor sau o mică parte din salariu. Trebuia să accepți să fii refuzat în zeci sau sute de moduri diferite, până să auzi acel „da“ care să schimbe lucrurile cu totul. (Aceasta era, se pare, mare parte din ce făcea un organizator.) Dar i-a asigurat că puteau avea influență. Ei puteau să facă schimbarea. Văzuse că procesul dăduse rezultate, chiar dacă nu întotdeauna ușor, în complexul de locuințe sociale Altgeld Gardens, unde un grup exact ca acela reușise să înregistreze noi votanți, îi mobilizase pe locatari să discute cu reprezentanții municipalității despre contaminarea cu azbest și convinsese primăria să finanțeze în cartier un centru de calificare a forței de muncă.

Femeia corpolentă care stătea lângă mine legăna pe genunchi un copilaș și nu făcea nimic ca să-și ascundă scepticismul. Îl inspecta pe Barack cu bărbia ridicată și cu buza de sus scoasă în față, de parcă i-ar fi spus: „Cine ești tu să ne zici ce să facem?“

Dar scepticismul nu l-a deranjat, la fel cum nu păreau să-l deranjeze nici șansele mici de câștig. La urma urmei, Barack era un unicorn – definit de numele lui neobișnuit, de moștenirea lui neobișnuită, de originea lui etnică greu de identificat, de tatăl lui absent, de mintea lui unică. Era obișnuit să fie nevoit să-și demonstreze calitățile, aproape oriunde mergea.

Ideea pe care o prezenta nu era una cu care putea convinge ușor și nici n-ar fi trebuit să fie. Roseland încasase lovitură după lovitură, de la exodul familiilor de albi și prăbușirea oțelăriilor până la degradarea școlilor și înflorirea traficului de droguri. Ca organizator care lucra în comunități urbane, îmi spusese Barack, de cele mai multe ori avea de luptat cu o extenuare a oamenilor – în special a celor de culoare –, cu un cinism născut dintr-o mie de mici dezamăgiri produse în timp.

Am înțeles imediat. O văzusem în propriul cartier, în propria familie. O amărăciune, o absență a încrederii. Sălășluia în amândoi bunicii mei, alimentată de fiecare țel pe care îl abandonaseră și de fiecare compromis pe care fuseseră nevoiți să îl facă. Exista în profesoara chinuită din ciclul secundar care, în esență, renunțase să mai încerce să ne predea la Bryn Mawr. Exista în vecina care renunțase să-și mai tundă gazonul sau să aibă grijă unde îi mergeau copiii după școală. Exista în fiecare bucată de gunoi aruncată cu nepăsare în iarba din parcul nostru și în fiecare pahar de alcool băut înainte să se însereze. Exista în fiecare lucru pe care îl credeam imposibil de remediat, inclusiv în noi înșine.

Barack nu le vorbea de sus oamenilor din Roseland și nici nu încerca să-i câștige de partea lui ascunzându-și privilegiile și purtându-se mai „ca un negru". Înconjurat de temerile și de frustrările enoriașilor, de privarea lor de drepturi cetățenești și de neajutorarea lor, el le indica, oarecum sfidător, direcția opusă.

Nu am fost niciodată o persoană care să insiste asupra părților mai demoralizante din existența de afro-american. Am fost crescută să gândesc pozitiv. M-am încărcat cu iubirea familiei mele și cu angajamentul părinților noștri de a ne vedea reușind. Am stat împreună cu Santita Jackson la mitingurile Operation PUSH, ascultându-l pe tatăl ei cum le cerea negrilor să își recapete mândria. Scopul meu a fost întotdeauna să văd dincolo de cartierul meu – să privesc înainte și să înving. Și învinsesem. Aveam două diplome de la universități de prima mână. Aveam un loc la masă la Sidley & Austin. I-am făcut pe părinții și pe bunicii mei mândri de mine. Dar, ascultându-l pe Barack, am început să înțeleg că versiunea lui de speranță ajungea mult mai departe decât a mea: una era să te extragi pe tine însuți dintr-o fundătură și cu totul altceva era să încerci să ridici locul în sine.

Eram copleșită din nou să îmi dau seama cât de special era el. Încetul cu încetul, în jurul meu, doamnele de la biserică au început să dea aprobator din cap și să-i puncteze frazele cu „Îhî!“ și „Așa-i!“

Vocea lui a crescut în intensitate când a ajuns la sfârșitul prezentării. Nu era predicator, dar cu siguranță avea ceva de predicat – o viziune. Făcea o propunere pentru ieșirea noastră din blocaj. Alegerea, după cum o vedea el, era aceasta: fie renunți, fie muncești pentru schimbare. „Ce este mai bine pentru noi?“, le-a spus Barack oamenilor din sală. „Ne așezăm în lume așa cum e sau muncim pentru o lume așa cum ar trebui să fie?“

Era o frază împrumutată dintr-o carte pe care o citise când începuse să lucreze ca organizator și avea să rămână cu mine ani de zile. Era foarte aproape de ceea ce ajunsesem să înțeleg că îl motiva pe Barack. „Lumea așa cum ar trebui să fie.“

Lângă mine, femeia cu copilașul în brațe aproape că a explodat. „Așa-i!“, a strigat ea, convinsă în sfârșit. „Amin!“

„Amin“, mi-am spus și eu în gând. Pentru că mă convinsese și pe mine.

Înainte să se întoarcă la facultatea de drept, pe la jumătatea lui august, Barack mi-a spus că mă iubește. Sentimentul înflorise între noi atât de rapid și de natural, încât nu a fost nimic special cu privire la momentul în sine. Nu-mi aduc aminte exact când și cum s-a întâmplat. A fost doar exprimarea, tandră și plină de semnificații, a ceva ce ne luase pe amândoi prin surprindere. Chiar dacă ne cunoșteam doar de câteva luni, chiar dacă era oarecum nepractic, eram îndrăgostiți.

Dar acum trebuia să parcurgem cei peste 1 200 de kilometri care aveau să ne despartă. Barack mai avea doi ani de școală și spunea că spera să se stabilească la Chicago după absolvire. Între timp, nu exista nici o șansă ca eu să renunț măcar temporar la viața mea de acolo. Ca asociat încă nou la Sidley, știam că următoarea etapă a carierei mele urma să fie critică – în funcție de realizările mele aveam să devin partener sau nu. Cum trecusem și eu prin facultatea de drept, știam și cât de ocupat avea să fie Barack. Fusese selectat ca editor la *Harvard Law Review*, o revistă lunară realizată de studenți care era considerată una dintre publicațiile de specialitate de top din țară. Era o onoare să fii selectat în echipa editorială, dar totodată era ca și cum ai fi avut o slujbă cu normă întreagă pe lângă programul deja încărcat de student la drept.

Ce ne mai rămânea, în condițiile astea? Ne rămânea telefonul. Amintiți-vă că era 1989, când locul telefoanelor nu era în buzunar. Nu existau nici SMS-uri, nici emoticoane în loc de sărut. Pentru telefon era nevoie și de timp, și de disponibilitatea ambilor. Telefoanele personale se dădeau, de obicei, de acasă, noaptea, când erai mort de oboseală și aveai nevoie de somn.

Înainte de plecare, Barack mi-a spus că preferă scrisorile.

„Nu prea sunt genul care să vorbească la telefon“, mi-a explicat el, de parcă ar fi stabilit lucrurile.

Dar nu a stabilit nimic. Am petrecut toată vara vorbind. Eu nu aveam de gând să-mi trăiesc dragostea în ritmul de melc al serviciului poștal. Aceasta era o altă mică diferență dintre noi. Barack putea să-și dezvăluie inima prin intermediul unui stilou. El crescuse cu scrisori, sprijinul venind sub forma teancurilor de plicuri par avion trimise de mama lui din Indonezia. Eu, în schimb, eram genul de persoană directă – crescută cu prânzurile de duminică de la Sudist, unde câteodată trebuia să strigi ca să fii auzit.

În familia mea, pălăvrăgeam întruna. Tata, care își schimbase recent mașina cu o dubiță amenajată special pentru dizabilitățile lui, încă ținea să apară cât de des putea la ușile verilor, ca să-i viziteze personal. De asemenea, prietenii, vecinii și verii verilor apăreau cu regularitate în Euclid Avenue și se instalau pe canapeaua din camera de zi, lângă fotoliul tatei, ca să spună povești sau să ceară sfaturi. Până și David, fostul meu prieten din liceu, apărea câteodată să-i ceară sfatul. Tata nu avea probleme nici cu telefonul. Ani de zile l-am văzut telefonându-i aproape în fiecare zi bunicii din Carolina de Sud, ca s-o întrebe ce mai face.

L-am informat pe Barack că, dacă voia ca relația noastră să funcționeze, ar face bine să se acomodeze cu telefonul. „Dacă nu vorbesc cu tine“, l-am anunțat, „s-ar putea să fiu nevoită să-mi găsesc alt tip pe care să-l ascult“, glumeam eu, dar nu fără o notă de seriozitate.

Și așa s-a făcut că Barack a devenit omul telefonului. De-a lungul acelei toamne, am vorbit cât de des am putut, fiecare dintre noi închis în lumea și în programul lui, dar împărtășind încă micile detalii ale zilelor noastre, compătimindu-l pe el pentru mormanul de dosare cu probleme fiscale de-ale corporațiilor pe care trebuia să le citească sau făcând haz de cum eliminam eu frustrările de la birou prin ore de gimnastică aerobică, după serviciu. Pe măsură ce treceau lunile, sentimentele noastre rămâneau stabile și trainice. Pentru mine, era un lucru mai puțin în viață pe care să-l pun la îndoială.

La Sidley & Austin, făceam parte din echipa de recrutare a biroului de la Chicago, misiunea mea fiind să intervievez studenți de la Facultatea de Drept de la Harvard pentru stagiile de vară. Era, în esență, un proces de curtare. În studenție trăisem personal experiența puterii și tentației complexului industrial al dreptului corporatist, când mi se oferise un catalog gros ca un dicționar în care erau trecute toate firmele de avocatură din țară și mi se spusese că oricare dintre ele era interesată să atragă avocați care studiaseră la Harvard. Părea că, odată ce aveai licența în drept de la Harvard, aveai șanse să lucrezi în orice oraș și în orice domeniu legal, indiferent dacă era vorba de o firmă mamut de avocați pledanți din Dallas sau de o companie mică de imobiliare din New York. Dacă erai interesat de oricare din ele, cereai un interviu în campus. Dacă faza asta mergea bine, atunci erai invitat la un „zbor", ceea ce însemna un bilet de avion, o cameră de hotel de cinci stele și o nouă rundă de interviuri la sediul firmei, urmate de o cină extravagantă cu recrutori ca mine. Cât m-am aflat la Harvard, am obținut astfel de zboruri la San Francisco și la Los Angeles, în parte pentru că mă interesau aspectele legale din industria divertismentului, dar, ca să fiu sinceră, și pentru că nu fusesem niciodată în California.

Acum, că eram la Sidley și de cealaltă parte a procesului de recrutare, obiectivul meu era să aduc în firmă studenți la drept care erau nu doar inteligenți și conștiincioși, ci și altceva în afară de bărbați și albi. În echipa de recrutare era doar o singură femeie afro-americană, un asociat principal pe nume Mercedes Laing. Mercedes avea cam cu zece ani mai mult decât mine și mi-a devenit prietenă apropiată și mentor. La fel ca mine, avea și ea două diplome Ivy League și stătea, de obicei, la mese la care nimeni nu arăta ca ea. Am căzut de acord că provocarea nu era să ne obișnuim cu asta sau să acceptăm. La ședințele despre recrutare, eu pledam insistent – chiar obraznic în opinia unora, sunt convinsă – ca firma să arunce un năvod mai larg când era vorba de descoperirea unor tinere talente. Practica împământenită de multă vreme era bazată pe angajarea studenților dintr-un grup select de facultăți de drept – Harvard, Stanford, Yale, Northwestern, Universitatea din Chicago și Universitatea din Illinois, în primul rând –, din locurile în care își obținuseră diplomele cei mai mulți dintre avocații firmei. Era un proces circular: o generație de avocați angaja o alta, a cărei experiență o oglindea pe a ei, lăsând prea puțin loc pentru diversitate de orice fel. Ca să nu fiu nedreaptă cu Sidley, aceasta era o problemă (recunoscută sau nu) în aproape orice mare companie din țară. Un studiu făcut la vremea respectivă de *National Law Journal* a descoperit că, în firmele mari, afro-americanii reprezentau mai puțin de trei la sută dintre asociați și mai puțin de unu la sută dintre parteneri.

Încercând să ajut la remedierea dezechilibrului, eu îndemnam să fie luați în considerare și studenți la drept de la alte universități de stat și de la colegii universitare istorice ale negrilor, cum era Universitatea Howard. Când echipa de recrutare se strângea în sala de conferințe din Chicago cu un teanc de CV-uri care urmau să fie trecute în revistă, eu obiectam de fiecare dată când un student era respins automat doar pentru că avea nota 9 la vreo lucrare sau pentru că absolvise un program preuniversitar mai puțin prestigios. Dacă intenționam cu adevărat să aducem avocați minoritari, susțineam eu, atunci trebuia să ne uităm la candidați dintr-o perspectivă mai largă. Trebuia să vedem cum au folosit oportunitățile pe care le-au avut în viață, mai degrabă decât să-i ierarhizăm doar după cât de sus au ajuns pe o scară academică elitistă. Ideea nu era să coborâm standardele înalte ale firmei, ci să ne dăm seama că, dacă rămâneam la modul cel mai rigid, în stilul școlii vechi, de evaluare a potențialului unui nou avocat, atunci treceam cu vederea tot felul de oameni care ar fi putut contribui la succesul firmei. Cu alte cuvinte, trebuia să intervievăm mai mulți studenți, înainte să respingem pe cineva.

Din acest motiv, îmi plăcea să fac călătorii de recrutare la Cambridge, deoarece mă lăsa să mă bucur de o oarecare influență în selectarea pentru interviu a studenților de la Harvard. Și, bineînțeles, îmi oferea prilejul să-l văd pe Barack. Prima dată când l-am vizitat, m-a luat în mașina lui, un Datsun galben-banan cu botul scurt, pe care îl cumpărase la mâna a doua, printr-un mic împrumut pentru studenți. Când a răsucit cheia în contact, motorul s-a ambalat și mașina s-a zgâlțâit violent, după care a început să vibreze puternic și sonor, scuturându-ne în scaune.

„Chestia asta merge?“, am întrebat eu, ridicând vocea să acopăr zgomotul.

Mi-a răspuns cu zâmbetul lui năstrușnic care spunea: „Mă-descurc-eu“ și care mă topea de fiecare dată. „Las-o un minut sau două“, a spus el, băgând mașina în viteză. „Nu mai face așa când pleacă." După alte câteva minute, când virase pe un drum aglomerat, a adăugat: „Și poate nu te uiți în jos".

Deja observasem ce el nu voia să văd – o gaură de rugină cât palma în podeaua mașinii, prin care vedeam cum fuge asfaltul sub noi.

Viața cu Barack nu avea să fie niciodată monotonă. Urma să fie de un galben-banan și puțin înspăimântătoare. Mi-a trecut prin minte și că era foarte posibil ca omul să nu ajungă niciodată să facă bani.

Locuia într-un apartament spartan din Somerville, cu un singur dormitor, dar, în voiajele mele de recrutare, Sidley mă caza în luxosul Hotel Charles, de lângă campus, unde dormeam în așternuturi fine, de cea mai bună calitate, iar Barack, care rareori își făcea ceva de mâncare, putea lua un mic-dejun cald înainte de cursurile de dimineață. Seara se instala în camera mea și își pregătea lucrările pentru facultate, cu un aer frivol, îmbrăcat cu unul din halatele groase de pluș de la hotel.

În anul acela, de Crăciun, am zburat spre Honolulu. Nu mai fusesem niciodată în Hawaii, dar eram convinsă că avea să îmi placă. La urma urmei, veneam de la Chicago, unde iarna se lungește până la sfârșitul lui aprilie și unde era ceva normal să ții o lopată de zăpadă în portbagajul mașinii. Dețineam un stoc neliniștitor de haine groase. Pentru mine, fuga de iarnă a fost întotdeauna o aventură. În facultate, am făcut o călătorie în Bahamas cu colegul meu de grupă care era originar de-acolo, David, și o alta în Jamaica, împreună cu Suzanne. În ambele ocazii, m-am bucurat de aerul cald și de exuberanța care mă cuprindea de fiecare dată când mă apropiam de ocean. Poate că nu întâmplător eram atrasă de oamenii care crescuseră în insule tropicale.

În Kingston, Suzanne m-a dus pe plaje cu nisipul alb și fin ca pudra, unde ne-am jucat în valuri, într-o apă care arăta ca jadul. Ea ne-a condus cu măiestrie printr-o piață haotică, pălăvrăgind cu vânzătorii stradali.

„Încearcă asta!“, striga la mine, cu accentul complet regăsit, în timp ce îmi întindea cu exuberanță să gust bucăți de pește la grătar, batate prăjite, bucăți de trestie de zahăr și felii de mango. Insista să gust din toate, hotărâtă să mă facă să văd cât de multe erau de apreciat acolo.

Lucrurile au stat la fel și cu Barack. De-acum petrecuse deja mai mult de un deceniu pe continent, dar Hawaii încă însemna foarte mult pentru el. Voia să îl cunosc și eu în întregime, de la palmierii, cu evantaiele lor de frunze, aliniați de-a lungul străzilor din Honolulu și semiluna plajei Waikiki, până la perdeaua de coline verzi din jurul orașului. Timp de o săptămână, am stat în apartamentul unor prieteni și am făcut în fiecare zi excursii la ocean, să înotăm și să stăm la soare. Am cunoscut-o pe sora vitregă a lui Barack, Maya, care la 19 ani era amabilă și inteligentă și își lua diploma la Barnard. Avea obraji rotunzi, ochi mari căprui și un păr negru care îi cobora în bucle bogate pe umeri. I-am cunoscut pe bunicii Madelyn și Stanley Durham, sau „Toot și Gramps“, cum le spunea el. Locuiau în același bloc în care îl crescuseră pe Barack, într-un apartament mic, decorat cu țesături indoneziene trimise acasă de Ann, de-a lungul anilor.

Și am cunoscut-o pe însăși Ann, o femeie vioaie și plinuță, cu un păr creț închis la culoare și aceeași bărbie ascuțită ca a lui

Barack. Purta bijuterii masive din argint, o rochie viu colorată cu imprimeuri orientale și acel gen de sandale robuste pe care mă așteptam să le văd la un antropolog. A fost prietenoasă cu mine și curioasă cu privire la familia și la cariera mea. Era clar că își adora fiul - aproape îl venera - și părea că și-ar dori cel mai mult să stea de vorbă cu el pe îndelete, povestindu-i despre dizertațiile ei și schimbând recomandări de cărți, de parcă ar fi fost un vechi prieten.

Toți din familie îi spuneau și acum Barry, ceea ce mi s-a părut duios. Cu toate că își părăsiseră statul natal, Kansas, încă din anii 1940, bunicii mi s-au părut a fi exact acei oameni din Midwest ajunși în locul nepotrivit, cum îi descria Barack întotdeauna. Gramps era mare ca un urs și spunea glume absurde. Toot, o femeie solidă cu părul cărunt, care reușise să ajungă vicepreședinta unei bănci locale, ne făcea sendvișuri cu ton pentru cină. Serile, servea biscuiți Ritz cu grămăjoare de sardine deasupra, pe post de aperitive, iar mâncarea o așeza pe măsuțe pliante, astfel încât toată lumea să se poată uita la știri, la televizor, sau să joace o partidă înverșunată de Scrabble. Erau o familie modestă din clasa de mijloc, în multe privințe nu foarte deosebită de familia mea.

Era ceva reconfortant în asta, și pentru mine, și pentru Barack. Oricât de diferiți am fi fost, ne potriveam într-un fel interesant. Era ca și cum rațiunea atracției și a relaxării dintre noi ar fi fost de-acum explicată.

În Hawaii, partea mai intensă și mai cerebrală a lui Barack s-a retras oarecum, în timp ce partea lui mai relaxată a înflorit. Era acasă. Iar acasă era locul unde nu mai simțea nevoia să dovedească nimic nimănui. Întârziam la tot ce făceam, dar nu avea importanță – nici măcar pentru mine. Prietenul din liceu al lui Barack, Bobby, care era pescar, ne-a dus într-o zi cu barca lui să facem scufundări și să ne plimbăm fără țintă. Atunci l-am văzut pe Barack mai relaxat ca niciodată, lenevind sub cerul albastru, cu o bere rece în mână și cu un prieten vechi alături, fără să se mai gândească la știrile zilei, la lecturile pentru facultatea de drept sau la ceea ce trebuia făcut cu privire la inegalitatea veniturilor. Delicatețea insulelor scăldate în soare ne-a dat mai mult spațiu amândurora, dându-ne timpul pe care nu-l avusesem niciodată să fim împreună.

Atât de mulți dintre prietenii mei își evaluează potențialii parteneri din exterior spre interior, concentrându-se, în primul rând, pe aspectul lor și pe perspectivele financiare. Dacă se întâmpla ca persoana aleasă să nu fie un comunicator bun sau să nu-i convină să fie vulnerabilă, ei păreau să creadă că timpul sau căsătoria vor rezolva totul. Dar Barack intrase în viața mea ca o persoană complet formată. Încă de la prima noastră discuție, mi-a arătat că nu se ferea să-și exprime teama sau slăbiciunea și că punea mare preț pe sinceritate. La muncă, am fost martoră la modestia lui și la disponibilitatea de a-și sacrifica propriile dorințe și nevoi pentru un scop mai înalt.

Iar acum, în Hawaii, îi puteam vedea caracterul reflectat în alte gesturi mărunte. Prieteniile lui de lungă durată cu colegi din liceu dovedeau consecvență în relații. În devotamentul pentru mama lui care avea o personalitate puternică eu am văzut un respect profund pentru femei și pentru independența lor. Fără să fie nevoie să discutăm asta deschis, știam că putea să facă față unei partenere care avea propriile ei pasiuni și propria ei voce. Acestea sunt lucruri care nu se pot învăța într-o relație, pe care nici chiar iubirea nu le poate construi sau schimba cu adevărat. Deschizându-și lumea pentru mine, Barack îmi arăta tot ceea ce trebuia să știu despre genul de partener de viață care avea să fie.

Într-o după-amiază, am împrumutat o mașină și am mers pe țărmul de nord al insulei Oahu, unde am stat pe o fâșie de plajă cu nisip moale și ne-am uitat la surferii care se aventurau în valurile uriașe. Am rămas acolo ore în șir, doar stând de vorbă, urmărind val după val contopindu-se cu apa oceanului, până când soarele a apus și ceilalți de pe plajă și-au strâns lucrurile, să plece acasă. Stăteam de vorbă în timp ce soarele s-a colorat în roz, apoi, în violet și în final s-a întunecat, când insectele au început să înțepe, iar nouă ni s-a făcut foame. Dacă venisem în Hawaii ca să cunosc ceva din trecutul lui Barack, acum stăteam la marginea unui ocean uriaș și experimentam o versiune a viitorului, discutând despre genul de casă în care am vrea să locuim împreună și despre ce fel de părinți am vrea să fim. Discuția părea speculativă și puțin cam îndrăzneață, dar era totodată liniștitoare, deoarece lăsa senzația că, dacă nu ne-am fi oprit niciodată din vorbit, atunci toate lucrurile acestea ar fi putut să prindă viață.

ÎNAPOI LA CHICAGO, din nou departe de Barack, încă mai mergeam uneori cu prietenii la bar, deși rareori stăteam până târziu. Pasiunea pentru citit a lui Barack trezise o nouă dragoste pentru cărți și în mine. Acum eram mulțumită să petrec o seară de sâmbătă pe canapea, citind un roman bun.

Când mă plictiseam, le telefonam vechilor mele prietene. Chiar dacă acum aveam o relație serioasă, prietenele mele erau cele care mă ţineau cu picioarele pe pământ. Santita Jackson călătorea prin ţară, în grupul de acompaniament al cântăreţei Roberta Flack, dar vorbeam de câte ori puteam. În urmă cu aproximativ un an, stăteam cu părinţii în camera lor de zi şi plesneam de mândrie uitându-ne cum Santita şi fraţii ei îşi reprezentau tatăl la Convenţia naţională din 1988 a Partidului Democrat. Reverendul Jackson a făcut o cursă onorabilă către prezidenţiale, câştigând mai bine de zece alegeri primare până să îi cedeze nominalizarea lui Michael Dukakis. Pe parcurs, a adus în căminele ca al nostru o speranţă şi un entuziasm nemaiîntâlnite, chiar dacă în inimile noastre ştiam că mai era drum lung de parcurs.

Vorbeam periodic cu Verna Williams, o prietenă apropiată de la facultatea de drept, care până nu demult locuise la Cambridge. Îl întâlnise pe Barack de câteva ori şi îl plăcea mult, dar mă tachina că aş fi renunţat la standardele mele nebunesc de înalte, lăsând un fumător să intre în viaţa mea. Angela Kennedy şi cu mine încă mai râdeam împreună, chiar dacă ea lucra ca profesoară în New Jersey şi îşi creştea singură fiul, încercând să se menţină pe linia de plutire în timp ce căsătoria ei se destrăma încet. Ne cunoscusem în colegiu, naive şi pe jumătate mature, iar acum eram adulţi, cu vieţi de adulţi şi preocupări de adulţi. Simpla idee în sine ne izbea uneori ca fiind hilară.

Între timp, Suzanne era acelaşi spirit liber din vremea în care împărţisem camera la Princeton – intrând şi ieşind din viaţa mea cu predictibilitate variabilă, continuând să măsoare valoarea zilelor după câtă plăcere îi produceau. Treceau perioade lungi fără să vorbim, dar, apoi, reînnodam firul prieteniei cu ușurință. Ca întotdeauna, eu îi spuneam Screwzy, iar ea îmi spunea Miche. Lumile noastre erau în continuare la fel de diferite cum fuseseră și în școală, când ea vâna petrecerile cluburilor-restaurant și își azvârlea hainele murdare sub pat, iar eu îmi aranjam în funcție de culoare notițele la cursul introductiv de sociologie. Chiar și atunci, Suzanne era ca o soră a cărei viață o puteam urmări doar de la distanță, de dincolo de golful diferențelor noastre înnăscute. Ea mă scotea din minți, mă fermeca și era întotdeauna importantă pentru mine. Ea îmi cerea sfatul și, apoi, îl ignora cu bună știință. Ar fi rău să iasă cu un star pop semicelebru și afemeiat? Da, ar fi rău, dar avea să o facă oricum, pentru că *de ce nu*? Cel mai șocant pentru mine a fost atunci când a respins ocazia de a merge, după facultate, la o școală de afaceri din Ivy League, pentru că ar fi fost prea multă muncă și, în consecință, nici o distracție. A absolvit în schimb un program mai puțin stresant la o facultate de stat, ceea ce mi s-a părut o dovadă de lene.

Alegerile lui Suzanne păreau uneori un afront față de felul meu de a face lucrurile, un îndemn la relaxare și la mai puțin efort. Acum știu că am judecat-o nedrept pentru asta. La vremea respectivă, însă, eram convinsă că eu eram cea care are dreptate.

Nu mult după ce am început să mă întâlnesc cu Barack, i-am telefonat lui Suzanne, să o bat la cap cu sentimentele mele pentru el. A fost încântată să mă audă atât de fericită, fericirea fiind specialitatea ei. Avea și ea vești: renunța la postul ei de informatician la Rezervele Federale și pleca să călătorească – și nu cu săptămânile, ci cu lunile. Curând, Suzanne și mama ei aveau să pornească într-un fel de aventură în jurul lumii. Pentru că *de ce nu*?

Nu am putut ghici niciodată dacă Suzanne știa, în subconștient, că în celulele corpului ei se întâmpla ceva ciudat, că deja avea loc o ofensivă tăcută. Ceea ce știu este că, în toamna lui 1989, când eu purtam pantofi de lac și stăteam în ședințe lungi și monotone la Sidley, Suzanne și mama ei încercau să nu-și păteze rochiile cu sos de curry, undeva prin Cambodgia, și dansau în zori pe aleile de la Taj Mahal. În timp ce eu îmi ajustam bugetul, îmi luam hainele de la curățătorie și priveam cum se usucă și cad frunzele din copacii de pe Euclid Avenue, Suzanne se plimba prin Bangkokul fierbinte și umed, într-un *tuk-tuk*, chiuind - cum îmi imaginam eu - de bucurie.

De fapt, nu știu cum au fost cu adevărat călătoriile ei și nici dacă a fost într-adevăr acolo, pentru că nu era genul care să trimită vederi sau să păstreze legătura. Era prea ocupată să trăiască, să se încarce cu tot ceea ce lumea avea de dăruit.

Când s-a întors acasă în Maryland și a găsit o clipă să vorbească și cu mine, mi-a dat o altă veste - atât de stridentă și de nepotrivită cu imaginea pe care o aveam despre ea, încât cu greu am putut să o înțeleg.

„Am cancer", mi-a spus Suzanne, cu vocea sugrumată de emoție, „și încă mult de tot."

Medicii tocmai îi puseseră diagnosticul, o formă agresivă de limfom care deja îi distrugea organele. Ea mi-a descris un plan de tratament, spunând că ar fi ceva speranțe, dar eram prea copleșită ca să rețin detaliile. Înainte să închidă telefonul mi-a spus că, printr-o lovitură crudă a destinului, se îmbolnăvise grav și mama ei.

Nu sunt convinsă dacă am crezut vreodată că viața era dreaptă, dar mi-am închipuit întotdeauna că puteai să găsești rezolvarea la orice problemă. Cancerul Suzannei era prima provocare reală la această noțiune, o sabotare a idealurilor mele. Pentru că, deși nu pusesem încă toate detaliile la punct, aveam ideile mele cu privire la viitor. Aveam o agendă pe care o urmam cu asiduitate încă din primul an de colegiu, avansând pe linia de căsuțe pe care trebuia să le bifez.

Pentru mine și Suzanne, lucrurile ar fi trebuit să meargă altfel: fiecare urma să fie domnișoară de onoare la nunta celeilalte. Soții noștri aveau să fie foarte diferiți, bineînțeles, dar oricum s-ar fi plăcut unul pe celălalt. Urma să avem copii în același timp, să mergem cu familiile în vacanțe la plajă în Jamaica, să ne criticăm moderat una alteia metodele de creștere a copiilor și să fim mătușicile preferate pentru copiii celeilalte, atunci când aveau să mai crească. Eu le-aș fi dăruit cărți copiilor ei, de ziua lor, ea le-ar fi adus alor mei bețe cu arcuri de sărit. Am fi râs și ne-am fi spus secrete și ne-am fi dat ochii peste cap la aversiunile ridicole ale celeilalte, până într-o zi, când ne-am fi dat seama că eram două bătrânici care au fost întotdeauna prietene, consternate de cât de repede trecuse timpul.

Așa arăta, pentru mine, lumea care ar fi trebuit să fie.

PRIVIND ÎN URMĂ, mi se pare remarcabil că, de-a lungul acelei ierni și primăveri, m-am dedicat în totalitate carierei mele. Eram avocat, iar avocații aveau de lucru. Așa că lucram tot timpul. Cu cât facturam mai multe ore de lucru, cu atât eram mai buni. Nu aveam de ales, îmi spuneam. Munca era importantă, îmi spuneam. Și continuam să merg în fiecare dimineață în centrul orașului Chicago, să mă alătur furnicilor corporatiste din mușuroiul cunoscut ca One First National Plaza. Lucram fără pauză și nu mă opream decât când dormeam.

În vremea asta, Suzanne trăia în Maryland cu boala ei. Mergea la programări pentru analize și operații, încercând totodată să aibă grijă de mama ei, care se lupta la rândul ei cu un cancer agresiv despre care medicii insistau să spună că nu are nici o legătură cu boala lui Suzanne. Era ghinion, coincidență nefastă, înspăimântătoare până la punctul în care devenea foarte greu și numai să te gândești la ea. Cei din familia Suzannei nu erau foarte apropiați, cu excepția a două dintre verișoarele ei preferate, care o ajutau cât puteau. Angela venea uneori în vizită din New Jersey, dar și ea avea de jonglat între creșterea unui bebeluș și carieră. O însărcinasem pe Verna, prietena mea din facultate, să meargă pe acolo când putea, ca un fel de reprezentant al meu. Verna o întâlnise pe Suzanne de câteva ori când eram la Harvard și, printr-o pură coincidență, locuia acum în Silver Spring, într-o clădire pe care doar o parcare o despărțea de cea a lui Suzanne.

Nu era ușor pentru Verna, care își pierduse recent tatăl și se lupta cu propria suferință. Dar era o prietenă adevărată, un om plin de compasiune. În luna mai, mi-a telefonat într-o zi la birou, să-mi povestească detaliile vizitei la Suzanne.

„I-am pieptănat părul“, mi-a spus printre altele.

Faptul că Suzanne avea nevoie de ajutor la pieptănat ar fi trebuit să mă facă să înțeleg gravitatea situației, dar eu ridicasem un zid între mine și adevăr. O parte din mine încă refuza să accepte ceea ce se întâmpla. Mă agățam de ideea că Suzanne avea să-și recapete sănătatea, chiar și când toate dovezile arătau contrariul.

Până la urmă, Angela a fost cea care mi-a telefonat, în iunie, și mi-a prezentat lucrurile fără menajamente. „Dacă vrei să vii, Miche", mi-a spus ea, „ar fi bine să vii acum."

La momentul respectiv, Suzanne fusese mutată într-un spital. Era prea slăbită să mai vorbească și era conștientă doar din când în când. Nu mai rămăsese nimic care să-mi alimenteze negarea. Am închis telefonul și mi-am cumpărat bilet de avion. Imediat după ce am aterizat, am luat un taxi până la spital, am urcat cu liftul până la etajul la care se afla Suzanne, am mers pe coridor până la salonul ei și am găsit-o acolo, întinsă în pat, vegheată de Angela și de verișoara ei, într-o tăcere deplină. Am aflat că mama lui Suzanne murise cu doar câteva zile în urmă, iar acum ea era în comă. Angela mi-a făcut loc să mă așez pe o margine a patului.

Am privit-o îndelung pe Suzanne, uitându-mă la fața în formă perfectă de inimă și la pielea ei castanie, consolându-mă cumva cu netezimea tinerească a obrajilor ei și a buzelor arcuite, ca de fetiță. Părea ciudat de neafectată de boală. Părul ei întunecat la culoare era încă strălucitor și lung; cineva i-l strânsese în două cozi împletite care îi ajungeau aproape până la talie. Picioarele ei de atletă erau ascunse sub pături. Arăta ca o tânără dulce și frumoasă de 26 de ani care părea să fi ațipit.

Regretam că nu mă dusesem s-o văd mai devreme. Regretam numeroasele ocazii, de-a lungul prieteniei noastre cu suișuri și coborâșuri, când îi spusesem că făcea tot felul de alegeri greșite, când ea poate că făcea ceea ce trebuia. M-am simțit brusc fericită pentru că, în nenumărate ocazii, îmi ignorase sfatul. Mă bucuram că nu se extenuase pentru o diplomă de la o școală de afaceri pretențioasă. Că alesese să plece în weekend undeva, cu un star pop semicelebru, doar ca să se distreze. Mă bucuram că ajunsese la Taj Mahal, să privească răsăritul de soare împreună cu mama ei. Suzanne trăise altfel decât mine.

În ziua aceea, i-am ținut mâna inertă între palme și i-am ascultat respirația neregulată, până când a ajuns să facă pauze lungi între inspirații. La un moment dat, asistenta ne-a făcut semn cu capul. Se întâmpla. Suzanne ne părăsea. Mintea mi s-a întunecat. Nu am avut gânduri profunde. Nu am avut revelații despre viață sau pierdere. Nimic, în afară de furie.

Să spui că era nedrept ca Suzanne să se îmbolnăvească și să moară la 26 de ani era prea simplu. Dar asta era realitatea, rece și respingătoare. La ce mă gândeam când, în cele din urmă, i-am părăsit trupul în salonul din spital? „Ea a plecat și eu sunt încă aici." Afară, pe hol, treceau oameni îmbrăcați în pijamale care erau mult mai în vârstă și păreau mult mai bolnavi decât Suzanne, dar care, totuși, erau încă acolo. Am luat un avion aglomerat spre Chicago, am condus pe o autostradă aglomerată, am urcat cu liftul până la biroul meu. Mă uitam la oamenii din jur, părând veseli în mașinile lor, mergând pe trotuare în haine de vară, lenevind în cafenele sau lucrând la birourile lor, fără să știe ce i se întâmplase lui Suzanne – și aparent fără să-și dea seama că oricare dintre ei putea avea aceeași soartă. Era ceva greșit în felul în care viața mergea, pur și simplu, mai departe. În felul în care toată lumea era aici, cu excepția lui Suzanne a mea.

Capitolul 10

În vara aceea, am început să țin un jurnal. Mi-am cumpărat un carnet cu coperți îmbrăcate în pânză, negru cu flori violet pe copertă, pe care îl țineam lângă pat. Îl luam cu mine când mergeam în călătorii de afaceri pentru Sidley & Austin. Nu scriam în fiecare zi, nici măcar în fiecare săptămână; de fapt, scriam doar atunci când aveam timp și energie să triez prin grămada de sentimente. Se întâmpla uneori să scriu de câteva ori într-o săptămână, pentru ca apoi să nu mă mai ating de jurnal o lună întreagă sau chiar mai mult. Eu nu eram o fire prea introspectivă. Exercițiul de înregistrare a gândurilor era ceva nou pentru mine – un obicei pe care presupun că îl împrumutasem parțial de la Barack, care considera scrierea ca fiind terapeutică și clarificatoare și care, cu unele pauze, tot ținuse jurnale de-a lungul anilor.

În vacanța de vară de la Harvard, Barack a revenit la Chicago și, de data asta, nu a mai închiriat nimic, ci s-a mutat direct în apartamentul meu de pe Euclid Avenue. Asta însemna nu doar că învățam amândoi, în mod real, să coabităm ca un cuplu, dar și că Barack a avut ocazia să pătrundă în intimitatea familiei mele. Discuta despre sport cu tata înainte să plece la serviciul lui de la stația de epurare a apei. Uneori o ajuta pe mama să aducă plasele cu cumpărături din garaj. Era un sentiment plăcut. Craig evaluase deja caracterul lui Barack, studiindu-l în detaliu, într-un context care-i era la îndemână – incluzându-l în partida de baschet pe care o juca în fiecare weekend cu un grup de prieteni, cei mai mulți dintre ei foști jucători în echipe universitare. De fapt, eu îl rugasem să facă asta. Părerea lui Craig despre Barack era importantă pentru mine, iar fratele meu știa să citească oamenii, mai ales pe terenul de baschet. Barack trecuse testul. Se mișca bine pe teren, după spusele fratelui meu, și știa când să paseze, dar nu ezita nici să arunce la coș, când era liber. „Nu ține mingea numai pentru el“, mi-a spus Craig, „dar are curaj.“

Barack se angajase pe durata verii la o firmă din centru, ale cărei birouri erau foarte aproape de cele de la Sidley, însă timpul petrecut la Chicago a fost scurt. Fusese ales președinte la *Harvard Law Review* pentru următorul an academic, iar asta îl făcea responsabil pentru alcătuirea a opt numere de câte trei sute de pagini fiecare, ceea ce însemna că trebuia să se întoarcă devreme la Cambridge, să se apuce de treabă. Concurența pentru conducerea revistei era feroce în fiecare an, presupunând o verificare riguroasă și votul celor 80 de studenți editori. Alegerea în această poziție era o realizare uriașă pentru oricine. Mai mult decât atât, s-a constatat că, în istoria de 103 ani a publicației, Barack era primul afro-american ales pentru un astfel de mandat – o piatră de hotar atât de importantă, încât s-a scris despre asta în *New York Times*, într-un text ilustrat cu fotografia lui Barack zâmbind, cu fular și palton.

Altfel spus, iubitul meu era cineva. Ar fi putut deja să obțină o poziție foarte bine plătită la orice firmă de avocatură, însă el se gândea să lucreze după absolvire în domeniul drepturilor civile, chiar dacă astfel avea să-și plătească împrumuturile pentru studii într-un interval de timp de două ori mai mare. Aproape toți cei care îl cunoșteau îl îndemnau să urmeze aceeași cale pe care mulți editori dinaintea lui de la *Review* o urmaseră, respectiv să aplice pentru un stagiu cu succes garantat la Curtea Supremă. Însă Barack nu era interesat. El voia să se stabilească la Chicago. Avea de gând să scrie o carte despre chestiunile rasiale din America și plănuia, spunea el, să-și găsească un loc de muncă într-un mediu compatibil cu sistemul lui de valori, ceea ce însemna, foarte probabil, că nu avea să sfârșească în dreptul corporatist. Își dirija cariera cu o siguranță pe care o consideram uimitoare.

Această încredere înnăscută era admirabilă, desigur, dar, sincer vorbind, să trăiești cu ea era o provocare! Pentru mine, coabitarea cu chemarea puternică pe care o simțea Barack – să dorm în același pat cu ea, să stau cu ea la masă – era ceva cu care trebuia să mă obișnuiesc, și nu pentru că el ar fi făcut mare caz pe tema asta, ci pentru că era atât de vie. În prezența siguranței lui, a convingerii lui că putea schimba ceva în lume, prin comparație, eu nu puteam să mă simt altfel decât puțin confuză. Chemarea lui și sensul pe care-l căuta în viață părea să fie, fără ca el să-și dea seama, o provocare pentru ceea ce-mi doream eu.

Așa a apărut jurnalul. Pe prima pagină, cu un scris îngrijit, am trecut motivele pentru care l-am început:

„Unu, nu sunt sigură încotro vreau să se îndrepte viața mea. Ce fel de om vreau să fiu? Cum vreau să contribui la mersul lumii?

Doi, relația mea cu Barack a devenit foarte serioasă și simt că trebuie să mă ocup mai bine de mine."

Acest carnet cu copertă înflorată a supraviețuit câtorva decenii și mai multor mutări. A stat pe un raft în dressingul meu de la Casa Albă vreme de opt ani, până nu demult, când l-am scos dintr-o cutie în noua mea locuință, ca să încerc să mă regăsesc pe mine, cea din vremea în care eram o tânără avocată. Citesc astăzi rândurile scrise atunci și înțeleg perfect ce anume încercam să-mi spun mie însămi – ceva ce un mentor femeie cu picioarele pe pământ mi-ar fi putut spune imediat. Era, de fapt, foarte simplu. În primul rând, îmi displăcea profund să fiu avocat. Nu eram potrivită pentru această profesie. Mă simțeam goală pe dinăuntru, chiar dacă eram printre cei mai buni. Era ceva ce îmi era foarte greu să recunosc, având în vedere cât de mult muncisem și cât mă îndatorasem pentru taxele școlare. Din dorința mea oarbă de a face performanță, din nevoia mea de a face totul perfect, nu luasem aminte la semne și o apucasem pe drumul greșit.

În al doilea rând, eram profund și încântător de îndrăgostită de un bărbat cu o minte și o ambiție atât de puternice, încât amenințau să le umbrească pe ale mele. Întrezăream deja acest pericol apropiindu-se, asemenea unui val care începe să se formeze cu forță în adâncuri. Nu aveam să mă dau la o parte din calea lui – eram mult prea strâns legată de Barack, prea îndrăgostită –, dar trebuia să mă proptesc rapid și cât mai bine pe ambele picioare.

Asta însemna să-mi găsesc o altă profesie, iar șocul cel mai puternic a fost produs de faptul că nu aveam nici o idee clară despre ceea ce aș fi vrut să fac. Cumva, în toți anii de școală, nu reușisem să mă gândesc la propriile pasiuni și la cum puteam să le valorific într-o profesie căreia să-i văd însemnătatea. În tinerețe nu explorasem nimic. Mi-am dat seama că maturitatea lui Barack venea din anii în care lucrase ca organizator pentru comunitate și chiar dinainte, din anul categoric nesatisfăcător pe care îl petrecuse ca documentarist la o firmă de consultanță de afaceri din Manhattan, după absolvirea colegiului. El experimentase mai mult, ajunsese să cunoască tot felul de oameni și, între timp, avusese ocazia să descopere care sunt prioritățile lui. În vremea asta, căutând să mă feresc de eșec, dorindu-mi respect și un mod sigur de a-mi plăti facturile, am ajuns, fără să mă gândesc prea mult, în avocatură.

Pe parcursul unui an, l-am câștigat pe Barack și am pierdut-o pe Suzanne, iar forța combinată a acestor două evenimente importante m-a dezechilibrat. Moartea subită a lui Suzanne a trezit în mine ideea că îmi doream mai multă bucurie și o viață cu sens. Nu puteam continua să trăiesc cu propria nemulțumire sufletească. Puneam pe seama lui Barack atât meritul, cât și vina pentru confuzia mea. „Dacă n-ar exista în viața mea un bărbat care să mă întrebe în permanență ce mă împinge înainte și ce mă îndurerează“, scriam eu în jurnal, „oare aș face-o eu, de una singură?“

Mă gândeam la ce-aș putea să fac, la ce abilități aș fi putut apela. Aș fi putut fi profesoară? Administrator de colegiu? Aș fi putut conduce un program after-school, o versiune mai profesionistă a ceea ce făcusem pentru Czerny la Princeton? M-ar fi interesat să lucrez pentru o fundație sau un ONG? M-ar fi interesat să ajut copiii defavorizați? Mă întrebam cum aș putea să găsesc un loc de muncă în care să-mi folosesc mintea și care să îmi lase suficient timp să fac voluntariat, să mă bucur de artă sau să am copii. În esență, voiam o viață. Voiam să mă simt întreagă. Am făcut o listă cu subiectele care mă interesau: educația, adolescentele gravide, respectul de sine al negrilor. Știam că o carieră mai virtuoasă presupunea, inevitabil, mai puțini bani. Următoarea mea listă a fost mult mai serioasă, o listă a cheltuielilor mele esențiale – ce rămânea după ce renunțam la răsfățurile pe care mi le permiteam din salariul de la Sidley, lucruri ca abonamentul la serviciul de livrat vinuri și abonamentul la sala de gimnastică. Aveam o rată lunară de 600 de dolari la împrumuturile pentru studii, 407 rata la mașină, bani pentru mâncare, benzină și asigurări, plus aproximativ 500 de dolari pe lună care mi-ar fi trebuit pentru chirie, dacă m-aș fi mutat din casa părinților mei.

Nimic nu era imposibil, dar nici simplu nu părea. Am început să mă interesez de oportunitățile pe care le-aș fi avut pentru practicarea dreptului în industria divertismentului, gândindu-mă că putea fi interesant și m-ar fi scutit de problema unui salariu mai mic. Dar, în inima mea, simțeam cum crește convingerea că nu eram făcută să practic avocatura. Într-o zi, am făcut o însemnare despre un articol din *New York Times* pe care îl citisem și care relata despre cât de răspândite erau oboseala, stresul și nefericirea printre avocații americani – în special printre femei. „Ce deprimant!“, am consemnat eu în jurnal.

AM PETRECUT O BUNĂ PARTE DIN ACEL AUGUST MUNCIND din greu într-o sală de conferințe închiriată într-un hotel din Washington DC, detașată fiind să ajut la pregătirea unui caz. Sidley & Austin reprezenta concernul din industria chimică Union Carbide într-un proces antitrust implicând vânzarea unuia dintre activele acestuia. Am stat la Wahington cam trei săptămâni, dar am reușit să văd foarte puțin din oraș, pentru că viața mea era dedicată în întregime șederii în sala de conferințe cu câțiva colegi de la Sidley, răsfoind dosarele cu documente ce ne erau trimise de la sediul central al companiei și studiind miile de pagini dinăuntru.

N-ai spune că sunt genul de persoană care să găsească relaxare psihică în amănuntele comerțului cu polieter și poliuretan, dar așa era. Încă mai practicam avocatura, dar specificitatea muncii și schimbarea cadrului mă distrăgeau suficient de la marile întrebări care începuseră să-mi încolțească în minte.

Până la urmă, cazul a fost soluționat în afara tribunalului, ceea ce însemna că mare parte din efortul nostru fusese în zadar. Era un compromis enervant, dar nu neașteptat în domeniu, unde se întâmpla frecvent să pregătești un proces care nu mai avea loc niciodată. În seara în care am luat avionul înapoi spre Chicago, m-am simțit cuprinsă de groază, știind că urma să mă întorc la rutina mea zilnică și la confuzia care îmi încețoșa mintea.

Mama a fost drăguță și m-a așteptat la aeroport. Simplul fapt că am văzut-o m-a liniștit. Trecuse de-acum de 50 de ani și lucra cu normă întreagă ca asistent executiv la o bancă din centru pe care o descria ca fiind, în esență, un grup de bărbați care stăteau la birouri și care intraseră în domeniu pentru că tații lor fuseseră bancheri, înaintea lor. Mama era o adevărată forță. Avea puțină toleranță pentru prostie. Avea părul scurt și purta haine comode, fără zorzoane. Totul la ea era bazat pe competență și calm. La fel cum făcuse cu mine și cu Craig în copilărie, nu se amesteca nici acum în viețile noastre private. Ne oferea iubirea ei sub formă de siguranță. Era genul care apărea la aeroport când veneai de undeva cu avionul. Te ducea cu mașina acasă și îți dădea de mâncare dacă erai flămând. Firea ei echilibrată era ca un adăpost pentru mine, un loc de refugiu.

Când am trecut prin centru, am oftat sonor.

„Ești bine?“, m-a întrebat mama.

M-am uitat la ea, în lumina slabă de pe autostradă. „Nu știu“, am început eu. „Doar că...“

Apoi, mi-am descărcat sufletul. I-am spus că nu eram mulțumită de locul meu de muncă, ba chiar nici de profesia pe care o alesesem – de fapt, eram profund *nefericită*. I-am spus despre neliniștea mea, despre cât de mult îmi doream să fac o schimbare importantă, dar ezitam s-o fac de teamă că nu aveam să câștig destui bani. Îmi împărtășeam emoțiile fără menajamente. Am mai oftat o dată. „Pur și simplu, mă simt neîmplinită“, i-am spus mamei.

Acum îmi dau seama cum trebuie să fi fost pentru mama, care era pe atunci în al nouălea an la un loc de muncă pe care îl acceptase, în primul rând, ca să poată ajuta la finanțarea studiilor mele la colegiu, după ani de zile în care *nu* avusese serviciu ca să aibă timp să-mi coasă hainele pentru școală, să-mi facă de mâncare și să spele rufele pentru tata, care pentru binele familiei noastre stătea opt ore pe zi să supravegheze cadranele unui boiler, la stația de epurare. Mama, care condusese o oră ca să vină să mă ia de la aeroport, care mă lăsa să stau fără să plătesc chirie la etajul casei ei și care urma să se trezească devreme în dimineața următoare ca să-l ajute pe tata, cu nevoile inerente dizabilității lui, să se pregătească pentru serviciu, nu era prea dispusă să empatizeze cu angoasele mele privind împlinirea.

Împlinirea, sunt convinsă, i-a părut o fantezie de om bogat. Mă îndoiesc că părinții mei, în cei 30 de ani împreună, au discutat vreodată despre un astfel de concept.

Mama nu m-a judecat pentru lipsa mea de sensibilitate. Nu era genul care să dea lecții sau care să atragă atenția asupra sacrificiilor pe care le făcuse. Ea a îndurat în tăcere toate alegerile mele. De data asta, însă, mi-a aruncat o privire piezișă, plină de ironie, apoi a semnalizat ca să ieșim de pe autostradă spre cartierul nostru, după care a chicotit ușor. „Dacă mă întrebi pe mine“, mi-a spus, „ aș zice mai întâi să faci bani și să-ți faci griji mai târziu pentru fericire.“

Există adevăruri pe care le înfruntăm și altele pe care le ignorăm. Am petrecut următoarele șase luni încercând să găsesc o soluție pentru neliniștile mele, fără să fac vreo schimbare majoră. La serviciu, m-am întâlnit cu cel care era responsabil de departamentul meu și i-am cerut să-mi dea sarcini mai solicitante. Am încercat să mă concentrez asupra proiectelor pe care le găseam mai importante, incluzând aici și eforturile mele de a recruta un grup nou și mai divers de stagiari pe perioada verii. Între timp, urmăream în ziare anunțurile de angajare și făceam tot posibilul să intru în legătură cu oameni care nu erau avocați. Într-un fel sau altul, mă gândeam că o să găsesc un drum spre o modalitate oarecare de a mă simți împlinită.

Acasă, în Euclid Avenue, mă simțeam neputincioasă în fața unei noi realități. Picioarele tatei începuseră să se umfle fără vreun motiv evident. Pielea lui era acum neobișnuit de închisă la culoare și de pătată. De fiecare dată când îl întrebam cum se simte, îmi dădea, însă, același răspuns, cu aceeași insistență pe care o știam de ani de zile.

„Sunt bine", spunea, de parcă nici nu avea rost să-l întrebi așa ceva. Apoi, schimba subiectul.

Era din nou iarnă la Chicago. Mă trezeam dimineața în zgomotul făcut de vecinii care își curățau gheața de pe mașini. Vântul bătea destul de puternic, adunând zăpada în troiene. Soarele rămânea palid și fără putere. De la fereastra biroului meu de la etajul 47 de la Sidley, mă uitam la întinderea de gheață cenușie de pe lacul Michigan și la cerul metalic de deasupra. Purtam haine groase de lână și așteptam dezghețul. Așa cum am mai spus, în Midwest, iarna este un exercițiu de așteptare – să se îmblânzească vremea, să cânte o pasăre, să apară din zăpadă prima brândușă violet. Între timp, nu puteai decât să te îmbărbătezi singur.

Tata nu își pierduse buna dispoziție. Craig venea din când în când la un prânz în familie și stăteam în jurul mesei și râdeam la fel ca întotdeauna, deși acum ni se alătura și Janis, soția lui Craig. Janis era o femeie veselă și ambițioasă, lucra în centru, ca analist de telecomunicații, și era, ca toți ceilalți, complet fermecată de tata. La rândul lui, Craig era modelul perfect pentru visul urban profesional post-Princeton. Își luase un MBA și era vicepreședinte la Continental Bank, iar împreună cu Janis își cumpărase un apartament frumos în Hyde Park. Purta costume făcute pe comandă și venea la mesele în familie cu un Porsche 944 Turbo roșu. Nu știam pe atunci, dar nimic din toate acestea nu îl făcea fericit. Ca și la mine, în el mocnea o criză și, în anii următori, avea să se lupte cu întrebări despre însemnătatea muncii, despre recompensele pe care se simțise îndemnat să le caute și despre care nu știa dacă erau recompensele pe care și le dorea, de fapt. Știind, însă, cât de încântat era tata de realizările copiilor lui, nici unul din noi nu și-ar fi adus nemulțumirea în discuție la masă.

Când și-a luat rămas-bun la sfârșitul unei vizite, Craig i-a aruncat tatei o ultimă privire îngrijorată și i-a pus întrebarea obișnuită despre sănătate, doar ca să primească răspunsul scurt și optimist: „Sunt bine".

Cred că acceptam asta pentru că era liniștitor și liniștea era ceea ce ne doream. Tata trăia de ani de zile cu scleroza multiplă și reușise întotdeauna să fie bine. Ne mulțumeam cu prelungirea acestei situații, chiar dacă declinul lui era vizibil. Este bine, ne spuneam unul altuia, pentru că încă se mai ridica și mergea la serviciu în fiecare zi. Era bine pentru că îl văzusem luându-și încă o bucată de carne la masa din acea seară. Era bine, mai ales dacă nu te uitai foarte atent la picioarele lui.

Am avut câteva discuții aprinse cu mama, pe care o întrebam de ce tata refuza să meargă la doctor. Doar că ea, la fel ca mine, renunțase să mai încerce să-l convingă că boala se agrava. Pentru tata doctorii nu avuseseră niciodată vești bune, așa că nu-și dorea decât să nu aibă nimic de-a face cu ei. Îi plăcea mult să vorbească, dar nu despre problemele lui. Din punctul lui de vedere, boala era ceva ce-l privea doar pe el. Singurul lucru pe care-l făcea, ca să-și ușureze disconfortul, era s-o roage pe mama să-i cumpere niște ghete mai mari cu care să poată merge la serviciu.

Refuzul de a merge la medic a continuat în ianuarie și februarie, în acel an. Tata pășea cu o încetineală dureroasă, folosind un cadru de aluminiu ca să se deplaseze prin casă și oprindu-se des să-și tragă răsuflarea. Dimineața îi lua mai mult timp să ajungă din pat în baie, din baie în bucătărie și, în cele din urmă, la ușa din spate, unde mai avea de coborât trei trepte până în garaj, ca să urce în mașină și să plece la serviciu. În ciuda a ceea ce vedeam acasă, insista să ne spună că la stația de epurare totul mergea bine. Folosea un scuter cu motor ca să se deplaseze de la un boiler la altul și se mândrea cu faptul că era indispensabil. În 26 de ani, nu lipsise nici măcar o singură dată. Dacă se întâmpla ca vreun boiler să se supraîncălzească, tata susținea că era unul dintre cei doar câțiva muncitori care aveau suficientă experiență și pricepere ca să împiedice rapid dezastrul. Ca dovadă că optimismul lui era real, el se înscrisese recent pe o listă pentru o promovare.

Mama și cu mine încercam să ne consolăm cu ceea ce ne spunea el, deși ceea ce vedeam cu ochii noștri era foarte diferit. Era din ce în ce mai greu să facem asta. Seara, acasă, tata își petrecea cea mai mare parte a timpului urmărind meciuri de baschet și hochei la televizor, părând din ce în ce mai slăbit și mai extenuat în fotoliul lui. Pe lângă picioare, am observat că acum părea să i se umfle ceva și la gât. Vocea lui căpătase o răgușeală ciudată.

Până la urmă, am pus la cale un fel de intervenție, într-o seară. Craig nu era niciodată dispus să fie polițistul rău, iar mama refuza să se amestece în chestiuni ce țineau de sănătatea tatei. Într-o astfel de discuție, rolul vorbitorului fără menajamente îmi revenea aproape întotdeauna mie. I-am spus tatei că dacă nu pentru el, atunci pentru noi era cazul să se trateze și că intenționam să-i sun doctorul în dimineața următoare. Cu reticență, tata a acceptat și a promis că, dacă îi fac programare, o să meargă la medic. Am insistat să doarmă mai mult în dimineața următoare, să se odihnească.

În seara aceea, mama și cu mine ne-am dus la culcare cu sentimentul de ușurare că, în sfârșit, aveam cât de cât lucrurile sub control.

Cu toate astea, tata era greu de convins. Pentru el, odihna era o formă de cedare. Când am coborât dimineață, mama plecase la serviciu, iar pe tata l-am găsit la masa din bucătărie, cu cadrul lângă el. Era îmbrăcat în uniforma lui bleumarin și se chinuia să își pună pantofii. Mergea la lucru.

„Tată“, i-am spus, „credeam că te odihnești. Îți facem programare la medic...“

El a ridicat din umeri. „Știu, scumpo“, mi-a spus, având în voce un hârâit care dovedea că ceva nu era în regulă la gâtul lui. „Dar acum mă simt bine.“

Încăpățânarea lui era împachetată în atât de multe straturi de mândrie, încât îmi era imposibil să mă supăr pe el. Nu aveai cum să-l convingi. Părinții noștri ne crescuseră astfel încât să ne ocupăm singuri de problemele noastre, ceea ce însemna că trebuia să am încredere că și el se ocupa de ale lui, chiar dacă, la momentul respectiv, abia dacă mai putea să se încalțe. Așa că l-am lăsat să-și vadă de treabă. Mi-am înăbușit îngrijorarea, l-am sărutat pe tata și am urcat din nou la etaj, să mă pregătesc pentru o nouă zi la serviciu. Aveam de gând să o sun pe mama mai târziu, la birou, să-i spun că trebuia să-l convingem pe tata să-și ia liber.

Am auzit cum se închide ușa din spate. Câteva minute mai târziu, m-am întors în bucătărie și am găsit-o pustie. Cadrul tatei era așezat lângă ușa din spate. Ceva m-a îndemnat să mă uit pe vizorul ușii, prin care se vedea veranda din spate și aleea spre garaj, ca să mă conving că dubița plecase.

Însă dubița era acolo, și tot acolo era și tata. Era îmbrăcat cu haina lui de iarnă, purta o șapcă și stătea cu spatele la mine. Nu reușise să coboare scările până la capăt înainte să fie nevoit să se odihnească. Îi puteam citi epuizarea în înclinarea corpului, în felul în care își ținea capul plecat și în greutatea cu care se lăsa pe balustrada din lemn. Nu era vorba atât de o criză, cât de faptul că părea prea obosit ca să meargă mai departe. Era clar că încerca să-și adune puterile ca să intre înapoi, în casă.

Mi-am dat seama că îl vedeam într-un moment de înfrângere deplină.

Cât de singur trebuie să se fi simțit trăind mai bine de 20 de ani cu o asemenea boală, fiind nevoit să meargă înainte fără să se plângă, în timp ce trupul i se degrada lent și ireversibil. Vederea tatei pe verandă mi-a provocat o durere cum nu mai simțisem vreodată. Instinctul mă îndemna să ies cât mai repede și să-l ajut să intre înapoi la căldură, dar m-am opus, știind că avea să fie doar o nouă lovitură pentru demnitatea lui. Am tras aer în piept și m-am îndepărtat de ușă.

Mă gândeam că aveam să-l văd când intră. L-aș fi ajutat să-și scoată ghetele de lucru, i-aș fi adus puțină apă și l-aș fi condus la fotoliul lui, recunoscând în sinea noastră, fără nici o urmă de îndoială, că trebuia să accepte ajutor.

M-am întors în apartamentul meu, așteptând să aud ușa din spate. Am așteptat cinci minute și apoi alte cinci minute, până când, în cele din urmă, am coborât și m-am dus din nou la vizor, să mă asigur că se ridicase în picioare. Dar veranda era de-acum pustie. În ciuda tuturor durerilor și suferințelor din corpul lui, tata reușise cumva să coboare scările, să meargă pe aleea înghețată și să urce în dubița lui, care de-acum era probabil la jumătatea drumului spre stația de epurare. Tata nu voia să renunțe.

DE CÂTEVA LUNI DEJA, Barack și cu mine cochetam cu ideea căsătoriei. Eram împreună de un an și jumătate și, după toate semnele, iubirea noastră rămăsese de neclintit. El era în ultimul semestru la Harvard și prins până peste cap în munca lui de la *Law Review*, dar curând avea să se întoarcă la mine, să intre în baroul din Illinois și să-și caute un loc de muncă. Planul era să se mute înapoi în Euclid Avenue, de data asta permanent. Pentru mine era un alt motiv să aștept cu nerăbdare sfârșitul iernii.

Discutasem în principiu despre cum vedea fiecare dintre noi căsătoria și mă îngrijora uneori cât de diferite păreau să fie viziunile noastre. Pentru mine, căsătoria era o certitudine, ceva ce fusesem crescută să aștept să se întâmple într-o bună zi – la fel cum era o certitudine că urma să am copii, încă din vremea când eram doar o fetiță care le acorda multă atenție păpușilor ei. Barack nu era împotriva căsătoriei, dar nici nu se grăbea în mod special. Pentru el, iubirea noastră însemna deja totul. Era suficientă pentru o viață completă și fericită împreună, cu sau fără verighete.

Evident că amândoi eram produsele modului în care fuseserăm crescuți. Barack trăise experiența căsătoriei ca fiind ceva efemer: mama lui să căsătorise de două ori, divorțase de două ori și de fiecare dată reușise să meargă mai departe fără ca viața, cariera și copiii ei să aibă de suferit. Părinții mei, în schimb, se căsătoriseră devreme și pentru toată viața. Pentru ei, fiecare decizie era o decizie comună, fiecare efort era unul comun. În 30 de ani, aproape că nu petrecuseră o noapte departe unul de celălalt.

Ce voiam noi, Barack și cu mine? Voiam un parteneriat modern care să ni se potrivească amândurora. El vedea căsătoria ca pe o armonizare a iubirii dintre doi oameni, care puteau duce o viață împreună, fără să renunțe, însă, la visurile sau ambițiile individuale. Pentru mine, căsătoria era mai degrabă o fuziune completă, reconfigurarea a două vieți într-una singură, bunăstarea familiei având întâietate în fața planurilor sau țelurilor oricăruia din cei doi. Nu voiam o viață exact ca a părinților mei, nu voiam să locuiesc în aceeași casă pentru totdeauna, să am același serviciu și să nu revendic niciodată un spațiu ca fiind al meu, dar voiam stabilitatea de la an la an, de la deceniu la deceniu, pe care o văzusem la ei. „Recunosc valoarea indivizilor care au propriile interese, ambiții și visuri", am scris în jurnal. „Însă nu cred că urmărirea visurilor unei persoane ar trebui să însemne sacrificarea cuplului."

Urma să ne clarificăm sentimentele, mă gândeam eu, când avea să vină Barack la Chicago, când avea să se încălzească vremea, când aveam să ne bucurăm din nou de luxul de a petrece weekendurile împreună. Trebuia doar să aştept, deşi aşteptarea era grea. Tânjeam după permanenţă. Din camera de zi a apartamentului meu, auzeam câteodată ca un murmur discuţiile părinţilor mei, la etajul de dedesubt. O auzeam pe mama cum râde când îi povestea tata cine ştie ce. Îi auzeam cum închid televizorul şi se pregătesc de culcare. Aveam 27 de ani de-acum şi erau zile în care nu-mi doream decât să fiu completă. Îmi doream să mă agăţ de fiecare lucru pe care îl iubeam şi să îl revendic pentru mine. Avusesem parte de suficiente pierderi până atunci şi ştiam că mai aveau să vină şi altele.

EU AM FOST cea care i-a făcut tatei programare la un medic, dar, până la urmă, mama a fost cea care l-a dus acolo - cu ambulanţa. Picioarele i se umflaseră şi îl dureau atât de tare, încât a fost nevoit să recunoască că păşea de parcă ar fi călcat pe ace. Când a venit momentul să meargă la medic, nu a mai putut să stea pe picioare deloc. Eram la serviciu în ziua aceea, dar mama mi-a povestit mai târziu cum fusese - tata fusese scos din casă de nişte paramedici voinici, iar pe drum tot făcuse glume.

A fost dus direct la spitalul universitar din Chicago. A urmat un şir de zile petrecute în purgatoriul analizelor de sânge, al verificărilor tensiunii, al tăvilor cu mâncare neatinsă şi al detaşamentelor de medici care făceau vizite regulate pentru consult. În tot acest timp, tata a continuat să se umfle. Faţa i s-a umflat, gâtul s-a îngroşat şi i-a slăbit vocea. Diagnosticul oficial a fost sindrom Cushing, cu sau fără legătură cu scleroza lui multiplă. Oricum, trecuse de mult de punctul în care ar mai fi fost posibil un tratament. Sistemul lui endocrin era complet dat peste cap. O tomografie a arătat că avea în gât o tumoare care crescuse atât de mult, încât efectiv îl sufoca.

„Nu știu cum de n-am observat“, i-a spus tata medicului, cu o voce care exprima sincer uimire, de parcă nu simțise nici un simptom până în punctul acela, de parcă n-ar fi trecut săptămâni și luni, dacă nu chiar ani în care își ignorase durerea.

Făceam cu schimbul la spital ca să stăm cu el – mama, Craig, Janis și cu mine. Veneam și plecam, în timp ce medicii îl bombardau cu medicamente, adăugau tuburi și îl conectau la tot felul de mașinării. Încercam să înțelegem ce ne spuneau specialiștii, dar nu pricepeam mare lucru. Îi aranjam tatei pernele și vorbeam inutil despre campionatul universitar de baschet și despre vremea de afară, știind că el ne asculta, dar acum îl obosea prea tare și să vorbească. Eram o familie în care totul funcționase după un plan bine pus la punct, însă acum totul părea să ne ia pe nepregătite. Încetul cu încetul, tata se afunda în efectele bolii, îndepărtându-se de noi, cuprins parcă de un ocean invizibil. Îl aduceam înapoi cu amintiri de odinioară, vedeam cum acestea îi aprindeau o sclipire în ochi. Îți amintești de Doi-și-un-sfert și cum ne dădeam peste cap pe bancheta uriașă din spate, când mergeam vara la cinematograful în aer liber? Îți amintești de mănușile de box pe care ni le-ai dăruit și de piscina de la Dukes Happy Holiday Resort? Dar cum construiai decoruri pentru atelierele de operetă ale lui Robbie? Ce zici de mesele de la Dandy? Îți amintești când ne-a făcut mama creveți prăjiți de Anul Nou?

Într-o seară am trecut pe acolo și l-am găsit pe tata singur. Mama plecase acasă, iar asistentele erau strânse în cabinetul lor de pe hol. În salon era liniște, tot etajul era tăcut. Era prima săptămână din martie, iar zăpada abia se topise, lăsând orașul într-o umezeală ce părea că nu avea să mai treacă niciodată. Tata era în spital de vreo zece zile. Avea 55 de ani, dar arăta ca un bătrân, cu albul ochilor îngălbenit și brațele greoaie, incapabile să se mai miște. Era treaz, dar nu putea să vorbească, nu voi ști niciodată dacă din cauza bolii sau a emoției.

M-am așezat pe un scaun lângă pat privindu-l cum se chinuia să respire. Când l-am luat de mână, mi-a strâns-o liniștitor. Ne uitam unul la celălalt în tăcere. Erau prea multe de spus și, totuși, aveam senzația că ne spusesem totul. Nu mai rămăsese decât un singur adevăr. Ajunsesem la capăt. Tata nu avea să se facă bine. Avea să rateze tot restul vieții mele. Eu pierdeam stabilitatea lui, alinarea, bucuria lui de fiecare zi. Simțeam cum îmi curg lacrimi pe obraji.

Cu privirea ațintită în continuare la mine, tata a dus mâna mea la buze și a sărutat-o de mai multe ori. Era modul lui de a-mi spune: „Liniștește-te, nu mai plânge". Exprima durere și apăsare, dar și ceva mai calm și mai profund, un mesaj pe care mai voia să mi-l transmită o dată. Cu acele sărutări, îmi spunea că mă iubește din toată inima, că este mândru de femeia care am devenit. Îmi spunea că știe că ar fi trebuit să meargă la medic mult mai devreme. Își cerea iertare. Își lua rămas-bun.

Am rămas cu el în noaptea aceea până a adormit. Am plecat de la spital în întunericul înghețat și am mers cu mașina spre casă, pe Euclid Avenue, unde mama stinsese deja luminile. Eram singure în casă acum, eu și mama, și cine știe ce viitor ne aștepta. Pentru că atunci când a răsărit soarele, el plecase deja. Tatăl meu – Fraser Robinson al III-lea – suferise un infarct și a murit în noaptea aceea, după ce ne oferise absolut totul.

CAPITOLUL 11

ESTE DUREROS SĂ TRĂIEȘTI DUPĂ CE A MURIT CINEVA. Doare, pur și simplu. Poate fi dureros să mergi pe un hol sau să deschizi frigiderul. Doare să-ți pui o pereche de șosete sau să te speli pe dinți. Mâncarea nu mai are gust. Culorile pălesc. Muzica doare, la fel și amintirile. Privești ceva ce altădată ai fi considerat frumos – cerul violet la apus sau un loc de joacă plin de copii –, și cumva asta nu face decât să-ți îngreuneze pierderea. Durerea te însingurează în felul acesta!

În ziua de după moartea tatălui meu, ne-am dus la o firmă de pompe funebre din South Side – eu, mama și Craig – să alegem un sicriu și să programăm slujba de comemorare. Să facem aranjamentele, în limbajul celor de la pompe funebre. Nu-mi amintesc prea multe despre vizita noastră acolo, doar cât de șocați eram toți, fiecare încremenit în propria durere. Totuși, în timp ce treceam prin ritualul apăsător de a cumpăra sicriul potrivit în care să ne înmormântăm tatăl, Craig și cu mine am reușit să avem prima și singura noastră ceartă ca adulți.

S-a întâmplat așa: eu voiam să cumpăr cel mai sofisticat și mai scump sicriu din magazin, dotat cu cât mai multe mânere, perne și accesorii. Nu aveam vreun motiv anume să-mi doresc asta. Era singurul lucru pe care puteai să-l faci când nu mai era nimic altceva de făcut. Partea practică, pragmatică a educației pe care o primisem mă făcea să nu pun prea mare preț pe amabilitățile seci, deși bine intenționate, cu care aveau să ne bombardeze oamenii peste câteva zile, la înmormântare. Nu puteam fi ușor consolată cu ideea că tata plecase într-un loc mai bun sau că era împreună cu îngerii. Din punctul meu de vedere, pur și simplu, el merita un sicriu frumos.

Craig, în schimb, insista că tata ar fi vrut ceva modest, practic și nimic mai mult. Ceva potrivit cu personalitatea tatei, spunea el. Orice altceva ar fi fost prea ostentativ.

Am început să discutăm calm, dar, în scurt timp, am explodat, în prezența directorului amabil de la firma de pompe funebre care se prefăcea că nu ne aude, sub privirea încețoșată de durere a mamei, care nu a avut nici o reacție.

Strigam unul la celălalt din motive care nu aveau nimic de-a face cu discuția respectivă. Până la urmă, a rămas nici ca mine, nici ca el. Am stabilit să-l înmormântăm pe tata într-un sicriu nici prea pretențios, dar nici banal - urmând să nu mai discutăm despre asta vreodată. Aveam această ceartă absurdă și nepotrivită pentru că, în umbra morții, orice lucru de pe lumea asta pare absurd și nepotrivit.

Mai târziu, am dus-o pe mama înapoi pe Euclid Avenue. Ne-am așezat toți trei la masa din bucătăria de jos, obosiți și ursuzi, cu toată suferința din noi stârnită iarăși de vederea celui de-al patrulea scaun. Curând am început să plângem. Am rămas așa un timp care nouă ni s-a părut îndelungat, plângând în hohote până am obosit și am rămas fără lacrimi. Mama, care nu spusese aproape nimic toată ziua, a făcut în sfârșit un comentariu.

„Uită-te la noi“, a spus ea cu un ton jalnic.

Și, totuși, era o urmă de jovialitate în felul în care a spus-o. Voia să atragă atenția că noi, Robinsonii, ajunsesem o adunătură ridicolă, de nerecunoscut, cu ochii umflați și nasurile înfundate, îndurerați și ciudat de neajutorați în propria noastră bucătărie. Nu știam cine eram? Nu ne învățase chiar el? Ea ne-a chemat înapoi din singurătatea suferinței noastre cu trei cuvinte simple, așa cum numai mama noastră putea să o facă.

Mama s-a uitat la mine, eu m-am uitat la Craig și deodată scena a părut un pic caraghioasă. Primul chicotit, știam cu toții, ar fi venit în mod normal dinspre scaunul care era acum gol. Treptat, am început să zâmbim și să râdem pe înfundate, până când am izbucnit în hohote de-a dreptul. Îmi dau seama că poate părea ciudat, dar ne pricepeam mult mai bine la asta decât la plâns. Ideea era că așa i-ar fi plăcut lui, așa că ne-am permis să râdem.

PIERDEREA TATEI mi-a accentuat senzația că nu mai aveam timp să stau pe loc și să mă gândesc cum să-mi duc viața. Tata avea doar 55 de ani când a murit. Suzanne avusese 26. Lecția pe care o aveam de învățat era simplă: viața este scurtă și nu trebuie risipită. Dacă muream, nu voiam ca oamenii să își aducă aminte de mine pentru teancul de informări legale pe care le scrisesem sau pentru lista corporațiilor în a căror echipă de avocați lucrasem. Simțeam cu convingere că aveam ceva mai mult de oferit lumii. Era timpul să fac o schimbare.

Încă nesigură încotro voiam s-o apuc, am compus scrisori de intenție și le-am trimis prin tot orașul. Le-am scris șefilor de fundații, ONG-urilor care se ocupau de comunitate și marilor universități din oraș, adresându-mă în special departamentelor lor juridice – nu pentru că aș fi vrut să fac muncă în domeniul legal, ci pentru că mă gândeam că erau mai mari șansele să-mi răspundă. Din fericire, mi-au răspuns mai mulți oameni, care m-au invitat la masă sau la sediul lor pentru o întâlnire, chiar dacă nu aveau nici un post liber. De-a lungul primăverii și verii anului 1991, am discutat cu oricine am crezut că ar fi putut să-mi dea vreun sfat. Ideea era nu atât să-mi găsesc un alt loc de muncă, cât să înțeleg mai bine ce ar fi fost posibil și cum procedaseră alții. Îmi dădeam seama că următoarea etapă a călătoriei mele nu avea să se desfășoare de la sine, că diplomele mele pretențioase nu aveau să mă conducă automat către o carieră satisfăcătoare. Găsirea unei profesii, nu a unui simplu loc de muncă, nu putea să vină doar din trecerea în revistă a paginilor de contact dintr-un catalog al absolvenților; era nevoie de mai multă gândire și de efort. Trebuia să acționez rapid, energic, și să învăț. Și, din nou, iar și iar, mi-am prezentat dilema profesională în fața oamenilor pe care îi întâlneam, întrebându-i ce făceau ei și pe cine cunoșteau. Întrebam deschis, fără ocolișuri, ce fel de muncă putea fi disponibilă pentru un avocat care, de fapt, nu voia să practice avocatura.

Într-o după-amiază, am fost la biroul unui om inteligent și prietenos, pe nume Art Sussman, care era consilier intern pe probleme juridice la Universitatea din Chicago. S-a dovedit că mama fusese cândva secretara lui, pentru un an, timp în care dactilografiase și se ocupase de dosarele departamentului juridic. Aceasta se întâmpla când eram în primul an de liceu, înainte ca mama să se angajeze la bancă. Art a fost surprins să afle că eu nu o vizitasem niciodată la serviciu – că, de fapt, nici nu pusesem vreodată până atunci piciorul în campusul impecabil al universității, deși crescusem la doar câțiva kilometri distanță.

Ca să fiu cinstită, nu avusesem nici un motiv să vizitez campusul. Școala mea din cartier nu organiza vizite acolo. Dacă fuseseră evenimente culturale deschise publicului pe când eram eu copil, familia mea nu știuse despre ele. Nu aveam prieteni – nici cunoștințe măcar – care să fi fost studenți sau absolvenți. Universitatea din Chicago era o școală de elită și, pentru aproape toți cei pe care îi cunoșteam în copilărie, elită însemna „nu e pentru noi". Clădirile ei din piatră cenușie erau întoarse cu spatele spre străzile din jurul campusului. Când treceam cu mașina pe acolo, tata își dădea ochii peste cap la vederea grupurilor de studenți care treceau aiurea pe Ellis Avenue, minunându-se de cum puteau niște oameni atât de inteligenți să nu fi învățat niciodată cum se traversează corect.

La fel ca mulți locuitori din South Side, familia mea avea o impresie vagă și limitată în privința universității, cu toate că mama fusese foarte mulțumită în anul în care lucrase acolo. Când Craig și cu mine am început să ne gândim la colegiu, nici măcar nu ne-a trecut prin minte să ne înscriem la Universitatea din Chicago. Nu se știe din ce motiv, Princeton ni se păruse mai accesibil.

Lui Art nu-i venea să creadă ce-i povesteam. „Chiar nu ai fost niciodată aici?", a insistat el. „Niciodată?"

„Nu, nici măcar o dată."

Exista o forță neobișnuită în a spune asta cu voce tare. Nu mă gândisem prea mult la asta până atunci, dar mi-am dat seama că aş fi putut foarte bine să fiu studentă la Universitatea din Chicago, dacă prăpastia dintre mediul universitar și populația non-academică n-ar fi fost atât de mare - dacă eu aş fi ştiut mai multe despre şcoală, și şcoala ar fi ştiut mai multe despre mine. Gândindu-mă la asta, am simțit un imbold, conturarea subconștientă a unui scop. Combinația de unde veneam și ce reușisem să fac din mine îmi dădea o perspectivă specială, care putea fi importantă. Am înțeles brusc că faptul că eram de culoare și din South Side mă ajuta să recunosc probleme despre care un om ca Art Sussman nici nu și-ar fi dat seama că există.

Peste câțiva ani, aveam să lucrez pentru universitate și să mă ocup direct de unele dintre aceste probleme privind relația dintre comunități, însă deocamdată Art doar se oferea, cu amabilitate, să transmită mai departe scrisoarea mea de recomandare.

„Cred că ar trebui să stai de vorbă cu Susan Sher“, mi-a spus el atunci, declanşând fără să își dea seama ceea ce până în ziua de azi pare o inspirată reacție în lanț. Susan era cu 15 ani mai în vârstă decât mine. Fusese partener la o mare firmă de avocatură, dar părăsise până la urmă lumea corporatistă, exact așa cum speram și eu să fac, chiar dacă încă mai practica dreptul pe lângă administrația oraşului Chicago. Susan avea ochii cenușii ca ardezia, o piele albă ca a reginelor din epoca victoriană și un râs care se încheia deseori cu un fornăit strident. Amabilă și sigură pe sine, o persoană cu un succes incontestabil, avea să-mi devină prietenă pe viață. „Te-aş angaja chiar acum“, mi-a spus ea, când, în cele din urmă, ne-am întâlnit. „Dar tocmai mi-ai spus că nu mai vrei să fii avocat.“

În schimb, Susan mi-a propus ceea ce acum pare drept o altă întâlnire predestinată, trimițându-mă cu tot cu scrisoarea mea de recomandare către o nouă colegă de-a ei de la primărie – o altă fostă avocată care părăsise mediul corporatist și optase pentru serviciul public, originară ca și mine din South Side, o persoană care avea să-mi schimbe cursul vieții nu o dată, ci în mai multe rânduri. „Persoana pe care trebuie neapărat să o întâlnești", mi-a spus Susan, „este Valerie Jarrett."

Valerie Jarrett era nou numită adjunct al șefului de cabinet al primarului din Chicago și avea legături puternice în comunitatea afro-americană din oraș. La fel ca Susan, fusese îndeajuns de inteligentă încât să-și asigure după absolvirea facultății de drept un post la o companie de primă mână și suficient de conștientă de sine ca să înțeleagă la timp că voia să plece de acolo. S-a mutat la primărie inspirată de Harold Washington, ales primar în 1983, pe vremea când eu eram la colegiu. Harold Washington a fost primul afro-american care a deținut această funcție – un politician volubil, cu un spirit exuberant. Părinții mei îl simpatizau pentru modul în care reușea să-și condimenteze cu citate din Shakespeare discursurile altfel rustice și pentru pofta legendară, molipsitoare, cu care mânca pui prăjit la evenimentele populare din South Side. Cel mai important era că nu suporta mașinăria bine gresată a Partidului Democrat, care administra de multă vreme orașul Chicago oferind contracte publice gras plătite finanțatorilor politici și ținându-i, în general, pe negri în serviciul partidului, fără să le permită decât rareori să ajungă în funcții oficiale alese.

Cu o campanie axată pe reforma sistemului politic al orașului și pe o mai bună îngrijire a cartierelor neglijate,

Washington a câștigat alegerile la limită. Avea un stil neobrăzat și un temperament îndrăzneț. Era capabil să-și sfâșie adversarii cu elocvența și intelectul lui. Era un supererou negru și inteligent. Intra în conflict frecvent și fără teamă cu membrii din vechea gardă a consiliului municipal, în general, albi, și era văzut ca un fel de legendă vie, mai ales de către locuitorii de culoare ai orașului, care au văzut în mandatul lui sursa unui nou spirit al progresismului. Viziunea lui fusese o sursă de inspirație timpurie pentru Barack, care venise la Chicago în 1985, ca organizator pentru comunitate.

Valerie a fost atrasă și ea de Washington. Avea 30 de ani când s-a alăturat echipei lui, în 1987, când acesta se afla la începutul celui de-al doilea mandat. Valerie era, pe atunci, mama unei fetițe mici și pe punctul de a divorța, ceea ce făcea ca momentul să fie cât se poate de nepotrivit pentru reducerea de salariu pe care o presupunea trecerea de la o firmă spilcuită de avocatură la administrația orașului. Iar, la doar câteva luni după ce ea a început serviciul, s-a produs tragedia: Harold Washington a făcut pe neașteptate un infarct și a murit în biroul lui, la 30 de minute după o conferință de presă pe tema locuințelor pentru cei cu venituri mici. După aceea, consiliul municipal a desemnat un consilier de culoare să-l înlocuiască pe Washington, dar mandatul acestuia a fost de scurtă durată. Într-o mișcare pe care mulți afro-americani au văzut-o ca pe o întoarcere rapidă și demoralizantă la vechile metode ale albilor de a face politică la Chicago, votanții l-au ales pe Richard M. Daley, fiul unui fost primar, Richard J. Daley, considerat de cei mai mulți întemeietorul faimosului nepotism din Chicago.

Chiar dacă avea rezerve privind noua administrație, Valerie a decis să rămână la primărie, mutându-se de la departamentul juridic direct la biroul lui Daley. Era bucuroasă să fie acolo, dacă nu pentru altceva, măcar pentru contrast. Mi-a povestit cum trecerea de la dreptul corporatist la serviciul public a fost pentru ea o ușurare, un salt energizant de la realitatea falsă și mult prea cosmetizată a avocaturii, așa cum era practicată la etajele superioare ale zgârie-norilor, la lumea reală – lumea cât se poate de reală.

Clădirea primăriei și a administrației comitatului Chicago este un monolit de granit cenușiu, cu 11 etaje și acoperiș plat, care ocupă un cvartal întreg între Clark și LaSalle, la nord de Buclă. În comparație cu clădirile zvelte de birouri care o înconjoară, pare îndesată, dar nu lipsită de grandoare, cu coloane corintice pe fațadă și cu holuri impresionante, îmbrăcate în marmură. Administrația comitatului funcționează în jumătatea de est a clădirii, pe când primăria folosește jumătatea de vest, unde se află birourile primarului și ale consilierilor municipali, precum și funcționarii primăriei. După cum am constatat în ziua toridă de vară în care m-am dus să mă întâlnesc cu Valerie pentru un interviu de angajare, primăria era alarmant și, în același timp, îmbucurător de aglomerată.

Erau acolo cupluri care se căsătoreau și oameni veniți să-și înmatriculeze mașinile. Erau oameni care depuneau plângeri cu privire la gropile din asfalt, la proprietarii locuințelor lor, la conductele de canalizare și la orice altceva ar fi putut să îmbunătățească municipalitatea. Erau copii în cărucioare și bătrâne în scaune cu rotile. Erau ziariști, erau cei veniți să facă lobby și erau și oameni fără adăpost, veniți doar ca să scape de căldură. Pe trotuarul din fața clădirii, câțiva activiști agitau pancarte și strigau lozinci, deși nu îmi amintesc cu exactitate pentru ce militau. Ceea ce știu este că am fost, în același timp, îngrozită, dar și complet fascinată de haosul greoi, controlat, din acel loc. Primăria aparține oamenilor. Era o implicare directă, imediată și zgomotoasă, pe care nu o simțisem niciodată la Sidley.

Valerie își rezervase 20 de minute din program ca să stea de vorbă cu mine, însă discuția noastră a durat mai mult de o oră și jumătate. O femeie afro-americană suplă, cu pielea deschisă la culoare, îmbrăcată într-un costum îngrijit și bine croit, cu o voce blândă și uimitor de senină, cu ochi căprui și calmi, cunoștea până în cel mai mic detaliu cum funcționa orașul. Era încântată de munca ei, dar nu a încercat să ascundă piedicile birocratice din procedurile guvernamentale. Avea ceva care m-a făcut să mă relaxez imediat. Câțiva ani mai târziu, Valerie avea să-mi povestească despre cum a surprins-o modul în care am reușit eu, în ziua aceea, să răstorn practica standard a interviului de angajare – i-am spus câteva informații de bază despre mine, după care am supus-o unui tir de întrebări, dornică să aflu cât mai multe despre munca ei și despre cât de rapidă era interacțiunea primarului cu angajații lui. Verificam cât de potrivită era activitatea respectivă pentru mine la fel de mult cât verifica ea dacă eu eram potrivită pentru post.

Privind în urmă, sunt sigură că profitam de ceea ce părea să fie ocazia rară de a vorbi cu o femeie al cărei trecut era similar cu al meu, dar care era cu câțiva ani înaintea mea în ceea ce privește propria carieră. Valerie era calmă, îndrăzneață și înțeleaptă, iar eu nu întâlnisem până atunci prea mulți oameni ca ea. Era cineva de la care aveam de învățat, cineva lângă care trebuia să rămân. Mi-am dat seama de asta imediat.

Înainte să plec, mi-a oferit un loc de muncă, invitându-mă să mă alătur echipei ca asistentă a primarului Daley, începând de la data la care aș fi fost pregătită. Salariul meu ar fi fost de 60 000 de dolari, cam jumătate din cât câștigam atunci la Sidley & Austin. Mi-a sugerat să îmi iau suficient timp de gândire, ca să fiu sigură că eram cu adevărat pregătită pentru o astfel de schimbare. Era saltul meu, și eu trebuia să mă gândesc la el, eu trebuia să îl fac.

Nu am fost niciodată omul care să pună primăria la loc de cinste. De culoare și crescută în South Side, aveam prea puțină încredere în politică. Politica a fost folosită tradițional împotriva populației de culoare, ca o modalitate de a ne ține izolați și excluși, lăsându-ne fără educație, fără locuri de muncă și fără salarii decente. Am avut bunici care trăiseră ororile din perioada legilor Jim Crow și umilința locuințelor separate, care nu aveau încredere în nici un fel de autoritate (așa cum poate vă amintiți, Sudistul credea că până și medicul stomatolog era pornit să îl distrugă). Tata, care a fost în cea mai mare parte din viață angajat al municipalității, fusese practic obligat să lucreze ca responsabil de circumscripție electorală pentru democrați, ca să fie măcar luat în calcul pentru promovări la serviciu. Se bucura de aspectele sociale ale îndatoririlor lui în circumscripție, dar a fost întotdeauna dezgustat de nepotismul practicat în primărie.

Și, totuși, iată-mă luând în considerare un loc de muncă la primărie. Mă descuraja scăderea salariului, dar cumva, la un nivel mai profund, eram intrigată. Simțeam un alt imbold, un ghiont tăcut spre un viitor care putea fi cu totul altul decât cel pe care îl plănuisem. Eram aproape gata să fac saltul, dar mai era un singur lucru. De-acum nu mai era vorba doar despre mine. Când Valerie mi-a telefonat câteva zile mai târziu ca să continuăm discuția, i-am spus că încă mă mai gândesc la propunere. Și i-am pus o ultimă întrebare, care a părut probabil ciudată. „Vă rog", i-am spus, „aș putea să vi-l prezint pe logodnicul meu?"

PRESUPUN CĂ AR TREBUI să insist asupra acestei perioade, să povestesc cum am trecut prin căldura toridă, prin negura derutantă din lunile lungi de după moartea tatei. Barack a venit cu avionul la Chicago, ca să stea cu mine cât de mult a putut în perioada înmormântării tatei, după care s-a întors să-și termine examenele la Harvard. După absolvire, la sfârșitul lunii mai, și-a împachetat lucrurile, a vândut Datsun-ul galben-banan și a revenit la Chicago, instalându-se în 7436 South Euclid Avenue și în brațele mele. Îl iubeam. Mă simțeam iubită de el. Supraviețuisem aproape doi ani ca un cuplu la mare distanță, iar acum, în sfârșit, puteam fi un cuplu la mică distanță. Însemna că, în weekend, aveam ore lungi în care să lenevim în pat, să citim ziarele, să ieșim apoi în oraș, la masă, și să ne împărtășim fiecare gând. Aveam, de asemenea, cinele târzii de luni seara, de marți, miercuri, joi și vineri. Puteam să mergem la cumpărături și să împăturim rufe în fața televizorului. În multele seri în care încă mai plângeam după pierderea tatei, Barack era acum aici, să mă ia în brațe și să mă sărute pe creștet.

Barack se simțea ușurat că terminase cu facultatea de drept, nerăbdător să iasă din domeniul abstract, academic, și să înceapă o muncă mai captivantă, mai reală. În plus, o editură din New York îi cumpărase ideea pentru o carte de non-ficțiune despre rasă și identitate, ceea ce pentru o persoană care venera cărțile, așa cum o făcea el, trebuie să fi un succes uriaș și intimidant. Primise un avans și avea la dispoziție aproximativ un an să termine manuscrisul.

La fel ca întotdeauna, Barack avea o mulțime de opțiuni. Reputația lui - recomandările entuziaste ale profesorilor lui de la facultatea de drept, articolul din *New York Times* despre alegerea lui ca președinte la *Law Review* - părea să atragă un val de ocazii favorabile. Universitatea din Chicago i-a oferit un post neplătit de cercetător, care venea la pachet cu un mic birou pentru un an de zile, ideea fiind ca el să-și scrie cartea acolo și poate, până la urmă, să se angajeze și să predea la facultatea de drept. Colegii mei de la Sidley & Austin, care încă sperau că Barack se va angaja cu normă întreagă la firmă, i-au pus la dispoziție un birou pe care să-l folosească în cele aproximativ opt săptămâni până la examenul de intrare în barou, din luna iulie. El se gândea totodată la posibilitatea de a se angaja la Davis, Miner, Barnhill & Galland, o mică firmă de interes public, specializată în drepturi civile și egalitate în privința locuințelor, ai cărei avocați colaboraseră îndeaproape cu Harold Washington –, iar asta reprezenta o atracție uriașă pentru Barack.

Există ceva mobilizator din instinct la o persoană care are oportunități nesfârșite, care nu pierde timp sau energie întrebându-se dacă aceste oportunități se vor termina vreodată. Barack muncise din greu și conștiincios pentru tot ce i se oferea acum, dar el nu-și compara realizările sau succesul cu ale celorlalți, așa cum făceau mulți alți oameni pe care îi cunoșteam - și cum făceam și eu uneori. El părea, câteodată, încântător de nepăsător față de marele carusel al vieții și față de toate bunurile materiale după care se presupunea că trebuia să alerge un avocat de 30 și ceva de ani, de la o mașină în care să nu îți fie rușine să fii văzut până la o casă cu curte în suburbii sau un apartament ostentativ pe Buclă. Îi observasem și înainte această calitate, dar acum, că locuiam împreună și mă gândeam să fac o schimbare serioasă în viața mea, am ajuns să o apreciez și mai mult.

Pe scurt, Barack credea și avea încredere când alții nu aveau. Avea convingerea simplă și reconfortantă că, dacă nu renunți la principiile tale, lucrurile se vor rezolva. Până în acest punct, avusesem atât de multe discuții atente, raționale, cu atât de mulți oameni, despre cum să mă extrag dintr-o carieră în care, după toate standardele, prosperam. Citeam pe fețele tuturor prudență și îngrijorare când începeam să vorbesc despre împrumuturile pe care le aveam de achitat, despre faptul că nu reușisem încă să-mi cumpăr o casă. Nu puteam să nu mă gândesc la tata, la cum își fixase el deliberat numai țeluri modeste, evitând orice risc pentru a ne oferi nouă stabilitate acasă. Încă îmi mai răsuna în urechi sfatul mamei: „Mai întâi să faci bani și îți faci griji mai târziu pentru fericire". Neliniștea mea era amplificată și de o altă dorință profundă, care întrecea orice aspirație materială: știam că îmi doresc copii și cât mai curând. Și cum ar fi fost posibil acest lucru, dacă începeam să muncesc într-un domeniu cu totul nou?

Când s-a întors la Chicago, Barack a devenit un fel de antidot care îmi alina neliniștile. Îmi absorbea toate grijile, mă asculta trecând în revistă fiecare obligație financiară pe care o aveam și susținea că și el ar fi fost entuziasmat să aibă copii. Recunoștea că nu exista nici o modalitate de a anticipa cum aveam să ne descurcăm cu toate, dat fiind că nici unul din noi nu voia să rămână prins în predictibilitatea confortabilă a vieții de avocat. Dar, când trăgeam linie, eram departe de a fi săraci, iar viitorul nostru era promițător, poate chiar mai promițător pentru că nu era ușor de planificat.

El a fost singurul care m-a încurajat să încerc, pur și simplu, să trec peste frământări și să merg înainte către orice credeam că m-ar face fericită. Era în regulă să fac un salt în necunoscut, deoarece – și aceasta ar fi fost o veste șocantă pentru aproape orice membru al familiei Shields/Robinson, mergând înapoi până la Dandy și Sudistul – necunoscutul nu avea să mă omoare.

„Nu-ți face griji“, spunea Barack. „Poți să faci asta. O să ne descurcăm cumva.“

ACUM TREBUIE SĂ SPUN CÂTEVA CUVINTE DESPRE examenul de admitere în barou: este o corvoadă necesară, un ritual pentru orice proaspăt avocat care vrea să practice, și, chiar dacă structura și conținutul testului sunt oarecum diferite de la un stat la altul, experiența susținerii lui – un examen de 12 ore care se întinde pe două zile și este menit să-ți testeze toate cunoştinţele, de la legea contractelor până la regulile misterioase ale tranzacţiilor securizate – este universal recunoscută ca o trecere prin iad. Exact la fel cum intenţiona şi Barack, dădusem examenul de admitere în baroul din Illinois în urmă cu trei ani, în vara de după absolvirea Harvardului, intrând în ceea ce ar fi trebuit să fie două luni de disciplină autoimpusă ca asociat în primul an la Sidley, care, în acelaşi timp, urma cursul de pregătire pentru barou şi se chinuia cu o carte descurajant de groasă de teste practice.

Era aceeaşi vară în care Craig se căsătorise cu Janis în oraşul ei natal, Denver. Janis mă rugase să-i fiu domnişoară de onoare şi, dintr-o serie întreagă de motive – mai ales pentru că abia încheiasem şapte ani de buchiseală fără pauză la Princeton şi Harvard –, mi-am intrat în rol devreme şi cu entuziasm. M-am minunat cu voce tare la vederea rochiilor şi am ajutat la pregătirea petrecerilor de dinainte. Nu m-am dat înapoi de la nimic din ceea ce puteam să fac pentru ca ziua cununiei să fie cât se poate de fericită. Cu alte cuvinte, eram mult mai preocupată de perspectiva căsătoriei fratelui meu decât de recapitularea a ce anume însemna un delict.

Erau vremurile când rezultatele examenului veneau prin poştă. În toamna aceea, după ce au trecut şi examenul de barou, şi nunta fratelui meu, i-am telefonat într-o zi tatei de la serviciu şi l-am rugat să verifice dacă venise poştaşul. Venise. L-am întrebat dacă era un plic şi pentru mine. Era. Era o scrisoare de la Baroul statului Illinois? A, da, chiar aşa scrie pe plic. L-am rugat să deschidă plicul pentru mine şi am auzit mai întâi nişte foşnituri, apoi tăcere lungă, prevestitoare de rău.

Nu luasem examenul.

În viața mea nu mai picasem un examen, dacă nu luăm în considerare și episodul de la grădiniță când nu am putut să citesc cuvântul „alb“ pe cartonul educatoarei. Dar ratasem examenul de barou. Eram rușinată, convinsă că i-am dezamăgit pe toți cei care mi-au predat, care m-au încurajat sau m-au angajat vreodată. Nu eram obișnuită cu eșecurile. Mai ales că, în general, făceam mai mult decât era nevoie pentru pregătirea unui moment important sau a unui examen. Pe acesta, însă, îl tratasem superficial. Acum mă gândesc că a fost rezultatul combinat al dezinteresului pe care l-am simțit pe toată durata facultății de drept, epuizată de activitatea de student și plictisită de subiecte care mi se păreau ezoterice și mult prea îndepărtate de viața reală. Voiam să fiu în preajma oamenilor, nu a cărților, motiv pentru care, pentru mine, cea mai frumoasă parte din facultate a fost voluntariatul pe care l-am făcut la Biroul de Ajutor Juridic al școlii, unde puteam ajuta la obținerea unui ajutor social sau la reglarea conflictului cu un proprietar abuziv.

Totuși, nu-mi plăcea gustul ratării. Sentimentul neplăcut avea să rămână cu mine luni de zile, chiar dacă mulți dintre colegii mei de la Sidley mi-au mărturisit că nici ei nu trecuseră examenul din prima. Mai târziu, în toamnă, m-am pus cu burta pe carte, am învățat pentru reexaminare și am luat examenul fără probleme. Până la urmă, în afară de lovitura primită de mândria mea, ratarea nu a produs alte efecte.

Totuși, câțiva ani mai târziu, amintirea acestui moment m-a făcut să-l privesc pe Barack cu o atenție suplimentară. Mergea la cursuri de pregătire pentru barou și căra după el cărțile pentru examen, dar nu mi se părea că s-ar concentra asupra lor atât de des cât credeam eu că ar trebui – sau cât aş fi învăţat eu, oricum, ştiind câte ştiu acum. Dar nu aveam de gând să-l cicălesc şi nici să mă dau pe mine drept exemplu despre cum lucrurile ar fi putut să sfârşească prost. În primul rând, pentru că mintea lui Barack era o valiză ticsită de informaţii, un cadru din care el părea să poată scoate fragmente disparate de informaţie după bunul lui plac. Îi spuneam „omul datelor", pentru că părea să aibă o statistică pregătită pentru cea mai măruntă întorsătură în conversaţie. Memoria lui era aproape fără cusur. Adevărul este că nu-mi făceam griji că nu avea să treacă examenul şi, oarecum enervant, nu-şi făcea nici el.

Aşa că am sărbătorit devreme, chiar în ziua în care a terminat examenul – 31 iulie 1991 –, rezervând o masă la un restaurant din centru numit Gordon. Era unul dintre locurile noastre preferate, genul de local pentru ocazii speciale, cu lămpi Art Deco cu lumină blândă, feţe de masă albe apretate şi cu feluri precum caviar şi felii de anghinare în meniu. Vara era în toi, iar noi eram fericiţi.

La Gordon, Barack şi cu mine comandam întotdeauna, ca la carte, din toate felurile unei mese. Am început cu martini şi aperitive. Am ales un vin bun, potrivit cu antreurile. Am stat de vorbă apoi pe îndelete, mulţumiţi, poate chiar puţin siropos. Când am terminat de mâncat, Barack mi-a zâmbit şi a deschis subiectul căsătoriei. M-a luat de mână şi mi-a spus că, deşi mă iubea cu toată fiinţa lui, tot nu-i vedea rostul. Era ca şi cum ar fi apăsat în mine un buton – genul acela de buton de avarie, mare, roşu şi cu lumină intermitentă, pe care l-ai putea găsi în centralele nucleare, înconjurat de semne de avertizare și de hărți de evacuare. Pe bune? Chiar o să discutăm asta acum?

Ei bine, da, am discutat. Avusesem deja de multe ori discuția despre o căsătorie ipotetică și nimic nu se schimbase. Eu eram o tradiționalistă, iar Barack, nu. Era clar că nici unul din noi nu era dispus să lase de la el. Dar, totuși, asta nu ne împiedica - doi avocați, la urma urmei - să discutăm subiectul cu pasiune. Înconjurați de bărbați cu sacouri sport și femei cu rochii frumoase care își savurau mâncărurile extravagante, am făcut tot ce puteam ca să-mi mențin vocea calmă.

„Dacă ne-am asumat un angajament", am spus eu, pe un ton cât se putea de calm, „de ce să nu oficializăm angajamentul? Cu ce ne-ar leza asta demnitatea?"

Din punctul acesta mai departe, am trecut prin toate aspectele vechii noastre dispute. Avea căsătoria vreo importanță? De ce era importantă? Ce era în neregulă cu el? Ce era în neregulă cu mine? Ce fel de viitor aveam, dacă nu puteam să lămurim asta? Nu ne certam, dar ne hărțuiam în stil avocățesc. Punctam și ripostam, disecam și examinam fiecare aspect, chiar dacă era limpede că eu eram cea mai înflăcărată. Eu am fost cea care am vorbit cel mai mult.

Într-un târziu, chelnerul a adus farfuria cu desertul, acoperită cu un capac de argint. A așezat-o în fața mea și a ridicat capacul. Aproape că eram prea bosumflată ca să mă uit în jos, dar, când am făcut-o, am văzut o cutiuță din catifea închisă la culoare acolo unde ar fi trebuit să fie prăjitura cu ciocolată. Înăuntru se afla un inel cu diamant.

Barack m-a privit jucăuș. Mă păcălise. Totul fusese un șiretlic. Mi-a luat o clipă să trec peste supărare și să mă arăt plăcut surprinsă. Mă tachinase pentru că era ultima dată când avea să mai invoce argumentele lui fără sens privitoare la căsătorie, până la sfârșitul vieții noastre. Cazul era închis. S-a așezat cu un genunchi pe podea și, cu un tremur de emoție în voce, m-a întrebat sincer dacă îi voi face onoarea de a mă căsători cu el. Mai târziu, am aflat că discutase deja și cu mama, și cu fratele meu, ca să le ceară binecuvântarea. Când am spus da, părea că toți cei din restaurant au început să aplaude.

Am stat un minut sau două uitându-mă consternată la inelul de pe deget. L-am privit pe Barack, să mă asigur că totul era real. Zâmbea. Mă luase complet prin surprindere. Într-un fel, câștigasem amândoi. „Ei bine", mi-a spus el pe un ton glumeț, „asta ar trebui să te facă să taci."

I-AM SPUS DA LUI BARACK și, la scurt timp după aceea, i-am spus da lui Valerie Jarrett, acceptând oferta ei de a lucra la primărie. Înainte să mă angajez, am vrut neapărat să-mi duc la îndeplinire planul de a le face cunoștință lui Barack și lui Valerie, așa că am programat un prânz la care noi trei să putem sta de vorbă.

Am făcut asta din mai multe motive. Unul dintre ele era că îmi plăcea Valerie. Mă impresionase și, indiferent dacă acceptam sau nu oferta ei, eram bucuroasă că aveam ocazia s-o cunosc mai bine. Știam că Barack avea să fie și el impresionat. Însă, mai important era că voiam ca el să audă povestea lui Valerie. La fel ca Barack, și ea petrecuse o parte din copilărie într-o țară străină – în cazul ei, Iran, unde tatăl ei fusese medic într-un spital – și se întorsese în Statele Unite pentru studii, iar asta i-a deschis aceeași perspectivă clară pe care o văzusem la Barack. Ca și Valerie, el îi fusese devotat lui Harold Washington câtă vreme fusese primar, dar avea categoric mai puțină afinitate pentru vechea gardă instituționalizată pe care o conducea Richard M. Daley. Era organizatorul pentru comunitate din el: chiar și când Washington fusese în funcție, el fusese nevoit să se lupte neobosit și uneori fără rezultate cu municipalitatea, ca să obțină și cel mai mărunt sprijin pentru proiectele destinate oamenilor de rând. Chiar dacă nu făcuse altceva decât să mă încurajeze în privința angajării, cred că, în sinea lui, se temea că, lucrând în subordinea lui Daley, aveam să sfârșesc prin a mă simți deziluzionată și neputincioasă.

Valerie era persoana potrivită cu care să discute despre astfel de griji. Ea își reconfigurase întreaga viață ca să lucreze pentru Washington, pe care îl pierduse aproape imediat. Golul lăsat de moartea lui Washington oferea un fel de avertisment pentru viitor, unul pe care, în cele din urmă, aveam să încerc să îl explic oamenilor din toată America: la Chicago, noi am făcut greșeala de a pune toate speranțele de reformă pe umerii unei singure persoane, fără să construim aparatul politic care să-i susțină viziunea. Alegătorii, în special cei liberali și cei de culoare, vedeau în Washington un fel de salvator providențial, un simbol, omul care avea să schimbe totul. El a dus povara admirabil, inspirând oameni ca Barack și Valerie să se părăsească sectorul privat ca să muncească pentru comunitate și în serviciul public. Dar când Harold Washington a murit, cea mai mare parte din energia pe care a generat-o a murit odată cu el.

Decizia lui Valerie de a rămâne la biroul primarului n-a fost ușoară, dar ea ne-a explicat de ce simțea că fusese alegerea corectă. Ea ne-a spus că se simțea sprijinită de Daley și știa că era de folos orașului. Loialitatea ei, ne-a spus, fusese îndreptată mai degrabă spre principiile lui Harold Washington, decât spre omul însuși. Ideea aceasta a avut ecou și în mine, și în Barack, așa că, după un singur prânz, am simțit că se cimentase ceva: Valerie Jarrett făcea de-acum parte din viețile noastre. Fără să discutăm asta vreodată, era ca și cum noi trei hotărâserăm să ne sprijinim unul pe celălalt, multă vreme de atunci înainte.

Mai era un singur lucru de făcut, acum că eram logodiți, că eu aveam un nou serviciu, iar Barack le făcuse o promisiune fermă celor de la Davis, Miner, Barnhill & Galland, firma de avocatură de interes public care îl curta: o vacanță sau, mai bine spus, un fel de pelerinaj. Am plecat din Chicago cu avionul într-o zi de miercuri de la sfârșitul lui august și, după o așteptare lungă pe aeroportul din Frankfurt, Germania, am mai zburat încă opt ore ca să ajungem la Nairobi, chiar înainte de ivirea zorilor, pășind sub lumina lunii kenyene și în ceea ce simțeam că era o lume cu totul diferită.

Fusesem în Jamaica și Bahamas și de câteva ori în Europa, dar era pentru prima dată când eram atât de departe de casă. Am simțit imediat cât de străin era Nairobi – sau mai degrabă cât de străină eram eu în relație cu el. Este o senzație pe care am ajuns să o iubesc pe măsură ce am călătorit mai mult, modul în care un loc nou își semnalează singur prezența, instantaneu și fără pretenții. Aerul are o greutate diferită de cea cu care ești obișnuit și e încărcat de mirosuri pe care nu le poți identifica cu exactitate, un iz de fum de lemne, de benzină sau de dulceața unor flori. Răsare același soare, dar acesta arată puțin altfel decât cum îl știi.

Sora vitregă a lui Barack, Auma, ne-a așteptat la aeroport, întâmpinându-ne pe amândoi cu căldură. Ei doi se întâlniseră doar de câteva ori, prima dată în urmă cu șase ani, când Auma fusese la Chicago, dar între ei exista o legătură strânsă. Auma este cu un an mai mare decât Barack. Mama ei, Grace Kezia, era însărcinată cu Auma când Barack Obama senior a părăsit Nairobi, în 1959, ca să studieze în Hawaii. (Ei mai aveau și un fiu, Abongo, care era încă mic la vremea respectivă). După ce Barack senior s-a întors în Kenya, la jumătatea anilor 1960, a mai avut încă doi copii cu Kezia.

Auma avea pielea ca abanosul, dinți albi strălucitori și vorbea cu un puternic accent britanic. Zâmbetul ei era larg și reconfortant. La sosirea în Kenya, eram atât de obosită încât abia mai puteam să vorbesc, dar, mergând prin oraș pe bancheta din spate a Volkswagenului broscuță zdrăngănitor pe care îl conducea Auma, am observat că iuțeala cu care zâmbea era exact ca a lui Barack, că forma capului ei semăna de asemenea cu a lui. Era limpede că Auma moștenise și inteligența familiei: crescuse în Kenya și se întorcea deseori acolo, deși făcuse facultatea în Germania și încă mai locuia acolo, ca să își pregătească doctoratul. Vorbea fluent engleză, germană, swahili și dialectul din zona familiei ei, numit luo. Ca și noi, era acolo doar în vizită.

Auma aranjase ca Barack și cu mine să stăm în apartamentul gol al unui prieten, o locuință spartană cu un singur dormitor, într-un bloc banal, cenușiu, care fusese vopsit într-un roz strălucitor. În primele zile am fost atât de tulburați de diferența de fus orar, încât ne simțeam de parcă ne-am fi mișcat cu încetinitorul. Sau poate era doar ritmul orașului Nairobi, care funcționa după o logică în întregime diferită de cea de la Chicago, cu șoselele și sensurile lui giratorii în stil britanic, înțesat cu un amestec de pietoni, biciclete, mașini și *matatu* – microbuzele neoficiale cu mers legănat care puteau fi văzute peste tot, pictate în culori vii, cu fresce și imagini închinate lui Dumnezeu, cu mormane de bagaje legate deasupra și atât de aglomerate, încât de multe ori existau pasageri și la exterior, agățați precar de mașină.

Mă aflam în Africa acum. Era amețitor, epuizant și cu totul nou pentru mine. Volkswagenul azuriu al Aumei era atât de vechi, încât deseori nu pornea decât dacă era împins. Prost sfătuită, îmi cumpărasem pentru acea călătorie o pereche de adidași albi și, după nici o zi de împins la mașină, încălțările mele deveniseră roșcate, pătate de praful ca de scorțișoară din Nairobi.

Barack se simțea mai acasă decât mine în Nairobi, unde mai fusese o dată. Eu mă mișcam cu stângăcia unui turist, conștientă că eram străini, deși aveam pielea neagră. Uneori, oamenii ne priveau insistent pe stradă. Nu mă așteptam să mă integrez imediat, desigur, dar venisem acolo cu ideea naivă că urma să simt un fel de legătură viscerală cu continentul pe care îl considerasem dintotdeauna un fel de patrie mitică, de parcă mergând acolo aveam să capăt un sentiment de întregire. Dar Africa nu ne datora nimic, desigur. Este curioasă senzația de suspendare între două lumi pe care o simți ca afro-american în Africa. M-am trezit apăsată de o tristețe greu de explicat, un sentiment de a fi dezrădăcinat pe ambele continente.

După câteva zile, încă mă mai simţeam tulburată și amândoi ne tratam gâturile iritate. Barack și cu mine am început să ne certăm - pe ce temă exact, nu-mi aduc aminte. Fiecare clipă minunată trăită în Kenya aducea și la fel de multă oboseală, ceea ce ducea la cârcoteli și, în cele din urmă, din cine știe ce motiv, la furie. „Sunt atât de supărată pe Barack", am scris în jurnal. „Nu cred că avem ceva în comun." Gândurile mele s-au pierdut în acest punct. Ca măsură a frustrării pe care o simţeam, am tras o linie lungă și emfatică pe restul paginii.

Ca orice cuplu la început, învăţam să ne certăm. Nu ne certam des, iar când o făceam era, de obicei, pentru lucruri mărunte, un șir de exasperări înăbușite care ieșeau de regulă la suprafaţă când unul din noi sau chiar amândoi eram prea obosiţi sau stresaţi. Dar ne certam. Iar eu - că o fi bine, că o fi rău - am tendinţa să ţip când sunt furioasă. Când mă stârnește ceva, senzaţia poate fi intens fizică, asemenea unei mingi de foc care îmi urcă pe șira spinării și explodează atât de puternic, încât uneori nu-mi mai amintesc ce spun în momentele de furie. Barack, în schimb, are tendinţa de a rămâne rece și raţional, vorbele lui venind într-o cascadă elocventă (și în consecinţă enervantă). Am avut nevoie de timp - ani de zile - ca să înţelegem că așa suntem construiţi fiecare, că fiecare este suma codurilor genetice și a tot ceea ce au mai pus în noi părinţii și părinţii lor, mai înainte. În timp, am descoperit cum să ne exprimăm și să ne depășim enervările și furiile ocazionale. Acum ne certăm mult mai puţin dramatic, deseori mai eficient și întotdeauna ţinând cont de iubirea dintre noi, oricât de tensionaţi am fi.

Ne-am trezit în dimineața următoare la Nairobi sub un cer albastru și cu o energie nouă, mai puțin afectați de diferența de fus orar și cu optimismul regăsit. Ne-am întâlnit cu Auma la o gară din centru și ne-am urcat toți trei într-un tren de persoane cu obloane la ferestre, ca să mergem spre vest, la casa strămoșească a familiei Obama. Stând la fereastră într-un compartiment plin cu kenyeni, dintre care unii călătoreau cu găini vii în coșuri, alții cu piese greoaie de mobilier pe care le cumpăraseră din oraș, m-a izbit brusc gândul că viața mea de fată-din-Chicago-avocată-la-birou devenise brusc foarte ciudată – bărbatul acesta care stătea lângă mine apăruse într-o zi în biroul meu cu numele lui ciudat și zâmbetul donquijotesc, ca să dea totul peste cap. Nu-mi dezlipeam privirea de la fereastră, în timp ce treceam pe lângă vasta comunitate Kibera, cea mai mare mahala urbană a Africii, dezvăluindu-ne colibele ei joase cu acoperișuri de tablă lipite unele de altele, drumurile ei noroioase și canalizarea de suprafață, precum și o sărăcie pe care nu o mai văzusem până atunci și nici nu mi-o imaginasem.

Mergeam cu trenul de câteva ore. Barack a deschis până la urmă o carte, dar eu am continuat să privesc fascinată pe fereastră cum mahalalele din Nairobi lasă locul unui peisaj rural cu câmpuri colorate în verde-smarald, în timp ce trenul hurducăia spre nord până în orașul Kisumu, unde Auma, Barack și cu mine am coborât în căldura ecuatorială arzătoare, ca să facem ultima etapă a călătoriei cu un *matatu*, printre lanurile de porumb, spre satul Kogelo, unde locuia bunica lor.

Îmi voi aminti întotdeauna roșul intens al pământului din acea parte a Kenyei, atât de bogat încât părea adunat acolo de la începutul timpului. Praful se impregna în pielea închisă și în părul copiilor care ne salutau strigând de pe marginea drumului. Îmi amintesc că eram transpirată și îmi era sete în timp ce mergeam pe jos spre casa bunicii lui Barack, o clădire îngrijită din beton în care ea trăia de ani de zile, cultivându-și grădina de legume și îngrijind câteva vaci. Granny Sarah sau bunicuța Sarah îi spuneau ei. Era o femeie scundă și robustă, cu o privire plină de înțelepciune și cu zâmbetul înconjurat de riduri. Nu vorbea engleză, ci numai luo, și și-a exprimat încântarea că am bătut atât drum să o vedem. Pe lângă ea, mă simțeam foarte înaltă. Ea m-a studiat cu curiozitate și adâncită în gânduri, de parcă încerca să-și dea seama de unde vin și cum anume am ajuns la ușa ei. Una dintre primele ei întrebări a fost: „Care dintre părinții tăi e alb?"

Am râs și i-am explicat, cu ajutorul Aumei, că eram cât se poate de neagră, așa cum suntem noi, negrii din America.

Bunicii Sarah i s-a părut amuzant. Părea că totul o amuză și îl tachina pe Barack că nu era în stare să vorbească limba ei. Am fost impresionată profund de veselia ei permanentă. Când s-a înserat, a tăiat un pui și ne-a făcut o tocăniță, pe care ne-a servit-o cu o fiertură de porumb numită ugali. În tot acest timp, apăreau întruna vecini și rude, să-i salute pe tinerii Obama și să ne felicite pentru logodnă. Am mâncat cu poftă, recunoscătoare, în timp ce soarele a coborât la asfințit și noaptea s-a lăsat deasupra satului care nu avea electricitate, lăsând deasupra noastră cerul plin de stele strălucitoare. Faptul că mă aflam în acest loc părea un mic miracol. Împărțeam un dormitor sărăcăcios cu Barack, ascultând țârâitul greierilor în lanurile de porumb care ne înconjurau și zgomotele unor animale pe care nu le puteam vedea. Îmi amintesc că mă simțeam copleșită de vastitatea ținutului și de cerul de deasupra, dar, în același timp, confortabil și protejată în căsuța aceea. Aveam o carieră nouă, un logodnic și o familie lărgită - chiar și o bunicuță kenyană care mă plăcea. Era real: fusesem aruncată în afara lumii mele și, pentru moment, totul era bine.

Capitolul 12

Barack și cu mine ne-am căsătorit într-o sâmbătă însorită de octombrie, în 1992, stând amândoi în fața a peste 300 de prieteni și rude, la Trinity United Church of Christ, în South Side. A fost o nuntă mare, pentru că mare trebuia să fie. Dacă ne căsătoream la Chicago, nu aveau cum să fie restricții în privința listei de invitați. Rădăcinile mele erau prea adânci. Nu aveam doar veri, ci și veri ai verilor, iar acei veri ai verilor aveau copii dintre care n-aș fi lăsat nici unul pe dinafară și care, împreună, au făcut ca ziua să fie mai plină de semnificații și mai fericită.

Frații mai tineri ai tatei au fost acolo. Familia mamei a venit în întregime. Au venit vechi prieteni din școală și vecini, oameni de la Princeton, oameni de la Whitney Young. Doamna Smith, soția fostului meu director adjunct din liceu, care încă mai locuia puțin mai jos de casa noastră pe Euclid Avenue, a ajutat la organizarea nunții, în timp ce vecinii noștri de peste drum, domnul și doamna Smith, au cântat cu formația lor de jazz la petrecerea de după ceremonie. Santita Jackson, exuberantă într-o rochie neagră cu un decolteu adânc, a fost domnișoara mea de onoare. Mi-am invitat foști colegi de la Sidley și colegi noi de la primărie. Partenerii de la firma lui Barack erau și ei acolo, ca și prietenii lui din perioada de organizator pentru comunitate. Un grup gălăgios de foști colegi de liceu din Hawaii ai lui Barack s-a alăturat bucuros câtorva dintre rudele lui din Kenya, care purtau pălării tradiționale colorate. Din păcate, îl pierdusem pe Gramps – bunicul lui Barack –, care murise de cancer în iarna precedentă, dar mama și bunica lui au venit la Chicago, la fel și Auma, și Maya, surorile vitrege de pe continente diferite, unite de afecțiunea lor pentru Barack. A fost prima dată când familiile noastre s-au întâlnit, iar sentimentul a fost unul de uriașă bucurie.

Eram înconjurați de iubire – neamul eclectic, multicultural Obama, și stabilii Robinsoni-din-South-Side, cu toții vizibil interconectați acum, de la o strană la alta, în biserică. L-am ținut strâns de braț pe Craig în timp ce m-a condus la altar. Când am ajuns în față, am surprins privirea mamei. Stătea în primul rând, cu un aer regal, într-o rochie lungă cu paiete albe și negre pe care o alesesem împreună, cu bărbia ridicată și cu mândrie în ochi. Încă ne era dor de tata în fiecare zi, dar, așa cum ar fi dorit și el, mergeam mai departe.

Barack se trezise în dimineața aceea cu un guturai urât, care, însă, i-a trecut ca prin minune de îndată ce a ajuns la biserică. Îmi zâmbea acum cu ochii strălucitori, îmbrăcat într-un frac închiriat și o pereche nouă de pantofi din lac. Căsătoria încă era o necunoscută mai mare pentru el decât pentru mine, însă, în cele 14 luni în care fusesem logodiți, nu a fost niciodată altfel decât implicat total. Alesesem cu grijă totul pentru ziua aceasta. Deși inițial mi-a spus că nu îl interesează detaliile legate de organizarea nunții, Barack a ajuns, în cele din urmă, insistent – și previzibil –, să-și spună părerea despre orice, de la aranjamentele florale până la gustările care aveau să fie servite la centrul cultural South Shore. Ne alesesem un cântec pentru nuntă, pe care Santita urma să-l cânte cu vocea ei uimitoare, acompaniată de un pianist.

Era o melodie a lui Stevie Wonder, intitulată „You and I (We Can Conquer the World)" – „Tu și cu mine (Putem cuceri lumea)". Îl auzisem prima dată în copilărie, când eram în clasa a treia sau a patra, iar Sudistul îmi oferise în dar albumul *Talking Book* – primul meu disc, extrem de prețios pentru mine. Îl păstram acasă la el și puteam să îl ascult când mergeam în vizită, ori de câte ori voiam. El m-a învățat cum să am grijă de viniluri, cum să curăț discurile de praf, cum să ridic acul de pe platan și să îl așez delicat în punctul de sprijin. De obicei, mă lăsa singură cu muzica, să învăț de una singură tot ce avea de transmis albumul, în general, cântând cât de tare puteam. „Ei bine, în mintea mea, noi putem cuceri lumea / Îndrăgostiți, tu și cu mine, tu și cu mine, tu și cu mine..."

Aveam pe atunci nouă ani. Nu știam nimic despre iubire și implicare sau despre cucerirea lumii. Tot ce puteam să fac era să-mi imaginez iubirea, în idei fermecătoare, încercând să ghicesc cine avea să vină într-o zi să-mi trezească sentimente atât de puternice. Avea să fie Michael Jackson? José Cardenal de la Cubs? Cineva ca tata? Nu puteam nici măcar să mi-l imaginez pe el, pe acela care avea să devină „tu" pentru „mine".

Dar, iată-ne aici.

Trinity Church (Biserica Sfintei Treimi) avea pentru noi o însemnătate aparte, de suflet. Barack începuse să meargă acolo în perioada în care lucra ca organizator și, mai recent, devenisem amândoi membri ai congregației, urmând exemplul multora dintre prietenii noștri afro-americani din oraș.

Parohul bisericii, reverendul Jeremiah Wright – cunoscut drept un predicator senzațional, cu o pasiune pentru justiția socială – oficia acum căsătoria noastră. El le-a urat bun venit prietenilor și familiilor noastre, după care a ridicat verighetele, să le vadă toată lumea. A vorbit cu elocvență despre ceea ce însemna să formezi un cuplu, sub privirile unui grup de oameni care, împreună, ne cunoșteau pe mine și pe Barack mai bine decât oricare alții.

În clipa aceea am simțit forța a ceea ce făceam, semnificația ritualului, în timp ce stăteam acolo cu viitorul încă nescris, cu fiecare necunoscută încă necunoscută, doar strângându-ne unul altuia mâinile în timp ce ne rosteam jurămintele.

Orice ne aștepta dincolo de acest moment, aveam să facem împreună. Îmi pusesem tot sufletul în organizarea acestei zile, eleganța întregii povești era importantă pentru mine, dar am înțeles atunci că tot ceea ce conta cu adevărat, ceea ce aveam să țin minte pentru totdeauna era strângerea de mână. Mă lega așa cum nimic altceva nu o făcuse vreodată, aveam încredere în această uniune, încredere în acest bărbat. Să o declari era cel mai ușor lucru din lume. Privind chipul lui Barack, am știut cu certitudine că și el simțea la fel. Nici unul din noi nu a plâns în ziua aceea. Vocea nu ne-a tremurat. Cel mult eram ușor năuciți. De acolo, am plecat spre petrecere, alături de cele câteva sute de martori. Am mâncat, am băut și am dansat până când am obosit de atâta bucurie.

LUNA NOASTRĂ DE MIERE a fost plănuită ca una de odihnă, o călătorie discretă în nordul Californiei, care presupunea vin, somn, băi de nămol și mâncare bună. A doua zi după nuntă, am luat avionul până la San Francisco, am petrecut câteva zile în Napa, iar apoi am pornit spre sud pe Autostrada 1 până la Big Sur, să citim cărți, să ne uităm la oceanul albastru și să ne limpezim mințile. A fost minunat, cu excepția guturaiului lui Barack care a revenit în plină forță și a băilor de nămol, care mi s-au părut fără efect și cam scârboase.

După un an aglomerat, eram mai mult decât pregătiți să ne întoarcem la treabă. Barack plănuise inițial ca, în lunile de dinaintea nunții noastre, să-și termine cartea și să lucreze la noua lui firmă de avocatură, dar întrerupsese totul. Cândva, la începutul anului 1992, a fost contactat de liderii unei organizații naționale apolitice numită Project VOTE! (Proiectul VOTEAZĂ!), care se afla în fruntea eforturilor de înregistrare a unor noi alegători în statele în care prezența la urne a minorităților era în mod tradițional scăzută. Ei l-au întrebat pe Barack dacă ar fi fost interesat să conducă proiectul în Illinois, prin deschiderea unui birou operativ la Chicago, care să înscrie pe listele electorale votanți de culoare înaintea alegerilor din noiembrie. Se estima că în stat existau în jur de 400 000 de afro-americani cu drept de vot, dar care nu erau înregistrați încă, majoritatea aflați la Chicago și în împrejurimi.

Plata era insignifiantă, dar un astfel de loc de muncă se potrivea cu convingerile lui Barack. În 1983, o acțiune similară de înregistrare pe listele electorale la Chicago ajutase la propulsarea în funcție a lui Harold Washington. În 1992, miza părea să fie din nou ridicată: o altă candidată de culoare, Carol Moseley Braun, luase prin surprindere pe toată lumea câștigând la limită nominalizarea Partidului Democrat pentru Senat, iar acum era într-o cursă foarte strânsă pentru alegerile generale. Între timp, Bill Clinton candida la președinție împotriva lui George H.W. Bush. Nu era un moment în care alegătorii minoritari să stea deoparte.

A spune că Barack s-a aruncat cu toate puterile în această muncă ar fi prea puțin. Scopul Project VOTE! era să înscrie noi votanți în Illinois într-un ritm uluitor de zece mii pe săptămână. Munca era asemănătoare cu cea pe care o făcuse ca organizator pentru comunitate: de-a lungul primăverii și al verii, el și echipa lui au trecut printr-o mulțime de subsoluri de biserici și au mers din casă în casă, să stea de vorbă cu cei neînscriși pe listele electorale. S-a întâlnit periodic cu lideri ai comunității și și-a susținut de nenumărate ori prezentarea în fața unor potențiali sponsori bogați, care ajutau la plata reclamelor la radio și la tipărirea unor broșuri informative care să fie împărțite în cartierele de negri și în ansamblurile rezidențiale ale primăriei. Mesajul organizației era ferm și clar, o oglindire a ceea ce știam că simțea Barack în adâncul inimii: votul însemna putere. Dacă voiai schimbarea, nu aveai voie să stai acasă în ziua alegerilor.

Seara, Barack venea acasă, în locuința noastră de pe Euclid Avenue, și deseori se prăbușea pe canapea, mirosind puternic a tutun de la țigările pe care încă le mai fuma când eu nu-l vedeam. Părea obosit, dar niciodată epuizat. Ținea cu grijă evidența rezultatelor obținute: la jumătatea verii, ajunseseră la cifra impresionantă de șapte mii de votanți înregistrați săptămânal, dar erau încă departe de obiectivul propus. Se gândea la strategii prin care să transmită mai bine mesajul, să atragă mai mulți voluntari și să descopere grupurile de oameni rămase până atunci ascunse. Părea să vadă aceste provocări ca pe un cub al lui Rubik – un puzzle care putea fi rezolvat doar dacă mișcai anumite elemente, într-o anumită ordine. Oamenii la care era cel mai greu de ajuns, îmi spunea, erau tinerii, cei între 18 și 30 de ani care păreau să nu aibă deloc încredere în guvernare.

Eu, în schimb, mă implicasem cu totul în administrație. Lucram deja de un an cu Valerie la biroul primarului, asigurând legătura cu unele dintre departamentele primăriei, inclusiv cel de sănătate și servicii sociale. Activitatea mea era complexă, și oamenii suficient de bine orientați încât să fiu stimulată și să simt că era aproape întotdeauna interesantă. Dacă altădată îmi petreceam zilele scriind note într-un birou liniștit, cu covoare groase și vedere spre lac, acum lucram într-o încăpere fără ferestre de la unul din etajele superioare ale primăriei, alături de oameni care se perindau gălăgios prin clădire în orice moment al zilei.

Problemele administrative, învățam eu, erau complicate și fără sfârșit. Pendulam între ședințe cu diverși șefi de departamente, lucram cu angajații comisiilor municipale și uneori eram trimisă în diferite cartiere din oraș ca să soluționez plângeri adresate personal primarului. Plecam în misiune să inspectez copaci care trebuiau tăiați, discutam cu pastori de prin cartiere care erau nemulțumiți de trafic sau de ridicarea gunoiului și deseori reprezentam biroul primarului la evenimente ale comunității. Odată a trebuit să intervin într-o încăierare la un picnic organizat pentru vârstnici, în zona de nord. Nimic din toate acestea nu era specific unui avocat corporatist, motiv pentru care mi se părea captivant. Descopeream orașul Chicago într-un fel în care nu îl cunoscusem înainte.

Învățam și altceva valoros, petrecându-mi cea mai mare parte a timpului alături de Susan Sher și Valerie Jarrett, două femei care – după cum vedeam – reușeau să fie extraordinar de sigure pe ele și extraordinar de umane, în același timp. Susan conducea ședințele cu calm și cu o grație implacabilă. Valerie nu ezita să își spună părerea într-o sală plină de bărbați puternici și reușea frecvent, cu abilitate, să-i facă să treacă de partea ei. Era rapidă ca o cometă, un om care cu siguranță era menit să aibă succes. Cu puțin timp înainte de nunta noastră, fusese promovată comisar însărcinat cu planificarea și dezvoltarea economică a orașului, și, imediat după aceea, mi-a oferit o poziție de adjunct. Urma să încep să lucrez de îndată ce ne întorceam din luna de miere.

O vedeam mai mult pe Valerie decât pe Susan, dar eram foarte atentă la ce făcea fiecare din ele, la fel cum se întâmplase cu Czerny, mentorul meu din colegiu. Acestea erau femei care nu se temeau să spună ce gândesc și nu se fereau să-și susțină convingerile. Puteau fi amuzante și modeste când era cazul, dar nu se lăsau doborâte de lovituri și nici nu puneau la îndoială forța propriilor puncte de vedere. Și nu erau doar femei de carieră, erau și mame. Le studiam foarte atent și din acest punct de vedere, știind că la fel voiam să fiu și eu într-o bună zi. Valerie nu ezita să iasă dintr-o ședință importantă când primea un telefon de la școala fiicei ei. La fel, Susan pleca în mijlocul zilei dacă unul din băieții ei făcea febră sau avea serbare la grădiniță. Nu se scuzau pentru că puneau pe primul loc nevoile copiilor lor, chiar dacă asta însemna uneori întreruperea unor treburi la serviciu, și nici nu încercau să separe serviciul de casă, așa cum observasem că procedau bărbații de la Sidley. Nu cred că separarea a fost vreodată o opțiune pentru Valerie și Susan, având în vedere că jonglau cu treburile pe care doar mamele le pot face și, totodată, erau amândouă divorțate, ceea ce aducea noi provocări emoționale și financiare. Ele nu încercau să fie perfecte, dar reușeau cumva să fie întotdeauna excepționale, legate de o prietenie profundă și reciproc folositoare, fapt care mi-a lăsat, de asemenea, o impresie puternică. Renunțaseră la orice mascaradă și reușeau să fie ele însele, într-un mod minunat, puternic și instructiv.

BARACK ȘI CU MINE ne-am întors din luna de miere petrecută în nordul Californiei și am primit vești bune, dar și vești proaste. Vestea bună a venit sub forma alegerilor din noiembrie, care au adus ceea ce părea a fi un val de schimbare încurajatoare. Bill Clinton a câștigat zdrobitor în Illinois și în restul țării, înlăturându-l din funcție pe președintele Bush după un singur mandat. Carol Moseley Brown a învins și ea categoric, devenind prima femeie afro-americană care a ocupat vreodată un loc în Senat. Ceea ce l-a entuziasmat și mai tare pe Barack a fost că ziua alegerilor s-a dovedit un succes de proporții: Project VOTE! a înregistrat direct 110 000 de noi votanți și este foarte probabil ca efectele amplei campanii „mergeți-să-votați" să fi ridicat și prezența generală la urne.

Pentru prima dată după un deceniu, peste o jumătate de milion de alegători negri din Chicago au mers la vot, dovedind că aveau forța colectivă de a influența rezultatele politice. Aceasta a trimis un mesaj clar legiuitorilor și viitorilor politicieni, restabilind totodată un sentiment care părea să se fi pierdut odată cu moartea lui Harold Washington: votul afro-americanilor conta. Prețul politic ar fi fost mult prea mare ca să mai poată cineva să ignore nevoile și preocupările oamenilor de culoare. Mesajul acesta mai avea unul în interior, pentru însăși comunitatea de culoare, o aducere aminte că progresul era posibil, că valoarea noastră era măsurabilă. Toate acestea erau încurajatoare pentru Barack. Oricât de obositor era, iubea ceea ce făcea pentru ceea ce îl învăța despre sistemul politic complex din Chicago și pentru că îi dovedea că talentele lui de organizator puteau funcționa la o scară mai mare. Colaborase cu lideri locali, cu oameni de rând și cu oficiali aleși, și – aproape ca prin minune – avusese rezultate. Câteva ziare au consemnat impactul impresionant pe care l-a avut Project VOTE! Un redactor de la revista *Chicago* l-a descris pe Barack ca fiind „un om obsedat de muncă, înalt și amabil", sugerând că ar putea cândva să candideze, o idee la care el, pur și simplu, a ridicat din umeri.

Și acum vine și vestea proastă: omul acela obsedat de muncă, înalt și amabil, cu care tocmai mă căsătorisem, își ratase termenul-limită pentru carte, fiind atât de prins cu înregistrarea votanților încât reușise să predea doar un manuscris parțial. Ne-am întors acasă din California și am aflat că editura îi anulase contractul și ne transmisese prin agentul literar că Barack le datora returnarea avansului de 40 000 de dolari.

Dacă Barack s-a panicat, nu a făcut-o în fața mea. Eu eram preocupată să-mi preiau noile responsabilități la primărie, ceea ce presupunea participarea la mai multe ședințe ale unor consilii de administrație locale și la mai multe picnicuri pentru vârstnici decât la slujba mea de dinainte. Chiar dacă nu mai prestam ore de lucru într-o corporație, zarva de fiecare zi a orașului mă epuiza, iar seara mă găsea mai puțin interesată de orice problemă de acasă și mai dornică să-mi torn un pahar de vin, să-mi decuplez creierul și să mă uit la televizor de pe canapea. Dacă am învățat ceva din implicarea obsesivă a lui Barack în Project VOTE! a fost că nu folosea la nimic să-mi fac griji pentru grijile lui – în parte pentru că eu le consideram mai copleșitoare decât el. Pe mine haosul mă tulbura, dar pe Barack părea să-l înviorează. El era ca un artist de circ căruia îi plăcea să învârtă farfurii; dacă lucrurile erau prea calme, o lua drept un semn că mai era ceva de făcut. Era obsedat și dependent de implicare, după cum am ajuns să înțeleg, alăturându-se unor proiecte noi fără să țină cont prea mult de limitele de timp și de energie. Acceptase, de exemplu, să facă parte din consiliile de conducere ale câtorva ONG-uri, deși acceptase, în prealabil, propunerea de a preda câteva ore la Universitatea din Chicago în semestrul următor și plănuia, în același timp, să lucreze cu normă întreagă la firma de avocatură.

Și mai era și cartea. Agenta lui literară era convinsă că putea vinde ideea unei alte edituri, însă asta presupunea că el ar fi trebuit, totuși, să termine cât mai repede măcar o primă variantă. Cum nu începuse încă să lucreze la Universitate, și cu binecuvântarea firmei de avocatură care îl aștepta deja de un an ca să înceapă programul cu normă întreagă, Barack a găsit soluția care părea să i se potrivească perfect: avea să-și scrie cartea în izolare, înlăturând distragerile de fiecare zi, într-o căbănuță închiriată undeva unde s-ar fi putut concentra asupra scrisului. Era echivalentul efortului disperat dintr-o noapte albă în studenție, când încercai să termini un referat, numai că Barack estima că efortul lui de a termina cartea avea să-i consume câteva luni. Mi-a spus toate astea într-o noapte, acasă, cam la șase săptămâni după nuntă, iar, la final, mi-a mai strecurat, delicat, o informație: mama lui îi găsise deja cabana perfectă. De fapt, o și închiriase pentru el. Era ieftină, liniștită și pe plajă. În Sanur. Adică pe insula indoneziană Bali, la o distanță de aproximativ 12 000 de kilometri de mine.

Pare o glumă proastă, nu-i așa? Ce se întâmplă când un individualist iubitor de singurătate se însoară cu o femeie de familie, căreia nu îi place singurătatea nici un pic?

Răspunsul, bănuiesc, este probabil cel mai bun și mai concludent răspuns la toate întrebările care apar într-o căsnicie, indiferent despre ce-ar fi vorba: găsești modalități să te adaptezi. Dacă vrei ca mariajul să dureze pentru totdeauna, atunci chiar nu ai de ales.

Ceea ce este un fel de a spune pentru că, la începutul anului 1993, Barack a luat avionul spre Bali și a stat în jur de cinci săptămâni singur cu gândurile lui, în timp ce lucra la o variantă a cărții intitulate *Dreams from My Father* (*Visuri de la tatăl meu*), umplând teancuri de foi galbene cu scrisul lui de mână foarte îngrijit, distilându-și ideile în timpul plimbărilor pe malul oceanului, printre cocotieri. Între timp, eu am rămas acasă, pe Euclid Avenue, locuind la etaj, deasupra apartamentului mamei, într-o altă iarnă grea ce se așternea peste Chicago, acoperind copacii și trotuarele cu un strat generos de gheață. Mi-am ocupat timpul cu întâlniri cu prietenii și cu seri de gimnastică la sală. Din când în când, îmi dădeam seama că folosesc o expresie nouă și bizară – „soțul meu“. „Soțul meu și cu mine sperăm să ne cumpărăm o casă." „Soțul meu este scriitor și are de terminat o carte." Era o formulă nefamiliară și încântătoare, care îmi trezea amintiri legate de un bărbat care, pur și simplu, nu se afla lângă mine. Îmi lipsea teribil Barack, dar încercam să-mi explic situația rațional, cât de bine puteam, spunându-mi că, deși eram proaspăt căsătoriți, această separare era cea mai bună soluție pentru problema pe care o aveam de depășit.

El luase haosul cărții neterminate și plecase să-l înfrunte departe de casă. Poate că voia chiar să-mi facă un bine, încercând să țină acest haos departe de mine. Mă măritasem cu cineva care gândea nonconformist, trebuia să-mi reamintesc asta. El își rezolva treburile în modul care i se părea lui cel mai rezonabil și mai eficient, chiar dacă din exterior părea doar o vacanță la mare – o lună de miere cu el însuși (nu puteam să nu mă gândesc la asta, în clipele de singurătate) după luna de miere cu mine.

„Tu și cu mine, tu și cu mine, tu și cu mine." Învățam să ne adaptăm, să ne împletim unul cu altul într-o versiune de *noi,* rezistentă și veșnică. Chiar dacă eram aceiași doi oameni dintotdeauna, același cuplu pe care îl formam de ani de zile, aveam acum etichete noi, un al doilea set de identități pe care să ni le conturăm. El era soțul meu. Eu eram soția lui. Ne-am ridicat în picioare la biserică și am spus-o cu voce tare, unul altuia și lumii întregi. Simțeam că ne datoram ceva nou unul altuia.

Pentru multe femei, inclusiv pentru mine, „soție" este un cuvânt plin de semnificații. Poartă în el o istorie întreagă. Dacă ai crescut în anii 1960 și 1970, ca mine, soțiile par să fie genul acela de femei albe din serialele TV – vesele, coafate, încorsetate.

Ele stau acasă, se agită excesiv cu copiii și au mâncarea mereu gata pe aragaz. Uneori întrec măsura cu lichiorul sau flirtează cu tipul care vinde aspiratoare din ușă în ușă, dar surescitarea lor pare să se termine aici. Ironia este, desigur, că eu obișnuiam să mă uit la aceste seriale în camera noastră de zi de pe Euclid Avenue, în timp ce mama mea casnică făcea de mâncare fără să se plângă, iar respectabilul meu tată se odihnea în fotoliu după serviciu. Căsnicia părinților mei era la fel de tradiționalistă ca oricare alta văzută la TV. Barack glumea uneori că fusesem crescută într-un fel de *Leave It to Beaver* pentru negri, cu Robinsonii din South Shore la fel de conservatori și cu aerul la fel de tineresc ca familia Cleaver din Mayfield, deși noi eram bineînțeles o variantă mai săracă, în care tata purta uniforma albastră a angajaților municipalității, nu costum. Barack făcea comparația aceasta cu o urmă de invidie pentru că propria lui copilărie fusese atât de diferită, dar și ca o modalitate de a ataca stereotipul bine înrădăcinat că afro-americanii trăiesc în case dărăpănate, că familiile noastre sunt cumva incapabile să trăiască visul clasei de mijloc la fel ca vecinii noștri albi.

Personal, în copilărie preferam *The Mary Tyler Moore Show*, la care mă uitam fascinată. Mary avea o slujbă, un dulap drăguț și un păr cu adevărat extraordinar. Era independentă și amuzantă și, spre deosebire de celelalte doamne de la televizor, problemele ei erau interesante. Purta conversații care nu erau despre copii sau despre gospodărie. Ea nu-l lăsa pe Lou Grant s-o facă pe șeful cu ea și nici nu era obsedată să-și găsească un soț. Era tânără și, în același timp, matură. Astfel de lucruri aveau importanță la acea vreme, cu mult înaintea internetului, când contactul cu lumea se făcea aproape exclusiv prin trei canale de televiziune. Dacă erai o fetiță isteață, care avea senzația că atunci când va crește va fi și altceva decât doar soție, atunci Mary Tyler Moore putea fi zeița ta.

Și iată-mă acum, la 29 de ani, locuind în același apartament în care mă uitasem atâtea seri la televizor și mâncasem felurile pregătite de răbdătoarea și altruista Marian Robinson. Aveam atât de multe – educație, o stimă de sine sănătoasă, un arsenal întreg de ambiții – și eram suficient de înțeleaptă să-i recunosc mamei meritul de a le fi sădit în mine. Ea m-a învățat să citesc înainte să merg la grădiniță, ajutându-mă să leg cuvinte în timp ce stăteam ghemuită ca un pisoi la ea în poală, pe un exemplar din *Dick și Jane* împrumutat de la bibliotecă. Ea ne-a gătit cu grijă, punându-ne în farfurii broccoli și varză de Bruxelles și insistând să le mâncăm. Mi-a cusut cu mâna ei rochia pentru balul de absolvire, pentru numele lui Dumnezeu. Ideea este că s-a dăruit cu hărnicie și a dat totul. Ea a lăsat familia s-o definească. Eram suficient de matură de acum ca să înțeleg că orele pe care ni le dăruise, mie și lui Craig, erau ore pe care nu le petrecuse pentru ea însăși.

Darurile considerabile de care mă bucurasem în viață îmi provocau acum un fel de tortură psihică. Fusesem crescută să fiu încrezătoare și să nu țin cont de limite, să cred că pot să urmăresc și să obțin orice îmi doresc. Iar eu voiam totul. Pentru că, așa cum ar fi spus Suzanne, de ce nu? Voiam să trăiesc în stilul femeii de carieră independente, jos pălăria, al lui Mary Tyler Moore și, în același timp, gravitam spre normalitatea stabilizatoare, cu sacrificiu de sine și aparent banală de a fi soție și mamă. Voiam să am o carieră și o viață de familie, dar cu oarecare șanse ca nici una din ele să nu o excludă complet pe cealaltă. Speram să fiu exact ca mama și, în același timp, să nu fiu deloc ca ea. Era o temă de gândire bizară și complicată. Puteam să am totul? Aveam să am totul? Nu știam.

Între timp, Barack s-a întors din Bali bronzat și cu o geantă plină de foi galbene, transformându-și izolarea într-o victorie literară. Cartea lui era gata. În câteva luni, agenta lui a vândut-o unei alte edituri, reușind să acopere datoria și să asigure un plan pentru publicare. Mai important pentru mine a fost că, în doar câteva ore, am revenit la ritmul nostru dezinvolt de proaspăt căsătoriți. Barack era acolo, terminase cu însingurarea și aterizase înapoi, în lumea mea. *Soțul meu.* Zâmbea la glumele mele, voia să audă cum mi-am petrecut ziua și mă săruta de noapte bună.

Lunile treceau, iar noi găteam, munceam, râdeam și făceam planuri. Spre sfârșitul acelei primăveri, stăteam suficient de bine cu banii ca să ne cumpărăm un apartament, așa că ne-am mutat de la 7436 South Euclid Avenue într-un apartament drăguț, nedecomandat, din Hyde Park, cu parchet și cu un șemineu placat. Era o nouă rampă de lansare pentru viața noastră. Încurajată de Barack, mi-am mai asumat un risc și am schimbat din nou serviciul, de data aceasta luându-mi rămas-bun de la Valerie și Susan, de la primărie, ca să explorez activitatea de ONG care mă fascinase întotdeauna, să găsesc un rol de lider care să-mi dea posibilitatea să cresc. Erau multe lucruri despre viața mea pe care nu le știam încă – nu aflasem cum să fiu în același timp o Mary și o Marian –, dar, pentru moment, toate problemele alunecaseră spre marginea minții mele, unde stăteau neglijate și în stare latentă. Orice grijă putea să aștepte, mă gândeam, pentru că de acum eram *noi,* și noi eram fericiți. Iar fericirea părea a fi un început pentru orice.

Capitolul 13

NOUL MEU LOC DE MUNCĂ ÎMI DĂDEA EMOȚII. Eram angajată ca director executiv al noii filiale din Chicago a unei organizații care se numea Public Allies, ea însăși nou-nouță. Era un fel de start-up în interiorul unui start-up și într-un domeniu în care nu aveam deloc experiență profesională. Public Allies fusese înființată cu doar un an în urmă, la Washington DC, de Vanessa Kirsch și Katrina Browne. Ambele erau proaspete absolvente și voiau să ajute mai mulți oameni să-și găsească drumul spre o carieră în serviciul public și organizații nonprofit. Barack le cunoscuse la o conferință și acceptase un loc în consiliul lor de administrație, sugerându-le, în cele din urmă, să ia legătura cu mine pentru o eventuală colaborare.

Modelul era similar celui folosit de Teach in America, organizație nouă la vremea respectivă: Public Allies recruta tineri talentați, le oferea pregătire intensivă și îndrumare dedicată, apoi îi plasa pentru 10 luni pe poziții de începători în companii de stat și în agenții publice, cu speranța că se vor dezvolta și că vor aduce contribuții semnificative serviciului public. Scopul mai amplu era ca oportunitățile acestea să le dea celor recrutați – aliați, le spuneam noi – atât experiența, cât și impulsul de a continua să lucreze în anii următori în sectorul public sau nonprofit, ajutând astfel la apariția unei noi generații de lideri ai comunității.

În cazul meu, ideea a avut o rezonanță extraordinară. Încă îmi mai aminteam cum, în ultimul an la Princeton, atât de mulți dintre noi dăduserăm examenele MCAT și LSAT sau ne înscriseserăm la programe de pregătire corporatiste, fără să ne gândim măcar o dată (cel puțin în cazul meu) sau poate chiar să ne dăm seama cât de multe erau oportunitățile în privința orientării civice. Public Allies își propunea să corecteze asta, ca o modalitate de lărgire a orizontului pentru tinerii care se gândeau la carierele lor. Dar ceea ce mi-a plăcut cel mai mult era că fondatoarele organizației erau mai puțin preocupate să preia absolvenți de la facultăți de elită, din Ivy League, și să-i arunce în comunitățile urbane, și mai mult de descoperirea și de cultivarea talentelor care se aflau deja acolo. Nu aveai nevoie de o diplomă universitară ca să ajungi un aliat. Trebuia doar să ai o diplomă de liceu sau de educație de nivel mediu, să ai mai mult de 17 ani, dar mai puțin de 30, și să fi demonstrat vreodată calități de lider, chiar și nevalorificate până la momentul respectiv.

Public Allies era doar despre talente – descoperirea, educarea și folosirea lor. Era un mandat de a găsi tineri ale căror calități deosebite ar fi putut fi altfel trecute cu vederea, ca să le dăm șansa să facă ceva important. Pentru mine, locul acela de muncă părea aproape predestinat. Pentru fiecare clipă pe care o petrecusem privind nostalgic spre South Side de la fereastra biroului meu de la etajul 47 de la Sidley, primeam, în sfârșit, invitația de a folosi tot ceea ce știam. Bănuiam cât de multe resurse incredibile zăceau nedescoperite în cartiere ca al meu și eram destul de sigură că puteam să le găsesc.

Când mă gândeam la noua mea ocupație, mintea îmi zbura deseori înapoi la copilărie și, în special, la perioada de aproximativ o lună petrecută în iadul cu creioane zburătoare din acea clasă a doua de la școala elementară Bryn Mawr, înainte ca mama să reușească să mă transfere. Atunci nu am simțit altceva decât ușurarea adusă de noroc. Dar norocul meu în viață avea să crească progresiv de acolo mai departe, ca un bulgăre de zăpadă, și m-a făcut să mă gândesc la ceilalți douăzeci și ceva de copii izolați din acea clasă, captivi lângă un profesor nepăsător și nemotivat. Știam că nu eram mai deșteaptă decât oricare dintre ei. Eu doar am avut avantajul unui avocat. Mă gândeam mult mai des la asta acum, ca adult, în special când oamenii mă lăudau pentru realizările mele, de parcă n-ar fi fost un joc bizar și crud al întâmplării în toate acestea. Cu toate că nu a fost deloc vina lor, acei copii din clasa a doua au pierdut un an de învățătură. Până la momentul acela, văzusem destule încât să-mi pot da seama cât de repede pot crește micile neajunsuri, întocmai ca un bulgăre de zăpadă.

La Washington, fondatoarele Public Allies adunaseră o clasă de 15 aliați, începători, care lucrau în diferite organizații din oraș. Ele strânseseră și destui bani pentru deschiderea unei filiale noi la Chicago, devenind una dintre primele organizații care au primit finanțare guvernamentală prin programul de servicii AmeriCorps, creat în mandatul președintelui Clinton. Aici am intrat eu în scenă, cu entuziasm și îngrijorare, în egală măsură. Negociind condițiile de angajare, însă, am avut ceea ce poate ar fi trebuit să fie o revelație despre munca nonprofit: nu aduce câștiguri. Inițial mi s-a oferit un salariu atât de mic, cu atât de mult sub ceea ce câștigam lucrând pentru primăria din

Chicago, ceea ce era deja jumătate din cât câștigasem ca avocat, încât efectiv nu mi-am putut permite să spun da. Ceea ce a dus la o a doua revelație despre anumite organizații nonprofit, în special despre cele care sunt prima inițiativă a unor tineri, cum era Public Allies, și despre oamenii neobosiți și inimoși care lucrează în interiorul lor: spre deosebire de mine, ei păreau să-și permită, de fapt, să se afle acolo, virtutea lor fiind discret susținută de privilegii, fie că era vorba de faptul că nu aveau împrumuturi pentru studii de plătit sau poate așteptau o moștenire și atunci nu-și făceau griji să economisească pentru viitor.

A devenit clar că, dacă voiam să intru și eu în tribul lor, trebuia să-mi negociez admiterea și să cer exact salariul de care aveam nevoie și care era semnificativ mai mare decât se aștepta Public Allies să plătească. Pur și simplu, aceasta era realitatea mea. Nu puteam să fiu intimidată sau stânjenită de nevoile mele. Încă mai aveam de plătit cam 600 de dolari în fiecare lună la împrumutul de studii, peste cheltuielile mele obișnuite, și eram căsătorită cu un bărbat care avea de plătit propriile lui împrumuturi pentru facultatea de drept. Conducătorilor organizației aproape nu le-a venit să creadă când le-am spus cât de mare era împrumutul făcut pentru facultate și cum se traducea asta în rata de plătit lunar, dar s-au mobilizat și au găsit fonduri noi, care mi-au permis să intru în echipă.

Și, astfel, m-am pus în mișcare, nerăbdătoare să valorific ocazia care mi se oferise. Aceasta era prima ocazie pe care o avusesem vreodată să construiesc ceva de la zero: succesul sau eșecul depindeau aproape în întregime de eforturile mele, nu de cele ale șefului meu sau de ale altcuiva. Am petrecut primăvara anului 1993 muncind cu disperare să înființez un birou și să angajez câțiva oameni, astfel încât să putem avea o clasă de aliați care să înceapă din toamnă. Am găsit un spațiu ieftin pentru birouri pe Michigan Avenue și am reușit să fac rost de mese și de scaune la mâna a doua, donate de o firmă de consultanță corporatistă care își redecora birourile.

Între timp, am apelat la aproape toate relațiile pe care Barack și cu mine ni le făcusem vreodată la Chicago, căutând sponsori și oameni care puteau să ne ajute să asigurăm fundației finanțare pe termen lung, ca să nu mai vorbim de cei care lucrau deja în serviciul public și care ar fi fost dispuși să primească un aliat în organizația lor, pentru următorul an. Valerie Jarrett m-a ajutat să plasez câțiva oameni la biroul primarului și la departamentul de sănătate, unde aliații aveau să lucreze la un program pentru vaccinarea copiilor din diferite cartiere. Barack și-a activat rețeaua lui de organizatori pentru comunitate ca să ne pună în legătură cu partea juridică, de avocatură și de predare. Mai mulți parteneri de la Sidley au făcut donații și m-au ajutat să fac cunoștință cu donatori importanți.

Cea mai captivantă parte pentru mine a fost găsirea aliaților înșiși. Cu ajutorul rețelei naționale a organizației, ne-am făcut publicitate în campusurile facultăților din toată țara, căutând totodată și talente aproape de casă. Echipa mea și cu mine am vizitat facultățile și unele dintre liceele mari din zona Chicago. Am bătut la ușile locuințelor din proiectul Cabrini-Green, am mers la întruniri locale și am pus la punct programe dedicate mamelor singure. Am stat de vorbă cu oricine ne întâlneam, de la pastori până la profesori și manageri de la magazinele locale MacDonald's, rugându-i să-i identifice pe oamenii cei mai interesanți pe care îi cunoșteau. Cine avea stofă de lider? Cine era pregătit pentru ceva mai important decât făcea deja? Aceștia erau oamenii pe care voiam să îi încurajăm să se înscrie, cerându-le să uite pentru o clipă de obstacolele care, de obicei, făceau ca astfel de lucruri să pară imposibile și promițându-le că noi, ca organizatori, urma să facem tot ce ne stătea în puteri – indiferent dacă era vorba de un abonament de transport sau de un ajutor pentru supravegherea copilului – ca să ajutăm la acoperirea nevoilor lor.

Până în toamnă, aveam deja 27 de aliați care lucrau ca stagiari în tot orașul, de la primărie până la un centru de asistență comunitară din South Side și la Latino Youth, un liceu alternativ din Pilsen. Aliații erau un grup eclectic și entuziast, oameni plini de idealism și aspirații, cu trecuturi din cele mai diverse. Aveam printre ei un fost membru al unei bande de cartier, o femeie latino-americană care crescuse în sud-vestul orașului Chicago și ajunsese la Harvard, o altă femeie abia trecută de 20 de ani care locuia în adăpostul Robert Taylor și creștea un copil în timp ce încerca să economisească bani pentru facultate și un tânăr de 26 de ani de pe Grand Boulevard, care abandonase liceul, dar care își continua educația pe cont propriu, studiind la bibliotecă, și care mai târziu avea să se întoarcă la școală ca să-și ia diploma.

În fiecare vineri, întregul grup se aduna la unul dintre birourile agenției noastre, pentru o zi întreagă de informări, stabilire de legături și programe de dezvoltare profesională. Zilele acestea îmi plăceau mai mult decât orice. Îmi plăcea gălăgia care umplea sala de ședințe pe măsură ce aliații soseau, aruncându-și rucsacurile într-un colț și scoțându-și hainele de iarnă strat după strat, înainte să se așeze în cerc. Îmi plăcea să-i ajut să-și rezolve problemele, indiferent dacă era vorba despre folosirea programului Excel, cum să se îmbrace pentru o slujbă de birou sau să-și adune curajul să-și spună ideile într-o încăpere plină de oameni mai cultivați decât ei și mai încrezători. Câteodată trebuia să ofer răspunsuri mai puțin plăcute. Dacă auzeam că unii aliați întârziaseră la serviciu sau nu-și luau îndatoririle în serios, eram severă când le transmiteam că așteptam mai mult de la ei. Când ei erau frustrați de organizarea proastă a întâlnirilor comunității sau de clienții problematici de la agențiile lor, îi sfătuiam să privească lucrurile în context și le reaminteam de șansa extraordinară pe care o avuseseră ei.

Mai presus de orice, sărbătoream cel mai mic semn de învățare sau de progres. Iar acestea erau din belșug. Nu toți aliații aveau să rămână să lucreze în sectorul public sau nonprofit și nu toți aveau să reușească să depășească obstacolele ridicate de proveniența dintr-un mediu mai puțin privilegiat, însă, de-a lungul timpului, am fost uimită să văd câți dintre recruții noștri au reușit, de fapt, și s-au dedicat pe termen lung binelui public. Unii au ajuns să facă parte ei înșiși din echipa Public Allies; alții sunt acum lideri în agenții guvernamentale și în organizații nonprofit naționale. La 25 de ani de la înființare, Public Allies încă își continuă activitatea, cu filiale la Chicago și în mai bine de zece mari orașe, cu mii de învățăcei în toată țara. Să știu că am avut un mic rol în această poveste, că am ajutat la crearea a ceva ce rezistă, este una dintre cele mai mari satisfacții pe care le-am avut în viața profesională.

M-am ocupat de Public Allies cu mândria și oboseala unui proaspăt părinte. Mergeam în fiecare seară la culcare gândindu-mă la ce mai era de făcut, iar dimineața, înainte să deschid ochii, treceam în revistă listele cu ce aveam de făcut în ziua respectivă, în săptămâna și în luna ce ne așteptau. După ce prima noastră clasă de 27 de aliați a absolvit în primăvară, în toamnă am urat bun venit unui nou grup de 40 și am continuat să creștem. Privind în urmă, mă gândesc la perioada aceea ca fiind cea mai bună pe care am avut-o vreodată din punct de vedere profesional; mă simțeam încântător de provocată în timp ce lucram, pentru că până și cea mai mică victorie – fie că era vorba de găsirea unui loc bun pentru un vorbitor de spaniolă sau de liniștirea temerilor cuiva de a lucra într-un cartier care nu îi era familiar – trebuia câștigată pas cu pas.

Pentru prima dată în viață simțeam cu adevărat că făceam ceva important și cu satisfacție imediată, influențând direct viețile altora în timp ce rămâneam conectată la orașul și la cultura mea. Mă ajuta totodată să înțeleg mai bine ce simțise Barack în vremea în care lucrase ca organizator pentru Project VOTE!, prins de prioritățile atotconsumatoare ale unei lupte directe – singurul gen de luptă care îi plăcea lui Barack, genul care avea să îi placă întotdeauna – știind cum poate să te stoarcă de puteri și, în același timp, să îți ofere tot ce ți-ai dorit vreodată.

*

ÎN TIMP CE EU eram trup și suflet implicată la Public Allies, Barack intrase într-o perioadă – după standardele lui, cel puțin – de calm relativ și stabilitate. Ținea un curs despre rasism și lege la facultatea de drept a Universității din Chicago, lucrând temporar și la firma lui de avocatură, implicându-se în special în cazuri privind drepturile electorale și discriminarea la angajare. Încă mai susținea și seminare pentru organizarea comunității, conducând câteva ședințe de vineri cu echipa mea de la Public Allies. Din exterior părea o existență perfectă pentru un intelectual trecut de 30 de ani, cu preocupări civice și care respinsese categoric numeroase opțiuni mai lucrative și mai de prestigiu, în favoarea principiilor lui. După părerea mea, el reușise. Găsise un echilibru nobil. Era avocat, profesor și organizator totodată. Și, în curând, avea să fie și un autor publicat.

După ce se întorsese din Bali, Barack petrecuse mai bine de un an scriind o a doua variantă a cărții lui, în orele în care nu se afla la unul dintre locurile lui de muncă. Lucra până noaptea târziu într-o cămăruță de la capătul apartamentului nostru, pe care o transformase în birou – un buncăr aglomerat, ticsit de cărți, căruia eu îi spuneam cu drag „vizuină". Intram și eu acolo câteodată, călcând peste teancuri de foi ca să ajung la bancheta din fața scaunului său în timp ce el lucra, încercând să îi atrag atenția cu o glumă și cu un zâmbet, ca să îl readuc înapoi din cine știe ce depărtări îi zburda imaginația. Primea cu bună dispoziție vizitele mele, mai ales dacă nu zăboveam prea mult.

Barack, ajunsesem să înțeleg, este genul de om care are nevoie de o vizuină, de un loc ferit în care să poată să citească și să scrie fără să fie deranjat. Este ca o trapă care se deschide direct spre orizonturile largi ale creierului său. Timpul petrecut acolo pare să-l hrănească. Ținând cont de asta, am reușit să creăm câte o versiune de vizuină în fiecare casă în care am locuit vreodată – orice colț liniștit sau firidă erau foarte potrivite. Până în ziua de azi, când ajungem la o locuință închiriată în Hawaii sau la Martha's Vineyard, Barack pleacă să își caute o cameră liberă care să poată să-i servească drept vizuină de vacanță. Acolo poate să baleieze între cele șase-șapte cărți pe care le citește simultan și să-și arunce ziarele pe podea. Pentru el, vizuina este un fel de loc sacru, unde se nasc revelațiile și se produc clarificări. Pentru mine, este un loc într-o dezordine descurajantă. Una dintre pretențiile mele a fost întotdeauna ca vizuina să aibă o ușă pe care să pot să o închid. Din motive evidente.

Dreams from My Father a fost, în sfârșit, publicată în vara lui 1995. A avut recenzii bune și, totuși, vânzările au fost modeste, dar asta nu era o problemă. Important era că Barack reușise să-și proceseze povestea de viață, lipind laolaltă bucățelele disparate ale identității lui afro-kansasiană-indoneziană-hawaiiană-din-Chicago și scriindu-și astfel singur un fel de întregire. Eram mândră de el. În narațiune, făcuse un fel de pace literară cu fantoma tatălui său. Efortul a fost unul unilateral, desigur, Barack încercând să umple singur fiecare gol și să înțeleagă fiecare mister pe care îl crease vreodată Obama senior. În orice caz, acesta era stilul în care el rezolva întotdeauna lucrurile. Încă din copilărie, mi-am dat seama, încercase să facă totul pe cont propriu.

*

ODATĂ TERMINATĂ CARTEA, în viața lui apăruse un nou loc liber și – tot în stilul lui consacrat – Barack s-a simțit obligat să îl umple imediat cu altceva. În plan personal, se confrunta cu vești dificile. Mama lui, Ann, fusese diagnosticată cu cancer ovarian și se mutase de la Djakarta în Honolulu, pentru tratament. Din câte știam noi, primea îngrijire medicală de calitate și chimioterapia părea să funcționeze. Atât

Maya, cât și Toot ajutau la îngrijirea ei în Hawaii, iar Barack se ducea des în vizită. Dar diagnosticul venise târziu, cancerul era avansat și era greu de știut ce avea să se întâmple. Știam că asta îl frământa pe Barack.

La Chicago, între timp, angrenajul politic se punea din nou în mișcare. În primăvara anului 1995, primarul Daley fusese reales pentru al treilea mandat, și acum toată lumea se pregătea pentru alegerile din 1996, când Illinois urma să-și aleagă un nou senator, iar președintele Clinton să încerce să obțină un al doilea mandat. Mai scandalos, aveam un congresman în funcție anchetat pentru infracțiuni sexuale, ceea ce lăsa loc pentru un nou candidat democrat în a doua circumscripție electorală a statului, care includea mare parte din zona de sud a orașului Chicago. O senatoare populară, pe nume Alice Palmer, care reprezenta Hyde Park și South Shore și pe care Barack ajunsese să o cunoască în timp ce lucra la Project VOTE!, începuse să spună în anturajul ei că intenționa să candideze. Astfel, urma să lase vacant locul ei în Senat și avea să-i ofere lui Barack ocazia de a candida.

Era interesat? Avea să candideze?

Nu aveam de unde să știu la vremea respectivă, dar aceste întrebări aveau să ajungă să domine următorul deceniu din viețile noastre, vibrând ca o bătaie de tobă, dincolo de orice făceam. *Voia? Putea? Era ceva potrivit pentru el? Ar fi trebuit să facă asta?* Dar, înainte de toate acestea, venea întotdeauna o altă întrebare, pe care însuși Barack o adresa – era o întrebare preliminară și presupus eliminatorie când venea vorba de candidatura pentru o funcție de orice fel. Prima dată când o pusese a fost în ziua în care mi-a spus despre Alice Palmer, despre locul ei vacant și despre ideea ca el să nu mai fie doar avocat/profesor/organizator/autor, ci toate acestea, plus membru în senatul statului: „Ce crezi despre asta, Miche?"

Pentru mine nu a fost niciodată greu să răspund. Nu mi se părea o idee grozavă ca Barack să candideze. Motivele mele erau poate ușor diferite de fiecare dată când apărea această întrebare, dar poziția mea rămânea, în general, aceeași, la fel ca un sequoia cu rădăcinile bine înfipte în pământ. Și care, după cum se poate observa, nu a stat niciodată în calea a aceea ce avea să urmeze.

În cazul alegerilor din 1996 pentru Senat din statul Illinois, raționamentul meu a fost următorul: nu aveam o părere prea bună despre politicieni, așadar nu mă încânta ideea că soțul meu ar putea deveni unul. Aproape toate cunoștințele mele despre politică se bazau pe ceea ce citeam în ziare și nimic nu mi se părea deosebit de bun sau de folositor. Prietenia mea cu Santita Jackson îmi lăsase impresia că politicienii trebuie să stea deseori departe de casă. În general, mi-i închipuiam pe legiuitori ca pe o armată de țestoase care se mișcă lent, îngreunate de interesele proprii. După părerea mea, Barack era prea onest, avea prea multe planuri îndrăznețe ca să reziste într-o atmosferă de ranchiună fățișă și de conflicte dure, așa cum era în clădirea cu cupolă din sudul statului, în Springfield.

Îmi spuneam în sinea mea că existau modalități mai potrivite prin care un om bun putea avea impact asupra societății. Sinceră să fiu, am fost convinsă că aveau să-l mănânce de viu.

Cu toate astea, în mintea mea se conturase deja un contraargument. Dacă Barack credea că putea avea un cuvânt de spus în politică, cine eram eu să-i stau în cale? Cine eram eu să-i strivesc visul înainte ca el să încerce măcar? La urma urmei, el fusese singurul care mă încurajase și mă susținuse când renunțasem la cariera de avocat, deși avusese neliniștile lui legate de angajarea mea la primărie, și tot el era cel care acum lucra în mai multe locuri, în parte ca să compenseze reducerea de salariu pe care mi-o asumasem când devenisem binefăcător cu normă întreagă la Public Allies. În cei șase ani de când eram împreună, nu se îndoise niciodată de instinctele sau de aptitudinile mele. Mottoul lui fusese întotdeauna același: „Nu-ți face griji. Poți să faci asta. O să ne descurcăm noi cumva."

Și așa se face că am fost de acord cu prima lui candidatură la o funcție oficială, desigur, asezonând totul cu un mic avertisment, ca orice soție iubitoare. „Cred că o să fii dezamăgit", l-am prevenit. „Dacă o să fii ales, o să mergi acolo și n-o să se schimbe nimic, oricât de mult ai încerca. Iar asta o să te scoată din minți."

„Poate", mi-a răspuns Barack, ridicând din umeri amuzat. „Dar poate reușesc să fac ceva bun. Cine știe?"

„Ai dreptate", i-am spus, ridicând și eu din umeri. Nu era treaba mea să mă amestec în optimismul lui. „Cine știe?"

*

NU MAI ESTE O NOUTATE PENTRU NIMENI CĂ, între timp, soțul meu a devenit politician. Era un om bun care voia să influențeze lumea și, cu tot scepticismul meu, a decis că era cea mai bună modalitate de a merge înainte. Aceasta este natura convingerilor lui.

Barack a fost ales membru al Senatului statului Illinois, în noiembrie 1996, și a depus jurământul două luni mai târziu, la începutul anului următor. Spre surprinderea mea, mi-a făcut plăcere să urmăresc campania electorală. Am ajutat la strângerea semnăturilor care să-i asigure un loc pe buletinele de vot, bătând sâmbăta la ușile din vechiul meu cartier și ascultând ce aveau de spus locuitorii despre stat, despre guvernarea lui și despre toate lucrurile care credeau că ar fi trebuit îndreptate. Pentru mine, a fost o rememorare a weekendurilor pe care le petreceam cu tata, dintr-o casă în alta, când își făcea datoria de responsabil de circumscripție. Dincolo de asta, nu a fost prea mare nevoie de mine și asta mi-a convenit de minune. Puteam să mă implic în campanie ca într-un hobby, alegându-mi momentele când voiam să intru în joc și să mă distrez puțin, pentru ca apoi să mă întorc la munca mea.

Mama lui Barack a murit în Honolulu la puțin timp după ce el și-a anunțat candidatura. Starea ei s-a deteriorat atât de rapid, încât Barack nu a mai apucat să-și ia rămas-bun. Asta l-a dărâmat. Ann Dunham fusese cea care îi făcuse cunoștință cu bogăția literaturii și cu forța unui raționament bine argumentat. Fără ea, n-ar fi simțit ploile torențiale ale musonului la Djakarta și n-ar fi văzut templele pe apă din Bali. Poate că n-ar fi ajuns niciodată să aprecieze cât de ușor și de palpitant era să treci de pe un continent pe altul sau cum să îmbrățișezi ceea ce nu îți este familiar. A fost o exploratoare care și-a urmat cu îndrăzneală inima. I-am regăsit spiritul în Barack, în aspecte importante, dar și în unele mărunte. Durerea pierderii ei a fost ca un cuțit înfipt în amândoi, chiar lângă lama rămasă în suflet de când îl pierdusem pe tata.

Acum, că era iarnă și senatul era în sesiune, eram despărțiți o bună parte de săptămână. Barack pleca luni noaptea cu mașina și conducea patru ore până în Springfield, unde se caza la un hotel ieftin în care stăteau și mulți dintre ceilalți senatori, până joi seara, când se întorcea acasă târziu. Avea un mic birou în clădirea legislativului și unul cu program parțial la Chicago. Își redusese orele de lucru la firma de avocatură, dar, ca o soluție pentru a ține pasul cu datoriile pe care le aveam, a început să predea mai mult la facultatea de drept, programându-și cursurile în zilele în care nu se afla în Springfield și predând mai mult când Senatul nu era în sesiune. Vorbeam la telefon în fiecare seară când el era plecat, comparându-ne observațiile și schimbând impresii despre cum petrecuse fiecare ziua respectivă. Vinerea, când el se întorcea la Chicago, era stabilit că ieșeam în oraș seara târziu, după ce ne terminam amândoi treburile, de obicei, la un restaurant din centru, numit Zinfandel.

Îmi amintesc acum înduioșată de serile acelea, de luminile slabe și calde din restaurant și de cât de previzibil era că eu, cu devotamentul meu față de punctualitate, ajungeam întotdeauna prima. Îl așteptam pe Barack și, pentru că era sfârșitul unei săptămâni de muncă și pentru că mă obișnuisem deja, nu mă deranja că întârzie. Știam că avea să vină, în cele din urmă, și inima îmi tresărea de fiecare dată când îl vedeam intrând pe ușă și întinzându-i paltonul recepționerei, înainte să-și facă drum spre masa noastră, zâmbindu-mi. Mă săruta și apoi își scotea sacoul, pe care îl așeza pe spătarul scaunului înainte să se așeze. Soțul meu. Rutina mă liniștea. Comandam același lucru aproape în fiecare vineri – friptură înăbușită, cu varză de Bruxelles și piure de cartofi –, iar, când venea mâncarea, savuram totul până la ultima bucățică.

Aceea a fost o epocă de aur pentru noi, datorită echilibrului din căsnicia noastră, când fiecare avea țelul lui. Într-o singură săptămână de la începutul sesiunii parlamentare din Springfield, Barack a introdus 17 noi proiecte de lege – un record, probabil, și cel puțin o dovadă a dorinței lui extraordinare de a schimba ceva. Unele aveau să treacă, până la urmă, dar cele mai multe au fost respinse rapid în camera controlată de republicani, lichidate de partizanat și de un cinism care trecea drept practică obișnuită printre noii lui colegi. Mi-am dat seama, în acele luni de început și așa cum anticipasem, că politica avea să fie o luptă, iar lupta avea să fie epuizantă, implicând impasuri și trădări, aranjamente murdare și compromisuri uneori dureroase. Dar mi-am dat seama și că Barack avusese dreptate. Era ciudat de adaptat la hărțuiala adoptării legilor, calm în mijlocul uraganului, obișnuit să fie privit ca un nechemat, tratând înfrângerile în stilul lui lejer, hawaiian. Nu-și pierdea din speranță și perseverență, convins că măcar o parte din viziunea lui avea să se impună cândva, cumva. Primise deja multe lovituri, dar asta nu îl deranja. Părea să fie făcut pentru asta. Ieșea șifonat din confruntări, dar rămânea strălucitor, ca un vas vechi de aramă.

Și eu eram în mijlocul unei tranziții. Acceptasem o nouă ofertă de lucru, surprinzându-mă oarecum și pe mine cu decizia de a părăsi Public Allies, organizația pe care o creasem și o crescusem cu atâta grijă. M-am dedicat ei vreme de trei ani, asumându-mi responsabilitatea pentru cele mai importante și pentru cele mai mărunte treburi, inclusiv alimentarea rezervei de hârtie a copiatorului. Cum Public Allies era înfloritoare și cu perspectiva longevității asigurată de fondurile federale multianuale, simțeam că pot să mă retrag cu bună credință. Și s-a întâmplat ca tocmai în toamna lui 1996 să apară o nouă ocazie, ca din senin. Art Sussman, avocatul de la Universitatea din Chicago cu care discutasem în urmă cu câțiva ani, mi-a telefonat să-mi spună despre un post nou creat acolo.

Școala căuta un decan asociat care să-și concentreze eforturile asupra relațiilor cu comunitatea, cu scopul integrării în viața orașului pe termen lung, în mod special în South Side, cartierul din jurul universității, inclusiv prin crearea unui program în serviciul comunității prin care studenții să fie conectați la oportunitățile de voluntariat din împrejurimi. La fel ca în cazul Public Allies, acest nou loc de muncă se adresa unei realități pe care o trăisem personal. După cum îi spusesem lui Art cu ani în urmă, Universitatea din Chicago mi se păruse întotdeauna mai puțin accesibilă și mai puțin interesată de mine decât școlile la modă de pe Coasta de Est, unde și absolvisem până la urmă; era un loc cu spatele întors spre tot ce era în jur. Să încerc să subțiez acele ziduri, să conving mai mulți studenți să aibă legătură cu orașul și mai mulți localnici cu universitatea – era o șansă pe care o găseam entuziasmantă.

Dincolo de entuziasm, aveam și alte motive pentru care voiam să fac această tranziție. Universitatea îmi oferea o stabilitate pe care un ONG încă nou nu ar fi avut cum s-o concureze. Salariul era mai bun, programul era mai rezonabil și existau alți oameni numiți să pună hârtie în copiator și să repare imprimanta când se bloca. Aveam 32 de ani deja și începeam să cântăresc mai mult povara pe care eram dispusă să o duc. La întâlnirile noastre de noapte la Zinfandel, Barack și cu mine deseori continuam o conversație pe care, sub o formă sau alta, o aveam de ani de zile – despre impact, despre cum și unde ar fi putut fiecare din noi să facă diferența, cum să ne împărțim mai bine timpul și energia.

Pentru mine, unele dintre vechile întrebări despre cine eram și ce voiam să fac în viață se puneau din nou în mișcare, fixându-se în centrul preocupărilor mele. Îmi schimbasem serviciul, în parte pentru că voiam mai mult timp pentru viața noastră și pentru că asigurările de sănătate erau mai bune decât orice altceva avusesem vreodată. Iar acest lucru avea să se dovedească important, până la urmă. Deși Barack și cu mine ne țineam de mână peste masă la lumina lumânărilor, în fiecare vineri noapte la Zinfandel, cu friptura terminată și desertul pe drum, în fericirea noastră se adâncea o prăpastie cât toate zilele. Încercam să avem un copil și lucrurile nu mergeau bine.

Se pare că nici măcar doi oameni de carieră dedicați, cu o dragoste profundă și cu o etică desăvârșită în muncă nu pot să facă un copil când vor ei. Fertilitatea nu este ceva ce se poate câștiga. Și mai enervant este că nu există o legătură directă între efort și răsplată. Pentru mine și Barack, aceasta a fost o surpriză și, totodată, o dezamăgire. O vreme, mi-am spus că era doar o problemă de timp, ca efect al venirilor și plecărilor lui Barack la Springfield. Încercările noastre nu se făceau după importantele semnale hormonale din fiecare lună, ci, mai degrabă, după programul legislativului din Illinois. Mă gândeam că această problemă era una pe care puteam încerca să o rezolvăm.

Dar eforturile noastre nu au funcționat, chiar dacă s-a întâmplat ca Barack să gonească pe autostrada interstatală după câte o ședință târzie, ca să nu rateze perioada mea de ovulație, și nici chiar după ce senatul a intrat în vacanța de vară, iar el a rămas acasă, disponibil tot timpul. După mulți ani în care luasem măsuri de precauție ca să evit o sarcină, acum mă dedicam cu totul încercării contrare. Am tratat-o ca pe o misiune. A existat un test de sarcină pozitiv, care ne-a făcut pe amândoi să uităm de tot stresul de până atunci și să leșinăm de bucurie. Însă, câteva săptămâni mai târziu, am pierdut sarcina, ceea ce m-a făcut să mă simt rău fizic, distrugând orice urmă de optimism. Când vedeam pe stradă femei cu copii, simțeam mai întâi o împunsătură de dorință, urmată de o senzație bruscă și dureroasă de neputință. Singura alinare era că Barack și cu mine locuiam foarte aproape de Craig și de soția lui, care aveau acum doi copii frumoși, Leslie și Avery. Mă consola să trec pe acolo și să mă joc sau să citesc povești cu ei.

Dacă ar fi să pun într-un dosar toate lucrurile pe care nu ți le spune nimeni până când nu ajungi drept în mijlocul lor, aș începe cu pierderile de sarcină. Un avort spontan este o experiență care te izolează, doare și te demoralizează aproape la nivel celular. Când suferi o astfel de pierdere, este foarte probabil să o simți ca pe un eșec personal, ceea ce nu este. Sau ca pe o tragedie, ceea ce, indiferent de cât de mult suferi în clipele acelea, iarăși nu este. Ce nu îți spune nimeni este că foarte multe femei trec printr-o astfel de experiență, nici nu bănuiești cât de multe, dată fiind tăcerea relativă care le înconjoară. Am aflat asta după ce le-am spus unor prietene că am pierdut sarcina, iar ele m-au copleșit cu dragostea și cu sprijinul lor, dar și cu propriile povești despre sarcini pierdute. Nu mi-au alungat durerea, dar, împărtășindu-mi detalii despre lupta lor, m-au întărit pentru lupta mea și m-au ajutat să înțeleg că încercarea prin care treceam era un rateu biologic, un ou fertilizat care, probabil dintr-un motiv foarte bun, trebuia eliminat.

Una dintre aceste prietene m-a îndrumat și spre un medic specializat în probleme de fertilitate la care apelaseră ea și soțul ei. Barack și cu mine ne-am dus pentru analize, iar când au venit rezultatele, am stat de vorbă cu medicul și el ne-a spus că nu exista nici o problemă detectabilă la vreunul din noi. De ce nu puteam să concepem un copil rămânea un mister. Medicul mi-a sugerat să încerc să iau Clomid câteva luni, un medicament care stimulează producția de ovule. Când nu a funcționat nici asta, ne-a recomandat să trecem la fertilizarea in vitro. Marele noroc a fost că asigurarea mea de sănătate de la universitate avea să acopere, în cea mai mare parte, nota de plată.

Senzația era că aveai un bilet de loterie la un joc cu miză mare, doar că în domeniul științei. Când s-au încheiat procedurile medicale preliminare, legislativul și-a reluat activitatea, în sesiunea de toamnă, acaparându-l pe soțul meu cel drăguț și atent și lăsându-mă singură, în cea mai mare parte a timpului, să-mi rezolv problemele cu sistemul reproducător. Asta presupunea să-mi fac zilnic o serie de injecții, vreme de câteva săptămâni. Planul era să iau mai întâi un medicament care să stopeze activitatea ovarelor și apoi un alt medicament care să le stimuleze, ideea fiind că ele aveau să producă atunci o mulțime de ovule viabile.

Toate astea mă tulburau, dar îmi doream un copil. Era o nevoie care existase în mine dintotdeauna. În copilărie, când mă săturasem să tot sărut pielea de plastic a păpușilor mele, o imploram pe mama să mai facă un copil, unul adevărat, doar pentru mine. Îi promiteam desigur că aveam să fac eu toată treaba. Când mi-am dat seama că nu o conving, am început să caut prin sertarele ei folia cu anticoncepționale, închipuindu-mi că, dacă i le confiscam, planul meu ar fi dat rezultate. Evident, n-a fost așa, dar ideea este că așteptam de multă vreme asta. Îmi doream o familie, Barack își dorea și el o familie, așa că acum eram singură în baia apartamentului nostru, încercând să-mi fac curaj să-mi înfig seringa în coapsă.

Acela a fost, probabil, momentul în care am simțit o primă undă de resentiment față de politică și de devotamentul de nezdruncinat al lui Barack față de muncă. Sau poate că doar simțeam acut povara de a fi femeie. În orice caz, el era plecat și eu făceam totul singură. Simțeam deja că sacrificiile aveau să fie mai mult ale mele decât ale lui. În săptămânile care au urmat, el și-a văzut de treburile obișnuite, în vreme ce eu mergeam zilnic la ultrasunete, pentru monitorizarea ovulelor. Lui nu i se recolta sânge pentru analize. El nu trebuia să-și anuleze toate întâlnirile pentru o examinare a colului uterin. El era îndrăgostit nebunește de mine și implicat, făcând ceea ce putea să facă. Citea tot ce găsea despre fertilizarea in vitro și îmi vorbea toată noaptea despre asta, dar singura lui îndatorire reală era să treacă pe la clinică și să furnizeze niște spermă. Iar apoi, dacă voia, putea să se ducă să bea un martini. Nimic din toate acestea nu era din vina lui, dar nu era cum era pentru mine, iar, pentru o femeie care trăiește cu o mantră despre importanța egalității, situația putea fi puțin confuză. Eu eram cea pentru care se schimbase totul, cea care trebuia să-și lase deoparte pasiunile și cariera pentru a împlini partea aceasta din visul nostru. Am pus totul în balanță, preț de câteva clipe. Îmi doream asta? Da, foarte mult. Și după asta am ridicat seringa și mi-am înfipt acul în carne.

Cam opt săptămâni mai târziu, s-a întâmplat ceva care a șters orice urmă de revoltă: o inimioară ale cărei bătăi se auzeau ca un foșnet, ca o pâlpâire, pe care ultrasunetele o detectau în căldura pântecului meu. Eram însărcinată. Era adevărat. Responsabilitatea și sacrificiul relativ pe care îl făcusem au căpătat brusc un înțeles cu totul diferit, ca un peisaj care se îmbracă în culori noi și pare deodată diferit. Sau ca o casă în care totul pare la locul potrivit doar pentru că mobilierul a fost rearanjat. Mergeam acum pe stradă purtând înăuntrul meu un secret. Era privilegiul meu, darul de a fi femeie. Simțeam o fericire care mă făcea să radiez.

Aveam să mă simt astfel pe toată durata sarcinii, chiar dacă oboseala din primul trimestru m-a lăsat stoarsă de puteri, întrucât la serviciu eram la fel de ocupată, iar Barack continua să facă drumurile săptămânale în capitala statului. Din exterior, viața noastră părea aceeași dintotdeauna, doar că acum, în interior, așteptam un bebeluș, o fetiță. (Pentru că Barack este un tip practic, iar eu, o dependentă de planificare, era obligatoriu să aflăm sexul copilului.) Nu o vedeam, dar fetița noastră era acolo, mărindu-și dimensiunile și energia pe măsură ce toamna devenea iarnă și apoi primăvară. Sentimentul acela pe care îl avusesem – invidia pentru că Barack era departe de tot ceea ce mi se întâmpla – se inversase acum cu totul. El era pe dinafară, în vreme ce eu trăiam pe deplin tot procesul. Eu *eram* procesul în sine, indivizibilă de viața aceea nouă, înmugurită, care dădea din coate și uneori îmi lovea cu călcâiul vezica.

Nu eram niciodată singură, niciodată însingurată. Ea era mereu acolo, și când conduceam mașina spre serviciu, și când tăiam legume pentru o salată sau când stăteam noaptea în pat și răsfoiam pentru a mia oară *La ce să te aștepți când ești însărcinată*.

Verile în Chicago sunt foarte speciale pentru mine. Îmi place cum cerul rămâne luminos până seara târziu, cum se aglomerează lacul Michigan de ambarcațiuni și cum căldura ajunge până în punctul în care este aproape imposibil să-ți amintești de încercările iernii. Îmi place că vara se domolește chiar și agitația din politică și toată lumea pare că se gândește mai mult ca oricând la distracție.

Chiar dacă nu avusesem un control real asupra a ceea ce se întâmplase, până la urmă, impresia a fost că programasem totul perfect. Foarte devreme, în dimineața de 4 iulie 1998, am simțit primele contracții. Barack și cu mine ne-am dus la spitalul universitar din Chicago, luându-le cu noi și pe Maya – care venise din Hawaii să fie cu noi în săptămâna nașterii – și pe mama, pentru sprijin. Mai erau ore bune până când aveau să se aprindă cărbunii pe grătarele din tot orașul și până să-și întindă oamenii păturile pe iarba de pe malul lacului, fluturând stegulețe și așteptând spectacolul artificiilor deasupra apei. Am fi ratat oricum sărbătoarea din anul acela, pentru că eram cu totul absorbiți de o strălucire a unor artificii pe care numai noi le vedeam. Nu ne gândeam la țară, ci la familie, când a apărut în lumea noastră Malia Ann Obama, unul dintre cei mai frumoși bebeluși care s-au născut vreodată.

CAPITOLUL 14

MATERNITATEA A DEVENIT FACTORUL MEU MOTIVANT. Ea îmi dicta mișcările, deciziile și ritmul fiecărei zile. Nu am avut nevoie de timp, nici de gândire, înainte să mă arunc cu totul în noul meu rol de mamă. Sunt un om foarte atent la detalii și ce altceva este un copil, dacă nu un rezervor uriaș de detalii. Barack și cu mine o studiam pe mica Malia, absorbiți de misterul buzelor ei ca un boboc de floare, de părul negru și zbârlit, de privirea tulbure, de mișcările nesigure ale mânuțelor ei. Îi făceam baie, o înfășam și o țineam lipită strâns de piepturile noastre. Îi urmăream orele de masă, orele de somn, fiecare bolborosit. Analizam conținutul fiecărui scutec murdar de parcă ar fi putut să ne dezvăluie toate secretele lumii.

Era un omuleț, un omuleț care ne fusese încredințat nouă. Responsabilitatea mi se părea amețitoare, eram complet subjugată de ea. Puteam să stau o oră întreagă doar privind-o cum respiră. Când în casă apare un copil, timpul se dilată și se contractă, fără să mai țină cont de regulile obișnuite. Uneori, o singură zi poate să pară nesfârșită, alteori, șase luni trec parcă într-o clipă. Barack și cu mine ne amuzam pe seama felului în care ne schimbase apariția copilului. Dacă altădată petreceam pauza de prânz analizând complexitatea legislației referitoare la minori, comparând ce aflasem din obligațiile avute la Public Allies cu unele dintre ideile pe care el încerca să le transforme într-un proiect de lege, acum dezbăteam cu aceeași fervoare dacă Malia era prea dependentă de suzetă, comparând metodele pe care fiecare din noi le folosea ca s-o adoarmă. Așa cum sunt cei mai mulți proaspeți părinți, eram obsesivi și cam plictisitori, dar nimic nu ne făcea mai fericiți. O luam cu noi pe micuța Malia în portbebeul ei chiar și la Zinfandel, la ieșirile noastre de vineri seara, gândindu-ne la ce să comandăm ca să putem pleca repede, înainte ca ea să devină prea agitată.

La câteva luni după ce s-a născut Malia, m-am întors la serviciu, la Universitatea din Chicago. Negociasem să revin doar cu jumătate de normă, închipuindu-mi că aranjamentul acesta avea să fie favorabil pentru toată lumea – puteam să fiu de acum și femeie de carieră, și mama perfectă, atingând echilibrul acela între Mary Tyler Moore și Marian Robinson pe care mi-l dorisem dintotdeauna. Am găsit o bonă foarte pricepută și entuziastă, Glorina Casabal, care era cu aproape zece ani mai mare decât mine. Era născută în Filipine, avea pregătire de asistentă medicală și trecuse prin experiența creșterii celor doi copii ai ei. Glorina – „Glo" – era o femeie scundă și plină de viață, cu părul tuns scurt, practic, care purta ochelari cu ramă aurie și putea schimba un scutec în exact 12 secunde. Grație competențelor de asistentă medicală și a energiei ei neobosite, avea să devină un membru foarte important și apreciat al familiei noastre pentru următorii câțiva ani. Calitatea ei principală era că îmi iubea foarte mult bebelușul.

Ce nu mi-am dat seama – și asta ar putea, de asemenea, să facă parte din dosarul meu cu lucruri pe care le-am aflat prea târziu – este că o slujbă cu program redus, mai ales când se vrea a fi o versiune la scară mai mică a vechii tale slujbe cu normă întreagă, poate fi o capcană. Sau cel puțin așa s-a întâmplat în cazul meu. La serviciu participam la aceleași ședințe ca întotdeauna, în timp ce mă luptam cu cele mai multe dintre aceleași responsabilități. Singura diferență era că acum luam doar jumătate din salariu și încercam să înghesui tot ce aveam de făcut înainte în numai 20 de ore pe săptămână. Dacă se prelungea o ședință, goneam spre casă s-o iau pe Malia ca să putem ajunge la timp (Malia – nerăbdătoare și fericită, eu – transpirată și gâfâind) la atelierele de muzică și dans pentru copii, la un studio de muzică din North Side. Simțeam că sănătatea mea mentală era de două ori mai mult pusă la încercare. Mă luptam cu sentimentul de vinovăție când trebuia să dau de acasă telefoane pentru serviciu. Mă luptam cu un altfel de vină când stăteam la birou și mă gândeam că Malia ar fi putut fi alergică la alune. Alesesem să lucrez jumătate de normă pentru mai multă libertate, dar, de cele mai multe ori, îmi dădea sentimentul că făceam toate lucrurile doar pe jumătate și, de fapt, nu excelam în nici o direcție.

Între timp, părea că Barack nu ratase nici un singur pas. La câteva luni după ce s-a născut Malia a fost reales pentru un mandat de patru ani, câștigând alegerile cu 89 la sută din voturi. Era popular, avea succes și, abil cum era, începuse deja să se gândească la lucruri mai mari – mai precis, să candideze pentru Congres, sperând să-l detroneze pe un democrat, pe nume Bobby Rush, aflat acum la al patrulea mandat. Mi s-a părut o idee bună să candideze pentru Congres? Nu, nu mi s-a părut. Am crezut că are șanse minime să câștige, dat fiind că Rush era foarte cunoscut, iar Barack era încă un nimeni. Dar era politician de acum și avea sprijin în interiorul Partidului Democrat la nivelul statului. Avea sfătuitori și susținători, dintre care unii îi cereau insistent să facă o încercare. Un sondaj preliminar arătase că ar fi putut, totuși, să câștige. Și ce știu sigur despre soțul meu este că nu poți să-i fluturi pe la nas o ocazie, ceva ce ar putea să-i mărească zona de impact, și apoi să te aștepți să te ignore, pur și simplu. Pentru că nu o va face.

La sfârșitul lui 1999, când Malia avea aproape un an și jumătate, am dus-o de Crăciun în Hawaii, în vizită la străbunica ei, Toot, care avea acum 77 de ani și locuia de câteva decenii în același apartament mic de bloc. Trebuia să fie o vizită de familie – singura perioadă din an în care Toot putea să-și vadă nepotul și strănepoata. Iarna era din nou stăpână peste orașul Chicago, furând căldura aerului și albastrul cerului. Cum nu mai aveam stare nici acasă, nici la serviciu, rezervasem o cameră modestă la un hotel de lângă plaja Waikiki și număram zilele până la plecare. Îndatoririle lui de profesor la facultatea de drept se încheiaseră pentru semestrul acela, iar eu îmi luasem concediu de la slujbă. Totul părea pus la punct, dar politica ne-a dat planurile peste cap.

În senatul statului Illinois se lansase în anul acela un maraton de dezbateri, având ca temă prevederile unei legi de importanță majoră privind criminalitatea. În loc să facă pauză de sărbători, senatorii au intrat într-o sesiune extraordinară, cu scopul de a supune legea la vot până la Crăciun. Barack mi-a telefonat din Springfield, să-mi spună că trebuie să amânăm călătoria cu câteva zile. Nu era o veste prea bună, dar am înțeles că nu depindea de el. Tot ce-mi doream era să reușim să plecăm. Nu voiam ca Toot să petreacă singură Crăciunul și, dincolo de asta, Barack și cu mine aveam nevoie de timp liber. Călătoria în Hawaii, mă gândeam eu, avea să ne țină la distanță de muncă și să ne dea șansa să ne tragem sufletul.

Candidatura lui pentru Congres era de-acum oficială, ceea ce însemna că rareori mai avea timp să se deconecteze. Mai târziu, avea să dea un interviu unui ziar local, în care estima că în cele aproximativ șase luni cât fusese în campanie pentru Congres, petrecuse mai puțin de patru zile întregi acasă, cu mine și cu Malia. Aceasta a fost realitatea dureroasă a campaniei. Pe lângă celelalte responsabilități pe care le avea, Barack trăia contracronometru, un cronometru al cărui ticăit îi amintea fără încetare de minutele și orele rămase până la alegerile din martie. Modul în care petrecea fiecare dintre acele minute și ore ar fi putut, teoretic, să afecteze rezultatul final. Atunci am aflat că, în termenii unei operațiuni de campanie, fiecare minut sau oră pe care candidatul le petrece în privat, cu familia, sunt considerate, în esență, o risipă de timp prețios.

Aveam îndeajuns de multă experiență încât să știu că e bine să păstrez distanța față de suișurile și coborâșurile zilnice ale cursei. I-am spus lui Barack fără prea mare entuziasm că eram de acord să candideze, apoi am tratat totul cu o atitudine de evidentă așteptare a momentului în care aveam să terminăm cu povestea asta. Am crezut că poate avea să încerce și să rateze intrarea în politica națională, după care ar fi urmat să se ocupe de cu totul alte lucruri. Într-o lume ideală (lumea mea ideală, în orice caz), Barack ar fi trebuit să se afle la conducerea unei fundații care să aibă impact asupra unor probleme importante, dar care să-i permită totodată să ajungă acasă seara, la cină.

Am zburat spre Hawaii pe 23 decembrie, după ce senatul a luat, în sfârșit, o pauză de sărbători, deși încă nu se ajunsese la o rezoluție. Spre ușurarea mea, însă, am plecat. Plaja Waikiki a fost o revelație pentru mica Malia. Se plimba la marginea apei, bucurându-se de valuri și jucându-se până la epuizare. Am petrecut un Crăciun vesel și liniștit împreună cu Toot, în apartamentul ei, desfăcând cadouri și minunându-ne de devotamentul ei față de un puzzle din 5 000 de piese la care lucra pe o măsuță. La fel ca întotdeauna, apele verzi, liniștite și oamenii veseli din Oahu ne-au ajutat să uităm de toate grijile – eram fericiți și nu ne mai preocupa decât să ne bucurăm de aerul cald și de încântarea fetiței noastre. Așa cum ne reaminteau titlurile tuturor ziarelor, ne apropiam cu repeziciune de zorii unui nou mileniu. Iar noi ne aflam într-un loc minunat, să petrecem ultimele zile ale lui 1999.

Totul a fost bine până când Barack a primit un telefon din Illinois. Era anunțat că senatul decisese pe neașteptate să-și reia sesiunea, ca să termine de lucrat la legea privind criminalitatea. Dacă voia să voteze, Barack avea aproximativ 48 de ore la dispoziție să se întoarcă la Springfield. Un alt ceas începuse să ticăie. Cu sufletul greu, l-am privit pe Barack schimbând biletele de avion ca să plecăm în ziua următoare și punând capăt abrupt vacanței noastre. Trebuia să plecăm. Nu aveam de ales. Probabil că aș fi putut să rămân singură cu Malia, dar care ar mai fi fost distracția? Nu mă bucura ideea plecării, dar înțelegeam, din nou, că așa erau căile politicii. Era un vot important – legea includea măsuri noi pentru controlul armelor de foc, pe care Barack le susținuse cu ardoare – și care stârnise atâta discordie, încât era posibil ca lipsa unui singur vot să împiedice adoptarea ei. Așadar, ne întorceam acasă.

Dar, apoi, s-a întâmplat ceva neașteptat. Peste noapte, Malia a făcut febră mare. Cu o seară înainte alergase veselă cu piciorușele în valuri, iar acum, după nici 12 ore, zăcea neajutorată în pat, fierbinte și cu ochii înlăcrimați, văitându-se de durere, prea mică, însă, ca să ne poată spune ce o doare. I-am dat Tylenol, dar nu a ajutat prea mult. Se trăgea întruna de o ureche, ceea ce m-a făcut să bănuiesc că avea o infecție. Începeam să ne dăm seama și ce însemna asta. Stăteam în pat, privind-o pe Malia cum se cufundă într-un somn agitat. Mai erau doar câteva ore până la zborul nostru spre casă. Am văzut cum se întipărește grija pe chipul lui Barack, prins între două obligații. Eram pe punctul de a decide un lucru care avea implicații dincolo de momentul de față.

„Este evident că nu poate zbura cu avionul“, am spus eu.

„Știu.“

„Trebuie să schimbăm din nou biletele de avion.“

„Știu.“

Ce rămăsese nespus era că el putea să plece. Putea să iasă pe ușă, să ia un taxi până la aeroport și să ajungă la Springfield la timp ca să voteze. Putea să-și lase fetița bolnavă și soția îngrijorată la jumătate de Pacific distanță și să se alăture colegilor lui. Era una din opțiuni. Dar eu nu aveam de gând să mă sacrific și să-i propun asta. Eram vulnerabilă, recunosc, și speriată de ceea ce se întâmpla cu Malia. Dacă starea ei avea să se înrăutățească? Dacă trebuia dusă la spital? Între timp, în toată lumea, erau oameni mai paranoici decât noi care își pregăteau adăposturile antiatomice și stocau bani gheață și canistre cu apă, în eventualitatea în care s-ar fi adeverit predicțiile cele mai grave privind anul 2000, iar rețelele de energie și comunicații ar fi picat din pricina deficienței de programare care ar fi făcut computerele să nu poată întregistra noul mileniu. Nu avea să se întâmple asta, și totuși. Chiar avea de gând să plece?

S-a dovedit că nu. Nu a plecat. Și nu avea să o facă niciodată.

Nu am ascultat ce le-a spus la telefon colaboratorilor săi de la senat, în timp ce le explica de ce avea să lipsească de la vot. Nu-mi păsa. Eram concentrată asupra copilului nostru. De îndată ce a terminat convorbirea, la fel a fost și Barack. Malia era omulețul nostru. Îndatoririle noastre față de ea aveau prioritate.

În cele din urmă, anul 2000 a sosit fără incidente. După câteva zile de odihnă și tratament cu antibiotice, ceea ce se dovedise, într-adevăr, o infecție urâtă la ureche s-a vindecat, iar Malia a revenit la starea ei obișnuită de veselie. Viața mergea înainte. Așa se întâmpla întotdeauna. Într-o altă zi cu un cer albastru perfect în Honolulu, ne-am urcat în avion și ne-am întors acasă, la Chicago, la frigul iernii și la ceea ce pentru Barack se contura a fi un dezastru politic.

LEGEA CRIMINALITĂȚII nu trecuse, la o diferență de numai cinci voturi. Pentru mine, aritmetica era simplă: chiar dacă Barack ar fi reușit să se întoarcă din Hawaii la timp, aproape sigur că votul lui nu ar fi schimbat rezultatul. Totuși, a plătit scump pentru absență. Oponenții lui în alegerile pentru

Congres au profitat de ocazie ca să-l descrie pe Barack ca pe un fel de congresman cu chef de viață, care fusese în vacanță – și chiar în Hawaii – și nu se deranjase să se întoarcă să voteze pentru ceva atât de important cum era controlul armelor.

Bobby Rush, congresmanul în funcție, își pierduse în mod tragic un membru al familiei într-un incident cu arme de foc petrecut la Chicago cu doar câteva luni în urmă, ceea ce l-a pus pe Barack într-o lumină și mai proastă. Nimeni nu părea să țină cont că el era din Hawaii, că își vizitase bunica văduvă și că fetița lui se îmbolnăvise. Votul ratat era singurul care conta. Presa a tocat subiectul săptămâni la rând. Editorialul din *Chicago Tribune* a criticat grupul de senatori care nu reușiseră să voteze în ziua respectivă, numindu-i „o adunătură de oi lipsite de curaj". Celălalt contracandidat al lui Barack, un coleg din Senat, pe nume Donne Trotter, a tras și el câteva săgeți, spunându-i unui reporter că „să-ți folosești copilul drept scuză că nu te-ai dus la serviciu spune multe despre caracterul individului".

Toate acestea făceau parte din ceva cu totul nou pentru mine. Nu eram obișnuită să am dușmani sau să văd viața familiei mele cum este analizată la știri. Niciodată până atunci nu mai auzisem să fie astfel contestat caracterul soțului meu. Este dureros să te gândești că o decizie bună – decizia corectă, după părerea mea – putea să-l coste atât de scump. Într-un articol pe care l-a scris pentru săptămânalul din cartierul nostru, Barack și-a apărat cu calm decizia de a rămâne cu mine și cu Malia în Hawaii. „Auzim de la politicieni multe vorbe despre importanța valorilor familiei", a scris el. „Sper să înțelegeți când senatorul vostru încearcă să se ridice la înălțimea acestor valori cât de bine poate."

Părea că, odată cu imprevizibila infecție la ureche a unui copil, cei trei ani de muncă ai lui Barack în senatul statului fuseseră nici mai mult, nici mai puțin decât șterși cu buretele. El a condus revizuirea legilor privind finanțarea campaniilor electorale la nivelul statului, ceea ce a dus la reguli mai stricte pentru oficialii aleși. El a luptat pentru reduceri de taxe, acordarea de credite celor săraci și a încercat să obțină compensarea parțială a rețetelor pentru medicamentele vârstnicilor. Câștigase încrederea legiuitorilor din toate zonele statului, republicani și democrați deopotrivă. Dar nici unul dintre lucrurile reale nu părea să mai conteze acum. Campania degenerase într-o serie de lovituri sub centură.

Încă de la începutul campaniei, contracandidații lui Barack și susținătorii acestora răspândiseră idei josnice, menite să alimenteze teama și neîncrederea printre alegătorii afro-americani, sugerând că Barack servea intereselor unor locuitori albi din Hyde Park – a se citi evrei albi –, care voiau să-și impună candidatul preferat în South Side. „În comunitatea noastră, Barack este văzut în parte ca fiind un alb cu față neagră", a declarat Donne Trotter pentru *Chicago Reader*. Vorbind pentru aceeași publicație, Bobby Rush a spus: „S-a dus la Harvard și a devenit un prost cu diplomă. Nu suntem impresionați de oamenii aceștia cu diplomele lor de elită de pe Coasta de Est." Cu alte cuvinte, nu era unul de-al lor. Barack nu era un negru adevărat, ca ei – cineva care vorbește așa, care arată așa și care citește atât de multe cărți nu are cum să fie.

Ce mă deranja cel mai mult era că Barack era exemplul viu a ceea ce părinții din South Side spuneau adesea că și-ar dori pentru copiii lor. Era tot ceea ce oameni ca Bobby Rush și Jesse Jackson și atât de mulți lideri de culoare doreau de ani de zile: urmase studii înalte și, în loc să abandoneze comunitatea afro-americană, încerca să o slujească. Campania electorală era una încinsă, desigur, dar Barack era atacat numai din motive greșite. Am fost uimită să văd că liderii noștri îl tratau doar ca pe o amenințare la adresa puterii lor și stârneau neîncrederea folosindu-se de idei înapoiate, anti-intelectuale, despre rasă și clasă.

Toate acestea îmi provocau silă.

Barack, în schimb, a luat lucrurile mult mai ușor decât mine, pentru că văzuse deja în Springfield cât de urâtă poate fi politica și cum adevărul era atât de frecvent distorsionat ca să servească scopurilor politice ale unora. Rănit, dar deloc dispus să se predea, el a continuat campania pe parcursul iernii, făcând drumuri săptămânale până la Springfield și înapoi. Încerca din răsputeri să potolească furtuna, chiar dacă donațiile începuseră să scadă și tot mai multe declarații de sprijin se îndreptau acum către Bobby Rush. Cu ceasul ticăind alarmant apropierea alegerilor, Malia și cu mine abia dacă îl mai vedeam pe Barack, deși ne telefona în fiecare seară să ne spună noapte bună.

Eram mai recunoscătoare ca oricând pentru cele câteva zile pe care le furasem în Hawaii. Știam că, în sinea lui, Barack simțea la fel. Ceea ce nu s-a pierdut niciodată în tot acel zgomot, în toate acele nopți pe care le-a petrecut departe de noi, a fost faptul că îi păsa. El nu trata nimic cu superficialitate.

Surprindeam o notă de agonie în vocea lui de fiecare dată când închidea telefonul. Era ca și cum în fiecare zi ar fi fost obligat să aleagă din nou între familie și politică, politică și familie.

În martie, Barack a pierdut alegerile pentru democrați, într-o cursă care avea să se sfârșească prin victoria răsunătoare a lui Bobby Rush.

În tot acest timp, eu am continuat s-o îmbrățișez pe fetița noastră.

ȘI APOI A VENIT a doua fetiță a noastră. Natasha Marian Obama s-a născut pe 10 iunie 2001 la Centrul Medical al Universității din Chicago, după o singură fertilizare in vitro, o sarcină fantastic de ușoară și o naștere la fel, Malia, care avea acum aproape trei ani, așteptându-mă acasă cu mama. Cel de-al doilea copil al nostru era frumos, o mielușică dulce cu un păr bogat și ochi căprui, vioi – al patrulea colț al pătratului nostru. Barack și cu mine eram în al nouălea cer.

Aveam de gând s-o botezăm Sasha. Eu alesesem numele, pentru că mi s-a părut că are o notă de îndrăzneală. O fată pe nume Sasha nu avea să tolereze prostia. Ca toți părinții, mi-am dat seama brusc că îmi doresc extrem de multe pentru copiii mei, rugându-mă neîncetat să nu-i rănească nimeni, niciodată. Speranța mea era că aveau să crească inteligente și pline de viață, optimiste ca tatăl lor și ambițioase ca mama. Mai mult decât orice, voiam să fie puternice, să aibă o anumită tărie, care să le ajute să rămână în picioare și să meargă înainte indiferent ce s-ar fi întâmplat. Nu știam nimic despre ceea ce ne aștepta în viitor, cum avea să se desfășoare viața familiei mele – dacă totul avea să meargă bine sau prost, sau dacă, la fel ca în cazul celor mai mulți oameni, urma să avem parte de un amestec din amândouă. Rolul meu era doar să mă asigur că ele aveau să fie pregătite.

Programul meu de la universitate era epuizant și mă punea adesea în situația de a face adevărate jonglerii. În plus, finanțele noastre aveau de suferit pentru că aveam de plătit acum pentru îngrijirea ambilor copii. După ce s-a născut Sasha, m-am întrebat dacă voiam cu adevărat să mă întorc la serviciu, gândindu-mă că poate aș fi fost mai de folos familiei stând tot timpul acasă. Lui Glo, bona noastră cea iubită, i se propusese un post de asistentă bine plătit și hotărâse, fără prea mare tragere de inimă, să-l accepte. Nu mă puteam supăra pe ea, desigur, dar pierderea lui Glo a rearanjat totul în inima mea de mamă cu o carieră. Timpul pe care ea l-a petrecut cu familia mea mi-a lăsat mie loc și timp pentru serviciu. Îi iubea pe copiii noștri de parcă ar fi fost ai ei. În seara în care ne-a anunțat că pleacă am plâns mult, știind cât de greu avea să ne fie să găsim un echilibru fără ea. Știam cât de norocoși fuseserăm să avem resursele necesare s-o angajăm, în primul rând. Dar acum, odată cu plecarea ei, mă simțeam de parcă îmi pierdusem o mână.

Îmi plăcea să-mi petrec timpul cu fiicele mele. Recunoșteam valoarea fiecărui minut și a fiecărui ceas petrecut acasă, mai ales că programul lui Barack devenise atât de imprevizibil. M-am gândit din nou la decizia mamei de a rămâne acasă cu mine și cu Craig. Sigur, aveam obiceiul de a-i romanța viața – imaginându-mi că era distractiv pentru ea să șteargă pervazurile cu Pine-Sol și să ne spele toate hainele –, dar comparativ cu viața mea de până atunci părea amuzant și nu foarte greu, și poate merita să încerc. Îmi plăcea ideea de a mă ocupa de un singur lucru, nu de două, să nu-mi mai frământ mintea cu două scenarii în competiție, unul de la serviciu și unul de acasă. Și se părea că ne puteam permite și financiar. Barack trecuse dintr-o poziție de adjunct într-una de lector principal la facultatea de drept, iar asta ne aducea o scutire de taxe la școala asociată universității, unde Malia avea să meargă în curând la grădiniță.

Dar, apoi, a venit un telefon de la Susan Sher, fosta mea colegă și mentor de la primărie, care era acum consilier general și vicepreședinte la Centrul Medical al Universității din Chicago, unde tocmai se născuse Sasha. Centrul avea un președinte nou-nouț pe care toată lumea îl lăuda și care voia să se ocupe prioritar de extinderea relației cu comunitatea. Căuta să angajeze un director executiv pe problemele comunității, un post care părea croit special pentru mine. M-ar fi interesat să merg la interviu?

M-am gândit dacă să-i trimit măcar CV-ul. Părea o ocazie nemaipomenită, dar tocmai reușisem să mă conving singură de ideea că ar fi fost mai bine pentru mine – și pentru toți din familie – să stau acasă. Oricum, pentru mine nu era deloc un moment în care să mă simt în formă, în care să mă gândesc măcar să-mi aranjez părul și să-mi pun un taior de birou. Mă trezeam de câteva ori pe noapte s-o alăptez pe Sasha, ceea ce făcea să fiu în urmă cu somnul, lucru care începea să-mi afecteze și starea mentală. Eram aproape o maniacă a curățeniei, însă acum eram pe cale să pierd bătălia. Apartamentul nostru era plin de jucării, de cărți pentru copii și de pachete de scutece. Orice ieșire în afara casei implica un cărucior uriaș și o geantă plină cu lucruri esențiale: o pungă de cereale resigilabilă, câteva jucării și un rând de haine de schimb – pentru toată lumea.

Maternitatea, însă, a adus cu ea și câteva prietenii minunate. Reușisem să intru în legătură cu mai multe femei de carieră și să formăm un fel de grup social de discuții și de implicare activă. Cele mai multe dintre noi trecuserăm bine de 30 de ani și aveam cariere în domenii foarte diferite, de la cel bancar și guvernamental până la ONG-uri. Multe dintre noi aveam și copii. Cu cât mai mulți erau copiii, cu atât eram mai apropiate. Ne vedeam unele cu altele aproape în fiecare weekend. Aveam grijă fiecare de copiii celeilalte, mergeam împreună la grădina zoologică și cumpăram bilete de grup la Disney on Ice. Câteodată, sâmbăta după-amiaza, lăsam, pur și simplu, toată liota de copii în camera de joacă a cuiva, iar noi deschideam o sticlă de vin.

Toate aceste femei erau educate, ambițioase, dedicate copiilor lor și, în general, la fel de nedumerite ca mine despre cum să te ocupi de toate odată. Pentru fiecare dintre noi, serviciul și creșterea copiilor erau îmbinate în cele mai diverse feluri. Unele dintre noi lucrau cu normă întreagă, altele lucrau cu program redus, unele stăteau acasă cu copiii. Unele le dădeau voie copiilor lor să mănânce hot-dog și chipsuri, altele doar cereale integrale. Câteva aveau bărbați foarte implicați în creșterea copiilor; altele aveau bărbați ca al meu, cu numeroase angajamente și mult timp plecați de acasă. Unele prietene erau incredibil de fericite; altele încercau să facă schimbări, să testeze alte tipuri de echilibru. Cele mai multe trăiam într-o stare de calibrare permanentă, intervenind într-un domeniu al vieții cu speranța că aducem mai multă stabilitate în altul.

După-amiezele petrecute împreună m-au învățat că nu exista o formulă ideală pentru maternitate. Nici o abordare nu putea fi considerată bună sau greșită. Era un fel de studiu de caz foarte util de urmărit. Indiferent cum trăia fiecare familie și de ce, toți copiii din camera de joacă erau iubiți și foarte bine crescuți. Simțeam de fiecare dată când ne întâlneam forța colectivă a acestor femei care încercau să facă să fie bine pentru copiii lor; la urma urmei, indiferent de situație, știam că urma să ne ajutăm una pe alta și că totul avea să fie în regulă.

După ce am discutat cu Barack, și m-am sfătuit și cu prietenele mele, am hotărât să merg la interviul pentru postul de la spitalul universitar, măcar ca să aflu despre ce era vorba. Sentimentul meu era că aș fi fost candidatul ideal. Știam că am abilitățile necesare și pasiune din belșug. Dar, dacă ar fi fost să mă angajez, trebuia să abordez lucrurile dintr-o poziție foarte fermă, în termeni care să funcționeze pentru familia mea. Puteam să mă descurc, credeam eu, dacă nu eram supraîncărcată cu ședințe inutile și mi se dădea posibilitatea să-mi gestionez singură timpul, să pot să lucrez de acasă sau să ies ca vijelia din birou dacă trebuia să iau copilul de la grădiniță ori să-l duc la medic.

Un alt aspect de care trebuia să am grijă era că nu mai voiam să lucrez cu program redus. Voiam un program cu normă întreagă și cu un salariu competitiv, ca să ne putem permite să plătim pentru îngrijirea copiilor și ajutor în gospodărie – pentru ca eu să las soluțiile de curățat în timpul liber și să mă relaxez jucându-mă cu fetele. În același timp, nu încercam să ascund dezordinea din viața mea, de la alăptarea bebelușului și dusul fetiței de trei ani la grădiniță, până la faptul că, dat fiind talmeș-balmeșul din programul de politician al soțului meu, eu mă ocupam de aproape toate aspectele vieții de acasă.

Cu exagerat de multă îndrăzneală, presupun, i-am spus toate acestea la interviu lui Michael Riordan, noul președinte al consiliului de administrație al spitalului. Mai mult decât atât, o luasem cu mine pe Sasha, care avea atunci trei luni. Nu-mi amintesc exact circumstanțele, dacă n-am putut găsi pe cineva să stea cu copilul în ziua aceea sau nici măcar nu m-am deranjat să încerc. Totuși, Sasha era foarte mică și avea încă mare nevoie de mine. Ea era, de fapt, o parte din viața mea – o parte drăguță, care gângurea tot timpul și era imposibil de ignorat – și ceva m-a îndemnat să o aduc în discuție la propriu. Voiam să transmit cât mai clar: „Asta sunt eu și acesta este copilașul meu".

În mod absolut surprinzător, potențialul meu viitor șef dădea semne că înțelegea mesajul meu. Dacă mai avea rezerve când m-a ascultat explicându-i de ce aveam nevoie de program flexibil în timp ce o legănam pe Sasha în brațe, nu le-a exprimat atunci. Am plecat de la interviu mulțumită și destul de sigură că aveam să obțin postul. În orice caz, indiferent de cum aveau să iasă lucrurile, știam că făcusem ce era bine pentru mine vorbind deschis despre nevoile mele. Simțeam cum simplul fapt că spuneam cu voce tare ceea ce gândeam îmi dădea forță. Cu mintea limpede și cu un bebeluș care începea să se agite în brațele mele, m-am grăbit spre casă.

Aceasta era noua matematică din familia noastră: aveam doi copii, trei locuri de muncă, două mașini, un apartament și ceea ce părea să fie zero timp liber. Eu am acceptat oferta de la spital; Barack a continuat să predea și să facă legi în legislativ. Amândoi făceam parte din consiliile de conducere ale câtorva ONG-uri și, oricât de mult l-a durut înfrângerea în alegerile pentru Congres, Barack nu renunțase la ideea de a candida la o funcție mai înaltă. George W. Bush era acum președinte. Țara trecuse prin șocul și tragedia atacurilor teroriste din 11 septembrie. În Afghanistan era un război în desfășurare, iar în Statele Unite se folosea un nou cod pe culori pentru amenințările teroriste, în timp ce Osama bin Laden se ascundea, după toate indiciile, undeva într-o peșteră. Ca întotdeauna, Barack urmărea cu interes toate știrile, apoi își vedea de treburile obișnuite, gândindu-se în tăcere și făcându-și propria părere despre tot ceea ce se întâmpla.

Nu-mi amintesc exact când mi-a spus pentru prima dată despre posibilitatea de a candida la un loc în Senatul SUA. Ideea era încă în fază incipientă și, până la decizia propriu-zisă, mai erau multe luni, dar era evident că fusese deja bine întipărită în mintea lui Barack. Dar îmi amintesc foarte bine răspunsul meu, care a fost doar o privire neîncrezătoare pe care i-am aruncat-o în treacăt, ca și cum i-aș fi spus: „Nu crezi că suntem destul de ocupați deja?"

Aversiunea mea față de politică era în continuă creștere, nu atât din cauza celor care se petreceau la Springfield sau la Washington DC, ci mai mult din pricina faptului că, după cinci ani ca senator în legislativul statului, programul supraîncărcat al lui Barack începea să mă deranjeze. Pe măsură ce Sasha și Malia creșteau, am descoperit că ritmul doar se accelerează, iar lista cu lucruri de făcut devine mai lungă, forțându-mă să funcționez în ceea ce mi se părea a fi o nesfârșită stare de epuizare. Barack și cu mine făceam tot posibilul ca viețile fetițelor noastre să fie liniștite și confortabile. Aveam o bonă nouă, care ne ajuta acasă. Malia era fericită la grădinița ei, făcându-și prietene și umplându-și programul cu petreceri aniversare și lecții de înot în weekenduri. Sasha avea acum în jur de un an, se clătina nesigur pe picioare și începea să spună cuvinte, topindu-ne cu zâmbetul ei strălucitor. Era teribil de curioasă și ferm hotărâtă să țină pasul cu Malia și cu prietenele ei de patru ani. La serviciul meu de la spital totul mergea bine, deși descoperisem că modalitatea cea mai bună de a-i face față era să mă extrag din pat la cinci dimineața și să lucrez câteva ore la computer, înainte să se trezească restul casei.

Asta mă făcea să fiu stoarsă de puteri seara și câteodată mă punea în conflict direct cu soțul meu, pasăre de noapte, care apărea joi noaptea de la Springfield, relativ în formă, și voia să se arunce imediat în viața de familie, ca să recupereze tot timpul pierdut. Timpul, însă, era acum oficial un motiv de dispută între noi. Dacă nepăsarea lui cu privire la punctualitate fusese cândva ceva pentru care îl tachinam cu blândețe, acum situația era mult mai gravă. Știam că zilele de joi îl făceau fericit. Îi simțeam entuziasmul în voce când telefona să anunțe că terminase treaba și pornea în sfârșit spre casă. Înțelegeam că nu erau decât bunele intenții cele care îl făceau să spună „Sunt pe drum!“ sau „Aproape acasă!“ Și o vreme l-am și crezut. Le făceam fetelor baia de seară, dar amânam ora de culcare pentru ca ele să poată să-l îmbrățișeze pe tata. Sau le dădeam să mănânce și le puneam în pat, dar eu amânam masa, aprindeam câteva lumânări și așteptam să împart cina cu Barack.

Și, apoi, așteptam. Așteptam atât de mult, încât fetelor începeau să li se închidă ochii și trebuia să le duc în pat. Sau așteptam singură, flămândă și din ce în ce mai supărată pe măsură ce îmi cădeau și mie pleoapele, iar lumânarea devenea o baltă de ceară pe masă. „Sunt pe drum“, aveam să aflu, era produsul eternului optimism al lui Barack, un indiciu al nerăbdării lui de a veni acasă, care, însă, nu spunea nimic despre când avea să ajungă cu adevărat. „Aproape acasă“ nu era un set de coordonate terestre, ci mai degrabă o stare de spirit. Uneori chiar era pe drum, dar trebuia să se oprească pentru o ultimă discuție de 45 de minute cu un coleg, înainte să urce în mașină. Alteori era aproape acasă, dar uita să menționeze că avea să meargă mai întâi la sală, să facă rapid câteva exerciții.

În viața noastră dinainte de venirea copiilor, asemenea frustrări ar fi putut să pară meschine, dar acum – ca mamă cu un serviciu cu normă întreagă, cu un soț pe care nu-l vedeam jumătate din timp și cu o oră de trezire înaintea zorilor – simțeam că sunt pe cale să-mi pierd răbdarea. Și, în cele din urmă, am ajuns la capătul ei. Când Barack ajungea acasă, mă găsea fie furioasă, fie indisponibilă, cu toate luminile din casă stinse.

TRĂIM PRIN paradigmele pe care le cunoaștem. În copilăria lui Barack, tatăl lui dispăruse, iar mama lui venea și pleca. Ea i-a fost devotată, dar nu i-a impus niciodată limite și, după părerea lui, nu era nimic greșit în această abordare. Avea colinele, plajele și propria minte să-i țină companie. În lumea lui Barack, independența era importantă. A fost întotdeauna și avea să fie întotdeauna. Eu, în schimb, fusesem crescută în țesătura strânsă a familiei mele, în apartamentul nostru strâmt, în cartierul nostru strâmt din South Side, înconjurată de bunici, mătuși și unchi, cu toții înghesuiți la o singură masă, la cinele noastre obișnuite de duminică seara. După 13 ani de iubire, trebuia să ne gândim serios la asta.

Sincer vorbind, mă simțeam vulnerabilă când el era plecat. Nu pentru că n-ar fi fost cu totul fidel căsătoriei noastre – aceasta este și a fost întotdeauna o certitudine importantă în viața mea –, ci pentru că, fiind crescută într-o familie în care toată lumea era prezentă, dezamăgirea era și mai puternică atunci când cineva nu apărea. Singurătatea mă făcea să sufăr, iar acum mă înverșuna și necesitatea de a fi împreună pentru fete. Îl voiam lângă noi. Ne era dor de el când era plecat. Mă temeam că el nu înțelegea cum ne simțeam noi. Mă temeam că drumul pe care îl alesese pentru el însuși – și pe care părea încă foarte hotărât să îl continue – avea să treacă, în cele din urmă, dincolo de nevoile noastre. Cu ani în urmă, când m-a întrebat pentru prima dată despre candidatura lui la senatul statului, nu trebuia să ne gândim decât la noi doi. Habar nu aveam ce putea ajunge să însemne peste câțiva ani acest „da" spus politicii, mai ales după ce în ecuație au apărut și doi copii. Dar acum știam destule cât să înțeleg că politica nu fusese niciodată prea blândă cu viața de familie. Am văzut asta pentru prima dată în liceu, în prietenia mea cu Santita Jackson, și am văzut-o din nou când adversarii politici ai lui Barack au exploatat decizia lui de a rămâne cu Malia în Hawaii, când ea era bolnavă.

Uneori, când mă uitam la știri sau citeam ziarul, mă trezeam uitându-mă la imagini ale oamenilor care se dăruiseră vieții politice – soții Clinton, soții Gore, familia Bush, fotografii vechi ale familiei Kennedy – și întrebându-mă care erau cu adevărat poveștile din spatele lor. Erau oameni obișnuiți? Fericiți? Zâmbetele acelea erau reale?

Acasă, frustrările noastre începeau să răbufnească des și puternic. Barack și cu mine ne iubeam foarte mult, dar era ca și cum în centrul relației noastre ar fi apărut brusc un nod pe care nu puteam să-l desfacem. Aveam 38 de ani și văzusem alte căsnicii destrămându-se într-un fel care mă făcea să fiu protectoare cu a noastră. Aveam prieteni apropiați care trecuseră prin despărțiri devastatoare, provocate de mici probleme rămase nerezolvate sau de erori de comunicare care au dus, până la urmă, la rupturi ireparabile. Cu câțiva ani mai devreme, fratele meu Craig se mutase temporar în apartamentul de la etaj în care crescusem, deasupra locuinței mamei, după ce mariajul lui se destrămase lent și dureros.

Barack a fost la început reticent cu privire la terapia de cuplu. El era obișnuit să se confrunte cu probleme complicate și să le rezolve de unul singur. Să stea în fața unui străin i se părea jenant, dacă nu chiar dramatic pe alocuri. N-ar putea să dea o fugă la Borders și să cumpere niște cărți despre relații? Nu era mai bine să discutăm între noi? Dar eu voiam să vorbesc cu adevărat și să ascult cu adevărat, și nu noaptea târziu sau în orele în care puteam sta împreună cu fetele. Cei câțiva oameni despre care știam că încercaseră consiliere de cuplu și fuseseră suficient de deschiși ca să vorbească despre asta spuneau că le făcuse bine. Așa că am făcut o programare la un psiholog din centru pe care mi-l recomandase o prietenă, iar Barack și cu mine am mers la el de câteva ori.

Consilierul nostru - dr. Woodchurch, să îi spunem - era un alb cu vorba liniștită, care studiase la universități bune și purta întotdeauna pantaloni kaki. Presupunerea mea era că avea să asculte ceea ce aveam de spus fiecare, Barack și cu mine, pentru ca apoi să-mi valideze instantaneu toate motivele de nemulțumire. Motivele mele, după cum le vedeam eu, erau justificate până la ultimul detaliu. Bănuiesc că și Barack simțea același lucru cu privire la nemulțumirile lui.

Aceasta s-a dovedit a fi, pentru mine, marea revelație privitoare la consiliere. Nu a fost vorba de nici o validare. Nu s-a luat partea nimănui. Când venea vorba de dezacordurile noastre, dr. Woodchurch nu avea să acorde niciodată votul decisiv. Era, în schimb, un ascultător empatic și răbdător, conducându-ne pe fiecare prin labirintul sentimentelor noastre și având grijă să scoată cuțitele din răni. Ne avertiza când argumentam prea avocățește și ne punea întrebări atente, menite să ne facă să ne gândim mai bine de ce simțeam în felul în care simțeam. Încet, de-a lungul orelor de stat de vorbă, nodul a început să se desfacă. De fiecare dată când plecam de la cabinetul lui, Barack și cu mine ne simțeam puțin mai apropiați.

Am început să înțeleg că existau variante pentru a mă simți mai fericită și că acestea nu presupuneau neapărat ca Barack să se retragă din politică și să aibă un serviciu cu program de la nouă la șase, la o fundație. (Dacă nu altceva, ședințele noastre de consiliere mi-au arătat că aceasta era o așteptare nerealistă.) Am început să observ cum alimentam părțile cele mai negative din mine însămi, prizonieră a ideii că totul era nedrept, și căutam apoi cu asiduitate, ca un avocat care studiase la Harvard, să strâng dovezi în favoarea fiecărei ipoteze. Acum încercam o ipoteză nouă: era posibil să mă ocup mai mult de propria fericire decât îmi dădeam voie să o fac. Eram prea ocupată să-i reproşez lui Barack tot timpul că el reuşea să-şi includă în program ore de mers la sala de sport, de exemplu, în loc să încep să mă gândesc la cum aş fi putut şi eu să fac sport cu regularitate. Cheltuiam atât de multă energie clocotind în sinea mea, gândindu-mă în avans dacă el avea să ajungă sau nu acasă la cină, încât mesele propriu-zise, cu sau fără el, ajungeau să nu mai aibă nici un farmec.

Acesta a fost punctul meu de cotitură, momentul în care m-am oprit singură. Ca un alpinist pe cale să alunece de pe versant, mi-am înfipt pioletul în gheaţă în ultima clipă. Nu vreau să spun că Barack nu a făcut şi el propriile ajustări – consilierea l-a ajutat să vadă minusurile în modul în care comunicam şi a făcut eforturi să le corecteze –, dar eu le-am făcut pe ale mele şi mi-au fost de folos, iar asta ne-a fost util amândurora. Pentru început, mi-am promis că o să fiu din nou în formă. Barack şi cu mine mergeam la aceeaşi sală de sport, condusă de un antrenor entuziast, pe nume Cornell McClellan. Făcusem antrenamente cu Cornell câţiva ani, dar naşterea copiilor mă făcuse să-mi schimb programul obişnuit. Salvarea a venit de data asta de la mama, care încă mergea la serviciu cu normă întreagă, dar s-a oferit să vină la noi acasă la ora 4:45 dimineaţa, câteva zile pe săptămână, astfel încât eu să pot da o fugă la Cornell şi să mă alătur unei prietene într-un program de exerciţii de la ora 5, pentru ca apoi să mă întorc acasă la 6:30, să trezesc fetele şi să le pregătesc pentru ziua care urma să înceapă. Acest nou program a schimbat totul: am recuperat calmul şi energia pe care mă temusem că le pierdusem definitiv.

În privința problemelor noastre legate de venirea lui Barack acasă, am stabilit noi reguli, unele care funcționau mai bine pentru mine și pentru fete. Am făcut un program și ne-am ținut de el. Cina era la 18:30, în fiecare seară. Baia era la 19, urmată de citit, alintat, iar la 20 fix se stingea lumina. Programul era bătut în cuie, ceea ce însemna că era responsabilitatea lui Barack să ajungă la timp. Pentru mine, era mult mai rezonabil decât să amân cina sau să încerc să le țin treze pe fete, deși erau obosite, să-și îmbrățișeze tatăl. Asta se potrivea și cu mai vechile mele dorințe pentru ele, să crească puternice și independente, știind totodată să respingă orice formă de patriarhat de tip vechi: nu voiam să le învăț că viața începe când bărbatul ajunge acasă. Noi nu îl așteptam pe tata. Era responsabilitatea lui Barack acum să țină pasul cu noi.

Capitolul 15

Pe Clybourn Avenue, în Chicago, în partea de nord a centrului orașului, exista un paradis bizar, construit se pare pentru părinții cu un program încărcat, dar construit parcă special pentru mine: un mall obișnuit, cât se poate de american, cu de toate. Era acolo un BabyGap, un BestBuy, un Gymboree și un CVS, plus magazine mari și mici de la alte câteva lanțuri, menite să vină în întâmpinarea oricărei nevoi a consumatorului, fie că era vorba de o pompă de desfundat chiuveta, un avocado copt sau o cască de baie pentru copii. Mai mult decât atât, lângă mall erau un Container Store și un Chipotle. Acolo era locul meu. Puteam să parchez mașina, să intru repede în cele două sau trei magazine de care aveam nevoie, să-mi cumpăr un *burrito bowl* și să fiu înapoi la birou într-o oră. Excelam la cumpărături-fulger în pauza de prânz – înlocuirea șosetelor pierdute, căutarea de cadouri pentru vreun copil de cinci ani care avea petrecere aniversară sâmbătă, aprovizionarea și reaprovizionarea cu cutii de suc și cu piure de mere.

Sasha și Malia aveau acum trei și șase ani, erau deștepte, îndrăznețe și creșteau repede. Energia lor mă lăsa fără suflare. Ceea ce sporea farmecul cumpărăturilor ocazionale de la mall. Erau zile în care stăteam în mașina parcată și îmi mâncam porția de la fast-food singură, cu radioul mergând, cuprinsă de ușurare și mândră de eficiența mea. Asta era viața cu copii mici. Asta era ceea ce, uneori, trecea drept reușită. Aveam piureul de mere. Mâncam de prânz. Toată lumea era în viață.

„Priviți cum mă descurc“, îmi venea să spun în acele momente publicului meu inexistent. „Vede cineva că am rezolvat asta?“

Așa eram eu la vârsta de 40 de ani, puțin June Cleaver, puțin Mary Tyler Moore. În zilele bune, îmi asumam meritul că făcusem să se întâmple asta. Echilibrul vieții mele era elegant numai de la distanță și doar dacă te uitai pe furiș, dar cel puțin era ceva ce aducea a echilibru. Serviciul meu la spital s-a dovedit a fi unul bun, plin de provocări și de satisfacții, în concordanță cu convingerile mele. M-a uimit, de fapt, să descopăr cum funcționa în mod obișnuit o instituție importantă și foarte respectată, cum era centrul medical al universității, cu 9 500 de angajați, condusă mai ales de persoane din mediul academic, care făceau cercetare medicală și scriau lucrări științifice, dar care, în general, găseau cartierele din jurul lor atât de înspăimântătoare, încât n-ar fi traversat niciodată strada să iasă din campus. Pentru mine, teama era mobilizatoare. Mă făcea să mă ridic din pat dimineața.

Mi-am petrecut cea mai mare parte din viață de-a lungul acestor bariere – observând neliniștea albilor la mine în cartier, înregistrând toate modurile subtile prin care oamenii cu oarecare influență păreau să se îndepărteze de comunitatea mea și să se adune în centre de prosperitate din ce în ce mai îndepărtate. Și găsisem acum o invitație de a schimba această tendință, de a dărâma bariere acolo unde puteam – în general, prin a-i încuraja pe oameni să se cunoască unii pe alții. Mă bucuram de sprijinul noului meu șef, aveam libertatea de a-mi stabili singură programul și construiam o relație mai puternică între spital și comunitatea din jurul lui. Când am început, o singură persoană lucra pentru mine, dar, până la urmă, am ajuns să conduc o echipă de 22 de angajați. Am creat programe ca să-i duc pe angajații spitalului și pe membrii consiliului de conducere în cartierele din South Side, dându-le ocazia să viziteze centre comunitare și școli, să fie tutori, mentori și jurați la concursurile științifice pentru copii, să guste mâncarea de la restaurantele de cartier. Am adus copii din cartiere să vadă cum lucrează angajații spitalului, am înființat un program menit să mărească numărul de localnici care făceau voluntariat la spital și am colaborat cu un institut academic de vară al facultății de medicină, ca să-i încurajăm pe studenții din cartier să aleagă o carieră în domeniu. După ce mi-am dat seama că sistemul spitalului ar fi trebuit să dea mai multe dintre contractele externalizate unor firme conduse de minoritari sau de femei, am ajutat la înființarea Biroului de Diversitate în Afaceri.

Mai rămăsese de rezolvat problema oamenilor care aveau nevoie disperată de îngrijiri medicale. South Side avea peste un milion de locuitori și o mare lipsă de furnizori de servicii medicale, ca să nu mai vorbim de faptul că populația era disproporționat afectată de acel gen de suferințe cronice asociate cu sărăcia – astm, diabet, hipertensiune, boli de inimă. Dat fiind numărul mare de oameni fără asigurări de sănătate și mulți alții dependenți de Medicaid, pacienții aglomerau camera de gardă a spitalului universitar, deseori având nevoie doar de tratamente de rutină, care nu presupuneau servicii de urgență. Mai erau cei care stătuseră atât de mult fără îngrijiri profilactice, încât aveau acum nevoie disperată de ajutor. Problema era evidentă, costisitoare, ineficientă și stresantă pentru toți cei implicați. Vizitele la camera de gardă nu ajutau prea mult la îmbunătățirea stării de sănătate a cuiva pe termen lung. Încercarea de a rezolva această problemă a devenit una dintre prioritățile mele. Printre altele, am început să angajăm și să pregătim îndrumători pentru triajul pacienților –, în general, oameni prietenoși și săritori din împrejurimi –, care puteau sta cu pacienții la camera de gardă, ajutându-i să-și facă programări pentru continuarea tratamentului la centrele de sănătate din cartiere și explicându-le unde puteau beneficia de servicii medicale decente, la prețuri pe care să și le permită.

Munca mea era interesantă și plină de satisfacții, dar tot trebuia să fiu atentă să nu o las să mă acapareze. Simțeam că le datoram asta fetelor mele. Decizia noastră de a-l lăsa pe Barack să-și continue cariera așa cum dorea – de a-i da libertatea să-și modeleze și să-și urmeze visurile – m-a determinat să-mi temperez eforturile în plan profesional. Aproape deliberat, am devenit oarecum imună la ambiție, făcând un pas înapoi în situații în care, în mod normal, aș fi mers înainte. Nu sunt sigură dacă cineva ar fi putut spune că nu făceam destul, dar eu eram întotdeauna conștientă de lucrurile cu care aș fi putut să merg mai departe și nu am făcut-o. Au existat anumite proiecte de mică anvergură în care am ales să nu mă implic. Au existat tineri angajați pe care aș fi putut să-i îndrum mai bine decât am făcut-o. Auzi tot timpul vorbindu-se despre compromisurile pe care le face o mamă cu carieră. Acestea erau compromisurile mele. Dacă fusesem cândva o persoană care se arunca fără să stea pe gânduri în orice era de făcut, acum eram mai precaută, mai atentă și mai zgârcită cu timpul meu, știind că trebuia să-mi păstrez suficientă energie pentru viața de acasă.

*

OBIECTIVELE MELE vizau, în primul rând, păstrarea normalității și a stabilității, dar acestea nu aveau să fie niciodată ale lui Barack. Evoluasem destul cât să recunoaștem asta și să lăsăm lucrurile așa. Unul yin, celălalt yang. Eu tânjeam după rutină și ordine, el nu. El putea să trăiască în ocean; eu aveam nevoie de barcă. Când era acasă, măcar era impresionant de prezent – se juca pe podea cu fetele, citea cu voce tare din *Harry Potter* împreună cu Malia, seara, râdea la glumele mele și mă îmbrățișa, reamintindu-ne de dragostea și statornicia lui, înainte să dispară din nou pentru o jumătate de săptămână sau mai mult. Încercam să profităm din plin de pauzele din programul lui, luând masa împreună și întâlnindu-ne cu prietenii. El îmi făcea pe plac (câteodată) și se uita la *Totul despre sex*. Îi făceam și eu pe plac (câteodată) și mă uitam la *Clanul Soprano*. Acceptasem ideea că plecarea făcea parte, pur și simplu, din munca lui. Nu îmi plăcea, dar, de cele mai multe ori, nu o mai contestam. Barack putea să-și încheie foarte mulțumit ziua în vreun hotel îndepărtat, cu tot felul de lupte politice mocnind și cu probleme rămase nerezolvate. Între timp, eu trăiam pentru adăpostul de acasă – pentru mulțumirea pe care o simțeam în fiecare seară, știind că Sasha și Malia erau cuibărite în paturile lor, iar mașina de spălat vase zbârnâia în bucătărie.

Oricum, nu aveam altă opțiune decât să mă adaptez la absența lui Barack, pentru că nu era ceva programat să se încheie prea curând. Pe lângă munca obișnuită, era din nou în campanie electorală, de data asta pentru un loc în Senatul SUA, înainte de alegerile din toamna lui 2004.

Barack se simțea din ce în ce mai neliniștit în Springfield, frustrat de meandrele politicii la nivel de stat, convins că ar fi putut face mai mult și mai bine la Washington. Știind că aveam o mulțime de motive să fiu împotriva ideii de a candida la Senat și știind că avea și el un contraargument de prezentat, la jumătatea anului 2002, am invitat 10–12 prieteni apropiați, la un brunch acasă la Valerie Jarrett, ca să le dăm vestea despre candidatură și să aflăm părerile lor.

Valerie locuia într-un bloc nu departe de noi, în Hyde Park. Apartamentul ei era curat și modern, cu pereți albi, mobilă albă și orhidee strălucitoare din loc în loc, pentru culoare. La vremea respectivă, era vicepreședinte executiv la o companie imobiliară și făcea parte din consiliul de administrație al centrului medical de la Universitatea din Chicago. Ea îmi sprijinise eforturile la Public Allies când lucrasem acolo și pusese umărul la strângerea de fonduri pentru diferitele campanii ale lui Barack, activându-și ampla rețea de conexiuni pentru a impulsiona fiecare dintre acțiunile noastre. Din acest motiv și datorită firii ei calde, înțelepte, Valerie ajunsese să ocupe un loc ciudat în viața noastră. Prietenia noastră era, în egală măsură, personală și profesională. Iar ea era la fel de prietenă cu mine cum era și cu Barack, ceea ce, din experiența mea, se întâmplă rar într-un cuplu. Eu aveam detașamentul meu de prietene din grupul mamelor, iar Barack petrecea puținul timp de care dispunea pentru relaxare jucând baschet cu un grup de amici. Aveam prieteni buni care formau cupluri, copiii lor erau prieteni cu copiii noștri, familii cu care ne plăcea să ne petrecem vacanțele. Dar Valerie era altceva, o soră mai mare pentru fiecare dintre noi și cineva care ne ajuta să facem un pas înapoi și să ne evaluăm dilemele, când acestea apăreau. Ne cunoștea pe amândoi foarte bine, ne cunoștea scopurile foarte bine și era protectoare cu amândoi.

Ea îmi spusese între patru ochi, înaintea acelei întâlniri, că nu era convinsă că Barack ar fi trebuit să candideze pentru Senat, așa că am mers la brunch, în dimineața aceea, imaginându-mi că disputa era tranșată.

Dar mă înșelam.

Această cursă pentru Senat era o ocazie unică, le-a explicat Barack tuturor în ziua aceea. Simțea că are șanse reale. Deținătorul mandatului, Peter Fitzgerald, era un republican conservator într-un stat în care democrații erau din ce în ce mai puternici și avea probleme cu păstrarea sprijinului în propriul partid. Era foarte probabil ca la alegerile primare să intre mai mulți candidați, ceea ce însemna că Barack trebuia să dispună doar de majoritatea necesară pentru a câștiga nominalizarea democraților. Cât despre bani, el m-a asigurat că avea să se atingă de fondurile noastre de economii. Când l-am întrebat cum am fi acoperit cheltuielile dacă ar fi urmat să avem locuințe și la Washington, și la Chicago, el a spus: „Ei bine, o să scriu o altă carte și o să fie o carte bună, una care să aducă bani".

Asta m-a făcut să râd. Barack este singura persoană pe care o știu și care are acest gen de convingere: să creadă că o carte putea rezolva orice problemă. Era ca băiețelul din *Jack și vrejul de fasole*, îl tachinam eu, care a dat mijloacele de trai ale familiei lui pe un pumn de boabe magice, crezând, din toată inima, că ele îi vor aduce un câștig, chiar dacă nimeni altcineva nu credea asta.

Pe toate celelalte fronturi, logica lui Barack era descurajant de solidă. Mă uitam la chipul lui Valerie în timp ce el vorbea și mi-am dat seama că o convingea cu o ușurință uimitoare, că avea un răspuns la orice întrebare de tipul „dar despre…?" pe care i-am fi pus-o. Știam că avea sens ce spunea el, în timp ce mă luptam cu impulsul de a calcula toate orele în plus pe care ar fi însemnat să le petreacă departe de noi, ca să nu mai vorbim de perspectiva mutării la Washington. Cu toate că ne certam de ani de zile din cauza poverii pe care cariera lui politică o reprezenta pentru familia noastră, îl iubeam pe Barack și aveam încredere în el. El era deja un bărbat cu două familii, atenția lui fiind împărțită între mine și fete, de-o parte, și cei circa 200 000 de alegători din South Side. Chiar ar fi fost cu adevărat o mare diferență dacă l-aș fi împărți cu tot statul Illinois? Nu aveam de unde să știu, dar nu puteam nici să stau în calea aspirațiilor lui, pentru că asta nu ar fi făcut decât să-l determine să țintească și mai sus.

Așa că, în ziua aceea, am ajuns la o înțelegere. Valerie a acceptat să se ocupe de finanțarea campaniei pentru Senat a lui Barack. Câțiva prieteni au acceptat să contribuie cu timp și bani. Eu m-am ținut departe de toate planurile și n-am avut de făcut decât un singur anunț, cu voce tare, să audă toată lumea: dacă pierdea, avea să renunțe definitiv la politică și să-și caute un loc de muncă în alt domeniu. Dacă ziua alegerilor se termina prost, acesta avea să fie sfârșitul.

Adevărat și real, avea să fie sfârșitul.

Însă, ceea ce a urmat pentru Barack a fost o serie de întorsături norocoase ale sorții. Mai întâi, Peter Fitzgerald a decis să nu candideze pentru realegere, făcându-le loc contracandidaților și nou-veniților precum soțul meu. Apoi, oarecum bizar, atât favoritul democraților în alegerile primare, cât și cel care câștigase nominalizarea republicanilor s-au pomenit amestecați în scandaluri legate de fostele lor soții. Cu doar câteva luni înainte de alegeri, Barack nici măcar nu avea un contracandidat republican.

Ca să fie sigur de reușită, el a dus o campanie excelentă, demonstrând că învățase enorm de mult din candidatura ratată la Congres. A învins șapte contracandidați în alegerile primare și a strâns majoritatea voturilor pentru a câștiga nominalizarea. În călătoriile lui prin stat și în interacțiunile cu potențialii alegători, era același om pe care îl cunoșteam de acasă – amuzant și fermecător, inteligent și bine pregătit.

Răspunsurile lui detaliate la întrebările primite în timpul reuniunilor de la primării și în dezbaterile de campanie păreau doar să transmită ideea că locul lui era la tribuna Senatului. În orice caz, cu toate eforturile, drumul lui Barack către Senat părea pavat cu trifoi cu patru foi.

Și toate acestea înainte ca John Kerry să-l invite să rostească discursul de deschidere la Convenția Națională din 2004 a Partidului Democrat, de la Boston. Kerry, pe atunci senator de Massachusetts, era angajat într-o luptă strânsă pentru președinție cu George W. Bush.

În toată această poveste, soțul meu era un nimeni – un modest membru al unui legislativ statal, care nu stătuse niciodată în fața unui public de 15 000 de oameni sau mai mulți, cum avea să se întâmple la Boston. Nu folosise niciodată un prompter și nici nu fusese vreodată în direct la TV, la o oră de vârf. Era un nou-venit, un negru în ceea ce era istoric o treabă a albilor, apărut nu se știe de unde, cu un nume neobișnuit și cu un trecut bizar, sperând să-i impresioneze pe democrații de rând. Așa cum aveau să recunoască mai târziu nume cu greutate din televiziune, alegerea lui Barack Obama să vorbească unei audiențe de milioane de telespectatori fusese un pariu riscant.

Și, totuși, în stilul lui ciudat și complicat, părea predestinat exact acestui moment. Știam, pentru că văzusem de aproape că mintea îi funcționa fără pauză. De-a lungul anilor, îl observasem absorbind cărți, ziare și idei și înviorându-se brusc de câte ori vorbea cu cineva de la care putea să preia o frântură de experiență nouă sau de cunoaștere. Depozita cu grijă orice informație. Ceea ce construia, îmi dau seama acum, era o viziune – și nu una măruntă. Era tocmai acel lucru pentru care a fost nevoie să fac loc în viața noastră de cuplu, cu care a trebuit să coexist, chiar dacă fără tragere de inimă. Mă exaspera câteodată, dar era și ceea ce nu aș fi putut vreodată să dezaprob la Barack. Muncise din greu pentru asta, în liniște și meticulos, de când îl cunoșteam. Iar acum poate că dimensiunea publicului era, în sfârșit, pe potriva a ceea ce credea el că ar fi posibil. Se pregătise pentru acest moment. Tot ce trebuia să facă era să vorbească.

„Probabil a fost un discurs bun“, a devenit, de atunci, refrenul meu. Era o glumă între mine și Barack, una pe care am repetat-o des și cu ironie după acea noapte – 27 iulie 2004.

Am lăsat fetele acasă cu mama și am luat avionul ca să fiu cu el la Boston pentru discurs, stând pe laterala sălii de la centrul de convenții, în timp ce Barack a pășit în lumina puternică a reflectoarelor de scenă și în văzul tuturor acelor milioane de oameni. Era puțin emoționat și la fel eram și eu, dar eram amândoi hotărâți să nu lăsăm să se vadă asta. Oricum, așa funcționa Barack. Cu cât era sub presiune mai mare, cu atât părea să fie mai calm. Lucrase la discurs timp de câteva săptămâni, între voturile din Senatul din Illinois. Memorase frazele și le repetase cu grijă, până la punctul în care nu mai avea nevoie, de fapt, de prompter, decât în eventualitatea că emoțiile i-ar fi jucat o festă și i-ar fi golit mintea. Dar asta nu s-a întâmplat. Barack s-a uitat spre public și în obiectivele camerelor de filmat, apoi, ca și cum ar fi pornit un motor intern, a zâmbit și a început să vorbească.

A vorbit 17 minute în seara aceea, explicând cine era și de unde venea – despre bunicul lui care luptase ca parte din trupele generalului Patton, despre bunica lui care lucrase la o linie de asamblare în timpul războiului, despre tatăl lui care crescuse păscând caprele în Kenya, despre neverosimila iubire dintre părinții lui și despre credința lor în ceea ce putea face o educație bună pentru un fiu care nu se născuse bogat sau cu relații. Cu sinceritate și cu iscusință, el s-a prezentat nu ca un outsider, ci mai degrabă ca un exemplu viu de vis american. El le-a reamintit celor din public că o țară nu poate fi croită doar în roșu și albastru, că ne unea o latură umană comună, că aveam obligația să ne îngrijim de întreaga societate. El a pledat pentru speranță împotriva cinismului. A vorbit cu speranță, a proiectat speranță, aproape că a și cântat despre speranță.

Au fost 17 minute din iscusința și ușurința lui Barack de a se folosi de cuvinte, 17 minute în care și-a etalat optimismul profund și strălucitor. Când a terminat, făcând o ultimă referire la John Kerry și la partenerul lui de cursă electorală, John Edwards, publicul era în picioare și striga, copleșindu-l cu ropote de aplauze. Am pășit și eu pe scenă, în luminile strălucitoare, purtând pantofi cu toc înalt și un costum alb, l-am felicitat și l-am îmbrățișat pe Barack, după care m-am întors ca să salut împreună cu el publicul entuziasmat.

Energia era electrizantă, zgomotul absolut asurzitor. Nu mai era un secret că Barack era un om bun cu o minte măreață și cu o încredere de neclintit în democrație. Eram mândră de el, chiar dacă nu eram deloc surprinsă. Acesta era bărbatul cu care mă măritasem. Am știut tot timpul care sunt calitățile lui. Privind în urmă, cred că atunci am început, în tăcere, să renunț la ideea că mai era posibil să se întoarcă din drum, că avea să ne mai aparțină vreodată doar mie și fetelor. Aproape că o auzeam în răpăitul aplauzelor. „Mai mult, mai mult, mai mult."

Reacția presei la discursul lui Barack a fost hiperbolică. „Tocmai l-am văzut pe primul președinte de culoare", le-a spus Chris Matthews colegilor lui comentatori de la NBC. În ziua următoare, pe prima pagină din *Chicago Tribune*, titlul principal a fost simplu: „Fenomenul". Telefonul mobil al lui Barack a început să sune fără încetare. Televiziunile îl numeau „rock star" și vorbeau despre un „succes peste noapte", de parcă el nu ar fi petrecut ani de zile muncind pentru acele momente de pe scenă, de parcă discursul l-ar fi creat pe el, nu invers. Totuși, discursul a fost începutul a ceva nou și nu doar pentru el, ci și pentru noi, întreaga familie. Am fost aruncați la un alt nivel de expunere și în fața unui șuvoi al așteptărilor altor oameni.

Era ireal tot ce se întâmpla. Tot ce am putut să fac, realmente, a fost să glumesc despre asta.

„Probabil a fost un discurs bun", spuneam ridicând din umeri când oamenii îl opreau pe Barack pe stradă, ca să-i ceară un autograf sau să-i transmită că le plăcuse ce spusese. „Probabil a fost un discurs bun", am spus și când am ieșit dintr-un restaurant din Chicago și am văzut o mulțime de oameni adunată pe trotuar, în așteptarea lui. Am spus același lucru când jurnaliștii au început să-i ceară lui Barack părerea despre subiecte de importanță națională, când consultanții politici de primă mână au început să-i dea târcoale și când, la nouă ani după publicare, până atunci obscura *Dreams from My Father* a fost reeditată în varianta broșată și a aterizat pe lista bestsellerurilor citate de *New York Times*.

„Probabil a fost un discurs bun", am spus când o strălucitoare și exuberantă Oprah Winfrey a apărut la noi acasă, ca să petreacă o zi întreagă intervievându-ne pentru revista ei.

Ce se întâmpla cu noi? Aproape că nu puteam să-mi dau seama. În noiembrie, Barack a fost ales în Senatul SUA, câștigând cu 70 la sută din voturi, cea mai consistentă majoritate din istoria statului Illinois și la cea mai mare diferență din toată țara, alegerile pentru Senat. A atras de partea lui majorități importante dintre negri, albi și latino-americani; bărbați și femei; bogați și săraci; din mediul urban, din suburbii și din mediul rural. La un moment dat, ne-am dus în Arizona, pentru o scurtă vacanță, iar el a fost asaltat și acolo de admiratori.

Pentru mine, aceasta era măsura reală și bizară a celebrității lui: acum îl recunoșteau și albii.

AM LUAT CE-MI MAI rămăsese din normalitate și m-am învăluit în ea. Când eram acasă, totul era la fel. Când eram cu prietenii noștri și cu familia, totul era la fel. Cu copiii, era întotdeauna la fel. Dar, în afară, lucrurile erau diferite. Barack zbura acum tot timpul la Washington și înapoi. Avea un birou la Senat și un apartament pe Capitol Hill, unul mic, cu un singur dormitor, într-o clădire dărăpănată, și care era deja plin cu cărți și cu hârtii. Era vizuina lui departe de casă. De fiecare dată când mergeam cu fetele în vizită, nici măcar nu ne prefăceam că am vrea să stăm acolo și rezervam o cameră de hotel pentru toți patru.

La Chicago, eu mă țineam de programul meu. Sala de sport, serviciu, acasă și de la capăt. Vasele în mașina de spălat vase. Cursuri de înot, fotbal, balet. Țineam pasul, așa cum o făcusem întotdeauna. Barack avea acum o viață la Washington, cu solemnitățile asociate condiției de senator, dar eu eram încă eu, trăindu-mi aceeași viață normală. Într-o zi, stăteam în mașina mea parcată la centrul comercial de pe Clybourn Avenue, mâncând pachetul luat de la Chipotle și bucurându-mă de puținul timp pe care îl aveam pentru mine după o goană prin BabyGap, când secretara mea m-a sunat pe mobil, întrebându-mă dacă aș putea să preiau o convorbire. Era o femeie de la Washington – pe care n-o întâlnisem niciodată, soția unui alt senator – care încercase deja de câteva ori să dea de mine.

„Sigur, fă-mi legătura“, am spus.

Și am auzit vocea acestei soții de senator, plăcută și caldă. „Bună“, mi-a spus ea. „Mă bucur că în sfârșit pot să vorbesc cu tine!“

I-am spus că și eu eram încântată să vorbesc cu ea.

„Te-am sunat doar ca să-ți urez bun venit“, mi-a spus, „și să te anunț că am vrea să te invităm să faci parte din ceva special.“

Îmi telefonase ca să-mi ceară să mă alătur unei organizații private, un club care, din câte înțelegeam, era format mai ales din soțiile unor oameni importanți de la Washington. Ele se întâlneau cu regularitate ca să ia prânzul și să discute subiectele zilei. „Este un mod plăcut de a cunoaște oameni și știu că asta nu este întotdeauna ușor atunci când ești nou în oraș“, a adăugat ea.

În viața mea nu mi se mai ceruse niciodată să intru într-un club. Mi-am văzut prietenii din liceu mergând în excursii la schi cu grupurile lor Jack and Jill. La Princeton, o așteptasem uneori pe Suzanne să vină acasă, băută și veselă, de la petrecerile cluburilor ei. Jumătate dintre avocații de la Sidley păreau să facă parte din cluburi de golf. Vizitasem multe dintre aceste cluburi, de-a lungul timpului, când strângeam fonduri pentru Public Allies, când strângeam fonduri pentru campaniile lui Barack. Era bine știut că aceste cluburi erau, în general, pline de bani. Să faci parte din ele însemna mai mult decât simpla calitate de membru.

Propunerea ei era amabilă și era rodul unor intenții bune, dar nu am ezitat nici o clipă înainte să o refuz.

„Mulțumesc“, i-am spus. „E drăguț din partea voastră că v-ați gândit la mine. Însă noi am hotărât ca eu să nu mă mut la Washington." I-am spus că aveam două fetițe mici care mergeau la școală la Chicago, iar eu eram destul de atașată de serviciul meu. I-am explicat că Barack se instalase la Washington și că făcea naveta când putea. Nu am pomenit că eram atât de atașați de Chicago, încât căutam să ne cumpărăm o casă nouă, datorită banilor care începuseră să vină din vânzările de după retipărirea cărții lui și că avea acum o ofertă generoasă pentru o a doua carte – recolta-surpriză a boabelor de fasole magice ale lui Barack.

Soția senatorului a tăcut câteva clipe, încercând să depășească momentul delicat. Apoi, a reînceput să vorbească, pe un ton foarte blând. „Știi, asta poate fi foarte greu pentru o căsnicie", a spus. „Familiile se destramă."

Am simțit atunci că mă judeca. Ea însăși era în Washington de mulți ani. Văzuse deja că lucrurile mergeau prost când soția rămânea acasă. Încerca să-mi spună că alesesem o opțiune periculoasă, că exista un singur mod corect de a fi soție de senator și că eu alesesem greșit.

I-am mulțumit din nou, am închis telefonul și am oftat. În primul rând că nici una dintre alegeri nu fusese a mea. Eu nu alesesem nimic. Eram acum la fel ca soția unui senator al SUA – doamna Obama, îmi spusese ea de-a lungul conversației –, dar asta nu însemna că trebuia să las totul baltă ca să-l susțin pe el. Sincer, eu nu voiam să las baltă nimic.

Știam că erau și alți senatori ai căror soții aleseseră să rămână în orașele lor, în loc să se mute la Washington DC. Știam că Senatul, cu 14 la sută dintre membri femei, nu era chiar atât de patriarhal pe cât fusese odată. Totuși, mi se părea o impertinență ca o femeie să-mi spună că greșeam pentru că voiam să-mi duc copiii la aceeași școală și să-mi păstrez serviciul. La câteva săptămâni după alegeri, mersesem cu Barack la Washington pentru o sesiune de orientare de o zi oferită senatorilor nou aleși și soțiilor lor. Eram doar câțiva participanți în anul acela și, după o prezentare rapidă, politicienii s-au dus într-o încăpere, în timp ce soțiile au fost conduse în altă cameră. Venisem cu întrebări pregătite, știind că se așteaptă de la politicieni și de la familiile lor să respecte reguli etice stricte, care dictează totul, începând cu cei de la care au voie să primească daruri până la cum plătesc călătoriile spre și de la Washington. Mă gândeam că poate aveam să discutăm cum să ne descurcăm în societate cu cei care fac lobby sau aspecte legale ale strângerii de fonduri pentru campania viitoare.

Ceea ce am primit, însă, a fost o disertație elaborată despre istoria și arhitectura Capitoliului, vizionarea modelelor de veselă din porțelan produse special pentru Senat, urmate de un prânz politicos și de discuții lejere. Toată povestea a durat câteva ore bune. Poate că ar fi fost amuzant, dacă nu mi-aș fi luat liber de la serviciu și nu aș fi lăsat copiii cu mama ca să pot fi acolo. Dacă urma să fiu o soție de politician, voiam să iau lucrurile în serios. Nu îmi păsa de politică în sine, dar nici nu voiam să stric ceva.

Adevărul era că Washingtonul mă deruta, cu tradițiile lui cuviincioase și vanitatea lui sobră, cu dominația albilor și a bărbaților, în care doamnele luau masa separat. În centrul confuziei mele era un fel de teamă, deoarece oricât alesesem eu să nu mă implic, vârtejul mă trăgea înăuntru. Eram doamna Obama de 12 ani, dar asta părea brusc să aibă o semnificație diferită. Cel puțin în anumite cercuri, eram acum doamna Obama într-un fel care putea să pară minimalizant, o stăpână a casei definită de stăpânul ei. Eram soția lui Barack Obama, starul rock al politicii, singurul negru din Senat – omul care vorbea despre speranță și toleranță atât de răspicat și cu atâta forță, încât acum își formase un adevărat roi de așteptări care îl urmăreau constant.

Soțul meu era senator, dar cumva oamenii păreau că vor să sară peste etapa asta. În schimb, toată lumea era dornică să afle dacă avea să candideze la președinție în 2008. Nu aveai cum să eviți întrebarea. O puneau toți reporterii. Aproape fiecare persoană care îl aborda pe stradă îl întreba asta. Colegii mei de la spital îmi tăiau calea și îmi aruncau și ei întrebarea în treacăt, în încercarea de a afla știrea mai devreme. Până și Malia, care avea șase ani și jumătate în ziua în care îmbrăcase o rochiță roz de catifea și stătuse lângă Barack când depusese jurământul pentru Senat în fața lui Dick Cheney, voia să știe. Spre deosebire de mulți alții, însă, eleva noastră de clasa întâi era suficient de înțeleaptă ca să-și dea seama cât de prematur părea totul.

„Tati, o să încerci să fii președinte?" a întrebat ea. „Nu crezi că ar trebui să fii mai întâi vicepreședinte sau ceva de genul ăsta?"

În această privință, eram de partea Maliei. Pragmatică de-o viață, aș recomanda întotdeauna o abordare lentă, bifarea metodică a tuturor căsuțelor preliminare. Eram o susținătoare înnăscută a așteptării îndelungi și judicioase. În această privință, mă simțeam mai bine ori de câte ori îl auzeam pe Barack replicându-le cu un fel de modestie celor care îl chestionau, respingând întrebările despre președinție și spunând că singurul lucru pe care intenționa să îl facă era să își pună capul la contribuție și să muncească din greu în Senat. El le reamintea deseori oamenilor că era doar un membru modest al partidului de opoziție, un jucător de mică importanță. Și, adăuga uneori, avea doi copii pe care trebuia să îi crească.

Însă, tobele începuseră deja să bată. Era greu să le faci să se oprească. Barack scria ceea ce avea să devină *The Audacity of Hope (Îndrăzneala speranței)* - meditând la convingerile lui și la viziunea pe care o avea pentru țară, fixându-le în cuvinte pe foile lui galbene, la ore târzii din noapte. Îmi spunea că e cu adevărat mulțumit să poată rămâne acolo unde era, să-și construiască influența în timp, așteptându-și rândul să ia cuvântul în dezbaterile din Senat, dar imediat după aceea a venit furtuna.

Uraganul Katrina a lovit coasta Statelor Unite în zona Golfului Mexic, în august 2005, trecând peste digurile din New Orleans, inundând regiunile joase și izolând oamenii - cei mai mulți dintre ei negri - pe acoperișurile caselor lor distruse. Urmările au fost cumplite. Presa a arătat spitale fără generatoare de rezervă, familii îngrijorate înghesuite în Superdome, angajați ai serviciilor de urgență neputincioși din cauza lipsei proviziilor. În final, au murit 1 800 de oameni și mai bine de o jumătate de milion au fost strămutați, o tragedie exacerbată de absurditatea reacției guvernului federal. A fost o expunere dureroasă a diviziunilor structurale ale țării noastre, în special a vulnerabilității dezechilibrat de mari a afro-americanilor și a oamenilor săraci de orice rasă în fața unor catastrofe.

Unde era acum speranța?

Urmăream reportajele televizate despre Katrina cu un nod în stomac, știind că, dacă un dezastru ar fi lovit Chicago, mulți dintre unchii și mătușile mele, dintre veri și vecini ar fi avut o soartă asemănătoare. Reacția lui Barack nu a fost nici ea mai puțin emoțională. La o săptămână după uragan, a zburat la Houston ca să i se alăture fostului președinte George W.H. Bush, împreună cu Bill și Hillary Clinton, care era atunci colega lui în Senat, ca să petreacă un timp cu zecile de mii de evacuați din New Orleans ce căutaseră adăpost acolo, în Astrodome. Experiența a aprins ceva în el, senzația sâcâitoare că încă nu făcea destul.

Acesta a fost gândul la care aveam să mă întorc după aproximativ un an, când tobele au devenit mai sonore, când presiunea asupra amândurora a devenit uriașă. Ne vedeam de treburile noastre obișnuite, dar întrebarea dacă Barack avea să candideze la președinție era pretutindeni în jurul nostru. „Putea să o facă? Avea să o facă? Ar trebui să o facă?" În vara lui 2006, cei care răspundeau la sondaje de opinie cu întrebări deschise îl numărau printre posibilii candidați, deși Hillary Clinton era favorită. Spre toamnă, însă, cota lui Barack a început să crească, în parte datorită publicării cărții lui, *The Audacity of Hope*, și a aparițiilor în presă prilejuite de turneul de lansare. Procentele lui în sondaje au devenit brusc egale sau chiar mai mari decât cele ale lui Al Gore și John Kerry, doi nominalizați ai democraților – ca dovadă a potențialului său. Știam că avusese discuții private cu prieteni, consilieri și potențiali donatori, semnalându-le tuturor că lua în calcul această posibilitate. Exista, însă, o discuție pe care o evitase – cu mine.

Știa, desigur, ce simțeam. Discutasem despre asta tangențial, pe marginea altor subiecte. Trăiam de atâta vreme cu așteptările altor oameni, încât acestea erau nelipsite din aproape orice discuție pe care o aveam. Potențialul lui Barack stătea la masă cu familia noastră. Potențialul lui Barack mergea cu fetele noastre la școală și cu mine la serviciu. Era acolo chiar și când nu îl voiam de față, adăugând o energie ciudată în orice făceam. Din punctul meu de vedere, soțul meu făcea deja destule. Dacă era să se gândească să candideze la președinție, speram că avea să urmeze calea prudentă, să se pregătească pe îndelete, să-și vadă de treburile din Senat și să aștepte până aveau să crească fetele – până în 2016, să zicem.

Încă de când l-am cunoscut, am avut permanent impresia că Barack avea privirea îndreptată spre un orizont îndepărtat, spre imaginea lui de lume ideală. Doar că, de data asta, aș fi vrut să fie mulțumit cu lumea așa cum era. Nu înțelegeam cum putea să se uite la Sasha și Malia, care aveau acum cinci și opt ani, cu codițele și exuberanța lor voioasă, și să simtă altfel. Gândul că o făcea era dureros câteodată.

Ne dădeam într-un balansoar, în sus și în jos, domnul și stăpânul la un capăt, doamna, la celălalt. Locuiam acum într-o casă frumoasă, o clădire din cărămidă în stil georgian pe o stradă liniștită din Kenwood, cu o verandă largă și cu copaci înalți în curte – exact genul de casă la care Craig și cu mine căscam gura în timpul plimbărilor de duminică, din Buick-ul tatei. Mă gândeam deseori la tata și la tot ce investise în noi. Îmi doream cu disperare să mai fi fost în viață, ca să vadă cum ieșiseră lucrurile. Craig era foarte fericit acum, după ce făcuse în sfârșit o schimbare, reunțând la cariera de bancher de investiții și întorcându-se la prima lui iubire - baschetul. După câțiva ani ca asistent la Northwestern, era acum antrenor principal la Universitatea Brown, în Rhode Island, și se recăsătorise cu Kelly McCrum, o femeie frumoasă și cu picioarele pe pământ, decan responsabil cu admiterile de pe Coasta de Est. Cei doi copii ai lui crescuseră înalți și încrezători, exemple vii pentru ceea ce era capabilă să facă generația viitoare.

Eu eram soție de senator, dar, dincolo de asta, și mai important, aveam o carieră care era importantă pentru mine. În primăvară fusesem promovată vicepreședinte al Centrului Medical al Universității din Chicago. Petrecusem ultimii câțiva ani conducând dezvoltarea unui program de colaborare pentru îngrijirea sănătății în South Side, care deja pusese în legătură mai mult de 15 000 de pacienți care veniseră la serviciul de urgențe cu medici care puteau să-i consulte cu regularitate, indiferent dacă puteau să plătească sau nu. Simțeam că munca mea era personală. Vedeam negri care veneau unul după altul la urgențe, cu boli cronice multă vreme neglijate - pacienți cu diabet ale căror probleme circulatorii nu fuseseră îngrijite și acum trebuia să li se amputeze piciorul, de exemplu - și nu puteam să nu mă gândesc la fiecare vizită la medic pe care ar fi trebuit să o facă inclusiv tatăl meu, la fiecare simptom al sclerozei multiple pe care îl minimalizase ca să nu agite spiritele, sau să fie nevoie să cheltuim bani, sau să fie nevoie de hârtii, sau ca să se scutească pe sine de senzația de a fi privit de sus de un medic alb bogat.

Îmi plăcea locul meu de muncă și, chiar dacă nu era perfectă, îmi plăcea și viața mea. Sasha se pregătea să înceapă școala primară, iar eu simțeam că eram la începutul unei noi etape, pe punctul de a putea să-mi reaprind ambițiile și să mă gândesc la un nou set de obiective. Ce ar fi făcut o campanie prezidențială? Ar fi deturnat toate acestea. Știam suficient de multe încât să înțeleg asta înainte să se întâmple. Barack și cu mine trecuserăm deja prin cinci campanii în 11 ani și fiecare dintre ele mă forțase să lupt puțin mai mult ca să-mi păstrez prioritățile. Fiecare lăsase o urmă în sufletul meu și în căsnicia noastră. O candidatură la președinție, mă temeam, chiar avea să dărâme totul. Barack avea să fie plecat mult mai mult decât fusese când lucra în Springfield sau la Washington – nu pentru jumătăți de săptămâni, ci săptămâni întregi; nu pentru perioade de patru până la opt săptămâni cu pauze între ele, ci luni de-a rândul. Ce ar fi însemnat asta pentru familia noastră? Ce ar fi însemnat publicitatea pentru fiicele noastre?

Am făcut tot posibilul să ignor vârtejul din jurul lui Barack, chiar dacă nu exista nici un semn că acesta ar fi urmat să se domolească. Comentatorii rețelelor de televiziune discutau subiectul din toate perspectivele. David Brooks, editorialistul conservator de la *New York Times*, a publicat un fel de pledoarie axată pe ideea că „fă-o și gata", cu titlul „Run, Barack, Run" („Candidează, Barack, candidează"). De-acum era recunoscut aproape oriunde mergea, dar eu încă mă mai bucuram de binefacerile anonimatului. Într-o zi din octombrie, când așteptam la rând la un magazin, am văzut coperta revistei *Time* și a trebuit să întorc capul: era un prim-plan al soțului meu, lângă titlul „De ce Barack Obama ar putea să fie viitorul președinte".

Ce speram eu era ca, la un moment dat, Barack însuși să pună capăt speculațiilor, declarându-se în afara cursei și îndreptând atenția presei în altă parte. Dar el nu a făcut asta. Nu avea să facă asta. El voia să candideze. El voia, iar eu nu.

Ori de câte ori un reporter întreba dacă avea să intre în cursa pentru președinție, Barack ezita și răspundea doar: „Încă mă mai gândesc. Este o decizie de familie." Un fel de mesaj codificat pentru „Doar dacă Michelle e de acord".

În nopțile în care Barack era la Washington, stăteam singură în pat, simțindu-mă de parcă aș fi fost eu împotriva lumii. Îl voiam pe Barack pentru familia noastră. Toți ceilalți păreau să-l vrea pentru țară. Avea grupul lui de consilieri – David Axelrod și Robert Gibbs, cei doi strategi de campanie care jucaseră rolul esențial în alegerea lui în Senat; David Plouffe, un alt consultant de la firma lui Axelrod; șeful lui de cabinet, Pete Rouse; și Valerie – care îl susțineau cu prudență. În egală măsură, toți au spus foarte clar și că într-o campanie la prezidențiale nu se pot face lucruri pe jumătate și că Barack și cu mine trebuia să ne implicăm amândoi total. Pentru el, cerințele aveau să fie inimaginabile. Fără să rateze absolut nimic din îndatoririle lui la Senat, trebuia să construiască și să susțină o campanie la nivel național, să-și dezvolte o platformă politică și totodată să strângă sume uluitoare de bani. Misiunea mea nu ar fi fost doar să sprijin tacit campania, ci să particip la ea. Se aștepta de la mine și de la copiii mei să ieșim în public, să zâmbim aprobator și să dăm mâna cu o mulțime de oameni. Totul avea să graviteze în jurul lui de-acum, mi-am dat seama, în sprijinul acestei cauze mai importante.

Până și Craig, care mă protejase cu atâta grijă încă din ziua în care mă născusem, se lăsase furat de entuziasmul unei potențiale candidaturi. Mi-a telefonat într-o seară special ca să pledeze pentru. „Ascultă, Miche“, mi-a spus el, vorbind, așa cum făcea adesea, în termenii jocului de baschet. „Știu că îți faci griji pentru asta, dar dacă Barack are posibilitatea, trebuie să arunce la coș. Înțelegi asta, nu-i așa?“

Depindea de mine. Totul depindea de mine. Îmi era teamă sau eram doar obosită?

La bine și la rău, mă îndrăgostisem de un om cu o viziune, care era optimist fără să fie naiv, care nu se temea de luptă și era stimulat de cât de complicată era lumea. Era ciudat de neintimidat, oricât de mult ar fi avut de muncit. Îl îngrozea gândul că trebuia să plece de lângă mine și de lângă fete pentru perioade lungi de timp, dar îmi reamintea întruna și cât de puternică era dragostea noastră. „Putem să facem asta, nu-i așa?“, mi-a spus el într-o noapte, ținându-mă de mână, când stăteam în biroul lui de la etaj și am început să discutăm serios despre asta. „Suntem puternici și suntem inteligenți, și la fel sunt și copiii noștri. O să fim foarte bine. Ne putem permite asta.“

Ce voia să spună era că da, campania avea să fie costisitoare. Erau lucruri la care trebuia să renunțăm – timp, apropiere, intimitate. Era prea devreme ca să anticipăm de cât avea să fie nevoie, dar cu siguranță era mult. Pentru mine, era ca și cum am fi cheltuit bani fără să știm cât avem în cont. Câtă flexibilitate aveam? Care era limita noastră? Și ce avea să rămână la final? Incertitudinea însăși părea o amenințare, ceva ce putea să ne doboare. La urma urmei, fusesem crescută într-o familie prevăzătoare - care făcea acasă exerciții în caz de incendiu și apărea la orice întâlnire mai devreme decât era stabilit. Crescută într-un mediu muncitoresc și cu un părinte cu dizabilități, învățasem că planificarea și vigilența erau foarte importante. Puteau însemna diferența între stabilitate și sărăcie. Marjele erau întotdeauna foarte mici. O singură chenzină lipsă te putea lăsa fără curent electric; o temă pentru acasă nefăcută putea însemna să rămâi în urmă și ratarea șansei la facultate.

După ce am pierdut un coleg din clasa a cincea într-un incediu, după ce am văzut-o pe Suzanne murind înainte să aibă șansa de a fi cu adevărat adult, am învățat că viața putea fi brutală și haotică, că munca susținută nu era întotdeauna garanția unor rezultate pozitive. Această senzație avea să devină și mai puternică în viitor, dar chiar și acum, stând în casa noastră din cărămidă, pe strada noastră liniștită, voiam să protejez ceea ce aveam - să am grijă de fetițele noastre și să uit de restul, măcar până aveau să mai crească ele puțin.

Exista, însă, și un revers al medaliei, iar Barack și cu mine știam foarte bine asta. Urmărisem dezastrul lăsat în urmă de Katrina de pe treapta noastră privilegiată. Văzusem părinți care își ridicau copiii deasupra apelor revărsate și familii care încercau să reziste în degradarea dezumanizantă din Superdome. Locurile în care muncisem - de la primărie la Public Allies și la universitate - mă ajutaseră să văd cât de dificil putea fi pentru unii oameni să aibă parte de lucruri ca îngrijirea de bază a sănătății și locuința. Văzusem linia subțire care separă succesul de eșec. La rândul lui, Barack petrecuse multă vreme stând de vorbă cu muncitori concediați, veterani din armată încă tineri care încercau să se descurce cu dizabilități pe viață, mame care se săturaseră să-și trimită copiii la școli care funcționau prost. Cu alte cuvinte, ne dădeam seama cât de norocoși eram și amândoi simțeam că aveam obligația să nu ne mulțumim cu atât.

Conștientă că nu aveam altă opțiune decât să iau în considerare această posibilitate, am deschis, până la urmă, ușa și am făcut loc acestui posibil viitor. Barack și cu mine am discutat nu o dată, ci de foarte multe ori, până la vizita pe care i-am făcut-o de Crăciun lui Toot, în Hawaii, și în timpul acesteia. Unele discuții au fost cu nervi și cu lacrimi, altele sincere și pozitive. A fost continuarea unui dialog pe care îl aveam deja de 17 ani. „Cine eram noi? Ce era important pentru noi? Ce puteam face?"

Până la urmă, am fost de acord, pentru că eram convinsă că Barack putea fi un președinte bun. Avea o siguranță de sine pe care puțini oameni o au. Avea inteligența și disciplina pe care această funcție le cere, temperamentul să îndure orice dificultăți și empatia necesară pentru a rămâne conectat la nevoile țării. A contat și faptul că era înconjurat de oameni buni și inteligenți, gata să-l ajute. Cine eram eu să-l opresc? Cum puteam să pun nevoile mele, și chiar pe cele ale fiicelor noastre, mai presus de posibilitatea ca Barack să fie acel președinte care să schimbe în bine viețile a milioane de oameni?

Am spus da pentru că îl iubeam și pentru că aveam încredere în ceea ce putea să facă.

Am spus da, chiar dacă îmi încolțise deja în minte un gând dureros, unul pe care nu eram pregătită să îl împărtășesc; îl susțineam în campanie, dar, în același timp, eram convinsă că nu avea să reușească până la capăt. Vorbea atât de mult și atât de pasionat despre anularea diviziunilor din țara noastră, apelând la un set de idealuri mai înalte, pe care le credea înnăscute în cei mai mulți dintre oameni. Dar eu văzusem suficient din aceste diviziuni cât să-mi temperez speranțele. În ultimă instanță, Barack nu era decât un negru în America. Nu credeam cu adevărat că putea să câștige.

Capitolul 16

Aproape din clipa în care am fost amândoi de acord că ar fi fost bine să candideze, Barack a devenit un fel de umbră umană, o versiune pixelată a bărbatului pe care îl cunoșteam – un om care brusc trebuia să fie peste tot în același timp, mânat de forța unui efort mai amplu și îndatorat acestuia. Era mai puțin de un an până când aveau să înceapă alegerile primare, în Iowa. Barack trebuia să-și angajeze rapid echipa, să curteze genul de sponsori care puteau să scrie cecuri consistente și să găsească un mod de a-și prezenta candidatura cât mai răsunător cu putință. Scopul era să ajungă pe radarul oamenilor și să rămână acolo. Campaniile puteau fi câștigate sau pierdute încă de la primele mutări.

Întreaga operațiune urma să fie supervizată de cei doi David – Axelrod și Plouffe, ambii implicați trup și suflet. Axe, cum îi spunea toată lumea, avea o voce blândă, maniere curtenitoare și mustața ca o perie care se întindea deasupra buzei de sus. Lucrase ca reporter la *Chicago Tribune* înainte să intre în consultanță politică și avea să se ocupe de transmiterea mesajelor și de relația cu presa pentru Barack. Plouffe, care la 39 de ani avea un zâmbet copilăresc și o mare pasiune pentru strategie, avea să conducă toată campania. Echipa creștea rapid, cu oameni experimentați recrutați să se ocupe de finanțe și de planificarea din timp a evenimentelor.

Cineva a avut înțelepciunea să sugereze că Barack ar putea să-și anunțe oficial candidatura la Springfield. Toți au fost de acord că ar fi fost un context potrivit, evocând America clasei de mijloc, pentru ceea ce speram că avea să fie un tip diferit de campanie – una dusă de jos în sus, de oameni noi în procesul politic. Aceasta era piatra de temelie a speranței lui Barack. Anii petrecuți ca organizator pentru comunitate îi arătaseră cât de mulți oameni simțeau că sunt neauziți și lipsiți de drepturi în democrația noastră. Project VOTE! îl ajutase să vadă ce se putea obține dacă acestor oameni li se dădea forța de a participa. Candidatura lui la președinție avea să fie un test la scară și mai mare în slujba acestei idei. Avea să funcționeze mesajul lui și la o scară mai mare? Aveau să vină suficienți oameni să dea o mână de ajutor? Barack știa că era un candidat neobișnuit. Voia să ducă o campanie neobișnuită.

Planul era ca Barack să facă anunțul pe treptele vechiului Capitoliu, un reper istoric care evident avea să fie mult mai atrăgător din punct de vedere vizual decât orice sală de conferințe. Dar îl punea totodată în aer liber, în mijlocul statului Illinois, în mijlocul lui februarie, când temperatura aerului este deseori sub limita înghețului. Decizia mi s-a părut bine intenționată, dar destul de lipsită de pragmatism și nu mi-a sporit deloc încrederea în echipa de campanie care de-acum ne conducea mai mult sau mai puțin viețile. Nu mă încânta ideea că fetele și cu mine ar fi trebuit să zâmbim încercând să facem față viscolului, în timp ce Barack ar fi încercat să pară că a căpătat noi puteri, nu că a amorțit de frig. M-am gândit la toți oamenii care ar fi hotărât mai degrabă să rămână acasă într-o astfel de zi, decât să stea cu orele în ger. Eram de-a locului: știam că vremea putea să strice orice. Știam și că Barack nu își putea permite un eșec timpuriu.

Cu o lună mai devreme, Hillary Clinton își anunțase candidatura, debordând de încredere. John Edwards, fostul partener de cursă al lui Kerry, din Carolina de Nord, își lansase și el campania cu o lună înainte, vorbind în fața unei case din New Orleans distrusă de uraganul Katrina. În total, nouă democrați aveau să pășească în ring. Terenul avea să fie aglomerat și competiția acerbă.

Echipa lui Barack risca mult cu anunțul în aer liber, dar nu era rolul meu să critic. Am insistat ca echipa de pe teren să echipeze tribuna lui Barack cu un radiator, ca să nu apară prea crispat în reportajele rețelelor naționale de știri. În afară de asta, mi-am ținut gura. Deja nu mai aveam aproape deloc nici un control. Se puneau la cale mitinguri, se definitivau strategii, se adunau voluntari. Campania era în plină desfășurare și nu exista nici o modalitate de a sta departe de asta.

În ceea ce a fost probabil un act subconștient de conservare, concentrarea mea s-a îndreptat spre ceva ce puteam controla, respectiv să cumpăr niște căciuli acceptabile pentru Malia și Sasha, pentru momentul anunțului. Le luasem paltoane noi, dar îmi adusesem aminte de căciuli când era aproape prea târziu.

Cum ziua anunțului se apropia, am început să fac, după serviciu, expediții chinuitoare prin magazinele de la Water Tower Place, răscolind prin stocurile deja subțiate de îmbrăcăminte de iarnă și urmărind zadarnic rafturile cu lichidări de stoc.

Nu a trecut mult până când a început să mă preocupe mai puțin să le fac pe Malia și Sasha să arate ca fiicele unui viitor președinte, cât să mă asigur că arată de parcă ar avea totuși o mamă. În cele din urmă, în ceea ce cred că a fost a treia ieșire în oraș, am găsit ceva – două căciuli tricotate, albă pentru Malia și roz pentru Sasha, ambele mărimea mică pentru femei. Cea a Maliei s-a potrivit perfect, dar a Sashei era prea mare, acoperindu-i fețișoara ei de copil de cinci ani. Nu erau ultima modă, dar arătau drăguț și, cel mai important, le țineau fetelor de cald indiferent ce avea să ne pregătească iarna din Illinois. Era o victorie mică, dar o victorie, totuși, și era a mea.

Ziua anunțului – 10 februarie 2007 – a început până la urmă cu o dimineață strălucitoare, fără urmă de nor, genul de sâmbătă sclipitoare din toiul iernii care arată mult mai bine decât se simte, de fapt. Temperatura era în jur de –10°C și adia un vânt ușor. Familia noastră venise în Springfield cu o zi înainte și stăteam într-un apartament cu trei camere la un hotel din centru, unde echipa de campanie rezervase un etaj întreg pentru cei 20–30 de membri de familie și prieteni care veniseră cu noi de la Chicago.

Deja începeam să simțim presiunile unei campanii naționale. Anunțul lui Barack fusese programat foarte nepotrivit în aceeași zi cu State of the Black Union, un forum organizat în fiecare an de vedeta de televiziune Tavis Smiley, care evident s-a înfuriat din această cauză. El a transmis echipei de campanie mesajul său vehement de nemulțumire, sugerând că alegerea zilei pentru anunțul oficial arăta lipsă de respect față de comunitatea afro-americană și avea să sfârșească prin a dăuna candidaturii lui Barack. Am fost surprinsă să văd că primele gloanțe trase în direcția noastră au venit tocmai dinspre comunitatea de culoare. Descopeream că orgoliile și prioritățile altor oameni aveau să ne stea deseori în cale. Apoi, cu doar câteva zile înainte de anunț, *Rolling Stone* a publicat un articol despre Barack care relata și despre o vizită a reporterului la Trinity Church, în Chicago. Făceam încă parte din parohia respectivă, deși vizitele noastre la biserică se răriseră semnificativ după nașterea fetelor. Articolul cita dintr-o predică furioasă și plină de patimă rostită cu mulți ani în urmă de reverendul Jeremiah Wright, care susținea, privitor la tratamentul negrilor din țara noastră, că americanilor le păsa mai mult de păstrarea supremației albilor decât de Dumnezeu.

Dacă articolul în sine era, în general, pozitiv, titlul din revistă era „Rădăcinile radicale ale lui Barack Obama", ceea ce știam că avea să devină rapid muniție pentru presa conservatoare. Se prefigura un dezastru, pentru că era chiar înainte de lansarea campaniei și, în special, pentru că reverendul Wright trebuia să spună o rugăciune înainte de discursul lui Barack. Barack a fost nevoit să dea un telefon și să treacă prin situația neplăcută de a-l ruga pe pastor să se retragă din lumina reflectoarelor și să ne dea, în schimb, binecuvântarea lui în culise. Reverendul Wright s-a simțit jignit, a spus Barack, dar a părut totodată să înțeleagă care era miza, așa că ne-a transmis sprijinul lui, fără să facă prea mult caz de propria dezamăgire.

În dimineața aceea, mi-am dat seama brusc că ajunsesem în punctul din care nu mai exista cale de întoarcere. Efectiv ne puneam acum familia la dispoziția poporului american. Ziua aceea trebuia să fie o uriașă petrecere de lansare pentru campanie, o petrecere pentru care toți se pregătiseră săptămâni întregi. Și, ca orice gazdă paranoică, nu puteam să scap de teama că s-ar putea să nu vină nimeni. Spre deosebire de Barack, eu puteam să am îndoieli. Încă nu scăpasem de grijile pe care le aveam din copilărie. Dar dacă nu eram suficient de buni? Poate că tot ce ni se spusese fusese o exagerare. Poate că Barack nu era atât de popular pe cât credeau oamenii lui. Poate nu era încă vremea lui. Am încercat să las toate îndoielile deoparte când am intrat pe o ușă laterală în zona scenei din vechiul Capitoliu, încă în imposibilitatea să văd ce se întâmpla în față. Ca să pot avea o scurtă întrevedere cu cei din echipă, le-am încredințat pe Sasha și Malia mamei și lui Kaye Wilson – „Mama Kaye" –, o fostă îndrumătoare a lui Barack care, în ultimii ani, devenise un fel de a doua bunică pentru fetele noastre.

Mulțimea se adunase, mi s-a spus. Oamenii începuseră să vină înainte să se lumineze de ziuă. Planul era ca Barack să intre primul, iar după câteva clipe să-l urmez și eu, împreună cu fetele, pe o platformă. Trebuia să urcăm câteva trepte, apoi să ne întoarcem să salutăm mulțimea. Le spusesem deja foarte clar că noi nu aveam să rămânem pe scenă în cele 20 de minute ale discursului. Era prea mult să le ceri unor copii mici să stea cuminți atâta timp și să se prefacă interesați. Nu i-ar fi fost de nici un folos lui Barack dacă fetele arătau plictisite, dacă vreuna din ele strănuta ori începea să se foiască. Același lucru era valabil și pentru mine. Știam stereotipul pe care trebuia să-l încarnez, soția păpușică impecabilă, cu zâmbetul bine rujat și privindu-și soțul cu ochi strălucitori, de parcă i-ar sorbi fiecare cuvânt. Eu nu eram așa și nici nu aveam să fiu vreodată.

Puteam să-mi arăt susţinerea, dar nu puteam fi un robot. Să pretind orice altceva nu ar fi fost de folos nimănui.

După informare și rugăciunea cu reverendul Wright, Barack a ieșit să salute publicul, apariţia lui fiind primită cu un vuiet pe care l-am putut auzi și înăuntru. M-am întors să le caut pe Sasha și Malia, simţind deja cum mă cuprind emoţiile. „Sunteţi gata, fetelor?" am întrebat eu.

„Mami, mi-e cald", a spus Sasha, scoţându-și căciula roz.

„Draga mea, trebuie să lași căciula pe cap. Afară e ger." Am înhăţat căciula și i-am potrivit-o la loc.

„Dar nu suntem afară, suntem înăuntru", a insistat ea.

Asta era Sasha, micuţa noastră cu faţa rotundă și care spunea mereu adevărul. Nu puteai să te pui cu logica ei. Apoi, i-am aruncat o privire cuiva din echipă, care era aproape de mine, o tânără care în mod sigur nu avea copii. Încercam să-i transmit că: „Dacă nu începem acum, n-o să ne mai putem baza pe micuţele astea două".

Și, din fericire, tânăra mi-a răspuns dând aprobator din cap și conducându-ne spre ușă. Era timpul să intrăm.

Fusesem până atunci la un număr destul de mare de evenimente politice de-ale lui Barack și îl văzusem de multe ori interacţionând cu grupuri mari de alegători. Fusesem la lansări de campanie, la strângeri de fonduri și la petreceri din noaptea alegerilor. Văzusem săli pline cu vechi prieteni și susţinători cu vechime. Dar Springfield a fost cu totul altceva.

Emoţiile m-au copleșit în clipa în care am pășit pe scenă. Eram concentrată complet pe Sasha, să mă asigur că zâmbește și nu se împiedică în cizmele groase. „Nu privi în jos, scumpo", i-am spus, ţinând-o de mână. „Zâmbește!" Malia era deja înaintea noastră, cu bărbia ridicată și zâmbetul ei generos la vedere când a ajuns lângă tatăl ei și a salutat, făcându-le cu mâna celor din public. Abia când am urcat treptele am reușit, în cele din urmă, să văd mulțimea sau, în orice caz, am încercat. În fața noastră era o înghesuială de nedescris. Peste 15 000 de oameni, după cum s-a constatat, veniseră în ziua aceea. Erau întinși într-o panoramă de trei sute de grade, răspândindu-se dinspre Capitoliu și învăluindu-ne cu entuziasmul lor.

Nu am fost niciodată genul care să aleagă să-și petreacă sâmbăta la un miting politic. Nu mi s-a părut niciodată atrăgătoare ideea de a sta pe un teren de sport sau într-o sală de liceu pentru a asculta promisiuni grandioase și platitudini plicticoase. De ce, mă întrebam, veniseră aici toți oamenii aceștia? De ce și-ar pune cineva o pereche de șosete în plus pentru a sta cu orele în frig? Îmi puteam imagina că oamenii se adună ca să asculte vreo formație căreia îi știu toate cântecele sau îndură un Super Bowl pe zăpadă pentru o echipă cu care țin din copilărie. Dar politica? Era cu totul altceva decât cunoscusem până atunci.

Am început să îmi dau seama că noi eram formația. Noi eram echipa care urma să intre pe teren. Mai puternic decât orice altceva a fost o senzație bruscă de responsabilitate. Datoram ceva fiecăruia dintre acești oameni. Le cerusem să aibă încredere în noi, iar acum trebuia să ne îndeplinim promisiunea, să purtăm acel entuziasm vreme de 20 de luni și prin 50 de state, direct până la Casa Albă. Nu crezusem că ar fi fost posibil, dar poate acum credeam. Aceasta era esența democrației, chemare și răspuns, un contract încheiat cu fiecare. Tu vii pentru noi, iar noi vom veni pentru tine.

Aveam acum 15 000 de motive în plus să-mi doresc ca Barack să câștige.

Eram pe deplin implicată acum. Întreaga noastră familie era implicată, chiar dacă părea puțin cam înfricoșător. Nu puteam să-mi imaginez ce ne aștepta de acum înainte. Dar eram acolo – acolo, afară –, stând toți patru în fața mulțimii și a camerelor de filmat, dezgoliți, parcă, dacă n-am fi avut pe noi paltoanele și o căciulă roz puțin cam mare pe un cap micuț.

HILLARY CLINTON ERA un adversar serios și redutabil. Sondaj după sondaj arăta un avans considerabil printre democrații ce aveau să voteze la alegerile primare, cu Barack la 10 sau 20 de procente în urmă și Edwards la alte câteva procente în urma lui Barack. Alegătorii democrați îi cunoșteau bine pe soții Clinton și își doreau cu ardoare o victorie. Mult mai puțini erau cei care puteau măcar să pronunțe numele soțului meu. Cu toții – Barack și cu mine, dar și echipa de campanie – am înțeles cu mult înaintea anunțului că, indiferent de talentele lui politice, un negru care se numea Barack Hussein Obama avea șanse foarte mici.

Ne confruntam cu un obstacol și în interiorul comunității de culoare. La fel cum am simțit și eu la început față de candidatura lui Barack, foarte mulți negri nu puteau să creadă că soțul meu avea o șansă reală să câștige. Și mai mulți erau cei care nu puteau să creadă că un negru putea să câștige în zone tradițional ale albilor, ceea ce însemna că mergeau de multe ori pe pariul mai sigur, pe următoarea variantă favorabilă. Pentru Barack, una dintre provocări era să-i atragă pe alegătorii negri de multă vreme susținători ai lui Bill Clinton, care era neobișnuit de apropiat de comunitatea afro-americană și își formase multe legături cu aceasta. Alegătorii mai trebuiau să înțeleagă că Barack își construise deja relații bune în diverse circumscripții din tot statul Illinois, inclusiv în zona rurală, cu fermierii albi, din sudul statului. El dovedise deja că poate ajunge la toate categoriile de populație, dar mulți mai aveau de înțeles asta despre el și despre această țară.

Barack avea să fie supus unei examinări excepțional de minuțioase, permanent sub lupă. Știam că, fiind un candidat negru, nu-și putea permite nici un pas greșit. Trebuia să facem totul de două ori mai bine. Pentru Barack și pentru orice candidat care nu se numea Clinton, singura speranță de a câștiga nominalizarea era să strângă foarte mulți bani și să înceapă să-i cheltuiască repede, în ideea că o performanță deosebită în primele faze ale alegerilor primare avea să dea campaniei suficient imbold cât să treacă mai departe de mașinăria Clinton.

Speranțele noastre se agățau de Iowa. Trebuia să câștigăm acolo sau să ne retragem. Predominant rural și cu peste 90 la sută din populație albă, nu era statul de la care te-ai fi așteptat să servească drept barometru al națiunii și poate nu era nici locul cel mai potrivit pentru ca un tip negru din Chicago să încerce să se impună, dar asta era realitatea. Iowa era primul stat care intra în alegerile primare pentru președinție și așa era din 1972. Membrii ambelor partide își exprimau opțiunile în întruniri la nivel de secție de votare – numite *caucus* –, în toiul iernii, și întreaga națiune era atentă la ei. Dacă te făceai remarcat în Des Moines și Dubuque, candidatura ta devenea automat importantă în Orlando și în Los Angeles. Știam și că, dacă ne prezentam bine în Iowa, aceasta avea să transmită alegătorilor de culoare din toată țara că era în regulă să înceapă să creadă. Faptul că Barack era senator în învecinatul Illinois, ceea ce făcea să fie mai cunoscut și familiarizat cu problemele mai mari ale regiunii, l-a convins pe David Plouffe că aveam măcar un mic avantaj în Iowa - unul pe care încercam acum să îl capitalizăm.

Asta însemna că eu urma să merg în Iowa aproape săptămânal, luând avionul dimineața devreme de pe O'Hare și făcând trei sau patru opriri de campanie pe zi. I-am spus lui Plouffe de la început că participam cu mare bucurie la campanie, dar înțelegerea era să mă aducă înapoi la Chicago la timp ca să-mi culc fetele, seara. Mama mea a fost de acord să-și reducă programul la serviciu ca să poată sta mai mult cu copiii cât timp eu eram plecată. Barack avea să petreacă și el multă vreme în Iowa, cu toate că rareori ne prezentam acolo - și oriunde altundeva - împreună. Eu eram acum ceea ce se numește un surogat de candidat, un înlocuitor care se putea întâlni cu alegătorii la un centru comunitar din Iowa City, în timp ce el făcea campanie în Cedar Falls sau strângea fonduri la New York. Doar când era ceva foarte important se hotărau organizatorii de campanie să ne aducă pe amândoi în aceeași sală.

Barack călătorea acum înconjurat de un roi de ajutoare neobosite, iar eu primisem, de asemenea, fonduri să angajez două persoane care să mă ajute, ceea ce, întrucât aveam de gând să iau parte la campanie doar două sau trei zile pe săptămână, mi se părea arhisuficient. Habar nu aveam ce fel de sprijin îmi trebuia. Melissa Winter, care a fost prima mea angajată și, mai târziu, avea să devină șefa mea de cabinet, îmi fusese recomandată de cel care îi făcea programările lui Barack.

Lucrase la biroul senatorului Joe Lieberman în Capitol Hill și participase la campania din 2002 a acestuia pentru postul de vicepreședinte. Am intervievat-o pe Melissa – o blondă cu ochelari și trecută bine de 30 de ani – în camera noastră de zi de la Chicago și am fost impresionată de mintea ei ageră și de pasiunea aproape obsesivă pentru detalii, care știam cât avea să fie de importantă pentru încercarea mea de a include campania electorală în programul deja aglomerat de la spital. Era precisă, foarte eficientă și se mișca repede. De asemenea, se învârtea în lumea politică de suficient timp cât să nu fie luată prin surprindere de intensitatea și de ritmul acesteia. Cu doar câțiva ani mai tânără decât mine, o simțeam mai degrabă ca pe un camarad și ca pe un aliat, spre deosebire de alți membri ai echipei de campanie mult mai tineri pe care îi întâlnisem. Melissa avea să devină omul căruia să-i pot încredința – și încă mai pot asta și în ziua de azi – practic orice aspect al vieții mele.

Katie McCormick Lelyveld a completat micul nostru trio venind în echipă ca director de comunicare. Nu împlinise încă 30 de ani, dar lucrase deja într-o campanie prezidențială și, de asemenea, pentru Hillary Clinton când fusese primă doamnă, ceea ce făcea ca experiența ei să fie de două ori relevantă. Minionă, îndrăzneață și întotdeauna îmbrăcată perfect, Katie avea să se ocupe de îndrumarea reporterilor și a echipelor de televiziune, asigurându-se că evenimentele noastre erau bine acoperite și, totodată – mulțumită servietei de piele în care avea întotdeauna soluție de scos pete, pastile mentolate, o trusă de cusut și ciorapi de mătase de rezervă –, că apariția mea era impecabilă, cu toată goana între avioane și evenimente.

DE-A LUNGUL ANILOR, văzusem la televizor candidați la președinție în acțiune în Iowa, care întrerupeau cu stângăcie oameni luați prin surprindere în timp ce își beau cafeaua sau luau masa, pozând prostește în fața unei vaci în mărime naturală sculptată din unt sau mâncând ceva prăjit pe băț, la vreun târg local. Însă nu mai știam ce conta cu adevărat pentru alegători și ce era doar un exercițiu de grandomanie.

Consilierii lui Barack încercaseră să demistifice Iowa pentru mine, explicându-mi că misiunea mea era, în primul rând, să-mi petrec timpul cu democrați din toate colțurile statului, să mă adresez grupurilor mici, să-i încurajez pe voluntari și să încerc să-i câștig de partea noastră pe liderii comunităților. Alegătorii din Iowa, mi-au spus ei, își luau în serios rolul de dătători de ton în politică. Se documentau despre candidați și puneau întrebări politice serioase. Obișnuiți să fie curtați și să li se dea atenție luni de zile, era puțin probabil să poată fi câștigați cu un surâs și cu o strângere de mână. Mi s-a spus că unii așteptau cu lunile să stea de vorbă față în față cu fiecare candidat, înainte să se decidă în favoarea unuia. Ce nu mi s-a spus a fost care ar fi trebuit să fie mesajul meu în Iowa. Nu mi s-a dat nici un text, nici măcar niște indicii sau niște sfaturi. Mi-am imaginat că aveam să mă descurc singură.

Primul meu eveniment solo de campanie a avut loc la începutul lunii aprilie, într-o locuință modestă din Des Moines. Câteva zeci de oameni se înghesuiseră în camera de zi, așezați pe canapele și pe scaune pliante aduse special pentru ocazie, în timp ce alții stăteau cu picioarele încrucișate pe podea. Când mi-am aruncat privirea prin încăpere, pregătindu-mă să vorbesc, am observat ceva ce poate n-ar fi trebuit să mă surprindă.

Pe mesele din capăt erau întinse niște mileuri albe, croșetate, cum avea acasă bunica Shields. Am văzut bibelouri de porțelan care arătau ca acelea pe care le avea Robbie pe raft, la parterul casei în care am locuit pe Euclid Avenue. Un bărbat din primul rând îmi zâmbea călduros. Eram în Iowa, dar aveam senzația distinctă că eram acasă. Oamenii din Iowa, mi-am dat seama, erau asemenea celor din familiile Shields și Robinson. Nici ei nu tolerau prostia. Nici ei nu aveau încredere în oamenii care își dădeau aere. Puteau mirosi falsitatea de la un kilometru distanță.

Treaba mea, mi-am dat seama, era să fiu eu însămi, să vorbesc sincer. Și asta am făcut.

„Dați-mi voie să vă spun ceva despre mine. Sunt Michelle Obama, crescută în zona de sud din Chicago, într-un apartament micuț de la etajul unei case cu două niveluri care semăna foarte mult cu acesta. Tata a fost muncitor la stația de pompare a apei din oraș. Mama a stat acasă ca să ne crească, pe mine și pe fratele meu."

Le-am vorbit despre tot – despre fratele meu și despre valorile în care am fost crescuți, despre avocatul acesta nemaipomenit pe care l-am cunoscut la serviciu, bărbatul care m-a cucerit cu hotărârea lui și cu viziunea lui despre lume, bărbatul care își lăsase șosetele înșirate prin casă în dimineața aceea și care uneori sforăia. Le-am spus că îmi păstrasem postul la spital și că mama urma să ia fetițele de la școală în ziua respectivă. Am încercat să-mi pun tot sufletul în ceea ce le-am povestit – pasiunea, umorul, dar și scepticismul.

Nu mi-am ascuns sentimentele despre politică. Lumea politică nu era un loc pentru oamenii buni, le-am spus, explicând ce luptă se dăduse în mine de fiecare dată când Barack trebuia să candideze, îngrijorată de ce s-ar întâmpla cu familia noastră prin ieșirea la luminile rampei. Dar stăteam în fața lor deoarece credeam în soțul meu și în ce putea el să facă. Știam cât de mult citise și cât de profund meditase la fel de fel de lucruri. Le-a spus că era exact genul de președinte inteligent și decent pe care l-aș alege pentru țara mea, chiar dacă aș prefera, din egoism, să-l am mai aproape de casă în toți anii aceștia.

Pe măsură ce treceau săptămânile, spuneam aceeași poveste – la Davenport, Cedar Falls, Council Bluffs; în Sioux City, Marshalltowns, Muscatine – în librării, în săli ale sindicatelor, la un azil pentru veteranii în vârstă și, după ce s-a încălzit vremea, pe verandele caselor și în parcuri publice. Cu cât îmi spuneam povestea mai des, cu atât mai bine mi se adapta vocea. Îmi plăcea povestea mea. Mă simțeam bine spunând-o. Și o spuneam unor oameni care, în ciuda diferenței de culoare a pielii, îmi aminteau de propria familie – poștași care avuseseră visuri mai mari, cum avusese Dandy odată, profesoare de pian cărora le păsa de comunitate, cum fusese Robbie, mame casnice implicate în comitetele de părinți de la școală ca propria mea mamă, muncitori care ar fi făcut orice pentru familiile lor, ca tata. Nu trebuia să fac repetiții sau să folosesc notițe. Spuneam doar ceea ce simțeam în adâncul inimii.

De-a lungul campaniei, reporterii și chiar unele cunoștințe au început să-mi pună, sub o formă sau alta, aceeași întrebare: cum era să fii o negresă de un metru optzeci înălțime, educată în universități de elită, și să vorbești în fața unei săli pline de albi din Iowa? Nu era ciudată senzația?

Nu mi-a plăcut niciodată această întrebare. Părea să fie însoțită întotdeauna de un zâmbet cam prostesc și de acea inflexiune a vocii pe care aproape toată lumea o folosește, și în special albii, când abordează subiectul rasei. Simțeam că era o idee care ne făcea un deserviciu tuturor, presupunând că tot ce era de văzut erau diferențele.

Mă crispam, în primul rând, pentru că întrebarea era atât de diferită de ceea ce trăiam eu și de ceea ce păreau să trăiască și oamenii cu care mă întâlneam – bărbatul cu un logo cu un știulete de porumb pe buzunarul de la piept, studentul de colegiu cu un pulover negru cu auriu, pensionara care venise cu o găletușă de înghețată plină cu fursecuri, pe care desenase cu glazură logoul nostru de campanie, un soare care răsare. Acești oameni veneau la mine după discurs părând dornici să mai vorbim despre cele împărtășite – să-mi spună că și tatăl lor suferise de scleroză multiplă sau că avuseseră bunici exact ca ai mei. Mulți spuneau că până atunci nu îi interesase deloc politica, dar ceva din campania noastră îi făcea să simtă că merita să se implice. Voiau să se înscrie voluntari la biroul local, îmi spuneau, și să încerce să-și convingă soția sau un vecin să ne susțină și ei.

Simțeam aceste interacțiuni ca fiind naturale, autentice. Mă trezeam că-i îmbrățișam din instinct pe oameni și eram îmbrățișată la rândul meu.

CAM ÎN ACEASTĂ PERIOADĂ am dus-o pe Malia la pediatru, pentru un control pe care îl făcea la intervale între trei și șase luni, ca să urmărim astmul de care suferea din copilărie. Astmul era sub control, dar doctorul mi-a atras atenția asupra altei probleme – indicele corporal al Maliei, un indicator de sănătate care ţinea cont de înălţime, greutate şi vârstă, începea să crească. Nu era o situaţie de criză, ne-a spus el, dar era o tendinţă care trebuia luată în serios. Dacă nu schimbam unele obiceiuri, putea să devină cu timpul o problemă reală, mărind riscul de hipertensiune şi de diabet zaharat de tip 2. Văzând expresia înspăimântată de pe chipul meu, medicul m-a asigurat că problema era şi des întâlnită, şi rezolvabilă. Rata obezităţii infantile era în creştere în toată ţara. Văzuse numeroase cazuri printre pacienţii lui, care proveneau majoritatea dintre afro-americanii din clasa de mijloc.

Vestea a căzut peste mine ca un bolovan printr-un vitraliu. Mă chinuisem atât de mult să mă asigur că fetele mele erau fericite şi împlinite. Unde greşisem? Ce fel de mamă eram dacă nici măcar nu observasem schimbarea?

Vorbind mai mult cu doctorul, am început să văd tiparul în care intrasem. Barack fiind tot timpul plecat, comoditatea devenise factorul principal în alegerile pe care le făceam acasă. Mâncam mai des în oraş. Cum aveam mai puţin timp pentru gătit, deseori luam ceva gata preparat când plecam de la serviciu spre casă. Dimineaţa, le făceam fetelor pacheţelul cu gustări gata preparate şi sucuri la cutie. Weekendurile însemnau, de obicei, o oprire cu maşina la McDonald's, după balet şi înainte de fotbal. Nimic neobişnuit, ne-a spus medicul, şi nici unul dintre aceste lucruri, luat separat, nu era o grozăvie. Dar, când se întâmpla prea des, ajungea să fie o problemă reală.

Era clar că trebuia schimbat ceva, dar nu îmi dădeam seama cum să fac asta. Orice soluţie găseam părea să ceară şi mai mult timp – timp pentru cumpărături, timp în bucătărie, timp pentru tocat legume și scos pielea de pe pieptul de pui –, și toate acestea exact într-un moment în care, în lumea mea, timpul părea să fie consumat în avans.

Apoi, mi-am amintit de o discuție avută cu câteva săptămâni în urmă cu o veche prietenă pe care o întâlnisem întâmplător într-un avion, care pomenise că ea și soțul ei angajaseră un tânăr pe nume Sam Kass să vină cu regularitate și să gătească mâncăruri sănătoase la ei acasă. Coincidența a făcut ca eu și Barack să-l fi cunoscut deja pe Sam cu ani în urmă, prin intermediul altor prieteni.

Nu m-am așteptat niciodată să fiu genul de persoană care să angajeze pe cineva să vină la mine acasă și să gătească pentru familia mea. Mă simțeam puțin stânjenită, era genul de lucru care ar fi atras o privire sceptică, piezișă, de la rudele mele din South Side. Barack, care condusese Datsun-ul cu gaură în podea, nu a fost nici el încântat de idee; nu se potrivea cu austeritatea lui înnăscută de organizator pentru comunitate, nici cu imaginea pe care voia s-o promoveze în cursa pentru președinție. Pentru mine, însă, părea singura soluție rezonabilă. Trebuia să renunț la ceva. Nimeni altcineva nu putea să îmi facă treaba la spital. Nimeni altcineva nu putea face campanie ca soție a lui Barack Obama. Nimeni nu putea să-mi ia locul ca mamă pentru Malia și Sasha la ora de culcare. Dar poate că Sam Kass ar fi putut să ne pregătească uneori cina.

L-am angajat pe Sam să vină la noi acasă de câteva ori pe săptămână, să pregătească o masă pentru seara respectivă și o a doua pe care puteam doar să o scot din frigider și să o încălzesc în seara următoare. Era o apariție neobișnuită în gospodăria familiei Obama – un alb de 26 de ani, cu capul ras strălucitor, dar cu o umbră permanentă de barbă pe față –, dar fetelor le-au plăcut glumele lui seci la fel de mult pe cât le-a plăcut și mâncarea. Câteodată venea în weekend și le lua la cumpărături la piețele micilor producători din zonă. Le învăța cum să taie morcovii și cum să opărească verdețurile. Sam era relaxat și deloc grăbit, reorientându-ne dinspre uniformitatea luminii fluorescente a supermarketurilor către ritmul anotimpurilor. Trata cu solemnitate momentul când apărea mazărea nouă, primăvara, sau cel în care se cocea zmeura, în iunie. Aștepta până când piersicile erau bine coapte și zemoase ca să le servească fetelor, știind că atunci aveau, într-adevăr, șansa să concureze cu dulciurile. Sam avea și o perspectivă educată asupra problemelor de alimentație și de sănătate, mai precis cum procesa industria alimentară hrana în numele comodității și cum avea aceasta urmări serioase asupra sănătății publice. Am fost intrigată, dându-mi seama că avea legătură cu unele dintre lucrurile pe care le văzusem în timp ce lucram la spital și, desigur, cu compromisurile pe care le făcusem eu însămi, ca mamă cu serviciu care încerca să-și hrănească familia.

Într-o seară, Sam și cu mine am petrecut câteva ore stând de vorbă în bucătăria mea, discutând cum, dacă Barack ar reuși să câștige președinția, ar trebui să profit de rolul meu de primă doamnă și să încerc să abordez unele dintre aceste probleme. De la o idee am ajuns la alta. Ce-ar fi dacă am cultiva legume la Casa Albă și să sprijinim astfel demersurile pentru hrana proaspătă? Ce-ar fi dacă am folosi asta ca bază pentru ceva mai amplu, o întreagă inițiativă de sănătate pentru copii, care să-i ajute pe părinți să evite unele dintre capcanele în care căzusem eu?

Am stat de vorbă până târziu. M-am uitat la Sam și am oftat. „Singura problemă este că băiatul nostru este în urmă cu 30 de procente în sondaje", am spus eu, în timp ce amândoi începeam să ne vedem visul spulberându-se. „N-o să câștige niciodată."

Era un vis, dar îmi plăcea.

ÎN PRIVINȚA CAMPANIEI, fiecare zi era o altă cursă în care trebuia să alerg, mai ales că de-acum călătoream și în alte state, nu doar în Iowa. Încă mai încercam să mă agăț de o formă oarecare de normalitate și stabilitate, nu doar pentru fete, ci și pentru mine. Aveam cu mine două telefoane BlackBerry – unul pentru serviciu, celălalt pentru viața mea personală și obligații politice, care de-acum se împleteau strâns, la bine și la rău. Convorbirile mele telefonice zilnice cu Barack tindeau să fie scurte și concentrate – Unde ești? Cum merge? Ce fac copiii? –, amândoi obișnuindu-ne de-acum să nu mai vorbim despre oboseală sau despre nevoile noastre personale. Nu avea nici un rost, pentru că oricum nu ne puteam ocupa de ele. Viața nu mai era acum decât un ceas care ticăia permanent.

La serviciu, făceam tot ce puteam ca să țin pasul, vorbind uneori cu angajații de la spital de pe bancheta din spate plină cu fel de fel de lucruri a unei Toyota Corolla ce aparținea unui student la antropologie care se oferise voluntar pentru campania noastră în Iowa City sau dintr-un colț liniștit de McDonald's din Plymouth, New Hampshire. La câteva luni după anunțul făcut de Barack în Springfield și cu sprijinul colegilor mei, am decis să revin la programul redus de lucru, conștientă că era singura modalitate realistă de a merge înainte. Călătorind împreună două sau trei zile în fiecare săptămână, Melissa, Katie și cu mine devenisem o familie eficientă. Ne întâlneam diminețile la aeroport și treceam în grabă prin controalele de securitate, unde toți agenții mă știau deja pe nume. Eram recunoscută din ce în ce mai des acum, în special de femei afro-americane care mă strigau „Michelle! Michelle!" în timp ce treceam pe lângă ele, spre îmbarcare.

Ceva se schimbase, atât de lent încât la început fusese greu de remarcat. Uneori mă simțeam de parcă aș fi plutit într-un univers bizar, făcându-le cu mâna unor străini care se purtau de parcă m-ar fi cunoscut, urcând în avioane care mă scoteau din lumea mea obișnuită. Deveneam *cunoscută*. Și deveneam cunoscută pentru că eram soția cuiva și pentru că aveam legătură cu politica, fapt care făcea situația de două sau de trei ori mai ciudată.

Să strângi mâinile participanților la evenimente de campanie era ca încercarea de a sta în picioare în timpul unui uragan, după cum am descoperit, cu străini binevoitori și foarte entuziaști care se întindeau să-mi prindă mâinile sau să-mi atingă părul, oameni care întindeau spre mine pixuri, aparate de fotografiat sau copilași, fără vreun avertisment. Zâmbeam, strângeam mâini și ascultam povești, totul în timp ce încercam să înaintez pe drumul meu. În cele din urmă ieșeam, cu rujul altora pe obraji și urme de degete pe bluză, arătând de parcă aș fi ieșit dintr-un tunel de vânt.

Nu aveam prea mult timp să mă gândesc la asta, dar în sinea mea mă temeam că unele părți din mine dispăreau din vedere. Când discutam cu reporterii, rareori mă întrebau despre munca mea. Inserau „cu studii la Harvard" în descrierea pe care mi-o făceau, dar, în general, rămâneau la atât. În câteva publicații au apărut articole ce speculau că nu aș fi fost promovată la spital pentru că aș fi muncit din greu și pentru meritele mele, ci datorită importanței politice tot mai mari a soțului meu, ceea ce a fost dureros de citit. În aprilie, Melissa mi-a telefonat într-o zi acasă să-mi spună despre un articol răutăcios scris de Maureen Dowd, de la *New York Times*. Era mai mult despre mine, fapt care mi s-a părut ciudat în sine. Îmi spunea „prințesa din sudul orașului Chicago" și sugera că îl emasculam pe Barack atunci când vorbeam public despre cum își lăsa șosetele pe jos sau punea untul înapoi în frigider. Pentru mine fusese întotdeauna important ca oamenii să îl vadă pe Barack ca pe un om, nu ca pe vreun mântuitor de pe altă lume. Maureen Dowd ar fi preferat, probabil, să apar cu un zâmbet mecanic și privirea plină de adorație. Mi s-a părut ciudat și trist ca o asemenea critică aspră să vină tocmai din partea unei alte femei de carieră, cineva care nu se deranjase să ajungă să mă cunoască, dar acum încerca să-mi deformeze povestea în cel mai cinic mod posibil.

Am încercat să nu iau toate aceste lucruri personal, dar uneori era greu să nu o faci.

Cu fiecare eveniment de campanie, cu fiecare articol publicat, cu fiecare semn că am câștiga teren, deveneam și mai expuși, mai deschiși atacurilor. Despre Barack circulau zvonuri nebunești: că ar fi fost educat într-o madrassa, o școală a musulmanilor radicali, și că depusese jurământul în Senat cu mâna pe Coran. Că refuzase să rostească Jurământul de credință. Că nu ducea mâna la inimă când se cânta imnul național. Că a avut un prieten apropiat care fusese terorist în anii 1970. Falsurile erau demascate, de obicei, de sursele de știri cu reputație, dar circulau în continuare pe canale anonime de internet, distribuite nu doar de adepții teoriilor conspirației, ci și de unchii și colegii și vecinii care nu puteau separa faptele de ficțiune în mediul virtual.

Siguranța lui Barack era ceva la care nu voiam nici măcar să mă gândesc, darămite să discut. Atât de mulți dintre noi crescusem auzind despre asasinate la știrile de seară. Frații Kennedy fuseseră împușcați. Reverendul King fusese împușcat. Ronald Reagan fusese împușcat. John Lennon fusese împușcat. Dacă atrăgeai prea multă atenție, îți asumai un risc. Însă, din nou, Barack era negru. Pentru el, riscul nu era ceva nou. „Ar putea să fie împușcat și când merge la benzinărie", încercam uneori să le reamintesc oamenilor care deschideau subiectul.

Începând din luna mai, Barack a beneficiat de protecția Serviciului Secret. Era cel mai timpuriu program de protecție pe care îl primise vreodată un candidat, cu un an și jumătate înainte de data alegerilor, ceea ce spunea ceva despre natura și seriozitatea amenințărilor la adresa lui. Barack călătorea acum în SUV-uri negre și strălucitoare puse la dispoziție de guvern și era însoțit în permanență de o echipă de bărbați și de femei în costume, cu cască în ureche și pistoale. Acasă, un agent stătea de pază pe veranda din față.

În ceea ce mă privea, rareori simțeam că nu aș fi în siguranță. Pe măsură ce continuam să călătoresc, reușeam să atrag mulțimi din ce în ce mai mari. Dacă pe vremuri mă întâlneam cu 20 de oameni odată în reuniuni modeste, prin diverse locuințe, acum vorbeam cu 200 sau mai mulți într-o sală de sport de liceu. Personalul din Iowa a raportat că discursurile mele aduceau o mulțime de angajamente de sprijin (măsurate sub forma „carnetelor de susținător" semnate, pe care echipele de campanie le urmăreau cu meticulozitate). La un moment dat, organizatorii campaniei au început să îmi spună „Finalizatoarea" pentru modul în care îi făceam pe oameni să se hotărască.

Fiecare zi aducea o nouă lecție despre cum să ne mișcăm mai eficient, cum să nu ne lăsăm încetiniți de boală sau de cine știe ce încurcătură. După mâncărurile dubioase care mi s-au servit la restaurante altfel încântătoare de pe traseu, am învățat să apreciez certitudinea lipsită de gust a unui cheeseburger de la McDonald's. Pe drumurile pline de hopuri dintre orășele, am învățat să-mi protejez hainele de pete alegând gustări care se sfărâmă și nu picură, conștientă că nu trebuia să fiu fotografiată cu o urmă de humus pe rochie. M-am obișnuit să beau apă în cantități limitate, înțelegând că pe drum era rareori timp pentru pauze de mers la baie. M-am obișnuit să dorm în zgomotul camioanelor care goneau pe autostrada din Iowa după miezul nopții și (cum mi s-a întâmplat o dată într-un hotel cu pereții deosebit de subțiri) să ignor un cuplu fericit care se bucura de noaptea nunții în camera alăturată.

Cu suișurile și coborâșurile prin care treceam uneori, primul an de campanie a fost plin mai ales de amintiri plăcute și de hohote de râs. De câte ori puteam, le luam cu mine în călătorie pe Sasha și pe Malia. Fetele ne țineau moralul ridicat. Erau genul de călători rezistenți și fericiți. Într-o zi aglomerată, la un mic carnaval local din New Hampshire, m-am dus să spun câteva cuvinte și să strâng mâinile alegătorilor, lăsând fetele cu cineva care lucra pentru campanie să exploreze tarabele și instalațiile, ca să ne regrupăm apoi la o ședință foto pentru o revistă. După o oră și ceva, am văzut-o pe Sasha. Iar ce am văzut m-a aruncat într-o stare de panică. Obrajii, nasul și fruntea ei erau acoperite meticulos și în întregime cu vopsea albă și neagră. Se transformase într-un urs panda și era entuziasmată de asta. Mintea mea a zburat imediat la echipa de la revistă care ne aștepta, la programul de care nu mai puteam să ne ținem. Dar, apoi, m-am uitat din nou la fețișoara ei de panda și am răsuflat ușurată. Fata mea era drăguță și fericită. Nu am putut decât să pufnesc în râs și să caut cea mai apropiată cameră de baie, să curățăm vopseaua.

Din când în când călătoream ca familie, toți patru. Echipa de campanie a închiriat pentru câteva zile o rulotă în Iowa, ca să putem face un tur prin localitățile mici, călătoria fiind animată între opriri de jocuri antrenante de Uno. În august, am petrecut o după-amiază la Târgul de stat din Iowa, unde ne-am dat în mașinuțe care se tamponează și am tras cu puști cu apă ca să câștigăm animale de pluș, în timp ce fotografii se îmbulzeau să prindă un loc mai bun, băgându-ne obiectivele în față. Distracția a început, însă, cu adevărat abia după ce Barack a plecat spre următoarea destinație, eliberându-ne pe mine și pe fete de tornada formată din presă, securitate și personal de campanie care acum plecase după el, răscolind totul în cale. Odată ce el a plecat, am putut să ne mișcăm în voie și să ne bucurăm de senzația aerului care gonea pe lângă noi în timp ce ne dădeam pe un uriaș tobogan galben, așezate pe saci de pânză.

Reveneam în Iowa săptămână după săptămână, privind pe geamul avionului cum ultima zăpadă se topește pe câmpuri, cum pământul înverzește încet, iar porumbul și soia încep să crească în șiruri parcă trase cu rigla. Îmi plăcea geometria îngrijită a acelor câmpuri, petele de culoare care se dovedeau a fi hambare, șoselele plate care mergeau drept către orizont. Ajunsesem să iubesc statul acesta, deși se părea că, oricât de multe eforturi am fi făcut, nu puteam să câștigăm acolo.

De aproape un an, Barack și echipa lui de campanie își cheltuiau resursele în Iowa, dar, potrivit celor mai multe dintre sondaje, el rămânea tot pe locul doi sau trei, după Hillary Clinton și John Edwards. Cursa părea să fie strânsă, dar Barack tot pierdea. La scară națională, lucrurile stăteau și mai rău: Barack era sistematic cu 15 sau 20 de procente în urma lui Hillary – o realitate de care mă loveam ori de câte ori treceam pe lângă televizoare fixate pe posturile de știri, în aeroporturile sau prin restaurantele unde ne opream în campanie.

Deja de luni de zile, mă săturasem atât de tare de comentariile neobosite și carnavalești de la CNN, MSNBC și Fox News, încât posturile acestea erau permanent pe lista neagră în serile petrecute acasă, când mă tratam cu un regim mult mai liniștitor de E! și HGTV. La capătul unei zile aglomerate, vă spun asta ca o certitudine, nu există nimic mai bun decât să te uiți cum un cuplu tânăr își caută la Nashville casa visurilor sau cum își alege rochia o mireasă în devenire.

Sinceră să fiu, nu-i credeam pe comentatorii de la televizor și nu eram sigură nici de sondaje. În inima mea, eram sigură că se înșelau. Atmosfera pe care o descriau din studiourile lor aseptice de televiziune nu era aceea pe care o întâlneam eu în bisericile și centrele de recreere din Iowa. Comentatorii nu se întâlneau cu echipe de liceeni care își spuneau „Stelele lui Barack" și care lucrau ca voluntari după antrenamentele de fotbal sau după cercul de teatru. Ei nu strângeau mâna vreunei bunici albe care își imagina un viitor mai bun pentru nepoții ei de rasă mixtă. Și nici nu își dădeau seama de uriașul în plină dezvoltare care era organizația noastră de pe teren. Eram pe cale să construim o rețea de campanie masivă - care a ajuns, în cele din urmă, la 200 de angajați în 37 de birouri -, cea mai mare din istoria caucusurilor din Iowa.

Aveam tineretul de partea noastră. Organizația noastră era alimentată de idealismul și de energia celor care aveau între 22 și 25 de ani și lăsaseră baltă totul ca să vină în Iowa, să se alăture campaniei, fiecare purtând o mutație a genei care îl făcuse pe Barack să lucreze ca organizator pentru comunitate la Chicago, în urmă cu atâția ani. Cu toții aveau un spirit și o pricepere care încă nu se reflectau în sondaje. Le simțeam de fiecare dată când îi vizitam, o explozie de speranță care venea din interacțiunea cu oameni care credeau cu adevărat, care petreceau patru sau cinci ore în fiecare seară bătând din ușă în ușă și vorbind cu alegătorii, construind rețele de susținători în cele mai mici și mai conservatoare orașe, în timp ce învățau pe dinafară opiniile soțului meu despre crescătoriile de porci sau planul lui de îmbunătățire a sistemului de imigrare.

Pentru mine, tinerii care se ocupau de birourile noastre din teren începeau să reprezinte promisiunea unei generații viitoare de lideri. Ei nu erau blazați, ci plini de energie și uniți. Ei îi conectau mai rapid pe alegători la democrație, fie prin biroul de campanie de pe stradă, fie printr-un site pe internet pe care își organizau propriile întâlniri și băncile de date cu telefoanele vecinilor. Așa cum spunea deseori Barack, ceea ce făceam noi nu avea în vedere doar alegerile acestea. Era vorba de a face politica mai bună pe viitor - mai puțin influențată de bani, mai accesibilă și, în ultimă instanță, mai dătătoare de speranță. Chiar dacă, până la urmă, nu am fi câștigat, înregistram un progres ce avea să conteze. Într-un fel sau altul, munca tinerilor nu era în zadar.

CÂND VREMEA a început să se răcească din nou, Barack și-a dat seama că mai avea practic o singură șansă, ultima, să schimbe cursa din Iowa, iar aceasta era să facă o demonstrație de forță la dineul Jefferson-Jackson, un ritual anual al democraților în fiecare stat. Când erau alegeri prezidențiale, evenimentul se organiza la începutul lui noiembrie, în Iowa, cu aproximativ opt săptămâni înaintea caucusurilor din ianuarie, în Iowa, și era acoperit de presa națională. Ideea era că fiecare candidat rostea un discurs - fără note scrise și fără prompter - și, totodată, încerca să vină împreună cu cât de mulți susținători putea. Era, în esență, o uriașă și competitivă reuniune a suporterilor.

De luni de zile, comentatorii de știri de la marile rețele de televiziune își exprimau îndoiala că alegătorii din Iowa aveau să se pronunțe pentru Barack la caucusuri, insinuând că oricât de dinamică și de inedită ar fi fost candidatura lui, tot nu ar fi reușit să transforme entuziasmul în voturi. Mulțimea de la dineul Jefferson-Jackson avea să fie răspunsul nostru. Se adunaseră în jur de 3 000 de susținători veniți din tot statul, ceea ce arăta că eram și organizați, și activi – mai puternici decât ar fi crezut cineva.

În noaptea aceea, pe scenă, John Edwards i-a luat în vizor pe Clintoni, referindu-se voalat la importanța sincerității și a încrederii. Cu o grimasă, Joe Biden a recunoscut prezența masivă și gălăgioasă a susținătorilor lui Barack cu un ironic „Hello, Chicago!" Hillary, care se lupta cu o răceală, s-a folosit de prilej ca să atace chemarea la ceva nou făcută de Barack. „«Schimbare» este doar un cuvânt", a spus ea, „dacă nu ai forța și experiența să faci să se întâmple."

Barack a fost ultimul vorbitor în acea noapte și a construit o apărare înflăcărată a mesajului lui central – că țara noastră ajunsese într-un moment definitoriu, o șansă de a trece nu doar peste teama și eșecurile administrației Bush, ci și peste modul polarizat în care se făcea politica de multă vreme, inclusiv, desigur, în timpul administrației Clinton. „Nu vreau să petrec următorul an sau următorii patru ani ducând din nou aceleași lupte pe care le-am dus în anii 1990", a spus el. „Nu vreau să ridic America roșie împotriva Americii albastre, vreau să fiu președintele Statelor Unite ale Americii."

Publicul a izbucnit în urale. Priveam din sală cu imensă mândrie.

„America, momentul nostru este acum", a spus Barack. „Momentul nostru este acum."

Performanța lui din acea noapte a dat campaniei exact ceea ce trebuia, catapultându-l pe Barack în fruntea cursei. El a preluat conducerea în jumătate din sondajele din Iowa și a continuat să câștige teren pe măsură ce se apropiau caucusurile.

În zilele de după Crăciun, când mai era doar în jur de o săptămână din campania din Iowa, părea că jumătate din South Side migrase spre înghețatul Des Moines. Mama mea și Mama Kaye au apărut și ele. Fratele meu a venit împreună cu Kelly, aducând și copiii. Sam Kass era acolo. Valerie, care se alăturase campaniei mai devreme, în toamnă, ca unul dintre consilierii lui Barack, era acolo împreună cu Susan, ca și grupul meu de prietene, cu soții și copiii lor. Am fost impresionată când au apărut colegi de la spital, prieteni de-ai noștri de la Sidley & Austin, profesori de drept care predaseră împreună cu Barack. Și, în spiritul „folosește-orice-clipă" al campaniei noastre, s-au implicat cu toții în efortul final, înscriindu-se la biroul local și începând să bată din ușă în ușă pe un ger cumplit, ca să le vorbească oamenilor despre Barack și să le reamintească să meargă la caucus. Campania a fost întărită de alte câteva sute de oameni veniți în Iowa din toată țara pentru ultima săptămână, dormind în camerele disponibile ale susținătorilor locali și mergând zi de zi până în cele mai mici orășele și pe cele mai desfundate drumuri de țară.

Eu însămi abia dacă eram prezentă în Des Moines, pentru că participam de-acum la cinci sau șase evenimente pe zi, mergând dintr-o parte în alta a statului, împreună cu Melissa și cu Katie, într-o furgonetă închiriată, condusă prin rotație de un echipaj de voluntari. Barack făcea același lucru, iar vocea începuse să-l lase.

Indiferent cât de mulți kilometri aveam de parcurs, mă asiguram că ajung în fiecare seară înapoi la Residence Inn din Des Moines, hotelul unde aveam cartierul general, la timp pentru culcarea de la ora 20 a Sashei și Maliei. Bineînțeles că ele abia dacă observau că nu eram prin preajmă, înconjurate de veri și de prieteni și de rude care stăteau cu ele cât era ziua de lungă, jucându-se în camera de hotel sau plecând în excursii prin oraș. Într-o noapte, am deschis ușa cu gândul să mă prăbușesc în pat pentru câteva momente de liniște, doar ca să găsesc camera noastră plină de ustensile de bucătărie. Erau sucitoare pe cuvertură, tocătoare murdare pe măsuță și foarfeci de bucătărie pe podea. Veiozele și ecranul televizorului erau acoperite de un praf fin de... ce era asta, *făină*?

„Sam ne-a învățat să facem paste!“ m-a anunțat Malia. „Ne-am lăsat puțin duse de val.“

Am izbucnit în râs. Eu îmi făceam griji cum aveau să suporte fetele prima lor vacanță de Crăciun departe de străbunica lor din Hawaii. Însă, din fericire, o pungă de făină din Des Moines reușise cu succes să înlocuiască prosoapele de plajă din Waikiki.

Câteva zile mai târziu, într-o joi, a venit momentul caucusurilor. Barack și cu mine ne-am oprit să mâncăm la un centru comercial din centrul orașului Des Moines și, apoi, am vizitat câteva locuri de întrunire, ca să salutăm cât de mulți alegători puteam. Seara târziu, ne-am alăturat la cină unui grup de rude și de prieteni, cărora le-am mulțumit pentru sprijinul lor de-a lungul a ceea ce fuseseră cele 11 luni nebunești care trecuseră de la anunțul din Springfield. Am plecat de la cină mai devreme și m-am întors în camera mea de hotel să mă pregătesc, și în caz de victorie, și de eșec, pentru discursul lui Barack din acea noapte. După câteva clipe, Katie și Melissa au năvălit înăuntru, cu vești proaspete de la centrul de comandă al campaniei: „Am câștigat!“

Bucuria ne-a scos din minți și strigam atât de tare, încât agenții de la Serviciul Secret ne-au bătut la ușă, ca să se asigure că nu se întâmplase nimic.

Într-una dintre cele mai friguroase nopți ale anului, un număr record de alegători din Iowa se adunaseră la centrele lor locale de întrunire, aproape de două ori mai mulți decât în urmă cu patru ani. Barack câștigase în rândurile albilor, negrilor și tinerilor. Mai mult de jumătate dintre participanți nu mai fuseseră niciodată la un caucus, iar acesta a fost grupul care i-a adus lui Barack victoria. Comentatorii rețelelor TV ajunseseră, în sfârșit, și ei în Iowa și îi închinau ode copilului minune al politicii, care reușise să întreacă mașinăria electorală a Clintonilor, ca și pe fostul nominalizat la funcția de vicepreședinte.

În noaptea aceea, la discursul de învingător al lui Barack, în timp ce stăteam toți patru pe scena de la Hy-Vee Hall – Barack, eu, Malia și Sasha –, m-am simțit grozav și parcă puțin rușinată. Poate că, mă gândeam eu, tot ceea ce spunea Barack de atâția ani era chiar posibil. Toate acele drumuri la Springfield, toată frustrarea lui că nu are suficient impact, tot idealismul lui, convingerea lui neobișnuită și sinceră că oamenii erau capabili să treacă peste lucrurile care îi despart, că, până la urmă, politica putea să funcționeze – poate că avusese tot timpul dreptate.

Realizasem ceva istoric, ceva monumental – și nu doar Barack, nu doar eu, ci și Melissa și Katie, și Plouffe, Axelrod și Valerie, și fiecare tânăr angajat din campanie și fiecare voluntar, fiecare profesor, fermier, pensionar și licean care, în noaptea aceea, se mobilizaseră pentru ceva nou.

Era trecut de miezul nopții când Barack și cu mine ne-am dus la aeroport ca să plecăm din Iowa, știind că nu aveam să ne mai întoarcem acolo vreme de câteva luni. Fetele și cu mine mergeam acasă, la Chicago, înapoi la serviciu și la școală. Barack zbura spre New Hampshire, unde alegerile primare erau peste mai puțin de o săptămână.

Iowa ne schimbase pe toți. Mie, în particular, Iowa îmi dăduse cu adevărat încredere. Mandatul nostru era acum să o împărtășim cu restul țării. În zilele următoare, organizatorii noștri de campanie din Iowa aveau să se împrăștie în alte state – în Nevada și în Carolina de Sud, în New Mexico, Minnesota și California – să continue să răspândească mesajul, de acum demonstrat, că schimbarea era cu adevărat posibilă.

Familia mea, cândva, în cursul anului 1965; eram toți aranjați la patru ace, probabil pentru vreo sărbătoare. Trebuie să remarc expresia protectoare a fratelui meu Craig și felul în care mă ține grijuliu de mână.

Am crescut în apartamentul de la etaj din casa mătușii mele, Robbie Shields, care apare în această fotografie ținându-mă în brațe. De-a lungul anilor în care mi-a fost profesoară de pian, am înfruntat-o cu încăpățânare de multe ori, însă ea a știut mereu să mă stimuleze și să-mi scoată la iveală talentul.

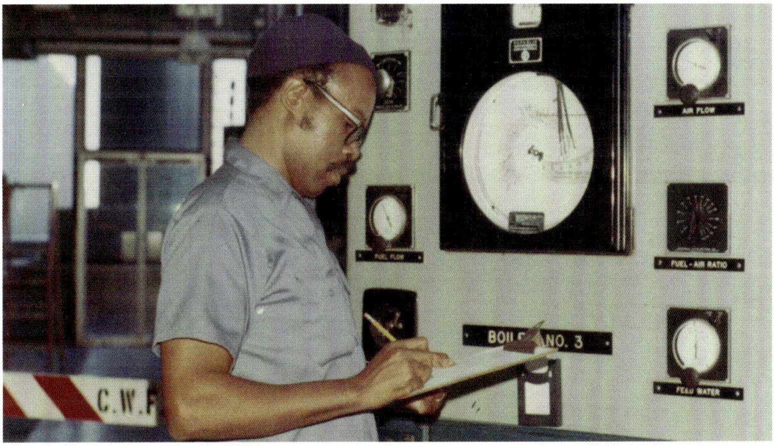

Tatăl meu, Fraser Robinson, a lucrat mai mult de 20 de ani în slujba orașului Chicago, ocupându-se de boilerele din stația de epurare a apei de pe malul lacului. Deși scleroza multiplă de care suferea îi îngreuna tot mai mult capacitatea de a merge, nu a lipsit nici măcar o zi de la serviciu.

Mașina tatălui meu, un Buick Electra 225, poreclit Doi ș-un Sfert, de care el era foarte mândru și de care mă leagă nenumărate amintiri frumoase. În fiecare vară, mergeam cu mașina la Dukes Happy Holiday Resort, în Michigan, unde ne petreceam vacanța și unde a fost făcută această fotografie.

În 1969, când am început grădinița, în cartierul South Side din Chicago locuiau familii din clasa de mijloc, într-un amestec de rase. Cu timpul, familiile înstărite au început să se mute în suburbii – un fenomen cunoscut ca „zborul albilor“ –, iar datele demografice ale zonei s-au modificat rapid. Până am ajuns eu în clasa a cincea, diversitatea dispăruse cu totul din cartier. SUS: la grădiniță, eu, a doua (de la dreapta spre stânga) de pe rândul al treilea. JOS: colegii mei din clasa a cincea; eu, în mijloc, pe rândul al treilea.

Eu, la Princeton (stânga). Aveam emoții de început de facultate, însă acolo mi-am făcut mulți prieteni, printre care și Suzanne Alele (SUS), de la care am învățat multe despre cum să trăiesc viața cu bucurie.

Pentru un timp, Barack și cu mine am locuit la etajul casei de pe Euclid Avenue, unde copilărisem. Amândoi eram tineri avocați. Tocmai începeam să-mi pun întrebări despre parcursul meu profesional, căutând soluții pentru a face lucruri cu impact asupra comunității, care să-mi dea ocazia să rămân devotată valorilor în care credeam.

Nunta noastră, pe 3 octombrie 1992, a fost una dintre cele mai fericite zile din viața mea. În locul tatălui meu, care murise cu un an și jumătate înainte, fratele meu Craig m-a condus la altar.

Mi-am dat seama, încă de la începutul relației noastre, că Barack va fi un tată extraordinar. El și-a iubit întotdeauna copiii, fiindu-le pe deplin devotat. La venirea pe lume a Maliei, în 1998, am fost copleșiți de fericire. Viața noastră s-a schimbat pentru totdeauna.

Sasha s-a născut la aproximativ trei ani după Malia, întregindu-ne familia, cu obrăjorii ei durdulii și spiritul neîmblânzit. Vacanțele de Crăciun în Hawaii, când mergeam acasă la Barack, au devenit o tradiție importantă. Erau momente speciale în care ne reconectam cu familia lui Barack și ne bucuram de vremea însorită.

Legătura dintre Malia și Sasha a fost întotdeauna foarte puternică. Iar drăgălășenia lor mă topește și acum.

Vreme de trei ani, am fost directorul Public Allies din Chicago. În această fotografie apar (în dreapta imaginii) alături de câțiva tineri lideri ai comunității și de primarul orașului, Richard M. Daley.

Mai târziu, am lucrat la Centrul Medical al Universității din Chicago, unde am făcut eforturi să îmbunătățesc relațiile cu comunitatea și să înființez un serviciu de asistență în sprijinul locuitorilor din South Side, pentru a găsi servicii medicale potrivite posibilităților lor financiare.

Ca mamă și femeie de carieră, cu un soț care era plecat în cea mai mare parte a timpului, m-am confruntat cu o provocare pe care multe femei o cunosc – să găsesc echilibrul între nevoile familiei și obligațiile profesionale.

Am întâlnit-o pe Valerie Jarett (în stânga) în 1991, când era director adjunct în cabinetul primarului din Chicago. A devenit repede bună prietenă și sfetnic de valoare, atât pentru mine, cât și pentru Barack. Această fotografie a fost făcută în timpul campaniei pentru Senat, în 1994.

Din când în când, copiii noștri mergeau să-l viziteze pe Barack în timpul turneului electoral. Aici apare Malia, privindu-l pe tatăl ei în timpul unui discurs, prin geamul autocarului de campanie, în 2004.

Barack și-a anunțat candidatura la președinție în Springfield, Illinois, într-o zi geroasă de februarie, în 2007. Pentru eveniment, i-am cumpărat Sashei o căciulă roz, care îi era cam mare. Deși mi-a fost teamă că o să-i cadă pe ochi în momentul cel mai nepotrivit, acest lucru nu s-a întâmplat.

O fotografie din campanie, în care apărem însoțiți, ca întotdeauna, de foarte mulți reprezentanți ai presei.

Îmi plăcea să iau parte la evenimentele electorale, mai ales pentru că întâlnirile cu alegătorii mă energizau. Cu toate acestea, ritmul era epuizant, așa că, uneori, mă odihneam „pe furiș".

În lunile dinaintea alegerilor generale, am început să folosesc un avion de campanie, ceea ce mi-a sporit semnificativ eficiența și a înveselit atmosfera din timpul călătoriilor. În această fotografie, apar alături de echipa mea extraordinar de unită (de la stânga): Kristen Jarvis, Katie McCormick Lelyveld, Chawn Ritz (însoțitoarea de zbor din ziua respectivă) și Melissa Winter.

Joe Biden a fost un coleg de campanie excepţional, din foarte multe motive, iar între familiile noastre s-a închegat o legătură strânsă de la bun început. Jill şi cu mine discutam cu multă pasiune despre sprijinul pe care voiam să-l oferim familiilor de militari. Fotografia a fost făcută în 2008, într-o pauză de campanie în Pennsylvania.

În 2008, după o primăvară şi o vară cu dificultăţi, în care am participat la turneul electoral, le-am vorbit alegătorilor la Convenţia Naţională a Partidului Democrat, în Denver, spunându-mi povestea în faţa unui public extrem de numeros. La final, Sasha şi Malia au venit pe scenă lângă mine, să-l salute pe Barack, în timpul unei transmisiuni video.

Pe 4 noiembrie 2008 – în seara alegerilor – mama mea, Marian Robinson, a stat lângă Barack, urmărind împreună cu el rezultatele parţiale.

Malia avea zece ani, iar Sasha doar șapte, în ianuarie 2009, când tatăl lor a depus jurământul de președinte al Statelor Unite. Sasha era atât de micuță, încât a fost urcată pe o platformă ca să fie văzută pe durata ceremoniei.

În calitate oficială de POTUS și FLOTUS, am participat la 10 baluri în seara inaugurării, dansând pe scena fiecăruia în parte. După festivități, m-am simțit extrem de obosită, dar această rochie superbă a lui Jason Wu mi-a împrospătat înfățișarea și m-a ajutat să-mi regăsesc energia. În plus, soțul meu – cel mai bun prieten și partenerul meu – oferă intimitate momentelor petrecute împreună.

Nu voi uita niciodată imaginea cu fetișoara Sashei, în prima zi de școală, la geamul uneia dintre mașinile blindate din coloana oficială. La vremea aceea, mi-am făcut griji despre cum avea să le afecteze pe fetele noastre această experiență.

Laura Bush a fost foarte drăguță și ne-a invitat pe fete și pe mine într-o vizită la Casa Albă. Fetele ei, Jenna și Barbara, le-au arătat Sashei și Maliei părțile distractive ale reședinței, inclusiv acest hol înclinat pe care puteau să alunece ca pe un tobogan.

Ne-a luat ceva timp să ne obișnuim cu prezența permanentă a agenților Serviciului Secret în viața noastră, dar, cu vremea, mulți dintre ei ne-au devenit buni prieteni.

Wilson Jerman (în imagine) s-a angajat la Casa Albă în 1957. La fel ca mulți alți angajați ai Casei Albe, el a lucrat în slujba mai multor președinți americani.

Grădina de la Casa Albă a fost concepută ca un simbol al alimentației sănătoase și al unui stil de viață sănătos, pe care mi-am dorit s-o transform în rampă de lansare pentru un proiect mult mai amplu, precum Let's move! Dincolo de asta, mi-a plăcut pentru că era locul în care mă puteam juca alături de copii, în timp ce plantam legume.

Am vrut să fac din Casa Albă un loc în care oricine să se simtă bine venit, iar copiii să poată fi ei înșiși. Speram să vadă că poveștile lor se regăsesc în poveștile noastre și poate chiar să sară coarda împreună cu prima doamnă.

Eu și Barack avem o slăbiciune pentru regina Elisabeta, care lui Barack îi amintește de bunica lui. Ne-am întâlnit de câteva ori și am avut ocazia să observ că mult mai important decât orice norme de protocol sau pedanterii este caracterul uman.

Întâlnirea cu Nelson Mandela mi-a oferit perspectiva de care aveam nevoie la aproape doi ani de la începutul călătoriei noastre la Casa Albă – adevărata schimbare se petrece lent, nu în doar câteva luni sau ani, ci, mai degrabă, în decenii sau chiar vieți.

Pentru mine, îmbrățișarea este calea prin care putem crea legături cu ceilalți, trecând dincolo de aparențe. Această fotografie a fost făcută la Universitatea Oxford, alături de fetele de la Școala Elizabeth Garrett Anderson.

Nu voi uita niciodată optimismul și tăria de caracter pe care le-am simțit în mijlocul soldaților și al familiilor de militari pe care i-am întâlnit în timpul vizitelor la Centrul Medical Walter Reed.

Mama Hadiyei Pendleton, Cleopatra Cowley-Pendleton, a făcut tot ce i-a stat în putere, dar n-a putut să-și apere copilul de îngrozitoarea violență a unui atac armat. Am întâlnit-o înainte de înmormântarea Hadiyei, la Chicago, și am fost copleșită de suferința și de nedreptatea situației ei.

Am încercat să fiu acasă cât mai mult și să le întâmpin cât mai des pe fete când se întorceau de la școală. Acesta era unul dintre beneficiile faptului că aveam locuința la etajul de deasupra biroului.

Barack a păstrat întotdeauna o distanță sănătoasă între serviciu și viața de familie, făcând tot posibilul să fie cât mai prezent în viața noastră și încercând să vină acasă în fiecare seară la ora cinei. În 2009, fetele și cu mine am trecut dincolo de această barieră și i-am făcut o surpriză de ziua lui, vizitându-l în Biroul Oval.

Ne-am ținut de cuvânt și, așa cum le promisesem fetelor în cazul în care tatăl lor avea să devină președinte, ne-am luat un cățel. De fapt, până la urmă, ne-am luat doi căței. Bo (în imagine) și Sunny au adus multă veselie în viețile noastre.

În fiecare primăvară, cu ocazia discursurilor pe care le țineam la ceremoniile de absolvire, încercam să-i inspir pe tineri și să-i ajut să vadă importanța poveștilor lor de viață. În această fotografie, mă pregătesc să le vorbesc celor de la Virginia Tech, în 2012. În spatele meu, Tina Tchen, neobosita mea șefă de cabinet vreme de cinci ani, rezolvă, ca de obicei, cât mai multe lucruri în același timp, prin telefon.

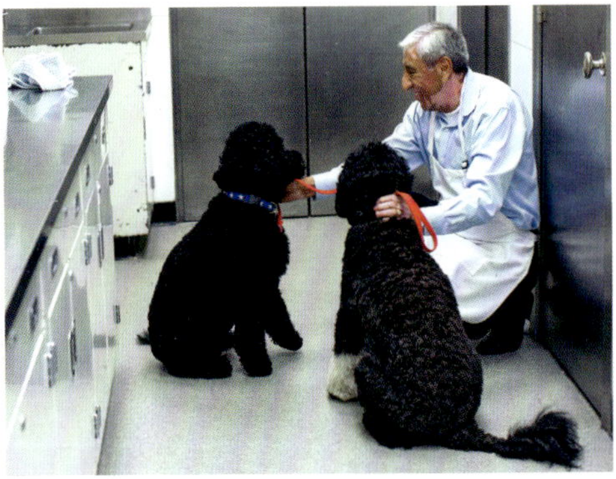

Câinii erau liberi să cutreiere prin Casa Albă după bunul lor plac. Locurile lor preferate erau bucătăria și grădina. În această imagine, au fost surprinși în cămară, în timp ce, probabil, sperau să capete ceva de mâncare de la majordomul nostru, Jorge Davila.

Le suntem profund recunoscători tuturor celor care au făcut parte din echipa noastră și care au avut grijă să ne facă viața mai ușoară la Casa Albă. Am ajuns să-i cunoaștem, să știm lucruri despre copiii și nepoții lor și să sărbătorim împreună cu ei momentele importante din viață. Aici sărbătoream ziua de naștere a portarului nostru, Reggie Dixon, în 2012.

Să faci parte din familia prezidențială presupune privilegii speciale, dar și provocări neobișnuite. Cu toate astea, Barack și cu mine am încercat să păstrăm o anumită normalitate în viața fetelor noastre. STÂNGA SUS: Malia, Barack și cu mine îi facem galerie Sashei, la un meci de baschet cu echipa ei, Vipers. DREAPTA SUS: Un moment de relaxare pentru fete, la bordul Bright Star, numele de cod al aeronavei folosite de prima doamnă.

Am avut grijă să le dăm fetelor ocazia să facă lucruri obișnuite pentru adolescenți, de exemplu, să învețe să conducă, chiar dacă asta însemna lecții de șofat în prezența agenților de pază.

De 4 iulie, sărbătorim mai multe lucruri, dat fiind că este și data la care aniversăm ziua de naștere a Maliei.

Dacă există o lecție importantă pe care viața mi-a oferit-o, aceasta are legătură cu faptul că trebuie să învățăm să spunem ceea ce gândim. Am încercat ori de câte ori am putut să spun adevărul și să aduc la lumină poveștile unor oameni care sunt adesea ignorați.

În 2015, familia mea s-a alăturat congresmanului John Lewis și altor reprezentanți ai mișcării pentru drepturi civile la comemorarea a 50 de ani de la marșul de pe Edmund Pettus Bridge, în Selma, Alabama. În ziua aceea ne-am adus aminte cât de departe a reușit să ajungă națiunea noastră – și cât de mult mai are încă de parcurs.

Capitolul 17

Când eram în clasa întâi, un coleg de clasă m-a lovit într-o zi cu pumnul în față, pumnul lui căzând ca un trăsnet, cu toată forța și parcă de nicăieri. Ne așezasem la rând ca să mergem la masă, discutând cu toții ceva ce părea important pentru niște copii de șase sau șapte ani - cine alerga cel mai repede sau de ce creioanele colorate aveau niște denumiri atât de ciudate - când poc, am fost lovită. Nu știu de ce. Am uitat numele băiatului, dar îmi amintesc că am rămas privindu-l fix, înmărmurită, că mă durea și mi se umfla deja buza, iar ochii mi se umpluseră de lacrimi. Prea șocată ca să mă înfurii, am fugit acasă la mama.

Băiatul a fost mustrat de învățătoarea noastră. Mama a venit la școală ca să-l vadă personal pe băiat, vrând să își dea seama dacă reprezenta o amenințare. Sudistul, care trebuie să fi fost la noi acasă în ziua aceea, și-a asumat rolul de bunic și a insistat să vină și el cu ea. Nu știu amănuntele, dar trebuie să fi avut loc o discuție între adulți. S-a dat și o pedeapsă. Băiatul și-a cerut iertare, rușinat, iar mie mi s-a spus să nu îmi mai fac griji din pricina lui.

„Băiatul era doar speriat și furios din cauza unor lucruri care n-au nici o legătură cu tine“, avea să-mi spună mama mai târziu, în bucătărie, în timp ce amesteca în oala cu mâncare pentru cină, care era pe sobă. A dat din cap, ca și cum ar fi sugerat că știa mai multe decât era dispusă să spună. „Are și el o mulțime de probleme."

Așa vorbeam despre bătăuși. Când eram copil, era ușor de înțeles: bătăușii erau oameni speriați care se ascundeau în interiorul unor oameni înspăimântători. Văzusem asta la DeeDee, fetița dură din vecini, și chiar la Dandy, bunicul meu, care putea să fie răutăcios și sâcâitor chiar și cu propria soție. Ei răbufneau pentru că se simțeau copleșiți. Îi evitai dacă puteai și le rezistai dacă era nevoie. Potrivit mamei, care ar vrea să i se scrie pe piatra de mormânt un epitaf de genul „trăiește-și-lasă-i-și-pe-alții-să-trăiască", soluția era să nu lași niciodată insultele sau agresiunea unui bătăuș să te afecteze personal.

Dacă permiteai asta – ei bine, atunci putea să te doară rău.

Aceasta a devenit cu adevărat o provocare pentru mine abia mai târziu în viață. Doar când am trecut de 40 de ani și încercam să-mi ajut soțul să fie ales președinte am început să mă gândesc la ziua aceea când stăteam la rând la masă, amintindu-mi cât de tulburător a fost să fiu atacată, cât de mult a durut să fiu lovită în față fără nici un avertisment.

Mi-am petrecut cea mai mare parte a anului 2008 încercând să nu-mi fac griji din pricina pumnilor.

O SĂ ÎNCEP PRIN a pomeni o amintire fericită din acel an, pentru că, într-adevăr, au fost numeroase astfel de ocazii. Vizitam Butte, Montana, pe 4 iulie, când se întâmpla să fie aniversarea de zece ani a Maliei și mai erau în jur de patru luni până la alegerile generale. Butte este un oraș istoric plin de viață, construit în jurul unei foste mine de cupru în zona împădurită din colțul de sud-vest al statului Montana, cu crestele întunecate ale Munților Stâncoși vizibile în zare. Butte era un oraș care putea face diferența într-un stat despre care echipa noastră de campanie spera că ar putea face la rândul lui diferența. La ultimele alegeri, Montana votase pentru George W. Bush, dar, în același timp, alesese guvernator un democrat. Părea un loc potrivit pentru o vizită a lui Barack.

Mai mult ca oricând, acum se făceau calcule cum își petrecea Barack fiecare minut al fiecărei zile. Era urmărit, cronometrat, evaluat. Oamenii erau atenți ce state vizita, la ce restaurant își făcea apariția la micul dejun și ce fel de carne comanda pe lângă ouă. În jur de 20 de jurnaliști călătoreau acum tot timpul împreună cu el, umplând partea din spate a avionului de campanie, umplând coridoarele și sălile de mese din micile hoteluri de provincie, urmărindu-l de la o oprire la alta, cu pixurile pregătite să noteze orice. Dacă un candidat la președinție făcea guturai, se anunța la știri. Dacă își făcea vreunul o tunsoare scumpă sau cerea muștar de Dijon la vreun TGI Fridays (așa cum făcuse Barack cu naivitate în urmă cu câțiva ani, meritând titlul din *New York Times*), ajungea la știri și se răspândea pe sute de alte căi pe internet. Era un candidat slab? Era snob? Un escroc? Un american adevărat?

Făcea parte din proces, înțelegeam – un test pentru a vedea cine are temperamentul potrivit ca să fie, în același timp, conducător și simbol al țării însăși. Era ca și cum ți-ai pune sufletul în fiecare zi la raze X, scanat și scanat din nou, în căutarea unui semn de slăbiciune. Nu erai ales dacă nu te supuneai mai întâi examinării atente a americanilor, examinare care mergea prin întreaga ta istorie, incluzând asocierile sociale, opțiunile profesionale și impozitele plătite. Iar această examinare era, fără îndoială, mai intensă și mai vulnerabilă la manipulare decât fusese vreodată. Tocmai intrasem într-o epocă în care clicurile erau măsurate și transformate în bani. Facebook fusese acceptat abia recent în rândul marilor jucători. Twitter era relativ nou. Cei mai mulți americani adulți aveau un telefon mobil și cele mai multe telefoane mobile aveau și cameră de filmat. Ne aflam în pragul a ceva ce nu sunt convinsă că vreunul dintre noi înțelegea pe deplin.

Barack nu mai încerca să câștige doar sprijinul votanților Partidului Democrat; el curta acum întreaga Americă. După caucusurile din Iowa, într-un proces care era uneori pe atât de epuizant și urât pe cât era de dătător de speranță și definitoriu, Barack și Hillary Clinton au petrecut iarna și primăvara anului 2008 trudind în fiecare stat și în fiecare teritoriu, luptând vot cu vot greu de cucerit pentru privilegiul de a deveni candidat istoric (John Edwards, John Biden și ceilalți rivali se retrăseseră din cursă până la sfârșitul lui ianuarie). Cei doi candidați se puseseră dur la încercare unul pe celălalt, cu Barack obținând un mic, dar, până la urmă, decisiv avans în februarie. „E președinte acum?“ avea să mă întrebe Malia de câteva ori în lunile ce au urmat, când stăteam pe o scenă sau alta cu muzica festivă bubuind din difuzoarele uriașe de deasupra noastră, mintea ei de copil fiind incapabilă să perceapă altceva în afara scopului final.

„Bine, *acum* este președinte?“

„Nu, scumpa mea, nu încă.“

Hillary a recunoscut abia în iulie că nu avea numărul necesar de delegați ca să câștige. Întârzierea recunoașterii ei ne-a făcut să risipim resurse de campanie prețioase, împiedicându-l pe Barack să-și reorienteze bătălia către adversarul lui republican, John McCain. Senatorul cu vechime din Arizona devenise prezumtivul nominalizat al Partidului Republican încă din martie și candida cu aura eroului de război nonconformist, cu o istorie de nepartizanat și o experiență bogată în securitatea națională, substratul fiind că avea să conducă altfel decât George W. Bush.

Eram în Butte pentru 4 iulie cu un dublu scop, pentru că aproape totul avea dublu scop de acum. Barack petrecuse cele patru zile de dinainte făcând campanie în Missouri, Ohio, Colorado și Dakota de Nord. Nu avea vreme de pierdut ca să lase temporar campania pentru a sărbători ziua de naștere a Maliei, după cum nu putea nici să dispară din atenția alegătorilor la cea mai importantă sărbătoare a țării. Așa că, în schimb, am luat noi avionul până la el, pentru un fel de încercare de a rezolva ambele lucruri deodată - o zi în familie, petrecută în cea mai mare parte în văzul publicului. Sora vitregă a lui Barack, Maya, și soțul ei Konrad au venit și ei, împreună cu fiica lor Suhaila, o fetiță drăguță de patru ani.

Toți părinții copiilor născuți la o sărbătoare importantă știu că există deja o linie pe care trebuie să meargă, între sărbătoarea individuală și festivitățile generale. Oamenii cumsecade din Butte păreau să fi înțeles asta. Erau afișe cu „La mulți ani, Malia!" lipite pe vitrinele magazinelor de pe Strada Principală. Privitorii îi strigau urări, încercând să acopere fanfarele care cântau „Yankee Doodle", în timp ce familia noastră privea parada de 4 iulie de la o tribună. Oamenii pe care îi întâlneam erau amabili cu fetele și respectuoși cu noi, chiar și atunci când ne mărturiseau că votul pentru un democrat, oricare ar fi fost el, ar fi o abatere aproape nebunească de la tradiție.

Mai târziu, în acea zi, stafful nostru de campanie a organizat un picnic pe câmp, cu vedere la munții ascuțiți care formau cumpăna continentală a apelor. Adunarea se voia un miting al celor câteva sute de susținători locali pe care îi aveam, ca și un fel de petrecere aniversară pentru Malia. Am fost mișcată de toți oamenii care au venit să ne întâlnească, dar, în același timp, simțeam ceva mai intim și mai urgent, care nu avea nimic de-a face cu locul în care ne aflam. În ziua aceea m-a izbit acea uimire pe care o trăiește orice părinte, acea dilatare bizară a timpului de care îți dai seama brusc atunci când observi că micul tău copilaș a crescut, că membrele lui nu mai sunt dolofane, ci suple, că ochii îi devin înțelepți. Pentru mine, 4 iulie 2008 a fost cel mai important prag pe care l-am trecut: cu zece ani în urmă, Barack și cu mine apăream la etajul unde era sala de nașteri crezând că știam multe despre pe lume atunci, când, de fapt, nu știam încă nimic.

Pentru mine, mare parte din ultimul deceniu trecuse în încercări de a găsi echilibrul între familie și serviciu, căutând să fiu iubitoare și prezentă pentru Malia și Sasha, și, totodată, să fac față onorabil la serviciu. Însă axa se deplasase: acum încercam să găsesc echilibrul între a fi părinte și ceva cu totul diferit și mai derutant – politica, America, tentativa lui Barack de a face ceva important. Amploarea a ceea ce se întâmpla în viața lui Barack, solicitările campaniei, reflectorul ațintit asupra familiei noastre, toate păreau să evolueze rapid. După caucusurile din Iowa, am decis să-mi iau concediu de la spital, știind că avea să fie cu adevărat imposibil să lucrez și să fiu eficientă. Campania consuma încet totul. După Iowa am fost prea ocupată până și să merg la birou să-mi strâng lucrurile într-o cutie sau să-mi iau la revedere cum se cuvine. Eram mamă și soție cu normă întreagă acum, însă o soție cu o cauză și o mamă care voia să-și protejeze copiii, ca să nu fie înghițiți de cauza respectivă. A fost dureros să renunț la serviciu, dar nu am avut de ales. Familia mea avea nevoie de mine și asta era mai important.

Și iată-mă la picnicul de campanie din Montana, dirijând un grup format în cea mai mare parte din străini care îi cântau „Mulți ani trăiască“ Maliei, în timp ce ea stătea zâmbind pe iarbă cu un hamburger în farfurie. Știam că alegătorii le considerau pe fetele noastre drăguțe și apreciau atmosfera destinsă din familia noastră. Dar mă gândeam deseori cum apăreau toate acestea în ochii fetelor noastre, ce părere aveau ele despre ce se întâmpla în jurul lor. Încercam să-mi înăbuș sentimentul de vină. Planificasem o petrecere aniversară adevărată pentru weekendul următor, una la care urmau să vină o mulțime de prietene ale Maliei și să rămână peste noapte la casa noastră din Chicago, fără nici urmă de politică. Iar în seara aceea urma să avem o reuniune mai restrânsă, la hotel. Și, totuși, pe măsură ce după-amiaza trecea și fetele noastre alergau în jurul terenului de picnic, în timp ce Barack și cu mine strângeam mâini și îmbrățișam alegători, m-am trezit întrebându-mă dacă ele două aveau să-și amintească de această ieșire ca de una plăcută.

În zilele acelea, le priveam pe Sasha și Malia cu o nouă ardoare. Ca și mine, auzeau acum străini care le strigau pe nume, întâlneau oameni care voiau să le atingă și să le facă fotografii.

În iarnă, guvernul considerase că fetele și cu mine suntem deja expuse și ne pusese sub protecția Serviciului Secret, ceea ce însemna că, atunci când Sasha și Malia mergeau la școală sau la programul de vacanță, duse, de obicei, de mama, agenții de la Serviciul Secret le urmau în a doua mașină.

La picnic, fiecare dintre noi avea un agent care stătea alături și supraveghea mulțimea, căutând orice semn de amenințare și intervenind dacă vreun binevoitor se entuziasma prea tare și devenea insistent. Din fericire, fetele păreau să vadă în agenți nu atât niște paznici, cât niște prieteni adulți, nou-veniți în grupul de oameni prietenoși cu care călătoream și deosebindu-se de aceștia doar prin căștile din urechi și vigilența lor tăcută. Sasha se referea la ei, în general, spunându-le „oamenii secreți".

Fetele făceau campania mai relaxată, măcar prin faptul că nu erau foarte interesate de rezultat. Atât pentru mine, cât și pentru Barack era o ușurare să le avem în preajmă – să ne reamintească permanent că, până la urmă, familia noastră era mai importantă decât orice calcule privind susținătorii sau creșterea în sondaje. Nici uneia din fete nu îi păsa prea mult de zarva care se făcea în jurul tatălui lor. Ele nu erau concentrate pe construirea unei democrații mai bune sau pe a ajunge la Casa Albă. Tot ceea ce își doreau cu adevărat (și chiar își doreau cu putere) era un cățeluș. Le plăcea să joace leapșa sau Uno cu personalul de campanie în momentele mai liniștite și își făcuseră un scop din descoperirea unui magazin de înghețată în orice loc nou în care ajungeau. Orice altceva era doar zgomot de fond.

Și în ziua de astăzi, Malia și cu mine izbucnim în râs când ne amintim că ea avea opt ani când Barack, care avea clar un sentiment de responsabilitate, i-a pus întrebarea într-o seară, când o învelea la culcare. „Ce-ai spune dacă tati ar candida la președinție?“ a întrebat-o el. „Crezi că ar fi o idee bună?“

„Sigur că da, tati!“ a răspuns ea, sărutându-l pe obraz. Decizia lui de a candida avea să schimbe aproape totul în viața ei, dar cum putea ea să știe asta? Ea doar s-a întors pe o parte și a adormit.

În ziua aceea în Butte, am vizitat muzeul local al mineritului, am avut parte de o luptă cu pistoale cu apă și ne-am jucat cu o minge de fotbal prin iarbă. Barack și-a rostit discursul și a strâns numărul obișnuit de mâini, dar a ajuns și să se ancoreze din nou în unitatea pe care o formam noi patru. Sasha și Malia i s-au cățărat în spate, chicotind și regalându-l cu gândurile lor. I-am văzut lumina din zâmbet și i-am admirat capacitatea de a bloca distragerile periferice și de a fi, pur și simplu, tată când avea ocazia. A stat de vorbă cu Maya și cu Konrad și își ținea brațul în jurul umerilor mei când mergeam dintr-un loc în altul.

Nu eram niciodată singuri. Aveam în jurul nostru personalul de campanie, agenții care ne păzeau, ziariști care așteptau pentru interviuri, privitori care făceau fotografii de la distanță. Dar asta era acum normalitatea noastră. În timpul campaniei, zilele noastre erau marcate de un program atât de strict, încât vedeam cum ne pierdem treptat intimitatea și autonomia. Atât Barack, cât și eu încredințasem aproape orice aspect al vieților noastre unor tineri de 20 și ceva de ani care erau foarte inteligenți și capabili, dar tot nu aveau cum să știe cât de dureros putea să fie să cedezi controlul asupra propriei vieți. Dacă aveam nevoie de ceva de la magazin, trebuia să rog pe cineva să îmi aducă. Dacă voiam să vorbesc cu Barack, de obicei, trebuia să trimit o solicitare prin intermediul unuia dintre tinerii lui angajați. În programul meu apăreau uneori evenimente și activități despre care nu știam.

Dar încet, ca o problemă de supraviețuire, învățam să ne trăim viețile în public, acceptând realitatea așa cum era.

Înainte să se încheie după-amiaza în Butte, am dat un interviu pentru televiziune toți patru – eu, Barack și fetele –, ceea ce nu mai făcusem niciodată înainte. De obicei, insistam amândoi să ținem presa departe de copiii noștri, cerându-le jurnaliștilor să se limiteze la fotografii și doar la evenimente publice de campanie. Nu sunt sigură ce ne-a făcut să acceptăm de data aceasta. Din câte îmi amintesc, organizatorii de campanie s-au gândit că ar fi drăguț să dăm publicului ocazia să-l vadă mai îndeaproape pe Barack ca părinte și, în momentul acela, nu am văzut nimic rău în asta. La urma urmei, el își iubea copiii. Iubea toți copiii. Și tocmai din acest motiv ar fi fost un președinte foarte bun.

Am stat de vorbă în jur de 15 minute cu Maria Menounos de la Access Hollywood, toți patru așezați pe o bancă din parc care fusese îmbrăcată într-un fel de pânză ca să arate mai festiv. Malia își împletise părul în codițe, iar Sasha purta o rochiță roșie, fără mâneci. Ca întotdeauna, erau dezarmant de drăgălașe. Menounos a fost amabilă și a păstrat discuția lejeră, în timp ce Malia, profesorul în devenire al familiei, cântărea cu seriozitate fiecare întrebare. Ea a spus că tatăl ei o făcea câteodată să se simtă stânjenită când încerca să dea mâna cu prietenele ei și că ne deranja pe toate lăsându-și bagajul de campanie să blocheze ușa de acasă. Sasha a făcut tot posibilul să stea cuminte și concentrată, întrerupând interviul o singură dată când s-a întors să mă întrebe „Hei, când mâncăm înghețată?“ În afară de asta, a ascultat-o cu atenție pe sora ei, intervenind din când în când cu vreun detaliu care i se părea relevant. „Tati a avut odată o tunsoare afro!“ a strigat la un moment dat spre final și cu toții am început să râdem.

După câteva zile, interviul a fost difuzat în patru părți la ABC, primit cu entuziasm și preluat de toată presa, cu titluri siropoase de genul „Cortina se ridică de pe fetele Obama într-un interviu TV“ și „Cele două fetițe Obama spun totul“. Brusc, comentariile copilărești ale Maliei și Sashei au ajuns în ziarele din toată lumea.

Imediat, Barack și cu mine am regretat ce făcusem. Nu era nimic nepotrivit în interviu. Nu a fost nici o întrebare deplasată și nu a fost dezvăluit vreun detaliu mai delicat. Și, totuși, simțeam că luasem o decizie greșită, făcându-le să vorbească în public mult înainte să poată înțelege cu adevărat ce însemna aceasta. Nimic din înregistrarea video nu le putea face rău Sashei sau Maliei. Dar era în văzul lumii de acum și avea să rămână pentru totdeauna pe internet. Luasem două fetițe care nu își aleseseră această viață și, fără să ne gândim, le aruncasem în malaxor.

ȘTIAM DEJA destule despre malaxor. Trăiam sub o privire fixată mereu asupra noastră. Adăuga o energie stranie la orice am fi făcut. Oprah Winfrey îmi trimitea mesaje de încurajare. Stevie Wonder, idolul meu din copilărie, venea să cânte la evenimentele de campanie, glumind și spunându-mi pe numele mic de parcă ne cunoșteam dintotdeauna. Atâta atenție era deconcertantă, mai ales pentru că simțeam că nu făcusem ceva ca să o merit. Eram ridicați de forța mesajului pe care îl transmitea Barack, dar și de speranța și de simbolismul momentului. Dacă America alegea primul ei președinte negru, aceasta ar fi spus ceva nu doar despre Barack, ci și despre țară însăși. Pentru atât de mulți oameni și din atât de multe motive, era ceva foarte important.

Barack se bucura, desigur, de partea leului – și în ceea ce privește adulația publicului, dar și din examinarea minuțioasă ce decurgea inevitabil din aceasta. Cu cât deveneai mai popular, cu atât mai mulți adversari căpătai. Pare aproape o regulă nescrisă, mai ales în politică, unde oponenții cheltuie bani serioși pentru cercetarea adversarilor – angajând detectivi care să scotocească fiecare aspect din trecutul candidatului, ca să caute ceva ce ar putea semăna a pată.

Suntem construiți diferit, soțul meu și cu mine, motiv pentru care unul din noi a ales politica, și celălalt nu. El era conștient de zvonurile și de interpretările greșite care erau pompate ca un abur toxic în campanie, dar rareori părea să îl deranjeze ceva. Barack mai trecuse prin alte campanii. Studiase istoria politică și se înconjurase de contextul pe care i-l oferea aceasta. Și, în general, nu era omul care să fie zguduit sau abătut de la curs de ceva atât de abstract ca îndoiala sau durerea.

Pe de altă parte, eu încă mai învățam despre viața publică. Mă consideram o femeie încrezătoare în sine, de succes, dar, în același timp, rămăsesem copilul care le spunea oamenilor că vrea să se facă medic pediatru și făcea totul ca să ia doar note maxime la școală. Cu alte cuvinte, îmi păsa ce gândeau oamenii. Îmi petrecusem prima parte a vieții căutând aprobarea, adunând îndatoritoare steluțe aurii și evitând situațiile sociale tulburi. În timp, am ajuns să nu mă limitez la a-mi măsura meritele proprii strict în termeni de standarde, de realizări ca la carte, dar încă mai tindeam să cred că dacă munceam onest și cu sârguință aveam să evit intimidările și să fiu văzută întotdeauna drept ceea ce eram.

Această convingere, însă, era pe cale să se destrame.

După victoria lui Barack în Iowa, mesajul meu din campanie a devenit și mai pasional, aproape proporțional cu mărimea mulțimilor care se strângeau la mitinguri. Trecusem de la sute de oameni întâlniți la o reuniune la o mie și chiar la mai mulți. Îmi amintesc că ajunsesem la un eveniment în Delaware, cu Melissa și cu Katie, și am văzut o coadă cu cinci oameni pe rând și care se răsucea pe după clădire, la intrarea într-o sală deja ticsită. Mă uimea în cel mai fericit mod cu putință. Împărtășeam asta fiecărei mulțimi: eram copleșită de contribuția oamenilor la campania lui Barack în termeni de entuziasm și de implicare. Mă simțeam umilă în fața participării lor, a eforturilor pe care le vedeam făcute de oamenii simpli ca să-l ajute să fie ales.

În ceea ce privește discursul meu de bază, construind pe baza teoriei de campanie care funcționase atât de bine pentru mine în Iowa, ajunsesem la o structură destul de liberă, chiar dacă nu foloseam prompter, și nu-mi făceam griji dacă mă abăteam de la subiect. Cuvintele mele nu erau șlefuite și nu aveau să fie niciodată la fel de elocvente ca ale soțului meu, dar vorbeam din inimă. Descriam cum îndoielile mele inițiale cu privire la procesul politic se diminuaseră treptat, săptămână după săptămână, înlocuite de ceva mai încurajator și mai dătător de speranță. Îmi dădeam seama că atât de mulți dintre noi treceau prin aceleași lupte, își făceau aceleași griji cu privire la copii și la viitor. Și atât de mulți credeau, la fel ca mine, că Barack era singurul candidat capabil să aducă o schimbare reală.

Barack voia ca trupele americane să fie retrase din Irak. Voia să anuleze reducerile de taxe introduse de George W. Bush pentru cei superbogați. Voia asistență medicală accesibilă pentru toți americanii. Era un program ambițios, dar, de fiecare dată când intram într-o sală plină de susținători entuziaști, aveam impresia că noi, ca națiune, eram gata să trecem peste diferențele din trecut și să facem să se întâmple asta. Era mândrie în acele săli, un spirit de unitate care mergea mult mai departe de culoarea pielii cuiva. Optimismul era mare și energizant. Mă lăsam purtată de el ca de un val. „Speranța se întoarce!" anunțam la fiecare oprire.

Eram în Wisconsin, într-o zi de februarie, când Katie a primit un telefon de la cineva din echipa de comunicare a lui Barack, spunând că părea să fie o problemă. Spusesem ceva controversat într-un discurs pe care îl rostisem cu câteva ore mai devreme la un teatru din Milwaukee. Katie era derutată, la fel eram și eu. Ceea ce spusesem în Milwaukee nu era cu nimic diferit de ceea ce tocmai terminasem de spus în fața publicului din Madison, ceea ce nu era diferit de ce spuneam de luni de zile fiecărei mulțimi. Și nu fusese niciodată vreo problemă. De ce era una acum?

Mai târziu, în acea zi, am văzut singure care era problema. Cineva filmase discursul meu, care avusese în jur de 40 de minute, și îl editase într-un singur clip de zece secunde, eliminând contextul și scoțând în evidență câteva cuvinte.

Au început brusc să circule clipuri atât din discursul din Milwaukee, cât și din cel din Madison, concentrate pe partea în care spuneam că mă simt încurajată. Versiunea completă a celor spuse de mine era așa: „Ceea ce am învățat anul acesta este că revine speranța! Și dați-mi voie să vă spun ceva, pentru prima dată în viața mea de adult sunt cu adevărat mândră de țara mea. Nu doar pentru că Barack merge bine în campanie, ci deoarece cred că oamenii își doresc cu ardoarea schimbarea. Eram disperată să văd că țara noastră pornește în direcția aceea, nu doar să mă simt atât de singură în frustrarea și dezamăgirea mea. Am văzut oameni care își doresc cu putere să se unească în jurul unor probleme comune, iar asta m-a făcut să mă simt mândră. Mă simt privilegiată să fac parte sau chiar numai să fiu martoră la așa ceva."

Dar aproape totul fusese tăiat, inclusiv referirile mele la speranță și la unitate, la cât de mișcată eram. Dispăruse orice nuanță, atenția era îndreptată asupra unui singur lucru. Ceea ce era în clipuri – și era de-acum rostogolit întruna la posturile conservatoare de radio și la emisiuni TV – era atât: „Pentru prima dată în viața mea de adult sunt cu adevărat mândră de țara mea".

Nu trebuia să mă uit la știri ca să știu cum era răstălmăcită fraza aceasta. „Nu este o patrioată." „A urât întotdeauna America." „Asta este ea cu adevărat. Restul este doar spectacol."

A fost prima lovitură. Și mi-am făcut-o cu mâna mea. Încercând să vorbesc liber, fără să mă formalizez, am uitat că până și cea mai măruntă frază era cântărită și întoarsă pe toate părțile. Fără să vreau, le-am servit adversarilor un ospăț de 15 cuvinte. Și, la fel ca în clasa întâi, pumnul a venit ca din senin.

În seara aceea am luat avionul înapoi spre Chicago simțindu-mă vinovată și descurajată. Știam că Melissa și Katie urmăreau în tăcere știrile negative pe BlackBerry-uri, dar aveau grijă să nu mi le spună și mie, înțelegând că nu ar face decât să înrăutățească lucrurile. Până la punctul acesta, noi trei lucrasem deja împreună o bună parte a anului, parcurgând mai mulți kilometri decât putea vreuna dintre noi să numere, mereu contracronometru ca să pot ajunge seara înapoi acasă, la copiii mei. Trecusem prin săli din toată țara, mâncasem mai mult fast-food decât ne-am dorit vreodată și mersesem la strângeri de fonduri în case atât de luxoase, încât trebuia să ne concentrăm să nu rămânem cu gurile căscate. Dacă Barack și echipa lui de campanie călătoreau cu avioane închiriate și autocare amenajate comod, noi încă ne mai scoteam pantofii la controalele de securitate din aeroporturi, zburam la clasa economic și ne bazam pe bunăvoința voluntarilor să ne ducă și să ne aducă de la evenimente care erau uneori la peste 100 de kilometri distanță.

Simțeam că, per ansamblu, făcusem o treabă destul de bună. O văzusem pe Katie urcându-se pe un scaun ca să le dea indicații unor fotografi care aveau de două ori vârsta ei și punând la punct reporteri ce întrebau lucruri deplasate. O văzusem pe Melissa având grijă de fiecare detaliu din programul meu, coordonând cu mână de expert mai multe evenimente de campanie în aceeași zi, butonându-și BlackBerry-ul ca să prevină orice potențială problemă, și asta în timp ce se asigura că nu ratez niciodată o serbare la școală, ziua de naștere a vreunei vechi prietene sau șansa de a ajunge la sala de sport. Amândouă se dedicaseră cu totul acestui efort, sacrificându-și propriile vieți personale ca să pot eu să o păstrez, în oarecare măsură, pe a mea.

Stăteam în lumina slabă din avion și îmi făceam griji că stricasem totul cu acele 15 cuvinte stupide.

Acasă, după ce am culcat fetele și am trimis-o pe mama la ea, în Euclid Avenue, să se odihnească, l-am sunat pe Barack pe mobil. Era ajunul alegerilor primare din Wisconsin, iar sondajele indicau o cursă strânsă. Barack avea un avans mic, dar în creștere față de Hillary în privința delegaților la convenția națională. Campania lui Hillary rula clipuri publicitare care îl criticau pe Barack pentru orice, de la programul lui de sănătate, până la faptul că nu accepta mai des dezbateri față în față cu ea. Miza părea să fie mare. Echipa de campanie a lui Barack nu își putea permite un eșec. Mi-am cerut scuze pentru ce se întâmplase cu discursul meu. „Nu mi-am dat seama nici o clipă că fac ceva greșit“, i-am spus, „spun același lucru de luni de zile.“

Barack călătorea în noaptea aceea între Wisconsin și Texas. Aproape că l-am auzit cum ridică din umeri, la celălalt capăt al firului. „Asta e din cauză că atragi mulțimi atât de mari“, mi-a spus el. „Ai devenit o forță în campanie, de-asta te atacă în felul acesta. Așa merg lucrurile.“

La fel ca aproape de fiecare dată când vorbeam, mi-a mulțumit pentru timpul pe care îl acordam campaniei și a adăugat că îi pare rău că trebuia să mă confrunt cu astfel de probleme. „Te iubesc, scumpo“, mi-a spus înainte să închidă. „Știu că e greu, dar o să treacă. Întotdeauna trece.“

AVEA DREPTATE și, în același timp, se înșela în această privință. Pe 19 februarie 2008, Barack a câștigat primarele din Wisconsin cu o diferență confortabilă, ceea ce părea să sugereze că nu îi dăunasem acolo. În aceeași zi, Cindy McCain a tras o săgeată spre mine în discursul rostit la un miting electoral, spunând: „Sunt mândră de țara mea. Nu știu voi dacă ați auzit cuvintele acelea de mai devreme - dar eu sunt foarte mândră de țara mea." CNN a spus că „aveam o problemă de patriotism", iar bloggerii au făcut ce fac bloggerii, de obicei. Dar, într-o săptămână, părea să se fi stins cea mai mare parte a agitației. Barack și cu mine am făcut amândoi comentarii pentru presă, clarificând că mă simțeam mândră pentru că vedeam atâția americani care dădeau telefoane pentru campanie, discutau cu vecinii lor și căpătau încredere în puterea lor în cadrul democrației noastre, ceea ce mie mi se părea o premieră. Și, apoi, am trecut mai departe. În discursurile mele de campanie, am încercat să fiu mai atentă la cuvintele care îmi ieșeau din gură, dar mesajul meu a rămas același. Mă simțeam în continuare mândră și încurajată. Nimic nu se schimbase.

Și, totuși, sămânța răului fusese plantată - eram percepută ca fiind nemulțumită și ușor ostilă, lipsită de nivelul așteptat de eleganță. Nu ne dădeam seama dacă proveneau de la adversarii politici ai lui Barack sau din altă parte, dar zvonurile și comentariile cu direcție purtau întotdeauna un mesaj mai mult decât subtil despre rasă, menit să stârnească în alegători temerile cele mai profunde și mai urâte. „Nu-i lăsați pe negri să preia puterea. Ei nu sunt ca voi. Viziunea lor nu este și a voastră."

Nu a ajutat nici faptul că ABC News a căutat prin 29 de ore de înregistrări cu predici ale reverendului Jeremiah Wright, alcătuind o compilație șocantă care îl arăta pe predicator cuprins de accese dure, deplasate de mânie și de resentimente la adresa Americii albe, de parcă albii ar fi fost de vină pentru orice. Barack și cu mine am fost consternați să vedem asta, o reflectare a celor mai rele și mai paranoice părți ale omului care ne cununase și ne botezase copiii. Amândoi crescuserăm cu rude care priveau rasa prin lentile de neîncredere plină de țâfnă. Eu trăisem experiența resentimentelor mocnite ale lui Dandy de-a lungul deceniilor în care fusese nedreptățit la serviciu din cauza culorii pielii, ca și a temerilor Sudistului că nepoții lui nu ar fi în siguranță în cartierele albilor. Barack, în schimb, o ascultase pe Toot, bunica lui albă, făcând generalizări etnice deplasate și chiar mărturisindu-i nepotului ei negru că uneori îi era frică atunci când dădea peste un negru pe stradă. Trăisem ani de zile cu îngustimea de minte a unora dintre vârstnicii noștri, acceptând că nimeni nu era perfect și cu atât mai puțin cineva care se maturizase în epoca segregării. Poate că acesta a fost motivul pentru care treceam cu vederea părțile cele mai absurde din discursurile înflăcărate ale reverendului Wright, chiar dacă nu fusesem de față la nici una dintre predicile cu pricina. Văzând, însă, versiunea extremă a vehemenței lui difuzată la știri, ne-am îngrozit amândoi. Întreaga poveste era o amintire a faptului că problemele rasiale din țara noastră aveau două laturi – că suspiciunea și stereotipurile circulau în ambele sensuri.

Între timp, cineva a descoperit o lucrare de-a mea din ultimul an de colegiu de la Princeton, scrisă cu mai bine de două decenii în urmă – un studiu al felului în care absolvenții afro-americani priveau problemele de rasă și de identitate după ce fuseseră la Princeton. Din motive pe care nu le voi înțelege niciodată, presa conservatoare trata lucrarea mea de parcă ar fi fost vreun manifest secret privind puterea negrilor, o amenințare care fusese descoperită. Era ca și cum la vârsta de 21 de ani, în loc să încerc să iau notă maximă la sociologie și să intru la Facultatea de Drept de la Harvard, eu cloceam un plan à la Nat Turner să răstorn majoritatea albilor și, în sfârșit, acum, prin intermediul soțului meu, aveam șansa să îl pun în aplicare. „Este Michelle Obama responsabilă pentru fiascoul Jeremiah Wright?" era subtitlul unui articol online al scriitorului Christopher Hitchens. Acesta m-a făcut praf pe mine, cea din perioada colegiului, sugerând că fusesem fără îndoială influențată de gânditorii radicali negri și, pe deasupra, nici nu mă pricepeam să scriu. „Să spui despre ea că este greu de citit ar fi o greșeală", a scris el. „Lucrarea nu poate fi citită deloc în sensul strict al cuvântului. Și aceasta deoarece nu este scrisă în nici o limbă cunoscută."

Eram descrisă nu doar ca un outsider, ci ca fiind complet „altceva", atât de străină încât nici măcar limba pe care o vorbeam nu putea fi recunoscută. Era o insultă meschină și grotescă, desigur, dar felul în care își bătea joc de intelectul meu, de mine la o vârstă mai tânără, trăda o desconsiderare mai generală. Barack și cu mine eram prea bine-cunoscuți acum ca să fim făcuți invizibili, dar, dacă oamenii ne-ar fi văzut ca pe niște străini care le încalcă teritoriul, atunci poate am fi rămas fără putere. Mesajul transmis adesea, chiar dacă nu era spus direct, părea să fie: „Oamenii aceștia nu sunt de-ai noștri". O fotografie a lui Barack cu turban și veșmânt tradițional somalez, pe care le primise cadou în timpul unei vizite oficiale făcute ca senator în Kenya, a apărut la *Drudge Report*, reînviind vechile teorii că ar fi fost în secret musulman. Câteva luni mai târziu, internetul a umflat un alt zvon anonim și lipsit de orice fundament, de data aceasta punând la îndoială cetățenia lui Barack, vehiculând ideea că nu s-ar fi născut în Hawaii, ci în Kenya, ceea ce l-ar fi făcut neeligibil pentru funcția de președinte.

Pe măsură ce treceam prin alegerile primare din Ohio și Texas, din Vermont și Mississippi, am continuat să vorbesc despre optimism și unitate, simțind cum tot ceea ce era pozitiv în participanții de la evenimentele de campanie se coagulează în jurul ideii de schimbare. Toate acestea în timp ce scenariile negative referitoare la mine păreau să câștige teren. La Fox News se discuta despre „furia militantă" din aparițiile mele publice. Internetul vehicula zvonuri că ar exista o înregistrare video cu mine folosind un termen peiorativ pentru albi, ceea ce era straniu și complet neadevărat. În iunie, când Barack a obținut, în sfârșit, nominalizarea democraților, l-am întâmpinat pe scenă la un eveniment din Minnesota cu un pumn dat în joacă. Gestul a ajuns iarăși pe prima pagină, interpretat de un comentator de la Fox ca fiind „o primă lovitură teroristă", sugerând iarăși că eram periculoși. O burtieră de la aceeași televiziune se referea la mine ca fiind „Obama's Baby Mama (Mama copiilor Obama)", evocând clișee din America ghetourilor pentru negri și implicând o înstrăinare care mă plasa în afara propriei mele căsnicii.

Începeam să fiu epuizată, nu fizic, ci emoțional. Loviturile dureau, chiar dacă înțelegeam că ele aveau prea puțin de-a face cu cine eram eu, ca persoană. Era ca și cum o versiune caricaturală a mea crea haos acolo, afară, o femeie despre care tot auzeam vorbindu-se, dar pe care nu o cunoșteam – o Godzilla de soţie de politician prea înaltă, prea puternică şi care îşi ţine soţul sub papuc, pe nume Michelle Obama. Dureros era că şi prietenii mei telefonau uneori şi îşi descărcau grijile asupra mea, asaltându-mă cu sfaturi pe care considerau că ar trebui să i le transmit managerului de campanie al lui Barack sau vrând să-i liniştesc după ce auziseră o ştire negativă despre mine, despre Barack sau despre campanie. Când au apărut zvonurile despre aşa-zisa casetă în care aş vorbi depreciativ despre albi, o prietenă dragă şi care mă cunoaşte foarte bine m-a sunat, îngrijorată că minciuna ar putea fi adevărată. Am avut nevoie de 30 de minute ca s-o conving că nu mă transformasem într-o rasistă şi, când conversaţia s-a sfârşit, am închis telefonul profund demoralizată.

În general, mă simţeam ca şi cum n-aş fi putut să înving, de parcă nici o convingere şi nici un efort nu m-ar fi putut face să trec peste detractorii mei şi peste încercările lor de a mă denigra. Eram femeie, negresă şi puternică, iar aceasta, pentru anumiţi oameni, cu un anumit mod de gândire, se traducea doar prin „furioasă". Era un alt clişeu dăunător, unul folosit dintotdeauna pentru a elimina femeile minoritare din orice încăpere, un semnal inconştient că nu trebuia să asculte nimeni ce aveam noi de spus.

Acum chiar începeam să mă simt puţin furioasă, ceea ce îmi făcea şi mai rău, de parcă împlineam o profeţie făcută de cei care mă urau, de parcă aş fi cedat la presiunile lor. Este remarcabil cum un stereotip funcţionează ca o capcană reală. Oare câte „femei de culoare furioase" fuseseră prinse în logica circulară a acestei fraze? Când nu eşti ascultat, de ce nu ai vorbi mai tare? Dacă eşti considerată drept furioasă sau emoțională, acest lucru nu provoacă mai mult din același sentiment?

Eram obosită de atâta răutate, dezorientată de cât de personal devenise totul, dar simțeam, totodată, că nu puteam nicicum să renunț. Prin luna mai, Partidul Republican din Tennessee a pus în circulație pe internet un video în care cuvintelor mele din Wisconsin le erau opuse clipuri cu alegători care spuneau lucruri de genul „Păi, eu sunt mândru că sunt american de când eram copil". Pe site-ul NPR a apărut un articol cu titlul: „Michelle Obama este un atu sau un punct slab?" Dedesubt, cu litere îngroșate, erau înșirate ceea ce păreau să fie aspecte controversate în ceea ce mă privea: „Înviorător de onestă sau prea directă?" și „Înfățișarea ei: regală sau intimidantă?"

Credeți-mă, toate acestea erau dureroase.

Uneori dădeam vina pe campania lui Barack pentru poziția în care mă aflam. Am înțeles că eram mai activă decât soțiile celor mai mulți candidați, ceea ce mă făcea în mai mare măsură o țintă a atacurilor. Instinctul meu era să ripostez, să vorbesc împotriva minciunilor și a generalizărilor nedrepte sau să-l determin pe Barack să comenteze, dar echipa lui de campanie îmi spunea întruna că era mai bine să nu răspund, să încasez loviturile și să merg, pur și simplu, mai departe. „Nu este decât politică", era refrenul pe care-l auzeam de fiecare dată, ca și cum nu am fi putut să facem nimic în privința asta, ca și cum ne-am fi mutat cu toții într-un oraș nou pe o planetă nouă numită Politica, unde nu se aplica nici una dintre regulile obișnuite.

De fiecare dată când moralul începea să mi se prăbușească, mă pedepseam și mai mult cu un val de gânduri negre: Nu eu am ales asta. Nu mi-a plăcut niciodată politica. Mi-am lăsat serviciul și am renunțat la identitatea mea pentru campania aceasta și acum sunt un punct slab? Unde a dispărut puterea mea?

Stând în bucătăria noastră din Chicago, într-o duminică seara, când Barack venise pentru o noapte acasă, mi-am lăsat toate frustrările să se reverse.

„Nu sunt obligată să fac asta", i-am spus. „Dacă fac rău campaniei, atunci ce mai caut acolo?"

I-am explicat că Melissa, Katie și cu mine ne simțeam copleșite de volumul cererilor venite din partea presei și de efortul pe care îl făceam ca să călătorim cu bugetul modest pe care îl aveam. Nu voiam să stric nimic și voiam să îl sprijin, dar ne lipseau și timpul, și resursele ca să facem altceva decât să reacționăm pe moment. Și că, în ceea ce privea examinarea tot mai intensă și mai minuțioasă căreia îi eram supusă, mă săturasem să fiu lipsită de apărare, mă săturasem să fiu văzută drept cineva diferit de persoana care eram. „Pot să stau, pur și simplu, acasă și să am grijă de copii, dacă așa ar fi mai bine", i-am spus lui Barack. „O să fiu doar o soție obișnuită, care apare doar la evenimentele importante și zâmbește. Poate așa o să fie mai ușor pentru toată lumea."

Barack m-a ascultat cu înțelegere. Puteam să îmi dau seama că era obosit, nerăbdător să urce la etaj și să se cufunde într-un atât de necesar somn. Câteodată uram modul în care, pentru noi, se șterseseră liniile dintre viața de familie și viața politică. Zilele lui erau pline de probleme care trebuiau rezolvate într-o clipă și de sute de interacțiuni. Nu voiam să fiu o alta dintre problemele de care trebuia să se ocupe, dar existența mea se mulase complet pe a lui.

„Ești în mult mai mare măsură un câștig decât un punct slab, Michelle, trebuie să știi asta", mi-a spus el, vizibil afectat. „Dar, dacă vrei să te oprești sau să încetinești ritmul, te înțeleg perfect. Poți să faci ce vrei în privința asta."

Mi-a spus că nu trebuia să simt vreodată că aș avea o obligație față de el sau față de mașinăria de campanie. Iar, dacă voiam să merg mai departe, dar aveam nevoie de mai mult sprijin și de resurse, avea să găsească o modalitate să facă rost de ele.

Cu asta m-am mai liniștit, chiar dacă doar puțin. Încă mă mai simțeam ca în clasa întâi, când fusesem lovită cu pumnul la rândul de la sala de mese.

Dar am lăsat deoparte politica și ne-am dus la culcare.

Nu mult după această discuție, m-am dus la biroul din Chicago al lui David Axelrod și am stat cu el și cu Valerie să ne uităm la înregistrările video ale unora dintre aparițiile mele în public. Acum îmi dau seama că era un fel de intervenție, o încercare de a-mi arăta care erau micile părți ale procesului pe care le puteam controla. Amândoi m-au lăudat pentru cât de mult și de eficient muncisem ca să-i mobilizez pe susținătorii lui Barack. Dar, apoi, Alex a închis butonul de volum și a reluat imaginile cu discursul meu, fără sunet, ca să ne putem uita mai atent la limbajul corpului, în special la expresiile mele faciale.

Ce am văzut? M-am văzut pe mine vorbind cu intensitate și convingere, fără să slăbesc ritmul. Întotdeauna pomeneam de vremurile grele cu care se confruntau mulți americani, ca și de inechitățile din școlile noastre și din sistemul nostru de sănătate. Chipul meu reflecta seriozitatea a ceea ce credeam că era în joc, importanța reală a alegerii pe care trebuia să o facă națiunea noastră.

Dar expresia mea era prea serioasă, prea severă – cel puțin comparativ cu ceea ce erau condiționați oamenii să aștepte de la o femeie. Mi-am văzut expresia așa cum putea să o perceapă un străin, în special dacă era conjugată cu un mesaj neplăcut. Puteam să văd cum reușise concurența să selecteze aceste imagini și să mă prezinte publicului ca pe un fel de scorpie supărată. Era, bineînțeles, un alt stereotip, o altă capcană. Cel mai ușor mod de a desconsidera mesajul transmis de o femeie era să o prezinți ca pe o certăreață.

Nimeni nu părea să îl critice pe Barack pentru că era prea serios sau pentru că nu zâmbea destul. Eu eram soție, și nu un candidat, evident, poate de aceea oamenii se așteptau de la mine să aduc mai multă relaxare, mai mult farmec. Și, totuși, dacă se întreba cineva cum erau privite, în general, femeile pe Planeta Politica, era suficient să te uiți cum Nancy Pelosi, inteligenta și conștiincioasa președintă a Camerei Reprezentanților, era deseori descrisă ca o scorpie, sau ce avea de îndurat Hillary Clinton când comentatorii TV și editorialiștii tocau mărunt fiecare evoluție din campanie. Faptul că Hillary era femeie era folosit împotriva ei fără încetare, atrăgând cele mai teribile stereotipuri. I se spunea dominatoare, cicălitoare, răutăcioasă. Vocea ei era considerată stridentă, râsul ei era un cotcodăcit. Hillary era adversara lui Barack, ceea ce însemna că nu aveam pe atunci sentimente prea calde în ceea ce o privea, dar nu puteam să nu-i admir rezistența și capacitatea de a continua să lupte înconjurată de atât misoginism.

În ziua aceea, uitându-mă împreună cu Axe și Valerie la înregistrările video, simțeam cum mi se umplu ochii de lacrimi. Eram supărată. Puteam să văd acum că exista o latură de spectacol a politicii, pe care nu o stăpâneam pe deplin. Și eram deja implicată de mai bine de un an, timp în care rostisem numeroase discursuri. Din câte mi-am dat seama, comunicam cel mai bine în sălile mici, cum se întâmplase în Iowa. Pentru mulțimile mari era nevoie de schimbări mai clare ale expresiilor faciale, iar aici mai aveam de lucrat. Mă îngrijora gândul că poate era deja prea târziu.

Valerie, prietena mea dragă de mai bine de 15 ani, m-a încurajat strângându-mi mâna.

„De ce nu mi-ați spus asta mai devreme?" am întrebat. „De ce nu a încercat nimeni să mă ajute?"

Răspunsul era că nimeni nu-mi dăduse prea multă atenție. Percepția în interiorul echipei de campanie a lui Barack era că eu mă descurcam foarte bine, până când nu m-am mai descurcat. Abia atunci, când am devenit o problemă, am fost chemată în biroul lui Axe.

Pentru mine, acesta a fost un punct de cotitură. Aparatul de campanie exista exclusiv în serviciul candidatului, nu al soției sau al familiei lui. Și, chiar dacă angajații lui Barack mă respectau și îmi apreciau contribuția, nu au făcut niciodată nimic ca să mă îndrume. Până în acel punct, nimeni nu își bătuse capul să mă însoțească în călătorii sau să apară la evenimentele mele. Nu fusesem pregătită pentru întâlnirile cu presa sau pentru discursuri. Și mi-am dat seama că nimeni nu avea să se ocupe de mine dacă nu o ceream eu insistent.

Știind că atenția nu putea decât să se intensifice pe măsură ce intram în ultimele șase luni de campanie, am căzut, până la urmă, de acord că aveam nevoie de un sprijin real. Dacă urma să fac campanie ca un candidat, atunci trebuia să fiu susținută ca un candidat. Mi-am luat toate precauțiile organizându-mă mai bine și insistând să capăt resursele de care aveam nevoie ca să îmi fac bine treaba. În ultimele săptămâni ale alegerilor primare, organizatorii de campanie ai lui Barack au început să îmi mărească și mie echipa, incluzând o planificatoare și asistentă personală – Kirsten Jarvis, o fostă angajată amabilă de la biroul de la Senat al lui Barack, al cărei calm avea să mă țină cu picioarele pe pământ în momentele de mare tensiune –, plus o specialistă în comunicare politică foarte pricepută și cu mult simț practic, pe nume Stephanie Cutter. Lucrând împreună cu Katie și Melissa, Stephanie m-a ajutat să-mi cizelez mesajul și prezentarea, în pregătirea discursului foarte important pe care urma să-l susțin mai târziu în vară, la Convenția Națională a Partidului Democrat. Ni s-a dat, în sfârșit, acces la un avion de campanie, ceea ce mi-a permis să mă deplasez mai eficient. Acum puteam să dau interviuri în timpul zborurilor, să-mi aranjez părul și machiajul în drum spre un eveniment sau să le iau cu mine pe Sasha și Malia, fără costuri suplimentare.

Era o ușurare. Totul era o ușurare. Și cred că și asta m-a ajutat să zâmbesc mai mult, să nu mă mai simt tot timpul în defensivă.

În pregătirea aparițiilor mele publice, Stephanie m-a sfătuit să mizez pe punctele mele tari și să îmi amintesc lucrurile despre care îmi place cel mai mult să vorbesc, cum erau dragostea mea pentru soț și copii, legătura pe care o aveam cu mamele cu serviciu și mândria privind rădăcinile mele din Chicago. Ea și-a dat seama că îmi place să glumesc și mi-a spus să nu îmi rețin umorul. Cu alte cuvinte, era în regulă să fiu eu însămi. La puțin timp după ce s-au încheiat alegerile primare, am acceptat să apar la *The View*, unde am petrecut o oră plină de bucurie împreună cu Whoopi Goldberg, Barbara Walters și celelalte co-prezentatoare în fața unui public, în direct, vorbind despre atacurile împotriva mea, dar și glumind pe tema fetelor, a primelor semne ale adolescenței și a bătăii de cap pe care le-o dădeau ciorapii de mătase. Aveam o senzație nouă de relaxare, de proprietate asupra vocii mele. Emisiunea a provocat reacții, în general, pozitive. Am purtat o rochie cu alb și negru care costase 148 de dolari și pe care femeile au dat năvală brusc să o cumpere.

Se întâmpla ceva. Aveam influență și, în același timp, începeam să mă simt bine, din ce în ce mai deschisă și mai optimistă. Încercam totodată să învăț de la americanii pe care îi întâlneam peste tot prin țară, organizând mese rotunde pe tema echilibrului serviciu–familie, un subiect care mă interesa foarte mult. Pentru mine, cele mai importante lecții de modestie au venit din vizitele pe care le-am făcut în comunitățile de militari, unde m-am întâlnit cu soțiile și soții militarilor – pentru că în grupurile formate, în general, din femei se amestecau uneori și câțiva bărbați.

„Vorbiți-mi despre viața voastră“, le spuneam. Și, apoi, ascultam ce-mi povesteau femeile cu copii mici în brațe, unele dintre ele adolescente. Unele descriau cum fuseseră transferate la opt sau mai multe baze în tot atâția ani, de fiecare dată nevoite să ia de la capăt cu lucruri de genul lecțiilor de muzică sau programelor de dezvoltare pentru copiii lor. Ele mi-au explicat totodată cât de greu era să-ți păstrezi o carieră printre atâtea mutări: se întâmpla de multe ori ca o profesoară, de exemplu, să nu-și poată găsi o slujbă pentru că noul stat în care se afla nu recunoștea certificatul profesional din statul în care stătuse anterior; manichiuristele și terapeutele se confruntau cu probleme similare în privința licențelor. Mulți părinți tineri găseau foarte greu îngrijire pentru copii pe care să și-o poată permite. Totul trecea, desigur, în planul al doilea față de povara logistică și emoțională de a-l ști pe cel drag trimis pentru 12 luni sau mai mult în locuri precum Kabul sau Mosul, sau pe un portavion în marea Chinei de Sud. Întâlnirea cu aceste soții punea instantaneu orice problemă aș fi avut în perspectiva corectă. Sacrificiile lor erau mult mai mari decât ale mele. Participam la aceste întâlniri, preocupată și surprinsă că știam atât de puțin despre viața militarilor. Mă gândeam că mulți alți americani erau la fel de puțin informați. Mi-am promis mie însămi că, dacă Barack avea să fie suficient de norocos cât să fie ales, o să găsesc o modalitate de a sprijini mai bine aceste familii.

Toate acestea m-au umplut de energie, ca să ajut la asaltul final pentru Barack și Joe Biden, afabilul senator din Delaware, care avea să fie anunțat curând ca partenerul lui de cursă electorală. Mă simțeam încurajată să-mi urmez din nou instinctele, înconjurată de oameni care îmi asigurau spatele, mai bine echipată ca să mă feresc de atacatori. La evenimentele publice, mă concentram pe stabilirea de legături personale cu oamenii pe care îi întâlneam, în grupuri mici sau în mulțimi de mii de oameni, în discuții de culise sau în spatele barierelor de securitate. Când alegătorii ajungeau să mă cunoască în persoană, înțelegeau cât de departe de realitate erau caricaturile. Am învățat că este greu să urăști de aproape.

Am petrecut vara anului 2008 mișcându-mă mai repede și muncind mai din greu, convinsă că puteam aduce un plus pentru Barack. Cum se apropia sfârșitul convenției, am lucrat pentru prima dată cu un scriitor de discursuri, o tânără talentată pe nume Sarah Hurwitz, care m-a ajutat să îmi sintetizez ideile într-un discurs concentrat de 17 minute. După săptămâni întregi de pregătire atentă, la sfârșitul lui august, am pășit pe scena de la Pepsi Center din Denver, în fața unui public de 20 000 de oameni și a altor câteva milioane de telespectatori, gata să arăt lumii cine eram cu adevărat.

În seara aceea, m-a prezentat fratele meu, Craig. Mama stătea pe un fotoliu din primul rând, părând puțin șocată de dimensiunea uriașă pe care o căpăta viața noastră. Am vorbit despre tata – despre modestia și tăria lui, și despre cum toate acestea ne-au format pe Craig și pe mine. Am încercat să le ofer americanilor o imagine cât mai familiară cu putință a lui Barack și firii lui inimoase. Când am terminat, oamenii au aplaudat și au tot aplaudat, iar eu am simțit o mare ușurare, știind că, în sfârșit, făcusem poate ceva ca să le schimb oamenilor percepția pe care o aveau despre mine.

A fost un moment important, cu siguranță – măreț și public, și ușor de găsit și în ziua de azi pe YouTube. Dar adevărul este că, din exact aceleași motive, a fost și un moment ciudat de mărunt. Modul în care priveam lucrurile începea să se răstoarne, ca un pulover pe care îl întorci încet pe dos. Scene, public, reflectoare, aplauze. Acestea deveneau mai normale decât crezusem vreodată că puteau să fie. Acum trăiam pentru acele momente în care nimic nu era pregătit în avans, fotografiat, acele clipe intermediare în care nimeni nu juca un rol și nimeni nu judeca și mai erau posibile surprize – când uneori puteai simți, pe neașteptate, cum se deschide zăvorul ce-ți fereca inima.

Pentru aceasta trebuie să ne întoarcem în Butte, Montana, pe 4 iulie. Era sfârșitul zilei și soarele de vară asfințea, în sfârșit, dincolo de munții din vest, iar artificiile începeau să răsune în depărtare. Rămâneam peste noapte la un Holiday Inn Express de lângă autostradă, de unde Barack urma să plece a doua zi spre Missouri, iar eu și fetele să ne întoarcem la Chicago. Eram obosiți cu toții. Fusesem la paradă și la picnic. Ni se părea că ne întâlnisem cu toți locuitorii din Butte, până la ultimul. Iar, acum, urma să avem în sfârșit o mică petrecere, doar pentru Malia.

Dacă m-ați fi întrebat, la vremea respectivă, aș fi spus că pregătisem totul în pripă – că aniversarea ei părea o idee venită prea târziu în vârtejul campaniei. Ne-am strâns în sala de conferințe cu tavan jos și cu lumini fluorescente de la subsolul hotelului, cu Konrad, Maya și Suhaila, plus câțiva dintre angajați care erau apropiați de Malia și, desigur, cu agenții de la Serviciul Secret, care erau întotdeauna prezenți, indiferent de situație. Aveam niște baloane, un tort de la magazin, zece lumânări și o cutie de înghețată. Erau câteva cadouri cumpărate și împachetate la repezeală de cineva care nu fusesem eu. Atmosfera nu era complet lipsită de entuziasm, dar nu era nici festivă. Pur și simplu, fusese o zi prea lungă. Barack și cu mine am schimbat o privire întunecată, conștienți că dădusem greș.

Până la urmă, însă, la fel ca în cazul multor altor lucruri, era doar o problemă de percepție - cum ne hotăram să privim ceea ce se afla în fața noastră. Barack și cu mine ne concentram doar pe greșelile și minusurile noastre, pe care le vedeam reflectate în încăperea aceea tristă și în petrecerea improvizată. Dar Malia s-a uitat la cu totul altceva. Și a văzut. A văzut chipuri amabile, oameni care o iubeau, un tort cu glazură din belșug, o soră mai mică și o verișoară alături, un nou an înaintea ei. Petrecuse ziua în aer liber, văzuse o paradă, iar a doua zi urma să se plimbe cu avionul.

S-a dus spre locul în care stătea Barack și i-a sărit în brațe. „Asta“, a declarat ea, „e cea mai frumoasă aniversare pe care am avut-o *vreodată*!“

Nu a observat că mami și tati aveau lacrimi în ochi, nici că jumătate dintre cei din încăpere încercau să-și înghită nodul din gât. Pentru că avea dreptate. Și, brusc, am înțeles și noi. Împlinise zece ani în ziua aceea și totul era mai bine ca oricând.

Capitolul 18

Patru luni mai târziu, pe 4 noiembrie 2008, am votat pentru Barack. Dis-de-dimineață, am mers împreună la secția de votare, care era în sala de sport a școlii Beulah Shoesmith, la doar câteva străzi distanță de casa noastră din Chicago. Le-am luat cu noi pe Sasha și pe Malia, amândouă îmbrăcate și pregătite pentru școală. Chiar și în ziua alegerilor - poate chiar cu atât mai mult în ziua alegerilor -, mersul la școală mi se părea o idee bună. Școala însemna rutină. Școala însemna confort. Am trecut pe lângă grupurile de fotografi și cameramani ca să intrăm în sala de sport, în timp ce oamenii din jurul nostru vorbeau despre caracterul istoric al momentului, iar eu eram mulțumită că le pregătisem fetelor mele pachețelele cu gustarea de prânz.

Ce fel de zi avea să fie? Avea să fie o zi lungă. Mai mult de atât nu știa nici unul dintre noi.

Barack, ca întotdeauna în zilele foarte tensionate, era mai calm ca niciodată. I-a salutat pe membrii comisiei electorale, și-a luat buletinul de vot și a dat mâna cu toți cei pe care i-a întâlnit, părând relaxat. Presupun că era normal să fie așa. Tot ce avea să se întâmple în continuare nu mai depindea de el.

Am intrat în același timp în cabinele de vot, avându-le alături pe fetele noastre care se întindeau să vadă ce făceam.

Votasem pentru Barack de multe ori până atunci, în alegeri primare și generale, în curse locale sau naționale, iar acest drum la secția de votare nu mi se părea diferit de altele. Votul era pentru mine o obișnuință, un ritual sănătos care trebuia îndeplinit cu conștiinciozitate și cu fiecare ocazie. Părinții mei mă luaseră cu ei la vot când eram copil, iar eu îmi făcusem un obicei din a le lua cu mine pe Sasha și pe Malia de câte ori puteam, sperând să le insuflu amândurora cât de important și de firesc era acest act.

Cariera soțului meu îmi dăduse ocazia să urmăresc îndeaproape cum funcționează mecanismele politicii și ale puterii. Văzusem cum doar câteva voturi în fiecare secție puteau să facă diferența nu doar între un candidat și altul, ci între un sistem de valori și altul. Dacă doar câțiva oameni din fiecare cartier rămâneau acasă, aceasta putea determina ce învățau copiii noștri la școală, ce opțiuni aveam la dispoziție pentru îngrijirea sănătății sau dacă ne trimiteam sau nu armata la război. Votul era simplu și, în același timp, incredibil de eficient.

În ziua aceea, înainte să votez, am privit îndelung ovalul micuț de lângă numele soțului meu, pe lista candidaților la președinție. După aproape 21 de luni de campanie, atacuri și eforturi până la epuizare, asta era tot – ultimul lucru pe care îl mai aveam de făcut.

Barack s-a uitat la mine și a râs. „Încă nu te-ai hotărât?“ m-a întrebat el. „Mai ai nevoie de timp?“

Dacă nu ar fi neliniștea, ziua alegerilor ar putea fi un fel de mini-vacanță, o pauză fantastică între tot ceea ce s-a întâmplat și ceea ce urmează. Ai făcut saltul, dar nu ai aterizat încă. Încă nu știi cum va arăta viitorul. După luni de zile în care totul s-a întâmplat pe repede înainte, brusc, timpul se scurge cu o încetineală agonizantă. Ne-am întors acasă, iar eu am făcut pe gazda pentru rudele și prietenii care au trecut pe la noi pentru conversații banale, menite să facă timpul să treacă mai repede.

La un moment dat, Barack a plecat să joace baschet la o sală din apropiere, cu Craig și alți câțiva prieteni, făcând ceea ce devenise un fel de tradiție aducătoare de noroc în ziua alegerilor. Nimic nu-i plăcea mai mult lui Barack decât un joc de baschet intens, ca să-și calmeze emoțiile.

„Ai grijă să nu-i spargă nasul careva", i-am spus lui Craig când au ieșit amândoi pe ușă. „Mai târziu, va trebui să apară la televizor."

„Așa, pune totul în cârca mea", a replicat Craig, cum numai un frate o poate face. Apoi, au plecat amândoi.

Dacă era să credem sondajele, părea că Barack avea să câștige în ziua aceea, dar știam că el pregătise două discursuri pentru fiecare posibilă variantă din noaptea de după alegeri – unul pentru victorie, altul de recunoaștere a înfrângerii. Învățasem deja suficient de multe despre politică și despre sondaje, așa că știam că nimic nu era sigur. Știam despre așa-zisul efect Bradley, numit după un politician afro-american care candidase la funcția de guvernator al Californiei, la începutul anilor 1980. Chiar dacă sondajele îl plasaseră sistematic pe Bradley în fruntea listei de candidați, el a pierdut alegerile, fapt care i-a surprins pe toți și a oferit lumii o lecție foarte importantă despre bigotism, având în vedere că scenariul s-a repetat în anii următori, în mai multe curse electorale puternic mediatizate la care au participat candidați negri. Când era vorba despre candidați minoritari, alegătorii își ascundeau deseori prejudecățile în fața operatorilor de sondaje, exprimându-le doar în intimitatea cabinei de vot.

De-a lungul campaniei, m-am întrebat fără încetare dacă America era cu adevărat pregătită să aleagă un președinte negru, dacă țara era suficient de sigură pe forțele proprii încât să vadă dincolo de rasă și de prejudecăți. Într-un târziu, aveam să aflăm răspunsul.

Per ansamblu, campania pentru alegerile generale fusese mai puțin istovitoare decât bătălia dură din primare. John McCain își făcuse singur un deserviciu alegând-o drept parteneră de cursă pe Sarah Palin, guvernatoarea de Alaska. Neexperimentată și nepregătită, ea a devenit rapid un fel de sac de box național. Iar, apoi, la jumătatea lui septembrie, lovise dezastrul. Economia SUA era într-un declin incontrolabil, după ce Lehman Brothers, una dintre cele mai mari bănci de investiții din țară, s-a prăbușit. Lumea întreagă înțelegea că titanii de pe Wall Street făceau de ani de zile profituri uriașe de pe urma creditelor imobiliare neperformante. Acțiunile s-au prăbușit. Piața creditelor a înghețat. Fondurile de pensii au dispărut.

Barack era omul potrivit pentru acest moment din istorie, pentru o funcție care nu a fost niciodată comodă, dar care, din pricina crizei financiare, devenise exponențial mai dificilă. Spusesem asta fără încetare mai bine de un an și jumătate, prin toată America: soțul meu era calm și pregătit. Complexitatea nu îl speria. Avea o minte capabilă să se descurce cu toate dificultățile. Eram părtinitoare, desigur, și eu personal aș fi fost mulțumită să piardă alegerile și să ne regăsim oarecum vechea noastră viață, dar, în același timp, simțeam că noi, ca țară, aveam cu adevărat nevoie de ajutorul lui. Era momentul să nu ne mai gândim la ceva atât de arbitrar cum e culoarea pielii. Ar fi fost o nebunie să nu îl punem în funcție. Deși, el avea să moștenească o adevărată harababură.

Pe măsură ce se apropia seara, simțeam tot mai acut o amorțeală în degete și un fior de neliniște prin tot corpul. Nu mai puteam să mănânc. Nu mai puteam să fiu atentă la discuțiile superficiale cu mama sau cu prietenii care treceau pe la noi. La un moment dat, am urcat la etaj, să stau puțin singură.

Am descoperit că și Barack se retrăsese acolo, având, în mod clar, nevoie de câteva clipe de liniște.

L-am găsit așezat la biroul lui, uitându-se peste textul discursului pentru victorie, în micul birou înțesat cu cărți de lângă dormitorul nostru – Vizuina. Am intrat și eu și am început să-i masez umerii.

„Ești bine?“ l-am întrebat.

„Mda.“

„Obosit?“

„Nu.“ Mi-a zâmbit, de parcă ar fi încercat să-mi demonstreze că era adevărat. Cu doar o zi în urmă, aflasem că Toot, bunica de 86 de ani a lui Barack, murise în Hawaii după o suferință de câteva luni în urma unui cancer. Pentru că nu apucase să-și ia rămas-bun de la mama lui, Barack a ținut neapărat să o vadă pe Toot. La sfârșitul verii, fusesem să o vizităm împreună cu copiii, iar, în urmă cu zece zile, el se dusese din nou, retrăgându-se pentru o zi din campania electorală ca să fie lângă ea. Îmi dădeam seama cât de greu era pentru el. Barack își pierduse mama chiar la începutul carierei lui politice, la două luni după ce își anunțase candidatura la senatul statului. Acum, la apogeu, bunica lui nu mai era printre noi să-l vadă. Oamenii care îl crescuseră nu mai erau lângă el.

„Sunt mândră de tine, orice s-ar întâmpla“, i-am spus soțului meu. „Te-ai descurcat atât de bine.“

El s-a ridicat de pe scaun și m-a cuprins cu brațele. „Și tu“, mi-a răspuns, trăgându-mă aproape de el. „Amândoi ne-am descurcat bine.“

Nu mă puteam gândi decât la ce mai avea de înfruntat.

După ce am mâncat de seară, în familie, acasă, ne-am îmbrăcat festiv și am plecat în oraș, să așteptăm rezultatul alegerilor împreună cu un mic grup de rude și de prieteni în apartamentul pe care echipa de campanie îl închiriase pentru noi la Hyatt Regency. Echipa de campanie se adunase într-o altă parte a hotelului, încercând să ne lase puțină intimitate. Joe și Jill Biden aveau propriul apartament pentru familie și prieteni, de partea cealaltă a holului.

Primele rezultate au venit în jur de șase seara, Kentucky votând pentru McCain, și Vermont pentru Barack. Apoi, Virginia de Vest a mers cu McCain, la fel și Carolina de Sud. Încrederea mea se zdruncinase puțin, deși nici unul dintre aceste rezultate nu era o surpriză. După cum spuneau Axe și Plouffe, care tot intrau și ieșeau din încăpere, anunțându-ne fiecare frântură de informație pe care o primeau, totul se desfășura așa cum fusese prevăzut. Chiar dacă veștile erau, în general, pozitive, discuțiile politice erau ultimul lucru pe care voiam să îl aud. Oricum nu puteam influența nimic, deci, ce rost avea? Sărisem în gol și acum urma să aterizăm, într-un fel sau altul. Am văzut la televizor mii de oameni adunați deja în parcul Grant, cam la un kilometru și jumătate de țărmul lacului, unde transmisiile TV despre alegeri erau proiectate pe ecrane uriașe și unde Barack avea să meargă mai târziu, să rostească unul din cele două discursuri. Erau poliști pretutindeni, șalupele Pazei de Coastă patrulau pe lac și elicopterele supravegheau din aer. Tot orașul Chicago părea să-și țină răsuflarea în așteptarea veștilor.

Connecticut a votat cu Barack. New Hampshire a votat cu Barack. La fel au făcut Massachusetts, Maine, Delaware și Washington DC. Când s-a anunțat că Illinois a votat cu Barack, am auzit mașini care claxonau și strigăte de entuziasm de jos, din stradă. Am văzut un scaun liber aproape de ușa de la intrare și m-am așezat acolo singură, privind scena din fața mea. În cameră era aproape liniște acum, agitația echipei de campanie lăsând locul unei așteptări calme, aproape sobre. În dreapta mea, fetele stăteau pe o canapea, în rochițele lor roșu cu negru, iar în stânga mea Barack, care își lăsase haina de la costum pe undeva prin cameră, se așezase pe o altă canapea lângă mama, care purta în seara aceea un taior negru, elegant, și își pusese cercei de argint.

„Ești pregătită pentru asta, bunico?" l-am auzit pe Barack întrebând-o.

Niciodată omul care să se emoționeze prea tare, mama doar i-a aruncat o privire piezișă și a ridicat din umeri, ceea ce i-a făcut pe amândoi să zâmbească. Mai târziu, însă, avea să-mi spună cât de copleșită se simțise atunci, dându-și seama cât era el de vulnerabil. America ajunsese să îl vadă pe Barack stăpân pe el și puternic, dar mama intuia și dificultatea tranziției, singurătatea funcției care îl aștepta. Iată-l pe omul care nu mai avea nici tată, nici mamă, la un pas să fie ales conducător al lumii libere.

Când m-am uitat din nou la ei, mama și Barack se țineau de mână.

Era fix zece seara când televiziunile au început să difuzeze imagini cu soțul meu zâmbind, anunțând că Barack Hussein Obama avea să fie al patruzeci și patrulea președinte al Statelor Unite. Am sărit toți în picioare și, instinctiv, am început să țipăm. Echipa de campanie a năvălit în cameră, la fel și soții Biden cu însoțitorii lor, fiecare dintre noi aruncându-se dintr-o îmbrățișare în alta. Era ireal. Mă simțeam ca și cum mi-aș fi părăsit corpul și pluteam deasupra, doar ca să văd reacțiile tuturor.

Reușise. Cu toții reușisem. Victoria care păruse aproape imposibilă era acum o certitudine.

Acela a fost momentul în care am simțit că familia noastră fusese lansată ca un proiectil dintr-un tun într-un bizar univers subacvatic. Totul părea încetinit, fluid și ușor distorsionat, chiar și când ne mișcam rapid și cu gesturi sigure, ghidați de agenții Serviciului Secret spre un lift de marfă, apoi în afara hotelului, pe ușa din spate, și într-un SUV care ne aștepta. Am tras aer în piept când am ieșit afară? I-am mulțumit persoanei care ne-a deschis ușa? Zâmbeam? Nu mai știu. Era ca și cum aș fi încercat zadarnic, iar și iar, să găsesc drumul înapoi spre realitate. Presupun că mă simțeam așa și din cauza oboselii. Așa cum mă așteptasem, fusese o zi foarte lungă. Vedeam năuceala și pe chipurile fiicelor mele. Le pregătisem pentru această parte a nopții, explicându-le că și dacă tata câștiga, și dacă pierdea, urma să mergem în parc, la o mare sărbătoare.

Câteva minute mai târziu, alunecam într-o coloană escortată de poliție pe Lake Shore Drive, mergând în viteză spre sud, către parcul Grant. Făcusem drumul acela de sute de ori în viață, de la călătoriile cu autobuzul de la Whitney Young spre casă până la drumurile cu mașina la sala de gimnastică, înainte să se ivească zorile. Era orașul meu, pe care îl cunoșteam atât de bine, și, totuși, în noaptea aceea, îl simțeam diferit, transformat în ceva neobișnuit de tăcut. Era de parcă am fi fost suspendați în timp și în spațiu, ca într-un vis.

Malia se uita pe geamul mașinii, absorbind totul.

„Tati“, a spus ea, cu un ton neliniștit. „Nu e nimeni pe stradă. Nu cred că vine cineva la sărbătoarea ta!“

Barack și cu mine ne-am uitat unul la celălalt și am început să râdem. Abia atunci ne-am dat seama că mașinile noastre erau singurele de pe șosea. Barack era de-acum președintele ales. Serviciul Secret golise drumul, închizând o porțiune întreagă din Lake Shore Drive și blocând fiecare intersecție de-a lungul drumului – o procedură standard pentru președinte, după cum aveam să aflăm în curând. Dar pentru noi era ceva nou.

Totul era nou.

Mi-am pus brațul în jurul Maliei. „Oamenii sunt deja acolo, draga mea“, am lămurit-o eu. „Nu-ți face griji, ne așteaptă.“

Și chiar erau acolo. Peste 200 000 de oameni se înghesuiau în parc să ne vadă. Am auzit murmurul mulțimii când am ieșit din mașină și pe tot drumul spre corturile albe care fuseseră instalate la intrarea în parc, astfel încât să formeze un tunel până la scenă. O parte dintre membrii familiei și prietenii noștri ne așteptau acolo să ne felicite, doar că protocolul le impunea acum să stea dincolo de un cordon de catifea. Barack și-a pus brațul în jurul meu, ca și cum ar fi vrut să se asigure că eram încă acolo.

După câteva minute, am urcat pe scenă, noi patru, eu ținând-o de mână pe Malia, iar Barack, pe Sasha. Vedeam o mulțime de lucruri în același timp. Vedeam că în jurul scenei fusese ridicat un perete gros din sticlă antiglonț. Vedeam o mare nesfârșită de oameni, mulți dintre ei fluturând stegulețe cu steagul Americii. Creierul meu era incapabil să proceseze tot ceea ce se întâmpla. Totul era grandios și copleșitor.

Nu-mi amintesc mai nimic din discursul lui Barack din seara aceea. Sasha, Malia și cu mine îl priveam din lateralul scenei, protejat de scuturile din sticlă blindată, de orașul nostru și de sprijinul pe care i-l oferiseră peste 69 de milioane de voturi. Ceea ce mi-a rămas întipărit în minte este tocmai această senzație, calmul neobișnuit din acea noapte neobișnuit de caldă de noiembrie, pe malul lacului, la Chicago. După atâtea luni cu mitinguri de campanie intense, cu mulțimi stârnite intenționat să izbucnească în urale, atmosfera din parcul Grant era diferită. Stăteam în fața unui număr impresionant de americani foarte bucuroși, dar, în mod evident, și plini de întrebări și de gânduri. Ceea ce auzeam era o liniște relativă. Parcă vedeam fiecare față din mulțime. În ochii multora erau lacrimi.

Poate calmul acela a existat doar în închipuirea mea sau poate, la fel ca pentru noi toți, era vorba doar de ora târzie. La urma urmei, era aproape miezul nopții. Și toți așteptaseră. Toți eram la sfârșitul unei lungi, foarte lungi așteptări.

Povestea continuă

CAPITOLUL 19

NU EXISTĂ NICI UN ÎNDRUMAR PENTRU PRIME DOAMNE în devenire, în Statele Unite. Din punct de vedere tehnic, nu este un post și nici o funcție guvernamentală. Nu vine la pachet cu un salariu și nici cu o listă explicită de obligații. Este un fel de anexă bizară a președinției, un loc care, până să ajung eu la el, fusese deja ocupat de 43 de femei diferite, fiecare jucându-și rolul în stilul propriu.

Știam puține lucruri despre precedentele prime doamne și despre cum trataseră acestea poziția respectivă. Despre Jackie Kennedy știam că redecorase Casa Albă. Îmi aminteam că Rosalynn Carter participa la ședințele de guvern, că Nancy Reagan avusese probleme din cauza unor rochii de firmă primite gratuit și că Hillary Clinton fusese atacată pentru că își asumase un rol politic în administrația soțului ei. Cu ani în urmă, la un dineu pentru soțiile senatorilor SUA, am urmărit-o – șocată și totodată plină de admirație – pe Laura Bush pozând senină și zâmbitoare pentru fotografii cu aproximativ 100 de oameni diferiți, fără să-și piardă o clipă ținuta sau să aibă nevoie de o pauză. Primele doamne apăreau la știri luând ceaiul cu soțiile demnitarilor străini; trimiteau mesaje oficiale de felicitare cu prilejul sărbătorilor și purtau rochii frumoase la dineurile de stat. Știam și că, de regulă, își alegeau una sau două cauze sociale pe care să le susțină.

Înțelesesem deja că aveam să fiu judecată după alte etaloane. Ca singura primă doamnă afro-americană care pusese vreodată piciorul la Casa Albă, eram aproape prin definiție „altfel". Predecesoarelor mele albe le fuseseră atribuite din oficiu un presupus farmec și o anumită eleganță. Știam că era puțin probabil să fie la fel și în cazul meu. Învățasem din dificultățile întâmpinate în campanie că trebuia să fiu mai bună, mai rapidă, mai isteață și mai puternică decât oricând. Farmecul meu trebuia dovedit. Eram îngrijorată că mulți americani nu aveau să se regăsească în mine și în evoluția mea. Și nu urma să am privilegiul de a mă obișnui pe îndelete cu noul meu rol înainte să fiu criticată. Iar când venea vorba de critică, eram la fel de vulnerabilă ca întotdeauna la temerile nefondate și la stereotipurile rasiale mascate de conștiința publică, gata să fie stârnite de zvonuri și de insinuări.

Eram entuziasmată să fiu primă doamnă, dar nu m-am gândit nici o clipă că avea să fie un rol ușor și plin de strălucire. Pentru cineva care avea atașate etichete precum „primul" și „negru" nu ar fi fost posibil vreodată să gândească astfel. Stăteam la poalele unui munte, conștientă că trebuia să-l urc pentru a câștiga bunăvoința oamenilor.

Fără să vreau, am reactivat un vechi resort interior pe care îl resimțisem acut în perioada liceului, când ajunsesem la Whitney Young și mă trezisem cuprinsă brusc de îndoială. Încrederea, am învățat atunci, trebuie uneori trezită în tine însuți. Îmi repetasem de multe ori în viață cuvintele acelea, în momentele de grele încercări.

„Sunt destul de bună? Da, sunt."

Cele 76 de zile dintre alegeri și inaugurare păreau să fie perioada critică pentru a arăta ce fel de primă doamnă intenționam să fiu. După tot ceea ce făcusem ca să mă extrag din dreptul corporatist și să mă dedic unor munci mai importante, mai orientate către sprijinul comunității, abia așteptam să mă angajez activ într-un efort cu rezultate măsurabile. Aveam de gând să respect promisiunea pe care le-o făcusem soțiilor de militari pe care le întâlnisem în campania electorală – să aduc experiențele lor în atenția publică și să găsesc moduri de a le sprijini. Și, apoi, mai erau ideile mele de a planta o grădină de legume și de a încuraja îmbunătățirea calității hranei și a sănătății copiilor, la o scară cât mai mare.

Evident, nu voiam să las toate acestea la voia întâmplării. Intenționam să vin la Casa Albă cu o strategie bine gândită și cu o echipă de sprijin puternică. Partea neplăcută a campaniei electorale și nenumăratele ocazii în care oamenii mă descriseseră ca fiind furioasă și frustrată m-au învățat că judecata publicului are tendința de a umple orice gol. Dacă nu ieși în public să te definești singură, atunci vei fi rapid definită incorect de alții. De aceea, nu aveam de gând să-mi asum un rol pasiv, așteptând ca echipa lui Barack să-mi dea indicații. După chinurile prin care trecusem în ultimul an, știam că nu aveam să mă mai las niciodată luată pe nepregătite.

În mintea mea se înghesuiau o mulțime de idei despre tot ce era de făcut. Nu existase nici o posibilitate de a face planuri pentru această tranziție. Orice ai fi încercat să faci din timp ar fi putut fi interpretat ca ostentativ. Pentru un om dependent de planificare, cum sunt eu, a fost greu, iar acum eram contracronometru. Prioritățile mele, desigur, erau Sasha și Malia. Voiam să le văd instalate cât mai rapid și mai comod cu putință, ceea ce presupunea să pun la punct detaliile mutării și să le găsesc o școală nouă la Washington, un loc în care să fie fericite.

La șase zile după alegeri, am luat avionul spre Washington, unde aveam întâlniri programate cu directorii câtorva școli. În mod normal, m-ar fi interesat doar nivelul academic și cultura fiecărui loc, dar depășisem posibilitatea de a acționa în mod normal. Existau o mulțime de factori noi și stânjenitori pe care trebuia să-i iau în calcul - protocoalele Serviciului Secret, scenariile de evacuare în caz de urgență, strategiile pentru protejarea intimității copiilor noștri, acum că asupra lor erau ațintite privirile unei întregi națiuni. Erau implicați mai mulți oameni și era nevoie de mai multe discuții înainte de a fi luată cea mai măruntă decizie.

Din fericire, am reușit să-mi păstrez în echipă ajutoarele din campanie - Melissa, Katie și Kristen -, ca să lucreze cu mine pe perioada tranziției. Am început imediat să ne interesăm de logistica mutării întregii familii, făcând concomitent angajări - secretare, consultanți politici, specialiști în comunicare - pentru viitoarele mele birouri din Aripa de Est, precum și interviuri pentru ocuparea posturilor de la reședința familiei. Unul dintre primii oameni pe care i-am angajat a fost Jocelyn Frye, o veche prietenă de la Facultatea de Drept. Cu o minte analitică extraordinară, ea a acceptat să vină să lucreze ca director de politici, pentru a superviza inițiativele pe care aveam de gând să le lansez.

Între timp, Barack lucra la formarea guvernului și discuta cu diverși experți despre modalitățile de salvare a economiei. La momentul acela, zece milioane de americani erau șomeri, iar industria auto era în cădere liberă. Îmi dădeam seama, după încleștarea maxilarelor soțului meu la ieșirea de la aceste ședințe, că situația era mai gravă decât înțelegeau cei mai mulți americani. El primea acum în fiecare zi informări scrise, era brusc părtaș la cele mai mari secrete ale țării – amenințările clasificate, alianțele tăcute și operațiunile sub acoperire despre care publicul larg nu afla, în general, nimic.

Acum, că Serviciul Secret avea să ne protejeze în anii următori, agenția ne-a ales nume de cod oficiale. Barack era „Renegade" (Renegatul), iar eu eram „Renaissance" (Renașterea). Fetele au avut voie să-și aleagă numele de pe o listă de aliterații preaprobate. Malia a devenit „Radiance" (Strălucirea), iar Sasha și-a ales „Rosebud" (Boboc de trandafir). (Mai târziu avea să primească și mama un nume de cod neoficial, „Raindance" – Dansul ploii.)

Când mi se adresau direct, agenții Serviciului Secret îmi spuneau aproape întotdeauna „ma'am" (doamnă), respectiv „Pe aici, doamnă", „Întoarceți-vă, doamnă" și „Doamnă, mașina dumneavoastră sosește imediat".

„Cine e doamna?", îmi venea să întreb la început. „Ma'am" îmi evoca o femeie în vârstă, cu poșetă pe măsură, ținută corectă și pantofi cu tocuri decente, care poate că locuia undeva în apropiere.

Dar „ma'am" eram eu. Doamna eram eu. Era o parte din această ruptură, din tranziția nebunească prin care treceam.

Toate acestea mă frământau în ziua în care am plecat la Washington să vizitez școli. După una dintre întâlnirile mele, m-am întors la aeroportul Reagan să mă întâlnesc cu Barack, care venea de la Chicago cu un avion închiriat. Așa cum era protocolul pentru președintele ales, fusesem invitați de președintele încă în funcție și de doamna Bush într-o vizită la Casa Albă, programată să coincidă cu călătoria mea în căutare de școli pentru fete. Așteptam la terminalul privat, când a aterizat avionul lui Barack. Lângă mine stătea Cornelius Southall, unul dintre agenții care conduceau echipa mea de securitate.

Cornelius, un fost jucător de fotbal robust și lat în umeri, făcuse parte din echipa de securitate a președintelui Bush. La fel ca toți șefii echipelor mele de pază, era inteligent, antrenat să fie alert în fiecare secundă, un adevărat senzor uman. Chiar atunci, în timp ce urmăream avionul lui Barack oprind la vreo 20 de metri de noi, el a observat ceva înainte să văd și eu.

„Doamnă", mi-a spus el după ce a primit o informare în casca din ureche, „viața dumneavoastră e pe cale să se schimbe pentru totdeauna."

M-am uitat la el uimită, iar el a adăugat: „Mai așteptați puțin".

Apoi mi-a arătat ceva în dreapta și m-am întors să mă uit. La un semnal, un convoi masiv a apărut șerpuind de după colț: o armată de vehicule care includea o formație de mașini și motociclete de poliție, câteva SUV-uri negre, două limuzine blindate cu steguleţe americane montate pe capotă, un camion pentru detecția și neutralizarea substanțelor periculoase, o echipă de asalt cu pistoalele mitralieră la vedere, o ambulanță, un camion de transmisiuni echipat să detecteze eventuale proiectile, câteva microbuze și un alt grup de polițiști. Era coloana prezidențială. Număra cel puțin 20 de vehicule care veneau în formație coordonată, mașină după mașină, până când întreaga flotă s-a oprit, cu limuzinele exact în fața avionului lui Barack.

M-am întors către Cornelius. „Aveți și o mașinuță de clovn?" am întrebat pe un ton sarcastic, încercând să-mi ascund uimirea. „Serios, așa va călători de acum încolo?"

Mi-a zâmbit. „În fiecare zi cât va fi președinte, da", a spus. „Așa o să fie tot timpul."

Mă aflam în fața unui adevărat spectacol: echipe de comando, tone de metal și tot echipamentul blindat. Și încă nu aflasem că protecția lui Barack era doar pe jumătate vizibilă. Nu știam că avea întotdeauna în apropiere un elicopter pregătit pentru evacuare, că lunetiștii se instalau pe acoperișuri de-a lungul tuturor traseelor pe care le parcurgea, că un medic personal era întotdeauna cu el în caz că apărea vreo problemă de sănătate și că vehiculul în care călătorea conținea întotdeauna o rezervă de sânge din grupa potrivită, dacă ar fi avut nevoie vreodată de o transfuzie. Peste câteva săptămâni, chiar înainte de inaugurarea lui Barack, limuzina prezidențială urma să fie înlocuită cu un model mai nou – foarte adecvat poreclită Beast (Fiara) –, un tanc de șapte tone deghizat în vehicul de lux, dotat cu tunuri cu gaze lacrimogene, pneuri rezistente la explozie și un sistem de ventilație închis, menit să-l scoată teafăr dintr-un atac chimic sau biologic.

Eram căsătorită cu unul dintre cei mai bine păziți oameni de pe planetă. Era liniștitor și neliniștitor, în același timp.

M-am uitat la Cornelius, care mi-a făcut semn spre limuzină.

„Puteți urca acum, doamnă", a spus el.

MAI FUSESEM O SINGURĂ DATĂ în interiorul Casei Albe, cu câțiva ani în urmă. Prin biroul de la Senat al lui Barack, m-am înscris împreună cu Sasha și Malia la un tur special oferit în timpul uneia dintre vizitele noastre la Washington, închipuindu-ne că avea să fie distractiv. Vizitele la Casa Albă se desfășoară, de obicei, fără ghid, dar pe noi urma să ne însoțească un custode al Casei Albe, care ne condusese în grupuri mici prin holurile grandioase și prin sălile ei publice.

Ne-am uitat la candelabrele din cristal care atârnau din plafonul înalt al Sălii de Est, unde se organizau, conform tradiției istorice, baluri și recepții somptuoase, și ne-am uitat îndelung la obrajii roșii și la expresia sobră ale lui George Washington în portretul uriaș, cu ramă aurită, atârnat pe un perete. Am aflat de la ghidul nostru că, la sfârșitul secolului al XVIII-lea, prima doamnă Abigail Adams se folosea de spațiul generos ca să întindă rufele la uscat și că, mai târziu, în timpul Războiului Civil, acolo fuseseră încartiruite trupe ale Uniunii. Câteva dintre fiicele unor președinți își ținuseră nunta în Sala de Est și tot acolo fuseseră depuse sicriele lui Abraham Lincoln și John F. Kennedy.

Îmi amintesc că, în ziua aceea, m-am gândit la diverși președinți, încercând să fac legătura între ceea ce îmi aminteam de la orele de istorie și imaginile familiilor care efectiv umblaseră prin sălile acelea. Malia, care avea atunci opt ani, părea copleșită de dimensiunea locului, iar Sasha, la cinci ani, se abținea cât putea să nu atingă obiectele pe care nu avea voie să pună mâna. A stat cuminte când am trecut din Sala de Est în Sala Verde, cu pereții îmbrăcați în mătase fină de culoarea smaraldului și o poveste despre James Madison și războiul din 1812, apoi în Sala Albastră, care ne aștepta cu mobilă franțuzească și o poveste despre nunta lui Grover Cleveland, dar, când ghidul nostru ne-a cerut să îl urmăm în Sala Roșie, Sasha s-a uitat în sus, apoi a răbufnit, cu vocea ei de copil: „Nuuu, nu încă o sală!" I-am făcut semn să tacă și i-am aruncat privirea aceea de mamă care spune: „Să nu mă faci de râs!"

Totuși, cine ar fi putut să o condamne? Casa Albă este o clădire colosală, cu 132 de încăperi, 35 de băi și 28 de șeminee răspândite pe șase etaje, toate încărcate cu mai multă istorie decât ar fi putut să încapă într-un singur tur. Sincer, era greu să-ți imaginezi că acolo se putea trăi așa cum știam noi viața obișnuită. Undeva, la nivelul de jos, funcționarii guvernamentali se ocupau de sarcinile lor zilnice, intrând și ieșind din clădire, iar, mai sus, președintele și prima doamnă locuiau cu terierii lor scoțieni în reședința de familie. Dar noi ne aflam atunci într-o zonă diferită a casei, o parte înghețată în timp, ca un muzeu, în care simbolismul era la el acasă, unde cele mai vechi rădăcini ale țării erau la vedere.

Doi ani mai târziu, soseam din nou acolo, de data aceasta intrând pe o altă ușă și însoțită de Barack. Acum mergeam să vedem locul acela ca pe viitoarea noastră casă.

Președintele și doamna Bush ne-au întâmpinat în sala de recepții diplomatice, în care se intră chiar de pe Peluza de Sud. Prima doamnă mi-a strâns mâna cu căldură. „Spune-mi Laura, te rog", mi-a zis. Soțul ei ne-a primit la fel de călduros, cu mărinimia lui texană care părea să treacă dincolo de toate resentimentele politice. De-a lungul campaniei, Barack criticase frecvent și în detaliu acțiunile președintelui, promițându-le alegătorilor că avea să repare numeroasele decizii pe care le considera greșite. Bush, ca republican, susținuse evident candidatura lui John McCain. Dar el se angajase, totodată, să facă din aceasta cea mai lină tranziție prezidențială din istorie, instruind fiecare departament al Executivului să pregătească mape de informare pentru administrația care avea să se instaleze. Chiar și angajații primei doamne alcătuiau liste de contacte, calendare și mostre de corespondență care să mă ajute în preluarea obligațiilor sociale care veneau la pachet cu noul titlul. În spatele tuturor acestor demersuri stătea o amabilitate și o dragoste autentică pentru țară, pe care o voi aprecia și o voi admira întotdeauna.

Chiar dacă președintele Bush nu a spus nimic despre asta, aș putea să jur că vedeam pe chipul lui primele semne de ușurare, știind că mandatul lui era aproape încheiat, că își terminase misiunea și curând avea să se poată întoarce acasă, în Texas. Era momentul să-l invite înăuntru pe următorul președinte.

Soții noștri s-au dus în Biroul Oval, să stea de vorbă, iar Laura m-a condus spre un lift privat îmbrăcat în lemn, rezervat pentru familia președintelui, care era operat de un afro-american foarte politicos, îmbrăcat în frac.

În timp ce urcam cele două etaje până la reședința familiei, Laura m-a întrebat despre Sasha și Malia. Avea 62 de ani pe atunci și crescuse și ea două fiice, mai mari decât ale mele, în perioada petrecută la Casa Albă. Fostă profesoară și bibliotecară, ea își folosise poziția de primă doamnă pentru promovarea educației și susținerea profesorilor. Mă inspecta cu ochii ei calzi, albaștri.

„Cum te simți?“ m-a întrebat.

„Cam copleșită“, am recunoscut.

Mi-a zâmbit, împărtășindu-mi ceea ce părea să fie o compasiune reală. „Știu. Crede-mă că știu.“

Atunci nu aveam cum să înțeleg importanța cuvintelor ei, dar ulterior aveam să mă gândesc deseori la asta: Barack și cu mine ne alăturasem unui grup restrâns și destul de ciudat format din soții Clinton, soții Carter, două perechi din familia Bush, Nancy Reagan și Betty Ford. Aceștia erau singurii oameni de pe planetă care știau prin ce treceam Barack și cu mine, singurii care experimentaseră direct deliciile unice și greutățile traiului la Casa Albă. Oricât de diferiți eram unii de alții, între noi avea să existe întotdeauna această legătură.

Laura m-a însoțit prin toată reședința, arătându-mi pe îndelete fiecare cameră. Zona privată a Casei Albe ocupa aproape 2 000 de metri pătrați la ultimele două etaje ale corpului principal – cel pe care îl cunoaște toată lumea din fotografii, cu emblematicele lui coloane albe. Am văzut sufrageria în care mânca familia prezidențială și am tras cu ochiul în bucătăria foarte îngrijită, în care bucătarii pregăteau deja cina. Am văzut camerele de oaspeți de la etajul de sus, pe care le-am cercetat ca pe un loc în care ar fi putut locui mama, dacă am fi reușit să o convingem să se mute cu noi. (Exista sus și o mică sală de sport, un spațiu pe care Barack și președintele Bush l-au apreciat cel mai mult în timpul turului pe care l-au făcut împreună.) Pe mine m-a interesat să verific cele două dormitoare pe care le găseam potrivite pentru Sasha și Malia, aflate pe același coridor cu dormitorul matrimonial.

Pentru mine era foarte important ca fetele să se simtă confortabil și ca acasă. Dincolo de toată pompa și de contextul în care ne aflam – senzația de basm a mutării într-o casă uriașă cu maeștri bucătari, sală de bowling și piscină –, Barack și cu mine ne confruntam cu ceva ce nici un părinte nu își dorește să facă: ne luam copiii, la jumătatea anului, dintr-o școală care le plăcea foarte mult, de lângă prietenii lor, și îi aduceam, fără prea multe pregătiri, într-o școală nouă și într-o casă nouă. Mă preocupa gândul acesta. Mă liniștea, totuși, să știu că alte mame și alții copii trecuseră prin asta cu succes înaintea noastră.

Laura m-a dus apoi într-o cameră frumoasă și foarte luminoasă de lângă dormitorul principal, folosită în mod tradițional ca dressing al primei doamne. Mi-a arătat priveliștea spre Grădina cu Trandafiri și Biroul Oval care se vedea pe fereastră, adăugând că fusese foarte plăcut pentru ea să se uite de acolo, iar uneori să și vadă ce făcea soțul ei. Hillary Clinton, mi-a povestit ea, îi arătase această priveliște când venise pentru prima dată la Casa Albă, cu opt ani înainte. Iar cu opt ani înainte de asta, soacra ei, Barbara Bush, îi arătase priveliștea lui Hillary. M-am uitat și eu pe fereastră, reamintindu-mi că făceam parte dintr-un cerc foarte restrâns.

În lunile următoare, aveam să simt forța legăturii cu toate aceste femei. Hillary mi-a telefonat și mi-a relatat cu multă amabilitate propria experiență despre alegerea unei școli pentru Chelsea. M-am întâlnit cu Rosalynn Carter și am vorbit la telefon cu Nancy Reagan, ambele dovedindu-se pline de bunăvoință și gata să-mi ofere sprijinul lor. Iar, la câteva săptămâni după acea primă vizită, Laura m-a invitat să revin împreună cu Sasha și Malia într-o zi în care erau acolo și fiicele ei, Jenna și Barbara, ca să aflăm amănunte despre „părțile amuzante“ ale Casei Albe, de la fotoliile plușate din cinematograful privat, până la holul în pantă pe care puteau să alunece ca pe un tobogan.

Toate acestea erau încurajatoare. Deja mă gândeam la ziua în care aveam să împărtășesc toate cunoștințele mele următoarei prime doamne.

AM TERMINAT mutarea la Washington imediat după tradiționala noastră vacanță de Crăciun în Hawaii, astfel încât Sasha și Malia să poată începe școala odată cu noii lor colegi care se întorceau din vacanța de iarnă. Mai rămăseseră în jur de trei săptămâni până la inaugurare, asta însemnând că am fost nevoiți să facem niște aranjamente temporare, închiriind camere la ultimul etaj al hotelului Hay-Adams, în centrul orașului. Camerele noastre dădeau spre Piața Lafayette și Peluza de Nord a Casei Albe, unde puteam vedea cum se instalează tribunele și barierele metalice pentru parada inaugurală. Vizavi de hotelul nostru, cineva atârnase pe o clădire un banner uriaș pe care scria „Bine ați venit, Malia și Sasha“. Vederea lui m-a șocat puțin.

După multe explorări, două vizite și numeroase discuții, am ales să ne înscriem fetele la Sidwell Friends, o școală privată a quakerilor, cu o reputație excelentă. Sasha urma să intre în clasa a doua la școala primară, care era la Bethesda, în Maryland, iar Malia în clasa a cincea, în campusul principal amplasat într-un cartier liniștit, la câțiva kilometri spre nord de Casa Albă. Ambele fete urmau să meargă la școală cu o coloană de mașini, fiecare escortată de un grup de agenți înarmați, dintre care unii aveau să rămână postați la ușile claselor și să le urmărească în toate pauzele, la joacă și pe terenul de sport.

Trăiam într-un fel de bulă acum, izolați cel puțin în parte de lumea de fiecare zi. Nu mai țineam minte când fusesem ultima dată singură la cumpărături sau când mă plimbasem prin parc doar pentru relaxare. Orice mișcare necesita acum o discuție despre siguranță și program. Bula începuse să se formeze în jurul nostru treptat, încă din timpul campaniei, pe măsură ce notorietatea lui Barack începuse să crească și devenise tot mai necesară ridicarea unor bariere între noi și publicul larg – și, uneori, între noi și prietenii și rudele noastre. Era ciudat să fii în interiorul bulei și nu era un sentiment prea plăcut, dar înțelegeam că era pentru binele tuturor. Escortate permanent de poliție, mașinile noastre nu mai opreau la semafoare. Rareori mai intram sau ieșeam dintr-o clădire pe ușa principală, strecurându-ne, în schimb, pe vreo ușă de serviciu sau pe vreo platformă de marfă de pe străzi laterale. Din punctul de vedere al Serviciului Secret, cu cât eram mai puțin vizibili, cu atât mai bine.

Speram, totuși, că bula Sashei și Maliei putea fi diferită, că ele puteau să fie în siguranță fără să se simtă izolate, că raza lor de acțiune putea fi mai mare decât a noastră. Voiam ca ele să-și facă prieteni, prieteni adevărați – să găsească alți copii care să le placă din alte motive decât că erau fiicele lui Barack Obama. Voiam să exploreze, să trăiască aventuri, să facă greșeli și să învețe cum să le repare. Speram că școala putea fi pentru ele un fel de adăpost, un loc în care să fie ele însele. Sidwell Friends ne-a atras din mai multe motive, inclusiv prin faptul că fusese școala la care mersese Chelsea Clinton când tatăl ei era președinte. Personalul de acolo știa să protejeze intimitatea elevilor foarte cunoscuți și trecuse deja prin genul de măsuri de securitate de care aveau acum nevoie Malia și Sasha, adică nu ar fi fost un efort prea mare pentru resursele școlii. Mai presus de orice, îmi plăcea sentimentul pe care ți-l dădea locul respectiv. Filosofia quakerilor era orientată exclusiv spre comunitate, construită în jurul ideii că nici un individ nu trebuia considerat mai valoros decât altul, ceea ce mi se părea o contragreutate sănătoasă la marea agitație care îl înconjura acum pe tatăl lor.

În prima zi de școală, Barack și cu mine am luat devreme micul dejun împreună cu Malia și Sasha, în apartamentul nostru de la hotel, după care le-am ajutat să-și pună paltoanele înainte să iasă. Barack nu s-a putut abține și le-a dat câteva sfaturi de supraviețuire în prima zi la o școală nouă (zâmbiți continuu, fiți amabile, ascultați-i pe profesori), adăugând, la final, în timp ce fetele își luau rucsăcelele violet, „Și sub nici o formă să nu vă scobiți în nas!“

Mama ni s-a alăturat pe hol și am luat liftul împreună până la parter.

În fața hotelului, agenții de pază instalaseră un cort care să ne ferească de fotografii și echipele de televiziune care așteptau la intrare, nerăbdătoare să surprindă imagini cu familia noastră. Venit doar în noaptea precedentă de la Chicago, Barack ar fi vrut să le însoțească pe fete la școală, dar știa că ar fi făcut prea mare vâlvă. Coloana lui de mașini era prea mare.

Se mișca mult mai greu acum. I-am văzut durerea pe chip când Sasha și Malia l-au îmbrățișat de rămas-bun.

Mama și cu mine le-am însoțit pe fete în ceea ce era de-acum noul lor autobuz școlar – un SUV negru cu geamuri fumurii, din sticlă antiglonț. În dimineața aceea am încercat să simulez încrederea, zâmbind și glumind cu copiii. Simțeam, însă, în interiorul meu, un freamăt produs de senzația deranjantă că trebuia să ne furișăm tot timpul. Am mers mai întâi la campusul pentru elevii mai mari, unde Malia și cu mine am trecut în viteză pe lângă un pâlc de camere de filmat și am intrat în clădire, flancate de agenți ai Serviciului Secret. După ce am încredințat-o pe Malia noilor ei profesori, coloana oficială ne-a dus la Bethesda, unde am repetat scenariul cu micuța Sasha, lăsând-o într-o clasă frumoasă, cu mese joase și ferestre largi – un loc în care m-am rugat să se simtă fericită și în siguranță.

M-am întors la mașină și am făcut drumul înapoi la Hay-Adams, la loc sigur în bula mea. Mă aștepta o zi aglomerată, cu întâlniri programate la minut, dar mintea îmi rămăsese la fetele mele. Ce fel de zi aveau? Ce aveau de mâncare la prânz? Erau stânjenite sau se simțeau ca acasă? Mai târziu, aveam să văd o fotografie de presă făcută Sashei în dimineața aceea, pe drumul spre școală, o imagine care mi-a umplut ochii de lacrimi. Cred că a fost făcută când oprisem să o las pe Malia, în timp ce Sasha aștepta împreună cu mama în mașină. Își lipise fețișoara de geamul SUV-ului și se uita afară la fotografi și la curioși, gânditoare și cu ochii mari, cu gândurile imposibil de ghicit, dar cu o expresie foarte serioasă.

Presiunea asupra fetelor era foarte mare. Gândul acesta a rămas cu mine nu doar în ziua aceea, ci și în lunile și anii care au urmat.

Ritmul tranziției nu a încetinit nici o clipă. Eram bombardată cu sute de decizii pe care trebuia să le iau, evident în regim de urgență. Eu trebuia să aleg totul, de la prosoape, pastă de dinți și săpun, până la berea pentru reședința de la Casa Albă, să-mi aleg rochiile pentru ceremonia de inaugurare și pentru balurile extravagante de după, dar și să mă ocup de logistica pentru cei în jur de 150 de prieteni apropiați și rude care aveau să vină din afara orașului, ca oaspeți ai noștri. Am lăsat ce se putea în grija Melissei și a altor membri din echipa mea. L-am angajat, totodată, pe Michael Smith, un designer de interior talentat, pe care l-am găsit prin intermediul unui prieten din Chicago, ca să ne ajute cu mobilarea și redecorarea reședinței și a Biroului Oval.

Am aflat că președintele ales avea la dispoziție un buget de 100 000 de dolari, din fonduri federale, pentru mutare și redecorare, dar Barack a insistat să plătim noi totul, cu banii economisiți din vânzarea cărții. Se purta așa de când îl cunoșteam eu: mai mult decât precaut în chestiuni de bani și de etică, menținându-se la standarde mai înalte decât cele dictate de lege. Există o zicală străveche printre oamenii de culoare, despre care știam amândoi că avea să se dovedească adevărată pentru președinția lui Barack: „Trebuie să fii de două ori mai bun ca să ajungi doar la jumătatea drumului". Fiind prima familie afro-americană de la Casa Albă, eram priviți ca reprezentanți ai rasei noastre. Știam că orice greșeală sau gest necugetat avea să fie exagerat, interpretat ca fiind mai mult decât era, de fapt.

În general, eram interesată nu atât de redecorare și de organizarea inaugurării, cât să-mi dau seama ce aș putea face în noul meu rol. După cum vedeam eu lucrurile, de fapt, nu *trebuia* să fac nimic. Inexistența unei descrieri a postului însemna că nu existau nici cerințe, iar asta îmi dădea libertatea să-mi aleg singură prioritățile. Voiam să mă asigur că eforturile mele aveau să sprijine atingerea obiectivelor noii administrații. Înțelegeam și că, fiind prima primă doamnă de culoare, trebuia să fac totul la standardele cele mai înalte. Este un mesaj pe care l-am transmis viitorilor mei angajați la o ședință pe care am organizat-o cu o săptămână înainte de instalarea la Casa Albă. Trebuia să fim excelenți de la bun început. Nu aveam voie să fim mai prejos nici o clipă.

Spre marea mea ușurare, ambele fete au venit acasă încântate după prima zi de școală, și după a doua, și după a treia. Sasha a venit cu teme pentru acasă, ceea nu mai avusese înainte, iar Malia se înscrisese deja în corul școlii. Ne-au spus amândouă că elevii din alte clase se uitau câteodată insistent la ele, dar că toată lumea era drăguță. Cu fiecare zi, drumul spre Sidwell Friends, în coloana oficială, devenea din ce în ce mai mult o rutină. După aproximativ o săptămână, fetele se simțeau îndeajuns de confortabil încât să meargă la școală fără mine, mama luându-mi locul ca însoțitoare a lor, ceea ce, automat, a făcut ca sosirile și plecările să nu mai producă atâta vâlvă, implicând mai puțini agenți, vehicule și arme.

Mama nu a vrut să se mute cu noi la Washington, dar eu am insistat. Fetele aveau nevoie de ea. Eu aveam nevoie de ea. Îmi plăcea să cred că și ea avea nevoie de noi. În ultimii ani, fusese o prezență aproape permanentă în viața noastră, iar simțul ei practic era o ușurare pentru grijile tuturor. Până la cei 71 de ani ai ei, nu trăise niciodată altundeva în afară de Chicago. Nu voia să plece din South Side și din casa ei de pe Euclid Avenue. („Îi iubesc pe oamenii din familia mea, dar îmi iubesc și propria casă", i-a spus ea unui reporter după alegeri, fără să-și ascundă sentimentele. „Casa Albă îmi amintește de un muzeu și, sincer vorbind, cum să dormi într-un muzeu?")

Am încercat să îi explic că, dacă se muta la Washington, avea să întâlnească tot felul de oameni interesanți, că nu avea să mai fie nevoie să gătească sau să facă curățenie și că urma să aibă mai mult loc la etajul de sus al Casei Albe decât avusese vreodată acasă. Însă nimic din toate astea nu aveau vreo importanță pentru ea. Mama era imună la orice fel de lux și de agitație.

În cele din urmă, am apelat la Craig. „Trebuie să vorbești cu mama", i-am spus. „Te rog, convinge-o să vină cu noi."

Cumva, asta a funcționat. Crag știa să fie convingător când trebuia.

În cele din urmă, mama a venit să stea cu noi la Washington în următorii opt ani, deși, la început, a susținut că mutarea ei era temporară, că avea să rămână doar până se obișnuiau fetele cu noua lor viață. Ea nu a acceptat nici să fie închisă într-o bulă. A refuzat protecția Serviciului Secret și evita presa, ca să nu fie recunoscută și să se poată mișca în voie. Le-a cucerit pe menajerele de la Casa Albă cu insistența ei de a-și spăla singură rufele și, vreme de ani de zile, a plecat și a venit când a vrut, strecurându-se dincolo de porți ca să meargă la magazine când avea nevoie de ceva, făcându-și prieteni noi și întâlnindu-se cu regularitate cu ei, ca să ia masa împreună. Ori de câte ori vreun străin îi spunea că semăna leit cu mama lui Michelle Obama, ea ridica politicos din umeri și răspundea: „Da, mi se spune des asta", după care își vedea mai departe de treabă. Ca întotdeauna, mama făcea lucrurile în stilul ei.

TOATĂ FAMILIA MEA a fost alături de noi la inaugurare. Au venit mătușile, unchii și verii, prietenii noștri din Hyde Park, la fel și prietenele mele împreună cu soții lor. Toți și-au adus copiii. Pentru săptămâna inaugurării, plănuisem festivități paralele pentru cei mari și cei mici, inclusiv un concert pentru copii în seara de dinaintea inaugurării, o masă separată pentru copii, în același timp cu prânzul tradițional de la Capitoliu, imediat după depunerea jurământului, precum și o vânătoare de comori și o petrecere pentru copii la Casa Albă, care să se desfășoare în timp ce noi, ceilalți, mergeam la balurile inaugurale.

Una dintre binefacerile neașteptate din ultimele luni de campanie a fost legătura strânsă și armonioasă dintre familia noastră și cea a lui Joe Biden. Cu toate că fuseseră adversari politici cu doar câteva luni în urmă, Barack și Joe comunicau foarte bine, amândoi fiind capabili să treacă foarte ușor de la seriozitatea muncii lor la relaxarea din familie.

Am plăcut-o imediat pe Jill, soția lui Joe, admirându-i tăria morală și etica muncii. Se căsătorise cu Joe și devenise mamă pentru cei doi fii ai acestuia în 1977, la cinci ani după ce prima lui soție și fetița lor muriseră într-un tragic accident de mașină. Mai târziu, aveau să aibă împreună și o fetiță. Jill își luase recent doctoratul în educație și continuase să predea engleza la un colegiu public din Delaware, nu doar în anii în care Joe fusese senator, ci și în timpul celor două campanii prezidențiale ale acestuia. Ca și mine, era interesată de găsirea unor noi modalități de sprijinire a familiilor militarilor. Spre deosebire de mine, era direct implicată emoțional în acest subiect: Beau Biden, fiul mai mare al lui Joe, se afla în Irak cu Garda Națională. Primise o scurtă permisie ca să vină la Washington și să-și vadă tatăl depunând jurământul ca vicepreședinte.

Din familie mai făceau parte și nepoții Biden, cinci la număr, toți la fel de prietenoși și modești ca Joe și Jill. Când au venit la Convenția Națională Democrată de la Denver, le-au inclus imediat pe Sasha și pe Malia în grupul lor zgomotos, invitându-le pe fete să rămână peste noapte în apartamentul de la hotel al lui Joe, cu toții bucuroși să facă abstracție de contextul politic și să lege noi prietenii. Așadar, era întotdeauna o bucurie să-i avem în preajmă pe copiii familiei Biden.

În ziua inaugurării a fost un ger năprasnic, cu temperaturi care nu au urcat peste 0°C și pe care vântul le înăsprea, făcându-le să se simtă mai degrabă ca -10°C. În dimineața aceea, Barack și cu mine am mers la biserică împreună cu fetele, cu mama, Craig și Kelly, Maya și Konrad, și cu Mama Kaye. Între timp, am aflat că oamenii începuseră să se adune încă din timpul nopții pe National Mall, în așteptarea programului inaugural. Oricât de frig mi-ar fi fost în ziua aceea, nu voi uita niciodată cât de mulți oameni au stat afară mult mai multe ore decât mine, convinși că merita să îndure gerul.

Aveam să aflăm ulterior că aproape două milioane de oameni inundaseră promenada, veniți din toate colțurile țării, o mare de diversitate, energie și speranță întinzându-se pe mai bine de un kilometru și jumătate, de la Capitoliu până dincolo de monumentul Washington.

După biserică, Barack și cu mine ne-am dus la Casa Albă împreună cu Joe și Jill, să ne întâlnim cu președintele Bush, vicepreședintele Cheney și soțiile lor, la cafea și ceai, înainte să plecăm cu toții spre Capitoliu, pentru depunerea jurământului. Barack primise mai devreme codurile de autorizare care îi ofereau acces la arsenalul nuclear al țării și o informare privind protocoalele de utilizare a acestora. Din clipa aceea mai departe, oriunde mergea, era însoțit de un aghiotant care ducea o valiză de 20 de kilograme conținând codurile de confirmare a lansării și echipamente de comunicații sofisticate, valiză care era adesea numită „nuclear football" (mingea de fotbal nucleară).

Pentru mine, ceremonia în sine avea să fie un alt episod din șirul experiențelor stranii, trăite cu încetinitorul, a căror amploare era atât de copleșitoare încât nu eram capabilă să percep pe deplin ce se întâmpla. Înainte de ceremonie, am fost conduși într-o încăpere privată de la Capitoliu, unde fetele au luat o gustare, iar Barack și cu mine am făcut o scurtă repetiție a momentului în care avea să depună jurământul, cu mâna pe Biblia de culoare roșie care, în urmă cu 150 de ani, îi aparținuse lui Abraham Lincoln. Între timp, prietenii, rudele și colegii noștri își căutau locurile în tribuna instalată afară. Mai târziu, mi-am dat seama că era probabil pentru prima dată în istorie când, în fața publicului și a telespectatorilor din toată lumea, stăteau atât de mulți oameni de culoare cu statut de VIP, la o ceremonie de inaugurare americană.

Barack și cu mine știam amândoi ce semnificație avea ziua aceea pentru numeroși americani, în special pentru cei care luaseră parte la mișcarea pentru drepturi civile. El a ținut neapărat să-i includă printre invitații lui pe veteranii de la Tuskegee Airman, piloții și echipele de la sol de afro-americani care luptaseră în al Doilea Război Mondial. I-a invitat și pe cei din grupul cunoscut ca Little Rock Nine, cei nouă elevi negri care, în 1957, fuseseră primii care testaseră decizia Curții Supreme în procesul *Brown vs Board of Education*, înscriindu-se la un liceu exclusiv pentru albi din Arkansas și îndurând multe luni de abuzuri și de cruzimi în numele unui ideal. Toți aceștia erau acum în vârstă, cu părul cărunt și spatele încovoiat – un semn al trecerii timpului, dar poate și al poverii pe care o purtaseră pe umerii lor pentru generațiile viitoare. Barack spunea adesea că el aspira să urce treptele la Casa Albă pentru că aceia din Little Rock Nine îndrăzniseră să urce treptele de la Central High School. Dintre toate mulțimile cărora le aparțineam, aceasta era poate cea mai importantă.

Era aproape ora 12 când ne-am așezat în fața națiunii, noi doi și fetele noastre. Îmi amintesc doar lucruri mărunte – cum strălucea soarele pe fruntea lui Barack și liniștea solemnă care s-a așternut peste mulțime când președintele Curții Supreme, John Roberts, a început procedurile. Îmi amintesc cum Sasha, prea mică de statură ca să se vadă într-o mare de adulți, stătea mândră urcată pe un taburet. Îmi amintesc de aerul rece. Am ridicat Biblia lui Lincoln, Barack și-a așezat mâna stângă pe ea și a jurat să apere Constituția Statelor Unite – acceptând, în câteva propoziţii scurte, să ia asupra lui toate grijile ţării. Era un moment copleşitor şi, în acelaşi timp, plin de bucurie, sentiment reflectat în discursul inaugural rostit de Barack după aceea.

„În ziua aceasta“, a spus el, „ne-am adunat aici pentru că am ales speranţa în locul fricii, unitatea într-un scop comun, în locul conflictului şi al dezbinării.“

Am văzut acel adevăr oglindit pe chipurile oamenilor care stăteau în faţa noastră, îndurând frigul doar ca să fie martori acelui moment. Erau oameni cât vedeam cu ochii în toate direcţiile. Umpluseră fiecare metru de pe National Mall şi de pe traseul paradei. Mă simţeam de parcă familia noastră era pe punctul să cadă în braţele acelor oameni. Cu toţii făceam un pact în clipele acelea. Voi ne aveţi pe noi, noi vă avem pe voi.

MALIA ŞI SASHA învăţau repede ce însemna să fii mereu în văzul tuturor. Mi-am dat seama de asta când am urcat în limuzina prezidenţială şi am pornit încet spre Casa Albă, în deschiderea paradei inaugurale. Înainte de asta, Barack şi cu mine ne luaserăm rămas-bun de la George şi Laura Bush, făcându-le cu mâna când plecaseră de la Capitoliu cu un elicopter militar. Luaserăm şi prânzul. Barack şi cu mine am mâncat piept de raţă într-o sală oficială îmbrăcată în marmură de la Capitoliu, alături de alte câteva sute de invitaţi, printre care membrii noului lui guvern, membri ai Congresului şi judecători de la Curtea Supremă, în timp ce fetele au savurat delicatesele lor preferate – chicken fingers şi macaroane cu brânză –, alături de copiii familiei Biden şi câţiva veri, într-o cameră alăturată.

M-am minunat de cum reuşiseră fetele noastre să se poarte impecabil în timpul inaugurării, fără să se foiască, fără să uite să stea drepte și să zâmbească. Mii de oameni încă împânzeau trotuarele, iar televiziunile transmiteau în direct trecerea coloanei de mașini pe Pennsylvania Avenue, deși geamurile fumurii ale mașinii nu lăsau să se vadă înăuntru. Când Barack și cu mine am coborât ca să mergem o porțiune din drum pe jos și să salutăm oamenii, Malia și Sasha au rămas la căldură, în limuzina care ne urma încet. Atunci au părut să-și dea seama că erau, în sfârșit, relativ singure și nu le vedea nimeni.

Când Barack și cu mine am intrat înapoi în mașină, fetele râdeau în hohote, eliberându-se de toată emoția ceremoniei. Își dăduseră jos căciulile, își ciufuleau una alteia părul și se tăvăleau pe banchetă, într-o îmbrânceală ca între surori, cu multe gâdilături. Până la urmă, au obosit și s-au întins pe scaune, iar restul drumului au mers cu picioarele pe sus, ascultând Beyoncé la volum maxim, ca într-o zi obișnuită.

Barack și cu mine ne-am simțit amândoi ușurați. Eram familia prezidențială acum, dar rămăsesem noi înșine.

Când soarele a început să apună, s-a făcut și mai frig. Barack și cu mine, alături de neobositul Joe Biden, am petrecut următoarele două ore în tribuna ridicată în aer liber în fața Casei Albe, privind fanfarele și carele alegorice din 50 de state defilând prin fața noastră, pe Pennsylvania Avenue. La un moment dat, nu-mi mai simțeam degetele de la picioare, deși cineva îmi strecurase pe furiș o pătură pe care mi-o înfășurasem în jurul gleznelor. Unul după altul, invitații noștri din tribună s-au scuzat și au plecat să se pregătească pentru balurile din seara aceea.

Era aproape ora 19 când a trecut și ultima fanfară, iar Barack și cu mine am mers prin întuneric și am intrat pentru prima dată în Casa Albă, ca locatari. În timpul după-amiezii, personalul reușise performanța extraordinară de a transforma complet locuința, înlocuind lucrurile familiei Bush cu ale noastre. Într-un interval de aproximativ cinci ore, toate covoarele fuseseră curățate cu aburi, pentru ca alergiile Maliei să nu fie accentuate de părul rămas în urma căţeilor fostului președinte. Mobila a fost adusă și aranjată, decorațiunile florale erau la locul lor. Până să urcăm noi cu liftul la etaj, hainele noastre erau deja aranjate frumos în dulapuri, iar cămara fusese aprovizionată cu mâncărurile noastre preferate. Majordomii de la Casa Albă care deserveau locuința particulară, în general, bărbați afro-americani de vârsta noastră sau mai în vârstă, erau pregătiți să ne ajute cu orice am fi avut nevoie.

Îmi era prea frig ca să mă mai gândesc la ceva. În mai puțin de o oră trebuia să ajungem la primul dintre cele zece baluri inaugurale. Îmi amintesc că am văzut prea puțină lume la etaj în afara majordomilor, care îmi erau străini. Îmi amintesc de fapt că m-am simțit singură în timp ce mergeam pe un coridor lung, cu toate ușile închise. În ultimii doi ani, fusesem permanent înconjurată de oameni, cu Melissa, Katie și Kristen mereu lângă mine, ajutându-mă cu orice aveam de făcut. Acum, brusc, mă simțeam în mare măsură pe cont propriu. Copiii plecaseră deja în altă parte a casei, pentru seara lor de distracție. Mama, Craig și Maya stăteau cu noi, la reședință, dar fuseseră deja duși cu mașina la festivitățile serii. O coafeză mă aștepta să-mi aranjeze părul; rochia de seară era atârnată pe umeraș. Barack dispăruse să facă un duș și să-și pună fracul.

Fusese o zi incredibilă, simbolică pentru familia noastră și speram că și pentru țară, dar fusese și un fel de ultramaraton extrem. Am avut doar cinci minute pentru mine, să fac o baie și să-mi adun puterile pentru ce avea să urmeze. După aceea am mâncat puțin din friptura cu cartofi pe care Sam Kass o preparase pentru mine. După ce părul mi-a fost coafat și machiajul refăcut, am îmbrăcat rochia de șifon de culoarea fildeșului pe care o alesesem pentru noaptea ce urma, creată special pentru mine de un tânăr designer pe nume Jason Wu. Rochia era prinsă pe un singur umăr, avea cusute pe ea flori delicate de organza, fiecare cu un cristal în mijloc, iar fusta bogată cobora până la podea.

Până atunci purtasem foarte puține rochii de seară, dar creația lui Jason Wu a reușit un mic miracol, tocmai când mă gândeam că nu mai aveam nimic de arătat, făcându-mă să mă simt ușoară, frumoasă și liberă. Rochia a redeșteptat sentimentul metamorfozei prin care trecea familia mea, promisiunea unei noi experiențe, transformându-mă dacă nu într-o prințesă care merge la bal, măcar într-o femeie capabilă să treacă în etapa următoare. Acum eram FLOTUS – First Lady of the United States (prima doamnă a Statelor Unite), iar Barack era POTUS – President of the United States (președintele Statelor Unite). Era momentul să sărbătorim.

În seara aceea, Barack și cu mine ne-am dus la Neighborhood Ball, primul bal inaugural la care publicul a avut vreodată acces, unde Beyoncé – Beyoncé în carne și oase – a cântat o versiune uluitoare a clasicului R&B „At last" („În sfârșit"), pe care îl alesesem pentru „primul dans". De aici am plecat la Home States Ball, apoi la Commander in Chief Ball, după care la Youth Ball și la încă șase petreceri. La fiecare dintre ele, șederea noastră a fost relativ scurtă și totul a decurs cam la fel: orchestra cânta

„Hail to the Chief" („Trăiască președintele"), Barack spunea câteva cuvinte, încercam să ne exprimăm aprecierea pentru cei care veniseră și, în timp ce toți stăteau în picioare și se uitau, mai dansam o dată acompaniați de ritmul melodiei „At Last".

Îl țineam strâns pe soțul meu de fiecare dată, regăsindu-mi de fiecare dată calmul în ochii lui. Eram încă același duo funcțional, yin-și-yang din ultimii 20 de ani, uniți și acum de o iubire profundă și cât se poate de reală. Acesta era un lucru pe care îl lăsam să se vadă întotdeauna cu bucurie.

Pe măsură ce treceau orele, începeam să simt că mă prăbușesc.

Se presupunea că ultima parte a serii avea să fie și cea mai frumoasă – o petrecere privată pentru câteva sute de prieteni de-ai noștri, la Casa Albă. Acolo aș fi putut, în sfârșit, să mă relaxez, să beau niște șampanie, fără să-mi mai fac griji pentru cum arătam. Și, cu siguranță, aveam să-mi scot pantofii.

Era aproape 2 noaptea când am ajuns acolo. Barack și cu mine am mers pe coridoarele din marmură ce duceau spre Sala de Est și am găsit petrecerea în toi, cu paharele pline și oameni îmbrăcați elegant învârtindu-se pe sub candelabrele strălucitoare. Wynton Marsalis și formația lui cântau jazz pe o mică scenă din capătul sălii. Mi-am revăzut prieteni din aproape toate etapele vieții mele – prieteni de la Princeton, prieteni de la Harvard, prieteni din Chicago, grămada de rude Robinson și Shields. Aceștia erau oamenii cu care voiam să râd și cărora voiam să le spun „Cum naiba am ajuns noi aici?"

Dar eram epuizată. Ajunsesem la capătul puterilor. Mă gândeam deja la dimineața următoare – adică peste doar câteva ore –, când aveam să mergem la National Prayer Service, după care trebuia să mergem să salutăm 200 de oameni din public care veneau să viziteze Casa Albă. Barack s-a uitat la mine, citindu-mi gândurile. „Nu trebuie să faci asta dacă nu mai poți“, mi-a spus, „E în regulă.“

Oaspeții de la petrecere veneau deja spre mine, dornici să interacționăm. Erau acolo donatori, primarul unui mare oraș și mulți alții care ne așteptau. „Michelle! Michelle!“ auzeam din toate părțile. Eram atât de obosită, încât îmi venea să plâng.

Când Barack a trecut pragul și a fost înghițit de agitația din sală, am rămas pe loc o clipă, apoi m-am întors și am fugit. Nu mai aveam energie să mă scuz în câteva cuvinte și nici măcar să-mi salut prietenii. Mergeam în viteză pe covoarele roșii și groase, ignorând agenții care se țineau după mine, ignorând totul, până am ajuns la liftul spre etaj și am urcat – am pășit pe un alt coridor necunoscut până la o cameră necunoscută, mi-am scos pantofii și rochia și m-am culcat în noul și necunoscutul nostru pat.

Capitolul 20

Oamenii mă întreabă mereu cum este să trăiești la Casa Albă. Uneori le răspund că seamănă cu ceea ce îmi imaginam eu că ar fi să locuiești într-un hotel de lux, doar că hotelul de lux nu are alți oaspeți – e un loc doar pentru tine și familia ta. Sunt flori proaspete peste tot, aproape în fiecare zi fiind aduse altele. Clădirea în sine pare veche și puțin intimidantă. Zidurile sunt atât de groase și podelele atât de solide, încât par să absoarbă imediat orice zgomot. Ferestrele sunt mari și înalte, cu sticlă rezistentă la explozii și închise tot timpul din motive de siguranță, ceea ce face ca liniștea să fie și mai profundă. Locul este întotdeauna impecabil de curat. Personalul format din portari, bucătari, menajere, florari, precum și electricieni, zugravi și instalatori, vine și pleacă politicos și în liniște, făcând tot posibilul să treacă neobservat, așteptând să pleci dintr-o cameră ca să se strecoare înăuntru să schimbe prosoapele sau să pună o gardenie proaspătă în vaza de lângă pat.

Camerele sunt mari, fără excepție. Chiar și băile și dulapurile sunt construite la o scară diferită de orice am văzut vreodată. Barack și cu mine ne-am minunat când ne-am dat seama cât mobilier trebuie să alegem pentru ca fiecare cameră să dea senzația de acasă. Dormitorul nostru nu avea doar un pat dublu – o piesă de mobilier frumoasă, cu patru coloane și un baldachin dintr-o țesătură de culoarea galben-pai –, ci și un șemineu și un spațiu de socializare, cu o canapea, o măsuță de cafea și câteva scaune capitonate. Erau cinci băi pentru noi, cei cinci care locuiam acolo, plus încă zece băi de rezervă. Eu nu aveam doar un dulap, ci o cameră spațioasă pe lângă el – camera din care Laura Bush îmi arătase priveliștea spre Grădina de Trandafiri. În timp, aceasta a devenit de facto biroul meu privat, locul în care puteam să stau liniștită și să citesc, să lucrez sau să mă uit la televizor, îmbrăcată în tricou și pantaloni de trening, fericită că nu mă vede cineva.

Îmi dădeam seama cât de norocoși eram să trăim astfel. Camera noastră era mai mare decât tot apartamentul de la etaj în care locuisem cu familia mea în copilărie, pe Euclid Avenue. Pe peretele de lângă dormitor se afla un tablou de Monet și, în sufragerie, o sculptură din bronz de Degas. Eu fusesem un copil din South Side, iar fiicele mele dormeau acum în camere amenajate de cel mai scump designer de interioare și își puteau comanda micul dejun după plac, la un maestru bucătar.

Mă gândeam uneori la toate acestea și simțeam că mă cuprinde amețeala.

Am încercat, atât cât am putut, să relaxez puțin regulile de protocol. Le-am explicat menajerelor că trebuie să le lase pe fetele noastre să-și facă singure patul în fiecare dimineață, la fel ca la Chicago. De asemenea, le-am instruit pe Malia și pe Sasha să se poarte așa cum se purtaseră întotdeauna – să fie politicoase și amabile și să nu ceară decât ceea ce le era absolut necesar sau nu își puteau lua singure. A fost important pentru mine și să le las pe fiicele noastre să se simtă eliberate de formalismele intrinseci ale locului. „Da, puteți să vă jucați cu mingea pe holuri", le spuneam. „Da, puteți scotoci prin cămară după o gustare." Le-am învățat că nu aveau nevoie de permisiunea nimănui ca să iasă afară și să se joace. Mi-a crescut inima de bucurie într-o după-amiază, când afară era viscol și le-am văzut pe fereastră cum se dau pe un derdeluș improvizat pe Peluza de Sud, folosind pe post de sănii niște tăvi de plastic împrumutate de la bucătărie.

Adevărul era că, în tot ceea ce se întâmpla, fetele și cu mine aveam roluri secundare, beneficiind de niște privilegii acordate, de fapt, lui Barack – importante, pentru că fericirea noastră era legată de a lui; protejate dintr-un singur motiv: dacă siguranța noastră era compromisă, la fel era și capacitatea lui de a gândi limpede și de a conduce țara. Casa Albă, după cum am aflat, funcționează cu scopul clar de a optimiza starea de bine, eficiența și, de fapt, puterea unei singure persoane – președintele. Barack era înconjurat acum de oameni a căror responsabilitate era să-l trateze ca pe o piatră prețioasă. Părea uneori o întoarcere în timp la o epocă apusă, în care gospodăria întreagă gravita în jurul nevoilor bărbatului și era opusul a ceea ce voiam ca fiicele noastre să învețe că era normal. Barack era și el stingherit de atâta atenție, dar avea prea puțin control asupra acestor proceduri.

El avea acum în jur de 50 de angajați care îi citeau corespondența și răspundeau la scrisori în locul lui. Avea piloți de elicopter militar mereu aproape, gata să îl ducă oriunde voia să meargă, și o echipă de șase persoane care îi organizau dosare de informare groase, ca să fie mereu bine pus la curent și să poată lua decizii în deplină cunoștință de cauză. Avea o echipă de bucătari care se ocupa de hrana lui și câțiva oameni însărcinați cu cumpărăturile, care ne protejau de un eventual sabotaj al alimentelor mergând anonim la magazine diferite, de unde făceau aprovizionarea fără să spună pentru cine lucrau.

Așa cum îl știam eu, Barack nu fusese niciodată pasionat de cumpărături, de gătit sau de orice alte treburi gospodărești. Nu e genul care să țină unelte în pivniță și să se elibereze de stresul de la muncă pregătind un risotto sau ajustând înălțimea gardului viu. Pentru el, eliberarea de toate obligațiile și grijile legate de casă nu putea să fie decât o mare bucurie, pentru că îi relaxa mintea, lăsându-i timp să se ocupe nestingherit de probleme mari, importante, iar acestea nu erau deloc puține.

Cel mai amuzant pentru mine a fost să constat că avea acum trei valeți personali, militari, printre ale căror îndatoriri era și supravegherea dulapului, asigurându-se că pantofii lui erau mereu lustruiți, cămășile călcate, echipamentul de sport curat și frumos împăturit. Viața la Casa Albă era foarte diferită de viața în Vizuină.

„Ai văzut ce ordonat sunt mai nou?“ mi-a spus într-o dimineață Barack la micul dejun, cu o privire jucăușă. „Te-ai uitat în dulapul meu?“

„M-am uitat“, i-am răspuns, zâmbindu-i drept răspuns. „Dar tu nu ai nici un merit în asta.“

În prima lună de mandat, Barack a promulgat Legea Lilly Ledbetter privind plata egală, care a ajutat la protejarea muncitorilor de discriminare salarială, pe baza unor factori ca sexul, rasa sau vârsta. El a ordonat încetarea folosirii torturii la interogatorii și a demarat procedura (până la urmă fără succes) de închidere a centrului de detenție de la Guantánamo în decurs de un an. A revizuit complet regulile de etică privitoare la interacțiunile celor care lucrau la Casa Albă cu lobbyștii și, cel mai important, a reușit să treacă prin Congres o importantă lege de stimulare a economiei, deși nici măcar un singur republican din Camera Reprezentanților nu a votat în favoarea ei.

Și, ca bonus, venea mereu la timp pentru cină.

Pentru mine și pentru fete, aceasta a fost schimbarea uimitoare, fericită, care a venit odată cu traiul la Casa Albă împreună cu președintele Statelor Unite, față de viața din Chicago cu un tată care lucra departe într-un senat și era deseori plecat în campanie pentru o funcție mai importantă. Puteam, în sfârșit, să petrecem mai mult timp cu tati. Viața lui era mai ordonată acum. Lucra un număr ridicol de mare de ore, cum lucrase întotdeauna, dar la 18:30 fix lua liftul și venea sus, să mâncăm împreună, chiar dacă de multe ori se întorcea imediat după aceea în Biroul Oval. Mama ni se alătura și ea câteodată la cină, deși își făcuse propriile obiceiuri, coborând să ne salute înainte să le ducă pe Malia și pe Sasha la școală, dar preferând, de cele mai multe ori, să ne lase singuri seara, ea rămânând să mănânce sus, în solariul de lângă dormitorul ei, în timp ce se uita la *Jeopardy!* Chiar și când o rugam să rămână cu noi, de obicei, ne refuza. „Aveți și voi nevoie de timpul vostru împreună“, ne spunea mereu.

În primele luni la Casa Albă, simțeam nevoia să fiu atentă la tot. Una dintre primele lecții pe care le-am învățat a fost că putea fi destul de costisitor să locuiești acolo. Chiar dacă nu plăteam chirie pentru locuința personală și nici pentru utilități și angajați, acopeream din banii noștri toate celelalte cheltuieli, iar acestea creșteau cu repeziciune, având în vedere calitatea tuturor celor cumpărate. Primeam în fiecare lună o factură detaliată, pe care erau trecute toate produsele alimentare și toate cele necesare, inclusiv rolele de hârtie igienică. Plăteam pentru fiecare musafir care venea la noi la masă sau rămânea peste noapte. Și cu un personal la bucătărie care avea standarde Michelin și o mare dorință de a-l mulțumi pe președinte, trebuia să fiu atentă la ce se servea la masă. Dacă Barack apuca să spună că îi plăcuse gustul vreunui fruct exotic de la micul dejun sau a vreunei bucăți de sushi de la cină, angajații de la bucătărie aveau grijă să le introducă periodic în meniu. Doar mai târziu, când studiam factura, ne dădeam seama că unele dintre aceste produse erau aduse cu mare cheltuială din străinătate.

Cea mai mare parte a atenției mele din acele luni de început a fost, însă, rezervată Maliei și Sashei. Le urmăream constant starea sufletească și le puneam întrebări despre sentimentele lor și despre interacțiunile cu alți copii. Încercam să nu reacționez exagerat când mă anunțau că și-au făcut o nouă prietenă, chiar dacă în sinea mea jubilam. Înțelesesem de-acum că nu exista o modalitate simplă de a aranja partide de joacă la Casa Albă sau ieșiri pentru copii, dar încetul cu încetul am început să ne imaginăm cum putea decurge fiecare lucru în parte.

Mi s-a permis să folosesc un BlackBerry personal la Casa Albă, dar am fost sfătuită să-mi limitez contactele cam la zece dintre prietenii mei cei mai apropiați – oameni care mă iubeau și mă sprijineau fără vreun interes ascuns. Cele mai multe dintre convorbirile mele erau intermediate de Melissa, care ocupa acum poziția de adjunct al cabinetului meu și care știa despre viața mea mai multe decât oricine, în unele cazuri chiar mai multe decât mine. Ea ținea evidența tuturor verilor mei și a prietenilor din colegiu. Ofeream tot timpul numărul de telefon și adresa ei de e-mail în loc de ale noastre, direcționând toate apelurile către ea. O parte a problemei era că apăreau ca din senin tot felul de vechi cunoștințe și rude îndepărtate, cu un șuvoi de solicitări. Ar putea Barack să vorbească la festivitatea cuiva de absolvire? Aș puteau eu să binevoiesc să țin un discurs pentru ONG-ul cuiva? N-am vrea să venim la o anumită petrecere sau strângere de fonduri? Cele mai multe erau făcute cu intenții bune, dar îmi era imposibil să le răspund tuturor.

În ceea ce privea viața de zi cu zi a fetelor noastre, de multe ori eram nevoită să mă bazez pe angajații mai tineri, să ne ajute cu logistica. Echipa mea se întâlnea din timp cu profesorii și administratorii de la Sidwell, notând datele importante din calendarul școlar, punând la punct răspunsurile la solicitări de presă și răspunzând profesorilor care voiau să știe cum să trateze la clasă subiecte ce aveau legătură cu politica sau cu știrile momentului. Când fetele au început să facă planuri de socializare în afara școlii, asistenta mea personală (sau „body person“, cum i se spunea în jargonul politic) a devenit persoana de contact, adunând numerele de telefon ale celorlalți părinți și organizând deplasările pentru joacă. La fel cum făcusem întotdeauna la Chicago, țineam să îi cunosc pe părinții noilor prietene ale fetelor mele, așa că pe unele mame le-am invitat la masă, iar altora m-am prezentat la evenimentele școlare.

Indiscutabil, aceste interacțiuni puteau fi dificile. Știam că uneori o nouă cunoștință avea nevoie de puțin timp ca să treacă peste ideile pe care le avea despre mine și Barack, peste ce credea că știe despre mine de la televizor, ca să mă vadă, atât cât era posibil, doar ca pe mama Maliei sau a Sashei.

Era dificil să le explici oamenilor că, înainte să poată Sasha să vină la petrecerea aniversară a micuței Julia, trebuia să treacă pe acolo Serviciul Secret, să facă o verificare a condițiilor de siguranță. Era dificil să le ceri numerele de asigurare socială părinților sau bonei care aducea copilul la noi acasă, să se joace. Era dificil, dar era necesar. Îmi displăcea existența acestui mic prag care trebuia trecut ori de câte ori cunoșteam pe cineva, dar eram ușurată să văd cât de diferită era situația pentru Sasha și Malia, care se repezeau să-și întâmpine prietenele de la școală de îndată ce ajungeau la Sala de Recepții Diplomatice – sau Sala Dip, cum ajunsesem să îi spunem –, luându-le de mână și alergând râzând înăuntru. După cum s-a dovedit, copiilor le pasă de faimă doar câteva minute. După aceea, nu vor decât să se distreze.

AFLASEM DIN TIMP că trebuia să lucrez cu personalul meu la planificarea și organizarea unei serii de petreceri și dineuri tradiționale, începând, în primul rând, cu Balul Guvernatorilor, o gală cu ținută obligatorie care avea loc în fiecare februarie în Sala de Est. Același lucru era valabil pentru vânătoarea de ouă de Paște, o sărbătoare de familie anuală în aer liber, inaugurată în 1878 și la care participau mii de oameni. Mai existau, în primăvară, dineurile la care urma să particip în onoarea soțiilor membrilor Congresului – similare celui la care o văzusem pe Laura Bush zâmbind atât de calmă în timp ce poza pentru fotografiile oficiale cu fiecare oaspete, până la ultimul.

Pentru mine, aceste evenimente sociale ar fi putut să pară distrageri de la ceea ce speram să fie activitatea mea principală, dar începusem, totodată, să mă gândesc la modurile în care le-aş putea influenţa sau măcar moderniza, să schimb cât de puţin tradiţia. În general, mă gândeam că viaţa la Casa Albă putea fi mai puţin rigidă, fără să se piardă nimic din istoria și tradiţia deja împământenite. În timp, Barack și cu mine aveam să facem paşi concreţi în această direcţie, atârnând pe pereţi artă mai abstractă sau lucrări ale pictorilor afro-americani și amestecând piese de mobilier contemporan printre cele istorice. În Biroul Oval, Barack a înlocuit bustul lui Winston Churchill cu unul al lui Martin Luther King Jr., iar majordomilor în frac de la Casa Albă le-am oferit posibilitatea să se îmbrace mai puţin formal în zilele în care nu erau programate evenimente publice, introducând o variantă cu pantaloni de doc și un tricou cu nasturi.

Barack și cu mine voiam să încercăm mai mult pentru democratizarea Casei Albe, făcând-o mai puţin elitistă și mai deschisă. Când găzduiam un eveniment, voiam să vină și oameni de rând, nu doar cei obişnuiţi cu ţinutele de gală. Și voiam mai mulţi copii în jur, deoarece copiii fac să fie totul mai bun. Speram să fac vânătoarea de ouă de Paște accesibilă pentru mai mulţi oameni – să măresc numărul de invitaţii pentru elevii de la școlile de stat și pentru familiile militarilor, pe lângă cele garantate copiilor și nepoţilor membrilor Congresului și ai altor VIP-uri. Și, nu în ultimul rând, dacă tot mă întâlneam și luam masa cu soțiile (în general) membrilor Senatului și Camerei Reprezentanților, nu puteam să le invit și în oraș, pentru a discuta despre un proiect în slujba comunității?

Știam ce era important pentru mine. Nu voiam să fiu un fel de ornament frumos îmbrăcat care apărea la dineuri și la tăieri de panglici. Eu voiam să fac lucruri care să aibă impact și să fie de durată. Primul meu efort real, am decis, avea să fie grădina.

Nu mă ocupam de grădinărit și n-o făcusem niciodată, dar, mulțumită lui Sam Kass și eforturilor familiei noastre de a mânca mai bine acasă, știam că în iunie erau cele mai bune căpșuni, că salata cu frunze închise la culoare are mai mulți nutrienți și că nu era greu să prepari chipsuri din frunze de varză kale, la cuptor. Le-am văzut pe fetele mele mâncând salate de mazăre de primăvară sau macaroane cu brânză și conopidă, și am înțeles că, până nu demult, tot ceea ce știam despre mâncare se baza pe informațiile din reclamele industriei alimentare, în care totul era împachetat, congelat sau procesat în mod convenabil, fie că era vorba de clipuri văzute la televizor sau de un ambalaj inteligent conceput, atractiv pentru părinții care fac cumpărături în viteză. Într-adevăr, nimeni nu făcea reclamă la mâncarea proaspătă și sănătoasă – la ronțăitul reconfortant al unui morcov crud sau la dulceața fără egal a unei roșii culese direct de pe vrej.

Plantarea unei grădini la Casa Albă era răspunsul meu la această problemă și speram că avea să dea semnalul unui proiect mai amplu. Administrația lui Barack se concentra pe îmbunătățirea accesului la sistemul de sănătate, iar, pentru mine, grădina era un mod de a transmite un mesaj paralel despre viața sănătoasă. O vedeam ca pe un test de început, o încercare care putea să mă ajute să determin ce aș fi capabilă să realizez ca primă doamnă, o modalitate de a prinde rădăcini la propriu în această nouă poziție. O vedeam ca pe un fel de curs ținut în aer liber, un loc pe care copiii să îl poată vizita ca să învețe cum se cultivă hrana. În aparență, o grădină părea ceva simplu și apolitic, inițiativa inofensivă și inocentă a unei doamne care punea mâna pe săpăligă – pe placul consultanților din Aripa de Vest ai lui Barack, preocupați permanent de „imagine“ și de cum se vede orice acțiune prin ochii publicului.

Dar era mai mult de atât. Planul era să folosim munca noastră la grădină ca să provocăm o dezbatere publică despre nutriție, în special în școli și în rândul părinților, care ar fi fost ideal să genereze discuții despre cum erau produse, etichetate și vândute alimentele, precum și modul în care acestea afectau sănătatea publică. Și, vorbind despre aceste subiecte de la Casa Albă, lansam implicit o provocare corporațiilor mamut din industria alimentară și a băuturilor răcoritoare și modului în care acestea își derulau afacerile de decenii.

În realitate, nu știam cum aveau să se deruleze efectiv toate acestea. Dar îi cerusem lui Sam, care se alăturase deja personalului de la Casa Albă, să înceapă demersurile pentru crearea grădinii, așa că eram pe cale să aflu.

Optimismul meu în acele luni de început era temperat de un singur lucru, iar acesta era politica. Trăiam la Washington acum, foarte aproape de jocul urât roșu-contra-albastru, democrați-contra-republicani pe care încercasem ani de zile să-l evit, chiar dacă Barack alesese să lucreze în interiorul lui.

Acum, că era președinte, aceste forțe îi influențau fiecare zi. Cu săptămâni în urmă, înainte de inaugurare, comentatorul radio conservator Rush Limbaugh declarase deschis: „Sper ca Obama să dea greș“. Am urmărit cu mâhnire cum republicanii din Congres urmau aceeași politică, împotrivindu-se fiecărui efort făcut de Barack pentru a opri criza economică, refuzând să sprijine măsuri care ar fi redus taxele și ar fi creat sau ar fi salvat milioane de locuri de muncă. În ziua în care Barack a preluat funcția de președinte, potrivit anumitor indicatori, economia americană se prăbușea la fel de repede sau chiar mai rapid decât la începutul Crahului din 1929–1933. Aproape 750 000 de locuri de muncă fuseseră desființate doar în ianuarie. Și, în timp ce Barack făcuse campanie pe ideea că era posibil să se construiască un consens între partide, că în inimile lor americanii erau mai degrabă uniți decât divizați, Partidul Republican făcea un efort deliberat, într-o perioadă de reală urgență națională, să demonstreze că el se înșela.

La asta mă gândeam în seara de 24 februarie, când Barack s-a adresat Congresului reunit. În principiu, evenimentul este menit să înlocuiască Discursul despre Starea Uniunii pentru orice președinte nou în funcție, o ocazie pentru acesta să-și prezinte obiectivele pentru anul următor într-un discurs transmis în direct de televiziuni la o oră de vârf, discurs rostit în sala de plen a Camerei Reprezentanților, în fața judecătorilor de la Curtea Supremă, a membrilor guvernului, a comandanților militari și a peste 500 de membri ai Congresului. Are și o parte de spectacol tradițional, în care legiuitorii își exprimă aprobarea sau dezaprobarea pentru ideile președintelui, fie sărind în picioare și izbucnind în ovații, fie rămânând posomorâți pe scaune.

În seara aceea, mi-am ocupat locul la balcon, între o fetiță de 14 ani care îi trimisese o scrisoare emoționantă președintelui și un foarte amabil veteran al Războiului din Irak, așteptând sosirea soțului meu. De acolo de unde stăteam, puteam să văd cea mai mare parte a sălii de dedesubt. Era o vedere neobișnuită asupra conducătorilor țării noastre, o mare de bărbați albi, îmbrăcați în costume închise la culoare. Absența diversității era flagrantă – sincer, era stânjenitoare – pentru o țară modernă, multiculturală. Situația cea mai dramatică era în Partidul Republican. La momentul acela, în Congres existau doar șapte republicani care nu erau albi și nici unul nu era afro-american, și o singură femeie. În general, patru din cinci membri ai Congresului erau bărbați.

Câteva minute mai târziu, spectacolul a început cu un sunet puternic – o lovitură de ciocănel și apelul la ordine al ofițerului de serviciu. Mulțimea s-a ridicat în picioare și a aplaudat mai mult de cinci minute, până când conducătorii aleși și-au căutat locurile în lateralele sălii. În toiul hărmălaiei, înconjurat de agenți de securitate și flancat de un cameraman care mergea cu spatele, a apărut Barack, dând mâna cu cei care-i ieșeau în cale și zâmbind în timp ce își croia drum încet prin sală, către tribună.

Văzusem acest ritual la televizor de multe ori până atunci, în vremea altor președinți. Însă, la vederea soțului meu acolo jos, în îmbulzeală, s-a declanșat ceva care m-a făcut să înțeleg brusc importanța funcției lui și faptul că trebuia să câștige de partea sa mai bine de jumătate din Congres ca să poată schimba ceva.

Discursul lui Barack din seara aceea a fost detaliat și sobru, recunoscând starea gravă a economiei, războaiele în curs, continua amenințare cu atacuri teroriste și furia numeroșilor americani care considerau că planul guvernamental de salvare a băncilor era nedrept, sprijinindu-i tocmai pe aceia care erau responsabili pentru criza financiară. El a avut grijă să fie realist, dar să insufle și speranță, reamintindu-le tuturor de capacitatea noastră de a ne reveni rapid ca națiune, de a ne ridica din cenușă după vremuri grele.

Mă uitam de la balcon cum membrii republicani ai Congresului rămăseseră așezați în cea mai mare parte a discursului, cu un aer încăpățânat și supărat, încruntați și cu brațele încrucișate, arătând ca niște copii care nu primiseră ce și-au dorit. Mi-am dat seama că aveau să atace tot ce făcea Barack, indiferent dacă era bine pentru țară sau nu. Era de parcă toți ar fi uitat că un președinte republican fusese cel care ne condusese către dezastrul acela. Mai mult decât orice, părea că vor doar ca Barack să dea greș. Mărturisesc că, în clipa aceea, cu această imagine în fața ochilor, m-am întrebat dacă exista vreo cale de a merge înainte.

Când eram copil, aveam o idee foarte vagă despre cum ar fi putut viața mea să fie mai bună. Mergeam să mă joc acasă la surorile Gore și le invidiam pentru cât loc aveau la dispoziție – ele aveau o casă întreagă doar pentru familia lor. Mă gândeam uneori și că mi-ar fi plăcut dacă familia mea și-ar permite o mașină mai frumoasă. Nu puteam să nu le observ pe unele dintre prietenele mele care aveau mai multe brățări sau mai multe păpuși Barbie decât mine, sau care își cumpărau haine de la mall, în loc să poarte ca mine totul croit acasă de mama, după tipare din reviste. Când ești copil înveți să judeci mult înainte să înțelegi dimensiunea sau valoarea oricărui lucru. Până la urmă, dacă ai noroc, constați că ai judecat greșit.

Acum locuiam în Casa Albă. Foarte încet, începea să-mi devină familiară – nu pentru că m-aș fi obișnuit cu vastitatea spațiului sau cu opulența stilului de viață, ci pentru că era locul în care familia mea dormea, mânca, râdea și trăia. În camerele fetelor am dus colecția din ce în ce mai mare de mici suvenire pe care Barack își făcuse obiceiul să le aducă acasă din diferitele lui călătorii – globuri cu zăpadă pentru Sasha sau brelocuri pentru Malia. Făceam mici schimbări în locuință, adăugând lumini moderne care să meargă cu candelabrele tradiționale și lumânări parfumate care să dea un aer mai intim spațiului. Nu că nu aș fi apreciat cum se cuvine norocul sau confortul nostru, dar ceea ce am început să apreciez mai mult au fost oamenii din acel loc.

Chiar și mama, căreia îi displăcea formalismul de muzeu al Casei Albe, a constatat rapid că erau acolo multe lucruri care trebuiau apreciate. Locul era plin de oameni care nu erau deloc diferiți de noi. Unii dintre valeți lucrau de mulți ani la Casa Albă, îngrijindu-se de fiecare familie care trecuse pe acolo. Demnitatea lor tăcută îmi amintea de unchiul Terry, care locuia la parter când eram eu copil, în Euclid Avenue. Am încercat să creez o relație bazată pe interacțiuni respectuoase și pozitive cu personalul nostru. Voiam să fiu sigură că ei nu se simt niciodată invizibili. Dacă majordomii erau interesați de politică sau dacă aveau în particular simpatii pentru un anumit partid, le-au păstrat pentru ei. Aveau grijă să ne respecte intimitatea, dar, totodată, erau mereu disponibili și binevoitori, iar treptat am devenit apropiați. Ei simțeau când aveam nevoie de spațiu și când mi-ar fi prins bine o vorbă prietenoasă. Deseori, la bucătărie, discutau fleacuri despre echipele pe care le susțineau, mă puneau la curent cu ultimele bârfe mondene sau cu realizările nepoților lor, în timp ce eu frunzăream ziarele de dimineață. Dacă era un meci de baschet seara la televizor, Barack venea și el uneori și se uita puțin împreună cu ei. Sasha și Malia au ajuns să îndrăgească și ele atmosfera prietenoasă a bucătăriei și mergeau acolo să-și facă sucuri de fructe sau popcorn, după școală. Mulți dintre angajați aveau o simpatie specială pentru mama și se opreau să stea de vorbă cu ea sus, în solariu.

Mi-a luat un timp să recunosc vocile diferiților operatori telefonici de la Casa Albă, care mă trezeau dimineața sau îmi făceau legătura cu birourile de jos, din Aripa de Est, dar curând aveau să sune și ele familiare și prietenoase. Vorbeam despre vreme sau glumeam despre cât de des trebuie să mă trezesc înaintea lui Barack, ca să-mi coafez părul înainte de întâlnirile oficiale. Aceste interacțiuni erau de foarte scurtă durată, dar, în felul lor mărunt, reușeau să ne facă viața să pară cât de cât normală.

Unul dintre valeții cu cea mai mare experiență, un afro-american cu părul alb, pe nume James Ramsey, lucra aici din vremea administrației Carter. Din când în când venea să-mi aducă ultimul număr din revista *Jet*, zâmbind cu mândrie și spunându-mi: „Nu v-am uitat nici de data asta, doamnă Obama“.

Viața este întotdeauna mai frumoasă când putem judeca totul cu măsura cordialității.

MI SE PĂREA CĂ noua noastră casă era mare și somptuoasă dincolo de limitele rezonabilului, dar, apoi, în aprilie, am mers în Anglia și am întâlnit-o pe Majestatea Sa, regina.

Era prima călătorie în afara țării pe care Barack și cu mine o făceam împreună după alegeri, zburând la Londra cu Air Force One, pentru ca el să poată participa la o reuniune a Grupului celor 20, sau G20, cu liderii celor mai mari economii ale lumii. Era un moment critic pentru o astfel de reuniune. Criza economică din Statele Unite crease valuri devastatoare pe tot globul, destabilizând piețele financiare ale lumii. Summitul G20 marca totodată debutul ca președinte al lui Barack pe scena internațională. Și, așa cum s-a întâmplat de multe ori în aceste prime luni în funcție, principala lui misiune era să îndrepte lucrurile, de data aceasta, diminuând frustrarea celorlalți lideri mondiali, care considerau că Statele Unite rataseră ocazii importante de a le impune reglementări bancherilor și de a preveni dezastrul cu care se confruntau toți acum.

Cum începeam să fiu mai încrezătoare că Sasha și Malia se obișnuiseră cu rutina lor de la școală, le-am lăsat în grija mamei în cele câteva zile cât urma să fiu plecată în străinătate. Știam că ea avea să relaxeze imediat regulile mele obișnuite cu privire la ora de culcare și mâncatul legumelor din farfurie. Mamei îi plăcea la nebunie rolul de bunică, în special partea în care putea înlocui rigiditatea mea cu stilul ei mai relaxat, considerabil mai relaxat decât pe vremea când Craig și cu mine eram în grija ei. Fetele erau întotdeauna încântate să rămână cu ea.

Premierul britanic Gordon Brown era gazda summitului G20, care includea o zi de întâlniri pe teme economice la un centru de conferințe din oraș, dar, așa cum se întâmpla frecvent când lideri din străinătate veneau la Londra pentru evenimente oficiale, regina avea să-i primească pe toți la Palatul Buckingham, pentru o ceremonie oficială. Datorită relațiilor strânse dintre America și Marea Britanie și, totodată, presupun eu, pentru că eram nou intrați în scenă, Barack și cu mine am fost invitați la palat mai devreme, pentru o întâlnire privată cu regina, înainte de recepția oficială.

Nu trebuie să mai spun că nu aveam nici un fel de experiență legată de întâlnirile cu familii regale. Mi s-a dat de înțeles că puteam fie să fac o reverență, fie să-i strâng mâna reginei. Știam că trebuie să ne adresăm cu „Majestatea voastră“, în timp ce soțul ei, prințul Philip, duce de Edinburgh, era „Alteța voastră“. În afară de asta, nu eram sigură la ce să mă aștept când coloana oficială a trecut dincolo de porțile înalte din fier ale palatului, pe lângă spectatorii de ocazie strânși în spatele barierelor, pe lângă garda și trompetistul regal, printr-o arcadă, spre curtea unde ne-a întâmpinat administratorul palatului.

Am constatat că Palatul Buckingham este mare – atât de mare, încât aproape că sfidează orice descriere. Are 775 de încăperi și este de 15 ori mai mare decât Casa Albă. În anii următori, Barack și cu mine am avut norocul de a reveni de câteva ori, ca oaspeți. La ultimele vizite am dormit într-un somptuos apartament de la parterul palatului, beneficiind de serviciile unor valeți îmbrăcați în livrea și ale unor doamne de onoare. Am participat la un banchet oficial în sala de bal, la care am mâncat cu furculițe și cuțite aurite. La un moment dat, ni s-a oferit un tur al palatului, în care ni s-au spus lucruri de genul „Aceasta este Sala Albastră“, ghidul arătând spre o încăpere uriașă, de cinci ori mai mare decât Sala Albastră de la noi de acasă. Șeful valeților reginei ne-a însoțit într-o zi pe mine, pe mama și pe fete în grădina de trandafiri a palatului, care se întindea pe o suprafață de aproape 4 000 de metri pătrați și era plină de flori perfecte, care făceau tufele cu care ne mândream noi, din fața Biroului Oval, să pară deodată mult mai puțin impresionante. Palatul Buckingham mi s-a părut de o frumusețe care îți tăia răsuflarea și părea de necuprins.

În acea primă vizită, am fost conduși în apartamentul privat al reginei, într-un salon în care ea și prințul Philip ne așteptau. Regina Elisabeta a II-a avea pe atunci 82 de ani, era mică de statură și grațioasă, cu un zâmbet delicat și părul alb elegant coafat în bucle, lăsându-i fruntea liberă. Purta o rochie roz-deschis și un șirag de perle, ținând poșeta neagră în poziție regulamentară, pe braț. Ne-am strâns mâinile și am pozat pentru o fotografie. Regina ne-a întrebat politicos cum suportăm diferența de fus orar și ne-a poftit să ne așezăm. Nu-mi amintesc exact ce am vorbit după aceea – puțin despre economie și despre starea lucrurilor în Anglia, despre întâlnirile pe care le avea Barack.

Există o anume stângăcie inerentă aproape oricărei întâlniri oficiale, dar știam din experiență că era ceva ce trebuie depășit în mod conștient. Stând împreună cu regina, a trebuit să fac un efort să mă concentrez – să nu mă mai gândesc la splendoarea locului și să controlez emoția provocată de faptul că stăteam față în față cu un simbol autentic. O văzusem până atunci pe Majestatea Sa de zeci de ori în cărțile de istorie, la televizor sau pe bancnote, dar iat-o acum în carne și oase, privindu-mă atent și punându-mi întrebări. Era fermecătoare și cordială, și am încercat să fiu la fel. Regina era un simbol viu și cu multă experiență, dar era un om ca noi toți. Mi-a plăcut.

Mai târziu, în acea după-amiază, Barack și cu mine am socializat cu ceilalți invitați la recepția de la palat, mâncând canapé-uri cu ceilalți lideri G20 și soțiile lor. Am stat de vorbă cu cancelarul german Angela Merkel și cu președintele Franței, Nicolas Sarkozy. L-am întâlnit pe regele Arabiei Saudite, pe președintele Argentinei și pe prim-miniștrii din Japonia și Ethiopia. Am făcut tot posibilul să-mi amintesc cine de unde era și cine era soția cui, atentă să nu vorbesc prea mult ca să nu spun ceva greșit. În ansamblu, a fost o reuniune de înaltă ținută, dar într-o atmosferă prietenoasă, o dovadă că până și șefii de stat pot să stea de vorbă despre copiii lor și să glumească despre vremea din Anglia.

La un moment dat, spre sfârșitul petrecerii, am întors capul și am văzut-o pe regina Elisabeta lângă mine, făcând să mi se pară că am rămas deodată singure în sala altfel aglomerată. Purta o pereche de mănuși albe imaculate și părea la fel de proaspătă ca în urmă cu câteva ore, când o văzusem pentru prima dată. S-a uitat în sus la mine și mi-a zâmbit.

„Ce înaltă ești“, a remarcat ea, lăsându-și capul puțin pe spate.

„Ei“, am răspuns eu râzând, „mai adaugă și tocurile câțiva centimetri, însă, da, sunt înaltă.“

Regina s-a uitat în jos spre perechea de Jimmy Choo negri pe care îi purtam, clătinând din cap.

„Pantofii aceștia sunt foarte incomozi, nu-i așa?“, a spus ea, arătând cu o oarecare frustrare spre propriii pantofi negri cu toc.

I-am mărturisit reginei că mă dureau picioarele. A recunoscut că și pe ea. Ne-am uitat una la alta cu expresii identice, parcă spunându-ne: „Când o să se termine, în sfârșit, toată această adunare cu liderii planetei?" Apoi, a început să râdă cu poftă.

Nu mai conta că ea purta uneori o coroană cu diamante și că eu venisem la Londra cu avionul prezidențial; eram doar două femei pe care le chinuiau pantofii. Am făcut atunci gestul pe care îl fac instinctiv ori de câte ori simt o legătură cu o persoană pe care tocmai am cunoscut-o, și anume îmi exprim deschis sentimentele. Mi-am pus brațul pe după umerii ei, în semn de afecțiune.

Nu știam asta atunci, dar comiteam ceea ce se numește un *faux pas* de dimensiuni epice. O atinsesem pe regina Angliei, ceea ce, aveam să aflu curând, pur și simplu, *nu se face*. Interacțiunea noastră de la recepție a fost surprinsă de camerele de filmat, iar, în zilele următoare, știrile din toată lumea aveau să titreze: „Încălcarea protocolului!", „Michelle Obama îndrăznește s-o îmbrățișeze pe regină!" Această întâmplare a reînviat unele dintre speculațiile din campania electorală, cum că eram lipsită de manierele și de eleganța standard ale unei prime doamne, iar aceasta mă îngrijora într-o oarecare măsură, gândindu-mă că poate afectam negativ eforturile făcute de Barack în străinătate. Dar am încercat să nu mă las descurajată de critici. Poate că făcusem un gest nepotrivit la Palatul Buckingham, dar cel puțin făcusem un gest uman. Și îndrăznesc să cred că pe regină nu a deranjat-o, deoarece atunci când am atins-o s-a apropiat de mine, punându-mi mâna înmănușată pe spate.

În ziua următoare, în timp ce Barack participa la o sesiune maraton de întâlniri pe teme economice, eu am mers să vizitez o școală de fete. Era o școală finanțată de guvern în cartierul Islington, nu departe de ansamblul de clădiri municipale, cum se numesc în Anglia locuințele subvenționate din fonduri publice. Mai mult de 90 la sută dintre cele 900 de eleve erau negrese sau dintr-o minoritate etnică: o cincime dintre ele erau copii de imigranți sau de solicitanți de azil. Am fost atrasă de ea deoarece era o școală diversă, cu resurse financiare limitate, dar cu rezultate academice excelente. De asemenea, voiam să fiu sigură că vizitele mele în calitate de primă doamnă erau autentice, având posibilitatea să-i întâlnesc și pe oamenii care trăiau în locul acela, nu doar pe cei care îi guvernau. Călătorind în străinătate, aveam ocazii pe care Barack nu le avea. Puteam să evit întâlnirile oficiale și discuțiile cu diverși lideri, ca să găsesc moduri de a aduce un plus de căldură unor vizite altfel cenușii. Intenționam să fac asta la fiecare vizită în străinătate, începând cu Anglia.

Totuși, nu eram pregătită să simt ceea ce am simțit când am ajuns la școala Elizabeth Garrett Anderson și am fost condusă într-o sală în care se adunaseră în jur de 200 de eleve, să vadă spectacolul susținut de câteva colege de-ale lor și să mă audă pe mine vorbind. Școala purta numele unei doctorițe deschizătoare de drumuri, prima femeie aleasă primar în Anglia. Clădirea în sine nu avea nimic special – era o construcție pătrățoasă din cărămidă, amplasată pe o stradă oarecare. Dar, când m-am așezat pe scenă, pe un scaun pliant, ca să privesc spectacolul – care includea o scenă din Shakespeare, un dans modern și un cor care cânta o versiune reușită a unui cântec al lui Whitney Houston –, ceva în interiorul meu a început să se cutremure. Aproape că simțeam că mă prăbușesc în propriul meu trecut.

Trebuia doar să te uiți în jur, la chipurile din încăpere, ca să îți dai seama că, în pofida calităților lor, fetele acestea aveau să fie nevoite să muncească din greu ca să fie văzute. Erau fete care purtau *hijab*, fete pentru care engleza era a doua limbă, fete cu pielea în toate nuanțele de cafeniu. Știam că aveau să se confrunte cu stereotipuri, cu toate modalitățile în care alții le defineau înainte ca ele să aibă șansa să se definească singure. Aveau de luptat cu lipsa de vizibilitate care vine la pachet cu faptul că ești sărac, femeie și de culoare. Trebuiau să facă eforturi ca să găsească puterea și curajul de a spune cine sunt, de a nu se lăsa minimalizate, de a nu se lăsa doborâte. Aveau să fie nevoite să lupte doar pentru a învăța.

Dar chipurile lor erau pline de speranță, iar acum eram și eu la fel. Pentru mine a fost o revelație stranie, tăcută: ele erau întruchiparea a ceea ce eu fusesem cândva. Iar eu eram ceea ce ele ar fi putut să devină. Energia pe care am simțit-o în acea școală nu avea nimic de-a face cu obstacolele. Era puterea a 900 de fete care se străduiau din răsputeri să răzbată dincolo de acestea.

Când spectacolul a luat sfârșit și m-am apropiat de pupitru ca să le vorbesc, abia îmi puteam stăpâni emoția. M-am uitat în jos, la notițele pe care mi le pregătisem, dar mi-am pierdut brusc interesul pentru ele. M-am uitat spre fete și am început să le explic că, deși veneam de departe și aveam această calitate de primă doamnă a Statelor Unite, semănam cu ele mai mult decât își puteau imagina. Le-am spus că și eu crescusem într-un cartier muncitoresc, într-o familie modestă, dar plină de iubire, că mi-am dat seama foarte devreme că școala era locul în care puteam începe să mă definesc – că educația era un lucru pentru care merită să faci eforturi, că educația avea să le ajute să progreseze.

La momentul respectiv eram primă doamnă doar de două luni. Uneori mă simțeam copleșită de ritm, nedemnă de strălucirea asociată poziției, îngrijorată pentru copiii noștri și nesigură în privința scopului meu. Există unele aspecte ale vieții publice care presupun renunțarea la intimitatea ta pentru a deveni simbolul viu al unei națiuni și care par menite să-ți răpească o parte din identitate. Dar aici, vorbindu-le acestor fete, simțeam ceva complet diferit și pur – o întoarcere la vechiul meu sine, dar în acest nou rol. „Sunteți suficient de bune? Da, sunteți, toate sunteți." Le-am spus elevelor de la Elizabeth Garrett Anderson că mă înduioșaseră profund. Le-am spus că erau valoroase pentru că erau autentice. Iar când mi-am terminat discursul am făcut ceea ce simțeam. Le-am îmbrățișat pe toate cele la care am putut ajunge.

ACASĂ, LA WASHINGTON, venise primăvara. Soarele răsărea mai devreme și rămânea pe cer puțin mai mult în fiecare zi. Urmăream cum panta de pe Peluza de Sud căpăta treptat nuanțe tot mai intense de un verde luxuriant, vibrant. De la ferestrele locuinței noastre, puteam să văd lalelele roșii și zambilele mov ce înconjurau fântâna de la baza colinei. Sam Kass petrecuse ultimele două luni muncind ca să transforme în realitate grădina la care visam, și nu fusese ușor. În primul rând, a trebuit să convingem Administrația Națională a Parcurilor și echipa de grădinari de la Casa Albă să scoatem o bucată dintr-una din cele mai emblematice peluze ale lumii. La început, propunerea noastră a întâmpinat rezistență. Trecuseră câteva decenii de când la Casa Albă fusese plantată Grădina Victoriei, în timpul lui Eleanor Roosevelt, și nimeni nu părea prea interesat de o reluare. „Ne cred nebuni", mi-a spus Sam, la un moment dat.

În cele din urmă, însă, am obținut ce am vrut. Mai întâi ni s-a repartizat o mică bucată de pământ aflată în spatele terenurilor de tenis, lângă o magazie de unelte. Sam, însă, nu s-a dat bătut și a luptat pentru un teren mai bun, reușind până la urmă să obțină unul în formă de L, cu o suprafață de 100 de metri pătrați, într-o parte însorită a Peluzei de Sud, nu departe de Biroul Oval și de leagănul pe care îl instalasem recent pentru fete. Ne-am coordonat cu Serviciul Secret, ca să ne asigurăm că săpatul și plivitul nu aveau să perturbe senzorii sau câmpul vizual de care aveau nevoie ca să protejeze locul. Am făcut analize ca să vedem dacă solul are suficienți nutrienți și ca să ne asigurăm că nu conținea elemente toxice, precum plumbul sau mercurul.

Și, apoi, am fost gata să ne apucăm de treabă.

La câteva zile după ce m-am întors din Europa, am primit în vizită un grup de elevi de la școala Bancroft, o școală bilingvă din partea de nord-vest a orașului. Cu câteva săptămâni în urmă, copiii ne ajutaseră să pregătim solul, folosind lopeți și săpăligi. Acum, aceiași copii veneau să mă ajute la plantat. Bucata noastră de pământ se afla nu departe de gardul sudic dinspre strada E, unde se adunau deseori turiștii ca să se uite la Casa Albă. Mă bucuram că această grădină avea să facă parte de acum din priveliştea lor.

Sau, în orice caz, speram să mă bucur de asta, la un moment dat. Niciodată nu poţi fi sigur de ce se va întâmpla cu o grădină - dacă, până la urmă, va creşte ceva. Invitaserăm presa să filmeze şi să scrie articole despre evenimentul plantării. Îi invitaserăm pe toţi bucătarii de la Casa Albă să ne ajute, la fel şi pe Tom Vilsack, ministrul agriculturii. I-am rugat pe toţi să fie cu ochii pe noi. Acum trebuia să aşteptăm rezultatele. „Sinceră să fiu", i-am spus lui Sam în acea dimineaţă, când încă nu venise nimeni, „sper din suflet să reuşim!"

În ziua aceea, am stat în genunchi alături de elevii de clasa a cincea care veniseră în vizită, am pus în pământ răsadurile fragile şi le-am udat cu stropitorile. După ce fusesem în Europa şi după ce presa îmi analizase la microscop fiecare ţinută (purtasem un pulover tricotat la întâlnirea cu regina, ceea ce se pare că a fost aproape la fel de scandalos ca gestul de a-i atinge spatele), mă simţeam uşurată să stau cu genunchii pe pământ, într-o jachetă subţire şi cu pantaloni de grădinărit. Copiii îmi puneau întrebări, unele despre legume şi despre ce aveau de făcut, dar şi unele de genul „Unde este preşedintele?" şi „El de ce nu vine să ne ajute?" În scurt timp, însă, cei mai mulţi dintre ei au părut că uită şi de mine, devenind mult mai preocupaţi de cât de bine li se potriveau mănuşile de grădinărit şi de râmele din sol. Îmi plăcea să stau printre copii. Era, şi avea să fie în tot timpul pe care l-am petrecut la Casa Albă, o alinare pentru sufletul meu, o modalitate de a scăpa temporar de grijile mele de primă doamnă şi de conştientizarea faptului că eram permanent judecată. Copiii mă făceau să mă simt din nou eu însămi. Pentru ei, eu nu eram un spectacol. Eram doar o doamnă drăguță, un pic cam înaltă.

În dimineața aceea, am plantat salată verde și spanac, fenicul și broccoli. Am pus morcovi, varză, ceapă și mazăre. Am plantat tufe de zmeură și o mulțime de verdețuri. Ce avea să răsară din ele? Nu știam, așa cum nu știam nici ce ne aștepta pe viitor la Casa Albă, nici ce urma pentru țară sau pentru acești copii drăguți din jurul meu. Tot ce puteam face era să avem încredere în efortul nostru, să ne bazăm pe ajutorul soarelui și al ploii și să lăsăm timpul să treacă, până când ceva cât de cât decent ar fi urmat să răsară din pământ.

Capitolul 21

Într-o sâmbătă seara, la sfârșitul lui mai, Barack m-a invitat în oraș. În cele patru luni de când devenise președinte, își petrecuse fiecare zi lucrând la îndeplinirea diferitelor promisiuni pe care le făcuse alegătorilor în campanie; însă, acum, își respecta o promisiune pe care mi-o făcuse. Mergeam la New York, să luăm cina împreună și să vedem un spectacol.

Ani de zile, la Chicago, ieșirile noastre în oraș fuseseră un adevărat ritual în fiecare săptămână, un privilegiu pe care îl integrasem în viețile noastre și pe care îl respectam cu sfințenie. Îmi plăcea să stau de vorbă cu soțul meu, când ieșeam să mâncăm la restaurant, într-o încăpere cu lumini discrete. Întotdeauna mi-a plăcut și cred că îmi va plăcea mereu. Barack este un bun ascultător, răbdător și atent. Îmi place cum își lasă capul pe spate când râde. Îmi place lumina din ochii lui, bunătatea lui fără cusur. Cu ceva de băut și după o masă de care ne bucurăm pe îndelete, noi doi am reușit întotdeauna să regăsim drumul spre acea primă vară fierbinte, când totul între noi avea o încărcătură electrică.

M-am îmbrăcat la patru ace pentru întâlnirea de la New York, mi-am pus o rochie neagră de cocktail și m-am machiat, iar părul mi l-am strâns într-un coc elegant. Eram entuziasmată de perspectiva unei evadări, pentru a petrece seara împreună cu soțul meu, doar noi doi. În ultimele luni, găzduisem împreună dineuri și asistasem la spectacole la Centrul Kennedy, dar aproape întotdeauna în calitate oficială și cu o mulțime de oameni. Aceasta avea să fie doar o ieșire în oraș.

Barack se îmbrăcase cu un costum închis la culoare, fără cravată. Spre sfârșitul după-amiezii, le-am sărutat pe fete și i-am spus mamei la revedere, apoi am plecat ținându-ne de mână pe Peluza de Sud și am urcat în Marine One, elicopterul prezidențial, care ne-a dus la baza aeriană Andrews. Am mers apoi cu un avion mic al armatei până la aeroportul JFK și de acolo cu elicopterul în Manhattan. Deplasarea noastră fusese planificată cu meticulozitate în avans de echipele noastre de secretari și de Serviciul Secret, care urmărea ca întotdeauna să maximizeze eficiența și condițiile de siguranță.

Barack (cu ajutorul lui Sam Kass) alesese un restaurant aflat aproape de Washington Square Park, care știa că o să îmi placă, pentru că meniul era preparat din ingrediente cultivate în zonă. Era un restaurant mic și discret care se numea Blue Hill. În timp ce mergeam cu coloana oficială pe ultima porțiune a traseului, de la heliportul din sudul Manhattanului spre Greenwich Village, am remarcat luminile mașinilor de poliție care blocau străzile laterale și m-am simțit brusc vinovată, pentru că simpla noastră prezență în oraș perturba traficul aglomerat de sâmbătă seara. New York trezea întotdeauna în mine o senzație de uimire, atât de uriaș și de aglomerat încât putea domina orice ego. Îmi amintesc cât de surprinsă am fost prima dată când am ajuns acolo, cu decenii în urmă, împreună cu îndrumătoarea mea de la Princeton, Czerny. Barack, din câte știam, simțea ceva și mai profund. Energia dezlănțuită și diversitatea orașului făcuseră ca acesta să fie locul perfect pentru a-și cultiva intelectul și imaginația, cu ani în urmă, în timpul studenției la Columbia.

La restaurant, am fost conduși la o masă așezată discret într-un colț, oamenii din jurul nostru încercând să-și stăpânească uimirea. Dar nu aveam cum să ne ascundem prezența. Toți cei care au intrat în restaurant după sosirea noastră au trecut printr-un control cu detectorul de arme făcut de echipa Serviciului Secret, o procedură rapidă, dar un inconvenient, totuși. Pentru asta, m-am simțit din nou vinovată.

Am comandat martini. Conversația noastră a rămas superficială. La patru luni de la intrarea în rolurile de POTUS și FLOTUS, încă ne mai adaptam – încercând să ne dăm seama cum funcționa una din identități cu cealaltă și ce însemna asta pentru căsnicia noastră. În zilele acelea, nu exista nici un aspect din viața complicată a lui Barack care să nu aibă un anume impact și asupra vieții mele, așa că ar fi fost o mulțime de probleme comune pe care am fi putut să le discutăm – decizia echipei lui de a programa o vizită oficială în străinătate în timpul vacanței de vară a fetelor, de exemplu, sau dacă o asculta cineva și pe șefa mea de cabinet la ședințele de dimineață ale personalului, în Aripa de Vest. Dacă aveam vreo problemă legată de ceva ce se petrecea în Aripa de Vest, de obicei, mă bazam pe angajații mei să rezolve problema împreună cu cei ai lui Barack, făcând tot ce puteam ca să țin treburile Casei Albe în afara vieții noastre personale.

Câteodată Barack voia să discutăm probleme de serviciu, deși, de cele mai multe ori, evita. Munca lui era, pur și simplu, epuizantă, cu provocări uriașe și deseori aparent de nerezolvat. General Motors era la doar câteva zile de declararea falimentului, Coreea de Nord făcuse un test nuclear în urmă cu câteva zile, iar Barack trebuia să plece curând în Egipt, pentru un discurs important, menit a întinde o mână musulmanilor din întreaga lume. În jurul lui, pământul părea să se cutremure în permanență. De fiecare dată când vechi prieteni veneau să ne viziteze la Casa Albă, se amuzau de intensitatea cu care Barack și cu mine îi chestionam despre slujbele lor, despre copii, despre hobby-urile lor, despre orice. Amândoi eram mai puțin dispuși să vorbim despre complexitatea noii noastre existențe și mai interesați să absorbim orice fărâmă de bârfă sau veste banală de acasă. Amândoi tânjeam după aceste frânturi de viață obișnuită.

În seara aceea, la New York, am mâncat, am băut și am stat de vorbă la lumina lumânărilor, bucurându-ne de senzația, fie ea și iluzorie, de evadare. Casa Albă este un loc remarcabil de frumos și de confortabil, un fel de fortăreață deghizată în locuință, și era limpede că Serviciul Secret ar fi preferat, din motive de securitate, să nu plecăm niciodată de acolo. Chiar și în interior, agenții însărcinați cu protecția noastră erau cei mai fericiți dacă alegeam să urcăm cu liftul în loc să mergem pe scări, reducând astfel riscul unei potențiale căzături. Dacă Barack sau eu aveam o întâlnire la Blair House, peste drum de o porțiune deja închisă din Pennsylvania Avenue, uneori ne cereau să mergem cu coloana oficială, în loc să mergem pe jos, în aer liber. Le respectam vigilența, dar o simțeam uneori ca pe o formă de detenție. Câteodată obiectam, încercând să păstrez echilibrul între nevoile mele și ceea ce era convenabil pentru alții. Dacă cineva din familia noastră voia să iasă pe Balconul Truman – terasa încântătoare cu arcade care dă spre Peluza de Sud și singurul spațiu semiprivat în aer liber pe care îl aveam la Casa Albă –, trebuia mai întâi să anunțe Serviciul Secret, pentru ca agenții să închidă porțiunea din Strada E care era în raza balconului, îndepărtând grupurile de turiști care se adunau în afara porților la orice oră din zi și din noapte. De multe ori am vrut să mă duc să stau pe balcon, și apoi m-am răzgândit, gândindu-mă la agitația pe care aș fi provocat-o și la vacanțele pe care le-aș fi stricat, doar pentru că m-aș fi încăpățânat să-mi beau ceaiul afară.

Mișcările noastre fiind atât de controlate, Barack și cu mine am ajuns să nu mai mergem aproape deloc pe jos. Prin urmare, amândoi am devenit dependenți de mica sală de gimnastică de la etajul reședinței noastre. Barack alerga pe bandă în jur de o oră în fiecare zi, încercând să-și consume astfel energia. Eu aveam programul meu la aparate în fiecare dimineață, deseori sub îndrumarea lui Cornell, care ne fusese antrenor la Chicago și care acum aproape că se mutase pentru noi la Washington, venind de câteva ori pe săptămână să ne asiste la exerciții pliometrice și la ridicat greutăți.

Dincolo de treburile țării, Barack și cu mine nu duceam niciodată lipsă de subiecte de discuție. În seara aceea, la cină, am vorbit despre lecțiile de flaut ale Maliei, despre atașamentul Sashei pentru păturica ei de când era mică, ajunsă periculos de aproape de a se rupe, dar pe care și-o punea și acum noaptea sub cap. I-am povestit și despre cum încercase în zadar un specialist în machiaj să-i pună mamei gene false înainte de o ședință foto programată recent, iar Barack și-a lăsat capul pe spate și a râs cu poftă, exact cum știam că avea să facă. În plus, aveam în casă un puiuț nou și foarte amuzant despre care să vorbim – un câine de apă portughez, în vârstă de șapte luni, cât se poate de exuberant, căruia îi pusesem numele Bo, un dar făcut familiei noastre de senatorul Ted Kennedy și o împlinire a promisiunii pe care le-o făcusem fetelor în campania electorală. Fetele își făcuseră un obicei din a ieși să se joace cu el de-a v-ați ascunselea pe Peluza de Sud, ghemuindu-se pe după copaci și strigându-l pe nume, în timp ce el alerga prin iarbă, urmărindu-le vocile. Toți îl iubeam pe Bo.

Când, în sfârșit, am terminat masa și ne-am ridicat să plecăm, clienții de la celelalte mese s-au ridicat în picioare și ne-au aplaudat, gest care mi s-a părut foarte drăguț, dar deloc necesar. Nu este exclus ca unii dintre ei să se fi bucurat foarte mult că plecăm.

Prezența noastră era o adevărată pacoste, deranjam orice activitate normală. Nu aveai cum să nu vezi asta. Am simțit-o puternic în timp ce mașinile noastre goneau pe Sixth Avenue, și apoi spre Times Square, unde poliția închisese cu câteva ore înainte un cvartal întreg din fața teatrului; ceilalți spectatori stăteau acum la rând să treacă prin detectoare de metal care, în mod normal, n-ar fi fost acolo, iar actorii au așteptat încă 45 de minute până să înceapă spectacolul, din pricina verificărilor de securitate.

În cele din urmă, a început spectacolul care s-a dovedit minunat – o dramă de August Wilson, a cărei acțiune se petrecea într-o pensiune din Pittsburgh în timpul Marii Migrații, când milioane de afro-americani au părăsit Sudul și au venit în Midwest, ca rudele mele din partea tatei, dar și din partea mamei. Stând în întuneric, lângă Barack, eram atentă, puțin emoționată și, pentru un timp, m-am lăsat furată de spectacol, ca și de acea senzație de mulțumire că ai plecat de la serviciu undeva, în oraș.

În avionul care ne-a dus noaptea târziu înapoi la Washington, știam deja că avea să treacă multă vreme până să mai facem ceva asemănător. Adversarii politici ai lui Barack aveau să-l critice pentru că mă dusese la New York, la un spectacol. Partidul Republican a dat un comunicat de presă înainte chiar să ajungem noi acasă, spunând că ieșirea noastră în oraș fusese extravagantă și costisitoare pentru banii contribuabililor, un mesaj care avea să fie preluat și dezbătut în programele de știri ale televiziunilor. Echipa lui Barack a întărit și ea mesajul, avertizându-ne să fim mai atenți, făcându-mă să mă simt vinovată și egoistă pentru că furasem un moment rar de singurătate cu soțul meu.

Dar asta nu a fost tot. Criticii aveau să fie întotdeauna pe fază. Republicanii nu aveau să renunțe niciodată. Imaginea avea să ne conducă permanent viețile.

Era ca și cum, prin acea ieșire în oraș, Barack și cu mine testasem o teorie și evidențiasem atât punctele bune, cât și pe cele mai slabe, a căror existență o bănuiam. Partea bună era că *puteam* să ieșim pentru o seară romantică așa cum făceam cu ani în urmă, înainte ca viața politică să îl acapareze cu totul. Deși eram cuplul prezidențial, puteam să ne simțim apropiați, să ne bucurăm de o masă la restaurant și de un spectacol în orașul care ne plăcea atât de mult. Partea cea mai grea era să vedem egoismul inerent al acestei alegeri, știind că era nevoie de ore de întâlniri între echipele noastre de securitate și poliția locală. Escapada noastră a însemnat eforturi în plus pentru personalul nostru, pentru cel de la teatru, pentru chelnerii de la restaurant, pentru oamenii ale căror mașini fuseseră deviate pe West Side Highway, pentru polițiștii de pe străzi. Era parte din noua povară cu care trăiam. Erau prea mulți oameni implicați și afectați, ca să mai poată părea ușor.

DE LA BALCONUL TRUMAN puteam să văd grădina care începea să capete formă în colțul de sud-vest al peluzei. Pentru mine era o priveliște reconfortantă – un mic Eden în evoluție, făcut din cârcei tineri și lăstari, din frunze de morcov și ceapă care începeau să se înalțe, din petice dense și verzi de spanac, cu flori strălucitoare, galbene și roșii, de jur împrejur. Cultivam hrană.

La sfârșitul lui iunie, echipa noastră inedită de ajutoare de grădinari de la școala primară Bancroft a revenit să mă ajute la prima recoltă și am stat din nou împreună, cu genunchii așezați pe pământ, ca să smulgem frunze de salată și să rupem păstăile de mazăre de pe tulpinițele lor. De data asta, ne-am distrat și cu Bo, cățelușul nostru, care s-a dovedit și el un mare iubitor al grădinii, făcând ture printre copaci până când s-a trântit cu burta în sus între straturi, la soare.

După recolta din ziua aceea, Sam și copiii au mers la bucătărie și au făcut o salată pe care am mâncat-o cu pui fript, urmat de brioșe cu căpșuni din grădină. În zece săptămâni, grădina produsese în jur de 40 de kilograme de produse – din semințe și răsaduri care costaseră doar 200 de dolari.

Grădina era îngrijită și era sănătoasă, dar știam că pentru unii oameni nu era destul. Înțelegeam că eram privită cu un anumit sentiment de așteptare, poate, în special, de femeile cu studii și de profesioniste, care se întrebau dacă aveam să-mi îngrop educația și experiența profesională într-un budoar de primă doamnă, printre frunzulițe de ceai și cuverturi roz. Oamenii păreau să-și facă griji că nu aveam să mă arăt pe mine, cea adevărată.

Orice aș fi ales să fac, știam că aveam să dezamăgesc pe cineva. Campania electorală mă învățase că fiecare gest sau expresie facială putea fi interpretată în zeci de moduri diferite. Eram fie nesupusă și furioasă sau, cu grădina mea și cu mesajele despre hrana sănătoasă, o dezamăgire pentru feministe, deoarece nu ieșeam în evidență cu alte calități. Cu câteva luni înainte ca Barack să fie ales, îi spusesem unui reporter care mă intervieva că principalul meu obiectiv la Casa Albă avea să fie să-mi continui rolul de „mamă-șefă" în familia noastră. Am spus-o la întâmplare, dar fraza a prins și a fost amplificată de presă. Unii americani au părut să o accepte, înțelegând foarte bine de câtă organizare și de cât efort era nevoie ca să crești niște copii. Alții, în schimb, păreau ușor scandalizați, presupunând că asta însemna că eu, ca primă doamnă, nu aveam să fac altceva decât împletituri și goblenuri cu fetele mele.

Adevărul era că intenționam să le fac pe toate – să muncesc cu un scop și să-mi cresc copiii cu grijă –, așa cum făcusem întotdeauna. Singura diferență era că acum eram urmărită de foarte multă lume.

Modul meu preferat de lucru, cel puțin la început, a fost abordarea înțeleaptă. Voiam să fiu metodică în alcătuirea unui plan mai larg și să aștept până aveam încredere deplină în ceea ce prezentam, înainte să ies în public cu ceva. Așa cum le-am spus și celor din echipa mea, preferam să fac foarte bine un singur lucru în loc să mă apuc de mai multe odată. Mă simțeam uneori ca o lebădă, știind că treaba mea era să plutesc lin și să par senină, deși pe sub apă dădeam din picioare fără să mă opresc vreodată. Interesul și entuziasmul pe care le stârnisem cu grădina – știrile pozitive din presă, scrisorile care curgeau din toată țara – nu au făcut decât să-mi confirme faptul că puteam atrage atenția asupra unei idei bune. Acum voiam să scot în evidență o problemă mai importantă și să fac presiuni pentru găsirea unor soluții mai cuprinzătoare.

În momentul instalării lui Barack în funcție, o treime dintre copiii americani erau supraponderali sau obezi. În cele trei decenii precedente, rata obezității infantile se triplase. Copiii erau diagnosticați cu hipertensiune și diabet de tip 2 în procentaje record. Până și comandanții militari raportau că obezitatea era unul dintre cei mai obișnuiți factori pentru respingerea la înrolare.

Problema era întrețesută în fiecare aspect al vieții de familie, de la prețul mare al fructelor proaspete, până la răspânditele tăieri de fonduri pentru programele sportive și de recreere în școlile publice. Televizoarele, computerele și jocurile video concurau pentru a ocupa timpul copiilor, iar, în unele cartiere, părea mai sigur să stai în casă în loc să te joci afară, cum făceam eu și cu Craig când eram copii. Multe familii din zonele defavorizate ale marilor orașe nu aveau magazine alimentare în vecinătate. În regiuni întinse ale țării, cumpărătorii din mediul rural erau la fel de puțin norocoși când era vorba de acces la produse proaspete. Între timp, dimensiunile porțiilor în restaurante creșteau. Reclamele la cereale cu zahăr, semipreparate pentru microunde și porții XXL asaltau mințile copiilor care se uitau la desene animate.

Încercarea de a îmbunătăți măcar o parte din sistemul alimentar putea, însă, să declanșeze valuri de ostilitate. Dacă aș fi încercat să declar război băuturilor cu zahăr pentru copii, foarte probabil că mi s-ar fi opus nu doar marile companii producătoare de băuturi răcoritoare, ci și fermierii care furnizează porumbul folosit la fabricarea multor îndulcitori. Dacă aș fi pledat pentru mâncăruri mai sănătoase servite în școli, aș fi intrat în conflict cu lobby-ul marilor corporații care dictează frecvent ce alimente ajung pe tava unui elev de clasa a patra, la cantina școlii. De ani de zile, specialiștii în sănătate publică și susținătorii alimentației sănătoase erau puși în inferioritate de mai bine organizatul și mai bine finanțatul complex industrial al alimentelor și al băuturilor răcoritoare. Mesele servite în școlile din Statele Unite erau o afacere de șase miliarde de dolari pe an.

Și, totuși, mi se părea momentul potrivit să încerc o schimbare. Nu eram nici prima, nici singura persoană atrasă de aceste subiecte. În toată America, căpăta amploare o mișcare nouă pentru alimentația sănătoasă. Fermierii urbani experimentau în orașele din toată America. Republicanii și democrații, deopotrivă, atacaseră problema la nivel local și la nivel de stat, investind în viața sănătoasă, amenajând mai multe spații verzi și parcuri publice – o dovadă că exista un teren politic comun, care trebuia explorat.

La jumătatea anului 2009, mica mea echipă împreună cu mine am început să ne coordonăm cu cei care se ocupau de politici în Aripa de Vest și să ne întâlnim cu specialiști din interiorul și din afara administrației, ca să formulăm un plan.

Am decis să ne concentrăm asupra copiilor. Este dificil din punct de vedere politic să-i determini pe adulți să-și schimbe obiceiurile. Eram convinși că am fi avut mai multe șanse dacă am fi încercat să-i ajutăm pe copii să se gândească diferit la mâncare și la exerciții fizice, de la o vârstă fragedă. Și cine ar fi putut să aibă ceva împotriva noastră, dacă ne ocupam cu adevărat de copii?

Copiii mei tocmai terminaseră anul școlar și erau în vacanța de vară. Mi-am propus să mă ocup trei zile pe săptămână de responsabilitățile mele de primă doamnă și să rezerv restul timpului pentru familie. În loc să le trimit pe fete în tabere de o zi, am decis să organizez ceea ce am numit Camp Obama (Tabăra Obama), adică să invit câțiva prieteni și să facem zilnic excursii, ca să cunoaștem mai bine zona în care trăiam. Ne-am dus la Monticello și la Mount Vernon și am explorat peșteri în valea Shenandoah. Am vizitat Monetăria ca să vedem cum se fabrică dolarii, dar și casa lui Frederick Douglass, în sud-vestul Washingtonului, ca să aflăm cum a putut un sclav să devină om de știință și erou. Un timp, le-am cerut fetelor să țină un jurnal, cu impresii după fiecare vizită, dar, până la urmă, au început să protesteze și am renunțat.

Cât de des puteam, programam aceste ieșiri dimineața devreme sau spre sfârșitul zilei, pentru ca Serviciul Secret să poată verifica sau închide zona înaintea sosirii noastre fără eforturi prea mari. Încă mai eram o pacoste, știam, chiar dacă fără Barack deranjul era mai mic. Și, oricum, când era vorba de fete, încercam să trec peste orice senzație de vină. Voiam ca ele să poată să se miște cu același gen de libertate pe care o aveau ceilalți copii.

Într-o zi, la începutul anului, avusesem o dispută cu Serviciul Secret, când Malia fusese invitată să se alăture câtorva prieteni de la școală care se hotărâseră pe nepusă masă să iasă la o înghețată. Din motive de siguranță, ea nu avea voie să meargă în mașina altei familii, iar pentru că Barack și cu mine aveam în ziua aceea programul calculat la minut, și stabilit cu săptămâni în urmă, Maliei i s-a spus că trebuie să aștepte o oră până când șeful echipei ei de pază a fost adus de acasă, din suburbii – fapt care a necesitat mai multe telefoane de scuze și i-a întârziat pe toți cei implicați.

Era exact genul de povară pe care nu o voiam în viața fiicelor mele. Nu am putut să-mi ascund enervarea. Pentru mine, nu avea nici un sens. Casa Albă era împânzită de agenți de pază. Pe fereastră vedeam mașinile Serviciului Secret parcate pe aleea circulară. Dar, dintr-un motiv sau altul, ea nu putea doar să-mi ceară voie și să plece cu prietenii ei. Nu se putea face nimic fără acordul șefului din echipa ei de securitate.

„Nu așa stau lucrurile într-o familie și nu așa se pleacă la o înghețată“, le-am spus. „Dacă aveți de protejat un copil, atunci trebuie să fiți în stare să vă mișcați așa cum se mișcă un copil.“ Am continuat să insist ca agenții să-și revizuiască protocoalele astfel încât, pe viitor, Malia și Sasha să poată pleca de la Casa Albă în siguranță și fără un efort masiv de planificare. Pentru mine a fost o altă mică testare a limitelor. Barack și cu mine renunțasem de acum la ideea că am putea fi spontani. Acceptasem că în viețile noastre nu mai era loc pentru impulsivitate și capricii. Dar am luptat să păstrăm această posibilitate pentru fiicele noastre.

La un moment dat, în timpul campaniei lui Barack, oamenii au început să dea mai multă atenție hainelor pe care le purtam. În orice caz, presa acorda multă atenție vestimentației mele, ceea ce i-a făcut pe bloggerii de modă să fie mai atenți, iar asta a provocat mai departe tot felul de comentarii pe internet. Nu știu exact de ce s-a întâmplat asta – probabil pentru că sunt înaltă și nu mă feresc de croieli îndrăznețe –, dar așa stăteau lucrurile.

Dacă purtam balerini în loc de pantofi cu toc, ajungeam la știri. Perlele mele, cordoanele, jachetele, rochiile mele luate din magazin, de la J. Crew, decizia pare-se curajoasă de a alege alb pentru rochia de la inaugurare – toate păreau să declanșeze o avalanșă de păreri și reacții instantanee. Am purtat o rochie violet fără mâneci la discursul lui Barack în fața camerelor reunite ale Congresului și o rochie neagră fără mâneci pentru portretul meu oficial de la Casa Albă, și, brusc, brațele mele au ajuns subiect de presă. La sfârșitul verii anului 2009, am mers într-o excursie de familie la Marele Canion și am fost apostrofată pentru așa-zisa lipsă de demnitate când am fost fotografiată coborând din Air Force One (pe o căldură de 42°C, aș vrea să adaug) în pantaloni scurți.

Părea că hainele mele erau mai importante decât orice aș fi avut de spus. La Londra, când am coborât de pe scenă cu ochii în lacrimi, după discursul pentru fetele de la școala Elizabeth Garrett Anderson, am aflat că prima întrebare pusă uneia dintre angajatele mele de către un reporter a fost „Cine i-a făcut rochia?"

Lucrurile acestea mă întristau, dar am încercat să le văd într-o altă lumină, ca pe niște ocazii de a învăța, de a mă întări, deși mă aflam într-o situație pe care eu nu o alesesem pentru mine însămi. Dacă oamenii răsfoiau o revistă, în primul rând, ca să vadă cum eram îmbrăcată, speram că aveau să o vadă și pe soția de militar care stătea lângă mine sau să citească și ce aveam de spus despre sănătatea copiilor. Când *Vogue* mi-a propus să apar pe coperta revistei la puțin timp după alegerea lui Barack, echipa mea a dezbătut îndelung dacă aceasta nu m-ar face să par frivolă sau elitistă într-o perioadă de dificultăți economice. Până la urmă, am hotărât să accept. Era importantă orice ocazie în care o femeie de culoare apărea pe coperta unei reviste. Totodată, am insistat să îmi aleg singură ținutele pentru ședința foto, la care am purtat rochii de Jason Wu și Narciso Rodriguez, un talentat designer latino-american.

Știam câte ceva despre modă, dar nu mult. Ca mamă și femeie de carieră, nu avusesem prea mult timp la dispoziție să mă gândesc la hainele mele. În campania electorală, făcusem cea mai mare parte a cumpărăturilor la un magazin din Chicago, unde am avut norocul să întâlnesc o tânără vânzătoare, pe nume Meredith Koop. Meredith, care crescuse în St. Louis, era ageră, știa multe despre creatorii de modă și avea un foarte viu simț al culorilor și al texturilor. După ce Barack a fost ales, am reușit să o conving să se mute la Washington și să lucreze cu mine ca asistentă personală și stilist. Foarte repede, mi-a devenit și prietenă de încredere.

De câteva ori pe lună, Meredith aducea în dressingul meu de la Casa Albă suporturi mari cu umerașe pline de haine și petreceam o oră sau două făcând probe și combinând ținute pentru evenimentele pe care le aveam programate pentru următoarele săptămâni. Îmi plăteam singură hainele și accesoriile – singura excepție făcând-o rochiile de seară pe care le purtam la evenimente oficiale, care îmi erau oferite de diferiți designeri și care, ulterior, erau donate Arhivelor Naționale, în spiritul regulilor de etică de la Casa Albă. Când venea vorba despre hainele pe care le alegeam eu, încercam să fiu oarecum imprevizibilă, astfel încât nimeni să nu poată asocia un anumit mesaj cu ceea ce purtam. Era ca mersul pe sârmă. Ceilalți așteptau de la mine să ies în evidență fără să-i umbresc pe alții, să mă amestec în mulțime fără să mă pierd în ea. De asemenea, ca femeie de culoare, știam că aveam să fiu criticată dacă eram percepută ca fiind luxoasă și ostentativă, și aveam să fiu criticată și dacă m-aș fi îmbrăcat prea banal. Așa că le-am amestecat. Asortam o fustă foarte scumpă de la Michael Kors cu un tricou de la Gap. Într-o zi, purtam ceva de la Target, iar în ziua următoare o ținută Diane von Furstenberg. Voiam să atrag atenția asupra designerilor americani, în special asupra celor în curs de afirmare, chiar dacă era uneori frustrant pentru designerii din vechea gardă, printre care și Oscar de la Renta, despre care se spune că a fost nemulțumit că nu i-am purtat creațiile. Pentru mine, alegerile pe care le făceam erau, pur și simplu, o modalitate de a-mi folosi bizara relație cu atenția publicului pentru a propulsa un set divers de tinere talente.

În lumea politică, într-o oarecare măsură, totul ține de imagine, iar eu țineam cont de asta la alegerea fiecărei ținute. Era nevoie de timp, de gândire și de bani – mai mulți bani decât cheltuisem vreodată pe haine. Era nevoie și de o documentare atentă din partea lui Meredith, mai ales pentru călătoriile în străinătate. Ea petrecea deseori ore în șir asigurându-se că designerii, culorile și stilurile pe care le alegeam arătau respectul cuvenit popoarelor și țărilor pe care le vizitam. Meredith făcea cumpărături și pentru Sasha și Malia înaintea evenimentelor publice, ceea ce mărea cheltuiala totală, dar ochii publicului erau ațintiți și asupra lor. Oftam câteodată când îl vedeam pe Barack luând din dulap același costum închis la culoare înainte de a pleca la muncă, fără să trebuiască măcar să se pieptene. Principala lui dilemă în materie de modă înaintea unui eveniment public era dacă putea să-și încheie sau nu haina de la costum. Cu cravată sau fără cravată?

Meredith și cu mine aveam grijă să fim mereu pregătite. În dressingul meu, probam cu grijă fiecare rochie nouă, întindeam brațele, le îndoiam și le roteam, ca să fiu sigură că puteam să mă mișc cu ușurință. Orice era prea strâmt ajungea înapoi, pe umeraș. Când călătoream, luam cu mine ținute de rezervă, în eventualitatea schimbării vremii sau a programului, ca să nu mai vorbim de scenariile de coșmar care implicau pete în timpul meselor sau fermoare rupte. Aflasem, de asemenea, că era important să ai în bagaje, cu o orice preț, o rochie potrivită pentru o înmormântare, deoarece Barack era uneori chemat pe neașteptate la funeraliile unor soldați, senatori sau lideri străini.

Ajunsesem să mă bazez foarte mult pe Meredith, dar la fel de mult și pe Johnny Wright, coaforul meu care vorbea foarte repede și avea un râs molipsitor, și pe Carl Ray, specialistul meu în machiaj, cu vorbă domoală. Împreună, cei trei (cărora restul echipei mele le spunea „trifecta“) îmi dădeau încrederea de care aveam nevoie ca să ies în public în fiecare zi, toți fiind conștienți că orice neatenție putea atrage o furtună de ridiculizări și de comentarii răutăcioase. Nu mă așteptasem vreodată să ajung să-i angajez pe alții să aibă grijă de imaginea mea și, la început, ideea a fost derutantă. Dar aveam să aflu repede un adevăr despre care nu vorbește nimeni: astăzi, practic orice femeie din viața publică - fie ea politician, vedetă sau orice altceva - are o versiune a echipei Meredith, Johnny și Carl. Este, până la urmă, o necesitate, un preț obligatoriu de plătit în societatea noastră cu standarde duble.

Cum se descurcaseră alte prime doamne cu provocările legate de coafură, machiaj și garderobă? Nu am nici cea mai mică idee. În acel prim an la Casa Albă, m-am surprins de câteva ori citind cărți fie despre precedentele prime doamne, fie scrise chiar de ele, dar, de fiecare dată, renunțam la ele foarte repede. Aproape că nu voiam să știu ce era la fel și ce era diferit la fiecare dintre noi.

În septembrie, am participat la o cină prelungită și foarte plăcută cu Hillary Clinton, în sufrageria reședinței de la Casa Albă. După ce fusese ales, oarecum spre surprinderea mea, Barack o alesese pe Hillary ca secretar de stat, amândoi reușind să treacă peste rănile bătăliei din campania pentru alegerile primare și să construiască o relație de muncă foarte productivă. Ea mi-a povestit sincer cum a judecat greșit disponibilitatea țării de a accepta în rolul de primă doamnă o femeie activă, cu o înaltă pregătire profesională. Ca soție a guvernatorului din Arkansas, Hillary își păstrase locul de muncă la o firmă de avocatură și, în același timp, își ajutase soțul să îmbunătățească învățământul și sistemul medical. Venise la Washington cu aceeași dorință și energie de a contribui la noua administrație, dar fusese aspru judecată pentru că își asumase un rol politic în Aripa de Vest pentru reforma sistemului de sănătate. Mesajul pentru ea a fost transmis cu o franchețe brutală: alegătorii îl votaseră pe soțul ei, nu pe ea. Locul primelor doamne nu era în Aripa de Vest. Ea încercase să facă prea mult și prea repede, se pare, lovindu-se imediat de un zid.

Eu însămi am încercat să fiu atentă la zidul respectiv, învățând din experiența altor prime doamne să nu mă amestec direct sau explicit în treburile din Aripa de Vest. Mă bazam, în schimb, pe angajații mei care comunicau zilnic cu personalul lui Barack, făcând schimb de informații, sincronizând programele și revizuind fiecare plan. După părerea mea, consilierii președintelui își făceau prea multe griji cu privire la aparențe. Câțiva ani mai târziu, când m-am hotărât să îmi schimb tunsoarea și să-mi fac breton, angajații mei au simțit nevoia să discute mai întâi cu echipa lui Barack, să se asigure că nu avea să fie vreo problemă. (Nu a fost și, ca să fie clar, oricum m-aș fi tuns așa. Ideea de a discuta despre asta mi se pare ridicolă.)

Dat fiind că economia trecea printr-o perioadă dificilă, echipa lui Barack era preocupată permanent ca de la Casa Albă să nu apară nici o imagine care ar putea fi interpretată ca frivolă sau ușuratică. Nu mă împăcam întotdeauna cu asta. Știam din experiență că, în vremurile grele, poate cu atât mai mult în vremurile grele, râsul era binevenit. De dragul copiilor, în special, trebuia să găsești modalități de distracție. De aceea, echipa mea s-a ciondănit îndelung cu echipa de comunicare a lui Barack în jurul ideii mele de a organiza o petrecere de Halloween pentru copii, la Casa Albă. Aripa de Vest – mai ales David Axelrod, acum consilier principal în administrație, și secretarul de presă Robert Gibbs – considera că o astfel de acțiune putea să fie percepută ca fiind prea ostentativă și prea costisitoare, existând riscul să-l îndepărteze pe Barack de public. „Ar da rău", au concluzionat ei. M-am împotrivit, argumentând că o petrecere de Halloween pentru copiii din familiile obișnuite și pentru cei din familiile militarilor, care nu mai văzuseră Casa Albă până atunci, era un mod foarte potrivit de a cheltui o mică parte din bugetul alocat pentru festivități.

Axe și Gibbs nu au fost niciodată de acord, dar, la un moment dat, au încetat să se mai lupte cu noi. La sfârșitul lui octombrie, spre marea mea bucurie, pe peluza de la Casa Albă a apărut un dovleac de aproape cinci sute de kilograme. O formație de schelete cânta jazz, iar de pe Porticul de Nord cobora un păianjen gigantic. Stăteam în fața Casei Albe în costum de leopard – pantaloni negri, o bluză cu pete și bentiță cu urechi de pisică –, lângă Barack care, nefiind vreodată un pasionat de costume, nici măcar înainte ca imaginea să conteze, purta un pulover banal. (Spre lauda lui, Gibbs apăruse costumat în Darth Vader, gata să se distreze.) În noaptea aceea, am împărțit pungi cu prăjiturele, fructe uscate și bomboane M&M's în cutiuțe înnobilate cu sigiliul prezidențial celor peste 2 000 de prințese, ucigași înfiorători, pirați, supereroi, fantome și jucători de fotbal care se plimbau pe peluză, așteptând să ne întâlnească. După părerea mea, imaginea aceea era cum nu se poate mai potrivită.

GRĂDINA NOASTRĂ A ÎNFRUNTAT fiecare anotimp în parte și ne-a învățat pe parcurs tot felul de lucruri. Am descoperit că pepenii pe care îi cultivaserăm aveau miezul decolorat și fără gust. Am fost nevoiți să refacem stratul fertil de la suprafața solului, pe care grindina și furtunile l-au distrus. Am văzut cum păsările ne-au ciugulit afinele, iar gândacii ne-au ronțăit castraveții. De fiecare dată când apărea o problemă, îi ceream ajutorul lui Jim Adams, horticultor în agenția de administrare a parcurilor naționale, care era grădinarul nostru șef, și lui Dale Haney, administratorul terenurilor de la Casa Albă. Făceam mici modificări și mergeam mai departe, bucurându-ne de abundența culturilor noastre. La mesele noastre de la reședință, aveam deja broccoli, morcovi și varză kale cultivate pe Peluza de Sud. Am început să donăm o parte din fiecare recoltă către Miriam's Kitchen, un ONG local care avea și cantină pentru persoanele fără adăpost. Am început, totodată, să punem murături și să le dăruim demnitarilor străini veniți în vizită, alături de borcane cu miere din noua noastră stupină. Pentru angajați, grădina a devenit un motiv de mândrie. Cei care au fost sceptici la început s-au transformat rapid în susținători. Pentru mine, grădina era simplă, prosperă și sănătoasă – un simbol al strădunței și al încrederii. Mesajul pe care îl transmiteam prin intermediul ei era frumos și, totodată, puternic. Și îi făcea pe oameni fericiți.

În lunile precedente, eu și cei din echipa mea din Aripa de Est luaserăm legătura cu specialiști și apărători ai sănătății copiilor, ca să ne ajute să construim bazele pe care avea să se sprijine efortul nostru mai amplu. Voiam să le oferim părinților informații care să-i ajute să facă alegeri sănătoase pentru familiile lor. Voiam să punem umărul la crearea unui mediu sănătos în școli. Voiam să încercăm să facilităm accesul la hrană de calitate. Și voiam să căutăm mai multe moduri de a-i face pe tineri să fie mai activi fizic. Știind cât de important era felul în care ne prezentam planurile, am apelat din nou la Stephanie Cutter, care s-a alăturat echipei pe post de consultant, pentru a-i ajuta pe Sam și pe Jocelyn Frye să dea contur inițiativei noastre, în timp ce echipa mea de comunicare avea misiunea de a construi o fațadă publică atrăgătoare pentru campania de promovare a programului. În tot acest timp, în Aripa de Vest existau neliniști legate de planurile mele, de teamă că aș fi putut părea un fel de dădacă moralizatoare, într-o perioadă în care controversatele planuri de salvare a băncilor și a industriei auto îi făcuseră pe americani cât se poate de sceptici față de orice intervenție guvernamentală.

Cu toate acestea, îmi doream să fac, în această privință, mai mult decât guvernul. Speram să pot folosi ceea ce îmi împărtășise Hillary din experiența ei, să las politica pe seama lui Barack și să-mi concentrez eforturile în altă direcție. În privința relațiilor cu directorii generali ai companiilor de băuturi răcoritoare și de produse alimentare care aprovizionau cantinele școlare, m-am gândit că ar fi fost mai constructiv să îi abordăm direct, nu prin reglementări guvernamentale, să colaborăm unii cu ceilalți, în loc să ne luptăm. Iar dacă voiam să fac ceva în legătură cu modul propriu-zis în care oamenii trăiau, m-am gândit că ar fi bine să le vorbesc direct părinților și copiilor cărora li se adresa inițiativa noastră.

Nu mă interesa să joc după regulile lumii politice și nici să apar la dezbaterile televizate de duminică. În schimb, am dat interviuri revistelor de sănătate orientate spre părinți și copii. Am dansat hula-hoop pe Peluza de Sud ca să arăt că poate fi distractiv să faci mișcare și am apărut ca invitat într-un episod din *Sesame Street*, discutând despre legume cu Elmo și cu Big Bird. Ori de câte ori vorbeam cu reporterii despre grădina Casei Albe, aminteam faptul că numeroși americani aveau probleme cu achiziționarea produselor proaspete din comunitățile lor și încercam să aduc în discuție costurile din sistemul medical asociate cu creșterea ratei obezității. Voiam să fiu sigură că îi atragem de partea noastră pe toți cei de care aveam nevoie pentru ca inițiativa să aibă succes, să anticipez orice obiecții care ar fi putut să apară. Cu acest obiectiv în minte, am petrecut săptămâni la rând având întâlniri discrete cu grupuri de afaceri și de susținători, precum și cu membri ai Congresului. Am organizat focus-grupuri ca să testăm cum trebuia comunicat mesajul campaniei noastre și am primit sprijin gratuit din partea unor specialiști în relații publice, ca să reglăm detaliile.

În februarie 2010, eram, în sfârșit, gata să îmi împărtășesc viziunea cu restul lumii. Într-o după-amiază friguroasă de marți, după ce Washingtonul fusese îngropat în zăpadă de un viscol năprasnic, m-am așezat la un pupitru în Sala Dineurilor de la Casa Albă. Înconjurată de copii și de membri ai cabinetului, de mari sportivi și de câțiva primari, precum și de figuri importante din medicină, educație și industrie alimentară, plus de un grup de reporteri, mă pregăteam să anunț cu mândrie noua noastră inițiativă, pe care hotărâsem să o numim Let's Move! (Să ne mișcăm!) Aceasta se concentra asupra unui singur scop – să punem capăt, în decursul unei generații, epidemiei de obezitate infantilă.

Pentru mine era important că nu anunțam doar niște dorințe sau niște obiective de neatins. Efortul era real, iar munca noastră începuse deja. Barack semnase mai devreme în aceeași zi un memorandum pentru crearea primei unități federale de acțiune în privința obezității infantile, iar trei corporații importante dintre cele care aprovizionau cantinele școlare au anunțat că vor reduce cantitățile de sare, zahăr și grăsimi din meniurile lor. Asociația producătorilor americani de băuturi răcoritoare a promis că va îmbunătăți descrierea ingredientelor de pe etichete. Am convins Academia Americană de Pediatrie să încurajeze medicii să facă din măsurarea indicelui de masă corporală un standard al îngrijirii sănătății copiilor și am încheiat parteneriate cu Disney, NBC și Warner Bros pentru difuzarea unor anunțuri de interes public și investirea în programe speciale, care să-i încurajeze pe copii să aleagă un stil de viață sănătos. Conducătorii a 12 ligi sportive profesioniste diferite au fost și ei de acord să promoveze campania „60 de minute de joacă pe zi“, ca să-i stimuleze pe copii să facă mai multă mișcare.

Iar acesta era doar începutul. Aveam planuri pentru aprovizionarea cu legume și fructe proaspete în acele cartiere urbane și zonele rurale cunoscute ca „deșerturi alimentare“, să pledăm pentru informații nutriționale mai exacte pe ambalajele produselor alimentare și să redesenăm vechea piramidă alimentară ca să fie mai accesibilă și mai bine corelată cu cercetările actuale privind nutriția. Pe parcurs, urma să responsabilizăm comunitatea de afaceri în privința deciziilor legate de sănătatea copiilor.

Era nevoie de angajament și de organizare pentru a face toate acestea să se întâmple, știam asta, dar era exact genul de muncă pe care o preferam. Abordam o problemă uriașă, dar acum aveam avantajul că acționam de pe o platformă uriașă. Începeam să îmi dau seama că toate lucrurile care mi se păruseră stranii în noua mea viață - bizareria faimei, atenția neobosită pentru imaginea mea, descrierea vagă a responsabilităților mele - puteau fi folosite în slujba unor scopuri reale. Mă simțeam plină de energie. În sfârșit, aveam posibilitatea să mă arăt așa cum eram eu, de fapt.

Capitolul 22

Într-o dimineață de primăvară, Barack, fetele și cu mine am fost chemați să coborâm pe Peluza de Sud. Un bărbat pe care nu-l mai văzusem până atunci ne aștepta pe alee. Avea o mină prietenoasă și o mustață căruntă care îi dădea un aer demn. S-a prezentat ca fiind Lloyd.

„Domnule președinte, doamnă Obama“, a spus el. „Ne-am gândit că dumneavoastră și fetelor s-ar putea să vă placă o schimbare de ritm, așa că v-am pregătit o mică grădină zoologică, cu animale pe care le puteți mângâia și hrăni.“ Ne-a zâmbit larg. „Niciodată până acum familia prezidențială nu a mai participat la așa ceva.“

Bărbatul a arătat spre stânga lui și ne-am uitat toți în direcția indicată. Cam la 30 de metri distanță, întinse la umbra cedrilor, se aflau patru feline mari, superbe. Era un leu, un tigru, o panteră neagră și un ghepard suplu, cu pete. Din locul în care stăteam nu vedeam garduri sau lanțuri. Părea să nu existe nimic care să le țină închise. Mi s-a părut ciudat. Cu siguranță, era o schimbare de ritm.

„Mulțumim, foarte drăguț din partea voastră“, am spus, cu speranța că tonul meu era politicos. „Văd eu bine – Lloyd spuneai, nu? – că nu există nici un gard, nici altceva? Nu e puțin cam periculos pentru copii?“

„Desigur, am luat toate măsurile de siguranță“, a spus Lloyd. „Ne-am gândit că familiei dumneavoastră i-ar plăcea mai mult să vadă animalele mișcându-se liber, ca în sălbăticie. Așa că le-am sedat, pentru siguranța dumneavoastră. Nu vă vor face nici un rău.“ Ne-a chemat cu un gest încurajator. „Vă rog, apropiați-vă. Distracție plăcută.“

Barack și cu mine le-am luat pe Malia și Sasha de mână și am pornit prin iarba încă plină de rouă a Peluzei de Sud. Animalele erau mai mari decât mă așteptam, apatice și musculoase, iar cozile le zvâcneau în timp ce se uitau la noi cum ne apropiem. Nu mai văzusem niciodată așa ceva, patru feline mari la o întindere de mână. Leul s-a mișcat puțin când ne-am apropiat. Am văzut cum ochii panterei ne urmăreau, iar tigrul și-a lăsat urechile puțin spre spate. Apoi, fără avertizare, ghepardul a țâșnit din umbră, ca din pușcă, drept spre noi.

M-am panicat, am prins-o pe Sasha de mână și am alergat cu ea pe gazon spre casă, convinsă că Barack și Malia făceau același lucru în urma noastră. Judecând după zgomote, toate animalele săriseră în picioare și acum ne urmăreau.

Lloyd stătea în ușă, netulburat.

„Ne-ai spus că sunt sedate!“ am strigat.

„Nu vă faceți griji, doamnă“, mi-a răspuns el. „Avem un plan de intervenție exact pentru acest scenariu!“ A făcut un pas în lateral, în timp ce agenții Serviciului Secret au țâșnit pe lângă el, pe ușă, purtând ceva ce părea să fie arme cu săgeți tranchilizante. În acea clipă, am simțit cum Sasha îmi scapă din mână.

M-am întors spre peluză, îngrozită să-mi văd familia fugărită de animale sălbatice, fugărite la rândul lor de agenții care trăgeau cu armele.

„Ăsta este planul vostru?" am țipat. *„Vă bateți joc de mine?"*

Exact atunci, ghepardul a mârâit amenințător și s-a repezit la Sasha, cu ghearele scoase, făcând un salt în aer. Un agent a tras și a ratat animalul, dar l-a speriat suficient încât să-l gonească în josul colinei. Am fost ușurată pentru o clipă, dar apoi am văzut o săgeată tranchilizantă vopsită în alb și portocaliu înfiptă în brațul drept al Sashei.

M-am ridicat brusc în pat, cu inima bătând să-mi sară din piept, scăldată în transpirație, doar ca să-mi văd soțul dormind liniștit lângă mine. Totul fusese doar un vis urât.

CONTINUAM SĂ SIMT că băteam în retragere, întreaga noastră familie se afla într-o fază de uriașă neîncredere. Nu mă îndoiam de mecanismul colosal pus în funcțiune în beneficiul nostru la Casa Albă, dar tot mă simțeam vulnerabilă, știind că totul, de la siguranța fiicelor noastre până la orchestrarea deplasărilor mele, se afla aproape exclusiv în mâinile altora – dintre care mulți erau cu cel puțin 20 de ani mai tineri decât mine. În copilăria mea de pe Euclid Avenue, fusesem învățată că trebuie mereu să mă descurc singură. Fusesem crescută să mă ocup singură de treburile mele, dar acum asta părea aproape imposibil. De treburile mele se ocupau alții. Înainte să plec undeva, personalul meu parcurgea traseele în avans, cronometra fiecare etapă la minut și îmi programa și pauzele de mers la baie. Agenții îmi duceau fetele la joacă. Menajerele strângeau hainele și așternuturile care trebuiau curățate.

Nu mai conduceam mașina și nu mai aveam la mine lucruri cum ar fi banii sau cheile de la casă. Aveam ajutoare care se ocupau de convorbirile telefonice, mergeau la ședințe și scriau declarații pentru mine.

Toate acestea erau minunate și foarte utile, lăsându-mi timp să mă pot concentra asupra lucrurilor pe care le consideram cele mai importante. Însă câteodată mă făcea – pe mine, un om obsedat de ordine – să simt că am pierdut controlul asupra detaliilor. Iar acolo stăteau la pândă leii și gheparzii.

Existau totodată multe lucruri care nu puteau fi planificate, o dezordine generală care ne invada în fiecare zi. Când ești măritată cu președintele, ajungi să înțelegi foarte rapid că lumea debordează de haos, că dezastrele se produc pe neașteptate. Forțe văzute și nevăzute sunt gata să-ți distrugă orice mică urmă de liniște și calm. Știrile nu pot fi niciodată ignorate: un cutremur devastează Haiti. O garnitură cedează la 1 500 de metri adâncime sub o platformă petrolieră din largul statului Louisiana, și milioane de barili de țiței se revarsă în Golful Mexic. În Egipt izbucnește o revoluție. Un atacator deschide focul în parcarea unui supermarket din Arizona, ucigând șase oameni și rănind o membră a Congresului SUA.

Totul era important și totul era relevant. Citeam sintezele de presă pe care le primeam de la echipa mea în fiecare dimineață și știam că Barack era nevoit să absoarbă și să reacționeze la fiecare schimbare de situație. Avea să fie învinuit pentru lucruri pe care nu le putea controla, împins să rezolve probleme înspăimântătoare în țări îndepărtate, să pună stavilă oceanului. Misiunea lui, se pare, era să preia tot acest haos și să-l transforme în resurse necesare unui stil calm de a conduce – în fiecare zi a săptămânii, în fiecare săptămână a anului.

Am încercat cât de mult am putut să nu las incertitudinile perturbatoare ale lumii să-mi influențeze activitatea obișnuită de primă doamnă, dar uneori nu reușeam. Era important felul în care eu și Barack ne comportam în fața instabilității. Am înțeles că reprezentam națiunea și că eram obligați să facem mereu un pas în față și să fim prezenți acolo unde se întâmpla o tragedie, unde apărea o problemă grea sau unde exista confuzie. O parte a rolului nostru, așa cum îl înțelegeam noi, era să simbolizăm rațiunea, compasiunea și consecvența. După ce deversarea de petrol de la British Petroleum – cea mai gravă din istoria SUA – a fost, în sfârșit, stopată, mulți americani erau încă îngrijorați și nu aveau încredere că era sigur să revină în Golful Mexic pentru vacanțe, așa că stabilitatea economică locală a avut de suferit. Ca urmare, am făcut o excursie de familie în Florida, în timpul căreia Barack a luat-o pe Sasha în apă, oferind apoi presei o fotografie cu ei doi bălăcindu-se veseli în valuri. Era un gest mărunt, dar mesajul a fost foarte important: „Dacă președintele are încredere că apa este curată, pot să am și eu".

Când călătoream undeva după o tragedie, împreună sau separat, voiam deseori să le reamintim americanilor să nu treacă prea repede pe lângă durerea altora. Ori de câte ori puteam, încercam să scot în evidență eforturile echipelor de intervenții, ale educatorilor sau ale voluntarilor – pe oricine făcea eforturi pentru comunitate într-o situație dificilă. Când am mers în Haiti împreună cu Jill Biden, la trei luni după cutremurul din 2010, am simțit cum mi se strânge inima la vederea mormanelor de dărâmături acolo unde fuseseră case, locuri în care zeci de mii de oameni – mame, bunici, bebeluși – fuseseră îngropați de vii. Am vizitat o tabără unde câteva autobuze fuseseră transformate în centre de sprijin, în care artiști locali făceau terapie prin artă cu copiii rămași fără adăpost, copii care, în ciuda pierderilor suferite și cu ajutorul adulților din jurul lor, încă erau plini de speranță.

Durerea și capacitatea de regenerare merg mână în mână. Am văzut asta nu o singură dată, ci de multe ori, ca primă doamnă.

Cât de des puteam, vizitam spitalele militare în care soldații se refăceau după rănile suferite în război. Prima dată am fost la Centrul Medical Militar Național Walter Reed, aflat în vecinătatea Washingtonului, la Bethesda, Maryland. Vizita fusese programată să dureze 90 de minute, dar am rămas acolo patru ore.

Walter Reed era cunoscută ca fiind a doua sau a treia escală pentru militarii răniți în Irak și Afghanistan. Mulți erau triați în zona de conflict, și apoi tratați la Centrul Medical Militar din Landstuhl, Germania, înainte să fie aduși cu avionul în Statele Unite. Unii soldați stăteau doar câteva zile la Walter Reed. Alții rămâneau luni de-a rândul. Spitalul avea cei mai buni chirurgi militari și oferea programe excelente de reabilitare, concepute special pentru cele mai grave răni posibile, căpătate pe câmpul de luptă. Datorită modernizării blindajelor, militarii americani supraviețuiau acum unor explozii care altădată i-ar fi ucis. Aceasta era partea bună. Partea mai puțin bună era că, după aproape un deceniu și două războaie caracterizate de atacuri surpriză și dispozitive explozive ascunse, aceste răni erau numeroase și foarte grave.

Oricât de mult aş fi încercat să mă pregătesc pentru orice mi se întâmpla în viață, era imposibil să te pregătești pentru întâlniri ca acelea pe care le-am avut în spitalele militare și la Casele Fisher – locuințe în care, mulțumită organizației caritabile cu același nume, familiile militarilor puteau sta gratuit ca să îngrijească pe cineva drag. Cum am mai spus deja, am crescut fără să știu mare lucru despre armată. Tata a fost militar doi ani, dar mult înainte să mă nasc eu. Până la campania electorală a lui Barack, nu avusesem nici un fel de contact cu freamătul disciplinat dintr-o bază militară sau cu modestele căsuțe în care cei înrolați stau cu familiile. Pentru mine, războiul a fost întotdeauna înspăimântător, dar și abstract, implicând imagini pe care nu mi le puteam imagina și oameni pe care nu îi cunoșteam. Acum îmi dau seama că a fost un privilegiu să pot vedea lucrurile în felul acesta.

Când ajungeam la un spital, eram, de obicei, întâmpinată de o asistentă de serviciu, primeam un echipament medical pe care să îl îmbrac și mi se spunea să-mi dezinfectez mâinile de fiecare dată când intram într-un salon. Înainte să se deschidă o nouă ușă, primeam câteva informații despre militarul internat acolo și despre starea acestuia. De asemenea, fiecărui pacient i se cerea acceptul pentru vizita mea. Câțiva au refuzat, unii poate din cauză că se simțeau rău, alții poate din motive politice. În ambele cazuri, i-am înțeles. Ultimul lucru pe care mi-l doream era să fiu o povară.

Vizitele mele în saloane puteau fi cât de scurte sau cât de lungi și le doreau militarii răniți. Fiecare conversație era privată, departe de urechile ziariștilor sau de ale celor din personalul medical. Atmosfera era câteodată sumbră, altădată veselă.

Inspirată de emblema vreunei echipe sau de fotografiile de pe perete, discutam cu ei despre sport, despre statele din care proveneau sau despre copiii noștri. Sau despre Afghanistan și ce li se întâmplase acolo. Câteodată, discutam despre ce aveau și ce nu aveau nevoie, iar în această ultimă categorie se regăsea aproape de fiecare dată mila celorlalți.

Într-o astfel de vizită, am găsit pe ușa unui salon o bucată de carton roșu pe care era scris, cu marker negru, un mesaj care părea să spună totul:

ÎN ATENȚIA TUTUROR CELOR CARE INTRĂ AICI:

Dacă intrați în această cameră cu tristețe sau ca să mă compătimiți pentru rănile mele, mergeți în altă parte. Rănile mele au fost produse într-o slujbă pe care o iubesc, făcută pentru oameni pe care îi iubesc, în sprijinul libertății unei țări pe care o iubesc profund. Sunt incredibil de puternic și mă voi reface complet.

Asta însemna rezistență. Era reflexia unui spirit plin de mândrie și de siguranță de sine, pe care l-am întâlnit peste tot în armată. Am stat într-o zi lângă un bărbat care plecase tânăr și sănătos într-o misiune în străinătate, lăsând în urmă o soție însărcinată, și s-a întors cvadriplegic, incapabil să-și mai miște mâinile și picioarele. În timp ce stăteam de vorbă, bebelușul lor – un nou-născut cu fețișoară rozalie – stătea pe pieptul lui, înfășurat într-o păturică. Am întâlnit un alt militar căruia i se amputase un picior și care mi-a pus o mulțime de întrebări despre Serviciul Secret. Mi-a explicat voios că sperase să devină și el agent de pază cândva, după plecarea din armată, însă, din cauza rănii suferite, trebuia să își facă alte planuri acum.

Apoi, mai erau și familiile militarilor. Mă prezentam soțiilor și soților, mamelor și taților, verilor și prietenilor pe care îi găseam lângă patul de spital, oameni care renunțaseră temporar la viețile lor, ca să fie aproape de cei dragi. Uneori, aceștia erau singurii cu care puteam vorbi, cel pe care îl iubeau fiind imobilizat alături, puternic sedat sau adormit. Acești oameni aveau de dus propria povară. Unii proveneau din familii cu generații întregi de militari, alteori erau tinere abia ieșite din adolescență, care îmbrăcaseră rochia de mireasă chiar înainte de o misiune în străinătate – iar viitorul lor o luase brusc într-o cu totul altă direcție. Am pierdut numărul mamelor împreună cu care am plâns, durerea lor fiind atât de puternică, încât nu am putut face altceva decât să le țin de mână și să ne rugăm în tăcere, printre lacrimi.

Ceea ce am văzut în viața militară m-a făcut să mă simt umilă. Niciodată, în toată viața mea, nu am întâlnit curajul și loialitatea pe care le-am găsit în saloanele acelea.

Într-o zi, mă aflam în San Antonio, Texas, când am remarcat o oarecare agitație pe holul spitalului militar pe care îl vizitam. Infirmierele intrau și ieșeau grăbite din salonul pe care urma să-l vizitez. „Nu vrea să stea în pat“, am auzit pe cineva șoptind. Înăuntru am întâlnit un militar din Garda Națională care avea răni multiple și arsuri grave pe corp. Era un tânăr înalt din zona rurală a Texasului, în mod evident chinuit de dureri cumplite, care încerca să-și pună tălpile pe podea, ținându-se de cearșafuri.

Ne-a luat câteva clipe să înțelegem ce făcea. În ciuda durerii, soldatul încerca să stea în poziție de drepți pentru a o saluta pe soția comandantului lui suprem.

Cândva, la începutul anului 2011, l-am auzit pe Barack vorbind despre Osama bin Laden. Abia terminasem cina, iar Sasha și Malia plecaseră să-și facă temele, lăsându-ne singuri în sufrageria reședinței.

„Cred că știm unde este“, mi-a spus Barack. „S-ar putea să mergem după el, dar încă nu e nimic sigur.“

Bin Laden era cel mai căutat om din lume și reușise să se ascundă ani de zile. Capturarea sau uciderea lui era una dintre principalele priorități ale lui Barack, de când preluase președinția. Știam că ar fi fost important pentru țară, pentru miile de militari care luptau de ani de zile să ne apere de al-Qaeda și, în special, pentru cei care pierduseră pe cineva drag în atacurile din 11 septembrie.

Îmi dădeam seama după tonul sever al lui Barack că mai erau încă multe de rezolvat. Era limpede că îl frământau variabilele situației și știam că nu avea rost să-i pun alte întrebări lămuritoare sau să-i cer să mă pună la curent cu detaliile. Barack și cu mine ne consultam în probleme profesionale, și făcuserăm asta întotdeauna. Dar știam că el era înconjurat acum de consilieri specializați. Avea acces la tot felul de informații ultrasecrete și, mai ales în probleme de securitate națională, nu avea nevoie de părerile mele. În general, încercam să transformăm timpul petrecut cu mine și cu fetele într-un moment de răgaz, chiar dacă munca era mereu aproape. La urma urmei, locuiam efectiv deasupra prăvăliei.

Barack, care a fost întotdeauna bun la separarea vieții de familie de cea profesională, reușea să fie admirabil de prezent și de atent atunci când era cu noi. Era ceva ce am învățat împreună de-a lungul timpului, pe măsură ce viețile noastre profesionale deveneau din ce în ce mai aglomerate și mai intense. Trebuiau ridicate adevărate ziduri, limitele aveau nevoie de protecție. Bin Laden nu era invitat la cină, așa cum nu a fost criza umanitară din Libia, și nici republicanii din Tea Party. Aveam copii, iar copiii aveau nevoie de spațiu ca să vorbească și să crească. Timpul petrecut în familie era unul în care marile preocupări și problemele urgente erau reduse brusc și nemilos la lucruri fără importanță, lăsând loc mărunțișurilor din viața noastră personală. În timpul mesei de seară, Barack și cu mine ascultam povești de pe terenul de joacă de la Sidwell sau detalii din proiectul științific al Maliei despre animalele pe cale de dispariție, de parcă acestea ar fi fost cele mai importante lucruri din lume. Pentru că erau. Și aveau tot dreptul să fie.

Totuși, chiar și în timp ce mâncam, se adunau lucruri care așteptau atenție și rezolvare. Puteam să văd, peste umărul lui Barack, holul de la intrarea în sufragerie, unde angajații ne lăsau mapele de informare pe o măsuță, de obicei, chiar când eram în mijlocul cinei. Făcea parte din ritualurile de la Casa Albă: erau lăsate în fiecare seară două dosare, unul pentru mine și unul mult mai gros, legat în coperte din piele, pentru Barack. Fiecare conținea documente de la birourile noastre, care trebuiau citite peste noapte.

După ce le culcam pe fete, Barack dispărea, de regulă, în Sala Tratatelor cu dosarul lui, în timp ce eu îl luam pe al meu și mă instalam pe un fotoliu din dressing, unde, în fiecare seară sau dimineața devreme, petreceam o oră sau două răsfoind ce era înăuntru – de obicei, informări de la personalul meu, schițe pentru discursurile următoare și decizii care trebuiau luate cu privire la inițiativele mele.

La un an după ce lansasem Let's Move!, vedeam rezultatele. Ne aliaserăm cu diferite fundații și furnizori de produse alimentare ca să instalăm 6 000 de standuri cu salate în cantinele școlare și recrutaserăm maeștri bucătari locali care să ajute școlile la prepararea unor mâncăruri nu doar sănătoase, ci și gustoase. Walmart, care era pe atunci cel mai mare comerciant de produse alimentare din țară, se alăturase efortului nostru, cu promisiunea de a reduce cantitatea de zahăr, sare și grăsimi din produse și de a reduce prețurile. În plus, i-am convins pe primarii din 500 de orașe și orășele din toată țara să se ocupe activ de obezitatea infantilă la nivel local.

Cel mai important, de-a lungul anului 2010, muncisem din greu ca să susțin trecerea prin Congres a unei noi legi privind nutriția copiilor, care, pentru prima dată în ultimii 30 de ani, ar fi facilitat accesul copiilor la alimente sănătoase, de calitate, în școlile publice și ar fi mărit rata de rambursare pentru mesele subvenționate de stat. Cu toate că, în general, preferam să rămân în afara politicii, aceasta era lupta mea – subiectul pentru care fusesem dispusă să mă arunc în ring. Am petrecut ore în șir telefonându-le senatorilor și reprezentanților, încercând să îi conving că era vorba despre copiii noștri, care meritau mai mult decât primeau acum. Discutam asiduu cu Barack, cu consilierii mei, cu oricine era dispus să asculte. Noua lege adăuga mai multe fructe și legume proaspete, cereale integrale și lactate degresate celor aproximativ 43 de milioane de mese servite în școli. Reglementa alimentele nesănătoase care erau vândute copiilor prin intermediul automatelor instalate pe proprietatea școlilor, acordând totodată fonduri unităților de învățământ ca să amenajeze grădini și să se aprovizioneze de la producătorii locali. Pentru mine, era un lucru simplu și bun – o modalitate eficientă de a ataca la bază problema obezității infantile.

Barack și consilierii lui au făcut și ei eforturi în sprijinul legii. După ce republicanii au câștigat majoritatea în Camera Reprezentanților, în alegerile de la jumătatea mandatului, el a făcut din acest efort o prioritate în relațiile sale cu legiuitorii, știind că abilitatea lui de a face schimbări legislative majore avea să se diminueze. La începutul lui decembrie, chiar înainte ca noul Congres să își preia atribuțiile, legea a reușit să depășească ultimele obstacole și, 11 zile mai târziu, stăteam mândră lângă Barack în timp ce semna decretul de promulgare, înconjurat de elevii de la o școală primară locală.

„Dacă nu aș fi reușit să trec legea asta", a glumit el cu reporterii, „dormeam pe canapea."

La fel ca în cazul grădinii, încercam să cresc ceva – o rețea de susținători, un cor de voci care să vorbească în favoarea copiilor și a sănătății lor. Vedeam în munca mea o completare a succesului lui Barack din 2010, când sprijinise votarea Legii pentru servicii medicale accesibile, care garanta accesul la asigurări de sănătate pentru toți americanii. Iar eu mă concentram acum și pe lansarea unui nou proiect numit Joining Forces (Alături de armată) – de data aceasta în parteneriat cu Jill Biden, al cărei fiu Beau se întorsese recent teafăr din misiune în Irak. Și acest demers avea să vină în sprijinul îndatoririlor de comandant suprem ale lui Barack.

Știind că le datoram militarilor și familiilor lor mai mult decât niște mulțumiri simbolice, Jill și cu mine am lucrat cu o echipă de jurnaliști, ca să identificăm modalitățile concrete prin care am putea să sprijinim comunitatea militară și să-i mărim vizibilitatea. Barack demarase deja eforturile în această privință, cu un audit la nivelul întregului guvern, cerând fiecărei agenții să găsească moduri noi de a sprijini familiile militarilor. Între timp, eu i-am contactat pe cei mai influenți directori de companii din țară, pentru a-i face să promită că aveau să angajeze un număr important de veterani și de soții de militari. Jill a obținut de la diverse colegii și universități angajamentul de a pregăti profesori și educatori care să înțeleagă mai bine nevoile copiilor de militari. Voiam totodată să luptăm împotriva stigmatului legat de presupusele probleme de sănătate mintală ale militarilor întorși din teatrele de război și să facem lobby pe lângă scenariștii și producătorii de la Hollywood să includă povești militare în filmele și emisiunile lor de televiziune.

Problemele la care lucram nu erau simple, dar erau, totuși, rezolvabile în moduri în care ceea ce îl ținea pe soțul meu la birou până noaptea târziu nu s-ar fi rezolvat. La fel ca pe vremea când ne-am cunoscut, noaptea rămăsese pentru Barack perioada în care mintea lui funcționa fără să fie distrasă. Aceste ore liniștite erau cele în care găsea perspective noi sau își însușea informații, adăugând date pe vasta hartă mentală pe care o purta permanent cu el. Deseori, majordomii veneau în Sala Tratatelor de câteva ori pe seară să-i aducă și mai multe dosare, ce conțineau și mai multe documente, pregătite de angajații care lucrau până târziu în birourile de la parter. Dacă lui Barack i se făcea foame, cineva îi aducea o farfurioară cu smochine sau nuci. Din fericire, nu mai fuma, dar mestеca deseori gumă cu nicotină. În cele mai multe nopți, stătea la masa de lucru până la ora 1 sau chiar 2, citind note, refăcând discursuri și răspunzând la e-mailuri, ținând televizorul deschis pe canalul de sport. Făcea întotdeauna o pauză ca să vină și să ne sărute de noapte bună, pe mine și pe fete.

Mă obișnuisem deja cu devotamentul lui pentru nesfârșitele treburi ale guvernării. Ani de zile, fetele și cu mine îl împărțisem pe Barack cu alegătorii lui, iar acum aceștia numărau peste 300 de milioane. Când îl lăsam singur seara în Sala Tratatelor, mă întrebam uneori dacă aceștia își dădeau seama cât de norocoși erau.

Ultimul lucru pe care îl făcea, de obicei, după miezul nopții, era să citească scrisori primite de la cetățenii americani. De la începutul președinției lui, Barack ceruse echipei sale să includă în mapa lui de informare zece scrisori sau mesaje de la alegători, selectate din cele aproximativ 15 000 care veneau zilnic. Citea fiecare scrisoare cu atenție, schițând pe margine răspunsuri, astfel încât cei din echipa lui să poată pregăti un răspuns sau să o transmită unui ministru. Citea scrisori de la soldați. De la deținuți. De la bolnavi de cancer care se chinuiau să-și plătească tratamentele cele mai bune, de la oameni care își pierduseră casele din cauza crizei. De la homosexuali care sperau să se poată căsători legal și de la republicani care erau de părere că el distrugea țara. De la mame, de la bunici și de la copii. Citea scrisori de la oameni care apreciau ceea ce făcea și de la alții care voiau să-i transmită că era un idiot.

Citea tot, văzând această activitate ca pe o parte a responsabilității asumate odată cu jurământul. Avea o muncă grea și solitară – cea mai grea și mai solitară din lume, mi se părea adesea –, dar știa că avea obligația să rămână deschis, să nu blocheze nimic în afară. În timp ce noi ceilalți dormeam, el dărâma barierele și lăsa totul înăuntru.

LUNEA ȘI MIERCUREA SEARA, Sasha, care avea acum zece ani, mergea la antrenamente de înot la centrul sportiv al Universității Americane, la câțiva kilometri de Casa Albă. Câteodată, mergeam și eu să o văd cum își face exercițiile, încercând să mă strecor neobservată până în camera mică de lângă piscină, unde părinții puteau să stea și să urmărească antrenamentele printr-un geam.

Navigarea printr-un centru sportiv aglomerat, la o oră de vârf, era o provocare pentru agenții din echipa mea de securitate, dar aceștia se descurcau foarte bine. În ceea ce mă privea, devenisem expertă în a merge repede și fără să ridic privirea din pământ când treceam prin spații publice, ceea ce ajuta la păstrarea eficienței. Treceam rapid printre studenți care ridicau greutăți și prin încăperile unde cursurile de aerobic erau în plină desfășurare. Câteodată, părea să nu observe nimeni. Alteori, simțeam agitația fără să fie nevoie să ridic privirea, conștientă de unda pe care o iscam când oamenii murmurau sau chiar strigau: „Hei, uite-o pe Michelle Obama!“ Dar nu era decât o undă și se stingea rapid. Eram ca o fantomă, apăream o clipă și dispăream înainte ca imaginea să fie cu adevărat procesată.

În serile cu antrenamente, scaunele de lângă piscină erau, în general, goale, doar câteva erau ocupate de părinți care discutau alene sau se uitau pe iPhone-uri în timp ce își așteptau copiii. Găseam un loc liniștit, mă așezam și mă concentram pe înot.

Mă bucuram de orice ocazie în care puteam să îmi văd fetele în universul lor – departe de Casa Albă, departe de părinții lor, în spații și relații pe care și le creaseră singure. Sasha era o înotătoare puternică, pasionată de stilul bras și hotărâtă să stăpânească și stilul fluture. Purta un costum de baie întreg și o cască bleumarin și își făcea sârguincioasă lungimile de bazin, oprindu-se din când în când ca să primească indicații de la antrenori, discutând veselă cu colegele de echipă în pauzele stabilite.

Pentru mine nu era nimic mai îmbucurător decât să fiu martoră la acele momente, să stau neobservată și să asist la miracolul creșterii unei fete – fiica noastră – independente și complete. Le-am aruncat pe fiicele noastre în viața neobișnuită și intensă de la Casa Albă fără să știm ce efect avea să aibă asupra lor sau ce aveau să preia ele din experiența respectivă. Am încercat să transform expunerea fiicelor noastre la lumea largă într-un fenomen cât se putea de pozitiv, dându-mi seama că Barack și cu mine aveam ocazia unică de a le arăta istoria de aproape. Când Barack făcea călătorii în străinătate care coincideau cu vacanțele școlare, plecam în familie, știind că aveau ce învăța. În vara anului 2009, le-am luat într-un turneu ce includea vizite la Kremlin, în Moscova, și la Vatican. Într-o perioadă de șapte zile, l-au întâlnit pe președintele Rusiei, au vizitat Pantheonul și Colosseumul de la Roma și au trecut prin „Poarta fără întoarcere“ din Ghana, punctul de plecare pentru nenumărați africani care aveau să fie vânduți ca sclavi.

Cu siguranță erau multe informații de absorbit, dar am constatat că fiecare copil își însușește ce poate și din perspectivă proprie. Când ne-am întors acasă din călătoriile de peste vară, Sasha a început clasa a treia. În toamna aceea, când am fost în sala ei de clasă de la Sidwell, la ședința cu părinții, am descoperit o compunere scrisă de ea pe tema „Ce am făcut în vacanța de vară“, agățată pe perete alături de cele ale colegilor ei. „Am fost la Roma și ne-am întâlnit cu Papa“, scrisese Sasha. „Îi lipsește o parte din degetul mare.“

N-aș putea să vă spun cum arată degetul mare al Papei Benedict al XVI-lea, dacă e întreg sau nu. Dar o dusesem pe observatoarea noastră greu de impresionat, în vârstă de opt ani, la Roma, la Moscova și la Accra, și cu asta se întorsese ea de acolo. Viziunea ei asupra istoriei nu era prea elevată, în momentul acela.

Oricât am fi încercat noi să creăm un tampon între ele și aspectele mai grave ale funcției lui Barack, știam că Sasha și Malia tot mai aveau multe de înfruntat. Ele coexistau cu evenimentele internaționale într-un mod în care puțini copii o făceau, trăind cu faptul că, uneori, știrile se petreceau chiar sub acoperișul nostru, că tatăl lor trebuia să plece câteodată pentru chestiuni de urgență națională și că, de fiecare dată, indiferent ce ar fi făcut, existau oameni care îl insultau fără menajamente. Pentru mine, aceasta era o altă versiune a leilor și gheparzilor pe care îi simțeam uneori foarte aproape.

În iarna anului 2011, am auzit că prezentatorul unui reality show și magnat imobiliar new yorkez, Donald Trump, începea să facă valuri în legătură cu posibilitatea de a candida pentru nominalizarea republicanilor în 2012, când Barack avea să intre în competiție pentru un nou mandat. De cele mai multe ori, însă, părea că vrea doar să facă vâlvă, apărând la emisiunile TV cu critici bombastice și amatoristice la adresa deciziilor de politică externă luate de Barack și ca să întrebe dacă președintele era cetățean american. Încă din campania precedentă, apăruseră adepți ai unei teorii conspiraționiste potrivit căreia certificatul de naștere hawaiian al lui Barack ar fi fost un fals și că el s-ar fi născut, de fapt, în Kenya. Acum, Trump făcea eforturi să reînvie această teză, făcând afirmații deplasate în diverse emisiuni televizate, insistând că anunțul nașterii lui Barack într-un ziar din Honolulu, din 1961, era și el un fals și că nici unul dintre colegii lui de grădiniță nu-și amintea de el. În tot acest timp, în vânătoare după audiențe, ziarele și televiziunile – în special cele conservatoare – pompau voios oxigen în aceste afirmații neîntemeiate.

Era un scenariu nebunesc și rău intenționat, desigur, care cu greu reușea să mascheze bigotismul și xenofobia de la baza lui. Dar era și un scenariu periculos, menit deliberat să stârnească extremiștii și nebunii. Iar influența lui era reală. Știu asta deoarece eram informată din când în când de Serviciul Secret cu privire la amenințările mai serioase care apăreau. Încercam să nu-mi fac griji, dar uneori era imposibil. Dar, dacă o persoană instabilă psihic încărca o armă și venea la Washington? Dar, dacă persoana aceea se apuca să le caute pe fete? Cu aluziile lui gălăgioase și nesăbuite, Donald Trump punea în pericol siguranța familiei mele. Iar pentru asta nu aveam să-l iert niciodată.

Nu aveam de ales, însă. Trebuia să ne lăsăm temerile deoparte, să continuăm să avem încredere în structura creată ca să ne protejeze și să trăim, pur și simplu. Oamenii care încercau să ne definească drept „alții“ făceau deja asta de ani de zile. Am făcut tot ce am putut să ne ridicăm deasupra minciunilor și a distorsiunilor lor, încrezători că modul în care Barack și cu mine ne trăiam viețile avea să le arate oamenilor cine eram noi cu adevărat. Auzisem frecvent atenționări sincere și bine intenționate referitoare la siguranța noastră, încă din ziua în care Barack se hotărâse să candideze la președinție. „Ne rugăm să nu vă facă nimeni rău", obișnuiau să îmi spună oamenii când îmi strângeau mâna la evenimentele din campanie. Auzisem asta de la oameni de toate rasele, de toate originile, de toate vârstele – o aducere aminte a bunătății și a generozității care existau în țara noastră. „Ne rugăm în fiecare zi pentru voi și pentru familia voastră."

Păstram cuvintele lor cu mine. Simțeam protecția acelor milioane de oameni sinceri care se rugau pentru siguranța noastră. Barack și cu mine ne bazam amândoi și pe credința noastră personală. Acum mergeam rar la biserică, în primul rând, pentru spectacolul în care se transformase, cu reporteri, care strigau întrebări în timp ce intram la slujbă. După ce reverendul Jeremiah Wright devenise un subiect de presă în prima campanie prezidențială a lui Barack, după ce adversarii lui Barack încercaseră să-i folosească credința ca pe o armă – sugerând că era „musulman în secret" – luaserăm hotărârea să ne practicăm credința în particular, acasă, incluzând rugăciuni în fiecare seară înainte de cină și organizând câteva cursuri de școală de duminică la Casa Albă, pentru fiicele noastre. Nu ne alăturaserăm nici unei biserici din Washington, deoarece nu dorisem să supunem altă congregație la genul de atacuri care se abătuseră asupra bisericii noastre din Chicago, Trinity. Era un sacrificiu, totuși. Îmi lipsea căldura unei comunități spirituale. Deseori, noaptea, îl vedeam pe Barack întins de cealaltă parte a patului, cu ochii închiși, rugându-se în tăcere.

La câteva luni după ce au luat din nou amploare zvonurile cu privire la nașterea lui Barack în afara Statelor Unite, într-o noapte de vineri din noiembrie, un bărbat și-a parcat mașina pe o porțiune închisă din Constitution Avenue și a început să tragă de pe parbriz cu o armă semiautomată spre etajele superioare de la Casa Albă. Un glonț a lovit una dintre ferestrele Sălii Ovale Galbene, unde îmi plăcea uneori să stau și să-mi beau ceaiul. Un altul s-a înfipt în rama unei ferestre, și mai multe au ricoșat din acoperiș. Barack și cu mine eram plecați în noaptea aceea, la fel și Malia, dar Sasha și mama erau acasă, deși n-au pățit nimic și nici nu și-au dat seama ce se întâmplase. A durat câteva săptămâni până când sticla antiglonț de la fereastra Sălii Ovale Galbene a fost înlocuită și m-am trezit de multe ori privind îndelung orificiul mic și rotund, care-mi reamintea cât de vulnerabili eram.

În general, înțelesesem că era mai bine pentru noi toți să nu răspundem la ură și să nu trăim cu teamă, chiar și când alții se simțeau obligați să ne reamintească riscurile. La Sidwell, Malia a intrat, până la urmă, în echipa de tenis a liceului, care se antrena pe terenurile școlii, pe Wisconsin Avenue. Era acolo într-o zi când o femeie, mama unei alte eleve, s-a apropiat de ea, arătând spre strada aglomerată de lângă terenuri. „Nu ți-e frică aici, afară?“ a întrebat ea.

Pe măsură ce creștea, fiica mea învăța să-și spună părerea, descoperindu-și propriile modalități de a impune limite. „Dacă vreți să știți dacă mă gândesc în fiecare zi la moarte“, i-a spus ea femeii, cât de politicos a putut, „răspunsul este nu.“

Câțiva ani mai târziu, aceeași mamă avea să vină la mine la un eveniment cu părinții, la școală, întinzându-mi o emoționantă scrisoare în care își cerea scuze, mărturisindu-mi că înțelesese imediat greșeala pe care o făcuse – să împovăreze un copil cu griji în privința cărora nu putea face nimic. A însemnat foarte mult pentru mine faptul că ea s-a gândit atât de mult la asta. Auzise în răspunsul Maliei și hotărâre de a rezista, și vulnerabilitate, un ecou a ceea ce trăiam toți și încercam să ținem sub control. Ea a înțeles, totodată, că singurul lucru pe care îl putea face fiica noastră, în ziua aceea și în toate zilele care aveau să urmeze, era să se întoarcă pe teren și să lovească o altă minge.

ORICE PROVOCARE este, desigur, relativă. Știam că fetele mele creșteau cu avantaje și într-o prosperitate la care cele mai multe familii nici nu puteau visa. Aveau o casă frumoasă, mâncare pe masă, adulți devotați în jurul lor și nimic altceva decât încurajare și resurse în tot ce era legat de educație. Dădeam tot ce îmi stătea în puteri pentru Sasha și Malia și pentru dezvoltarea lor, dar, ca primă doamnă, eram atentă și la o altă obligație, într-un registru general. Simțeam că le datoram mai mult copiilor, în general, și fetelor, în special. Acest sentiment era alimentat în parte de reacția pe care tindeau să o aibă oamenii la povestea vieții mele – surpriza că o fetiță de culoare crescută la oraș trecuse prin universități din Ivy League și prin funcții administrative, ca să aterizeze, în final, la Casa Albă. Înțelegeam că traiectoria mea era una neobișnuită, dar nu vedeam nici un motiv pentru care ar fi trebuit să fie așa. De nenumărate ori în viața mea fusesem singura femeie de culoare – sau chiar singura femeie – la o masă de conferințe, la întrunirea unui consiliu de administrație sau în cine știe ce adunare VIP. Iar, dacă am fost prima în astfel de ocazii, voiam să mă asigur că, până la urmă, nu voi rămâne și ultima – că vor veni și altele pe urmele mele. Cum spunea mama, o inamică declarată a oricărei hiperbole, și încă mai spune când cineva începe să ne laude pe mine și pe Craig și realizările noastre: „Nu sunt speciali deloc. South Side este plin de copii ca ei." Trebuie doar să îi ajutăm să ajungă în sălile acelea.

Îmi dădeam seama că părțile importante ale poveștii mele nu stau atât în valoarea aparentă a realizărilor mele, cât în ceea ce a stat la baza lor – numeroasele gesturi mărunte de sprijin de care am avut parte de-a lungul anilor și oamenii care m-au ajutat, în timp, să-mi construiesc încrederea în mine. Îmi amintesc de toți, de fiecare persoană care m-a împins vreodată înainte, făcând tot ce-i stătea în puteri să mă imunizeze împotriva ofenselor și a desconsiderării pe care aveam să le întâlnesc cu siguranță în locurile către care mă îndreptam – toate acele medii construite de la bun început de către și pentru oameni care nu erau nici negri, nici femei.

Mă gândeam la mătușa mea Robbie și la exigența de profesoară de pian, cum m-a încurajat să ridic fruntea și să cânt din tot sufletul la pianul de concert, deși tot ceea ce văzusem până atunci fusese doar o pianină cu clapele ciobite. M-am gândit la tata, care m-a învățat să boxez și să arunc mingea de fotbal, la fel ca pe Craig. Au fost domnul Martinez și domnul Bennett, profesorii mei de la Bryn Mawr, care nu mi-au respins niciodată opiniile. A fost mama, sprijinul meu de neclintit, a cărei vigilență m-a salvat de la o jalnică rătăcire încă din clasa a doua.

La Princeton am avut-o pe Czerny Brasuell, care m-a încurajat și mi-a hrănit intelectul în moduri noi. Iar ca tânără avocată le-am avut, printre alții, pe Susan Sher și Valerie Jarrett – după mulți ani încă prietene dragi și colege –, care mi-au arătat ce însemna să fii o mamă cu carieră și care mi-au deschis multe uși, convinse că aveam ceva de oferit.

Aceștia erau oameni care, în general, nu se cunoșteau între ei și nu avuseseră niciodată prilejul să se întâlnească, dintre care cu mulți am pierdut eu însămi legătura. Dar, în ochii mei, formau o constelație plină de însemnătate. Erau cei care m-au încurajat, cei care au crezut în mine, corul meu personal de susținători care mi-au cântat același refren: „Da, copile, o să reușești!“, de-a lungul întregului drum.

Nu am uitat niciodată. Am încercat chiar și ca tânăr avocat să-i răsplătesc pe alții la rândul meu, încurajând curiozitatea acolo unde o vedeam și atrăgând tinerii în discuțiile importante. Dacă vreo asistentă în avocatură îmi punea o întrebare legată de viitorul ei, îi deschideam ușa biroului și îi împărtășeam experiențele mele sau îi dădeam un sfat. Dacă avea nevoie cineva de îndrumare sau de ajutor ca să stabilească o legătură, îl ajutam cum puteam. Mai târziu, în perioada petrecută la Public Allies, am văzut care sunt beneficiile unei forme mai organizate de mentorat. Știam din propria experiență de viață cât de mult contează să arate cineva interes sincer pentru învățarea și dezvoltarea ta, chiar și numai zece minute într-o zi aglomerată. Contează în special pentru femei, pentru minorități, pentru cei pe care societatea îi trece ușor cu vederea.

Având toate acestea în minte, am lansat un program de conducere și mentorat la Casa Albă, la care am invitat 20 de fete din primul și al doilea an la liceele din Washington DC și din împrejurimi. Organizam întâlniri lunare care includeau discuții informale, vizite pe teren și prelegeri pe teme cum ar fi educația financiară sau alegerea unei cariere. Nu am dat programul publicității, ca să nu le expunem pe fete asaltului presei.

Fiecare adolescentă primea drept mentor o femeie cu care lega o relație personală, oferindu-i acces la diverse resurse și împărtășindu-i povestea ei de viață. Valerie era mentor. Cris Comerford, prima femeie bucătar-șef la Casa Albă, era mentor. Jill Biden era și ea, la fel ca alte câteva femei cu funcții importante în Aripa de Vest și cea de Est. Elevele erau alese de directorii liceelor sau de consilierii școlari și aveau să stea cu noi până la absolvire. Erau fete din familii de militari, din familii de imigranți, vreo mamă adolescentă sau o fată care trăia într-un azil pentru persoane fără adăpost. Toate erau inteligente și curioase. Deloc diferite de mine. Deloc diferite de fiicele mele. Mă uitam cum fetele legau prietenii în timp, găsind căi de apropiere una cu alta și cu adulții din jurul lor. Petreceam ore în șir vorbind cu ele, așezate într-un cerc mare, ronțăind popcorn și schimbând păreri despre dosarele de înscriere la colegiu, despre aspectul exterior și despre băieți. Nu exista subiect interzis și de fiecare dată râdeam foarte mult. Mai mult decât orice, speram că asta era ceea ce aveau să ia cu ele în viitor – lejeritatea, sentimentul de comunitate, curajul de a vorbi și de a te face auzit.

Dorința mea în ceea ce le privea era aceeași pe care o aveam pentru Sasha și Malia – că, obișnuindu-se să se simtă confortabil la Casa Albă, aveau să se simtă confortabil și încrezătoare în orice sală aveau să intre pe viitor, la orice masă aveau să se așeze, să-și facă vocea auzită în orice grup.

TRĂIAM ÎN INTERIORUL BULEI PREZIDENȚIALE de mai bine de doi ani și căutam modalități de a-i lărgi suprafața așa cum puteam. Barack și cu mine am continuat să deschidem ușile Casei Albe pentru cât mai mulți oameni, în special pentru copii, sperând să-i facem aerul mai primitor, să aducem mai multă viață în formalismul și tradițiile ei. Ori de câte ori veneau în vizită demnitari străini, invitam copii de la școlile locale să asiste la ceremonia oficială de primire și să guste din mâncărurile servite la dineul de stat. Dacă veneau muzicieni pentru un spectacol de seară, îi rugam să ajungă mai devreme și să ne ajute cu un atelier pentru tineret. Voiam să subliniem importanța expunerii copiilor la artă, să arătăm că nu era un lux, ci o necesitate pentru educația lor. M-am bucurat să văd elevi de liceu discutând cu artiști contemporani ca John Legend, Justin Timberlake și Alison Krauss, și cu legende ca Smokey Robinson și Patti LaBelle. Pentru mine, era o rememorare a felului în care fusesem crescută – jazzul de la Sudist de acasă, recitalurile de pian și atelierele de operetă organizate de mătușa mea Robbie, ieșirile în familie la muzeele din centru. Știam cum contribuie arta și cultura la dezvoltarea unui copil. Și mă făcea să mă simt acasă. Barack și cu mine ne legănam în ritmul muzicii, stând în primul rând la fiecare spectacol. Chiar și mama, care, în general, evita aparițiile publice, cobora în partea oficială a clădirii, ori de câte ori se auzea muzică.

Am adăugat sărbători ale dansului și alte arte, aducând artiști în devenire să își prezinte operele. În 2009, am organizat primul eveniment de poezie și improvizație oferit vreodată la Casa Albă. L-am ascultat pe tânărul poet și compozitor Lin-Manuel Miranda uimind pe toată lumea cu un fragment din proiectul la care abia începuse să lucreze și pe care l-a descris drept „un album conceptual despre viața cuiva care cred că este o întruchipare a stilului hip-hop... secretarul trezoreriei, Alexander Hamilton".

Îmi amintesc că i-am strâns mâna și i-am urat „succes la chestia aia cu Hamilton".

În fiecare zi experimentam atât de multe! Strălucire, excelență, distrugere, speranță. Toate deodată, iar, în tot acest timp, noi aveam doi copii care încercau să-și trăiască propriile vieți, separat de ceea ce se întâmpla acasă. Făceam tot ce-mi stătea în puteri ca eu și fetele să rămânem ancorate în lumea de zi cu zi. Scopul meu era, ca întotdeauna, să găsesc normalitate acolo unde puteam, să mă întorc la viața obișnuită. În timpul sezoanelor de fotbal și lacrosse, mergeam la multe dintre meciurile pe teren propriu ale Sashei și Maliei, ocupându-mi locul în tribune alături de alți părinți. Refuzam politicos rugămințile de a face o fotografie, dar eram întotdeauna bucuroasă să stăm de vorbă. Când Malia a început să joace tenis, îi urmăream, de regulă, partidele pe geamul unui vehicul al Serviciului Secret parcat discret în apropierea terenului, pentru că nu voiam să atrag atenția. Doar când se termina ieșeam din mașină să o îmbrățișez.

Cu Barack, nu am avut încotro și am renunțat la normalitate sau la o oarecare lejeritate în mișcări. Venea ori de câte ori putea la evenimentele de la școală și la meciurile fetelor, dar posibilitățile lui de a interacționa cu alți oameni erau limitate, iar prezența echipei sale de securitate nu era niciodată discretă. Mesajul, de fapt, era unul deloc subtil – lumea trebuia să afle că nimeni nu-i poate face nici un rău președintelui Statelor Unite. Din motive evidente, asta mă bucura. Dar suprapunând-o peste cerințele vieții de familie, era greu de acceptat.

Același gând trebuie să-l fi avut și Malia într-o zi, când Barack și cu mine mergeam la un eveniment de la Sidwell, unde învăța fata noastră. Traversam toți trei o curte deschisă, pe lângă un grup de copii de grădiniță în pauză, care se agățau de bare și alergau la locul de joacă. Nu sunt sigură că micuții au observat lunetiștii de la Serviciul Secret care erau răspândiți pe acoperișul școlii, îmbrăcați în negru și cu armele la vedere, dar Malia i-a văzut.

S-a uitat de la lunetiști la copii, apoi la tatăl ei, de parcă l-ar fi tachinat din priviri. „Chiar așa, tati?“ a spus ea. „Serios?“

Tot ce a putut să facă Barack a fost să zâmbească și să ridice din umeri. Dată fiind importanța funcției lui, nu existau excepții de la regulă.

Desigur, nici unul dintre noi nu a pășit vreodată în afara bulei de protecție. Bula se deplasa cu fiecare dintre noi în parte. Ca urmare a negocierilor pe care le-am avut la început cu Serviciul Secret, Sasha și Malia făceau lucruri obișnuite pentru vârsta lor, cum ar fi să meargă la petrecerile prietenelor, să spele mașini la o strângere de fonduri organizată de școală și chiar să piardă vremea la mall, întotdeauna însoțite de agenți de pază, iar uneori și de mama, dar, cel puțin, erau la fel de mobile ca prietenele lor. Agenții Sashei, printre care Beth Celestini și Lawrence Tucker – căruia toată lumea îi spunea L.T. – deveniseră accesorii îndrăgite la Sidwell. În pauze, copiii îl rugau pe L.T. să-i dea în leagăn. De multe ori, când vreun copil își sărbătorea ziua de naștere la clasă, părinții trimiteau prăjituri în plus, pentru agenți.

În timp, cu toții am ajuns să ne apropiem de agenții noștri. Preston Fairlamb era pe atunci la conducerea echipei mele, preluată ulterior de Allen Taylor, care fusese cu mine și în campania electorală. Când eram în public, erau tăcuți și foarte atenți, dar, în culise, sau în timpul călătoriilor cu avionul, se relaxau, spuneau povești și făceau glume. „Blajini cu chip de piatră“, îi tachinam eu. În numeroasele ore petrecute împreună și în călătoriile lungi, am devenit adevărați prieteni. Le împărtășeam durerea când pierdeau pe cineva drag și sărbătoream reușitele copiilor lor. Eram permanent conștientă de seriozitatea îndatoririlor lor, de ceea ce erau dispuși să sacrifice ca eu să fiu în siguranță, și nu i-am subapreciat niciodată.

Ca și fiicele mele, cultivam o viață privată care să se împace cu cea oficială. Am descoperit că existau moduri de a trece aproape neobservată când era nevoie. În loc să mă deplasez cu coloana oficială, mi se permitea uneori să merg într-o mașină fără însemne oficiale și cu o escortă de securitate redusă. Din când în când, reușeam să fac cumpărături cu viteza fulgerului, ajungând într-un loc și plecând de acolo înainte să-și dea seama cineva că am fost acolo. După ce Bo a sfârtecat cu temeinicie de expert toate jucăriile pentru cățel cumpărate de angajații care se ocupau de aprovizionare, într-o dimineață, l-am escortat personal la un magazin PetSmart din Alexandria. Și, pentru scurtă vreme, m-am bucurat de o minunată stare de anonimat alegând jucării de ros pentru Bo – care era la fel de încântat ca și mine de noutatea plimbării.

Ori de câte ori mergeam undeva fără agitația oficială, o simțeam ca pe o mică victorie, un exercițiu de liber arbitru. Eram un om al detaliului, la urma urmelor. Nu uitasem ce satisfăcător putea fi să bifezi o listă de cumpărături. Cam la șase luni după expediția la PetSmart, am dat o fugă incognito la magazinul Target local, purtând șapcă de baseball și ochelari de soare. Agenții din echipa mea de securitate purtau șorturi și adidași și renunțaseră la căștile din ureche, făcând tot posibilul să nu iasă în evidență în timp ce se țineau după mine și asistenta mea Kristin Jones prin magazin. Am trecut pe la absolut toate rafturile. Am ales o cremă de față Oil of Olay și niște periuțe de dinți noi. Am mai luat prosoape de hârtie și niște detergent de rufe pentru Kristin, iar pentru Sasha și Malia am găsit niște jocuri. Și, pentru prima dată după câțiva ani, am putut să aleg o felicitare pe care să i-o dau lui Barack la aniversarea noastră.

Am ajuns acasă euforică. Uneori, cele mai mărunte lucruri înseamnă enorm.

Pe măsură ce trecea timpul, adăugam noi aventuri la programul meu obișnuit. Am început să mă întâlnesc ocazional cu prieteni, să luăm masa la restaurant sau la ei acasă. Uneori mergeam în parc și făceam plimbări lungi pe malul râului Potomac. Aveam agenți înainte și în urma mea la aceste plimbări, dar la distanță și fără să fie remarcați. În ultimii ani, plecam de la Casa Albă ca să merg la ședințe de gimnastică la centrele sportive SoulCycle și Solidcore din oraș, strecurându-mă în sală în ultima clipă și plecând de îndată ce se termina ora, ca să nu fac vâlvă. Activitatea cea mai eliberatoare dintre toate s-a dovedit a fi schiul, un sport în care aveam prea puțină experiență, dar care a devenit foarte repede o pasiune.

Profitând de iernile neobişnuit de grele de care am avut parte în primii doi ani la Washington, am făcut câteva excursii de o zi cu fetele și cu niște prieteni într-o mică stațiune de schi cu numele foarte potrivit de Liberty Mountain, lângă Gettysburg, unde am descoperit că, dacă purtăm căști, ochelari mari și fulare, ne putem amesteca în orice mulțime. Alunecând la vale pe o pârtie de schi, eram în aer liber, în mișcare și de nerecunoscut - toate în același timp. Pentru mine, era ca și cum aş fi putut să zbor.

Să mă pierd în mulțime era important. Să mă pierd în mulțime, de fapt, era totul - un mod de a mă simți eu însămi, de a rămâne Michelle Robinson din South Side în această mai mare bucată de istorie. Îmi împleteam vechea viață cu cea nouă, preocupările mele private cu activitatea mea publică. În D.C., mi-am făcut câteva prietene noi - mame ale unor colege de clasă ale Sashei și Maliei și câțiva oameni întâlniți pe parcursul activităților de la Casa Albă. Erau femei cărora le păsa mai puțin de numele meu de familie sau de adresa locuinței mele și mai mult de cine eram eu, ca om. Este ciudat cât de repede poți spune cine este acolo pentru tine și cine urmărește doar să ajungă în preajma ta. Barack și cu mine vorbeam uneori despre asta cu Sasha și Malia la cină, despre faptul că erau oameni, adulți și copii, care gravitau în jurul grupului nostru de prieteni părând puțin cam prea nerăbdători - „însetați", cum le spuneam noi.

Învățasem, cu mulți ani în urmă, să-mi țin aproape prietenii adevărați. Încă mai aveam legături strânse cu prietenele cu care mă întâlneam în zilele de sâmbătă la Chicago, pe vremea scutecelor, când copiii noștri aruncau voioși cu mâncarea de la înălțimea scaunelor lor speciale în care erau hrăniți, iar noi eram atât de obosite încât ne venea să plângem. Erau prietenele mele care mă ajutaseră să răzbesc, făcându-mi cumpărăturile când eram prea ocupată să ajung la magazin, luând fetele la balet când eu eram în urmă cu lucrul sau, pur și simplu, aveam nevoie de o pauză. Câteva dintre ele săriseră în avion ca să mi se alăture în opriri deloc strălucitoare din campania electorală, oferindu-mi sprijin emoțional când aveam mai mare nevoie de el. Prieteniile între femei, așa cum vă poate spune orice femeie, sunt clădite din mii de gesturi mărunte ca acestea, schimbate de la una la alta, iar și iar.

În 2011, am început un efort deliberat de a investi și de a reinvesti în prieteniile mele, aducând laolaltă prietene vechi și noi. La intervale de câteva luni, invitam în jur de 12 dintre prietenele mele cele mai apropiate să mi se alăture pentru un weekend la Camp David, reședința prezidențială de vară aflată la aproximativ 100 de kilometri de Washington, într-o zonă împădurită, în munții din nordul statului Maryland. Am început să denumesc adunările acestea „tabere militare", în parte deoarece recunosc că obligam pe toată lumea să facă exerciții fizice împreună cu mine de câteva ori pe zi (la un moment dat, am încercat chiar să interzic vinul și gustările nesănătoase, dar această regulă a dispărut rapid), dar, mai important, pentru că îmi plăcea ideea de a fi riguroasă în prietenie.

Prietenele mele erau, în general, femei realizate, ultradedicate, multe dintre ele cu vieți de familie aglomerate și cu multe responsabilități la serviciu. Înțelegeam că nu era întotdeauna ușor pentru ele să plece. Dar, în parte, tocmai asta era ideea. Toate eram obișnuite să ne sacrificăm pentru copiii noștri, pentru soții noștri și pentru munca noastră. În numeroșii ani în care am încercat să găsesc echilibrul în viața mea, am aflat că era în regulă dacă, din când în când, răsturnam prioritățile și ne gândeam doar la noi. Eram mai mult decât bucuroasă să flutur acest steag în numele prietenelor mele, să creez pretextul – și puterea unei tradiții – pentru ca un grup întreg de femei să se întoarcă spre copiii, soții și colegii lor și să le spună: „Ne pare rău, dragii noștri, facem asta pentru noi".

Weekendurile la „taberele militare" au devenit pentru noi o cale să ne punem la adăpost, să strângem legătura dintre noi și să ne reîncărcăm bateriile. Stăteam în cabane confortabile din lemn, înconjurate de pădure și ne plimbam prin împrejurimi cu mașinuțe de golf sau pe biciclete. Jucam rațele și vânătorii, făceam abdomene și podul. Uneori invitam și câteva angajate mai tinere și a fost uluitor s-o văd pe Susan Sher, care se apropia de 70 de ani, făcând mersul păianjenului alături de MacKenzie Smith, una dintre secretarele mele, care avea 20 și ceva de ani și jucase fotbal european în liga universitară. Mâncam hrană sănătoasă preparată de bucătari de la Casa Albă. Făceam programe de exerciții fizice sub îndrumarea antrenorului meu, Cornell, și a câtorva militari foarte tineri care ne spuneau tuturor „ma'am". Făceam foarte multă mișcare și stăteam de vorbă. Ne împărtășeam gândurile și experiențele, oferindu-ne sfaturi, povestind întâmplări amuzante sau, câteodată, doar confirmându-ne reciproc că era normal să te înfurii din cauza copilului cu probleme specifice adolescenței sau a vreunui șef pe care nu-l puteam suferi. Deseori ne linișteam una pe alta doar ascultând. Și, când ne luam rămas-bun, la sfârşitul fiecărui weekend, ne promiteam că aveam să repetăm experienţa, curând.

Prietenele mele mă făceau să mă simt completă, aşa cum o făcuseră întotdeauna şi cum mă aştept să o facă mereu. Îmi ridicau moralul când mă simţeam copleşită sau frustrată sau când îl vedeam mai rar pe Barack. Mă susţineau când simţeam presiunea judecăţii publicului, care discuta şi analiza totul, de la cum mi-am ales lacul de unghii până la dimensiunea şoldurilor. Şi mă ajutau să înfrunt valurile mari, destabilizatoare, care uneori lovesc pe neaşteptate.

În prima duminică din mai 2011, am mers să mănânc împreună cu două prietene la un restaurant din centru, lăsându-i pe Barack şi pe mama să aibă grijă de fete, acasă. Weekendul fusese neobişnuit de aglomerat. Barack fusese chemat la o mulţime de şedinţe în după-amiaza aceea, iar seara de sâmbătă o petrecuserăm la dineul corespondenţilor de presă de la Casa Albă, unde Barack a făcut, în discursul lui, câteva glume despre emisiunea *Celebrity Apprentice* a lui Donald Trump şi teoriile lui despre faptul că s-ar fi născut în Kenya. Nu reuşisem să îl văd de la locul meu, însă Trump fusese în public. În timpul monologului lui Barack, camerele de filmat l-au arătat de aproape, cu faţa încremenită şi strângând din dinţi.

Pentru noi, serile de duminică erau, în general, liniştite şi libere. Fetele erau, de obicei, obosite după un weekend de sport şi socializare. Iar Barack, dacă avea noroc, putea să-şi facă timp pentru o partidă de golf pe terenul de la baza aeriană Andrews, ceea ce îl făcea să fie mai relaxat.

În seara aceea, după ce am stat de vorbă cu prietenele mele, am ajuns acasă în jurul orei 10 și, ca întotdeauna, m-a întâmpinat la ușă un majordom. Îmi dădeam seama deja că se întâmpla ceva, pentru că simțeam mai multă activitate decât de obicei la parterul Casei Albe. L-am întrebat pe majordom dacă știa unde era președintele.

„Cred că este sus, doamnă", mi-a răspuns el, „se pregătește să se adreseze națiunii."

Atunci mi-am dat seama că în sfârșit se întâmplase. Știam că era pe cale să se întâmple, dar nu știam exact cum. Petrecusem ultimele două zile încercând să mă port normal, să mă prefac că nu știu că urma să se întâmple ceva foarte important și riscant. După luni întregi de cules informații ultrasensibile și după săptămâni de pregătiri meticuloase, după informări de securitate și evaluări de risc și după o decizie finală tensionată, la peste 10 000 de kilometri de Casa Albă și la adăpostul întunericului, o echipă de elită a Navy Seals luase cu asalt un complex misterios din Abbottabad, în Pakistan, în căutarea lui Osama bin Laden.

Când am ajuns în holul reședinței, Barack ieșea din dormitor. Era îmbrăcat în costum, cu cravată roșie, și părea sub efectul unei supradoze de adrenalină. Presiunea acestei decizii îl apăsa de luni de zile.

„L-am prins", a spus el. „Și nimeni nu a fost rănit."

Ne-am îmbrățișat. Osama bin Laden fusese ucis. Nici un american nu își pierduse viața. Barack își asumase un risc enorm – unul care ar fi putut să-l coste președinția – și totul mersese perfect.

Vestea se răspândise deja în toată lumea. Oamenii au umplut străzile din jurul Casei Albe, revărsându-se din restaurante, hoteluri și locuințe, umplând aerul nopții cu strigăte de bucurie. Sunetul ajunsese atât de puternic și de triumfător încât a trezit-o pe Malia în dormitorul ei, trecând prin sticla blindată a ferestrei, care ar fi trebuit să izoleze orice zgomot.

În noaptea aceea, oricum, nu a existat nici înăuntru, nici afară. În orașele din toată țara, oamenii au ieșit în stradă, atrași de impulsul de a fi aproape unii de alții, uniți nu doar de patriotism, ci și de durerea născută pe 11 septembrie și de anii în care ne făcuserăm griji că am putea fi atacați din nou. Mă gândeam la fiecare bază militară pe care o vizitasem vreodată, la fiecare dintre soldații care încercau să se vindece după rănile suferite, la numeroșii oameni care își trimiseseră un membru al familiei în locuri îndepărtate, în numele apărării țării, la miile de copii care își pierduseră un părinte în ziua aceea cumplită. Nu exista nici o cale de a recupera aceste pierderi, știam. Moartea cuiva, indiferent cine ar fi fost, nu putea înlocui o viață. Nu sunt convinsă că moartea cuiva ar fi putut fi vreodată motiv de sărbătoare. Dar, în noaptea aceea, America a primit un moment de eliberare, o șansă de a-și testa propria rezistență.

Capitolul 23

Timpul părea să curgă în bucle și în salturi, ceea ce îl făcea imposibil de măsurat sau de urmărit. Fiecare zi era aglomerată. Fiecare săptămână, lună și an pe care le-am petrecut la Casa Albă au fost aglomerate. Vinerea, trebuia să fac eforturi să-mi amintesc cum trecuseră zilele de luni și marți. Câteodată stăteam la cină și mă întrebam unde și când luasem prânzul. Chiar și acum, lucrurile încă mi se par greu de rememorat în detaliu. Viteza era prea mare, timpul de reflecție prea limitat. O singură după-amiază putea cuprinde câteva evenimente oficiale, mai multe întâlniri și o ședință foto. Era posibil să vizitez câteva state într-o zi sau să țin un discurs în fața unui public de 12 000 de oameni sau să fac sport cu 400 de copii pe Peluza de Sud, după care să fie nevoie să îmi pun o rochie elegantă pentru o recepție de seară. Îmi foloseam zilele libere, cele fără treburi oficiale, ca să mă ocup de Sasha și Malia și de viața lor, înainte să revin la programul „plin" - coafor, machiaj și garderobă. Înapoi în vârtejul public.

Pe măsură ce ne apropiam de anul realegerii lui Barack, 2012, simțeam că nu pot și nu trebuie să stau liniștită. Încă mai lucram la definirea statutului meu. Mă gândeam deseori la ce datoram și cui. Duceam cu mine o istorie și nu era cea a președinților și a primelor doamne. Nu m-am simțit niciodată mișcată de povestea lui John Quincy Adams așa cum am fost de cea a lui Sojourner Truth, și nici nu m-a impresionat Woodrow Wilson așa cum a făcut-o Harriet Tubman. Luptele duse de Rosa Parks și Coretta Scott King îmi erau mai familiare decât cele ale lui Eleanor Roosevelt sau Mamie Eisenhower. Purtam istoriile lor cu mine, alături de cele ale mamei și ale bunicilor mele. Nici una dintre aceste femei nu și-ar fi putut imagina vreodată o viață ca aceea pe care o aveam eu acum, dar avuseseră încredere că perseverența lor avea să ducă la ceva mai bun, până la urmă, pentru cineva ca mine. Voiam să mă prezint lumii într-un mod care să onoreze ce fuseseră ele.

Mi-am asumat singură această presiune, un efort neobosit de a nu face nici un pas greșit. Cu toate că eram considerată o primă doamnă care se bucura de multă popularitate, nu puteam să nu mă simt tulburată de modurile în care eram criticată, de oamenii care făceau presupuneri despre mine bazându-se doar pe culoarea pielii mele. Ca să previn orice greșeală, îmi repetam discursurile de nenumărate ori, folosind un prompter instalat într-un colț al biroului meu. Insistam pe lângă cei care se ocupau de programări și de cercetarea în avans a terenului să se asigure că fiecare dintre evenimentele noastre se derula fără probleme și la timp. Insistam și mai mult pe lângă consilierii mei politici să extindă raza de acțiune a programelor noastre Let's Move! și Joining Forces. Eram atentă să nu risipesc nici una dintre ocaziile pe care le aveam acum, dar uneori trebuia să-mi reamintesc mie însămi să mai și respir.

Barack și cu mine știam amândoi că lunile de campanie pe care le aveam în față aveau să implice și mai multe călătorii, strategii mai multe și griji mai multe. Era imposibil să nu fii îngrijorat în privința realegerii. Costurile erau uriașe. (Barack și Mitt Romney, fostul guvernator al statului Massachussets, nominalizat până la urmă de republicani, aveau să strângă, până la sfârșit, peste un miliard de dolari fiecare, ca să ducă niște campanii competitive.) Responsabilitatea era, de asemenea, uriașă. Acțiunile pe care le inițiaserăm abia începeau să producă efecte. Iar acum, după doi ani, trebuia deja să ne concentrăm din nou asupra campaniei. De rezultatul alegerilor depindea totul, de la soarta noii legi privitoare la sistemul medical, până la participarea Americii la efortul mondial de combatere a schimbărilor climatice. Cu toții trăiam în nesiguranță, fără să știm dacă va câștiga al doilea mandat. Încercam să nu mă gândesc la posibilitatea ca Barack să piardă alegerile, dar era acolo – un sâmbure de teamă pe care amândoi îl păstram în sinea noastră, nici unul din noi neîndrăznind să o spună cu voce tare.

Vara anului 2011 a fost neobișnuit de dură pentru Barack. Un grup de republicani din Congres a refuzat cu încăpățânare să autorizeze emiterea de noi obligațiuni guvernamentale – o procedură oarecum de rutină, cunoscută sub numele de ridicarea plafonului datoriei publice –, dacă președintele nu făcea o serie de reduceri dureroase de fonduri la programe ca Securitatea Socială, Medicaid și Medicare, lovind exact în oamenii care o duceau cel mai greu. Între timp, rapoartele lunare privind locurile de muncă publicate de Departamentul Muncii arătau o creștere constantă, dar prea lentă, sugerând că, în ceea ce privește refacerea după criza din 2008, națiunea încă nu era acolo unde ar fi trebuit să fie. Mulți îl învinuiau pe Barack. Ușurarea de după moartea lui Osama bin Laden făcuse ca rata lui de susținere să crească brusc, atingând un vârf al ultimilor doi ani, dar, după doar câteva luni, disputa privitoare la plafonul datoriei și teama de o nouă recesiune o aruncaseră la cel mai jos nivel pe care l-a avut vreodată.

Exact când tot acest tumult începea să se amplifice, am plecat în Africa de Sud, într-un turneu al bunăvoinței planificat cu luni de zile în avans. Sasha și Malia tocmai terminaseră anul școlar, așa că m-au însoțit, împreună cu mama și cu copiii lui Craig, Leslie și Avery, care erau acum adolescenți. Mergeam acolo ca să rostesc discursul de deschidere la un forum sponsorizat de Statele Unite pentru tinerele femei africane în poziție de lider de pe tot continentul, dar îmi umplusem programul cu evenimente publice care aveau legătură cu sănătatea și educația, precum și cu întâlniri cu liderii locali și cu angajați de la consulatul SUA. Terminam cu o scurtă vizită în Botswana, unde urma să mă întâlnesc cu președintele și să merg la o clinică locală pentru cei infectați cu HIV, iar apoi să ne bucurăm de un safari înainte să pornim spre casă.

Ne-am lăsat cuprinși de energia sud-africană foarte repede. La Johannesburg, am vizitat Muzeul Apartheidului, apoi am dansat și am citit împreună cu copiii de la un centru comunitar, într-una dintre suburbiile locuite de negri din nordul orașului. Pe un stadion de fotbal din Cape Town, ne-am întâlnit cu organizatori pentru comunitate și cu personal medical care foloseau programele de sport pentru tineret ca să-i informeze pe copii despre HIV/SIDA. Tot aici i-am fost prezentați arhiepiscopului Desmond Tutu, legendarul teolog și activist, care a ajutat la desființarea apartheidului în Africa de Sud. Tutu avea 79 de ani, era un bărbat cu pieptul lat, cu ochi strălucitori și un râs irezistibil. Auzind că mă aflam pe stadion ca să promovez exercițiile fizice, a insistat să facem flotări împreună, în fața unei mulțimi de copii care aplaudau.

În cele câteva zile petrecute în Africa de Sud, am simțit că plutesc. Această vizită era departe de prima mea călătorie în Kenya, din 1991, când mersesem cu Barack în matatus și împinsesem Volkswagenul stricat al Aumei pe marginea unui drum plin de praf. Ceea ce simțeam probabil că era provocat în parte de diferența de fus orar, dar era în mult mai mare măsură și ceva mai profund, mai entuziasmant. Era ca și cum aș fi ajuns în miezul unei confluențe majore între cultură și istorie, care mi-a reamintit brusc cât de mărunți suntem în relație cu marele arc al timpului. Văzând chipurile celor 76 de femei care fuseseră alese să participe la forumul despre conducere pentru că făceau activități importante în comunitățile lor, cu greu mi-am reținut lacrimile. Ele îmi dădeau speranță. Ele mă făceau să mă simt bătrână în cel mai frumos mod cu putință. La momentul respectiv, 60 la sută din populația Africii avea sub 25 de ani. Și în fața mea se aflau niște femei, toate sub 30 de ani, și unele având doar 16 ani, care construiau ONG-uri, învățau alte femei să devină antreprenori și riscau să ajungă la închisoare pentru că semnalau corupția guvernamentală. Iar acum erau puse în legătură, instruite și încurajate. Speram că asta avea doar să le amplifice puterea.

Însă momentul absolut incredibil al călătoriei noastre se consumase mai devreme, încă din a doua zi. Ne aflam, cu toată familia, la sediul central al Fundației Nelson Mandela din Johannesburg, în vizită la Graça Machel, faimoasă filantroapă și soția lui Mandela, când ni s-a transmis că Mandela însuși s-ar bucura să ne salute la locuința lui din apropiere.

Desigur, am acceptat invitația fără să stăm pe gânduri. Nelson Mandela avea atunci 92 de ani. La începutul anului, fusese spitalizat cu probleme la plămâni. Mi s-a spus că rareori primea oaspeți. Barack îl întâlnise cu șase ani în urmă, ca senator, când Mandela vizitase Washingtonul. De atunci, ținuse mereu pe perete o fotografie înrămată de la întâlnirea lor. Chiar și copiii mei – Sasha, zece ani, și Malia, pe cale să împlinească 13 – au înțeles importanța momentului. Până și mereu imperturbabila mea mamă părea puțin șocată.

Nu exista nici un om în viață care să fi avut un impact mai important asupra lumii decât Nelson Mandela, după părerea mea cel puțin. Era tânăr în anii 1940, când a intrat în Congresul Național African și a început să conteste cu îndrăzneală guvernul alb al Africii de Sud și politicile sale rasiste. Avea 44 de ani când a fost pus în lanțuri și trimis la închisoare pentru activismul lui, și 71 când a fost, în sfârșit, eliberat, în 1990. După ce a supraviețuit 27 de ani de privațiuni și izolare ca deținut, după ce mulți dintre prietenii lui au fost torturați și uciși sub regimul apartheidului, Mandela a reușit să negocieze – mai degrabă decât să lupte – cu conducătorii guvernului, orchestrând o miraculoasă tranziție pașnică spre o democrație reală în Africa de Sud și devenind, în final, primul ei președinte.

Mandela locuia pe o stradă cu multă vegetație, într-o casă în stil mediteranean, așezată în spatele unor ziduri de beton de culoarea untului. Graça Machel ne-a condus printr-o curte umbrită de copaci până în casă, unde, într-o încăpere mare și însorită, soțul ei se odihnea într-un fotoliu. Avea părul rărit, complet alb, și purta o cămașă maro cu imprimeuri. Cineva îi pusese pe genunchi o pătură albă. Era înconjurat de câteva generații de rude, care ne-au primit cu mult entuziasm. Ceva din lumina puternică a camerei, căldura familiei și surâsul cu ochii mijiți al patriarhului mi-a reamintit de vizitele acasă la bunicul meu, Sudistul, când eram copil. Eram emoționată când am ajuns, dar acum mă relaxasem.

Adevărul este că nu sunt convinsă că el înțelegea complet cine eram sau de ce venisem acolo. Era foarte bătrân la momentul acela, părea să se concentreze cu dificultate, nu mai auzea bine. „Este Michelle Obama!", a spus Graça Machel, aplecându-se la urechea lui. „Soția președintelui SUA!"

„O, ce drăguț", a spus încet Nelson Mandela. „Ce drăguț!"

S-a uitat la mine cu un interes real, deși cred că în locul meu ar fi putut fi oricine. Era evident că îi primea cu aceeași căldură pe toți cei pe care îi întâlnea. Interacțiunea mea cu Mandela a fost tăcută și, în același timp, profundă – poate mai profundă tocmai datorită acestei tăceri. Spusese deja toate cuvintele pe care le avusese de spus în viață, în discursurile și scrisorile lui, în cărțile și protestele sale care nu erau gravate doar în trecutul lui, ci și în istoria umanității întregi. În cele câteva clipe pe care le-am petrecut cu el, le-am simțit pe toate – demnitatea și spiritul care aduseseră egalitate într-un loc în care aceasta nu exista deloc.

Cinci zile mai târziu, încă mă mai gândeam la Mandela, în avionul cu care ne întorceam în Statele Unite, zburând spre nord și spre vest deasupra Africii și apoi deasupra Atlanticului, în decursul unei nopți lungi și întunecate. Sasha și Malia stăteau întinse sub pături împreună cu verii lor; mama moțăia într-un scaun alăturat. Mai departe, în spatele avionului, membrii echipei și agenții Serviciului Secret se uitau la filme și recuperau din somnul pierdut. Motoarele aeronavei torceau. Mă simțeam singură și, în același timp, deloc singură. Mergeam spre casă – acasă însemnând ciudat de familiarul oraș Washington D.C., cu marmura lui albă și ideologiile în conflict, cu toate lucrurile pentru care trebuia să lupți și să învingi. Mă gândeam la tinerele femei africane pe care le întâlnisem la forumul despre conducere, care se întorceau acum toate la comunitățile lor ca să-și reia munca, perseverând dincolo de orice furtună ar fi avut de înfruntat.

Mandela mersese la închisoare pentru principiile lui. El nu și-a văzut copiii crescând, iar apoi nu a văzut nici cum cresc mulți dintre nepoți. Și totul fără amărăciune. Doar crezând că binele din țara lui va triumfa într-o bună zi. Muncise și așteptase rezultatul, tolerant și fără să-și piardă speranța.

Zburam spre casă impulsionată de spiritul lui. Viața mă învăța că progresul și schimbarea se produc lent. Nu în doi ani, nu în patru ani, nici măcar într-o viață. Plantam semințele schimbării, al cărei fruct era posibil să nu-l vedem niciodată. Trebuia să avem răbdare.

DE TREI ORI ÎN CURSUL TOAMNEI anului 2011, Barack a propus legi care ar fi creat mii de locuri de muncă pentru americani, în parte prin alocarea mai multor fonduri către fiecare stat, ca să angajeze profesori, pompieri și paramedici.

De trei ori republicanii le-au blocat, nepermițându-le nici măcar să ajungă la vot.

„Singurul și cel mai important lucru pe care vrem să-l realizăm", îi declarase liderul opoziției din Senat, Mitch McConnell, unui reporter în urmă cu un an, prezentând obiectivele partidului lui, „este ca președintele Obama să fie un președinte cu un singur mandat." Simplu și clar. Congresul republican își dorea eșecul lui Barack mai presus de orice. Era limpede că bunăstarea țării sau faptul că oamenii aveau nevoie de locuri de muncă nu figurau printre prioritățile lor. Puterea lor era pe primul loc.

Găseam asta demoralizant, supărător, zdrobitor câteodată. Asta era politica, de acord, dar în forma ei cea mai capricioasă și mai cinică, aparent deconectată de la orice scop mai măreț. Simțeam emoții pe care poate Barack nu-și permitea să le simtă. El rămânea închis în lumea lui, în general, neînfricat, trecând peste obstacole și făcând compromisuri acolo unde putea, agățându-se de optimismul sobru care îl caracterizase întotdeauna, care-i spunea că „cineva trebuie s-o facă și pe asta". Era în politică de 15 ani deja. Eu mă gândeam în continuare la el ca la un ceainic vechi de aramă – îmbătrânit de foc, cu urme de lovituri, dar încă strălucitor.

Revenirea la campania electorală – pe care Barack și cu mine am început-o în toamna anului 2011 – a devenit un fel de alinare. Ne-a scos din Washington și ne-a trimis în comunități din toată țara, în locuri ca Richmond și Reno, unde puteam să ne îmbrățișăm susținătorii și să le strângem mâinile, ascultându-le gândurile și grijile. Era un prilej să simțim energia aceea de la bază, care fusese întotdeauna centrală în viziunea despre democrație a lui Barack, și de a ne reaminti că, de cele mai multe ori, cetățenii americani erau mult mai puțin cinici decât liderii lor aleși. Aveam nevoie doar ca ei să iasă să voteze. A fost dezamăgitor că milioane de oameni au stat acasă la alegerile de la jumătatea mandatului, din 2010, lăsându-l pe Barack cu un Congres puternic divizat, care abia reușea să dea o lege.

Cu toate provocările, erau și multe lucruri care ne dădeau speranță. Până la sfârșitul lui 2011, ultimii soldați americani părăsiseră Irakul și era în desfășurare o reducere treptată a trupelor din Afghanistan. De asemenea, intraseră în vigoare prevederi importante din Legea accesului la sănătate, dându-le voie tinerilor să rămână mai mult pe polițele de asigurare ale părinților și împiedicând companiile să impună limite pacienților care aveau asigurări pe viață. Toate acestea însemnau pași înainte, îmi reaminteam, pași făcuți pe un drum mai larg.

Chiar și cu un întreg partid politic conspirând să îl vadă pe Barack eșuând, nu aveam de ales decât să rămânem optimiști și să mergem mai departe. Era ca atunci când mama unui copil de la Sidwell o întrebase pe Malia dacă se temea pentru viața ei, la antrenamentul de tenis. Serios vorbind, ce puteai să faci? Ieșeai pe teren și loveai încă o minge.

Așa că lucram. Amândoi lucram. M-am adâncit în munca pentru inițiativele mele. În campania Let's Move! continuam să strângem rezultate. Echipa mea și cu mine i-am convins pe cei de la Darden Restaurants, compania-mamă din spatele unor lanțuri ca Olive Garden și Red Lobster, să facă schimbări în felurile de mâncare oferite și în modul de preparare. S-au angajat să-și îmbunătățească meniurile, reducând caloriile și sarea, precum și să ofere variante mai sănătoase pentru mesele copiilor. Am apelat la conducătorii companiei – la conștiința lor, dar și la bilanțul contabil –, convingându-i că, în America, cultura alimentară se schimba și ar fi fost bine pentru afacerile lor să țină pasul. Darden le servea americanilor 400 de milioane de mese pe an. La o asemenea scară, chiar și o schimbare minoră – cum era eliminarea din meniurile pentru copii a fotografiilor ispititoare cu pahare reci de băuturi carbogazoase – putea avea un impact real.

Puterea unei prime doamne este un lucru straniu – la fel de fină și de nedefinită ca și rolul în sine. Și încă mai învățam să o strunesc. Nu aveam autoritate executivă. Nu comandam trupe și nici nu mă implicam în diplomația oficială. Tradiția îmi cerea să eman un fel de blândețe, să-l flatez pe președinte cu devotamentul meu și să flatez națiunea în primul rând neprovocând-o. Începeam să descopăr, totuși, că, dacă era manevrat cu atenție, rolul meu putea fi mai puternic de atât. Aveam influență prin faptul că eram eu însămi o curiozitate – o primă doamnă de culoare, cu o carieră proprie, mamă a unor copii mici. Oamenii păreau foarte interesați de rochiile mele, de pantofi și de coafură, dar trebuiau să mă vadă și în context, unde mă aflam și de ce. Învățam cum să fac legătura între mesajul meu și imagine, iar astfel puteam direcționa atenția americanilor. Puteam să-mi pun o rochie interesantă, să fac o glumă și să vorbesc despre conținutul de sodiu din mâncarea copiilor fără să fiu plictisitoare. Puteam să laud public o companie care angaja constant lucrători din comunitatea militarilor sau să mă întind la podea pentru un concurs de flotări cu Ellen DeGeneres (pe care am învins-o, câștigând dreptul de a mă lăuda cu asta) în numele campaniei Let's Move!

Fusesem un copil obişnuit, dintr-o familie obişnuită, iar asta era o calitate. Barack se referea uneori la mine spunându-mi „Joe Public“ și îmi cerea părerea despre lozincile și strategiile din campanie, știind că rămăsesem ancorată cu bucurie în cultura populară. Chiar dacă trecusem prin locuri elitiste, ca Princeton și Sidley & Austin, iar acum purtam ocazional diamante și rochii de bal, nu am încetat să citesc revista *People* și nici nu am renunțat la pasiunea mea pentru un serial bun. Mă uitam la Oprah și la Ellen mult mai des decât la *Meet the Press (Întâlnire cu presa)* sau *Face the Nation (În fața națiunii)* și, până în ziua de azi, nimic nu îmi face mai multă plăcere decât să văd cum ordinea triumfă la finalul unui reality show care prezintă renovări de locuințe.

Am spus toate acestea pentru a arăta că eu vedeam moduri de conectare cu americanii pe care Barack și consilierii lui din Aripa de Vest nu le recunoscuseră pe deplin, cel puțin la început. În loc să dau interviuri pentru marile ziare și rețele de televiziune, am început să mă întâlnesc cu „bloggerițe mămici“ influente, care aveau o audiență uriașă printre femei. Observând cum își folosesc telefoanele angajații mei mai tineri, văzându-le pe Malia și Sasha cum află noutăți și interacționează cu prietenii lor de la școală pe rețelele de socializare, mi-am dat seama că acolo exista o ocazie care trebuia folosită. Am publicat prima mea postare pe Twiter în toamna anului 2011, ca să promovez Joining Forces, și, apoi, am privit cum zboară în toate părțile prin eterul ciudat, fără frontiere, în care oamenii petreceau din ce în ce mai mult timp.

A fost o revelație. Totul a fost o revelație. Folosindu-mi influența subtilă, descopeream că puteam să fiu puternică.

Dacă reporterii și cameramanii voiau să se țină după mine, atunci urma să le arăt câteva locuri interesante. Puteau, de exemplu, să mă privească pe mine și pe Jill Biden vopsind zidul unei case absolut obișnuite din nord-vestul Washingtonului. Nu era nimic interesant, propriu-zis, la două femei care vopseau cu trafaletul, dar asta era doar momeala.

I-a adus pe toți la ușa sergentului Johnny Agbi, care avea 25 de ani și era medic în Afghanistan când elicopterul în care se afla a fost atacat, zdrobindu-i coloana vertebrală și producându-i leziuni cerebrale, care au necesitat o lungă perioadă de recuperare la (Spitalul Militar) Walter Reed. Parterul casei lui era acum adaptat pentru scaunul cu rotile – ușa de la intrare trebuia lărgită, chiuveta din bucătărie amplasată mai jos – prin efortul comun al unui ONG numit Rebuilding Together (Reconstruim împreună) și al companiei care deținea Sears și Kmart. Era casa cu numărul 1 000 pe care o renovau în beneficiul veteranilor cu probleme. Camerele de filmat au surprins totul – militarul, casa, bunăvoința și energia concentrate acolo. Reporterii nu au stat de vorbă doar cu mine și cu Jill, ci și cu sergentul Agbi și cu oamenii care munciseră cu adevărat. Pentru mine, așa trebuiau să stea lucrurile. Acolo trebuia să privească publicul.

ÎN ZIUA ALEGERILOR – 6 noiembrie 2012 –, mi-am trăit temerile în tăcere. Barack, fetele și cu mine ne-am întors la Chicago, la casa noastră de pe Greenwood Avenue, prinși în purgatoriul așteptării. O națiune întreagă urma să ne accepte în continuare sau să ne respingă. Pentru mine, acest vot era mai bogat în semnificații decât oricare altul prin care trecusem. Îl simțeam ca pe un referendum cu privire nu doar la performanța politică a lui Barack și la starea națiunii, ci și la caracterul lui, la însăși prezența noastră la Casa Albă. Fetele noastre își formaseră singure, în jurul lor, o comunitate puternică și o oarecare normalitate pe care nu voiam să o răstorn din nou. Eram atât de implicată acum, după ce renunțasem la patru ani din viața familiei noastre, încât era imposibil să nu iau totul și puțin personal.

Campania ne-a extenuat, poate chiar mai mult decât anticipasem. În timp ce lucram la inițiativele mele și țineam pasul cu lucruri ca ședințele cu părinții și temele pentru acasă ale fetelor, vorbisem, în medie, la evenimente de campanie, în trei orașe pe zi, trei zile pe săptămână. Iar ritmul lui Barack fusese și mai epuizant. Sondajele de opinie îl arătau sistematic pe Barack doar cu un mic avans în fața lui Mitt Romney. Lucrurile s-au înrăutățit și mai mult după ce Barack n-a excelat la prima lor dezbatere, în octombrie, declanșând un val de 11 ore de neliniște printre consilieri și donatori. Puteam citi epuizarea pe chipurile celor din echipa noastră, care munceau din greu. Deși încercau să nu o arate niciodată, erau, cu siguranță, neliniștiți de posibilitatea ca Barack să fie înlăturat din funcție peste câteva luni.

Dincolo de toate acestea, Barack și-a păstrat calmul, deși îmi dădeam seama că presiunea îl afecta. În ultimele săptămâni, devenise mai palid și mai slab decât de obicei, mestecându-și guma Nicorette cu o energie neobișnuită. Priveam cu îngrijorarea oricărei soții cum încerca să le facă pe toate – să calmeze neliniștile, să încheie campania și să guverneze țara, inclusiv să răspundă unui atac terorist îndreptat asupra diplomaților americani la Benghazi, în Libia, și să organizeze un efort federal masiv după ce uraganul Sandy devastase Coasta de Est cu doar o săptămână înainte de alegeri.

Seara, când secțiile de votare de pe Coasta de Est au început să se închidă, am urcat la etajul al treilea al casei noastre, unde instalasem un fel de salon de coafură și machiaj, ca să mă pregătesc pentru partea publică a nopții care avea să urmeze. Meredith călca și aranja hainele pentru mine, pentru mama și pentru fete. Johnny și Carl îmi făceau părul și machiajul. Păstrând tradiția, Barack ieșise mai devreme să joace baschet, după care rămăsese în biroul lui, făcând ultimele retușuri la discursuri.

Aveam un televizor la etajul al treilea, însă intenționat îl țineam închis. Când avea să fie o veste, bună sau rea, voiam s-o aud de la Barack sau de la Melissa, ori de la altcineva apropiat. Trăncăneala prezentatorilor TV, cu hărțile lor electorale interactive, m-a scos din sărite întotdeauna. Nu voiam detalii: voiam doar să știu ce să simt.

Era deja trecut de ora 20 în est, ceea ce însemna că ar fi trebuit să vină niște rezultate preliminare. Am pus mâna pe BlackBerry și am încercat să aflu mai multe, trimițând e-mailuri către Valerie, Melissa și Tina Tchen, care, în 2011, devenise noua mea șefă de cabinet.

Am așteptat 15 minute, apoi 30, dar nimeni nu-mi răspundea. În jurul meu s-a acutizat brusc senzația unei tăceri bizare. Mama era jos, în bucătărie, citind o revistă. Meredith le ajuta pe fete să se îmbrace pentru seară. Johnny îmi îndrepta părul cu placa. Eram eu paranoică sau oamenii evitau să mă privească în ochi? Știau ceva ce eu nu aflasem încă?

Pe măsură ce trecea timpul, începeam să mă simt copleșită de emoții. Simțeam că îmi pierd echilibrul. Nu am îndrăznit să mă uit la știri, presupunând că veștile erau proaste. Eram obișnuită deja să lupt cu gândurile negre și să mă agăț de cele pozitive până când nu mai aveam încotro și trebuia să accept ceva neplăcut. Încrederea mea era pusă la adăpost într-o mică fortăreață, pe o colină din inima mea. Dar, cu fiecare minut în care BlackBerry-ul meu rămânea inert, simțeam că zidurile încep să se fisureze, făcând loc pentru asaltul îndoielilor. Poate că nu munciserăm suficient de mult. Poate că nu meritam încă un mandat. Mâinile începuseră să-mi tremure.

Nu mai aveam mult și leșinam de îngrijorare, când Barack a urcat scările în fugă, afișând vechiul lui zâmbet generos, încrezător. Lăsase deja toate grijile în urmă. „Câștigăm detașat“, mi-a spus el, surprins că nu aflasem deja. „În principiu, s-a cam terminat.“

S-a dovedit că jos sărbătoarea era în toi, iar la televizor curgea un șuvoi constant de vești bune. Problema era că BlackBerry-ul meu se deconectase cumva de la rețea și nu trimisese mesajele mele, așa cum nici nu le primise pe ale altora. Mă lăsasem prinsă în capcana propriei minți. Nimeni nu a știut câte griji mi-am făcut, nici măcar oamenii care au fost cu mine în aceeași încăpere.

În noaptea aceea, Barack avea să câștige în toate statele, cu excepția unuia. Câștigase cu voturile tinerilor, ale minorităților și ale femeilor, la fel ca în 2008. În pofida a tot ceea ce făcuseră republicanii pentru a-l combate, în pofida numeroaselor încercări de a-i sabota președinția, viziunea lui a învins. Le ceruserăm americanilor permisiunea de a munci în continuare – ca să terminăm în forță –, și acum o primiserăm. Ușurarea a fost imediată. „Suntem suficient de buni? Da, suntem."

Târziu, în noapte, Mitt Romney a telefonat ca să-și recunoască înfrângerea. Din nou ne-am îmbrăcat frumos și am urcat pe o scenă de unde am salutat publicul, patru Obama într-o ploaie de confetti, bucuroși că mai aveam încă patru ani.

Siguranța care a venit odată cu realegerea mi-a dat sentimentul stabilității. Aveam mai mult timp la dispoziție să ne atingem obiectivele. Puteam trata cu mai multă răbdare imboldul nostru pentru progres. Știam cum avea să arate viitorul, iar asta mă făcea fericită. Le puteam lăsa pe Sasha și Malia la aceeași școală; cei din echipa noastră își puteau păstra locurile de muncă; ideile noastre încă mai contau. Iar, când acești patru ani aveau să se încheie, vom fi terminat și noi cu adevărat, ceea ce mă făcea cel mai fericită. Gata cu campaniile, gata cu ședințele de strategie, cu sondajele de opinie, cu dezbaterile și cu urmărirea cotelor de popularitate, gata pentru totdeauna. Sfârșitul vieții noastre politice se întrezărea deja.

Adevărul este că viitorul avea să vină cu tot felul de surprize – unele plăcute, altele cu adevărat tragice. Încă patru ani la Casa Albă însemnau încă patru ani în care aveam să ieșim în evidență ca simboluri, asimilând și reacționând la orice avea să apară în calea țării noastre. Barack și cu mine făcuserăm campanie în jurul ideii că încă mai aveam energia și disciplina necesare acestei funcții, încă mai aveam curajul să ne-o asumăm. Iar, acum, viitorul venea spre noi, poate chiar mai repede decât ne așteptam.

CINCI SĂPTĂMÂNI MAI TÂRZIU, un atacator înarmat a pătruns în școala primară Sandy Hook din Newton, Connecticut, și a început să ucidă copii la întâmplare.

Eu tocmai terminasem de rostit un scurt discurs peste drum de Casa Albă și urma să vizitez un spital de copii, când Tina m-a luat deoparte și mi-a spus ce se întâmplase. În timpul discursului meu, ea și alți câțiva văzuseră titlurile știrilor pe telefoanele mobile. Au stat acolo încercând să-și ascundă emoțiile până am terminat eu de vorbit.

Vestea pe care mi-a dat-o Tina era atât de îngrozitoare, încât abia reușeam să înțeleg ce spune.

Mi-a zis, printre altele, că luase legătura cu Aripa de Vest. Barack era în Biroul Oval, singur. „Vă roagă să vă întoarceți", mi-a spus ea. „Cât mai repede."

Soțul meu avea nevoie de mine. Avea să fie singura dată, în opt ani, când mi-a solicitat prezența în mijlocul unei zile de lucru, amândoi modificându-ne programul ca să putem fi singuri, împreună, pentru un moment de slabă consolare. De obicei, munca era muncă și casa era casă, dar, pentru noi, la fel ca pentru mulți oameni, tragedia din Newtown a trecut dincolo de orice limite. Când am intrat în Biroul Oval, Barack și cu mine ne-am îmbrățișat în tăcere. Nu era nimic de spus.

Ceea ce foarte mulți oameni nu știu este că președintele vede aproape totul sau, în orice caz, are acces la toate informațiile disponibile care au legătură cu buna stare a țării. Fiind un om al faptelor, Barack prefera să știe mai degrabă prea mult, decât prea puțin. El încerca să privească orice situație și dintr-o perspectivă generală, și dintr-una foarte detaliată, chiar dacă era una tragică, astfel încât să poată oferi un răspuns informat.

Din punctul lui de vedere, aceasta îi era responsabilitatea, pentru asta fusese ales – să fie mereu atent, să rămână în picioare când noi, restul, ne prăbușeam.

Ceea ce înseamnă că, până am ajuns eu la el, fusese informat în detaliu despre oribila scenă a crimei de la Sandy Hook. Aflase despre sângele care se aduna în bălți pe podeaua sălilor de clasă și despre trupurile celor 20 de elevi de clasa întâi și șase profesori, ciuruite cu arma semiautomată. Șocul și durerea lui nu se puteau compara cu cele simțite de cei care au răspuns primii apelurilor de urgență, care au asigurat clădirea și au evacuat supraviețuitorii carnagiului. Șocul și durerea noastră nu se comparau cu ale părinților care au îndurat așteptarea interminabilă în frigul de afară, rugându-se să își vadă copilul din nou. Și, în nici un caz, nu se comparau cu ale părinților care au așteptat în zadar.

Dar, totuși, imaginile acelea i-au rămas pentru totdeauna întipărite în minte. Puteam să văd în ochii lui cât de mult îl afectaseră și cum îi puneau la încercare credința. A început să mi le descrie, dar apoi s-a oprit, gândindu-se că era mai bine să mă scutească de o durere în plus.

La fel ca mine, Barack este un om căruia îi plac foarte mult copiii. Pe lângă faptul că este un tată care își iubește la nebunie fetele, îi place și să se joace. El primea cu regularitate copii în Biroul Oval și era bucuros să le arate tot ce era pe acolo. Îi plăcea să țină bebeluși în brațe. Se înveselea brusc ori de câte ori mergea la o expoziție științifică școlară sau la un eveniment sportiv pentru copii. În iarna precedentă, atinsese un nou nivel de încântare când începuse să activeze voluntar ca antrenor secund la Vipers, echipa de baschet de la școala Sashei.

Prezența copiilor făcea ca totul să pară mai ușor. El știa foarte bine câte speranțe se năruiseră odată cu pierderea celor 20 de vieți fragede.

Să-și păstreze cumpătul după Newtown a fost probabil cel mai greu lucru pe care l-a făcut vreodată. Când Malia și Sasha s-au întors de la școală în ziua aceea, Barack și cu mine le-am așteptat la reședință și le-am îmbrățișat strâns, încercând să ascundem nevoia stringentă de a le atinge. Nu știam ce să le spunem sau să nu le spunem fetelor despre atac. Dar știam că părinții din toată țara se frământau din aceleași motive.

Mai târziu, Barack a susținut o conferință de presă la parter, încercând să exprime în câteva cuvinte ceva care să aducă o oarecare consolare. Și-a șters lacrimile în timp ce aparatele de fotografiat clincăneau cu furie în jurul lui, înțelegând că nu exista nici o consolare reală. Singurul lucru pe care îl putea face era să ofere hotărârea lui – ceva ce presupunea că avea să fie preluat de cetățeni și legiuitori din toată țara – de a preveni noi masacre prin introducerea unor legi elementare și de bun-simț cu privire la vânzarea armelor.

L-am urmărit ieșind în față, știind că eu însămi nu eram pregătită. În aproape patru ani ca primă doamnă, fusesem de multe ori în situația de a oferi consolare. Mă rugasem împreună cu oameni ale căror case fuseseră spulberate de o tornadă la Tuscaloosa, Alabama, unde zone întregi din oraș se transformaseră în așchii într-o clipă. Am îmbrățișat bărbați, femei și copii care-i pierduseră pe cei dragi în Afghanistan, sub gloanțele unui extremist, la o bază militară din Texas, și în violențele de pe străzi, lângă casa lor. În precedentele patru luni, vizitasem oameni care supraviețuiseră atacurilor armate de la un cinematograf din Colorado și de la un templu Sikh din Wisconsin. Fusese devastator de fiecare dată. Încercasem la fiecare dintre aceste întâlniri să fiu cât mai calmă și cât mai deschisă, să ofer din tăria mea arătându-mă grijulie și atentă, asistând în liniște la durerea altor oameni. Dar, la două zile după împușcăturile de la Sandy Hook, când Barack s-a dus la Newtown ca să participe la un priveghi cu rugăciuni organizat pentru victime, nu m-am putut mobiliza să-l însoțesc. Eram atât de zguduită de cele întâmplate încât nu mai aveam tărie de oferit. Eram primă doamnă de patru ani și deja avuseseră loc prea multe asemenea crime - prea multe vieți curmate fără sens, morți care puteau fi prevenite, și prea puține măsuri fuseseră luate. Nu știam cum aș fi putut să-i consolez pe cei ai căror copii de șase ani fuseseră împușcați mortal la școală.

În schimb, la fel ca mulți alți părinți, m-am agățat de copiii mei, într-un amestec de teamă și iubire. Se apropia Crăciunul, iar Sasha era în grupul de copii selectați să apară alături de Baletul din Moscova în două spectacole cu *Spărgătorul de nuci*, ambele programate în aceeași zi cu priveghiul din Newtown. Barack a reușit să se strecoare în spatele sălii, ca să vadă repetiția cu costume înainte să plece spre Connecticut. Eu m-am dus la spectacolul de seară.

Spectacolul a fost fantastic, cum este fiecare reprezentație a acestei povești, cu prințul în pădurea luminată de lună și dansurile fermecătoare ale dulciurilor. Sasha interpreta un șoricel, îmbrăcată într-un costum mulat negru, cu urechi pufoase și codiță, jucându-și rolul în timp ce o sanie frumos împodobită aluneca pe scenă, acompaniată de orchestră, prin sclipirile zăpezii artificiale. Nu mi-am dezlipit privirea nici o clipă de ea. Întreaga mea ființă era recunoscătoare. Sasha stătea pe scenă cu ochi strălucitori, vizibil uluită de prezența ei pe scenă și de cât de uimitor și de ireal părea totul. Cum de altfel și era. Dar ea era încă suficient de mică și se putea lăsa transportată cu ușurință în acel paradis în care toată lumea dansa, iar vacanța stătea să înceapă.

TREBUIE SĂ AVEȚI RĂBDARE CU MINE, pentru că lucrurile nu devin neapărat mai simple. Poate ar fi fost altfel dacă America ar fi un loc simplu, cu o poveste simplă. Dacă aș putea să povestesc rolul meu doar din perspectiva unei vieți ordonate și frumoase. Dacă nu ar exista pași înapoi. Și dacă toate durerile, atunci când vin, s-ar dovedi, în cele din urmă, măcar vindecabile.

Dar America nu este așa, și nici eu nu sunt așa. Nu o să încerc să deformez lucrurile doar ca să le potrivesc într-o formă perfectă.

Al doilea mandat al lui Barack avea să fie, în multe privințe, mai ușor decât primul. Învățaserăm foarte multe în patru ani, să ne înconjurăm de oameni potriviți în funcții potrivite și să construim mecanisme, în general, funcționale. Știam suficient cât să evităm unele ineficiențe și mici erori făcute în primul mandat, începând cu ziua inaugurării din ianuarie 2013, când am cerut ca tribuna de unde aveam să urmărim parada să fie încălzită complet, de data aceasta, ca să nu ne înghețe picioarele. Într-o încercare de a ne conserva energia, am mers doar la două baluri inaugurale în noaptea aceea, față de cele zece la care fuseserăm în 2009. Aveam patru ani înainte și, dacă învățasem ceva, era să mă relaxez și să încerc să-mi găsesc propriul ritm.

Stând la paradă lângă Barack, după ce își reînnoise jurământul față de țară, urmăream defilarea carelor alegorice și a fanfarelor care făceau și desfăceau formații și mă simțeam capabilă să mă bucur mai mult de spectacol decât prima dată. De la locul meu, abia dacă vedeam chipurile participanților la paradă. Erau cu miile, fiecare cu o poveste proprie. Alte câteva mii veniseră la Washington să ia parte la diferitele evenimente din zilele de dinaintea inaugurării, iar alte zeci de mii veniseră doar să privească.

Mai târziu, aveam să-mi doresc să fi văzut pe cineva anume în mulțimea aceea, o fată de culoare suplă, cu o bentiță aurie și uniformă albastră de majoretă, care venise cu fanfara de la King College din South Side, de la Chicago, să cânte la câteva evenimente. Voiam să cred că poate am avut ocazia să o văd în marea de oameni care invadase orașul în acele zile – Hadiya Pendleton, o tânără de 15 ani care trăia un moment important din viața ei, venită cu un autocar la Washington împreună cu colegii ei din fanfară. La Chicago, Hadiya locuia împreună cu părinții și cu fratele ei mai mic la vreo trei kilometri de casa noastră de pe Greenwood Avenue. Era o elevă eminentă și îi plăcea să spună că ar vrea să ajungă într-o bună zi la Harvard. Începuse deja să-și organizeze petrecerea de aniversare a celor 16 ani. Îi plăceau mâncarea chinezească și cheesburgerii sau să meargă la o înghețată cu prietenii.

Am aflat toate acestea după câteva săptămâni, la înmormântarea ei. La opt zile după inaugurare, Hadiya Pendleton a fost împușcată și ucisă într-un parc din Chicago, nu departe de școala ei. Stătea cu un grup de prieteni sub un adăpost metalic de lângă un loc de joacă, așteptând să se oprească ploaia. Au fost confundați cu membrii unei bande și ciuruiți cu gloanțe de un tânăr de 18 ani care făcea parte dintr-o bandă rivală. Hadiya a fost lovită în spate, în timp ce încerca să fugă. Două dintre prietenele ei au fost rănite. Și toate acestea la ora 14:20, într-o marți după-amiaza.

Aș fi vrut s-o fi văzut în viață măcar ca să am o amintire pe care să o împărtășesc cu mama ei, acum că amintirile cu fiica ei încremeniseră brusc și erau singurele pe care le mai avea și de care se putea agăța.

M-am dus la înmormântarea Hadiyei pentru că așa am simțit că e potrivit. Am stat deoparte când Barack s-a dus la Newtown, dar acum era rândul meu să intru în scenă. Speram că prezența mea avea să atragă atenția asupra numeroșilor copii nevinovați care erau împușcați aproape în fiecare zi pe străzile orașelor – și că asta, alături de tragedia din Newtown, avea să-i determine pe americani să ceară legi pentru controlul armelor. Hadiya provenea dintr-o familie unită, din mediul muncitoresc din South Side, foarte asemănătoare cu familia mea. Cu alte cuvinte, aș fi putut foarte bine s-o cunosc. Aș fi putut chiar să fiu în locul ei. Iar, dacă s-ar fi întors de la școală pe alt drum în ziua aceea sau dacă ar fi făcut un pas în stânga în loc să facă un pas în dreapta când începuseră focurile de armă, ar fi putut să fie ea în locul meu.

„Am făcut tot ce trebuia“, mi-a spus mama ei când ne-am întâlnit chiar înainte de înmormântare, cu ochii în lacrimi. Cleo Cowley-Pendleton era o femeie afectuoasă, cu voce blândă și părul tuns foarte scurt, care lucra în Departamentul de asistență pentru clienți al unei companii din domeniul creditării. În ziua înmormântării fiicei ei, purta la rever o floare uriașă, roz. Ea și soțul ei, Nathaniel, vegheaseră atent asupra Hadiyei, încurajând-o să se înscrie la King, un liceu public de elită, și asigurându-se că nu avea timp de pierdut pe străzi, înscriind-o la volei, în echipa de majorete și într-un grup de dans al bisericii. Așa cum făcuseră cândva părinții mei pentru mine, părinții Hadiyei făcuseră sacrificii pentru ca ea să poată lua contact cu lucruri din afara cartierului ei. Urma să plece cu fanfara în Europa, în primăvara următoare, și era foarte încântată de vizita la Washington.

„E așa de curat acolo, mamă", i-a povestit ea lui Cleo, la întoarcere. „Cred că o să intru în politică."

Din păcate, însă, Hadiya Pendleton a devenit una dintre cele trei victime ale seriei de atacuri cu arme de foc din ziua aceea, la Chicago. Era a treizeci și șasea persoană ucisă cu o armă de foc de la începutul anului, și anul nu începuse decât de 29 de zile. E de la sine înțeles că aproape toate victimele erau negri. Pentru toate speranțele și eforturile ei, Hadiya a devenit un simbol.

La înmormântarea ei au participat foarte mulți oameni dintr-o comunitate devastată de durere care s-a îngrămădit în biserică, încercând din greu să reziste în fața imaginii unei adolescente într-un sicriu drapat cu mătase violet. Cleo ne-a vorbit despre fiica ei. Prietenele Hadiyei, de asemenea, ne-au împărtășit povești despre ea, fiecare marcată de același sentiment de indignare și de neputință. Erau copii care nu întrebau *de ce*, ci *de ce atât de des*? În ziua aceea, în sală se aflau adulți cu putere de influență – nu doar eu, ci și primarul orașului, guvernatorul statului, Jesse Jackson Sr. și Valerie Jarrett, printre alții –, înghesuiți cu toții pe șirurile de bănci, nevoiți să ne confruntăm în sinea noastră cu multă durere și vină, în timp ce corul cânta cu atâta forță, încât podeaua bisericii se cutremura.

Era important pentru mine să fac mai mult decât să ofer consolare. De-a lungul vieții mele auzisem multe vorbe goale venind de la oameni importanți, un joc al buzelor în vremuri de criză, care nu se concretiza în vreo acțiune. Eram hotărâtă să spun lucrurilor pe nume, să-mi folosesc vocea ori de câte ori puteam în slujba celor care nu puteau face asta și să nu-i abandonez pe oamenii în nevoie. Înțelegeam că orice apariție a mea putea părea dramatică din exterior – multă agitație declanșată de coloana de mașini, de agenți, asistenți și jurnaliști, cu mine în centru. Mergeam undeva și, în clipa următoare, dispăream. Nu îmi plăcea efectul pe care îl avea asupra interacțiunilor mele modul în care prezența mea îi făcea pe oameni să se bâlbâie sau să tacă, neștiind cum să se comporte. Acesta este motivul pentru care deseori mă prezentam oferind și o îmbrățișare, încercând să încetinesc momentul și să scutur din prefăcătorie, arătându-mă cât mai real.

Am încercat să construiesc relații cu oamenii pe care îi întâlneam, în special cu cei care, în mod normal, nu aveau acces la lumea în care trăiam eu acum. Voiam să împart cât de mult puteam din strălucirea aceea. I-am invitat pe părinții Hadiyei Pendleton să stea alături de mine și de Barack la discursul despre Starea Uniunii, la câteva zile după înmormântare, și apoi i-am găzduit la Casa Albă pentru vânătoarea ouălor de Paște. Cleo, care a devenit o susținătoare vocală a mișcării de prevenire a violențelor, a revenit de câteva ori ca să participe la diferite întruniri pe această temă. Am ținut să le trimit scrisori fetelor de la Școala Elizabeth Garrett Anderson din Londra care mă emoționaseră atât de profund, încurajându-le să-și păstreze speranța și să continue să muncească, în ciuda lipsei de privilegii. În 2011, am invitat 37 de fete de la această școală să mă însoțească într-o vizită la Universitatea Oxford, alegându-le nu doar pe cele cu note foarte bune, ci și pe cele ale căror profesori credeau că nu își atinseseră încă adevăratul potențial. Voiam să le ajutăm să vadă ce era posibil, să le arătăm unde ar fi putut ajunge. În 2012, am găzduit la Casa Albă câteva eleve ale școlii, în timpul unei vizite oficiale a premierului britanic. Simțeam că era nevoie să mă apropii de copii cât mai des și pe cât mai multe căi, pentru ca ei să simtă că totul era real.

Primele mele succese în viață fuseseră, știam asta, rezultatul iubirii consecvente și al așteptărilor înalte de care fusesem înconjurată în copilărie, atât acasă, cât și la școală. Această percepție fusese cea care determinase programul meu de mentorat de la Casa Albă și cea care stătea acum la baza unei noi inițiative privind educația pe care eu și echipa mea ne pregăteam să o lansăm, numită Reach Higher (Țintește mai sus). Voiam să-i încurajez pe copii să se străduiască să meargă la facultate și, odată ajunși acolo, să se țină de treabă. Știam că, în anii următori, absolvirea cursurilor universitare avea să fie și mai importantă pentru tinerii care urmau să intre pe o piață a muncii globală. Reach Higher încerca să îi ajute pe acest drum, oferind mai mult sprijin consilierilor școlari și acces mai ușor la ajutor financiar subvenționat.

Am avut norocul unor părinți, profesori și mentori care m-au susținut cu un mesaj consecvent și simplu: *tu contezi*. Ca adult, voiam să-l transmit mai departe tinerei generații. Era mesajul pe care îl ofeream fetelor mele, care erau norocoase să-l vadă consolidat zilnic de școala lor și de circumstanțele privilegiate, și eram hotărâtă să-l împărtășesc fiecărui tânăr pe care îl întâlneam. Voiam să fiu opusul consilierului de orientare pe care îl avusesem în liceu, care îmi spusese cu nepăsare că nu aveam stofă de Princeton.

„Noi toți suntem de părere că locul vostru este aici", le-am spus fetelor de la Elizabeth Garrett Anderson care stăteau, unele dintre ele părând puțin copleșite, în vechea sală de mese în stil gotic de la Oxford, înconjurate de profesori universitari și de studenți care veniseră să le fie mentori pentru o zi. Spuneam ceva asemănător ori de câte ori aveam în vizită copii la Casa Albă – adolescenți invitați din rezervația Sioux Standing Rock, copii de la școlile locale veniți să lucreze în grădină, elevi de liceu care veneau când organizam zile ale carierei sau ateliere de modă, muzică și poezie; chiar și copii pe care apucam doar să-i îmbrățișez în trecere, într-un șir de susținători. Mesajul era întotdeauna același. „Locul tău este aici. Tu contezi. Am o părere foarte bună despre tine."

Un economist de la o universitate britanică avea să facă mai târziu un studiu care a evaluat rezultatele școlare ale elevelor de la Elizabeth Garrett Anderson, descoperind că mediile lor crescuseră semnificativ după ce am început să construiesc o relație cu ele – echivalentul creșterii de la media 7 la o medie apropiată de 10. Meritul pentru îmbunătățirea notelor este în realitate al fetelor, al profesorilor lor și al eforturilor zilnice pe care le făceau împreună, dar confirma, totodată, ideea că și copiii investesc mai mult când simt că se investește în ei. Am înțeles câtă putere se afla în simplul fapt că le arătam copiilor considerația mea.

LA DOUĂ LUNI DUPĂ înmormântarea Hadiyei Pendleton, m-am întors la Chicago. I-am cerut Tinei, șefa mea de cabinet și avocată care petrecuse ea însăși mulți ani în oraș, să facă tot ce-i stătea în puteri pentru a mobiliza cât mai mult sprijin pentru prevenirea violenței. Tina era o împătimită a vieții politice, inimoasă, cu un râs molipsitor și cu mai multă îndrăzneală decât aproape oricine altcineva dintre cunoscuții mei. Ea știa ce pârghii să folosească în interiorul administrației și în afara ei, ca să producă un impact la scara pe care o voiam. Mai mult, firea și experiența ei n-ar fi lăsat ca vocea să-i rămână neauzită, mai ales la dineurile dominate de bărbați la care ajungea adesea. De-a lungul celui de-al doilea mandat al lui Barack, avea să se lupte cu Pentagonul și cu guvernatorii diverselor state, deschizându-le calea veteranilor și soțiilor de militari pentru a-și construi mai eficient carierele. Tot ea a ajutat la proiectarea unui efort mamut făcut de noua administrație pentru educația fetelor din toată lumea.

Imediat după moartea Hadiyei, Tina și-a pus în mișcare întreaga rețea de contacte locale, încurajându-i pe oamenii de afaceri și pe filantropii din Chicago să colaboreze cu primarul Rahm Emanuel pentru extinderea programelor comunitare menite să-i sprijine pe tinerii aflați în situații de risc.

Eforturile ei au ajutat, în numai trei săptămâni, la obținerea unor angajamente pentru donații de peste 33 de milioane de dolari. Într-o zi rece de aprilie, Tina și cu mine am luat avionul ca să ajungem la o întâlnire a liderilor comunității care discutau despre responsabilizarea tinerilor și, totodată, să ne întâlnim cu un grup nou de copii.

Mai devreme, în iarnă, emisiunea „This American Life" („Această viață americană") de la radioul public dedicase două ore poveștilor elevilor și profesorilor de la liceul William R. Harper din Englewood, un cartier din South Side. În ultimul an, 29 dintre foștii și actualii elevi ai școlii fuseseră împușcați, opt dintre ei mortal. Aceste cifre erau șocante pentru mine și echipa mea, dar adevărul era că școlile din toată țara se confruntau cu o adevărată epidemie de violență armată. În toată această discuție despre responsabilizare, părea important să ascultăm și ce aveau tinerii de spus.

În tinerețea mea, Englewood fusese un cartier periculos, dar nu ca acum, când moartea amenința la fiecare colț de stradă. În ultimii ani de școală elementară, mergeam săptămânal în Englewood, la laboratoarele de biologie de la colegiul public de acolo. Acum, după mulți ani, în timp ce coloana mea oficială trecea pe lângă casele neîngrijite și vitrinele cu obloanele trase, pe lângă terenurile virane și clădirile arse, mi se părea că singurele afaceri înfloritoare rămase aici erau magazinele de băutură.

Mă gândeam la copilărie și la cartierul meu, și la cum era folosit cuvântul „ghetou" ca o amenințare. O simplă aluzie la o astfel de descriere, înțelegeam acum, le făcea pe familiile stabile, din clasa de mijloc, să se mute intempestiv în suburbii, îngrijorate că valoarea proprietăților lor ar putea să scadă. „Ghetou“ era eticheta unui loc plin de negri și lipsit de speranță, care prezicea eșecul și îi grăbea apariția. Închidea magazinele alimentare de la colț și benzinăriile, subminând, totodată, eforturile școlilor și ale educatorilor de a le insufla copiilor din cartier respect de sine. Era un cuvânt de care toată lumea încerca să fugă și care putea da înapoi rapid o comunitate.

În mijlocul zonei West Englewood se afla liceul Harper, o clădire masivă din cărămidă cu mai multe aripi. M-am întâlnit cu directoarea școlii, Leonetta Sanders, o femeie de culoare extrem de sprintenă, care lucra acolo de șase ani, ajutată de două asistente sociale care se dedicaseră celor 510 copii înscriși la Harper, cei mai mulți din familii cu venituri foarte mici. Una din asistente, Crystal Smith, putea fi deseori găsită în pauze pe culoarele de la Harper, copleșindu-i pe copii cu mesaje pozitive și comunicându-le considerația pe care o avea pentru ei prin afirmații de genul „Sunt atât de mândră de tine!“ sau „Văd că te străduiești mult!“ Le striga „Te apreciez în avans!“ pentru fiecare alegere bună pe care avea încredere că acești copii aveau să o facă.

În biblioteca școlii, m-am alăturat în acea zi unui grup format din 22 de elevi de la Harper – toți afro-americani, în general, din penultimul și din ultimul an de liceu –, așezați pe scaune și pe canapele, îmbrăcați în pantaloni de doc și cămăși. Cei mai mulți erau nerăbdători să vorbească. Ei au descris teama pe care o trăiau zilnic, în fiecare minut chiar, teama de bande și de violențe. Unii au povestit că părinții lor erau absenți sau dependenți de droguri, câțiva petrecuseră o vreme în centre de detenție juvenilă. Unul dintre elevi fusese martor când o bună prietenă – o fată de 16 ani – fusese împușcată și ucisă în vara precedentă. El fusese de față și când fratele lui mai mare, care era parțial paralizat din cauza unei răni de glonț, fusese împușcat și rănit în timp ce stătea afară în scaunul cu rotile. Aproape fiecare copil prezent acolo pierduse pe cineva într-un atac armat – un prieten, o rudă, un vecin. Pe de altă parte, doar câțiva dintre ei fuseseră vreodată în centrul orașului, pe malul lacului sau să viziteze Cheiul Marinei.

La un moment dat, una dintre asistentele sociale a exclamat, adresându-se grupului: „27 de grade și soare!" Toți cei din cerc au dat din cap, cu tristețe. Nu eram sigură de ce. „Spuneți-i doamnei Obama", i-a îndemnat ea. „Ce vă trece prin minte când vă treziți dimineața și auziți la radio prognoza meteo, care anunță 27 de grade Celsius și soare?"

Era evident că ea știa răspunsul, dar voia să îl aud și eu.

O astfel de zi, au fost de acord toți elevii de la Harper, nu era deloc bună. Când vremea era frumoasă, bandele erau mai active și schimburile de focuri mai dese.

Copiii aceștia se adaptaseră la logica răsturnată dictată de mediul în care trăiau, stând în case când era vreme frumoasă și schimbându-și drumul către școală în fiecare zi, după cum se schimbau teritoriile bandelor și alianțele. Uneori, îmi spuneau ei, cel mai sigur drum spre casă era fix pe mijlocul drumului, printre mașinile care treceau în viteză și de-o parte, și de alta. De acolo puteau să vadă mai bine orice conflicte care ar fi putut escalada sau posibilii trăgători. Și acest lucru le oferea mai mult timp să fugă.

America nu este un loc simplu. Contradicțiile ei erau uluitoare. Mi s-a întâmplat să mă aflu la strângeri de fonduri pentru

Partidul Democrat în penthouse-uri de lux din Manhattan, gustând dintr-un pahar de vin alături de femei bogate care se declarau preocupate de educație și de problemele copiilor, dar care se aplecau apoi conspirativ spre mine să-mi spună că soții lor de pe Wall Street n-ar vota pentru cineva care s-ar fi gândit măcar să le mărească taxele.

Iar acum mă aflam la Harper, ascultând niște copii care vorbeau despre cum trăiau, încercând să rămână în viață. Le admiram tăria și îmi doream cu disperare ca ei să nu fi avut nevoie de ea.

Unul dintre ei m-a privit apoi cu candoare. „E drăguț că sunteți aici și tot restul", a spus el, ridicând din umeri. „Dar ce o să faceți concret?"

În ochii lor, eu reprezentam Washington D.C., la fel de mult cum reprezentam South Side. Și, în privința Washingtonului, simțeam că le datoram adevărul.

„Sinceră să fiu", am început eu, „știu că aveți multe probleme aici, dar nu o să vă salveze nimeni în viitorul apropiat. Cei mai mulți dintre cei aflați la Washington nici măcar nu încearcă. Sunt mulți care nici măcar nu știu de existența voastră." Le-am explicat acelor elevi că progresul este lent și că ei nu-și permiteau să stea, pur și simplu, și să aștepte să vină schimbarea. Numeroși americani nu acceptau mărirea taxelor, iar Congresul nu putea nici măcar să aprobe un buget, darămite să se ridice deasupra polemicilor partizane meschine, așa că nu aveau de unde să apară investițiile de miliarde în educație sau vreun reviriment magic pentru comunitatea lor. Chiar și după oroarea de la Newtown, Congresul părea hotărât să blocheze orice măsură care ar fi putut ajuta la controlul armelor, ca să nu mai ajungă în mâinile cui nu trebuie, legiutorii fiind mai interesați de donațiile substanțiale primite în campanie de la National Rifle Association (Asociația Națională a Posesorilor de Arme) decât de siguranța copiilor. Le-am zis că politica era o harababură. Din punctul acesta de vedere nu aveam nimic teribil de înălțător sau încurajator de spus.

Apoi, însă, am continuat pe un ton diferit, unul care venea din latura mea de South Side. „Folosiți școala", le-am spus.

Timp de o oră, acești copii îmi povestiseră întâmplările tragice și neliniștitoare prin care trecuseră, dar le-am reamintit că aceleași povești arătau totodată rezistența lor, siguranța lor de sine și capacitatea de a învinge. I-am asigurat că aveau deja tot ceea ce le era necesar pentru a reuși. Mergeau la o școală care le oferea gratuit educație, le-am spus, iar în școala aceea existau o mulțime de adulți devotați și grijulii, care credeau în ei. După aproximativ șase săptămâni, mulțumită donațiilor unor oameni de afaceri locali, un grup de elevi de la Harper avea să vină la Casa Albă, să ne viziteze pe mine și pe Barack și să petreacă un timp la Universitatea Howard, ca să vadă cum era la facultate. Speram că aveau să se vadă pe ei înșiși ajungând acolo.

Nu voi pretinde niciodată că doar vorbele și îmbrățișările unei prime doamne sunt suficiente pentru a putea schimba viața cuiva sau că există o cale mai ușoară pentru copiii care trec prin aceleași încercări ca elevii de la Harper. Nimic nu este atât de simplu. Desigur, noi toți cei care ne aflam în bibliotecă în ziua aceea știam asta. Dar eu mă aflam acolo ca să combat vechiul și condamnabilul scenariu despre ce înseamnă să fii copil negru într-un oraș din America, scenariu care prezice eșecul, și apoi îi grăbește venirea. Dacă puteam să le arăt acelor copii ce puteri au și să-i ajut să întrezărească o cale de ieșire, atunci aveam să continui s-o fac fără odihnă. Exista șansa de a contribui chiar și cu puțin la schimbare.

Capitolul 24

În primăvara lui 2015, Malia ne-a anunțat că fusese invitată la balul de absolvire de către un băiat pe care îl plăcea. Avea 16 ani și terminase penultimul an de liceu la Sidwell. Pentru noi, ea rămăsese fetița noastră, cu picioare lungi, entuziastă ca întotdeauna, deși în fiecare zi părea să devină puțin mai matură. Era acum aproape la fel de înaltă ca mine și începea să se gândească la înscrierea la facultate. Era o elevă bună, curioasă și încrezătoare în forțele ei, o colecționară de detalii, la fel ca tatăl ei. Începuse să fie fascinată de filme și de producția de filme, iar, în vara precedentă, intrase în vorbă cu Steven Spielberg, din proprie inițiativă, într-o seară în care acesta venise la o petrecere la Casa Albă. I-a pus atâtea întrebări încât el i-a propus un stagiu la un serial TV pe care îl producea. Fata noastră încerca să-și croiască drumul.

În mod normal, din motive de siguranță, Malia și Sasha nu aveau voie să meargă în mașina altcuiva. Malia avea pe atunci un permis de conducere provizoriu și putea să conducă prin oraș, însă întotdeauna urmată de agenți, în vehiculul lor. De când se mutase la Washington, la vârsta de zece ani, ea nu mersese nici măcar o dată cu autobuzul, cu metroul sau cu mașina unei persoane care nu lucra pentru Serviciul

Secret. Totuși, pentru seara balului, ne gândeam să facem o excepție.

În seara respectivă, băiatul a venit cu mașina lui, a trecut prin controlul de securitate de la poarta de sud-est a Casei Albe, a urmat aleea în sus și în jurul Peluzei de Sud, pe unde veneau șefii de stat și alți demnitari străini, iar apoi a intrat – cu mult curaj – în Salonul Diplomatic, îmbrăcat într-un costum negru.

„Să fiți calmi, bine?“ ne-a spus Malia, mie și lui Barack, stinghereala ei începând deja să mocnească în liftul care ne ducea la parter. Eu eram desculță, iar Barack purta șlapi. Malia era îmbrăcată cu o fustă lungă, neagră, și un top elegant cu umerii goi. Era frumoasă și arăta cam de 23 de ani.

Din câte îmi amintesc, am reușit să ne păstrăm calmul, deși Malia râde și acum, evocând momentul ca fiind chinuitor. Barack și cu mine am dat mâna cu tânărul, am făcut câteva fotografii și ne-am îmbrățișat fata, înainte să-i lăsăm să-și vadă de drum. Ne liniștea, oarecum pe nedrept, gândul că echipa de securitate a Maliei avea să meargă practic la bara din spate a băiatului tot drumul până la restaurantul unde urmau să ia cina înainte să meargă la dans și, apoi, avea să rămână la datorie toată noaptea, în tăcere.

Din punctul de vedere al unui părinte, era un mod foarte bun de a crește niște adolescenți – știind că o echipă de adulți vigilenți se ținea după ei tot timpul, cu misiunea de a-i scoate din orice fel de eventuală încurcătură. Însă, din punctul de vedere al adolescentului, era pe bună dreptate o uriașă și totală povară. Ca în multe alte aspecte ale vieții la Casa Albă, am fost lăsați să alegem noi ce avea să însemne pentru familia noastră – unde și cum stabileam limite, echilibrând cerințele președinției cu nevoile a doi copii care învățau să se maturizeze.

După ce au ajuns la liceu, am hotărât care erau orele de întoarcere acasă pentru fete – mai întâi 23 și, mai apoi, miezul nopții – și le-am impus, după cum spun Malia și Sasha, cu mai multă vigoare decât mulți dintre părinții prietenelor lor. Dacă eram îngrijorați de siguranța lor sau nu știam pe unde umblă, puteam să verific la agenții lor de pază, dar încercam să nu o fac. Pentru mine, era important ca fetele să aibă încredere în echipele lor de securitate. Făceam, în schimb, ceea ce cred că făceau mulți alți părinți, și anume ne bazam pe rețeaua celorlalți părinți ca să obținem informații, fiecare împărtășind celorlalți ce știa despre unde mergea grupul și dacă era un adult cu ei. Desigur, fetele noastre aveau o responsabilitate suplimentară, știind că, întrucât tatăl lor era cine era, orice prostie de-a lor ar fi putut ajunge la știri. Barack și cu mine recunoșteam amândoi ce nedreptate era aceasta. Amândoi forțaserăm limite și făcuserăm lucruri prostești în adolescență, și fuseserăm norocoși să le facem pe toate fără ca ochii națiunii să fie ațintiți asupra noastră.

Malia avea opt ani când Barack s-a așezat pe marginea patului ei, la Chicago, și a întrebat-o dacă, după părerea ei, era în regulă să candideze la președinție. Mă gândesc acum cât de puțin știa ea la momentul acela, cât de puțin știam cu toții. Să fii copil la Casa Albă era una. Însemna, însă, cu totul altceva să încerci să ieși de acolo ca adult. Cum ar fi putut Malia să știe că, într-o bună zi, avea să fie urmărită de agenți înarmați la balul de absolvire? Sau că oamenii aveau să o fotografieze trăgând pe furiș dintr-o țigară, pentru a vinde apoi imaginile website-urilor de bârfe mondene?

Copiii noștri se maturizau într-o perioadă care părea unică. Apple începuse să vândă iPhone în iunie 2007, cam la patru luni după ce Barack își anunțase candidatura la președinție. În mai puțin de trei luni, s-au vândut un milion de bucăți. Până la sfârșitul celui de-al doilea mandat, se vânduseră un miliard. Era prima președinție dintr-o nouă eră, una care presupunea demontarea tuturor normelor legate de viața privată – o eră cu selfie-uri, furturi de date, Snapchat și surorile Kardashian. Fiicele noastre erau mai bine ancorate în această lume decât noi, în parte pentru că rețelele de socializare guvernau viețile adolescenților și, apoi, pentru că programul lor zilnic le punea în contact mai strâns cu publicul decât permitea programul nostru. Când Malia și Sasha se plimbau prin Washington cu prietenele, după ore sau în weekend, vedeau străini care îndreptau telefoanele mobile în direcția lor sau întâlneau adulți, bărbați și femei, care le rugau – și uneori cereau imperativ – să facă un selfie cu ei. „Știți că sunt un copil, da?“, spunea uneori Malia când refuza pe cineva.

Barack și cu mine am făcut ce am putut ca să ne protejăm copiii de prea multă expunere, refuzând toate solicitările presei pentru ele și încercând să le ținem viețile de fiecare zi cât mai departe de ochii publicului. Agenții de la Serviciul Secret încercau să fie mai puțin ostentativi când le supravegheau în public, purtând bermude și tricouri în locul costumelor și schimbând căștile din ureche și microfoanele de la încheietura mâinii cu niște căști bluetooth, ca să atragă mai puțin atenția în locurile cu adolescenți pe care fetele le frecventau acum.

Am refuzat cu încăpățânare publicarea oricărei fotografii a copiilor noștri care nu avea legătură cu un eveniment oficial, iar biroul de presă de la Casa Albă le-a transmis asta foarte clar jurnaliștilor. Melissa și ceilalți membri ai echipei mele au devenit mesagerii mei ori de câte ori imaginea uneia din fete apărea pe pagina vreunui tabloid, bombardându-i cu telefoane până eliminau fotografiile.

Protejarea intimității fetelor însemna că trebuia să găsim alte moduri de a potoli curiozitatea publicului privind familia noastră. La începutul celui de-al doilea mandat al lui Barack am adoptat încă un cățel – Sunny –, o cățelușă năzdrăvană cu spirit liber care părea să nu vadă nici un rost în dresajul pentru viața în casă, având în vedere cât de mare era casa ei cea nouă. Câinii aduceau mereu o notă de relaxare. Erau dovada vie și „lătrătoare“ a faptului că, totuși, Casa Albă era o casă. Știind că Malia și Sasha erau în principiu de neatins, echipele de comunicare de la Casa Albă au început să-i ceară pe cățeі pentru apariții publice. Găseam seara în mapa mea note care îmi cereau să aprob „apariția lui Bo și Sunny“, adică să le dau voie cățeilor să interacționeze cu jurnaliștii sau cu copiii veniți în vizită. Câinii aveau să fie mobilizați când reporterii au venit să afle despre importanța comerțului și a exporturilor americane sau, mai târziu, să-l asculte pe Barack vorbind în favoarea lui Merrick Garland, propunerea lui pentru Curtea Supremă. Bo a apărut într-un filmuleț promoțional pentru vânătoarea ouălor de Paște. El și Sunny au pozat împreună cu mine pentru o campanie online care să-i convingă pe oameni să se înscrie într-un program de sănătate. Erau niște ambasadori excelenți, imuni la critică și nepăsători la propria celebritate.

CA TOȚI COPIII, Sasha și Malia au crescut, în timp, prea mari pentru anumite lucruri. Din primul an al președinției, ele i s-au alăturat lui Barack în fiecare toamnă, în fața reporterilor, în timpul celui mai ridicol ritual din această funcție – grațierea unui curcan, chiar înainte de Ziua Recunoștinței. Cinci ani la rând, ele au zâmbit și au chicotit în timp ce tatăl lor făcea glume stângace. Dar, în al șaselea an, când aveau 13 și 16 ani, erau prea mari ca să se prefacă măcar că era amuzant. La câteva ore după ceremonie, internetul s-a umplut de fotografiile celor două arătând supărate – Sasha cu fața încremenită, Malia cu brațele încrucișate – în timp ce stăteau lângă președinte, pupitrul lui și curcanul nepăsător. Un titlu din *USA Today* a sintetizat destul de bine situația: „Malia și Sasha Obama, sătule ca tatăl lor să tot grațieze curcanul".

Participarea lor la grațiere, ca la orice eveniment la Casa Albă, de altfel, a devenit cu totul opțională. Ele erau niște adolescente vesele și echilibrate, cu vieți pline de activități și agitație socială, care nu aveau nimic de-a face cu cele ale părinților lor. Ca părinte, oricum controlezi doar în parte lucrurile. Copiii noștri au propriile planuri și preocupări, ceea ce îi face să nu fie prea impresionați de cele mai frumoase momente ale noastre.

„Nu vrei să vii jos în seara asta și să-l asculți pe Paul McCartney cântând?"

„Mama, te rog! Nu."

Din camera Maliei se auzea deseori muzică la volum maxim. Sasha și prietenele ei făcuseră o pasiune pentru canalul TV de gătit, și uneori puneau stăpânire pe bucătărie ca să decoreze prăjituri sau să pregătească mese sofisticate, cu mai multe feluri. Fiicele noastre savurau anonimatul relativ de care se bucurau când mergeau în excursii cu școala sau plecau în vacanțe cu familiile prietenelor lor (cu agenții pe urme). Nimic nu-i plăcea mai mult Sashei decât să-și cumpere singură gustările din Aeroportul Dulles înainte să urce într-un avion comercial aglomerat, pentru simplul motiv că era atât de diferit de adevăratul ceremonial prezidențial care se desfășura la baza aeriană Andrews și care devenise normă în familia noastră.

Existau și avantaje ale călătoriilor pe care le făceau împreună cu noi. Până să se încheie mandatul lui Barack, fetele noastre s-au bucurat de un meci de baseball la Havana, de o plimbare pe Marele Zid Chinezesc și de o vizită la statuia lui Iisus Mântuitorul din Rio de Janeiro, în întunericul lăptos al unei seri magice. Dar putea fi o adevărată pacoste, în special când voiam să ne ocupăm de lucruri care nu aveau legătură cu președinția. La începutul celui de-al treilea an de liceu al Maliei, am mers amândouă pentru o zi la New York să vizităm facultăți de acolo, făcându-ne programări la New York University și la Columbia. Un timp, totul a mers bine. Ne-am plimbat prin campusul NYU în pas grăbit, ajutate și de faptul că era încă devreme și mulți studenți nu își începuseră ziua încă. Ne-am uitat prin sălile de curs, am tras cu ochiul într-o cameră de cămin și am stat de vorbă cu un decan, înainte să mergem să mâncăm ceva și să ne prezentăm la următoarea vizită.

Problema este că nu ai cum să ascunzi coloana oficială a primei doamne, în Manhattan, la mijlocul unei zile de lucru. Până când am terminat de mâncat, pe trotuarul din fața restaurantului se adunaseră în jur de 100 de oameni, iar agitația atrăgea tot mai mulți curioși. Am ieșit într-o mare de telefoane mobile îndreptate în direcția noastră, învăluite într-o cascadă de urări. Era plăcută această atenție – „Vino la Columbia, Malia!" strigau oamenii –, dar nu neapărat utilă unei fete care încerca, în liniște, să-și imagineze viitorul propriu.

Mi-am dat seama imediat că trebuia să mă retrag – să o las pe Malia să viziteze următoarele campusuri fără mine, însoțită de asistenta mea personală, Kristin Jones. În absența mea, Malia avea șanse mari să treacă neobservată. Ea se putea mișca mai repede și cu mult mai puțini agenți. Fără mine, poate că ar fi putut să arate ca un copil obișnuit. Îi eram datoare măcar cu o încercare.

Kristin, originară din California, nu împlinise încă 30 de ani și era un fel de soră mai mare pentru ambele fete. Venise în echipa mea ca tânără stagiară și, împreună cu Kristin Jarvis, care, până nu demult, fusese directorul meu de deplasări, era de mare ajutor în viața familiei noastre, umplând golurile bizare provocate de natura stânjenitoare a faimei noastre și de supraaglomerarea programului nostru de lucru. „Kristinele", cum le spuneam, ne țineau deseori locul. Ele asigurau legătura dintre familia noastră și Sidwell, mergând la ședințe și interacționând cu profesorii, cu antrenorii și cu ceilalți părinți ori de câte ori eu și Barack nu aveam cum. Cu fetele erau protectoare, iubitoare și mult mai cool decât aveam să fiu eu vreodată în ochii copiilor mei. Implicit, Malia și Sasha aveau încredere în ele, cerându-le sfatul, ca unor surori mai mari, cu privire la orice, de la garderobă și rețelele de socializare până la apropierea tot mai mare de băieți.

În timp ce Malia vizita Columbia în după-amiaza aceea, eu am fost nevoită să aștept într-o zonă desemnată ca sigură de Serviciul Secret – care s-a dovedit a fi subsolul unei clădiri din campus –, unde am stat singură și neobservată până când a venit momentul să plecăm, dorindu-mi să fi adus cu mine măcar o carte, să citesc. A fost destul de neplăcut să stau acolo, recunosc. Simțeam un fel de singurătate care nu avea legătură atât cu faptul că eram doar eu, omorându-mi timpul într-o cameră fără ferestre, cât, mai degrabă, cu ideea că, indiferent dacă îmi plăcea sau nu, primul nostru copil crescuse și se pregătea să plece.

NU ERAM ÎNCĂ LA FINAL, dar începusem deja să fac bilanțul. M-am trezit evaluând câștigurile și pierderile, ce fusese sacrificat și ce putea fi socotit drept succes – în țara noastră, în familia noastră. Făcusem tot ce putusem? Aveam să ieșim nevătămați din asta?

Am încercat să mă întorc în timp și să îmi amintesc momentul acela în care viața mea se schimbase, îndepărtându-se de ceea ce fusese până atunci o existență predictibilă, visul unei femei obsedate de deținerea controlului, o viață pe care mi-o imaginasem pentru mine însămi – cea cu salariu stabil, o casă în care să trăiesc pentru totdeauna, o rutină a fiecărei zile. În ce punct alesesem altceva? Când lăsasem haosul să pătrundă în lumea mea? Să fi fost în seara aceea de vară, când am lăsat deoparte cornetul de înghețată și l-am sărutat pe Barack pentru prima dată? Sau ziua în care, în sfârșit, am plecat de lângă teancurile mele ordonate de documente și din cariera mea în avocatură, convinsă că găsisem ceva care să mă împlinească?

Mintea mea se întorcea uneori în subsolul bisericii din Roseland, la periferia sudică a orașului Chicago, unde mersesem în urmă cu 25 de ani să îl însoțesc pe Barack, la întâlnirea cu un grup de oameni din cartier care se luptau cu lipsa de speranță și cu indiferența. Ascultând discuțiile din seara aceea, am auzit ceva cunoscut, dar articulat diferit. Era posibil, știam, să trăiești în două planuri deodată - să fii bine ancorat în prezent, dar, totodată, orientat către progres. Era ceea ce făcusem în copilăria de pe Euclid Avenue, ceea ce familia mea - și oamenii marginalizați, în general - făcuse dintotdeauna. Ajungi undeva construind permanent acea realitate mai bună, chiar dacă la început doar în mintea ta. Sau, cum spusese Barack în seara aceea, poți să trăiești în lume așa cum este ea, dar poți și să muncești ca să creezi o lume așa cum ar trebui să fie.

Pe vremea aceea, îl cunoșteam doar de câteva luni, dar privind retrospectiv îmi dau seama acum că acela a fost momentul de cotitură. Atunci, fără să spun vreun cuvânt, am decis că vreau o viață împreună cu el, o viață așa cum o descria el.

După toți anii aceștia, eram recunoscătoare pentru progresul pe care îl vedeam. În 2015, încă mai făceam vizite la Walter Reed, dar, de fiecare dată, părea că erau mai puțini soldați răniți. Statele Unite aveau mai puțini militari expuși riscurilor în străinătate, mai puțini răniți care aveau nevoie de îngrijiri, mai puține mame cu inimile frânte. Pentru mine, asta însemna progres.

Progres era și ceea ce vedeam în rapoartele Centrului pentru Controlul Bolilor, care anunțau că ratele obezității infantile începuseră să scadă, mai ales pentru copiii între doi și cinci ani. Progres însemnau și cei 2 000 de elevi de liceu din Detroit care au venit să mă ajute în Ziua Înscrierii la Facultate, o sărbătoare la a cărei promovare am ajutat ca parte a proiectului Reach Higher, marcând ziua în care tinerii intrau oficial la școala aleasă. Progres a fost și decizia Curții Supreme de a respinge contestația depusă pentru o parte importantă din noua lege privind serviciile medicale din țara noastră, astfel încât principala realizare în plan intern a președinției lui Barack – garanția unei asigurări de sănătate pentru fiecare american – să nu fie știrbită după plecarea lui din funcție. Când Barack a sosit la Casa Albă, economia americană pierdea 800 000 de locuri de muncă pe lună, iar acum număra cinci ani la rând de creștere pe piața muncii.

Luam toate acestea drept dovezi că noi, ca țară, eram capabili să construim o realitate mai bună. Deși încă trăiam într-o lume așa cum era.

La un an și jumătate după Newtown, Congresul nu aprobase nici măcar o singură măsură pentru controlul armelor. Bin Laden nu mai era, dar apăruse ISIS. Rata crimelor în Chicago era mai degrabă în creștere, decât în scădere. Un adolescent negru, pe nume Michael Brown, a fost împușcat de un polițist în Ferguson, Missouri, iar corpul lui a fost lăsat în mijlocul străzii ore în șir. Un adolescent negru, pe nume Laquan McDonald, a fost lovit de 16 gloanțe trase de polițiști, la Chicago, nouă dintre ele în spate. Un băiat negru de 12 ani, numit Tamir Rice, a fost împușcat mortal de poliția din Cleveland în timp ce se distra cu un pistol de jucărie. Un bărbat negru numit Freddie Gray a murit după ce fusese lăsat în custodia poliției din Baltimore. Un bărbat negru pe nume Eric Garner a murit sufocat, strangulat de polițiștii care îl arestau în Staten Island. Toate acestea erau dovezi ale unui fenomen periculos și care nu se schimbase în America. Când Barack fusese ales pentru primul mandat, diverși comentatori declaraseră cu naivitate că țara noastră intra într-o eră „postrasială", în care culoarea pielii nu avea să mai conteze. Din păcate, vedeam acum cât de mult se înșelaseră. Cum americanii erau obsedați de amenințarea terorismului, mulți treceau cu vederea rasismul și primitivismul care sfârtecau națiunea noastră.

La sfârșitul lui iunie 2015, Barack și cu mine am mers la Charleston, în Carolina de Sud, să ne alăturăm unei alte comunități îndurerate – de data aceasta la funeraliile unui pastor pe nume Clementa Pinckney, unul dintre cei nouă oameni uciși din motive rasiale într-un atac armat care avusese loc la o biserică episcopală metodistă africană, căreia localnicii îi spun simplu Mother Emanuel. Victimele, doar afro-americani, primiseră cu bucurie un tânăr alb de 21 de ani, șomer – pe care nici unul nu îl cunoștea –, în grupul lor de studiu al Bibliei. A stat alături de ei un timp, apoi, când ceilalți din grup și-au aplecat capetele pentru rugăciune, s-a ridicat și a început să tragă în ei. În acest timp, acesta ar fi zis: „Trebuie să fac asta, pentru că ne violați femeile și ne luați țara".

După ce a rostit un elogiu emoționant pentru reverendul Pinckney și a recunoscut tragismul profund al momentului, Barack a surprins pe toată lumea, conducând congregația în intonarea unei versiuni lente și pline de suflet a imnului religios „Amazing Grace". Era o simplă invocare a speranței, un apel la rezistență. Toți cei din sală s-au alăturat corului. De mai bine de șase ani deja, Barack și cu mine trăiam conștienți că noi înșine eram o provocare. Pe măsură ce minoritățile din toată țara începeau treptat să preia roluri tot mai semnificative în politică, afaceri și divertisment, familia noastră devenise exemplul cel mai clar. Prezența noastră la Casa Albă fusese sărbătorită de milioane de americani, dar a contribuit și la sentimentul reacționar de teamă și de respingere al celorlalți. Era o ură veche, profundă și la fel de periculoasă ca întotdeauna.

Trăiam cu ea, ca familie și ca națiune. Însă noi mergeam mai departe, cât de elegant puteam.

În aceeași zi cu slujba funerară din Charleston – 26 iunie 2015 –, Curtea Supremă a Statelor Unite a luat o decizie extrem de importantă, potrivit căreia cuplurile de același sex aveau dreptul să se căsătorească în toate cele 50 de state. Era punctul culminant al unei bătălii legale purtate metodic decenii de-a rândul, stat cu stat, tribunal cu tribunal, și, ca orice luptă pentru drepturi civile, avusese nevoie de stăruința și de curajul multor oameni. Pe parcursul zilei, am auzit din când în când de entuziasmul cu care americanii primiseră această veste. O mulțime triumfătoare cânta „Love Has Won" („Iubirea a învins!") pe treptele Curții Supreme. Cuplurile luau cu asalt primăriile și tribunalele comitatelor ca să-și exercite ceea ce era acum un drept constituțional. Barurile gay s-au deschis mai devreme. Steaguri curcubeu fluturau la colț de stradă, în toată țara.

Toate acestea ne-au susținut moralul în ziua aceea tristă pentru Carolina de Sud. Când ne-am întors la Casa Albă, ne-am schimbat hainele de înmormântare, am luat repede cina cu fetele, iar Barack a dispărut în Sala Tratatelor, să pună televizorul pe canalul de sport și să se apuce din nou de treabă. Eu m-am dus în camera mea din dressing, de unde am văzut o licărire violet printr-una dintre ferestrele de nord ale reședinței. În clipa aceea, mi-am amintit că echipa noastră plănuise să lumineze Casa Albă în culorile curcubeului.

Uitându-mă pe fereastră, am văzut că, dincolo de porțile de pe Pennsylvania Avenue, o mare de oameni se adunase în amurgul acelei seri de vară ca să admire luminile. Aleea de nord era plină de funcționari guvernamentali care rămăseseră la serviciu până târziu, ca să vadă Casa Albă sărbătorind egalitatea în dreptul la căsătorie. Decizia avea impact asupra multor oameni. De unde stăteam, puteam doar să văd exuberanța din stradă, fără să pot auzi ceva. Era o parte ciudată a realității noastre. Casa Albă era o fortăreață tăcută, ermetică, aproape orice sunet fiind blocat de grosimea ferestrelor și a zidurilor. Era posibil ca elicopterul Marine One să aterizeze lângă casă, stârnind rafale de uragan cu palele elicei și făcând ramurile copacilor să se lovească una de alta, iar noi, în interior, să nu auzim nimic. De obicei, îmi dădeam seama când se întorcea Barack dintr-o călătorie nu după zgomotul făcut de elicopter, ci după mirosul de combustibil care reușea cumva să se strecoare înăuntru.

De cele mai multe ori eram bucuroasă să mă retrag la adăpostul liniștii din locuință, la capătul unei zile grele. Dar seara aceea era altfel, la fel de paradoxală ca însăși țara noastră. După o zi îndoliată la Charleston, mă uitam acum la o petrecere uriașă care începuse în fața ferestrei mele. Sute de oameni se uitau la casa noastră. Voiam să o văd și eu așa cum o vedeau ei. Și, brusc, mi-am dat seama că vreau să mă alătur sărbătorii.

Am băgat capul pe ușă în Sala Tratatelor. „Nu vrei să ieșim să ne uităm la lumini?“ l-am întrebat pe Barack. „Sunt o grămadă de oameni afară.“

El a râs. „Știi că nu mă descurc cu mulțimile.“

Sasha era în camera ei, absorbită de iPad. „Vrei să vii cu mine să vedem luminile curcubeu?“ am întrebat-o.

„Nu.“

Rămânea Malia, care m-a surprins puțin pentru că a marșat imediat la idee. Îmi găsisem un tovarăș. Plecam într-o aventură – afară, unde se adunaseră oamenii – și nu aveam de gând să cerem permisiunea nimănui.

Protocolul normal cerea să-i anunțăm pe agenții Serviciului Secret, postați la lift, de fiecare dată când voiam să părăsim locuința, fie că mergeam jos să ne uităm la un film, fie că voiam să ducem câinii afară, la plimbare. Dar nu în seara aceea. Malia și cu mine am trecut repede pe lângă agenții de serviciu, având grijă să nu-i privim în ochi. Am evitat liftul și am luat-o repede în jos, pe o scară îngustă. Auzeam tocuri de pantofi clincănind în spatele nostru, pe trepte, agenții încercând să țină pasul. Malia mi-a aruncat un zâmbet răutăcios. Nu era obișnuită să mă vadă încălcând regulile.

Când am ajuns la etajul oficial, am pornit spre ușile înalte care dau spre Porticul de Nord, când am auzit o voce.

„Bună seara, doamnă! Pot să vă ajut?“ Era Claire Faulkner, aghiotantul din schimbul de noapte. Era o brunetă prietenoasă, cu voce domoală, care bănuiesc că fusese anunțată de agenții din spatele nostru, care șușoteau în microfoanele de la încheietura mâinii.

M-am uitat la ea peste umăr, fără să încetinesc pasul. „Păi, mergem puțin afară“, am spus, „să ne uităm la lumini.“

Claire a ridicat din sprâncene, dar nu i-am dat prea mare atenție. Când am ajuns la ușă, am apucat mânerul masiv, auriu, și am tras. Dar ușa nu s-a clintit. Cu nouă luni în urmă, un intrus înarmat cu un cuțit reușise cumva să sară peste un gard și dăduse buzna pe ușa aceea, luând-o la fugă pe coridor până când un ofițer din Serviciul Secret reușise să-l prindă. Ca urmare, responsabilii cu securitatea începuseră să încuie ușa.

M-am întors spre grupul din spatele nostru, care se mărise cu un ofițer în uniformă de la Serviciul Secret, cu cămașă albă și cravată. „Cum se deschide asta?“ am întrebat, fără să mă adresez cuiva în special. „Trebuie să fie o cheie.“

„Doamnă?“ a spus Claire. „Nu cred că vreți să ieșiți pe această ușă. Toate camerele de filmat ale televiziunilor sunt îndreptate acum spre latura de nord a Casei Albe.“

Avea dreptate. Părul meu era ciufulit și purtam un șort, tricou și șlapi. Nu tocmai ținuta potrivită pentru o apariție publică.

„Bine“, am spus. „Dar nu am putea să ieșim fără să fim văzute?“

Malia și cu mine eram acum într-o cruciadă. Nu aveam de gând să ne abandonăm țelul. Voiam neapărat să mergem afară.

Cineva ne-a sugerat atunci să încercăm o ieșire de serviciu de la parter, unde veneau mașinile care ne aprovizionau cu alimente sau papetărie. Tot grupul a luat-o în direcția aceea. Malia m-a luat de braț. Eram entuziasmate și ușor derutate.

„Mergem afară!“ am spus.

„Mergem, mergem!“ a spus ea.

Am coborât pe o scară din marmură și am mers pe covoarele roșii, ocolind busturile lui George Washington și Benjamin Franklin, am trecut pe lângă bucătărie și, brusc, ne-am trezit afară. Aerul umed al verii ne-a izbit în față. Deasupra gazonului se vedeau sclipind zeci de licurici. Și în depărtare se auzea zarva oamenilor care strigau și sărbătoreau dincolo de porțile din fier. Ne-a luat zece minute să ieșim din propria casă, dar am reușit până la urmă. Eram afară, pe un petic de gazon din lateral, departe de ochii publicului, dar cu o priveliște frumoasă a Casei Albe, luminată în culorile curcubeului.

Malia și cu mine ne-am sprijinit una de cealaltă, bucuroase că reușisem să ajungem acolo.

Așa cum se întâmplă periodic în politică, începuse deja să se simtă suflul noului sezon electoral. În toamna anului 2015, următoarea campanie prezidențială era în plină desfășurare. În tabăra republicană era aglomerație mare, incluzând guvernatori ca John Kasich și Chris Christie și senatori ca Ted Cruz și Marco Rubio, plus alți potențiali candidați. Între timp, democrații își îngustaseră plaja la ceea ce avea să devină o alegere între Hillary Clinton și Bernie Sanders, un senator liberal, independent de multă vreme, din Vermont.

Donald Trump își anunțase candidatura la începutul verii, din Trump Tower, în Manhattan, cu invective la adresa imigranților mexicani – „violatori", i-a numit el –, ca și a „rataților" care conduceau țara. Mă gândeam că vrea doar să facă vâlvă și să atragă atenția presei. Nimic din modul în care se purta nu sugera că vorbea serios când spunea că vrea să guverneze.

Urmăream campania, dar nu la fel de atentă ca în anii trecuți. În schimb, eram foarte ocupată cu cea de-a patra inițiativă a mea ca primă doamnă, numită Let Girls Learn (Lăsați fetele să învețe), pe care Barack și cu mine o lansaserăm împreună, în primăvară. Era un efort ambițios, la nivelul întregului guvern, care urmărea să le ajute pe adolescentele din toată lumea să aibă acces mai facil la educație. În cei aproape șapte ani de când eram primă doamnă, fusesem uimită în repetate rânduri de perspectivele și, în același timp, de vulnerabilitatea tinerelor femei din lumea noastră – de la fetele de imigranți pe care le întâlnisem la Școala Elizabeth Garrett Anderson până la Malala Yousafzai, adolescenta din Pakistan atacată cu brutalitate de talibani, care venise la Casa Albă să stea de vorbă cu mine, cu Barack și cu Malia despre misiunea ei în sprijinul educației fetelor. Am fost îngrozită când, la aproximativ șase luni după vizita Malalei, 276 de școlărițe din Nigeria au fost răpite de gruparea extremistă Boko Haram, aparent cu intenția de a face alte familii nigeriene să se teamă să-și mai trimită fetele la școală. A fost prima și singura dată în timpul președinției când i-am luat emoționată locul lui Barack la discursul săptămânal către națiune, să le vorbesc oamenilor despre cum trebuia să facem mai multe eforturi pentru a le proteja și a le încuraja pe tinerele fete din toată lumea.

Ceea ce se întâmplase mă afecta personal. Educația fusese principalul instrument de schimbare în viața mea, pârghia care mă ridicase. Eram consternată că atât de multe fete – peste 98 de milioane în toată lumea, potrivit statisticilor UNESCO – nu aveau acces la acest instrument. Unele fete nu puteau merge la școală pentru că familia avea nevoie de ele la muncă. Uneori, cea mai apropiată școală era prea departe sau prea scumpă. În plus, riscul de a fi atacate în drum spre școală era prea mare. În multe cazuri, tradițiile sufocante și problemele economice se combină pentru ca fetele să rămână needucate - blocându-le efectiv accesul la oportunități viitoare. Părea să existe ideea - uimitor de răspândită în unele părți ale lumii - că, pur și simplu, nu merita să trimiți o fată la școală, chiar dacă studiile arătau constant că educarea fetelor și a femeilor, precum și intrarea lor pe piața muncii nu făceau decât să crească PIB-ul unei țări.

Barack și cu mine eram dedicați schimbării percepției despre ce anume făcea ca o tânără să fie valoroasă pentru societate. El a reușit să aloce resurse de sute de milioane de dolari acestei cauze, prin USAID și Peace Corps, dar și prin Departamentul de Stat, cel al Muncii și cel al Agriculturii. Amândoi am făcut lobby pe lângă guvernele altor țări ca să ajute la finanțarea programelor de educare a fetelor, încurajând totodată companiile private și grupurile de analiză politică să dedice bani și resurse acestui efort.

La momentul acela, știam deja cum să atrag atenția pentru o anumită cauză. Înțelegeam că era normal ca americanii să se simtă deconectați de problemele oamenilor din țări îndepărtate, așa că am încercat să le aduc acasă, apelând la celebrități, ca Stephen Colbert, să-și folosească influența la evenimente și pe rețelele de socializare. Le-am convins pe Janelle Monáe, Zendaya, Kelly Clarkson și alți artiști să înregistreze un cântec pop foarte frumos, compus de Diane Warren și intitulat „This Is for My Girls" („Asta este pentru fetele mele"), din vânzarea căruia urmau să fie donate sume pentru finanțarea educației fetelor la nivel global.

Și, până la urmă, am făcut ceva ce era destul de înspăimântător pentru mine, și anume să cânt, apărând în simpatica serie „Carpool Karaoke“ a prezentatorului TV James Corden. Ne-am plimbat amândoi într-un SUV negru în jurul Peluzei de Sud, cântând „Signed, Sealed, Delivered I'm Yours“, „Single Ladies“ și, în cele din urmă, – motivul pentru care acceptasem provocarea – „This Is for My Girls“, având-o invitată pe Missy Elliott, care s-a strecurat pe bancheta din spate și a cântat rap împreună cu noi. Am repetat sârguincios săptămâni întregi pentru sesiunea mea de karaoke, memorând fiecare notă din fiecare cântec. Trebuia să pară distractiv și relaxat, dar, dincolo de aparențe, ca întotdeauna, era multă muncă și un scop nobil – să-i ținem pe oameni conectați cu subiectul. Înregistrarea mea cu James a avut 45 de milioane de vizualizări pe YouTube în primele trei luni, făcând să merite efortul.

SPRE SFÂRȘITUL LUI 2015, Barack, fetele și cu mine am zburat în Hawaii să petrecem Crăciunul ca întotdeauna, închiriind o casă mare, cu ferestre largi și vedere spre plajă, alături de grupul nostru obișnuit de prieteni de familie. Așa cum făcuserăm în ultimii șase ani, în ziua de Crăciun ne-am făcut timp să vizităm militarii și familiile lor de la o bază din apropiere a pușcașilor marini. Și, tot ca în anii precedenți, pentru Barack vacanța a fost doar una parțială – „o aproape vacanță“, de fapt. Vorbea la telefon, avea sesiuni zilnice de informare și se consulta cu o parte din echipa lui, consilieri, ajutoare și scriitori de discursuri care stăteau la un hotel din apropiere. Mă făcea să mă întreb dacă urma să-și aducă aminte cum să se relaxeze complet când avea să vină vremea, dacă fiecare din noi doi avea să găsească un mod de a se liniști când totul se va fi terminat. Cum avea să fie, mă întrebam, să putem, în sfârșit, să mergem undeva fără tipul cu valiza nucleară?

Cu toate că îmi dădeam voie să visez puțin, tot nu-mi puteam imagina cum aveau să se termine toate acestea.

Când ne-am întors la Washington, să începem ultimul nostru an la Casa Albă, știam că ceasul deja ticăia mai repede. Am început ceea ce avea să devină o lungă serie de „ultimul". A fost ultimul bal al guvernatorilor, ultima vânătoare a ouălor de Paște, ultimul dineu pentru corespondenții de presă acreditați la Casa Albă. Barack și cu mine am făcut împreună și o ultimă vizită oficială în Marea Britanie, care a inclus și o deplasare rapidă s-o vedem pe prietena noastră, regina.

Barack a simțit întotdeauna o afecțiune specială pentru regina Elisabeta, spunând că îi amintea de bunica lui, Toot. Eu personal simțeam multă admirație față de eficiența ei, o deprindere căpătată evident din necesitate, într-o viață întreagă petrecută în văzul publicului. Într-o zi, cu câțiva ani în urmă, Barack și cu mine stăteam împreună cu ea și cu prințul Philip să întâmpinăm un șir de oaspeți. Mă uitam amuzată cum reușea regina să grăbească șirul cu niște „hello"-uri prietenoase și eficiente care nu lăsau loc pentru conversație, în timp ce Barack afișa o relaxare amicală, aproape invitând la taifas și, apoi, răspunzând pe îndelete la întrebările oamenilor, reușind, în consecință, să împotmolească trecerea invitaților. După atâția ani de când îl cunoșteam, încă mai încercam să îl fac să se grăbească.

Într-o după-amiază din aprilie 2016, am plecat amândoi cu un elicopter de la reşedinţa din Londra a ambasadorului american până la Castelul Windsor, într-o zonă rurală aflată la vest de oraş. Echipa noastră de recunoaştere ne-a anunţat că regina şi prinţul Philip plănuiau să ne întâmpine la aterizarea elicopterului şi, apoi, să ne ducă personal cu maşina până la castel. Ca întotdeauna, am fost informaţi din timp despre protocol: aveam să-i salutăm oficial pe regină şi pe prinţul consort înainte să ne urcăm în maşina lor. Eu urma să stau în faţă, lângă prinţul Philip, care, la 94 de ani, conducea maşina, iar Barack avea să stea lângă regină, pe bancheta din spate.

Era pentru prima dată în mai bine de opt ani când mergeam cu maşina condusă de altcineva decât un agent al Serviciului Secret sau când ne aflam împreună în aceeaşi maşină fără să fim însoţiţi de agenţi. Părea să fie o adevărată provocare pentru echipele noastre de securitate, la fel cum protocolul părea să fie o provocare pentru echipele de recunoaştere, care se agitau la nesfârşit cu privire la mişcările şi interacţiunile noastre, asigurându-se că totul arăta bine şi decurgea lin.

După ce am aterizat pe un teren de pe domeniul castelului şi ne-am salutat, regina a dat totul peste cap invitându-mă cu un gest să mă aşez lângă ea, pe bancheta din spate a unui Range Rover. Am îngheţat, încercând să-mi amintesc dacă mă pregătise cineva pentru acest scenariu, dacă era mai politicos să răspund invitaţiei sau să insist ca Barack să-şi ocupe locul cuvenit, lângă ea.

Regina a sesizat imediat ezitarea mea. Şi refuza să accepte aşa ceva.

„Ți-au spus că există vreo regulă pentru asta?“, a spus ea, potolind toată agitația printr-un simplu gest. „Astea sunt prostii. Stai unde vrei.“

PENTRU MINE, DISCURSURILE DE LA CEREMONIILE de absolvire erau un ritual de primăvară important, aproape sacru. În fiecare an rosteam câteva, alegând un amestec de ceremonii de la licee și facultăți, concentrându-mă pe acele școli la care, de obicei, nu ajungeau vorbitori de calibru. (Îmi pare rău, Princeton și Harvard, dar vă descurcați foarte bine fără mine.) În 2015, m-am întors la Chicago, în South Side, ca să vorbesc la ceremonia de absolvire de la King College, liceul pe care l-ar fi absolvit Hadiya Pendleton, dacă ar mai fi trăit. Spiritul ei era comemorat la ceremonie cu un scaun gol, pe care colegii îl împodobiseră cu o țesătură violet și cu niște floarea-soarelui.

Pentru ultima mea rundă de discursuri ca primă doamnă, am vorbit la Universitatea Jackson din Mississippi, o altă școală istorică a negrilor, folosindu-mă de prilej ca să pledez pentru eforturi spre atingerea excelenței. Am vorbit la City College din New York, unde am subliniat valoarea diversității și a imigrației. Iar, pe 26 mai, care s-a întâmplat să fie ziua în care Donald Trump a obținut nominalizarea republicanilor la președinție, eu eram în New Mexico, vorbind unei clase de elevi americani nativi, absolvenți ai unui mic liceu local, dintre care aproape toți mergeau în continuare la facultate. Cu cât intram mai profund în experiența de primă doamnă, cu atât mă simțeam mai încurajată să vorbesc sincer și direct despre ce însemna să fii marginalizat pe criterii de rasă și gen. Intenția mea era să le ofer tinerilor un context pentru ura care răzbătea la știri și în discursul politic și să le dau un motiv de speranță.

Referitor la mine și la parcursul meu prin lume, am încercat să comunic acel mesaj care simțeam că ar putea însemna cu adevărat ceva. Și anume că eu știam ce înseamnă să fii invizibil. Trăisem invizibil. Veneam dintr-o familie care avea o istorie de invizibili. Îmi plăcea să spun că eram stră-stră-strănepoata unui sclav pe nume Jim Robinson, care fusese îngropat probabil într-un mormânt anonim, pe o plantație din Carolina de Sud. Iar faptul că stăteam acum în fața unor elevi care se gândeau la viitor era o dovadă că era posibil, în unele cazuri, cel puțin, să depășești invizibilitatea.

Ultima ceremonie la care am participat în primăvara aceea a fost una personală – absolvirea Maliei de la Sidwell Friends, într-o zi caldă din iunie. Prietena noastră dragă Elizabeth Alexander, poeta care scrisese versurile pentru prima inaugurare a lui Barack, a fost cea care a vorbit clasei, ceea ce însemna că Barack și cu mine puteam să stăm în spate și să ne bucurăm. Eram mândră de Malia, care urma să plece curând spre Europa, într-o călătorie de câteva săptămâni cu prietenii. După ce și-a luat un an de pauză, ea a intrat la Harvard. Eram mândră de Sasha, care împlinea 15 ani în aceeași zi și care număra orele până la concertul lui Beyoncé la care mergea în loc de petrecere aniversară. Urma să petreacă apoi mare parte din vară la Martha's Vineyard, cu niște prieteni de familie, până când Barack și cu mine intram în vacanță. Își făcuse mulți prieteni și avea primul ei loc de muncă, într-un snack bar. Eram mândră și de mama, care acum stătea lângă noi la soare, într-o rochie neagră și pantofi cu toc, după ce reușise să trăiască la Casa Albă și să călătorească împreună cu noi prin lume rămânând ea însăși.

Eram mândră de noi toți, pentru că eram aproape la final.

Barack stătea lângă mine, pe un scaun pliant. Am văzut cum i s-au umplut ochii de lacrimi în spatele ochelarilor de soare când Malia a urcat pe scenă, să-și primească diploma. Era obosit, știam. Cu trei zile în urmă, vorbise la înmormântarea unui prieten din facultatea de drept, care lucrase pentru el la Casa Albă. Cu două zile în urmă, un extremist deschisese focul într-un club de noapte gay din Orlando, Florida, ucigând 49 de oameni și rănind alți 53. Importanța funcției lui nu pălea niciodată.

Era un tată bun, conectat și consecvent cum tatăl lui nu fusese niciodată, dar au fost și lucruri pe care le-a sacrificat de-a lungul drumului. A devenit părinte fiind deja politician. Alegătorii și nevoile lor au fost întotdeauna cu noi.

Trebuie să fi fost dureros să își dea seama că tocmai acum, când urma să aibă mai multă libertate și mai mult timp, fetele noastre începeau să se îndepărteze.

Dar trebuia să le lăsăm să plece. Viitorul era al lor, exact așa cum trebuia să fie.

SPRE SFÂRȘITUL LUI IULIE, zburam printr-o furtună violentă care zgâlțâia avionul spre Philadelphia, unde urma să vorbesc pentru ultima oară la o convenție a democraților. Erau probabil cele mai puternice turbulențe prin care zburasem vreodată și, în timp ce Caroline Adler Morales, directoarea mea de comunicații însărcinată în ultimul trimestru, își făcea griji că stresul ar fi putut să-i declanșeze nașterea, ar Melissa – căreia, în mod normal, îi plăcea să zboare cu avionul – tremura în scaunul ei, eu nu mă puteam gândi decât că trebuia să ajung la timp pentru discurs. Chiar dacă, în timp, mă obișnuisem cu cele mai mari scene, mă liniștea enorm să fiu pregătită cum trebuie.

În 2008, la prima candidatură a lui Barack la președinție, am repetat de nenumărate ori discursul meu pentru convenție, până am ajuns să-i știu și semnele de punctuație pe de rost, în parte pentru că nu mai rostisem niciodată un discurs transmis în direct de televiziuni și, totodată, pentru că mizele personale păreau atât de mari. Urcam pe scenă după ce fusesem demonizată ca o femeie de culoare plină de furie, care nu își iubea țara. Discursul meu din seara aceea îmi dădea șansa să mă umanizez, să explic cine eram, distrugând caricaturile și stereotipurile cu propriile cuvinte. Patru ani mai târziu, la convenția din Charlotte, Carolina de Nord, vorbisem sincer despre ce văzusem la Barack în timpul primului lui mandat – cum rămăsese același om cu principii cu care mă căsătorisem, cum mi-am dat seama că „a fi președinte nu schimbă cine ești, ci dezvăluie cine ești".

De data aceasta pledam pentru Hillary Clinton, fosta adversară a lui Barack în alegerile primare din 2008, care devenise loială și eficientă ca secretar de stat. Nu puteam să susțin alți candidați cu pasiunea cu care îl susținusem pe soțul meu și, în consecință, îmi era destul de greu să fac campanie pentru alți candidați. Îmi impusesem singură un cod, când vorbeam public despre orice sau oricine din sfera politică: spuneam doar ceea ce credeam cu tărie și ceea ce simțeam cu adevărat.

Am aterizat în Philadelphia și m-am grăbit spre centrul de convenții, având timp doar să-mi schimb hainele și să-mi revăd discursul de două ori. Apoi, am urcat pe scenă și am spus adevărul. Am vorbit despre temerile pe care le avusesem la început privind creșterea fiicelor noastre la Casa Albă și de cât de mândră eram de tinerele inteligente care deveniseră. Am spus că aveam încredere în Hillary pentru că ea înțelegea cerințele funcției de președinte și avea temperament de conducător, pentru că era la fel de calificată ca oricare alt nominalizat din istorie. Și am recunoscut natura rigidă a alegerii în fața căreia se afla acum țara.

Încă din copilărie am crezut că era important să iei atitudine împotriva celor care intimidează, fără să te cobori, însă, la nivelul lor. Și să fie clar, acum aveam ca adversar un astfel de personaj care intimidează, un om care, printre altele, înjosea minoritățile și exprima dispreț la adresa prizonierilor de război, punând la încercare demnitatea țării noastre aproape cu fiecare propoziție pe care o rostea. Voiam ca americanii să înțeleagă importanța cuvintelor – că limbajul plin de ură pe care îl auzeau la televizoare nu reflecta adevăratul spirit al țării noastre și că puteam vota împotriva lui. Demnitatea era cea în favoarea căreia voiam să fac apel – ideea că noi, ca națiune, puteam păstra această însușire esențială care îmi susținuse familia, mergând înapoi mai multe generații. Demnitatea fusese cea care ne scosese la liman întotdeauna. Era o alegere și nu întotdeauna una ușoară, dar oamenii pe care îi respectam cel mai mult în viață o făceau în repetate rânduri, în fiecare zi. Exista un motto după care Barack și cu mine încercam să trăim, iar, în seara aceea, l-am rostit pe scenă: „Când ei se coboară, noi ne înălțăm".

Două luni mai târziu, cu doar câteva săptămâni înainte de alegeri, a apărut o înregistrare cu Donald Trump surprins în 2005, într-un moment de indiscreție, lăudându-se în fața unui prezentator TV cum agresa sexual femeile, folosind un limbaj atât de indecent și de vulgar încât i-a pus pe jurnaliști în încurcătură, cum să îl citeze fără să încalce standardele de decență în vigoare. Până la urmă, standardele de decență au fost, pur și simplu, coborâte, ca să se facă auzită vocea candidatului.

Când am ascultat înregistrarea, aproape că nu mi-a venit să cred că era adevărat. Și, totuși, era ceva dureros de familiar în glumele amenințătoare și masculine din acea înregistrare. „Pot să-ți fac rău și să scap basma curată." Era o expresie a urii ținută, de obicei, în afara discuțiilor politicoase, dar care era încă vie în miezul presupusei noastre înalte societăți – vie și suficient de acceptată încât un personaj ca Donald Trump să își permită să o afișeze cu mândrie. Fiecare femeie pe care o cunosc a recunoscut-o. Fiecare persoană care a fost făcută vreodată să se simtă „altfel" a recunoscut-o. Era exact motivul pentru care atât de mulți dintre noi am sperat că propriii copii nu aveau să o simtă vreodată, deși acest lucru probabil că avea să se întâmple. Dominarea, chiar și amenințarea ei, este o formă de dezumanizare. Este cel mai urât tip de putere.

Am simțit că furia pune stăpânire pe mine după ce am ascultat înregistrarea. În săptămâna următoare aveam programat un discurs la un miting electoral pentru Hillary Clinton și, în loc să vin cu o prezentare a calităților ei, m-am simțit obligată să încerc să răspund direct cuvintelor lui Trump – să-i contracarez vocea cu propria voce.

Am lucrat la discurs în timp ce stăteam într-un salon de spital la Walter Reed, unde mama făcea o operație la coloană, iar gândurile mi se amestecau în minte. Fusesem batjocorită și amenințată de multe ori până atunci, atacată pentru că eram de culoare, femeie și vocală. Simțisem ironia îndreptată spre corpul meu, spre locul pe care îl ocupam în lume. L-am privit pe Donald Trump hărțuind-o pe Hillary Clinton în timpul unei dezbateri, învârtindu-se în jurul ei prin platou în timp ce vorbea, stând prea aproape de ea, încercând s-o domine cu prezența lui. „Pot să-ți fac rău și să scap basma curată." Femeile îndură o viață întreagă asemenea jigniri – sub formă de fluierături, pipăieli, atacuri, opresiune. Aceste lucruri ne rănesc. Ne subminează puterea. Unele răni sunt atât de fine, încât abia sunt vizibile. Altele sunt uriașe și deschise, cu cicatrice care nu se vindecă niciodată. În ambele cazuri, ele rămân cu noi pentru totdeauna. Le purtăm cu noi peste tot, la școală și la serviciu, acasă când ne creștem copiii, la locurile noastre de rugăciune, de fiecare dată când încercăm să avansăm în viață.

Pentru mine, comentariile lui Trump au fost o altă lovitură. Nu puteam lăsa mesajul lui să capete forță. Lucrând cu Sarah Hurwitz, iscusita scriitoare de discursuri care era alături de mine din 2008, mi-am canalizat furia în cuvinte și, apoi – după ce mama și-a revenit după operație –, le-am rostit într-o zi de octombrie la Manchester, New Hampshire. Adresându-mă unei mulțimi foarte energice, mi-am exprimat sentimentele foarte clar. „Nu este ceva normal", am spus.

„Nu așa se face politică. Este dezgustător. Este intolerabil." Mi-am exprimat în cuvinte mânia și teama, dar și încrederea că, la alegeri, americanii vor înțelege adevărata natură a opțiunii pe care o aveau de făcut. Mi-am pus tot sufletul în acel discurs.

Apoi, am luat avionul înapoi spre Washington, rugându-mă să fi fost auzită.

PE MĂSURĂ CE TOAMNA ÎNAINTA, Barack și cu mine am început să ne facem planuri legate de mutarea într-o casă nouă în ianuarie, cum ne hotărâserăm să rămânem la Washington pentru ca Sasha să poată termina liceul la Sidwell. Între timp, Malia era în America de Sud, în aventurile din anul ei de pauză, simțind libertatea de a fi departe de tensiunea politică de acasă. Mi-am rugat echipa din Aripa de Est să mă ajute să terminăm în forță, chiar dacă ei erau nevoiți să se gândească deja la găsirea altor locuri de muncă, în timp ce bătălia dintre Hillary Clinton și Donald Trump devenea cu fiecare zi mai intensă și mai înnebunitoare.

Pe 7 noiembrie 2016, în seara dinaintea alegerilor, Barack și cu mine am făcut o călătorie rapidă la Philadelphia, să fim alături de Hillary și de familia ei la mitingul final, în fața unei mulțimi uriașe strânse pe Independence Mall. Atmosfera era pozitivă, plină de așteptări. Mă încuraja optimismul afișat de Hillary în seara aceea și nenumăratele sondaje care o arătau conducând cu un avans confortabil. Mă încuraja ceea ce credeam că știu despre trăsăturile pe care americanii le-ar tolera sau nu la un conducător. Nu anticipam nimic, dar eram optimistă în privința șanselor.

Pentru prima dată după mulți ani, Barack și cu mine nu aveam nici un rol de jucat în noaptea alegerilor. Nu era nici un apartament de hotel rezervat pentru așteptare, nu existau tăvi cu gustări, nici televizoare care să răcnească în fiecare colț al încăperii. Nu aveam grija coafurii, a machiajului sau a ținutei, nu trebuia să ne pregătim copiii, nu aveam discursuri de pregătit pentru miezul nopții. Nu aveam nimic de făcut și asta ne încânta. Era începutul pașilor înapoi, o primă impresie asupra a ceea ce putea să fie viitorul. Eram implicați, desigur, dar momentul care urma nu era al nostru. Noi puteam cel mult să fim martori. Știind că avea să mai treacă un timp până să vină rezultatele, am invitat-o pe Valerie să ne uităm la un film, în cinematograful Casei Albe.

Nu-mi amintesc nimic despre filmul văzut în noaptea aceea – nici titlul, nici măcar genul. De fapt, doar așteptam în întuneric să treacă timpul. Gândurile mele se întorceau neîncetat la realitatea că mandatul de președinte al lui Barack era aproape de final. Ceea ce ne aștepta în viitorul apropiat erau despărțirile – zeci și zeci, toate pline de emoție, pentru că echipa pe care o iubeam și o apreciam atât de mult avea să părăsească treptat Casa Albă. Obiectivul nostru era să facem ceea ce George și Laura Bush făcuseră pentru noi, să facem tranziția puterii cât mai lină cu putință. Echipele noastre începuseră deja să pregătească dosare de informare și liste de contacte pentru succesorii lor. Înainte să plece, mulți dintre angajații din Aripa de Est au lăsat pe birouri mesaje scrise de mână prin care le urau bun venit noilor sosiți, oferindu-le sprijin necondiționat.

Eram încă absorbiți de îndatoririle zilnice, dar începuserăm să facem planuri concrete pentru ce ne aștepta în viitor. Barack și cu mine eram încântați să rămânem la Washington, dar voiam să lăsăm ceva în urma noastră, în South Side, la Chicago, care avea să fie gazdă pentru Centrul Prezidențial Obama. Plănuiam să lansăm și o fundație, una a cărei misiune să fie încurajarea și impulsionarea unei noi generații de lideri. Noi doi aveam multe planuri de viitor, dar cel mai important dintre acestea își propunea să creeze mai mult loc și sprijin pentru tineri și pentru ideile lor. Știam, desigur, că aveam nevoie de o pauză: am început să caut un loc retras unde să putem merge câteva zile în ianuarie, să ne eliberăm de tensiune, imediat ce noul președinte depunea jurământul.

Aveam nevoie doar de un nou președinte.

Când filmul s-a terminat și s-au aprins luminile, telefonul mobil al lui Barack a bâzâit ușor. L-am văzut uitându-se la mesaj, și apoi uitându-se din nou, ridicând ușor din sprâncene.

„Hmm", a bombănit el. „Rezultatele din Florida sunt cam ciudate."

În vocea lui nu era neliniște, doar un mic sâmbure de îngrijorare, ca un tăciune aprins care strălucește în iarbă. Telefonul a bâzâit din nou. Inima a început să-mi bată puțin mai repede. Știam că noutățile veneau de la David Simas, consilierul politic al lui Barack, care monitoriza rezultatele în Aripa de Vest și care înțelegea foarte bine aritmetica precisă, comitat cu comitat, de pe harta electorală. Dacă urma să se întâmple o catastrofă, Simas avea să vadă semnele din timp.

Mă uitam atent la fața soțului meu, nefiind sigură că eram pregătită să aud ce avea să spună. Orice ar fi fost, nu părea de bine. Am simțit cum mi se strânge stomacul, iar neliniștea mea s-a transformat în groază. În timp ce Barack și Valerie discutau primele rezultate, i-am anunțat că mă duc sus. Am pornit spre lift, sperând să pot face un singur lucru, adică să blochez totul în afară și să mă culc. Înțelegeam ce se întâmpla, dar nu eram pregătită să accept.

Când dormeam, a venit confirmarea: alegătorii americani îl desemnaseră pe Donald Trump să îi succeadă lui Barack, ca următor președinte al Statelor Unite.

Mi-aș fi dorit să aflu vestea aceasta cât mai târziu cu putință.

În ziua următoare, m-am trezit într-o dimineață mohorâtă și ploioasă. Un cer cenușiu acoperea Washingtonul. Nu am putut să mă abțin să nu îl interpretez ca funebru. Timpul părea că abia se târâie. Sasha a plecat la școală în liniște, dar era evident că nu-i venea să creadă. Malia ne-a sunat din Bolivia, profund afectată după voce. Le-am spus fetelor noastre că le iubeam și că totul avea să fie bine. Îmi repetam și în sinea mea, fără încetare, același lucru.

Până la urmă, Hillary Clinton a obținut cu aproape trei milioane de voturi mai mult decât adversarul ei, dar Trump câștigase Colegiul Electoral cu ajutorul a mai puțin de 80 000 de voturi răspândite în Pennsylvania, Wisconsin și Michigan. Nu sunt om politic, deci nu voi încerca să fac o analiză a rezultatelor. Nu voi încerca să fac speculații despre cine era de vină sau ce anume era nedrept. Aș vrea doar să fi ieșit la vot mai mulți oameni. Și mă voi întreba întotdeauna ce le-a făcut pe atât de multe femei, în mod special, să respingă o femeie candidat excepțional de bine pregătită și să aleagă, în schimb, ca președinte un misogin. Dar ăsta era rezultatul și trebuia să-l acceptăm.

Barack a stat treaz aproape toată noaptea să urmărească rezultatele și, așa cum se întâmplase de multe ori înainte, era chemat acum să iasă în față ca un simbol al stabilității și să ajute națiunea să depășească șocul. Nu îl invidiam pentru asta. De dimineață le vorbise încurajator angajaților săi în Biroul Oval, iar, apoi, în jurul prânzului, a adresat națiunii câteva cuvinte sobre, dar liniștitoare. A vorbit din grădina de trandafiri, făcând apel – ca întotdeauna – la unitate și demnitate, cerându-le americanilor să se respecte unul pe celălalt, precum și instituțiile construite de democrația noastră.

În după-amiaza aceea, am stat în biroul meu din Aripa de Est cu toată echipa, îngrămădiți cu toții pe canapele și pe scaune aduse din alte încăperi. Echipa mea era formată în cea mai mare parte din femei și din reprezentați ai unor minorități, inclusiv câțiva care proveneau din familii de imigranți. Mulți aveau ochii în lacrimi, simțind că fiecare vulnerabilitate a lor era acum expusă. Se dedicaseră cu totul posturilor lor pentru că toți credeau cu convingere în cauzele pe care le promovau. Am încercat să le spun cu fiecare ocazie că ar trebui să fie mândri că sunt cine sunt, că munca lor conta și că rezultatul unui singur scrutin nu putea să șteargă cu buretele opt ani de schimbare.

Nu era totul pierdut. Acesta era mesajul pe care trebuia să-l transmitem mai departe. Este ceea ce credeam cu adevărat. Nu era ideal, dar era realitatea noastră – lumea așa cum este ea. Trebuia să fim fermi și să rămânem orientați în direcția progresului.

Acum, ajunsesem cu adevărat la capăt. Mi-am dat seama brusc că privesc spre trecut și spre viitor, gândindu-mă insistent la un lucru anume: ce rămâne?

Am fost a patruzeci și patra familie prezidențială și doar a unsprezecea care a petrecut două mandate complete la Casa Albă. Eram și aveam să fim întotdeauna prima familie prezidențială de culoare. Speram că viitorii părinți care aveau să-și aducă în vizită copiii la Casa Albă, așa cum le adusesem eu pe Malia și pe Sasha când tatăl lor era senator, aveau să poată vedea o amintire a timpului petrecut de familia noastră acolo. Mă gândeam că era important să marcăm prezența noastră în istoria mai amplă a locului.

Nu toți președinții au comandat un set oficial de porțelanuri, de pildă, dar am avut grijă ca noi s-o facem. În cel de-al doilea mandat al lui Barack, am ales, de asemenea, să redecorăm vechea sufragerie de familie, aflată imediat lângă sala pentru dineuri de stat, împrospătând-o cu un aspect modern și deschizând-o publicului pentru prima dată. Pe peretele dinspre nord al camerei, am atârnat o uluitoare pictură abstractă în galben, roșu și albastru, de Alma Thomas – *Ressurection (Învierea)* –, care a devenit prima operă de artă realizată de o femeie de culoare adăugată colecției permanente de la Casa Albă.

Urma cea mai durabilă se afla, însă, în afara zidurilor. Grădina rezistase șapte ani și jumătate de acum, ajungând să producă în jur de 1 000 de kilograme de alimente pe an. Supraviețuise viscolelor, ploilor torențiale și căderilor distrugătoare de grindină. Când vântul puternic a răsturnat Bradul de Crăciun Național, înalt de aproape 15 metri, cu câțiva ani în urmă, grădina a rămas intactă. Înainte să plec de la Casa Albă, voiam să-i dau și mai multă durabilitate. I-am mărit suprafața la 250 de metri pătrați, mai mult decât dublul dimensiunii inițiale. Am adăugat alei pietruite și bănci din lemn, plus un umbrar la intrare făcut din puieți aduși de pe domeniile președinților Jefferson, Madison și Monroe, și de la casa părintească a lui Martin Luther King Jr. Apoi, într-o după-amiază de toamnă, am traversat Peluza de Sud ca să asigur consacrarea oficială a grădinii pentru posteritate.

Mi s-au alăturat în acea zi susținători și oameni care ne-au ajutat de-a lungul anilor în eforturile noastre privind nutriția și sănătatea copiilor, precum și doi studenți din prima clasă de copii de la Școala primară Bancroft, care acum erau practic adulți. Cea mai mare parte a echipei mele a fost acolo în ziua aceea, inclusiv Sam Kass, care plecase de la Casa Albă în 2014, dar care se întorsese special pentru această ocazie.

Uitându-mă la mulțimea strânsă în acea zi în grădină, m-am emoționat. Le eram recunoscătoare tuturor celor din echipa mea care se dedicaseră cu totul muncii, sortând scrisori, verificându-mi discursurile, alergând de colo-colo, prin toată țara, ca să pregătească evenimentele. Văzusem cum mulți dintre ei își asumă mai multe responsabilități și înfloresc atât în plan profesional, cât și personal, chiar sub lumina celor mai puternice reflectoare. Povara de a fi „primul" nu cădea doar pe umerii familiei noastre. Timp de opt ani, acești tineri optimiști – și câțiva profesioniști cu vechime – ne-au asigurat spatele. Melissa, care a fost primul om pe care l-am angajat în campanie, cu aproape un deceniu în urmă, și care mi-a devenit prietenă apropiată pe viață, a rămas cu mine în Aripa de Est până la sfârșitul mandatului, la fel ca Tina, remarcabila mea șefă de personal. Kristen Jarvis fusese înlocuită de Chynna Clayton, o tânără foarte muncitoare din Miami care a devenit rapid o altă soră mai mare pentru fetele noastre, cu un rol esențial în bunul mers al treburilor de familie.

Îi consideram pe toți acești oameni, actuali și foști membri ai personalului, ca făcând parte din familie. Și eram mândră de ceea ce realizaserăm împreună.

Pentru fiecare înregistrare video care se viraliza rapid pe internet – „dansul mămicilor" la emisiunea lui Jimmy Fallon, partida de baschet cu LeBron James și tentativa de rap cu Jay Pharoah –, voiam să realizăm ceva mai mult decât câteva ore de trafic pe Twitter. Și am obținut rezultate. 45 de milioane de copii primeau acum mâncare mai sănătoasă la școală; 11 milioane de elevi făceau zilnic o oră de sport prin programele noastre școlare din Let's Move! Copiii mâncau, în general, mai multe cereale integrale, legume și fructe. Epoca porțiilor uriașe de la fast-food apusese.

Prin activitatea mea alături de Jill Biden la Joining Forces, am convins proprietarii multor afaceri să angajeze sau să califice peste 1,5 milioane de veterani și soții de militari. Ca urmare a uneia dintre primele probleme de care am aflat în campania electorală, am determinat toate cele 50 de state să colaboreze în privința licențelor de practică profesională, astfel încât soțiile sau soții militarilor să nu se poticnească în carieră când se mutau la altă bază militară.

În domeniul educației, Barack și cu mine am strâns miliarde de dolari pentru a ajuta tinere fete din toată lumea să meargă la școlile pe care le meritau. Peste 2 800 de voluntari Peace Corps erau acum pregătiți să implementeze programe internaționale pentru fete. Iar, în Statele Unite, echipa mea și cu mine am ajutat mai mulți tineri să se înscrie la ajutorul universitar subvenționat, am sprijinit consilierii școlari și am făcut din Ziua Înscrierii la Facultate o sărbătoare națională.

Între timp, Barack a reușit să scoată economia din cea mai gravă criză de la Marea Depresiune încoace. A ajutat la negocierea Acordului de la Paris privind schimbările climatice, a adus zeci de mii de militari acasă din Irak și Afghanistan și a condus efortul de închidere efectivă a programului nuclear iranian. Numărul americanilor cu asigurare de sănătate a crescut cu 20 de milioane. Și am reușit să terminăm două mandate în funcție fără nici un scandal. Ne-am impus nouă și oamenilor care lucrau cu noi cele mai ridicate standarde de etică și decență, pe care împreună le-am respectat până la capăt.

Pentru noi, unele schimbări au fost mai greu de măsurat, dar la fel de importante. Cu șase luni înainte de consacrarea grădinii, Lin-Manuel Miranda, tânărul compozitor pe care îl întâlnisem la unul dintre primele noastre evenimente artistice, s-a întors la Casa Albă. Opera lui hip-hop despre Alexander Hamilton făcuse senzație pe Broadway, iar el a devenit un superstar mondial. *Hamilton* era o celebrare muzicală a istoriei și diversității americane, schimbând percepțiile despre rolul jucat de minorități în povestea națiunii noastre și scoțând în evidență importanța femeilor, multă vreme dominate de bărbați puternici. Îl văzusem înainte să ajungă pe Broadway și îmi plăcuse atât de mult, încât am mers să-l văd din nou înainte să ajungă la teatrele mari. Era interesant și distractiv, înduioșător și sfâșietor – cel mai bun proiect artistic de orice fel pe care l-am văzut vreodată.

Lin-Manuel și-a adus cu el la Washington aproape toată distribuția – un ansamblu multirasial foarte talentat. Artiștii și-au petrecut toată după-amiaza cu tineri de la liceele locale – scenariști în devenire, dansatori și rapperi care se învârteau prin Casa Albă, scriind versuri și întrecându-se în rime cu idolii lor. Spre sfârșitul după-amiezii, ne-am strâns toți pentru un spectacol în Sala de Est. Barack și cu mine am stat în primul rând, înconjurați de tineri de toate rasele și de toate originile sociale, amândoi copleșiți de emoție când Christopher Jackson și Lin-Manuel au cântat balada „One Last Time" („Pentru ultima oară"), ca număr de final. Erau doi artiști, unul negru și unul portorican, stând sub un candelabru vechi de 115 ani, încadrați de portretele uriașe ale lui George și Martha Washington, care cântau despre sentimentul de „acasă în această națiune pe care noi am construit-o". Forța și adevărul acelui moment au rămas cu mine până astăzi.

Hamilton m-a impresionat pentru că reflecta genul de istorie pe care o trăisem eu însămi. America despre care vorbea era una care acceptase diversitatea. M-am gândit la asta după aceea: atât de mulți dintre noi trec prin viață ascunzându-și poveștile, simțindu-se rușinați sau speriați când propria realitate nu se ridică la înălțimea vreunui ideal recunoscut. Creștem cu mesaje care ne spun că există un singur mod de a fi american, iar, dacă avem pielea închisă la culoare sau șoldurile late, dacă nu trăim iubirea într-un fel anume, dacă vorbim altă limbă sau venim din altă țară, atunci nu aparținem acelui loc. Asta, însă, până când cineva îndrăznește să spună altfel povestea respectivă.

Am crescut cu un tată cu dizabilități într-o casă prea mică, fără prea mulți bani, într-un cartier care se afla la începutul declinului, dar, în același timp, am crescut înconjurată de iubire și de muzică, într-un oraș divers, dintr-o țară în care educația te poate duce departe. Nu aveam nimic sau aveam totul. Depinde din ce perspectivă vrei să privești lucrurile.

În timp ce ne apropiam de sfârșitul mandatului lui Barack, gândeam la fel despre America. Îmi iubeam țara pentru felurile diferite în care putea fi spusă povestea ei. Timp de aproape un deceniu, am avut privilegiul să călătoresc de la un capăt al ei la altul, să trăiesc experiența contradicțiilor înviorătoare și a conflictelor ei înverșunate, durerile și idealismul ei persistent, și – mai presus de toate – să-i descopăr tăria. Viziunea mea era neobișnuită, poate, dar cred că mulți alții au simțit ceea ce am trăit eu în anii aceia – sentimentul de progres, compasiunea care alină, bucuria de a-i vedea pe cei umili și invizibili cum ies la lumină. O străfulgerare a lumii așa cum ar putea să fie. Aceasta era contribuția noastră la permanență: o generație în ascensiune care înțelegea ce era posibil – și că pentru ea era posibil și mai mult. Indiferent ce avea să vină, aceasta era o poveste pe care o puteam numi a noastră.

Epilog

Barack și cu mine am ieșit din Casa Albă pentru ultima oară pe 20 ianuarie 2017, însoțindu-i pe Donald și Melania Trump la ceremonia de inaugurare. În ziua aceea, parcă am simțit totul deodată – oboseală, mândrie, amețeală, nerăbdare. Însă, mai presus de orice, încercam să-mi păstrez calmul, știind că fiecare mișcare ne era urmărită de camerele de televiziune. Barack și cu mine eram hotărâți să facem tranziția cu eleganță și cu demnitate, să încheiem cei opt ani păstrându-ne atât idealurile, cât și liniștea sufletească intacte. Eram pe ultima sută de metri.

În dimineața aceea, Barack s-a dus pentru ultima dată în Biroul Oval, să lase pe birou un mesaj scris de mână pentru succesorul lui. Apoi, ne-am strâns toți la parter, să ne luăm rămas-bun de la angajații permanenți de la Casa Albă – majordomi, ușieri, bucătari, menajere, florari și toți ceilalți care avuseseră grijă de noi cu prietenie și profesionalism, iar acum aveau să arate aceeași amabilitate familiei care urma să se instaleze în locul nostru, mai târziu în ziua respectivă. Momentul despărțirii a fost dificil în special pentru Sasha și Malia, pentru că mulți dintre angajați erau oameni pe care îi văzuseră aproape zilnic jumătate din viețile lor. I-am îmbrățișat pe fiecare în parte și am încercat să nu plâng când ne-au oferit un dar de despărțire: două steaguri ale Statelor Unite, cel arborat în prima zi a președinției lui Barack și cel care fluturase în ultima lui zi în funcție, repere simbolice pentru experiența familiei noastre.

Când am urcat pentru a treia oară pe scena inaugurală din fața Capitoliului, am simțit că trebuie să-mi stăpânesc emoțiile. Diversitatea vibrantă a precedentelor două inaugurări dispăruse, fiind înlocuită acum de ceea ce părea o omogenitate tristă, un tablou dominat de alb și de un aer masculin pe care îl întâlnisem de atâtea ori în viață – mai ales în spațiile mai privilegiate, pe diferitele culoare ale puterii prin care mi-am găsit cumva drumul de când am plecat din casa părintească. Ceea ce știam din munca mea în mediile profesionale – de la recrutarea de noi avocați pentru Sidley & Austin, până la angajarea personalului de la Casa Albă – este că monotonia duce la și mai multă monotonie, dacă nu faci un efort conștient s-o contracarezi.

Privind în jur la cei aproximativ 300 de oameni care stăteau pe scenă în dimineața aceea, onorații oaspeți ai viitorului președinte, mi-am dat seama că era puțin probabil ca, în noua Casă Albă, să se facă un astfel de efort. În administrația lui Barack s-ar fi spus că imaginea trebuie ajustată – ceea ce vedea publicul nu reflecta realitatea sau idealurile președinției. Dar, în cazul acesta, poate că reflecta. Când mi-am dat seama de acest lucru, am simțit nevoia să fac propria ajustare de imagine: am încetat să mai fac efortul să zâmbesc.

O TRANZIȚIE ESTE exact asta – trecerea la ceva nou. O altă mână se așază pe o Biblie, un nou jurământ este repetat. Mobilierul unui președinte este scos afară, în timp ce este adus altul înăuntru. Dulapurile sunt golite și umplute la loc. Pur și simplu, pe perne se așază alte capete - noi temperamente, visuri noi. Iar, când mandatul s-a încheiat și pleci de la Casa Albă în acea ultimă zi, în multe privințe, nu-ți rămâne altceva de făcut decât să te regăsești singur.

Acum mă aflu în fața unui nou început, într-o nouă etapă a vieții. Pentru prima dată după mulți ani, sunt liberă de orice obligații ca soție de politician, nu mai sunt constrânsă de așteptările altor oameni. Am două fete care au crescut mari și au nevoie de mine mai puțin ca altădată. Am un soț care nu mai poartă pe umeri povara unei întregi națiuni. Responsabilitățile cărora am simțit că trebuie să le fac față - față de Sasha și Malia, față de Barack, față de cariera mea și față de țară - s-au schimbat în moduri care îmi dau voie să mă raportez diferit la ceea ce urmează. Am mai mult timp să reflectez, pur și simplu, să fiu eu însămi. La 54 de ani, sunt încă în evoluție și sper că voi fi întotdeauna.

Pentru mine, povestea mea nu este despre a ajunge undeva sau despre a atinge un scop anume. O percep mai degrabă ca pe o mișcare înainte, un mijloc de evoluție, o cale de a încerca permanent să devii un om mai bun. Călătoria nu se sfârșește. Am devenit mamă, dar mai am multe de învățat despre asta și multe de transmis copiilor mei. Am devenit soție, dar continui să mă adaptez și să fiu recunoscătoare față de ceea ce înseamnă să iubești cu adevărat și să îți construiești viața alături de un alt om. Am devenit, după anumite standarde, un om cu putere, și, totuși, încă mai sunt momente în care mă simt nesigură sau neauzită.

Totul face parte dintr-un proces, sunt pași făcuți de-a lungul aceluiași drum. Pentru ca povestea să continue este nevoie, în egală măsură, de răbdare și de rigoare. Este nevoie să nu renunți niciodată la ideea că vei continua să evoluezi.

Pentru că oamenii mă întreabă adesea, voi răspunde și aici direct: nu intenționez să candidez pentru vreo funcție, niciodată. Nu am fost niciodată un fan al politicii, iar experiența din ultimii zece ani nu mi-a schimbat prea mult percepția. Resping și acum meschinăria – segregarea primitivă între roșu și albastru, ideea că trebuie să alegem o tabără și să ne limităm la ea, incapabili să ascultăm și să facem compromisuri, sau măcar să încercăm să fim politicoși. Cred că, în cel mai bun caz, politica poate fi un instrument de schimbare pozitivă, dar este o arenă în care, pur și simplu, nu-mi găsesc locul.

Asta nu înseamnă că nu sunt profund preocupată de viitorul țării noastre. De la plecarea lui Barack din funcție, am citit știri care mi-au întors stomacul pe dos. Au fost nopți în care n-am putut să adorm, furioasă din pricina lucrurilor pe care le-am văzut întâmplându-se. Este dureros să vezi cum comportamentul și programul politic al actualului președinte i-a făcut pe mulți americani să se îndoiască de ei înșiși, să se îndoiască și să se teamă unii de alții. Este greu să vezi că politici umane, construite cu grijă, au fost anulate, că i-am înstrăinat pe unii dintre cei mai apropiați aliați și că i-am lăsat expuși și desconsiderați pe membrii vulnerabili ai societății noastre. Mă întreb uneori cât de departe se va ajunge.

Totuși, nu îmi dau voie mie însămi să devin cinică. În clipele mele de maximă îngrijorare, trag aer în piept și mă gândesc la demnitatea și la decența pe care le-am văzut la oameni de-a lungul vieții, la numeroasele obstacole care au fost deja depășite. Sper că și alții vor face la fel. Toți avem un rol de jucat în această democrație. Trebuie să ne amintim de puterea fiecărui vot. Eu continui să rămân conectată la o forță mai mare și mai puternică decât orice alegeri, sau lider, sau știre - iar aceasta este optimismul. Pentru mine este o formă de credință, un antidot la teamă. Optimismul era la putere în micul apartament al familiei mele de pe Euclid Avenue. L-am văzut la tatăl meu, așa cum își vedea de treburi de parcă n-ar fi fost nimic în neregulă cu corpul lui, de parcă nici n-ar fi existat boala care într-o zi avea să-i ia viața. L-am văzut în încrederea încăpățânată a mamei în cartierul nostru, în hotărârea ei de a rămâne înrădăcinată acolo chiar și când teama i-a făcut pe mulți dintre vecinii ei să se mute. Este ceea ce m-a atras la Barack când a intrat în biroul meu de la Sidley, afișând un zâmbet larg, plin de speranță. Mai târziu, m-a ajutat să-mi depășesc îndoielile și vulnerabilitățile, făcându-mă să cred că, deși viața familiei noastre era foarte mult expusă public, aveam să fim în siguranță și fericiți.

Și mă ajută și acum. Ca primă doamnă, am descoperit optimismul în cele mai surprinzătoare locuri. L-am găsit la soldatul rănit de la Walter Reed care a refuzat mila celorlalți, afișând pe ușa salonului un mesaj care le amintea tuturor că era și puternic, și plin de speranță. L-am găsit la Cleo Cowley-Pendleton, care s-a folosit de durerea pierderii propriului copil în lupta pentru legi mai bune pentru controlul armelor. L-am găsit și la asistenta socială de la Liceul Harper care avea grijă să-și exprime cu voce tare dragostea și aprecierea pentru elevi de fiecare dată când trecea pe lângă ei, pe coridor. Și l-am găsit mereu în inimile copiilor. Copiii se trezesc în fiecare dimineață crezând în bunătatea lucrurilor, în mirajul a ceea ce ar putea să fie. Credința lor este profundă și lipsită de cinism. Le suntem datori să ne păstrăm puterea și să ne continuăm eforturile ca să creăm o lume mai dreaptă și mai umană. Pentru ei, trebuie să rămânem puternici și să ne păstrăm speranța, să recunoaștem că mai avem și noi de crescut.

Portretele noastre, al meu și al lui Barack, sunt expuse acum în Galeria Națională de Portrete de la Washington, iar pentru asta suntem amândoi recunoscători. Mă îndoiesc că cine s-ar fi uitat la poveștile copilăriei noastre, la condițiile noastre de trai, ar fi putut anticipa că aveam să ajungem pe pereții acelor săli. Picturile sunt frumoase, dar ceea ce contează cel mai mult este că vor rămâne acolo pentru a fi văzute de generațiile tinere – că figurile noastre vor ajuta la demontarea prejudecății că trebuie să arăți într-un anumit fel pentru a intra în istorie. Dacă noi suntem acolo, atunci vor putea fi și mulți alții.

Sunt un om obișnuit care a avut șansa unei călătorii extraordinare. Împărtășesc povestea mea cu speranța că-i voi ajuta și pe alții să-și facă loc cu poveștile și vocile lor, dincolo de criteriile rigide care stabilesc unde e locul fiecăruia și de ce. Am avut norocul să ajung în castele de piatră, în săli de curs ale unor școli și în bucătării din Iowa, încercând doar să fiu eu însămi, încercând doar să creez legături cu oamenii. Pentru fiecare ușă care s-a deschis pentru mine, am încercat să deschid ușa mea pentru alții. Și, în încheiere, aș vrea să mai spun doar atât: Hai să ne invităm unii pe alții înăuntru. Poate atunci vom începe să ne temem mai puțin, să facem mai puține presupuneri greșite, să scăpăm de partizanatele și de stereotipurile care ne despart inutil. Poate vom reuși să acceptăm că, în foarte multe privințe, ne asemănăm. Nu este vorba despre perfecțiune. Nu este vorba nici despre o destinație finală unde trebuie să ajungi. E nevoie de putere ca să-ți dai voie să devii cunoscut și auzit, să-ți asumi propria poveste și să-ți folosești adevărata voce. Și e nevoie de bunăvoință pentru a fi dispus să-i cunoști și să-i asculți pe ceilalți. Iar, pentru mine, aceasta este povestea fiecăruia dintre noi.

Mulțumiri

La fel ca în cazul tuturor lucrurilor pe care le-am făcut în viață, nici această carte n-ar fi fost posibilă fără dragostea și sprijinul altora.

Nu aș fi cine sunt astăzi fără mâna fermă și iubirea necondiționată a mamei mele, Marian Shields Robinson. Ea a fost întotdeauna sprijinul meu, dându-mi libertatea de a fi eu însămi și învățându-mă să rămân cu picioarele pe pământ, în cea mai mare parte a timpului. Iubirea ei necondiționată pentru fiicele mele, disponibilitatea de a pune nevoile noastre înaintea propriilor nevoi mi-au asigurat liniștea și încrederea că ele sunt protejate și iubite acasă, în timp ce eu călătoream prin toată lumea.

Soțul meu, Barack, iubirea mea, partenerul meu de 25 de ani și cel mai iubitor și dedicat tată pentru fiicele noastre, un tovarăș de viață cum doar în imaginație credeam că există. Povestea noastră nu s-a încheiat încă și aștept cu nerăbdare viitoarele noastre aventuri. Îți mulțumesc pentru ajutorul și îndrumarea pe care mi le-ai oferit în scrierea acestei cărți... pentru că ai citit capitolele atent și cu răbdare, pentru că ai știut exact când să-mi dai cu blândețe un imbold.

Și fratelui meu mai mare, Craig. De unde să încep? Ai fost protectorul meu din ziua în care m-am născut. M-ai făcut să râd mai mult decât oricine altcineva de pe lumea asta. Ești cel mai bun frate pe care și l-ar putea dori o soră; un fiu, soț și tată iubitor și grijuliu. Mulțumesc pentru timpul pe care l-ai petrecut cu echipa mea, rememorând detalii din copilăria noastră. Unele dintre cele mai frumoase amintiri pe care le păstrez despre scrierea acestei cărți sunt cele din timpul petrecut împreună cu tine și cu mama, în bucătărie, retrăind povești din trecutul nostru.

N-aș fi terminat această carte nici într-o viață de om fără o echipă de colaboratori incredibil de talentați, pe care, pur și simplu, îi ador. Când am întâlnit-o prima dată pe Sara Corbett, în urmă cu puțin mai mult de un an, tot ce știam despre ea era că editorul meu o prețuia foarte mult și că nu era prea interesată de politică. Astăzi i-aș încredința și viața, nu doar pentru că are o minte uimitoare și curioasă, ci pentru că este fundamental bună și generoasă. Sper că acesta este doar începutul unei prietenii de durată.

Tyler Lechtenberg a fost un membru valoros al „universului Obama" vreme de peste un deceniu. A intrat în viețile noastre ca unul dintre sutele de tineri organizatori de campanie din lowa și, de atunci, este unul dintre consilierii noștri de încredere. L-am văzut devenind un scriitor de forță, cu un viitor incredibil de strălucitor.

Apoi, este vorba de editorul meu, Molly Stern, ale cărei entuziasm, energie și pasiune m-au atras imediat către ea. Molly m-a ținut pe linia de plutire cu încrederea ei neclintită în viziunea mea despre această carte. Le voi fi întotdeauna recunoscătoare, ei și întregii echipe de la Crown, inclusiv Maya Mavjee, Tina Constable, David Drake, Emma Berry și Chris Brand, care au susţinut acest efort de la început. Amanda D'Acierno, Lance Fitzgerald, Sally Franklin, Carisa Hays, Linnea Knollmueller, Matthew Martin, Donna Passanante, Elizabeth Rendfleisch, Anke Steinecke, Christine Tanigawa și Dan Zitt au ajutat cu toţii ca *Povestea mea* să devină posibilă.

Țin să îi mulțumesc și lui Markus Dohle, pentru că a pus toate resursele de care dispunea Penguin Random House în sprijinul acestui efort făcut cu dragoste.

Nu aş putea să funcţionez cu succes în această lume, ca mamă, soţie, prietenă și profesionistă, fără echipa mea. Oricine mă cunoaște bine știe că Melissa Winter este o jumătate din creierul meu. Mel, îţi mulţumesc pentru că ai fost alături de mine la fiecare pas în acest proces. Mai important, îţi mulţumesc că ne iubești cu atâta putere, pe mine și pe fetele mele. Fără tine n-aş fi eu.

Melissa este șefa echipei mele personale. Acest grup mic, dar puternic, de femei inteligente și sârguincioase este cel care se asigură că fac întotdeauna ce și cum trebuie: Caroline Adler Morales, Chynna Clayton, MacKenzie Smith, Samantha Tubman și Alex May Sealey.

Bob Barnett și Deneen Howell de la Williams & Connolly au fost îndrumători nepreţuiţi în procesul de publicare și le sunt recunoscătoare pentru sfaturile și sprijinul lor.

Mulţumiri speciale tuturor celor care au ajutat în atât de multe feluri ca această carte să prindă viaţă: Pete Souza, Chuck Kennedy, Lawrence Jackson, Amanda Lucidon, Samantha Appleton, Kristin Jones, Chris Haugh, Arielle Vavasseur, Michele Norris și Elizabeth Alexander.

În plus, țin să-i mulțumesc incredibilei Ashley Woolheater, pentru priceperea cu care a realizat o documentare minuțioasă, și lui Gillian Brassil, pentru meticuloasele ei verificări. Mulți dintre foștii mei angajați au ajutat, de-a lungul acestui proces, la confirmarea unor detalii critice și a cronologiilor – sunt prea mulți ca să-i numesc pe toți, dar le sunt recunoscătoare tuturor.

Le mulțumesc tuturor femeilor uimitoare din viața mea, care mi-au susținut moralul. Știți toate cine sunteți și ce însemnați pentru mine – prietenele mele, mentorii mei, celelalte „fiice" ale mele... și o mulțumire specială pentru Mama Kaye. Toate m-ați susținut în scrierea acestei cărți și m-ați ajutat să devin o femeie mai bună.

Ritmul agitat al vieții mele ca primă doamnă lăsa prea puțin timp pentru un jurnal tradițional. De aceea îi sunt atât de recunoscătoare scumpei mele prietene Verna Williams, în prezent decan interimar și profesor la Facultatea de Drept a Universității din Cincinnati. M-am folosit mult de cele în jur de 1 100 de pagini de transcrieri rezultate din conversațiile noastre bianuale înregistrate în anii petrecuți la Casa Albă.

Sunt atât de mândră de tot ceea ce am realizat în Aripa de Est. Vreau să le mulțumesc numeroșilor bărbați și femei care și-au dedicat viețile ca să ajute națiunea noastră, personalului de la Cabinetul Primei Doamne – politică, programare, administrație, comunicare, scriere de discursuri, birou social, corespondență. Mulțumesc angajaților de la Casa Albă și celor detașați de la agenții, care au fost responsabili pentru construirea fiecăreia dintre inițiativele mele – Let's Move!, Reach Higher, Let Girls Learn și, desigur, Joining Forces.

Joining Forces va ocupa întotdeauna un loc special în inima mea, deoarece mi-a oferit prilejul rar de a cunoaște forța și rezistența excepționalei noastre comunități militare. Tuturor militarilor, veteranilor și familiilor lor, mulțumesc pentru serviciul vostru și pentru sacrificiul pe care îl faceți în slujba țării pe care toți o iubim. Pentru dr. Jill Biden și întreaga ei echipă – a fost cu adevărat o binecuvântare și o bucurie să lucrez cot la cot cu voi la această inițiativă importantă.

Tuturor specialiștilor și susținătorilor din domeniul nutriției și al educației – vă mulțumesc pentru că ați făcut această muncă de zi cu zi, nerăsplătită, ca să vă asigurați că toți copiii noștri au parte de iubirea, sprijinul și resursele necesare pentru a-și îndeplini visurile.

Le mulțumesc tuturor membrilor Serviciului Secret al Statelor Unite, ca și familiilor al căror sacrificiu zilnic le permite acestora să-și facă datoria atât de bine. În special celor care mi-au protejat și continuă să îmi protejeze familia, le voi fi veșnic recunoscătoare pentru devotamentul și profesionalismul lor.

Le mulțumesc sutelor de bărbați și femei care lucrează din greu, în fiecare zi, ca să facă din Casa Albă un cămin pentru familiile care au privilegiul de a locui într-unul dintre cele mai prețuite monumente ale noastre – ușieri, bucătari, valeți, florari, cei care se ocupă de întregul domeniu, menajere și personal tehnic. Ei vor fi întotdeauna o parte importantă a familiei noastre.

În încheiere, vreau să le mulțumesc tuturor tinerilor pe care i-am întâlnit în perioada în care am fost primă doamnă. Tuturor sufletelor tinere și promițătoare care mi-au ajuns la inimă în acei ani - celor care m-au ajutat să cresc grădina de la Casa Albă, celor care au dansat, au cântat, au gătit și au mâncat cu mine, celor care au rămas deschiși la iubirea și la îndrumarea pe care le aveam de oferit, celor care mi-au dat mii de îmbrățișări călduroase, îmbrățișări care mi-au ridicat moralul și m-au ajutat să merg mai departe și în cele mai dificile momente. Vă mulțumesc pentru că îmi dați întotdeauna motive să sper.

Credite fotografice

Pag. 1–4 Arhiva familiei Obama-Robinson.

Pag. 5 *(de sus)* Public Allies, prin amabilitatea lui Phil Schmitz; prin amabilitatea Centrului Medical al Universității din Chicago; din arhiva familiei Obama-Robinson.

Pag. 6 *(de sus)* ©David Katz 2004; ©David Katz 2004; ©Ann Ryan 2007.

Pag. 7 *(de sus)* ©Callie Shell/Aurora Photos; ©Callie Shell/Aurora Photos; din arhiva familiei Obama-Robinson.

Pag. 8 *(de sus)* ©David Katz 2008; ©Spencer Platt/Getty Images; ©David Katz 2008.

Pag. 9 *(de sus)* Fotografie de Chuck Kennedy, McClatchy/Tribune; ©Mark Wilson/Getty Images.

Pag. 10 *(stânga sus)* Fotografie oficială Casa Albă, de Joyce N. Boghosian; *(dreapta sus)* ©Karen Bleier/AFB/Getty Images; *(stânga jos)* Fotografie oficială Casa Albă, de Lawrence Jackson; *(dreapta jos)* Fotografie oficială Casa Albă, Samantha Appleton.

Pag. 11 *(de sus)* Fotografie oficială Casa Albă, Samantha Appleton; Fotografie oficială Casa Albă, Chuck Kennedy; Fotografie oficială Casa Albă, Peter Souza; Fotografie oficială Casa Albă, Samantha Appleton.

Pag. 12 *(de sus)* Fotografie oficială Casa Albă, Lawrence Jackson; Fotografie oficială Casa Albă, Samantha Appleton; Fotografie oficială Casa Albă, Chuck Kennedy.

Pag. 13 *(de sus)* Fotografie oficială Casa Albă, Pete Souza; Fotografie oficială Casa Albă, Pete Souza; Fotografie oficială Casa Albă, Chuck Kennedy.

Pag. 14 *(de sus)* Fotografie oficială Casa Albă, Lawrence Jackson; Fotografie oficială Casa Albă, Amanda Lucidon; Fotografie oficială Casa Albă, Pete Souza.

Pag. 15 *(stânga sus)* Fotografie oficială Casa Albă, Pete Souza; *(dreapta sus)* Fotografie oficială Casa Albă, Samantha Appleton; *(mijloc)* Fotografie oficială Casa Albă, Pete Souza; *(jos)* Arhiva familiei Obama-Robinson.

Pag. 16 *(de sus)* Fotografie oficială Casa Albă, Amanda Lucidon; Fotografie oficială Casa Albă, Lawrence Jackson.

COPERTĂ INTERIOARĂ FAȚĂ: Toate fotografiile din arhiva familiei Obama-Robinson.

COPERTĂ INTERIOARĂ SPATE: *(de la stânga)* Arhiva familiei Obama-Robinson; Arhiva familiei Obama-Robinson; ©Callie Shell/Aurora Photos; ©Susan Watts/New York Daily News/Getty Images; ©Brooks Kraft LLC/Corbis/Getty Images; Fotografie de Ida Mae Astute ©ABC/Getty Images.